国家出版基金项目
NATIONAL PUBLICATION FOUNDATION

"十三五"国家重点出版物出版规划项目

20 世纪中期云南少数民族社会历史调查实录

第六卷

民主改革（二）

主　编◎申　旭

副主编◎肖依群

云南人民出版社

图书在版编目（CIP）数据

20世纪中期云南少数民族社会历史调查实录.第六卷,
民主改革.二/申旭主编；肖依群副主编.--昆明：
云南人民出版社,2023.4
ISBN 978-7-222-21682-2

Ⅰ.①2…Ⅱ.①申…②肖…Ⅲ.①少数民族-民族
历史-社会调查-云南-20世纪Ⅳ.①K280.74

中国国家版本馆CIP数据核字(2023)第017132号

责任编辑	郭木玉　溥　思
特约编辑	周元晖
助理编辑	巫孟连
装帧设计	石　斌
责任校对	文永清　明　珍
	费　珺　李　红
责任印制	代隆参

20世纪中期云南少数民族社会历史调查实录

第六卷
民主改革（二）

主　编◎申　旭
副主编◎肖依群

出　版	云南人民出版社
发　行	云南人民出版社
社　址	昆明市环城西路609号
邮　编	650034
网　址	www.ynpph.com.cn
E-mail	ynrms@sina.com
开　本	787mm×1092mm　1/16
印　张	41.5
字　数	957千
版　次	2023年4月第1版第1次印刷
印　刷	昆明理煜印务有限公司
书　号	ISBN 978-7-222-21682-2
定　价	500.00元

云南人民出版社微信公众号

写在前面

一

2019年1月，我在5卷本《秘境——云南民族濒危影像记忆》的开篇"写在前面"中写道：

编成本套图书前后历经10个月，而搜集、梳理和研究云南民族影像资料，则自我来云南工作以后直到退休，花费了整整30年的时间。

在2016年出版的《云南民族调查史料钩沉（1950—1965）》开篇"前言"中，我曾写下这样一段话：出版本书最主要的目的，就是将我们20多年来搜集到的云南民族调查史料的相关内容和目录公之于世。这些史料绝大部分至今尚未公开出版，也很少为有关部门和专业研究人员所使用，很多人甚至不知道其存在。而这些珍贵的云南民族调查史料，正是中华人民共和国建立初期党的民族政策在西南边陲得以良好贯彻执行的确切依据，也是部分民族政策基于民族调查而制定的最好见证。如果要总结新中国民族工作的"云南现象"和"云南经验"，了解云南民族团结进步、边疆繁荣稳定的历史发展轨迹，这些史料则是其中最早和最重要的组成部分。

编纂《秘境——云南民族濒危影像记忆》丛书，我们有着同样的初衷。"为了明天而收集昨天"，则是我们的终极目的。

2020年1月，《20世纪中期云南少数民族社会历史调查实录》（后文简称《实录》）的选编工作正式启动。

我们对于20世纪中期云南少数民族文献史料和影像资料的搜集是同步进行的，因而编纂《实录》和编纂《秘境——云南民族濒危影像记忆》一样，有着同样的初衷和终极目的，两套图书同为"历史记忆"，一为文字，一为图片，相互观照，彼此成就。5卷本《秘境——云南民族濒危影像记忆》于两年前编定，即将面世，而《实录》的编辑和出版事宜肇始于2012年，至今已8年有余。其间不断大费周折与各方机构、多个部门商谈切磋，多次按照要求提交情况说明、申请报告、策划方案、出版计划、经费预算；曾接到过项目已获批准的通知，也见到了权威机构的立项文件，但结果都无从言说，令人身心俱疲、感喟不已。2015年，我在《云南民族调查史料钩沉（1950—1965）》（云南人民出版社2016年版）一书的"前言"中写道：

2004年，我们策划并出版了《见证历史的巨变——云南少数民族社会发展纪实》一书，全书分为4卷，即社会发展卷、生产劳作卷、生活习俗卷和文化艺术卷，书中提供了1480幅珍贵的历史照片，是我们搜集、整理云南民族调查资料的阶段性成果。之后在继续查找、搜集和购买各种云南民族调查资料的同时，我们在极为困难的条件下，阅读了全部能够找得到和看得到的云南民族调查资料，并开始着手辨识和系统分类整理工作，计划将其部分陆续公开出版。由于经费等多方面的原因，这项工作至今仍在进行之中，因而先将云南民族调查资料的主要情况和一万多份史料的目录编成《云南民族调查史料钩沉（1950—1965）》一书，抛砖引玉，希冀有更多的人来关注和研究新中国建立初期云南各民族的发展历程，也期望有更多的人去抢救和保护云南民族调查资料，少存遗憾，给后人留下一笔不可多得的精神财富。

来到"十三五"收官之年，《实录》史料的辨识、分类、整理、选编和出版进程步入快速前行的轨道。

二

20世纪中期云南少数民族社会历史调查资料，主要包括以下几个方面的内容：

1. 民国时期的调查资料；

2. 中共云南省委边疆工作委员会的调查资料；

3. 云南省民族事务委员会的调查资料；

4. 云南省民族工作队的调查资料；

5. 中央民族访问团西南民族访问团第二分团的访问调查资料；

6. 云南民族识别研究组的调查资料；

7. 云南民族语言调查组的调查资料；

8. 全国少数民族社会历史调查中的云南民族调查资料；

9. 为贯彻执行民族政策，配合中央、云南省有关方面的各项工作，云南省各专区、自治区（州）、县、市、区、乡以各种组织形式进行的调查资料。

《实录》中民国时期的调查资料收录较少，范围也不甚广，目的仅在于使阅读者和使用者对1950年前后阶段云南少数民族的基本情况和发展进程有一个连续性的概念，不致截然割裂开来，重点仍聚焦于1950年云南解放以后各方面所发生的重大变革，并以1956—1964年的调查资料最为集中。因1956年开始的全国少数民族社会历史调查，包括云南在内的大部分地区在1965年时已基本结束，《民族问题三种丛书》的编写工作又因"文化大革命"的来临而陷于停顿状态，《实录》内容的时间下限也就确定在1966年"文化大革命"开始以前。

提起"云南民族调查"，人们首先想到的就是始于1956年的全国少数民族社会历史调查，即人们通常所说的"全国民族大调查"。实际上，早在1941年8月，中国共产党就做出了《中共中央关于调查研究的决定》，对中国社会各阶层进行调查研究。在1956年全国少数民族社会历史调查开始之前，中央人民政府先后派出了中央民族访问团西南民族访问团第二分团、云南民族识别研究组和云南民族语言调查组前往云南进行各项访问调查，中共云南省委边疆工作委员会、云南省民族事务委员会、云南省民族工作队等也对云南省解放初期各方面的情况做了大量的调查研究工作，为云南省少数民族身份和种类的最终确认、云南边疆民族地区社会经济的发展和中央民族政策的制定、贯彻执行奠定了坚实的基础。

从1956年开始，中国历史上第一次有组织、有计划进行的全国少数民族社会历史状况科学调查，系由毛泽东倡议、彭真负责。当时明确了调查工作由全国人民代表大会民族委员会主持，成立了由全国人民代表大会民族委员会主任委员刘格平、中央民族事务委员会副主任刘春和中央民族学院副院长费孝通组成的调查领导小组，在全国人民代表大会民族委员会成立了调查办公室。1956年4月，全国人民代表大会民族委员会制订了民族调查规划，拟定筹建云南、贵州、广西、西藏等地区少数民族社会历史调查组，计划在4—7年内基本弄清楚各主要少数民族的社会经济结构和阶级情况。当年就组织了云南、四川等地8个调查组，抽调了民族学家、社会学家、历史学家、经济学家以及社会科学研究人员、民族工作干部、大专院校师生参加。对云南各民族的调查，至"文化大革命"以前基本结束。据不完全统计，20世纪50—60年代云南民族调查资料初步整理出万余种，总字数在1亿字以上；整理档案资料和文献摘录数百种，计2000多万字；录制少数民族社会历史科学纪录片7部，拍摄各民族照片数万幅，还搜集了一批少数民族历史文物。

中国少数民族社会历史调查及其资料的整理、出版时间前后长达数十年之久。这是新中国成立以来唯一的一次大范围、全方位的少数民族调查，丰富的材料比较详细、忠实地记录下了各民族历史和现状，是非常可贵的第一手材料，为我国少数民族身份、种类的识别和确认提供了科学依据，培养了新中国第一批民族学家和人类学家，为中国少数民族的社会发展和新中国民族学、人类学的奠基与成长发挥了举足轻重的作用。就最终确定少数民族种类最多的云南省而言，民族识别和调查做得最好，民族工作尤为仔细和认真，民族政策的贯彻和落实最到位，调查资料数量及保留较多，内容也极为丰富，因而显得尤为弥足珍贵。

《实录》所说的"云南少数民族调查资料"即指上述各项调查的文献、提纲、记录、报告、总结、信件、照片、纪录片文本、研究成果、纸质文物等各类历史资料，以及20世纪50—60年代铅印的云南民族调查资料。

20世纪50—60年代，全国人民代表大会民族委员会云南少数民族社会历史调查组、中国科学院民族研究所云南民族调查组和云南省少数民族社会历史研究所等部门和研究机构编辑铅印的调查资料，由于封面一律为白色，故又被称为"白皮书"。

云南民族调查资料白皮书总共印刷了多少种，目前尚不得而知。到目前为止，我们收藏到58种，涉及云南25个世居少数民族中的14个，即彝族、哈尼族、白族、傣族、傈僳族、拉祜族、佤族、纳西族、景颇族、布朗族、阿昌族、怒族、德昂族、独龙族等。其他11个少数民族没有涉及，原因和可能性有3点。

1. 当时进行的少数民族社会历史调查主要是为撰写各少数民族简史、简志提供资料，具体分工的方法是：一个民族若同时分布在若干省区，则由分布该民族人数最多的省区负责撰写，其他省区负责该民族的社会历史调查，并把调查资料提供给承担撰写任务的省区。云南配合贵州、广西等省区撰写任务而进行调查的少数民族共有8个，即蒙古族、回族、藏族、苗族、壮族、布依族、瑶族、水族等。

2. 普米族、基诺族和满族3个民族被识别和确定为单一民族的时间较晚。普米族于1961年被确定为单一民族，而基诺族直到1979年才被确定为单一民族。当时普米族和满族两个民族的调查资料已经初步整理，但未被列入白皮书，而基诺族尚被称为攸乐人，其调查资料则被列入彝族的内容范畴。

3. 某些民族的调查资料，也许已经收入白皮书，只是我们尚未见到。

通过阅读白皮书，并将其与云南民族调查资料手稿及后来公开出版的国家民委

《民族问题五种丛书》之《中国少数民族社会历史调查资料丛刊》中的云南部分进行对照，简而言之，白皮书的价值主要体现在以下4个方面。

第一，《中国少数民族社会历史调查资料丛刊》没有全部收录白皮书的内容。仅举一例如下。

中国科学院民族研究所云南省少数民族社会历史调查组、云南省少数民族社会历史研究所办公室在《四川及云南昭通地区彝族社会历史调查资料》（彝族调查资料之二，1963年5月10日）白皮书的"说明"中写道：

因为编写《彝族简史》的需要，中国科学院民族研究所云南省少数民族社会历史调查组与云南省少数民族社会历史研究所于1960年2月至5月，至四川凉山彝族自治州和西昌地区以及羌族地区进行了调查。此次调查中，以云南大学历史系方国瑜教授为首的20多位师生，也作为调查组的成员参加了工作。本资料就是以此次调查的一部分专题材料为主，包括云南昭通地区毗连四川凉山的有关部分调查而成的。

《四川及云南昭通地区彝族社会历史调查资料》白皮书共收录四川、云南有关彝族的调查16篇。20世纪80年代，在出版国家民委《民族问题五种丛书》之《中国少数民族社会历史调查资料丛刊》时，云南省编辑组编辑了一本《四川广西云南彝族社会历史调查》（云南人民出版社1987年版），但未收录任何一篇该白皮书中的调查资料。

第二，云南民族调查资料白皮书主要来自当年的调查手稿，但现今部分手稿已不存在或很难寻觅，白皮书就成为当时调查最真实的记录。

截至目前，我们已粗读过1万多份尚未系统整理和公开出版的云南民族调查资料，大多为复写本、刻印本、油印本和抄本，表明这些资料并非孤本，其中部分曾经内部印刷，部分已经编入白皮书或《中国少数民族社会历史调查资料丛刊》。例如，《思茅 玉溪 红河傣族社会历史调查》编者指出：

本集共收集孟连傣族历史文献译文、社会调查资料及景谷、元江、新平、金平、红河各县调查材料共十七篇，其中八篇曾由中国科学院民族研究所云南民族调查组、云南省民族研究所以内部资料形式铅印过。[1]

---

[1] 云南省编辑组编：《思茅 玉溪 红河傣族社会历史调查·后记》，国家民委民族问题五种丛书之一《中国少数民族社会历史调查资料丛刊》，云南人民出版社1985年版。

《傣族社会历史调查》（西双版纳之十）编者指出，该集收入的资料中，"《勐海县勐混区曼蚌乡傣族农村公社和家族组织调查》一文，曾见于云南省历史研究所的内刊"[①]。《傣族社会历史调查》（西双版纳之三）编者指出：

本集收入的译稿，都是1954年至1955年间收集的有关西双版纳宣慰使司和各勐的史料，大部分在五十年代作内部资料刊印过。《傣族宣慰使司地方志》，是傅懋勣教授和刀忠强同志在1953年翻译的，我们根据中共西双版纳州委档案科和省历史研究所的复写本和油印本，选用了其中几节。《防火的通告》《宣慰使侍卫轮流执勤牌》等五篇，均选自省历史研究所的手抄稿，没有译者署名，只在卷内目录"调查写作年月"栏中注明"1954年"。这些稿件均请当年西双版纳傣族社会联合调查组翻译小组主持工作的刀国栋同志过目，认定确系这个小组的翻译稿。[②]

《傣族社会历史调查》（西双版纳之六）编者指出：

本集共收入十二篇调查资料，其中《勐遮傣族社会经济情况调查》和《勐遮傣族农民内部的封建等级调查》两篇，在六十年代初期作为内部资料铅印过。其余各篇原件，除了《版纳勐遮景真傣族社会历史情况调查》存中共西双版纳傣族自治州州委档案室外，均存省历史研究所。[③]

《傣族社会历史调查》（西双版纳之七）编者指出：

本集收入了景糯、勐很、勐旺、景董以及象明的调查资料共十四篇。收入的这些资料原件，除《景糯傣族社会经济情况调查》《勐旺傣族社会经济调查补充材料》《勐旺曼练景寨调查》《勐旺曼扫寨调查》存中共西双版纳傣族自治州州委档案科外，其他各

---

① 云南省编辑组编：《傣族社会历史调查（西双版纳之十）·后记》，国家民委民族问题五种丛书之一《中国少数民族社会历史调查资料丛刊》，云南民族出版社1987年版。

② 《民族问题五种丛书》云南省编辑委员会编：《傣族社会历史调查（西双版纳之三）·后记》，《中国少数民族社会历史调查资料丛刊》，云南民族出版社1983年版。

③ 《民族问题五种丛书》云南省编辑委员会编：《傣族社会历史调查（西双版纳之六）·后记》，《中国少数民族社会历史调查资料丛刊》，云南民族出版社1984年版。

件均存省历史研究所。①

《傣族社会历史调查》（西双版纳之八）编者指出：

本集收入勐罕、勐笼、勐养和勐景哈、勐宽等五个勐的调查资料十二篇。……除上述外，其余各篇五十年代的油印本，原件存省历史研究所。②

仅仅要弄清楚这些原件现今是否还存世，其中哪些作为内部资料刊印过、哪些曾收入云南民族调查资料白皮书、哪些已收入《中国少数民族社会历史调查资料丛刊》、都进行了哪些删节和修改等，都不是一件简单容易的事情。

第三，《中国少数民族社会历史调查资料丛刊》遗漏了太多白皮书原有的信息。

白皮书大多有"前言"或"编后记"，如1958年2月13日全国人民代表大会民族委员会云南民族调查组、云南民族研究所《1956年12月至1957年6月云南西盟卡瓦族社会经济调查总结报告·卡瓦族调查材料之一》（全国人民代表大会民族委员会办公室编，1958年3月）白皮书的"编辑前言"：

自1956年12月至1957年6月，我组、所3个田野调查组分别调查了德宏州南部景颇族6个点，西盟县卡瓦族6个点，碧江县傈僳族2个点，贡山县四区独龙族3个点，碧江、福贡、贡山三县怒族3个点。在过去调查的基础上，进一步调查研究了这五族地区的生产力、生产关系、阶级分化、政治及家族制度、意识形态及生活习惯和社会主义改造中的问题。但我组、所初创之际，全部干部都是生手，受过资产阶级社会学、民族学一定的影响，几次批判又软弱无力；尤其对马列主义学习不深，不善于正确地进行阶级分析，特别是对过渡时期两条道路斗争的认识不明确，因此五族调查材料在目前社会主义改造与生产大跃进两个高潮中不能够全部说明问题，就是阶级分化与社会主义改造中的矛盾问题，组、所内干部意见也不一致，尚不能得出准确结论。

上述五族调查，原始材料164万字，景颇族社会、经济、政治、意识形态及历史的专题材料38万字，五族各点的综合材料50万字，卡瓦与景颇两族的综合材料51万字，

---

① 云南省编辑组编：《傣族社会历史调查（西双版纳之七）·后记》，国家民委民族问题五种丛书之一《中国少数民族社会历史调查资料丛刊》，云南民族出版社1985年版。

② 云南省编辑组编：《傣族社会历史调查（西双版纳之八）·后记》，国家民委民族问题五种丛书之一《中国少数民族社会历史调查资料丛刊》，云南民族出版社1985年版。

五族 5 个总结材料共 30 万字。另收集文物 193 件，摄拍照片 900 张，可供研究参考。

办公室编印资料 150 万字，这是研究边疆各民族社会经济的基础。争取文史馆、参事室及云大教师多人协助，抄录明清两代云南及东南亚民族史料 400 余万字，翻译外文著作中的云南及东南亚民族资料 120 万字，对于明清以来各民族历史关系研究有参考价值。

五族田野调查材料及总结材料，尚须较长时间修改才能付印。就是五族 5 个总结材料，合计亦达 30 万字，不便领导同志看阅。为便于领导同志在百忙中以短时间看阅我组、所调查研究情况，特将五族调查材料各写成 2000—4000 字的总结提要。

该书的"编后记"除了告诉我们该书的编辑者是云南少数民族社会历史调查组、云南省少数民族社会历史研究所，校阅者是张凤岐以外，还讲述了此次调查的基本情况：

1956 年 12 月至 1957 年 6 月，我组在西盟瓦族自治县对马散、永广、中课、翁戛科、岳宋等 5 个瓦族寨子进行了重点调查，并对该县其他少数民族（拉祜族、傈僳族、"罗缅"）进行了某些调查。我们的调查是在过去调查材料的基础上进行的，过去的材料给了我们帮助和启发。

在调查过程中，是在思茅地委会、澜沧边工委会、西盟工委会和西盟瓦族自治县筹委会以及西盟各区委会的具体领导和帮助下进行的，并得到当地驻军的大力协助。

由于我组同志多是初次参加调查工作，缺乏农村工作经验，理论水平不高，因而我们的调查是很肤浅的、不全面的，有些材料还须复查，有些论点还值得商榷。

云南民族调查组第一分组

1957 年 12 月　昆明

《1956年12月至1957年6月云南西盟大马散卡瓦族社会经济调查报告·卡瓦族调查材料之三》（全国人民代表大会民族委员会办公室编，1958年3月）白皮书除了"前言"以外，还有"编者说明"和"编后记"。全国人民代表大会民族委员会云南少数民族社会历史调查组、云南省少数民族社会历史研究所撰写的"编者说明"主要讲述了此次调查的时间、地点和内容：

全国人民代表大会民族委员会云南少数民族社会历史调查组第一分组于 1956 年 11 月至 1957 年 7 月，到云南西盟卡瓦族自治县（筹备委员会）在卡瓦族的 6 个点（大马散、岳宋、永广、中课、翁戛科、龙坎）进行了社会经济和历史的调查工作。大马散是分组的调查重点，在这里调查历时 7 个多月之久，写成了这个调查报告。

本册包括大马散寨卡瓦族的概况、经济［包括农业（生产力：生产工具、生产技术、劳动力的使用、产量。生产关系：生产资料占有、劳动组织与分工、合种、土地买卖、雇工、债务、蓄奴），手工业及副业，商业］、社会历史（历史、政治、军事、物质生活、家庭、婚丧、宗教、科学文艺、文教卫生）和大马散农业生产合作社情况。第一分组试图在几年来地、县委调查的基础上，进一步调查研究了大马散卡瓦族的生产力、生产关系、阶级分化、政治及家族制度、意识形态及生活习惯和社会主义改造的问题。大马散是西盟卡瓦族的腹心地区，保留本民族的固有特点较多些，代表面较宽，所以，在这里进行实地调查就能了解西盟腹心地区卡瓦族的特点。

自从 1957 年冬至 1958 年春省委提出苦战三年改变我省的面貌以来，西盟大马散卡瓦族与全省各族人民一样，掀起了生产大跃进和合作化大跃进的高潮，两个高潮互相推动，使大马散卡瓦族起了亘古未有的大变化，如猎头之俗已在大跃进中停止；许多落后习惯已完全改变。本调查报告由于调查时间的限制性，有些卡瓦族在前进中所存在的矛盾和问题，在 1956—1957 年夏调查时还没有暴露出来，或尚未发现。因此当时调查研究的认识与今天卡瓦族大跃进中生动活泼的局面，容或有不全面不深透之处。但作为了解大马散卡瓦族生产和合作化大跃进以前的实际情况，仍然有参考价值，特刊印出来，以供各方研究之助。

"编后记"则提供了整理者的分工情况：

我组在马散调查中得到中共西盟工委会、西盟瓦族自治县筹委会及马散区委会的大力帮助，区上的同志们更提供了许多材料，特此致谢！本报告的整理者是：顾宗振同志负责"概况""生产资料占有""劳动组织与分工""合种"，杨炳炎同志负责"生产力""手工业及副业""文教卫生"，沈琼英同志负责"土地买卖""雇工""大马散农业生产合作社情况"，李仰松同志负责"债务""物质生活"，黄宝璠同志负责"蓄奴""商业"，徐志远同志负责"历史""军事""姓氏与父子连名制度""科学文艺"，傅懔斐同志负责"政治""家庭""婚丧""宗教"。

云南民族调查组第一分组

1957 年 12 月　昆明

国家民委《民族问题五种丛书》云南省编辑委员会编的《佤族社会历史调查（一）》[①]将该册的标题改成了《西盟大马散佤族社会经济调查报告》，删去了《1956年12月至1957年6月云南西盟大马散卡瓦族社会经济调查报告》白皮书中的"前言""编者说明"和"编后记"。

云南民族调查资料白皮书的"前言""编辑前言""说明""编辑说明""编后记"为我们提供了丰富和宝贵的云南民族调查组的信息，但在公开出版《中国少数民族社会历史调查资料丛刊》时大多被删去，留下了太多的缺憾，其中部分也许已经无法弥补。

第四，《中国少数民族社会历史调查资料丛刊》几乎对所有收录进白皮书的内容进行了修改或删节。

鉴于上述，《实录》将收录部分白皮书的内容，主要包括3个方面：一是《中国少数民族社会历史调查资料丛刊》没有收录的文稿，二是《中国少数民族社会历史调查资料丛刊》虽然收录但删改过多的文稿，三是《中国少数民族社会历史调查资料丛刊》仅做了部分收录的文稿。《实录》对于部分白皮书文稿的收录，如果能找到原稿，即以原稿为准；如果无法找到原稿，则以白皮书为准。

三

《中国少数民族社会历史调查资料丛刊》云南部分，收录的不仅是1956年开始的"全国民族大调查"中云南的民族调查资料，而且包括部分1950年至1955年中央和云南省有关部门所做的各项云南民族调查的资料。例如，1958年5月云南少数民族社会历史调查组在《西双版纳傣族社会经济史料译丛》"前言"中写道：

中央访问团第二分团，中共云南省委边疆工作委员会，云南省民族事务委员会，各地、县委，各民族工作队及其他部门和民族工作干部，几年来对云南各少数民族地区的社会经济情况曾进行了许多调查工作，搜集了大量资料，这些资料是此次调查研究的基础。现特委托中共云南省委边疆工作委员会研究室、云南省民族事务委员会、我组参加其工作，将上项资料分别整理编辑；全国人民代表大会民族委员会并指定我组负责刊印出来，

[①]《民族问题五种丛书》云南省编辑委员会编：《佤族社会历史调查（一）》，《中国少数民族社会历史调查资料丛刊》，云南人民出版社1983年版。

以供我组作为调查研究的基础材料及各有关部门和民族工作的参考。[①]

在该书的"编者说明"中，编者又写道：

在解放后几年民族工作基础上，1954年九十月间，中共云南省委边委、省委宣传部与省民委先后派去工作组，会同思茅地委联络组与西双版纳工委调查组，并选拔当地傣族干部20余人，共同组成近70人的调查工作队，展开了景洪、勐海、勐遮、勐腊、勐捧等版纳的傣族社会调查工作。在进行调查工作中，也广泛地搜集过去西双版纳宣慰使司和各勐公私所藏的傣文抄本进行翻译，编成本书。[②]

另外，如《中国少数民族社会历史调查资料丛刊》收录的云南民族识别等方面的资料，调查时间也都在1956年"全国民族大调查"开始以前。

云南民族调查资料最初计划用来编写《民族问题三种丛书》，即《中国少数民族简史》《中国少数民族简志》《中国少数民族自治地方概况》。1978年党的十一届三中全会以后，中央决定将《民族问题三种丛书》扩成《民族问题五种丛书》，增加了《中国少数民族语言简志丛书》和《中国少数民族社会历史调查资料丛刊》。《民族问题五种丛书》中的前4种已于20世纪80年代前后基本出版完毕，第五种即《中国少数民族社会历史调查资料丛刊》，作为国家民委《民族问题五种丛书》之一，于20世纪80年代前后全国共出版143册。其中，云南部分由云南人民出版社和云南民族出版社共出版73册，约计3000万字，册数和字数均约占全国出版总量的一半。国家民委《民族问题五种丛书》修订本于2009年由民族出版社出版，合计为86种147册，其中《中国少数民族社会历史调查资料丛刊》云南部分，虽然《崩龙族社会历史调查》不再单独出版，但是加上民族出版社1990年出版的《基诺族普米族社会历史综合调查》1册，仍为73册。

国家民委《民族问题五种丛书》之《中国少数民族社会历史调查资料丛刊》的编纂工作始于1979年。费孝通曾回忆说："我是1950年到贵州的，从那年开始就搞民族调查。在这以前，什么叫少数民族，我们也不大清楚。通过中央访问团的几次调查，搜集到不少资料，了解了有些什么民族。……总之，过去30年的民族调查工

---

① 全国人民代表大会民族委员会办公室编：《西双版纳傣族社会经济史料译丛·傣族调查材料之一·前言》，1958年5月。
② 全国人民代表大会民族委员会办公室编：《西双版纳傣族社会经济史料译丛·傣族调查材料之一·编者说明》，1958年5月。

作，国家是花了钱花了力的，各个民族都出了力。我们搞了不少资料，数量很大。可是，这一大批资料很多都不在了，在'四人帮'横行时损失了。据我所知，贵州烧得很厉害，一卡车一卡车的资料拉去烧掉了，别的地方也损失了不少。这样，现在剩下的材料就很宝贵了。正是因为这个教训，所以在三中全会之后，国家民族事务委员会就提出来，要抓紧时间把过去的材料整理出来，要编五种丛书，供大家使用。"[1] "1978年的中共十一届三中全会后，国家民委行政机构得以恢复，隔年即在北京召开了出版'五丛'的规划会议，并成立了由众多著名专家学者组成的编委会，以民委党组的名义向党中央进行报告。此报告于1979年3月由中央宣传部和中央统战部转发至相关省和自治区，并将这一计划列为国家哲学社会科学研究'六五'规划重点科研项目，作为国家任务下达执行。借此，因'文革'而搁置的民族问题'三套丛书'得以充实、提高、发展至'五种丛书'。" "2003年9月1日，民族出版社将一份重修、再版《民族问题五种丛书》的设想和方案上报至国家民族事务委员会民族问题研究中心。经相关专家学者的反复研究论证，《关于修订、再版〈民族问题五种丛书〉的总体方案》于2005年2月制定出台。随后国家民委主任李德洙主持召开党组会议，审议并原则上通过了该方案。是年7月，经报请国务院批准，修订再版工作全面启动。"[2]

为了做好这项宏大巨制的修订工作，在北京成立了"国家民委《民族问题五种丛书》总修订委员会"，并在"基本保持原貌，统一体例、版本，增加新内容"的总体指导方针下，根据各种丛书的不同特点，制定了具体的修订思路。"'中国少数民族社会历史调查资料丛刊'的修订，主要是尊重史实，修正错误，增加注释。"[3]修订原则即包括两个方面：一是"尊重史实"，即尊重当时的调查成果，原封不动地保留原文，连标点符号都不改，只在需要修订的地方用标注的方式加以说明；二是"拾遗补阙"。一方面由于原版"五种丛书"的调查重点集中于西南、西北地区，此次修订需要补上中东南等地区漏掉的内容；另一方面需要以页下注释的形式补充调查点几十年来人口、经济、社会、风俗、语言等方面的变化情况。[4]

① 费孝通：《费孝通民族研究文集》，民族出版社1988年版，第295—296页。
② 徐姗姗：《对"民族大调查"与"社会历史调查丛刊"的再解读》，《广西民族研究》2007年第2期。
③ 李德洙：《国家民委〈民族问题五种丛书〉修订再版总序》，2007年8月。
④《中国少数民族社会历史调查丛刊》修订领导小组：《〈中国少数民族社会历史调查丛刊〉修订要求与相关说明》（2006年2月），转引自徐姗姗《对"民族大调查"与"社会历史调查丛刊"的再解读》，《广西民族研究》2007年第2期。

在新中国成立初期历次的民族调查中，无论从规模来讲，还是从结果来看，开始于1956年的全国少数民族社会历史调查都是史无前例的，曾被国家民委等部门和国外学术机构评价为"前无古人，后无来者"。以此次民族调查为基础，出版了《民族问题五种丛书》。这套丛书是当今世界上多民族国家中唯一一部由政府组织、社会力量广泛参与、全面反映国内各民族情况的大型综合文献，内容涉及民族区域自治、民族学、民族史、民族语言文字以及民族经济、文学、宗教、医药、体育、音乐、舞蹈、美术等诸多领域；调查编写工作涉及全国19个省、自治区及中央有关单位400多个编写组，1700余人执笔，共编写出版《民族问题五种丛书》403本，总字数约8000万字；其编写出版工作自1958年开始，到1991年暂告一段落。

四

1950—1965年以各种形式进行的民族调查及其成果是新中国民族理论形成的第一成果，至今仍是民族学、人类学研究的一块稳固基石，在中国民族学发展史上具有里程碑意义。云南是中国共产党民族政策具体实践的一个成功典型案例，丰富而翔实的各少数民族社会历史调查资料则具有充分的代表性。云南是中国少数民族种类最多的省份，是中国少数民族社会历史调查的重点省份，也是中国少数民族社会历史调查文献资料保存最多的省份。当前，云南正在努力建设我国民族团结进步示范区，回顾民族工作历程、总结民族团结经验、促进民族理论创新，是创建示范区的基础性重点工作，因而编辑出版《实录》有着重要的理论价值和现实意义，也将产生深远的影响。

我们现在编辑的这套图书，曾被命名为《〈民族问题五种丛书〉续编——云南少数民族社会历史调查资料未刊稿汇编》，其原因就在于云南少数民族社会历史调查资料未刊稿的存世量远超于人们对它的掌握和认知，其主要目的之一则是为了弥补《中国少数民族社会历史调查资料丛刊》云南部分的某些缺憾与不足。

《中国少数民族社会历史调查资料丛刊》云南部分收录了当时诸多民族调查资料的精华，这一点毋庸置疑，此不赘述。但从现存云南民族调查资料的情况看，《中国少数民族社会历史调查资料丛刊》也存在一些缺憾，主要表现在两大方面。

1. 缺少9个民族的内容。云南有26个世居民族，《中国少数民族社会历史调查资料丛刊》云南部分仅收录了17个民族的调查资料，而汉族、蒙古族、藏族、壮族、布依族、满族、水族、普米族和基诺族等9个民族的内容没有收录。需要说明以下两点。第一，虽然新中国成立初期云南的各项调查主要集中在少数民族地区，调查对象主要是各少数民族，出版的图书名称为《中国少数民族社会历史调查资料丛刊》，但云南汉族的调查资料也应该以某种形式被收录其中。云南民族关系中有3个重要的"离不开"，即汉族离不开少数民族、少数民族离不开汉族、少数民族之间互相离不开，要想把一个地区的民族情况弄清楚，没有汉族的调查资料是很难做到的。就我们目前所见到的云南民族调查资料而言，其中约有数百份汉族调查资料，内容包括云南汉族的来源、汉族与云南社会经济的发展、汉族与少数民族的融合、新中国成立前汉族商业垄断和云南资本主义萌芽、新中国成立初期云南汉族状况、云南山区汉族社会经济调查等诸多方面。第二，在20世纪80年代云南民族出版社和云南人民出版社出版的《中国少数民族社会历史调查资料丛刊》中，没有基诺族和普米族的内容，1990年民族出版社出版了《基诺族普米族社会历史综合调查》一书，其中的上篇"《基诺族社会历史综合调查》，是根据全国民族问题五种丛书编委会云南分编委1980年的决定进行编写的。这一资料的完成是长时间调查的结果"[1]。虽然基诺族在1979年才被正式确认为中国的一个单一民族，但在20世纪50—60年代的民族调查资料中，有数十份有关"攸乐人"的调查报告，这些调查资料并没有收入《基诺族普米族社会历史综合调查》一书。而《基诺族普米族社会历史综合调查》的下篇《普米族社会历史综合调查》，虽然收录的是20世纪50—60年代的调查资料，但部分经过选编者的多次修订，已经无法看到其原始面貌。后人在对前人的历史调查资料进行选编时，删除不利于民族团结或不合时宜的内容非常必要，但选编者基于自己的知识背景对其他民族（当时云南民族识别工作尚未结束，部分民族及其支系的身份、名称尚未最终确认，但参订者将调查资料涉及的所有民族称谓全部改为后来确定的"规范化名称"[2]）的调查资料进行"选编""参订""修订"（修订者与调查者并非同一民族），必然面临语言、文化诸多方面的困难和不理解，其结果也就很难完全展示原始调查资料的真实性和准确性。

2. 内容涵盖面不够。首先，据目前所了解的情况，云南民族调查资料存世量居全国第一。在修订出版的147册《中国少数民族社会历史调查资料丛刊》（民族出版

---

[1]《民族问题五种丛书》云南省编辑委员会编：《基诺族普米族社会历史综合调查（上篇）·基诺族社会历史综合调查·说明》，《中国少数民族社会历史调查资料丛刊》，民族出版社1990年版。

[2]《民族问题五种丛书》云南省编辑委员会编：《基诺族普米族社会历史综合调查（下篇）·兰坪、宁蒗两县普米族社会调查·说明》，《中国少数民族社会历史调查资料丛刊》，民族出版社1990年版。

社2009年版）中，云南有73册，占了总册数的一半。没有整理和出版的内容，云南民族调查资料现存在1亿字左右，远远超过现已出版的《中国少数民族社会历史调查资料丛刊》字数的总和。

在云南民族调查资料中，最具价值者为原始档案，即云南少数民族社会历史调查资料，其重要原因之一就在于其他4种丛书的编写依据大多来自第五种即云南少数民族社会历史调查资料。据不完全统计，云南调查组收集、整理和编写的历史档案、少数民族文献和调查资料目前已公开出版约3000万字，大约占到调查资料总字数的1/4。没有系统整理和出版的调查资料，部分存藏于北京市、云南省及其各州市县档案馆、图书馆和相关机构，部分散落于民间或由私人收藏，部分由原参与民族调查的工作人员收藏，部分见诸网上书店，版本包括稿本、复写本、刻印本、油印本、铅印本以及少数民族文字文献，内容则包括调查资料、调查提纲、工作计划、工作报告、工作笔记、文件、公文、批示、审稿意见、会议记录、总结、简报、通信、纸质文物（地契、证照、奖状、土司谱牒、账本等）、纪录片文本（拍摄提纲、脚本、分镜头剧本、解说词）等。但这些珍贵的史料数十年来几乎无人问津，其中部分资料由于保存不当或经过多次搬迁损毁严重，部分已经丢失，有些已有虫蛀，有些则因时间太久（受当年的纸张和墨水质量所限）或受潮而变得字迹模糊、难以辨认，亟待抢救性整理和出版。

云南之所以现存有如此大量丰富的民族调查资料，与云南的地理环境、民族情况、历史发展等多方面的复杂因素是分不开的。由于云南民族具有复杂性、国际性、宗教性等多方面的特点，新中国成立初期在云南的各项民族调查工作都要比在其他省区的工作更难做，需要的时间也更长。例如，新中国成立初期中央决定派出民族访问团到全国民族地区进行访问，首先派出的就是西南民族访问团（1950年），而东北内蒙古民族访问团在两年之后才派出。中央民族访问团西南民族访问团又分为3个分团，第一分团去西康，第二分团到云南，第三分团去贵州。到1951年3月，第一、第三分团的工作已全部结束，而第二分团即云南分团第二阶段的访问工作才刚刚开始。中央民族访问团西南民族访问团第二分团走访了云南9个专区的42个县（含设治局），除了建立地方民族民主联合政府、开办民族干部培训班、召开地区民族代表会议等各项重要工作以外，还整理和编写了百余万字的访问调查资料，这在中央派到全国各地的民族访问团中实属唯一。

前面所说8个方面的云南民族调查资料（不包括民国时期的调查资料），至今大部分尚未整理和出版。已出版的《中国少数民族社会历史调查资料丛刊》中的云南资料只是这些民族调查资料中的极小部分，而且很多重要内容几乎没有涉及。即使读完《中国少数民族社会历史调查资料丛刊》云南部分的全部内容，人们对新中国成立之后一个时期内的云南民族情况依然缺乏了解。比如：云南民族调查是怎样开始和进行的，来龙去脉是什么；云南多种社会形态并存的状况如何；云南的民主改革是在什么条件下如何分类进行的；云南民族区域自治政策和民主建政工作是怎样贯彻和落实的；云南第一个民族自治区和民族自治县是如何成立的，有什么经验和不足，对以后其他民族自治区、自治州和自治县的建立有什么影响和借鉴；等等。

其次，某些少数民族的各类调查资料很多且内容极为丰富，而《中国少数民族社会历史调查资料丛刊》仅收录了其中的极少部分。

最后，我们所说《中国少数民族社会历史调查资料丛刊》收录资料的涵盖面不够还有另外一种情况，即某一方面的资料有所收录，但或掐头去尾，或只见其一不知其二，使人无法了解某一方面资料的全面情况。例如，关于云南民族识别共有3个综合调查报告，第一阶段的识别报告名称为《云南省民族识别研究第一阶段工作初步总结》[①]，仅其中的《云南民族识别研究组第一阶段民族识别总结》部分被收录在《云南少数民族社会历史调查资料汇编》中，标题被改为"云南省民族识别报告"[②]，而第二阶段云南民族识别（第一阶段云南民族识别工作总结上报不到1个月，第二阶段云南民族识别工作已经开始）总结和后来的云南民族识别综合调查报告均未被收录，无论是一般读者，还是专业研究人员，仅通过《中国少数民族社会历史调查资料丛刊》收录的资料，对新中国云南民族识别情况和过程都不可能有一个基本的了解。

对于缺少9个民族内容的情况，由于《实录》的内容是少数民族社会历史调查史料，因而汉族不再单独列项，读者可以从各少数民族调查资料和综合调查资料（如"经济生活"部分）中窥见一斑；没有列项的各少数民族资料，除当时尚未识别、"正名"、列为单一民族从而导致没有（或尚未发现和整理）调查资料者外，我们尽量予以弥补和增添。对于内容涵盖面过窄的情况，除了增加单独板块以外，我们在各卷少数民族调查资料中也会适当加以补充。

---

① 中共云南省委边疆工作委员会编印：《云南省民族识别研究第一阶段工作初步总结》，1954 年 8 月 25 日。

② 云南省编辑组编：《云南少数民族社会历史调查资料汇编（三）》，《中国少数民族社会历史调查资料丛刊》，云南人民出版社 1987 年版。

五

《实录》名为"实录"，就表明了对原始文献史料进行实录即是《实录》最主要的特色之一，也是《实录》与过往同类图书最大的不同之处，保持调查资料的原貌和真实性便成为编辑《实录》的不二法门。

在选编《实录》资料的过程中，经过我们将云南民族调查资料的手稿、原件和白皮书等进行比对，可以发现，部分《中国少数民族社会历史调查资料丛刊》中云南的资料已经做了一定程度的修改，有些调查资料改动的幅度相当大，中央民族访问团西南民族访问团第二分团编辑出版的《云南民族情况汇集草稿》就是一个典型的例子。

中华人民共和国成立后不久，根据毛泽东主席的建议，中央决定向全国各民族地区派遣访问团。从1950年7月到1952年年底，中央共派出4个民族访问团，即中央民族访问团西南民族访问团、中央民族访问团西北民族访问团、中央民族访问团中南民族访问团和中央民族访问团东北内蒙古民族访问团。1950年6月，中央决定首先派出西南民族访问团，由刘格平任团长，费孝通、夏康农任副团长，团员共120余人，分别深入川、滇、黔、康民族地区进行访问。中央民族访问团西南民族访问团团员由中央民族事务委员会、文化教育委员会、内务部、卫生部、贸易部、青年团中央等20多个单位（政务院所属各部、会、院、署）抽调组成。中央民族访问团西南民族访问团下设3个分团，第一分团赴西康，刘格平兼任团长；第二分团赴云南，夏康农兼任团长，王连芳任副团长；第三分团赴贵州，费孝通兼任团长。中央民族访问团西南民族访问团第二分团即云南分团，简称中央访问团第二分团。

1950年7月2日，中央民族访问团西南民族访问团离开北京，经武汉到重庆，西南军政委员会主席刘伯承、副主席邓小平作欢迎报告。刘伯承在欢迎报告中指出：

关于西南少数民族问题，以我们来说还是一个新的问题，我们仅一知半解，许多情况我们还不大了解，比如西康藏族人口，云南、贵州少数民族的种类，到今天还没有精确的统计。……希望访问团每达少数民族地区要首先赔不是；另外是要多多调查研究，做一个毛主席的好学生。……要正确地执行民族政策，首先要调查研究。毛主席指示我们："没有调查研究，就没有发言权。"①

---

① 《刘伯承同志在欢迎中央访问团会上关于西南民族工作问题的报告》（1950年7月21日），云南省委办公厅印《民族工作文件汇编》，1951年8月。

邓小平在讲话中指出：

中央民族访问团这次到西南来，必定对我们帮助很大。你们在少数民族方面研究、了解的东西比我们多得多。特别是你们下去以后，亲身接触具体情况，会发现许多问题。我们很希望同志们研究各种问题，多提意见，哪怕是一个片面的意见，也比没有意见好。现在我们就是苦于没有意见。……依靠同志们的工作，我相信可以解决西南最复杂的又是最重大的问题——民族团结问题，至少可以打下一个很好的基础。[①]

中央访问团第二分团走访了云南9个专区的42个县，从中央访问团第二分团的行程来看，其在云南的访问可以分为两个阶段。第一阶段从1950年8月6日至1951年1月31日，主要访问滇西各地。1月31日滇西各组返回昆明做短暂休整，第二分团领导做半年来第一阶段工作初步总结。第二阶段从1951年2月22日至5月中下旬，主要访问滇南各地。5月中下旬滇南各组返回昆明，齐聚安宁温泉，做第二分团工作和个人总结。

此外，中央访问团第二分团还整理和编写了100余万字（《实录》编者按目前已收藏的78册书稿页数统计）的访问调查资料，这套资料有一个总的名称，即《云南民族情况汇集草稿》。

中央访问团第二分团编印的《云南民族情况汇集草稿》（后文简称《草稿》）也分为两个阶段，第一阶段的访问成果标明为"材料"，标明的出版（《草稿》为竖排铅印，小32开本，纸张粗糙，封面用红字印刷，虽然标有"出版"字样，但并无统一书号）时间是1951年2月；第二阶段的访问成果标明为"资料"，标明的出版时间是1951年7月。可以看出，中央访问团第二分团的工作不仅时间长（中央访问团第二分团第二阶段工作刚刚开始，第一分团和第三分团的工作已经结束）、成果多（目前尚未看到其他访问团有如此大量的实地访问调查报告面世），而且时间抓得很紧——1951年1月31日第一阶段工作结束，2月份就出版了第一阶段的访问材料；1951年6月10日中央访问团第二分团离昆返京，7月份人们就看到了墨香犹存的第二阶段访问资料。

中央民族访问团西南民族访问团第二分团第一阶段访问了6个专区，即宜良、丽江、保山、大理、楚雄、武定，在这6个专区的每册《草稿》前面都有一个"编

[①] 《邓小平文选》第一卷，人民出版社1994年版，第170—171页。

者声明":

这些材料是我们从1950年8月29日至1951年1月31日（其中大部时间是在行动中），先后在圭山、丽江、保山、大理、武定、楚雄等地区进行兄弟民族访问工作中，通过当地干部、民族代表及熟悉当地情况的人士所了解的一些情况。为应各有关机关之急需，仅将原材料加以整理，尽量避免主观分析与结论，在文字上仅要求念得通、看得懂。但由于是短期的访问与了解及仓促整理，情况难免不真实或不深入，观点难免错误，文字烦琐或不通顺。故仅能供各有关机关进行民族工作的参考或进一步考察的线索，并望于今后的调查研究，加以校正。

1951 年 2 月　日

中央民族访问团西南民族访问团第二分团第二阶段访问了3个专区，即普洱、蒙自和文山。在普洱区和蒙自区的每册《草稿》中也都有一个"编者声明"，与前面6个专区每册《草稿》的"编者声明"内容基本相同，只是时间和地点有了更动：

这些材料是我们从1951年2月22日至1951年5月底（其中大部时间是在行动中），先后在蒙自、普洱、文山等地区进行兄弟民族访问工作中，通过当地干部、民族代表及熟悉当地情况的人士所了解的一些情况。为应各有关机关之急需，尽量避免主观分析与结论，在文字上仅要求看得懂。但由于短期访问及仓促整理，情况难免不真实或不深入，观点难免错误。故仅能供各有关机关进行民族工作的参考或进一步考察的线索，并望于今后的调查研究，加以校正。

1951 年 6 月　日

20世纪70年代末，国家民委将《民族问题三种丛书》扩展为《民族问题五种丛书》时，部分《草稿》被编入《民族问题五种丛书》之《中国少数民族社会历史调查资料丛刊》中，名称为《中央访问团第二分团云南民族情况汇集》，分上、下两册，由云南民族出版社1986年出版。

《草稿》共计有多少册？这是一个迄今尚未找到答案的问题。作为中央民族访问团西南民族访问团第二分团副团长并留任云南的王连芳在《云南民族工作回忆》一书中回忆道：

当时我们可能了解的民族情况，联络组基本上都了解到了。每次送到我那里的材料都很多，由孙敏贤同志帮我一道看，并进行分类处理。一是如控告、纠纷和违反禁忌等需当地干部引起注意的，留在当地处理，一般的交县里，重要的给地委；二是典型材料、综合材料、总结等直接报省委，少数给省民委；三是报送中央的材料，紧迫的直接电告中央，其他的则带回北京。这些材料虽然粗浅但却使我们初步掌握了云南少数民族的基本情况，为中央和省委以后的民族工作决策提供了重要依据。其中一部分在1985年被编成《云南民族情况汇集》（上、下集），留下了近90万字的珍贵资料，其他资料和总结均随团带回北京，保留在中央民委。①

王连芳所说的《云南民族情况汇集》即1986年出版的《中央访问团第二分团云南民族情况汇集》（后文简称《汇集》）。《汇集》编者在上册"后记"中说：

1981年底，为编辑西双版纳地区的傣族调查资料，马曜教授首先将珍存的中访团这批资料中有关西双版纳的调查资料十件，交付编入《傣族社会历史调查（西双版纳之一）》（云南民族出版社出版）。出书后引起各方关注，经编委丛刊组研究决定，命专人搜集这批资料，编入中国少数民族社会历史调查资料丛刊。由于历史原因，当年中访团达百余件、百余万字的《云南民族情况汇集草稿》，已很难见到完整成套的了。在搜集这些资料过程中，先后得到省档案馆、省民委资料室同志的鼎力协助，终于将文山以外各地区调查资料基本收齐。

《汇集》编者在下册"后记"中又说：

上、下两集的资料，从搜集原件到编辑付印，前后历时两年多；在搜集资料、编辑过程中，原中央访问团二分团副团长省人大常委会副主任王连芳同志，始终给予各种极大的支持和指导。马曜教授将珍藏数十年的资料近30件交付编辑。原中访团二分团的苏丹、宋伯胤、胡鸿章、宋文治、高文英、尹寿铭等同志，以极大的热情为编辑提供情况、照片等。

作为中央民族访问团西南民族访问团第二分团成员并留居云南工作的胡鸿章回忆说，中央访问团第二分团"接触了分别居住在60个县内的少数民族群众，做了20

---

① 王连芳：《云南民族工作回忆》，民族出版社2012年版，第12—13页。

个村和10余个专题的典型调查，整处了近百万字的调查材料"[1]，又说中央访问团第二分团"整理了70份近80万字的调查材料"[2]。关于《草稿》的册数，有"70份"和"百余件"之说，但不知道"百余件"的根据从何而来，更不晓得"百余件"的具体内容；关于《草稿》的篇幅，则有"近80万字""近90万字""近百万字"和"百余万字"等等不同的说法。

关于文山专区的访问资料，《汇集》编者在上册"后记"中说：

> 经我们在昆明、北京两地查找，又函请文山壮族苗族自治州民委查询，均未找到。

中央民族访问团西南民族访问团第二分团访问文山的资料有多少，当时是否已编入《草稿》？这也是无从知晓的问题。中央民族访问团西南民族访问团第二分团成员宋伯胤在1951年2月12日的日记中写道：

> 老聂告诉我，下一阶段工作我参加第一组，组长是老范，我是副组长，由老聂率领，去蒙自、文山工作三个月。团部去宁洱，还有一路去澜沧，这两组是远征军。我们的地区是近了点，团部给予的任务，他们是做"线"的访问，我们则做"面"的调查。[3]

从宋伯胤后来的日记来看，他这一组人马又分为两部分，一部分去蒙自，一部分去文山，宋伯胤只去了蒙自，在他的日记中有详细的记录。他在1951年5月27日的日记中写道：

> 到文山去的同志们回来了。二分团这一次是最后的会师。[4]

到文山去的"同志们"都有谁，是否编写了访问调查资料，依然不得而知。
为了寻找中央民族访问团西南民族访问团第二分团在文山的线索，我曾两次前

[1] 胡鸿章：《回忆中央访问团访问云南》，云南省编辑组《中央访问团第二分团云南民族情况汇集（下）·附录三》，《中国少数民族社会历史调查资料丛刊》，云南民族出版社1986年版。
[2] 胡鸿章：《回忆中央访问团云南分团》，《云南文史资料选辑第四十四辑·云南民族工作回忆录（一）》，云南人民出版社1993年版。
[3] 南京博物院编：《宋伯胤文集·民族调查卷》，文物出版社2012年版，第216页。
[4] 南京博物院编：《宋伯胤文集·民族调查卷》，文物出版社2012年版，第304页。

往文山壮族苗族自治州、市各档案馆、图书馆、民宗局、政协文史资料编辑审查委员会等相关机构查阅档案资料，仅在文山州档案馆查到了两份提及中央民族访问团的资料。两份资料皆有两个版本，一为手稿，一为刻印稿，内容基本一致。一份资料为中国共产党文山地方委员会1951年3月17日统族字第贰号文，名为《文山地委统战部关于民族工作的计划》，其第三部分"关于民族调查工作"写道：

各县要在五月下旬（即中央访问团未到前）完成下列各项民族调查工作：

①民族种类——名称。②各民族人口数——尽可能得到正确数字，即匪乱地区亦应估计人口的约数。③各民族分布地区——如能绘图说明更好。④风俗习惯——各民族婚姻、年节等礼俗制度。⑤各民族的历史——叙述民族来历、有过什么沿革或斗争。⑥社会概况——各少数民族与汉族的关系，各民族互相间的关系。土司、领袖、头目和经济、生活等情况，应各民族分别叙述。⑦干部情况——县、区、村各级干部各若干？党团员干部各若干？⑧文化情况——有无自己的语言文字？学校情形？⑨宗教——有何宗教信仰？迷信程度。⑩治安状况——报导各少数民族地区匪特活动情况及有无参加匪特的恶霸地富。

从这份民族调查工作计划中，我们从一个侧面可以大致了解中央民族访问团西南民族访问团第二分团在云南各地访问调查的具体内容，还可以知道中央民族访问团西南民族访问团第二分团在1951年5月下旬（或以后）要去文山访问，这与宋伯胤记录的时间稍有出入（宋伯胤1951年5月27日的日记说"到文山去的同志们回来了"）。我们所无法知道的是——文山地区制订的民族调查工作计划完成得如何，是否编写了调查报告？如果是，又是否会列为中央民族访问团西南民族访问团第二分团调查材料的一部分？如果答案是肯定的，那为什么到目前为止在《草稿》中没有找到任何有关文山调查资料的痕迹？如果答案是否定的，又是出于什么原因？（《草稿》普洱和蒙自两区资料的"编者声明"中都提到去过文山访问调查并进行了材料整理）

另一份资料为中国共产党文山地方委员会1951年7月18日发文第031号，名为《地委关于召开各族各界代表会议建立联合政府复麻栗坡市委》。其中，在"（三）如何产生政府委员问题"一节中提到了"见张冲、王连芳同志《关于普洱专署组织联合政府的总结报告》"①，在"（五）领导思想问题"一节中指出：

中访团来文山指示后，少数民族工作已引起各级党委注意，但把阶级斗争与民族团结对立起来的左倾情绪还未根绝，争取与稳定民族上层分子还不坚决。……必须明确在边远地区，特别民族关系混乱的地区，只有把社会改革暂退一步，把民族团结、民主建政、生产工作、抗美援朝运动、爱国主义教育推进一步，把少数民族团结发动起来，才能推动其他工作。我们要在思想上彻底解决此一问题，并将这一精神贯彻到具体工作中去！

这份资料对中央民族访问团西南民族访问团第二分团到过文山做了确切的记录，但除了做指示以外有没有像在其他地区一样编写调查报告并编入《草稿》？从到目前为止所掌握的资料来看，依然不得而知。

《草稿》是中央民族访问团西南民族访问团第二分团最为重要的成果之一。从《汇集》编者叙述的情况看，《草稿》非常珍贵，但散佚情况严重，在20世纪80年代编辑《汇集》时，曾"命专人搜集"，并动用组织手段，都未能将《草稿》收齐。我们曾查找和阅读了上万份的云南民族调查手稿资料，对老一代民族工作者吃苦耐劳的革命精神和一丝不苟的工作作风充满敬意，因而历来视其为可信的史料。先是一个偶然的机会，从一家旧书店淘到几册《草稿》，将《草稿》和《汇集》进行简单对照阅读之后，顿时让人心生狐疑：两种版本同一篇访问调查的内容居然有很多地方无法对应！是我见到的这几本情况如此，还是所有《汇集》收录的《草稿》内容已非原文？经过20多年的搜集和寻访，现已收藏除文山区以外的《草稿》原件共78册（其中一册为翻拍件），依照中央民族访问团西南民族访问团第二分团的访问路线顺序，计有路南圭山区材料5册、丽江区材料17册、保山区材料13册、大理区材料2册、楚雄区材料1册、武定区材料7册、普洱区资料20册和蒙自区资料13册。除《傣族社会历史调查》（西双版纳之一）收录10册以外，《汇集》共收录《草稿》63册。

将《草稿》与《汇集》进行比对，发现《汇集》编者对《草稿》动了较大的"手术"，主要有以下几个方面。

1. 未收录或部分收录。《汇集》没有收录的《草稿》有5册，对其他部分《草稿》的内容仅做部分收录或删节收录。

---

① 关于张冲、王连芳的报告及中央民族访问团西南民族访问团第二分团协助成立普洱专区联合政府，参见申旭、肖依群编著的《云南民族调查史料钩沉（1950—1965）》（云南人民出版社2016年版）一书之"I中央访问团第二分团对云南的访问调查"。

  2. 掐头。每册《草稿》都有封面和"编者声明"，封面上标有"云南民族情况汇集草稿""××区材（资）料之×""中央访问团第二分团"字样以及篇名、出版年月等各种信息，《汇集》将其和"编者声明"、目录等一并删除。

  3. 去尾。王连芳在《云南民族工作回忆》一书中写道，中央民委受命筹建访问团时，访问过程中的调查研究工作就备受重视，民委领导指派他负责起草一个调查提纲，由杨静仁修改后报送中央。1950年6月访问团全体人员集中在北京国子监学习，当时的中央书记处书记、北京市委书记彭真派秘书到国子监找他，转达了3点意见：第一，访问有多种功能，但其中一个重大的政治任务就是多方面了解民族情况报告中央，为中央今后的民族工作决策作参考；第二，调查提纲所列的项目都可以，但最根本的东西是调查各族群众的愿望、要求和疾苦，不要以为群众意见零碎，从零碎意见中可以看到人民的真实要求和期待，从而懂得人民要我们干什么、不要我们干什么；第三，调查要尽可能深入，尽可能深入下面，从一户、一个人那里了解情况。①另外，《中央访问团的任务、工作方法和守则》规定中央访问团的任务有两条，其中之一是"对西南各兄弟民族之政治、经济、文化情况、民族关系、群众要求以及当前民族政策的执行情形，有重点地进行调查研究，并搜集有关资料"②。《汇集》将《草稿》中关于民族关系、群众要求和民族政策执行情形等方面的内容（放在各篇访问调查报告的后半部分）大多删去，对其他方面的内容也部分删除，对此，《汇集》编者的解释是："编辑过程中，以不失历史资料为前提，对各篇作了必要的删节或摘要，均不一一注明。"③

  4. 换名。大部分《草稿》的标题被重新命名。

  5. 肢解。一册《草稿》被分成2个、3个甚至4个材料并分别加上标题后放入《汇集》之中。

  6. 重组。颠倒《草稿》原文的内容次序重新组合。

  7. 改写。全部《草稿》的内容均被做过改写或改编。

  8. 添加。《汇集》编者人为添加了"内容"或自己的主观臆断。

  1951年2月17日，中央民族访问团西南民族访问团第二分团副团长王连芳召集会议，布置整理访问材料的工作及具体要求。宋伯胤在当天的日记中写道：

---

① 参见王连芳：《云南民族工作回忆》，民族出版社2012年版，第10—11页。

②《中央访问团的任务、工作方法和守则》，《中央访问团团员手册》，1950年。（参见《实录》第一卷）

③ 云南省编辑组：《中央访问团第二分团云南民族情况汇集（上）·后记》，《中国少数民族社会历史调查资料丛刊》，云南民族出版社1986年版。

晚上在王副团长屋里开会，参加者是留昆整理资料的同志。王副团长指出，在着手整理材料以前，必须首先解决两个思想问题：第一，以非常宝贵和高度重视的态度来对待这个任务；第二，不要随意处置同志们心血的成果。至于整理材料的具体要求，有四点。

（一）整理材料是一个材料汇集的过程，我们所要做的事情就是将材料汇集起来，不是系统地编成文件。

（二）有文必录。即使同一个问题，有两种说法，也要录进去。

（三）原则上无大问题。

（四）文字略通顺。[①]

"材料汇集""有文必录"是《草稿》整理成册的重要基本准则。《宋伯胤文集·民族调查卷》一书收录了他自己11篇《草稿》中的文章，但颇具意味的是，每篇文章的末尾都注明有"原载云南省编辑组：《中央访问团第二分团云南民族情况汇集》，云南民族出版社，1986年"字样；也就是说，该书的编者并没有对照《草稿》原文，而是沿用了没有按照"材料汇集""有文必录"原则进行编辑的文本，若以后有人引用该书，极有可能造成误解误用的不良后果。

国家民委《民族问题五种丛书》云南省编辑委员会在《中国少数民族社会历史调查资料丛刊》（修订本）云南部分的"出版说明"中说："《丛刊》是研究民族历史、民族学等学科的综合性调查资料汇编。我们这次编选基本上以过去调查整理稿为基础，以便保证调查资料的客观性。在具体编选时，则以具有科学研究价值作为选编资料的标准。在时间上以反映各民族民主改革前社会面貌的资料为主。根据调查资料的价值大小，采取全录或节录。"可能是由于修订原则的约束，抑或是修订者没有找到"过去调查整理稿"，因而在2009年民族出版社出版的修订本中，虽然强调此次修订再版的主要工作是"订正错误"[②]，但将《草稿》原文与之对比来看，《汇集》中的错误显然没有得到"订正"，这种情况严重地影响了文献史料的真实性和准确性。我们非常赞同"尊重史实"的修订原则，但仅就《草稿》而言，现今人们尊重的并不是其原文的"史实"，而是经过《汇集》编者改编、改写后的"史实"。

① 南京博物院编：《宋伯胤文集·民族调查卷》，文物出版社2012年版，第219页。
② 《中国少数民族社会历史调查资料丛刊》修订编辑委员会：《中国少数民族社会历史调查资料丛刊·修订再版说明》，2007年12月。

遭遇了《汇集》编者大刀阔斧的"手术"，《草稿》已经变得"面目全非"，可谓"旧貌换新颜"。但可以肯定的是，经过了彻头彻尾的改变以后，《汇集》中的诸多问题也许瑕不掩瑜，但它无论是对于云南民族调查资料真实性和完整性的保存和留传来说，还是对于后人参考和进行学术研究而言，都不失为一种"硬伤"。

六

《实录》的编辑出版是一个系统性工程，第一阶段计划出版30卷。具体内容是：

第一至二卷：中央民族访问团西南民族访问团第二分团；

第三至四卷：民族工作；

第五至六卷：民主改革；

第七至九卷：民族语言调查；

第十卷：民族人口·民族识别；

第十一卷：民族民主建政与区域自治；

第十二卷：经济生活；

第十三卷：全国少数民族社会历史调查工作文档；

第十四卷：民族问题三种丛书与云南少数民族社会历史科学纪录片工作文档；

第十五至二十八卷：云南各少数民族调查资料；

第二十九至三十卷：图录和三十卷总目。其中，图录包括有关公文、函件、工作书札、电报稿，各少数民族历史照片、民族调查和纪录片拍摄工作照，中央访问团和慰问团赠送云南少数民族礼物、云南少数民族敬献中央人民政府礼品的照片。

在30卷图书中，云南少数民族资料与其他分类资料各占一半。

各卷预计完稿时间：

2020年：10卷。

2022年：7卷。

2023年：6卷。

2025年：7卷。

《实录》各卷采用纵向和横向两种分类编排方式，在一卷之内必要时纵向与横向交错进行。

第一至十四卷内容的分类架构为纵向排列，即大体上是按各项调查的时间顺序，其主要目的有二：一是为了突出新中国成立伊始中央人民政府对云南边疆人民的关怀、党的民族政策在云南的施行及新中国民族工作的"云南现象"和"云南经验"；二是展示新中国成立初期云南各项民族调查（包括中央民族访问团西南民族访问团第二分团、民族语言、民族识别等中央人民政府派出的调查组和云南省委边疆工作委员会、云南省民族事务委员会、云南省民族工作队等云南本地的调查组）的主要（文字）成果。第一至十四卷的内容突出两个重点，一是1949年以后从中央到地方各级政府机构及下属民族事务机构对云南各地的调查，二是新中国成立初期云南经历的重大事件（如清匪反霸、镇反、减租退押、民主改革、区域自治、互助合作、经济发展等），以展示这一时期云南社会的发展历程。

第十五至三十卷的内容主要集中于全国少数民族社会历史调查中的云南各少数民族调查及相关图片，各民族资料按民族代码顺序依次列出，其分类架构大体为横向排列。

编辑《实录》的整体思路，既着重于全面，也考虑到具体；既有选择重点，也要照顾到各方面的平衡。例如，第五至六卷内容为"民主改革"，包括3个部分，即土地改革、和平协商土地改革和直接过渡。这两卷资料选择的要旨，既要考虑到纵向的主题思路（从中央文献到地方指示，弄清事件的来龙去脉和具体内容），又要顾及内容涵盖面（如清匪反霸、减租退押、土改、复查以及土地改革中的建党、建团、妇女工作等），还要照顾到横向3个方面的大体平衡（一是3个部分内容篇幅的平衡，二是各地区、市县覆盖面的平衡，三是各民族内容的平衡）。再如，在民族语言调查资料的选择上，既要考虑到面的平衡（只要是有调查资料的民族，尽可能有所展现），又要有侧重地照顾到各卷内容的平衡（比如藏族，除语言调查资料外，其他方面的调查资料较少，在以往出版的《中国少数民族社会历史调查资料丛刊》中也没有云南藏族的资料），还要有重点（比如彝族，不但是云南支系、人口最多和分布最广的少数民族，而且还涉及四川、贵州等省，同时还是与周边东南亚国家共有的跨境民族）。

如此架构的目的在于以下5点。一是尝试对1950—1965年的云南民族调查史料进行一次系统性的梳理，因尚属首次，难度甚大，但却非常必要，也具有重大的现实意义。二是通过系统梳理，为总结新中国成立初期民族工作的"云南现象"和"云南经验"提供扎实和充足的史料依据，并在此基础上使其能提升到民族学研究和民族工作的理论高度。三是展现以前所有同类图书中大多没有收录却又极为重要的内容。四是摒弃以前大多主要选择经济内容的编辑思路（经济内容的重要性不言而喻，我们将主要在第十五至二十八卷各民族板块中加以展现）。如果《实录》在内容上与以往同类图书大体雷同或相似，只是在数量上进行些许增添和补充，那就失去了其应有的价值。毛主席当年曾对中央其他领导讲，少数民族地区也要进行社会改革了，一改革很多东西以后就再也见不到了，所以要抢救，这才有了中国"前无古人、后无来者"的少数民族社会历史调查。但是要"抢救"而且已经"抢救"的东西，绝非仅有经济甚至只是农业生产一项内容。五是通过文字、图片系统和全方位的展现，试图勾勒出新中国成立初期云南民族调查的全幅景象和完整进程，并以一斑而窥全豹，从而对全国各少数民族地区的社会历史调查在广度和深度方面能有进一步的了解和认识。

执守严谨的重材料、重考证学风并提出"史学即是史料学"观点的历史学家傅斯年曾说过："整理史料是件很不容易的事，历史学家本领之高低全在这一处上决定。后人想在前人工作上增高：第一，要能得到并且能利用前人不曾见或不曾用的材料；第二，要比前人有更细密更确切的分辨力。"①囿于心智、学识、能力与对云南民族调查史料的认知和掌握程度，及对民族史史料学及其目录学、分类学的一知半解，加之新中国成立初期各种访问团、慰问团、调查组、民族识别研究组、工作队、代表团、参观团等活动密集频繁，更有史无前例的"全国少数民族社会历史调查"，以及中国共产党各项民族政策和实施细则的深入持续贯彻执行，从而使云南民族调查史料的存量和内容变得更为丰厚，全面系统梳理可谓工程浩大，仅凭一己之力很难付诸实施并顺利面世，因而我们现阶段仅仅是在力学不倦的同时，尽力去做一些局部的抢救性整理工作。目前，30卷图书的资料已基本齐备，编选工作也在按照计划有条不紊地展开。当然，我们不会停下继续搜集和整理云南民族调查文献史料的脚步，在身心安好、精力财力尚可维系的情况下，依然会不回头地执着前行，并借此表达对那些在极端严酷环境下脚踏实地开展民族工作的工作者的诚挚敬意。他们历尽艰辛、勇于奉献甚至以生命的代价②获取的第一手调查资料，早已构成云南民族文化遗产宝库中不可或缺的重要组成部分。文化是民族的灵魂，是民族精神和民族素质的纽带，深深植根于民族的血脉之中。这些史料之所以如此珍贵，很大程度上就在于其丰厚的民族文化内涵，值得永久藏存。想要留住它们，就离不

---

① 傅斯年：《史学方法导论》，《傅斯年全集》第 1 册，湖南教育出版社 2003 年版，第 58 页。
② 1958 年 9 月 29 日下午 7 时，云南民族调查组怒江分组贡山小组成员陈延长在调查途中坠落怒江，不幸遇难。时任贡山小组组长洪俊于 10 月 1 日上报《关于陈延长同志牺牲的经过（报告）》，详细描述了事件的经过。我们藏有这份报告的原件（复写稿），其内容将编入《实录》第十三卷。——编者

开执着者的良苦用心；想要解读、弘扬和传播它们，就离不开研究者的孜孜矻矻和传播者的不懈努力，其中最重要的一个方面，就是具有历史眼光和远见卓识的出版者，云南人民出版社就担当了这一举足轻重、令人钦敬的角色。

这些无可复制的实地调查资料，已经成为云南民族文化遗产宝库中的经典。何谓经典？2003年诺贝尔文学奖得主、南非作家 J. M. 库切（John Maxwell Coetzee）的定义也许最为贴切。他在题为"何谓经典"的演讲中说道：

经典就是得以存活之物……历经过最糟糕的野蛮攻击而得以劫后余生的作品，因为一代一代的人们都无法舍弃它，因而不惜一切代价紧紧地拽住它，从而得以劫后余生的作品——那就是经典。

作为云南民族文化遗产宝库中的经典，它们不能被遗忘，也不应该被率意"修正"。作为云南珍贵民族记忆的收藏者和云南历史文化的研习者，我们也会时刻牢记——"为了明天而收集昨天"。这既是初衷，也是终极目的。

申 旭

2020年1月15日

编辑说明

1. 20世纪中期云南民族调查的内容广泛、丰富、繁芜，由于时间、精力、费用等诸多因素，仅靠个人努力显然无法完成全部云南民族调查史料的搜集工作，挂一漏万在所难免。就目前了解和掌握的情况看，有些调查史料或调查笔记没有标题，且内容相当零碎；有些史料仅有存目而内容已佚；有些史料仅见标题而尚未看到具体内容；有些史料抑或无必要收录，因此《实录》内容为精选而非大全。

2. 通过多年对云南民族调查史料的持续收藏和研读，《实录》暂将其分为13个大类，即中央民族访问团西南民族访问团第二分团、民族工作、民主改革、民族语言、民族人口、民族识别、民族民主建政与区域自治、经济生活、全国少数民族社会历史调查、三种丛书、少数民族社会历史科学纪录片、云南各少数民族调查史料和图片。

3. 本着拾遗补阙的原则，已公开出版的史料原则上不再收录，但为了展现一项调查工作的全过程并保持一套史料的系统性和完整性（收齐一套史料往往需要数年甚至更长的时间），同类图书仅做部分收录或删节、改动过多而又相当重要的史料，则全文收录。

4. 某些文稿有手写本、复写本、刻印本、油印本、铅印本等多种版本，其中部分为摘录或摘要本，《实录》选择相对完备、详细的版本。

5. 《实录》按具体内容和民族内容进行分类，前者按时间先后编排，后者按中国民族代码顺序排列。

6. 一卷或一个板块具体内容的编辑，按照省、专区、自治区（州）、县、市、区、乡等行政区划依次进行，各级行政区划排名不分先后。

7. 依照中国民族代码顺序排列的云南各民族调查史料，按照当时各调查分组或调查小组的调查对象和调查主题进行分类。例如彝族分组的调查史料，除了其中标明为其他民族的调查内容以外，皆归入彝族范畴。

8. 带有歧视和侮辱意味的民族称谓一律删除，必须保留者皆做修改，比如"猡"改作"倮"，"母鸡"改为"姆儆"，等等。

9. 部分史料中存在民族歧视和侮辱方面的叙述，凡影响民族和谐与团结部分予以删除，不加注明。

10. 1966年以前云南各项民族调查（参见《实录》之"写在前面"）期间，部分少数民族尚未进行民族识别或完全确认，部分少数民族的名称尚未最终确定，《实录》对这一时期云南民族调查史料中的原有民族或其支系称谓予以保留，不做改动。例如佤族在定名之前，曾被称为或更改为"瓦族""卡瓦族""佧佤族""佧瓦族""卡佤族"等，本书不做统一，以免完全抹去了民族名称的历史演变过程。

11. 1966年以前云南各项民族调查（参见《实录》之"写在前面"）期间，部分少数民族自治地方的名称尚未最终"正名"，《实录》原样保留，不做更动。

12. 由于调查、访问、翻译、记录、整理的人员、时间、地点等方面的不一致，人名、地名的写法并不一致，《实录》以脚注形式予以标明，不做统一或修改。

13. 同一专业术语在不同文献中的用法不同，如三种丛书，又写作"三套丛书""三种民族问题丛书""民族问题三种丛书"等，除明显错讹之处以外，不做统一。

14. 部分文稿封面、目录标题与正文标题并不一致，本书原样录入，不做改动，仅在页下注释说明。

15. 部分文稿中的数字明显存疑，除有直接证据或旁证据之修改外，不做更改，也不做说明。

16. 原文稿中数字表述多为汉字，除必须使用汉字者外，现统一使用阿拉伯数字。

17. 部分汉字的使用几十年来已有明显变化。如"哪里"原稿作"那里"，"做生意"原稿作"作生意"等；再如助词"的""地""得"的使用也较为随意。现根据当下汉语使用规范进行统一，不做说明。

18. 部分文稿标题没有域名，为方便阅读，根据内容将域名放在括号内置于标题前予以标明。

19. 部分文稿没有标明日期，如能在正文中查出日期，则将其摘出置于文稿的开端。

20. 文稿中个别明显笔误或错漏之处，直接补入和改正，不做注释。

21. 限于当时记录、翻译和编写等各方面的原因，部分文稿无法通读，《实录》

在不扰乱和改变其原有风格的前提下稍加理顺。

22. 为了方便阅读，对个别较长的段落稍加分段调整。

23. 《实录》尽量保持原记录文稿的行文风格和断句构成，但为了保证史料的完整性和阅读顺畅，根据内容对部分文稿的序号进行了补入和调整；对标点符号按现在的使用规范做了修改，不做说明。

24. 由于纸张、墨水、年代久远、保存不当、记录编写人员笔误等诸多原因，部分史料的自造字、错别字偏多，个别专有名词处已有残破或漫漶不清，以致极难辨识和无法卒读。对此，《实录》尽力以其他同类史料予以校正补入，无法补入者，则标以虚缺号"□"。

25. 《实录》第七、八、九卷内容为云南民族语言调查资料。由于各方面的原因，此3卷采用扫描和拍照方式将原手写稿内容呈现。原手写稿中的汉语存在有错别字、繁体字、异体字、不规范简体字、自造字等情况，还有词汇、语法序号编排混乱，表格随意断开、分页等现象，作为对珍贵原始资料的抢救性保护留传，《实录》不做任何改动，保持原稿模样。

26. 《实录》收录的史料，部分为个人收藏，部分存藏于相关档案馆、图书馆、资料室，部分存藏于当年参加过民族调查的工作人员手中，为了方便阅读和使用，尽量列出日期、署名等相关信息，并置于每篇文稿的开端，但不标明收藏出处。

目　录

直接过渡·· 415

和平协商土地改革（二）

德宏傣族景颇族自治州和平改革区初级农业生产合作社示范章程（草案）

中国共产党德宏地方委员会报告

总号：（57）126

主送：省委（并省边委）边六县县委、畹町工委

抄送：地委各部委

中共德宏地委办公室

1957年11月13日印发

德宏傣族景颇族自治州和平改革区 初级农业生产合作社示范章程（草案）

（第一次修正稿）

现将《德宏傣族景颇族自治州和平改革区初级农业生产合作社示范章程（草案）》（第一次修正稿）报告省委，请省委审核批示。

此件并发给边六县县委，请各县委组织有关同志进行讨论，县委还可在基础较好的一些合作社内组织社员学习讨论，讨论的情况和提出的修改意见，请县委汇集后报告地委。

德宏地委

1957年11月13日

第一章　总则

第一条　农业生产合作社是各民族劳动农民在共产党和人民政府的领导和帮助下，按照自愿和互利原则组织起来的集体经济组织，它统一地使用社员的土地、耕畜、农具等主要生产资料；和组织社员进行共同的劳动，统一地分配社员的共同劳动的成果，并且不断地加强民族间的团结。

发展农业生产合作社的目的，是要逐步地消灭农村中的资本主义剥削制度，克服小农经济的落后性，使农业生产进一步发展起来，使全体农民共同富裕起来，使社会和国家工业化对于农产品的不断增长的需要得到满足。

初级农业生产合作社是半社会主义性质的，是合作化的初级阶段。随着生产的发展和社员的社会主义觉悟的提高，对于社员的土地逐步地取消报酬；对于社员交来统一使用的别的生产资料，按照本身的需要，得到社员的同意，用付给代价的办法陆续地转为全社公有，合作社就由初级阶段逐步过渡到完全社会主义性质的高级阶段。

第二条　农业生产合作社要用说服教育的方法，并且作出榜样，使没有入社的农民认识到入社只有好处，不会吃亏，以逐步地吸引全体劳动农民自愿入社。

农业生产合作社是劳动农民互相有利的联合，特别是贫农和中农互相有利的联合。既不能损害任何贫农的利益，也不能损害任何中农的利益。它的发展原则，是依靠贫农（包括下中农），巩固地联合中农。

第三条　农业生产合作社要根据勤俭办社的原则有计划地不断地改进农业生产技术，尽可能地使用进步的农业生产工具，不断地发展生产，提高农业生产水平，提高社员的劳动效率和农作物的单位面积产量。同时要随着生产的发展，不断地提高社员的物质生活和文化生活的水平，争取在几年内赶上和超过上中农的生产水平和收入水平。

第四条　农业生产合作社除付给社员交社统一使用的土地和其他生产资料的适当报酬外，对于社员的劳动报酬，实行"按劳取酬，多劳多得"，不分男女老少，同工同酬。

农业生产合作社在分配劳动成果的时候，应该给全社留下为发展生产和发展公共文化福利事业所必需的资金，同时使每个社员得到应得的报酬。

第五条　农业生产合作社要把集体利益和个人利益正确地结合起来。社员必须服从和保护全社的集体利益，反对不顾集体利益的个人主义，合作社也必须关心和照顾社员的个人利益。

农业生产合作社要把全社利益和国家利益结合起来。合作社应该在国家经济计划的指

和平协商土地改革（二）
德宏傣族景颇族自治州和平改革区初级农业生产合作社示范章程（草案）

导下独立地进行生产。合作社必须认真地对国家尽交纳公粮和交售农产品的义务。反对不顾国家利益的本位主义。

农业生产合作社要和别的农业生产合作社建立密切联系，尊重别的合作社的利益，避免本位主义，要努力团结社外的劳动农民（包括加入农业生产互助组的农民和单干的农民），积极地帮助他们发展生产和走上合作化的道路。

第六条　农业生产合作社的内部生活，应该遵守民主的原则、团结的原则和不断进步的原则。

农业生产合作社实行民主管理，合作社的领导人员由社员选举，合作社的领导人员在执行职务以外的时间，必须同一般社员一样参加生产劳动。合作社的重大事务由社员讨论决定。财务收支要按时向社员公布。合作社的领导人员必须实行集体领导，密切联系群众，遇事和群众商量，团结全体社员办好合作社。

农业生产合作社要采取各种有效的办法，不断地加强社内的团结，发展社员之间的同志的友爱。

农业生产合作社要采取各种有效的办法，不断地提高社员的政治觉悟，在社员中间经常地进行社会主义和爱国主义的思想教育，和勤俭办社、勤俭持家的教育，把爱国、爱社、爱家的观念统一起来。

农业生产合作社必须根据从实际出发的原则，不断总结自己的办社经验和生产经验；在学习别的民族生产管理经验的时候，也要与自己的情况结合起来，不能生搬硬套。

第七条　农业生产合作社不许进行任何剥削，不许雇长工、出租土地、放债取利、进行商业剥削，也不许社员带雇工入社。

农业生产合作社可以雇请技术人员；在生产紧急需要的时候，也可以雇请少数短工帮忙，但是要给被雇的人以合理的待遇。

第二章　社员

第八条　年满十六岁的男女劳动农民和能够参加社内劳动的其他劳动者，都可以入社做社员。入社由本人自愿申请，经社员大会通过。

合作社不许限制贫农入社，也不许排斥中农入社。

合作社要积极地吸收烈士家属、军人家属、国家机关工作人员家属、残废军人、复员军人入社，也要吸收老、弱、孤、寡、残废的人入社。

合作社要吸收外来移民入社。

第九条　在合作社初成立的几年之内，不接受过去的地主分子和富农分子入社。在合作社已经巩固，并且本县和本乡已基本合作化的时候，才根据他们的表现和参加劳动生产的情况，经社员大会审查通过、乡人民委员会的审查批准，分别吸收他们入社做社员或候补社员。

农村中过去的反革命分子和群众公认的坏分子，如果只是历史上有轻微罪行现在已经悔改，或罪行较大但立有显著功劳的，以及刑满释放表现良好的，合作社对于这些人，根据他们的悔改程度和立功大小，并经过乡人民委员会的审查批准，可以分别吸收他们入社做社员或候补社员。

对于已经入社的过去的地主分子、富农分子和反革命分子是候补社员的，如果表现良好，经过人民委员会审查批准，可以做社员。如果表现不好，并且屡教不改，是社员的，可以分别降为候补社员或者留社察看监督生产；是候补社员的，可以降为留社察看监督生产。

第十条　农业生产合作社可以接受不够社员条件而要求参加合作社劳动的人（例如不满十六岁的男女）参加劳动，并且应该同对待社员一样地按照他们的劳动给以报酬。

第十一条　社员有以下的权利：

（一）参加社内的劳动，取得应得的报酬。

（二）提出有关社务的建议和批评，参加社务的讨论和表决。对社务进行监督。

（三）选举合作社的领导人员，被选举为合作社的领导人员。

（四）在不妨碍合作社生产的条件下，经营家庭副业。

（五）享受合作社举办的文化、福利事业的利益。

过去的地主分子、富农分子和反革命分子、群众公认的坏分子，在入社以后的一定时期内没有被选举权，不能担任社内的任何重要职务；做候补社员的，并且没有表决权和选举权。

第十二条　社员有以下义务：

（一）遵守社章，执行社员大会和管理委员会的决议。

（二）积极地参加社内劳动，遵守劳动纪律。

（三）爱护国家的财产和全社公有的财产和社员私有而交合作社公用的财产。

（四）巩固全社的团结，同一切破坏合作社的行为作坚决斗争。

第十三条　社员有退社的自由。

要求退社的社员一般地要到生产年度完结以后，才能退社，以免妨碍全社生产，并且便于结算账目。

要求退社的社员可以带走还是他私人所有的生产资料，可以抽回他所交纳的公有化股份基金和其他投资。如果他的土地已经由合作社进行了重要的建设，合作社可用相当的土地同他交换，或付给适当代价。如果他的土地经过合作社经营质量变好了，他的农具经过合作社的修理价值提高了，退社的人也应付给合作社适当的代价。

第十四条　社员如果犯了严重罪行，被剥夺了政治权利，合作社必须把他开除出社。

社员如果严重地违反社章，或者犯了多次重大错误，经过多次教育和处分还不悔改，合作社可以经过社员大会讨论决定，把他开除出社。被开除的人如果不服，可以请求乡或县人民委员会解决。

开除社员，不能把他的家属中的社员连带开除。

对于被开除的人在合作社里的财产，同退社的人的财产一样处理。如果被开除的人不愿意离社，可以取消社员资格，留在社内参加劳动，合作社应该同对待社员一样地按照他的劳动付给报酬。

第三章　土地

第十五条　社员的土地必须交给农业生产合作社统一经营。

社员所有的藕池、鱼塘、菠萝地、芭蕉园、咖啡园、甘蔗园、园地等特殊土地，如果面积比较大，不适宜个人经营，经过本主同意，可以由合作社统一经营。

为了照顾社员种植蔬菜、饲料或者别的园艺作物的需要，应该允许社员有小块自留地。社员每户自留地的大小，应该按照每户人口的多少和当地土地的多少来决定，但是每户人所留的土地至多不能超过全寨每口人所有土地的平均数的百分之十。

第十六条　农业生产合作社按照社员入社土地的数量和质量，从每年的收入中付给社员以适当报酬。土地报酬必须低于农业劳动报酬，以便鼓励全体社员积极地参加合作社的劳动。但是土地报酬也不要过低，以便使有土地而缺少劳动力的社员能够得到适当的收入。

土地报酬应该由合作社议定固定的数量，不随全社生产的发展而增加，一般为入社产量的百分之二十到百分之二十五。在人口较少、土地较多的地方，可以低于这个标准。相反，在人口较多、土地较少的地方，也不得超过入社产量的百分之三十。

藕池、鱼塘、菠萝地、芭蕉园、咖啡园、大块园地等特殊土地的报酬，分别参照当地的习惯约定。

第十七条　在社员取得土地报酬的条件下，农业税应该由社员负担。如果农业税由合作社负担，社员的土地报酬就应该相应地减少。没有土地报酬的土地，公粮由合作社负担。

第十八条 土地报酬按照社员入社的土地在平常年成可能达到的产量来计算。约定社员入社土地的产量，一方面要根据土地的质量，照顾许多贫苦社员的土地原来不能达到应有的产量，而入社以后产量就能够提高的情形；另一方面要根据土地的实际产量，使入社以前改善了土地质量的社员得到应得的报酬。

第十九条 社员租种的或者代管的土地应该改为由合作社租种或者代管。

社员私有的荒地，可以由合作社进行开垦，并且在开垦以后的两三年内不给土地报酬。

农业生产互助组所开垦的荒地，在组员集体地加入合作社的时候归合作社使用；对于个别没有入社的组员，可以由合作社给以适当的补偿。

第二十条 社员入社的时候，他的土地上如果带有青苗，一般应该谁种谁收。交给合作社统一经营的，处理青苗地的收获可以采取下列办法的一种：

（一）收获全归本主所有，由本主付合作社在统一经营中所费工本。

（二）收获归合作社统一分配，由合作社偿付本主入社以前在青苗上所费的工本，并且照付土地报酬。

（三）收获按照一定的土地报酬和劳动报酬的临时分配比例单独处理，单收、单打、单分。

第二十一条 社员土地上附属的私有的水渠、水坝、窝铺随社员的土地归合作社使用，由合作社负责保护和修理。

第四章 土地以外的主要生产资料

第二十二条 社员土地以外的主要生产资料如耕畜、主要农具、农业运输工具、成片林木、成群牧畜以及与农业关系密切的副业工具等，为农业生产合作社所需要的，应该由合作社统一使用或者统一经营，给本主以适当报酬。在合作社认为必要并且得到本主的同意的条件下，可以实行公有化。

第二十三条 农业生产合作社对于社员私有的耕畜处理办法，可以有以下三种：

（一）社员的耕畜还是由社员私有，并且由他自己喂养，由合作社按照当地的正常租价租用。租额按下列办法议定：（1）订出在保证一定质量的条件下耕作每一箩种应得的牛租，再根据其耕作的箩种数来计算应得的租金。（2）订出每一架牛工应得的牛租，再根据牛的出工数计算应得的租金。

合作社租用的耕畜，在合作社不需用的时候，本主可以自己使用或者借给别人。但是本主如果出卖这些耕畜，必须得到合作社的同意。

（二）社员的耕畜还是由社员私有，但是在靠山的和牧场比较宽广的地方也可以由合作社统一放牧，统一使用。牛租可参照上项办法处理，但标准应该降低。

（三）社员的耕畜由合作社按照当地的正常价格收买，转为全社公有。这种办法，是一切合作社在办了相当时期以后所必须采取的。有些合作社虽然办得不久，但是确实社员自愿有利生产的也可以采取这种办法。

为了兼顾社员的负担能力和本主的利益，合作社收买耕畜的价款，应该在适当的期限内分期地付给本主；期限一般地以三年为宜，没有付清的价款的利息由合作社和本主协商解决。

农业生产互助组公有的耕畜，在组员集体地加入合作社的时候转为全社公有，对于个别没有入社的组员，可以由合作社给以适当的补偿。如果公有的耕畜是国家无偿补助的，则不给补偿。

第二十四条　社员私有的主要农具和农业运输工具，合作社可以按照生产的需要租用。租用的报酬，按照开始租用的时候，这些东西值多少钱，能用多少年来议定。有些农具如犁耙等可以随牛走，不付给报酬。

租用的农具和农业运输工具如有损坏，由合作社负责修理。如果损坏很大，不能修理，由合作社赔偿。

小型农具（镰刀、锄头、砍刀、弯钩等）由社员自备自修。

第二十五条　社员私有而合作社经常需用的大型农具和农业运输工具，合作社可以按照收买耕畜的办法收买，转为全社公有。

农业生产互助组公有的农具和农业运输工具，在组员集体地加入合作社的时候，按照处理互助组公有的耕畜的办法处理。

第二十六条　对于社员私有的林木，仍归社员自己所有，自己经营。如果有必要由合作社统一经营时，应该经社员同意，根据下列原则，按照不同的情况分别处理：

（一）少量的零星树木，归社员自己所有，自己经营。

（二）幼林和苗圃，由合作社赔付本主一定的工本费，转为全社公有。幼林公有以后，林地的土地报酬问题，按照当地习惯处理。

（三）较大的成片的菠萝、芭蕉、芒果、木瓜等果树、紫胶树、龙舌兰等经济林木，应该交给合作社统一经营，由合作社付给合理的报酬。报酬的议定，要根据收益的大小和经营的难易，兼顾本主以前所费的工本和合作社今后所费的工本，实行比例分益。

（四）较大的柴山、竹林等用材林也可以由合作社统一经营。从这些林木的收益中付

9

给本主一定比例的报酬。

第二十七条　社员私有的牧畜，还是归社员自己所有，自己经营。如果牧畜数量很大，合作社又有发展畜牧业的适当条件，经过合作社和本主的双方同意，也可以交给合作社统一经营。按照比例分益的办法付给本主应得的报酬。

社员要求合作社收买他的牧畜，在双方同意的条件下，合作社可以收买，转为全社公有。

第二十八条　社员的副业一般由社员自己经营，有些副业宜于由合作社集体经营，工具和设备可以按照处理社员私有的主要农具的办法处理。

第五章　股份基金

第二十九条　农业生产合作社为了准备牛租（耕牛已全部公有化的不摊）、种子、肥料、草料等生产开支，为了收买社员的耕畜、农具等生产资料，需要向社员征集股份基金。用作生产开支的，叫作生产费股份基金（或叫生产垫本）；用来收买社员的耕畜、农具等生产资料的，叫作公有化股份基金。

股份基金一般地由社员按照入社的土地分摊。如果社员的土地报酬比较低，也可以按照劳动力分摊一部分；如果土地报酬很低，甚至没有报酬，就应该完全按照劳动力分摊。如果征集的股份基金是用在畜牧业或者副业生产方面的，可以另行规定分摊的办法。

贫苦的社员确实不能交清股份基金的，可以向银行申请（自己申请或者由合作社代为申请）贫农合作基金贷款来交清。

社员交纳的股份基金分配在各人名下，不计利息，只是公有化股份基金在社员退社的时候才能抽回。

第三十条　社员应交的生产费股份基金，大致相当于当地普通农民一年内在同样的土地上生产所用的牛租、种子、肥料、草料等的价款。

生产费股份基金按现金计算，但是社员可以用实物抵交。

生产费股份基金除牛租在秋收分配后交清外，一般地应该在社员入社的时候交清。为了照顾社员困难，也可根据需要分作多次交清。但是其中草料一项，在合作社还没有公养的或者公有的耕畜以前不交，有了公养的或者公有的耕畜才交。

第三十一条　生产资料不实行公有化时不交纳公有化股份基金。生产资料实行公有化时，社员应交的公有化股份基金，原则上相当于社员折价入社的耕畜、农具等生产资料的价款。

把耕畜、农具等生产资料折价入社的社员，可以用合作社所应付给他的价款抵交他所应交的公有化股份基金，多退少补；这就是说，抵交以后多余的部分由合作社补付给社员，不足的部分由社员补交给合作社。

社员交清公有化股份基金的期限，同本章程第四章规定的合作社给耕畜、农具等生产资料的本主付清价款的期限一样，一般地也以三年为宜。在社员没有交清公有化股份基金以前，合作社所欠本主的价款应付给利息。

第三十二条　农业生产互助组的组员集体地加入合作社，把他们的公共财产转为合作社公有，他们所应交的股份基金应该适当地减少。

第三十三条　农业生产合作社资金不够的时候，社员应该按照自己的力量自愿向合作社投资。社员的投资应该由合作社在当年偿还。

合作社对于社员的现金投资所付的利息，一般地要相当于信用合作社的存款利息。合作社对于社员的实物投资所付的利息，可以按照当地的习惯议定。

第三十四条　农业生产合作社有权按照合理的价格优先收买社员家庭所积存的肥料。肥料的价款可以在收获以后付清，不计利息。

第六章　生产经营

第三十五条　农业生产合作社在组织和发展生产上，必须贯彻执行勤俭办社的方针，努力增产粮食，同时发展其他经济作物，发展畜牧业，开展多种经营，全面发展生产。

第三十六条　农业生产合作社应该根据本身的经济条件和当地的自然条件，积极地采取以下各种措施和各种先进经验，提高农业生产的水平。

（一）兴修小型水利（开渠、筑坝、修堤、修建小型水库等），调整灌溉系统，改善灌溉方法，改善和扩大灌溉面积（渴水田变饱水田，迟水田变旱水田，旱地变水田），防止水旱灾害。

（二）鼓励社员积肥，增加肥料，合理地施肥，并且改进施肥方法。

（三）改进耕作方法，实行精耕细作，采用先进的方法处理种子和培育秧苗，及时播种，适当地密植，加强田间管理，减少收获时的抛撒等。

（四）合理使用耕地，扩大复种面积。

（五）改良作物品种，实行选种、留种、换用和培养优良品种。

（六）积极推广改良农具和新式农具，加强新式农具使用的技术指导。

（七）保护和繁殖牲畜，建立专人负责、分散或集体喂养和专人使用耕畜的制度，防止喂养不好，防治畜疫，积极地繁殖耕畜，改良畜种。

（八）防治虫害病害和其他灾害，同各种自然灾害作斗争。

（九）修整耕地，改良土壤，护林造林，培护草坡，进行农、林、牧、水综合的水土保持措施。

（十）利用荒山发展林业，利用水流发展水产。

（十一）有计划地开垦荒地，适当扩大耕地面积。

合作社应该积极地学习先进的生产经验，努力找出本社增加生产的最关紧要的办法，并且用最大的力量贯彻实行。

第三十七条　农业生产合作社要积极努力增产粮食，同时又要发展棉花、咖啡、甘蔗、龙舌兰、油料、香料、热带水果和其他经济作物。

第三十八条　农业生产合作社要根据需要与可能，在尊重社员风俗习惯的原则下，积极地发展畜牧业、水产业、手工业、水碓水碾、运输业、养蜂业、林业和其他副业生产。

在不妨碍合作社生产和尊重风俗习惯的条件下，农业生产合作社应该鼓励和帮助社员经营家畜（猪、牛、马）、家禽（鸡、鸭、鹅）饲养业和其他宜于分散经营的家庭副业。

第三十九条　农业生产合作社为了有计划地进行生产，应该在国家计划的指导并且保持合作社独立经营的原则下，于每年冬季订出下一年度的生产计划。

年度生产计划应该逐步地做到包括以下的主要内容：（1）作物（粮食作物、经济作物、园艺作物等）的种植计划、产量计划，保证完成计划的技术措施；（2）畜牧业、水产业和其他副业生产计划；（3）基本建设计划；（4）劳动力和畜力的使用计划。

为了保证年度生产计划的完成，合作社应该按照当地的农事季节或者耕作段落，订出一个季节的或者一个段落的生产计划，具体地规定生产任务和完成任务的期限。

合作社对有些为社员生活和习惯所需要的作物，如黄豆、豌豆、蚕豆等，除合作社集体经营的部分外，应主动划定地段允许社员各自种植一小块，谁种谁收。

制订计划必须要采取由上而下、由下而上相结合的群众路线的方法。一切计划要经过群众反复讨论，克服社员安于现状的保守思想。同时也要注意到虽然增产潜力大，但生产水平低、劳力不足、挖掘潜力不易的情况，把计划订在既积极又可靠的基础上。

第七章　劳动组织和劳动纪律

第四十条　农业生产合作社的规模应该根据群众的生产水平、社干的管理水平和群众的觉悟水平来确定。初期一般以二十户左右为宜，并且不办村寨联合社。

农业生产合作社为了进行有组织的共同劳动，必须按照生产的需要和社员的条件，实行劳动分工，并且建立一定的劳动组织，逐步地实行生产中的责任制。

合作社为了实行农业生产中的责任制，应该根据合作社规模的大小依照有利生产便于领导的原则，把社员编成几个生产队或几个生产组。三十户以上的社可建立生产队（每队以十五户左右为宜），把生产队作为劳动组织的基本单位，让各个生产队在全社的生产计划的指导下，自行安排一个时期的和每天的生产。

生产队可以按照需要，分成临时性或季节性的生产组。

十五户到二十户的合作社可以只分临时性或季节性的生产组。生产组不是合作社劳动组织的基本单位。十户以下的小社连生产组也不需要设立。

合作社应该指定专人担任或者兼任会计员、技术员、饲养员、保管员等。公共牲畜比较多的合作社，可以设专门负责饲养牲畜的生产组。

副业规模比较大的合作社，可以根据需要，设专门负责副业的生产队或者生产组。

生产队设队长，生产组设组长，负责全队全组的生产工作。

第四十一条　生产队的成员应该是固定的。田间生产队负责经营固定的土地，使用固定的耕畜和农具。副业生产小组或者副业生产队负责经营固定的副业生产，使用固定的副业工具。

在给田间生产队配备成员和分配任务的时候，要照顾到耕作土地的数量、土地的分布状况（好、坏、远、近）、种植作物的种类和社员居住地点的远近，和适当地照顾原耕，并且要使劳动力的多少、技术的高低和领导力量的强弱，同生产队所担任的生产任务相适应。在给副业生产小组或者副业生产队配备成员和分配任务的时候，也要作相应的照顾。

在必要的时候，管理委员会可以调动某一生产队的人员、耕畜、农具和工具，支援别的生产队，或者组成临时的生产队，完成一定的任务。

除临时完成某项任务而组织的临时生产组外，田间生产组是一个耕作段落或者一个季节的组织，从一个生产年度来说，每个生产组的成员、耕畜、农具、耕作地段应该做到基本上固定，但在栽秧、收割等需要劳动力集中使用的时候，应以社（建立生产队的社是队）为单位集体劳动。

第四十二条　农业生产合作社要逐步做到制订劳动计划。在规定全社或各个生产队全年的、一个季节的或者一个段落的生产计划的时候，要同时计算出完成生产计划所需要支付的劳动日的数量。在计算劳动日的时候，要注意男女分工和因自然条件所形成的整天活、上午活、下午活的劳动习惯。

合作社根据生产的需要和社员的自报，规定每个社员在全年和每个季节或者每个段落应该做到多少劳动日。合作社在规定每个社员应该做到多少劳动日的时候，要注意到社员的身体条件和风俗习惯宗教活动的时间以及种植，由社统一安排社员各自种植的小块作物所需要的劳动时间，对年老社员要照顾他"上奘"（拜佛）的时间和不参加主要劳动的特点；对妇女社员要照顾她的生理特点和家务劳动（带娃娃、纺线、织布）、家庭副业劳动的实际需要；对青年社员要照顾他们"串布少"和从事"布冒布少田"劳动的时间。

在制订与修改劳动计划的时候，不仅要逐步做到全年一般的平衡，还要尽可能做到每个生产季节的平衡。要做到农忙季节劳动力够用。农闲季节剩余劳动力也有出路。要尽量做到农业与副业、当前生产与基本建设各方面的劳动力需要都得到妥善安排。

合作社社员一般应该每一个男全劳动力每年在合作社做够二百到二百五十天的工作，妇女全劳动力做够一百到一百五十天的工作。社员在做够了规定的劳动日以后，其余的时间由社员自己支配。

第四十三条　生产队长或者生产组长应该注意正确地分配本单位每个人的劳动任务，以发挥每个人的生产特长（特别是有丰富劳动经验和较高技术的老农），充分地发挥有组织的共同劳动的优越性，使生产效率提高；并且尽量地使每个人都能够发挥力量，特别是对缺乏劳动力的困难户，应该根据互助原则，适当安排他们在社内劳动或者适当帮助他们发展家庭副业，使每个社员都能够从劳动中得到一定的收入。

第四十四条　合作社（建立生产队的社是生产队）在管理生产中，必须切实建立集体的和个人的生产责任制，按照合作社具体条件，可以分别推行包工到组、田间零活包到户的办法。要做到每块耕地、每一件农活都有生产小组和专人负责，彻底地实现生产中的责任制。

合作社必须坚持集体劳动的根本原则，既要明确分工，又要互相协作。按照不同的农活性质实行大活集体干、小活分开干。在实行集体干活的时候，也要划定地块地段，彼此分头进行，不应该干活一窝蜂，以致责任不明，耕作粗糙。

第四十五条　生产队长或者生产组长应该在每天工作完毕的时候，检查本单位各人的工作成绩，并且根据工作定额登记各人所做的劳动日。如果合作社还没有规定工作定额，队长或者组长要在一定时期内，召集队员或者组员，根据各人的工作状况，民主评定各人所应得的劳动工分。

合作社的主任、副主任等负责工作人员，应该经常地有计划地检查生产队或者生产组的工作。

第四十六条　社员应该遵守如下劳动纪律：

（一）不无故旷工，不迟到，不早退。

（二）劳动的时候听从指挥。

（三）积极劳动，保证工作质量。

（四）爱护公共财产。

对于模范遵守劳动纪律的社员，应该给予适当的表扬或奖励；对于违反劳动纪律的社员要进行教育和批评。如果情节严重，可以分别情况，给以扣减劳动日、赔偿损失、撤销职务以至开除出社的处分。

第八章　劳动报酬和劳动竞赛

第四十七条　农业生产合作社要逐步地正确规定各种工作的定额和报酬标准，实行按件计酬制。

每一种工作定额，都应该是中等劳动力在同等条件下积极劳动一天所能够做到的数量和应该达到的质量，不能偏高偏低。计算定额的时候采取当地习惯的单位。每一种工作定额的报酬标准，用劳动日作计算单位。完成每一种工作定额所应得的劳动日，根据这种工作的技术高低、辛苦程度和在生产中的重要性来规定。完成一种中等工作定额，应该记一个劳动日。各种工作定额报酬标准的差别，应该定得适当，不能偏高偏低。

在工作条件有了变化的时候，管理委员会可以适当地调整工作定额。

合作社在初建的时候，可以对一些比较容易制定定额的工作制定定额，逐步过渡到各种工作都制定定额。在制定定额时，也应由简到繁，由平均定额逐步过渡到分地段分难易直至合理的分级定额。

第四十八条　在没有规定各种工作的定额和报酬标准以前和对一些没有制定定额的农活，合作社可以暂时采取"死分活评"或"活分活评"的办法。按照每个社员劳动力的强弱和技术高低，并且根据他每天劳动的实际状况评定一定的工分，对某些活路也可以采取活路定分、劳动抢分的办法，评定他当天所得的劳动日。

在实行按件计酬制的时候采取：一、安排给个人的零活路，由个人去完成的按定额记给工分；二、虽已制定定额，但由集体协作共同完成的根据定额的报酬标准评工记分。对有些能计算出单位工分的，应该按照完成的单位数量计算工作，以减少评分的麻烦。在采取上述办法评定工分后应及时发给工分票。

第四十九条　一个劳动日能够分得多少东西，根据全社全年收入多少东西来决定。一般地说，全社全年在生产中得到实物和现金，在扣除生产费、公积金、公益金和土地报酬以后，用全社全年劳动日的总数来除，除出来的就是每一个劳动日所应该分到的。全社全年的收入越多，一个劳动日所分到的也越多；全社全年的收入少了，一个劳动日分得的也就少了。因此每一个社员为了多得收入，既要自己积极劳动，以便多得劳动日，又要努力促进全社的整个收入增加，使每一个劳动日所能够分到的东西跟着增加。这样，就使社员的个人利益和合作社的集体利益得到正确的结合。

第五十条　合作社的管理人员，应该同一般社员一样，按照参加劳动的数量和质量，领取工分。在执行职务的时候，所耽误了的劳动时间，由合作社补助那些因公误工的部分，补助时要根据他们所负担的工作的多少和工作成绩的好坏，补贴也可以采取定额的办法，但是不宜太多。

合作社干部参加社务工作的补贴工分总数，一般地应该不超过全社工分总数的百分之一。规模较小的合作社除会计员外，一般不予补贴。

第五十一条　为了把劳动报酬上的按件计酬制同劳动组织上的责任制结合起来，农业生产合作社应该推行包工制，就是把一定的生产任务，按照工作定额预先计算出一定数目的劳动日（如果合作社还没有规定工作定额，可以按照当地包工的习惯议定一定数目的劳动日）包给生产队或生产组限期完成。生产队或生产组无论因为劳动效率高，少用了劳动时间，或者因为劳动效率低，多用了劳动时间，都得到同样数目的劳动日。

如果生产队或生产组的工作质量不合要求，合作社可以要求他重做或者酌量地扣减它所应得的劳动日。如果生产队或生产组工作时间超过了限期，合作社也可以酌量地扣减它所应得的劳动日。如果生产队在生产中克服了特殊的困难，创造了特殊的成绩，合作社应该酌量地多给劳动日。

实行包工制的合作社，管理委员会应该帮助生产队或者生产组做好短安排和评工计分等工作，使生产队或者生产组对所承包的农活能够按期或者提前完成。

第五十二条　农业生产合作社应该尽可能从实行按件包工到实行耕作段落的和季节的包工制（小包工）逐步地过渡到实行常年的包工制（大包工）。

在实行常年包工制的时候，应该规定生产队所必须完成的农作物的产量计划和合作社管理委员会所必须负责执行的生产资料的供应计划，并且实行超产奖励制。对于超额完成了产量计划的生产队，应酌量地多给劳动日或采取超产部分分成的办法作为奖励，对于经营不好，产量达不到计划数的，应该斟酌情形扣减劳动日，作为处罚。如果遇到不可抗拒的灾害，应该适当地修改产量计划。

第五十三条　农业生产合作社要组织劳动竞赛。通过劳动竞赛，动员社员积极地提高劳动效率和生产技术，克服生产当中所发生的各种困难，完成和超额完成生产计划。

对于在劳动竞赛当中的先进单位或者个人，合作社应该给以奖励。

第五十四条　全社的生产因为领导好超额完成了生产计划，对于有功的管理人员，应该多给劳动日作为奖励。

社员在生产技术上有创造发明的，对保护公共财产和节约开支有特殊贡献的，应该多给劳动日，作为奖励。

第九章　财务管理和收入分配

第五十五条　农业生产合作社管理委员会应该在制订年度生产计划的同时，制定年度财务收支预算，提交社员大会通过以后实行。

合作社的预算应该包括：资金（包括实物和现金）的来源和本年度使用资金的计划，本年度生产总值的概算和分配的概算。

农业生产合作社的资金的主要来源是：社员交纳做股份基金、公积金、社员的投资。在确有必要的时候，合作社可以向银行、信用合作社贷款，或者由国家给以适当补助。

第五十六条　农业生产合作社使用资金，必须严格地注意节约，避免浪费，在财务管理上，具体贯彻勤俭办社的方针。每年预算的生产费的各个项目（包括种子、草料、购买肥料、农药的开支，修理农具、医治牲畜的费用，租用社员的耕畜、农具的报酬，生产管理费等），都应该定出开支的限额。合作社的生产管理费的限额（不包括社务工作的报酬和补贴）至多不能超过全年生产总值的千分之五。

第五十七条　农业生产合作社必须建立必要的财务制度和手续。

合作社的一切开支都要经过一定的审查和批准手续，预算以内的一般开支，要经过管理委员会主任批准。预算以内的较大的开支，要经过管理委员会通过。追加预算，要经过社员大会讨论通过。对于一切不合制度和手续的开支，会计员和出纳员有权拒绝。

合作社的一切收支，必须有单据证明，会计员凭单据记账。

合作社的会计工作和出纳工作要分若干人共同负责。

会计的账目必须日清月结。按季、按生产年度公布收支结果。每个社员所得的劳动日的账目，必须按月与社员所持有工分票核对后换给面额较大的工分票，再行公布。

合作社的公共财产必须有专人共同保管。公共财产的清单，在年度结账的时候公布。

合作社必须积极地有计划培养自己的会计工作人员。

第五十八条　农业生产合作社的公共财产必须受到保护，任何社员都不得侵犯。对于贪污、盗窃、破坏公共财产的，或者由于不负责任造成公共财产的重大损失的，合作社应该分情况给以应得的处分，并且要他退回原物或者赔偿。对于情节严重的，应该请司法机关处理。

第五十九条　农业生产合作社全年收入的实物和现金，有以下两种分配办法：

（一）在由社员家庭各自负责向国家交纳农业税、交售农产品的情况下，应该按照下列次序进行分配：

1. 把本年应消耗的生产费扣除出来，留作下年度的生产费和归还本年度生产周转的贷款和投资。

2. 从扣除消耗以后所留下的收入当中，划出一定比例的公积金和公益金。

3. 支付社员的土地、林木和牧畜的报酬，支付租种的土地的租金。

4. 按照农业生产、副业生产和社务工作的全部劳动日，分配社员的劳动报酬。在社员家庭的同意下，从社员应得的收入中付给"布毛布少"一定数量的"私房钱"。

（二）在由合作社统一负责向国家交纳农业税、交售农产品的情况下，应该首先履行上述对国家的义务，然后对余下的实物、现金和由交售农产品得来的现金按照上一项所列的次序进行分配。

实行第一种办法的合作社应该创造条件，积极准备实行第二种办法。

第六十条　公积金的用途限于进行合作社的基本建设（如购买耕畜、农具和副业工具、修整土地、保持水土、兴修小型水利、垦荒、造林等）和增加生产费，不能挪作别用。公积金的数量，在合作社初办的时候一般不要超过每年实际收入（生产总值扣除生产中各种消耗）的百分之五，以后随着生产的发展，可以逐步提高到百分之十。

公益金的用途限于发展合作社的文化事业和公共福利事业，也不能挪作别用。公益金的数量，在合作社初办的时候，一般地可以占合作社全年实际收入的百分之一，以后随着生产发展，可以逐步地提高到百分之二或者百分之三。

如果合作社的生产增加不很多，为了增加社员的个人收入，公积金可以少留。遇到年景不好，公积金可以少留或者不留。遇到丰年，在保证社员个人收入增加的条件下，公积金也可以酌量多留。

第六十一条　春季和夏季收获的农产品，农业生产合作社在留下所需要的部分以后，应该按照社员已经得到的劳动日的多少，预先分配给社员，到生产年度终了的时候，再行结算。

合作社的现金收入和国家对农产品的预购定金，在留下所需要的部分以后，应该根据社员已经得到的劳动日和实际需要，分期预支给社员，到生产年度终了的时候，再行结算。

分配给社员的实物和现金的搭配，以及各种实物的搭配，都要尽量照顾到社员的实际需要。

第六十二条　公积金、公益金和合作社所积累的别的一切公共财产，都不允许分散，社员退社只能按照本章程第十三条的规定带走还是他私人所有的生产资料，抽回他所交纳的公有化股份基金和其他的投资，不能分走合作社所积累的任何公共财产。两个以上合作社合并的时候，不允许任何一个合作社分掉合并以前社积累的一切公共财产。

已经积累了公共财产的合作社，在接受新社员入社的时候，除了要他交纳应交的股份基金以外，不应该对他提出额外的要求。

第十章　政治工作

第六十三条　农业生产合作社应该在共产党和人民政府的领导下，在青年团和妇女联合会的协助下，进行政治工作。

政治工作的目的，是保证完成生产计划，保证执行勤俭办社的方针，反对铺张浪费，保证按劳取酬和男女老少同工同酬，保证合作社的集体利益、国家利益和社员的个人利益得到正确的结合，从思想上和组织上巩固农业生产合作社。

第六十四条　合作社的政治工作包括以下内容：

（一）向社员宣传共产党的主张和人民政府的政策，特别着重在阶级教育的基础上宣传农业社会主义改造的道路和各种农村工作的政策，不断地提高社员的社会主义觉悟，克服资本主义思想，克服不顾国家利益和合作社集体利益的本位主义思想和个人主义思想。巩固工农联盟，建设社会主义。

（二）向社员讲解国内外时事，加强爱国主义教育，使社员热爱祖国，巩固祖国的统一，遵守国家法律。

（三）提倡爱护合作社和爱护公共财产，提倡勤俭办事，爱社如家。

（四）教育社员自觉地遵守劳动纪律，反对破坏劳动纪律的行为。

（五）鼓励社员在劳动中发扬积极性和创造性，在自觉的基础上，逐渐地改变一些不利于生产的习俗，并且提倡钻研和改进生产技术，努力增加生产，增加收入。

（六）发扬合作社内的民主，贯彻民主办社，鼓励社员积极地参加社务管理，为不断地改进合作社的工作而斗争。

（七）进行团结教育，加强全体社员之间、生产队（组）同生产队（组）之间、合作社同合作社之间、合作社同社外劳动农民之间的团结，提倡社员彼此在生活上互助互济。

（八）进行民族团结互助的教育，提倡虚心学习其他民族的生产特长和办社经验，克服保守思想，并注意互相尊重民族的风俗习惯，以巩固和进一步增强民族间的团结互助。

第六十五条　合作社在进行政治工作时要采取群众路线的方法，除了经常的政治思想工作以外，每年可以结合整社，运用群众辩论的方法，系统地总结一年的工作，在全体社员中集中地进行社会主义教育，也可以通过组织参观、表扬先进、小型展览等方法进行教育，使政治工作的内容生动，形式多样灵活。

第六十六条　合作社要教育社员在条件成熟了的时候，自愿地把现在的初级社转为高级合作社。还要加强对社外劳动农民的教育和帮助，争取他们自愿地陆续加入合作社。合作社不能排斥曾经退社的和有生活恶习的农民入社。

第六十七条　农业生产合作社要不断地提高社员的革命警惕性，加强合作社的保卫工作。

第十一章　文化福利事业

第六十八条　农业生产合作社必须注意社员在劳动中的安全，不使孕妇、老年和少年担负过重和过多地体力劳动，并且特别注意使女社员在产前产后得到适当的休息。

合作社对于因公负伤的社员，要设法医治和酌情给以帮助；对于因公牺牲的社员要抚恤他的家属。

第六十九条　农业生产合作社应该积极地动员、组织和帮助社员在业余时间学习文化和科学知识，在若干年内分批扫除文盲。

合作社应该利用业余时间、农闲季节和重大节日开展文化娱乐和体育活动，逐步提高社员的文化生活水平。

第七十条　农业合作社要开展公共卫生工作和社员家庭卫生工作，以减少疾病，提高社员的健康水平。

第七十一条　农业合作社应该随着生产的发展，逐步地发展以下的福利事业：
（一）组织农忙托儿组，解决女社员的困难。
（二）女社员生孩子的时候，有困难的酌情给以帮助。
（三）在可能的条件下，帮助社员改善居住条件。
（四）社员遇到婚、丧、嫁、娶，合作社可以组织社员帮助。
（五）社员遭到不幸事故，生活发生严重困难的，酌量给以帮助。

第七十二条　农业生产合作社应该在若干年内，组织社员逐步地做到储备一年到两年的粮食，以备紧急时候的需要。

第十二章　管理机构

第七十三条　农业生产合作社的最高管理机关是社员大会。

农业生产合作社在社员人数过多，或者社员的居住地点过于分散，召开社员大会确有困难的情况下，可以召开社员代表大会，行使社员大会的各项职权。

社员大会选出管理委员会管理社务，选出合作社主任领导日常工作，对外代表合作社；选出一个到几个副主任协助主任进行工作。合作社主任、副主任兼管理委员会主任、副主任。

社员大会选出监察委员会监察社务。

第七十四条　社员大会行使以下的职权：

（一）通过和修改社章。

（二）选举和罢免合作社主任、副主任和管理委员会的委员、监察委员会的主任和委员。

（三）决定土地和别的主要生产资料入社的报酬，生产费股份基金（生产垫本）的征集和对转为合作社集体所有耕畜、农具、林木等的作价和公有化股份基金的征集。

（四）审查和批准管理委员会所提出生产计划和预算，各种工作定额和各种工作定额所应得的劳动日。

（五）通过社务工作的报酬和补贴方案。

（六）审查和通过管理委员会提出的全年收入分配和预分、预支的方案。

（七）审查和批准管理委员会和监察委员会的工作报告。

（八）通过新社员入社。

（九）通过对于社员的重大奖励和重大处分，决定开除社员。

（十）其他重大事项。

第七十五条　社员大会由管理委员会召开，每月必须开会一次。

社员大会必须有过半数的社员出席，才能行使职权。在行使第七十四条（一）、（二）、（三）、（四）、（五）、（六）、（九）项规定的职权的时候，必须有出席社员的三分之二的多数通过，才能做出决议；行使其他各项职权，必须有出席社员过半数通过，才能做出决议。

第七十六条　农业生产合作社管理委员会根据社章和社员大会的决议管理社务。

管理委员会由主任、副主任和委员组成，按照合作社的大小，管理委员会一般地可以设五至十一个委员，管理委员会内委员可以按照农业生产管理、技术管理、副业生产管理、财务管理、政治工作、保卫工作、文化福利事业、青年工作、妇女工作等事务，进行分工。

管理委员会的决议，必须经过管理委员会的委员的多数通过，管理委员会在工作中必须发扬民主作风，不许滥用职权。

管理委员会可以按照需要任命合作社的工作人员。管理委员会任命生产队长或者直属的生产组长，事前要征求队员或者组员的同意，并且尽可能由管理委员会委员兼任。生产队以下的生产组长由生产队长指定。

第七十七条　监察委员会监督合作社主任、副主任和管理委员会的委员是不是遵守章程和社员大会的决议，检查合作社的财务收支是不是正确，检查合作社内对公共财产有没有贪污、偷盗、破坏等情形。监察委员会要按期向社员大会报告工作，并且可以随时向管理委员会提出意见。

监察委员会一般地由三个到七个委员组成。在需要的时候，监察委员会可以推选一个副主任，协助主任进行工作。

合作社的主任、副主任和管理委员会的委员、会计员、出纳员、保管员，都不能兼任监察委员会的职务。

第七十八条　农业生产合作社的主任、副主任和管理委员会的委员，监察委员会的主任和委员，每年改选一次，可以连选连任。

在合作社的领导人员和工作人员里面要保持贫农和下中农（主要是现在的贫农和新中农中间的下中农）优势，同时注意使上中农也有适当的代表，不仅要注意选拔青壮年的优秀分子参加领导，也要注意选拔老年人中的优秀分子参加领导，做到青壮老年人的所有长处都能发挥。

在合作社的领导人员和工作人员中，妇女也要占有一定的名额。

如果合作社社员有不同的民族成分，各民族的社员在领导人员和工作人员里面要占有适当的比例。

第十三章　附则

第七十九条　本章程是遵照全国《农业生产合作社示范章程》《高级农业生产合作社示范章程》的原则，并根据我州具体情况规定，适用于傣族和与傣族社会经济相同的其他民族地区的初级阶段的农业生产合作社。

如果已经过渡到高级阶段的农业生产合作社，应该根据土地和别的主要生产资料已经公有化了的情况，参照本章程规定社章，送请县人民委员会批准。

第八十条　本章程经自治州人民代表大会通过后报请省人民委员会转报国务院核转全国人民代表大会常务委员会批准后施行。

德宏和平改革地区农业合作化简况

　　我州边六县傣族、阿昌族区和部分汉族聚居的山区，共132个乡27万多人口。这些地区在去年底前分批完成了和平协商土地改革，废除了封建领主、地主剥削的土地制度，解放了农村生产力，为开展互助合作运动实行农业社会主义改造创造了基本条件。在土改中发展了农村党、团员，建立了党、团的基层组织。土改后又紧接着各族人民进行了社会主义的宣传教育，这就为我们逐步实行合作化和发展群众生产做好了必要的思想准备和组织准备。这些地区更由于大汉族主义的反动统治和封建领主制度的长期压迫和残酷剥削，造成边疆各族人民的特殊贫困，许多雇贫农虽然在土地改革中分得了土地，但耕牛、农具和口粮仍很困难。若不组织起来，就难于进行生产，加上当时正处在全国社会主义合作化高潮时期，内地各族人民的政治热情和合作社优越性的现实影响，有力地吸引着边疆各族人民。不但贫雇农、下中农要求办社，就是一般中农也有组织起来的要求。这些就是我们发展互助合作发展农业生产的基础和条件，也就是我们能在一些工作基础较好的地区直接办社的基本原因。但是，这些地区各族人民的文化和生产技术比较落后，突出的问题是不善于经营管理和不善于精打细算，因此在组织起来后，帮助他们有计划地采取先进措施进行生产，从而提高生产水平是个艰苦和复杂的工作，加之干部缺乏办社经验，群众对合作社尚不熟悉，部分上层和地主、富农尚存在若干顾虑，国内外敌人便从中挑拨破坏，因此困难仍然是很多的。

　　今春以来，我们根据省委"大量发展互助组，重点试办合作社，大力发展农业生产"的指导方针，重点直接办了336个社，入社农户8283户，其中傣族、阿昌族社165个，入社农户3756户，占傣族总户数的11.6%。汉族171个社，入社农户4527户，占汉族总农户的21.4%。加入互助组的农户在40%左右。这些社、组，由于各地党委的具体领导，和广大群众特别是贫农和下中农的积极要求，并取得了民族上层人士和宗教人士的赞助，工作发展是顺利和正常的。给土改后的农村带来了新的变化，这表现在：农业得到了显著的增产。根据合作社分配结果的统计，除少数社因经营管理不善或遭受自然灾害外，94.5%的社增产，一般增产30%，最高的增产74%，最低的增产7%，互助组一般也增产了20%左右。这是由于社建起来后，即迅速转入生产，推广了提早季节栽种、选种换种、多犁多耙、合理密植、施肥等先进措施，扩大了耕地面积，增种了苞谷、豆类、洋芋、草烟等大小春作物，并发展了咖啡、木棉、蓖麻、龙舌兰、甘蔗等亚热带经济作物和开展了副业经营。入社农民也切身体验到组织起来的好处，坚定了走合作化道路的信心，说："毛主席指给我们的道路不会错。""毛主席指给我们的路才是活路、大路，其他的都是死路、小路。""我生为合作社的人，死了也是合作社的鬼。"这些社并给广大农民树立了榜样，有的纷纷组织互助组准备转社，有的几次跑到县上、区上要求派干部去帮助他们办社，有的还集体开荒或种植小春准备办社，有的甚至还抱怨说："皆是我们工作落后，不给我们办社。"不仅如此，因为土改后即紧接办社，土改中培养出的骨干和积极分子，不仅没有松动换班思想，而且在互助合作运动中得到了提高，并涌现了大批新的积极分子，乡村干部和党的支部也得到了锻炼，办社干部也得到了直接经验，就是地主、富农和民族上层人士，对合作社也有较多的了解，而逐步消除顾虑和误解，除少数尚存抵触情绪甚至进行破坏活动外，一般在大势所趋的情况下，能守法劳动，并争取入社。当前各地拟通过分配，再一次对农民进行具体的社会主义、合作化的优越性的教育，并轮训乡村干部和准备会计，迎接今冬明春的大发展。

一、如何在和平协商改革地区贯彻合作化政策问题

"大量发展互助组，重点试办合作社，大力发展农业生产"的方针，是符合我州干部对民族地区办社无亲身体验，群众对合作社尚不熟悉，如果开展时不由小到大、由少到多、由低级到高级这一基本步骤，直接跳过发展互助组和重点办社的阶段大量办社，就有办不好的危险的实际情况。现在看来，我们这批社保证了增产，起到了示范作用，广大农民更加相信合作社的好处，并有了互助组的锻炼，这就为今冬明春大发展打下了基础。

慎重稳进是我们民族地区进行一切工作的方针，因此农业合作化也不例外。所以对民族的政治、经济、文化的发展状况，均须具体分析，正确估计各族人民的社会主义觉悟水平，做好全面规划，分批分别有计划有领导地建立合作社。

在贯彻这一方针时，我们首先计划上做了控制。如汉族地区就要求多办，达到户口的20%以上。靠边的瑞丽、陇川则少办，一个县只10多个。在工作方法上，仍坚持由点到面，首先在户闷试办，然后各县试办第一批，再办第二批。在社的规模上，只办小社，少数有条件试办个别中社，大社则不办，以适应各族人民经营管理水平。采取这样的步骤，在试办阶段仍然是必要的。但是我们有的地区却是贪多、贪大，想一步登天，这也及时受到了批判，事实证明是错误的，如盈江几个较大的社都办得不好。

在贯彻党在农村的阶级路线和阶级政策方面，我们一般是首先弄清阶级基础，先吸收贫农和下中农入社，在办社后从经济上大力予以扶持。并保证领导成分中贫农占2/3。对一般中农不勉强吸收入社，因为在合作社未树立优势时，他们是不愿意入社的。但是，我们有的同志认为中农牛多、田好、劳动力强、会计划，愿意吸收中农，而不在意树立贫农

的优势。有的同志单纯追求入社户数，迷惑于中农要求入社的假象，急于勉强吸收中农入社，都经及时纠正。至于对待富农，不仅使农民从思想上划清界限，同时也向富农明确指出：社会主义是人人富裕，穷的富了，富的也富，你们劳动守法，放弃剥削，将来也可以入社，使其认清前途，而努力改造。

在合作社内的具体政策问题上是：

土地评产和报酬，是根据地广人稀、劳力少、土地多、公粮负担少，从社员自愿、对社外影响、中贫农互利等特点来考虑，不宜过高，否则不利于刺激劳动积极性，但考虑到中贫农关系、五保户的问题，也不宜过低。因此一般在20%至25%，土地多的地区也不少于15%，土地少的地区也不高于30%。

至于评产，有的根据土改产量，有的根据常年产量，有的根据去年实产量，照顾土地质量，如土质、水利等条件。由于傣族不善于计算，且产量不稳定、土地又多的情况，以根据去年实产量照顾上地好坏及自然灾害评定即可。自留地一般只留园子地。

耕牛处理办法有：私有私养租用，私有租用、合作放牧，折价入社3种。由于傣族对耕牛爱惜，有传统的合作放牧习惯，所以以采取私有私养租用、合作放牧为宜。牛租有两种，一是死租，一是根据牛的大小、出工多少、质量如何、出工时间按劳付酬，这以第二种为宜。贷款买的牛，仍与私牛一样分租，不筹集公有化股份基金。

农具、犁耙随牛走，不折价，也不折旧。有的搞折旧的，群众反映太麻烦了。小农具如锄、镰，自带、自修、自用、自保管。

生产股份基金根据入社产量分摊，一般是肥料随田带，籽种到季节时筹集，牛租秋收后付给。

公积金、公益金在社员增加收入的基础上，根据示范章程酌情留积，今年一般是在2%至3%。

在分配上执行了"多分少留"的原则。从一些社分配结果来看，公粮一般占6%，成本一般占10%左右，公积、公益金和行政管理费在3%至4%。这样，将有80%以上的能分给社员，90%以上的社员能够增加收入。

二、根据民族特点组织生产和进行经营管理的问题

搞好经营管理、增加生产是合作社组织起来以后的中心问题。根据我区位于亚热带、气候温暖、土地肥沃、雨量丰富、自然条件优厚，但耕作技术落后、广种薄收、土地潜力大、可垦荒地很多、粮食产量虽多但运不出去等特点，因此我们发展农业生产总的方向是：在保证粮食增产的基础上，大力发展亚热带经济作物，以改造我区生产，增加各族人民收入。在制订生产计划时，必须根据这一总的方向因地制宜，订出切实可行的计划。在制订计划中，首先遇到的问题是傣族农民不善于计划，说"干就是了，何必计划"，"订了办不到害羞"，而不愿计划。通过思想教育解决了这个问题之后，各地订计划出现了两

种情况：一种是认真和群众商量，深入总结了当地生产经验，充分发扬了民主，算了增产账、出工账、社员增加收入的账，并结合进行生产活动，这样社员情绪高，出工积极，计划也较为切实可靠，因而也能起到指挥生产的作用；一种是干部包办，未和群众充分商量，硬搬内地的经验，结果订出来的计划实际是保山廖官屯合作社计划的翻版，起不了指导生产的作用。群众说："这是××同志订的计划。"迄至现在一般社的生产计划都经过3次修订：一次是建社时订的，一次是5月改州后，一次是最近预分试算后。总的趋势是一次比一次实事求是，一次比一次发扬民主，因而也能逐步起到指挥生产、激发群众积极性和劳动热情的作用。但是在组织生产上，干部仍存在很大片面性。强调粮食作物，便不注意开展多种经营；强调多种经营，又忽视了粮食的田间管理。至于经济作物，一般是管得不够好，不少社还未把副业开展起来。这都需要我们在今后工作中加以改善。

经营管理的核心问题是搞好劳动组织和劳动管理。由于傣族还存在有伙干的习惯和男女分工严格，因此在划分劳动组织时，很多反映分开干不团结了，"叫我们组织起来，又叫我们分家"。因此分有组有的不出工，再不然出工就是一窝蜂，男人只管犁田、耙田、看水、堆谷子、打谷子等活，女人干栽秧、薅秧、割谷等，也需要照顾。他们还存在着原始的平均主义思想，不习惯于评工记分，大人小孩不管干多少一样评分。1年来在劳动组织和评工记分上，一般是经过了如下过程：开始时不分作业小组或分了组仍是一起干，或临时派工，不管大人小孩、出工迟早一样评分，这样便严重地窝工浪费。社员也很快便认识到这样干不好，遂过渡到划分小组，根据出工迟早、劳力强弱评给工分，这虽较前有所改进，但仍存在不合理，即无数量质量要求，组与组间工分不平衡，不能更大地发挥社员劳动积极性，甚至互相有意见。遂推行按节令（小段）包工，即按节令安排活路，根据活路安排劳动力，并根据活路的需要，建立劳动组织，又根据劳动出勤的情况，调整作业计划，使劳动组织、劳动力与生产要求相适应。但在推行时，由于我们缺乏总结检查，因此有的实行了几次又改为活分活评，未能继续贯彻。

保证生产计划的完成，必须切实地制订劳动规划。而劳动规划的合理，又必须从傣族原有劳动情况出发，积极地发挥劳动潜力，在提高觉悟的基础上，教育社员，减少某些由于宗教习俗而耽误了劳动，这也是可能的。据调查，今年社员出工每个劳动力达到100个劳动日左右。

为了使劳动出勤率建立在可靠的基础上，必须照顾民族特点。1年来我们遇到如下问题：

（1）盖房子：傣族住草房，1年或2年即需盖1次草，届时全寨互相帮助。有的社未注意帮助组织，结果无人出工；有的主动加以组织，结果提前完成盖房，提早了生产季节。

（2）忌日：如鼠日不修坝、不撒秧，立夏不犁田等。

（3）赶摆、祭寨子、进凹和出凹不出工。

（4）泼水节：清明后7天互相泼水，拜佛男女也借此互相串。

（5）青年积私方：采取"青年劳动日"或种菩毛菩少田解决。

（6）串布少：一种恋爱方式，对劳动影响很大。

（7）女的不拾猪粪，新媳妇不与男的长辈在一起干活。

（8）40岁以上有儿女的便上奘拜佛，不参加主要劳动。

（9）烧蒿草，一种串姑娘的形式。

（10）到国外做生意，多在旧历年前及栽秧前。

这些，一方面要主动照顾，同时加强爱国主义、集体主义、多劳多得、劳动光荣的教育，在民族觉悟的基础上逐步加以改变。

三、培养民族干部问题

我们一开始即重视了培养民族干部和积极分子。首先各县都开办100至200人训练班，轮训农村党、团员和乡村干部。办社前，各县又组织了农村党员和积极分子分批去龙陵、腾冲参观访问合作社，效果很好。各县又开办了会计训练班，为合作社培养会计。现我们还有600人正在学习会计。此外，还训练了咖啡、植棉、水利、双季稻等各种技术人员。这些在对农民进行社会主义教育、培养民族干部和技术员起了很大的作用。

傣族地区党的支部是土改中才建立起来的，区委也是才提拔起来的民族干部，他们虽工作积极热情，但水平低，办法少。因此如何帮助他们建立工作、搞好领导便是很突出的问题。如不解决，便会形成外来干部包办，其结果必然影响合作化运动的健康发展。各县在这一问题上，都采取了一系列的措施，来帮助区委提高支部。如定期召开支书联席会，总结交流经验，县扩干会吸收支书支委和乡长参加，县委经常派出委员或工作组分赴各地具体帮助，对乡村干部的具体困难加以解决，各地并通过转党提高了党员觉悟，改进了支部工作，有的地区还发展了新党员，扩大了队伍。这样，才保证了由干部办社转变到支部办社，现在一般主要的支委学会了办社。

培养社干，使之形成一个能贯彻党的政策、联系群众、作风民主、有一定领导能力的领导集体，是巩固社、搞好经营管理的核心问题。我们采取了训练、参观、开社主任联席会或会计会等方式来提高他们，多数社还有驻社干部耐心地具体地帮助，并通过总结工作、总结生产等方式开展批评与自我批评，才保证了社干的思想水平和工作能力逐渐提高。

但是，要做好这一系列的工作，关键还在于不断批判外来干部的大民族主义残余。具有这种思想的人，他们认为民族干部和群众落后，在工作中不信任民族干部，不敢大胆放手让民族干部、积极分子去进行工作，而是包办，遇事又不调查研究，虚心听取群众意见，而主观硬套。虽然这是少数，但对工作危害却不小。因此过去批判了，今后还需继续不断克服。

四、对民族上层的统战工作

做好民族上层人士和宗教人士的统战工作，在边疆地区和少数民族地区有特殊重要的意义。为了取得最广泛的支持，我们根据和平协商土地改革已有的经验，采取自下而上的交代政策，以消除他们的顾虑。开始有的地区只强调消灭富农剥削，对上层团结教育的政策宣传不够，导致引起某些上层不必要的顾虑，农村阶级关系也显得紧张。如富农的姑娘没人串、地富不得开会等，有个别甚至因产生误解或受敌人拉拢逃亡国外。我们及时发现这一问题，情况遂有了扭转。即事前事后召集上层人士开会，交代政策、打招呼，并说明基本合作化后，可根据他们的表现分别吸收入社，使其认清前途，他们生产上有困难，社内外农民仍去帮工等，这便消除了他们的疑虑。5月改建自治州，各县政权实行选举，并逐级成立政协委员会，扩大了统一战线组织，有代表性的分别参加了各级政权或协商机构，计州、县政权及政协共安置137人，生活有困难的由国家给以补助。这样，他们的生活和地位都得到了妥善的照顾，很多也就表现进步，并努力自我改造，个别存在敌对情绪也受到孤立，这就保证了合作化运动的顺利进行。

五、国家的大力扶持

我区各族人民生产落后、生活贫困，因此在办社中还需国家的大力帮助。今年已发放各种贷款843927元（边六县），救济194559元，无偿补助耕牛款11万元。此外，还在各县成立了技术指导站、县农场，重点推广新式农具、农药械、良种等，这对边疆生产面貌的改变是良好的开端。

以上便是我州和平改革地区合作化的大概轮廓。

中共德宏地委关于对傣族地区土改后两条发展道路斗争的认识和农业合作化运动的意见

中国共产党德宏地方委员会报告

1957年11月8日

总号：（57）118

主送：报：省委（并省边委）

抄送：边六县县委、畹町工委

　　　地委各部委、州级国家机关各党委、边防军分区

　　　民干校、团结报

中共德宏地委办公室

1957年11月8日印

中共德宏地委关于对傣族地区土改后两条发展道路斗争的认识和农业合作化运动的意见

　　我州边六县傣族地区随着1955年和平协商土地改革的胜利完成，便紧接着对农民进行社会主义教育和试办农业生产合社。由于全国农业合作化高潮的影响，大大鼓舞了边疆干部和各族人民的社会主义积极性。不仅贫苦农民分得土地后缺乏耕畜、口粮等必要的生产资料难于进行生产，有组织起来的要求，就是一般中农也认为"共产党指给的道路不会错"而要求入社。因此我们便在没有互助组的基础和干部也缺乏经验的情况下边学边做，于去年春建成175个社，入社农户3734户，占总农户的12%。由于摸索前进，既未能很好地根据民族特点和生产特点进行经营管理和安排生产，且又忙于解决社内各种问题，以致放松了对广大面上互助组和个体农民生产的领导。所以现在看来，作为示范和取得经验来说，去年的社是办得多了一点，部分社规模也稍嫌过大。虽然如此，去年仍然获得了丰收，绝大部分社和社员都增加了生产，增加了收入。证明边疆各族人民只有走合作化的道路，才能逐步地而又是迅速地发展农业生产，最后根本改变民族贫困落后的面貌。

　　但是今年春，我们在巩固老社和发展新社的工作中却感到吃力：不少农民要求退社，新社也很难办起来，就是办起来，也多是几户到十几户的小社。经过两条道路回忆对比的教育，结合改进了社的经营管理，加强了对广大面上生产的领导，调整了社内外关系后，才使老社得到了巩固，并建立起一批新社。退社户占原有户数的14.1%，新建成222个社，

现共有397个社，5588户，为总农户的17.8%，较去年略有前进。这一方面说明部分积极分子和贫农中的困难户坚决选择了社会主义的道路，另一方面也说明有相当部分农民对合作社持有观望和怀疑的态度，甚至增了产也退社。退社的原因很多：首先是政治思想工作薄弱，社会主义思想教育不够或宣传空洞无力，群众觉悟未能相应地提高，认为"累了苦了，产应该增一点"，不认识合作社的优越性，更不能理解社的性质和社会主义前途，要求出社"再看一年"；其次是未能坚决贯彻依靠贫农、团结中农的阶级路线，过早地吸收了一批上中农入社，有的确实减少收入，有的虽也增产，但总以为吃亏，因而带头退社；再是受资本主义的吸引和国外影响，有的退出社去做生意和雇工，且傣族农民原来即有到缅甸采茶、卖工、经营小额贸易的传统习惯，感到入社不自由而退社；再由于是第一年，还来不及总结按照民族特点和地区特点进行经营管理和发展生产的经验，而且要取得这方面的经验，也需要一个实践过程，这样在经营管理、安排生产上便存在某种程度的混乱和脱离实际。加上农民入社后对新的生产关系、生活方式尚不习惯，社外部分农民特别是上中农对社又采取了讥刺的态度，说："我们头睡扁了，你们还在开会。"从来没有薅秧习惯的村寨也讥笑合作社的秧未薅完，使社显得孤立；再加上地主富农的破坏，他们夸大合作社的缺点，大肆攻击，以酒肉拉拢和收买社员，高价雇工，遂造成部分社员退社。在这种工作困难的情况下，干部思想也比较混乱，我们有的同志不敢理直气壮宣传合作社的优越性，有的对不法地富的破坏活动束手无策，不敢给以必要的打击，有的过分强调民族的落后因素，而盲目地认为合作化的速度越慢越好，有的甚至怀疑合作化的道路是否正确，这表现了社会主义的觉悟不高。虽然我们在今年春天提出要从两条发展道路的斗争着眼来观察和处理工作中的问题，但由于对情况缺乏深入的认识，因此在实际工作中又出现了不同的情况。有的对农业社会主义改造的艰苦性和复杂性且是一个历史时期的革命任务没有理解，盲目性大，把两条道路的斗争简单化，要求对自发趋势和资本主义从各方面立即加以限制，个别地区甚至忽视了农民是劳动者的一面，因而对其自发趋势采取错误的斗争方法。有的则仍然是取消阶级斗争，看不到两条道路的矛盾，过分强调傣族农民是自然经济，把不入社、退社简单地看成是社与风俗习惯等有矛盾，在根本道路上动摇，这都是十分错误的。为了澄清这个问题，困难也促使我们深入下去就农村情况进行调查研究，并结合我们1年多来的实践，在8月边六县县书会议上进行了讨论，对我州和平改革地区情况的认识，今后的方针道路，合作化发展的大体规律取得了一致的认识，基本上澄清了思想上的混乱。

一

我们认识到，和平协商土地改革后的农村，占优势的是孤立的、分散的、守旧的、落后的、以一家一户为生产单位的小农经济。要依靠这种规模狭小、工具落后、土地分散、劳动效率低下、无力抗拒天灾人祸的小农经济来发展农业生产是不可能的。而小农经济又是一种不稳固的经济，如让其自流就会向贫富两极分化，因为每一农户只有很少一些财产，如遇任何天灾人祸的挫折和打击，有的农户便会下降为无产者或半无产者。同时小农经济又是私有者的经济，有的农户在有了余粮和余钱时，就会利用它来做投机买卖、放债、雇工等办法去剥削他人。即是说小农经济本身虽不是资本主义经济，但却时时刻刻生长着资本主义，是资本主义经济滋长繁荣的温床。因此，如果不对小农经济实行社会主义改造，就会走上资本主义发展的道路，这与我们要建立社会主义社会的根本目的是不相容的。由于农民是劳动者，过去深受封建领主地主的剥削和压迫，而现在是国家的主人，依靠劳动在社会主义社会可以过比现在不知好多少倍的生活，因此是可以接受社会主义改造的。由于农民又是私有者，是农产品出售者，具有自发的资本主义倾向，因此在社会主义改造的过程中必然出现两条发展道路的斗争。土改后1年多来这两条发展道路的斗争表现在以下几个方面：

（一）土改后农民有两种发展生产的积极性：一方面是个体经济的积极性（上中农表现得尤为突出），一方面是组织起来的积极性（贫农和下中农表现得更为明显）。正如党中央关于发展农业生产合作社的决议中指出的："这两个方面的积极性反映农民（主要是中农）本身是劳动者又是私有者的两重性质。从农民是劳动者这种性质所发展的互助合作的积极性，表现出农民可以引向社会主义；从农民是私有者和农产品出售者这种性质所发展的个体经济的积极性，表现出农民的自发趋向是资本主义。这就不可避免而由于农业经济的恢复和逐步上涨，这两条发展道路的斗争就越来越带着明显的不能忽视的性质。"从我州的情况看来也是这样：一方面去年以来我们根据省委的方针和农民组织起来发展生产的要求发展了一批互助组和合作社。在今年春严重的退社风潮中，由于我们进行了艰苦的工作，合作社不仅得到了巩固，并有所发展，入社农户有所增加。尽管各地发展不平衡，但却说明只要农民特别是贫农和下中农认识了互助合作的好处，看清了社会主义光明的和广阔的前途，就不会安于小农经济的现状而会坚决选择合作化的道路；另一方面，相当数量的农民主要是上中农，他们怕入社吃亏，认为"有田有牛，生产自己会搞，何必入社"，要求"看两年再说"，对互助合作持观望态度。部分上中农自发倾向突出，且因社的生产尚达不到他们的生产水平，甚至对社采取冷嘲热讽的态度。因此要认识这种小私有者的特点，既不能挫折他们这种个体经济的积极性，因这种积极性是土改解放生产力的必然结果，它在目前是有利于增加生产和在为社会主义创造物质基础上能起一定的作用。但也要看到随着生产的发展，个体农民的自发的资本主义倾向也会随之逐步增长。因而要积极地办好现有的社，以资示范，并积极地而又谨慎地经过许多具体的、恰当的、多样的过渡形式，使他们懂得合作化较之孤立的个体经济有极大的优越性，耐心地把农民个体经济的积极性引导到互助合作的积极性的轨道上来，从而克服产生于个体经济基础上的资本主义自发倾向，逐步走向社会主义。

（二）在粮食问题上的斗争比较尖锐。去年虽然增产，征购任务既少而又不变，但任务仍未完成。固然因农民生活改善粮食消费有所增加，但也反映了土改后农村经济有了发展，农民的资本主义自发势力也随之增长。除地主富农囤积粮食进行投机外，部分富裕农民在富农的影响下积存粮食待价而沽，或放高利贷或雇工，或以之做酒出售进行商业活动。且由于山区人民生活逐步改善，对坝区粮食的需要增加，有些富裕农民在富农的带领下更高抬市价，大斗小称进行投机。即使是因传统习惯有粮不卖，也反映了小生产者是根据自己的利益来支配农产品，不符合国家计划经济的要求。所以征购完不成任务，本质是反映了国家计划经济与小农经济和自由市场之间的矛盾，反映了建设社会主义的边疆与农民自发势力的矛盾，归根到底是反映了社会主义因素与资本主义因素的矛盾。因此必须采取必要的措施，逐步解决粮食问题，限制农村资本主义自发势力的发展。在一个重要的方面把分散的小农经济逐步纳入国家计划的轨道，以促进农民社会主义觉悟的提高，从而也就能促进广大农民走上互助合作的道路。当然要把富裕农民的不卖余粮和一般农民的惜售区别开来，不能把不卖余粮都笼统认为是自发势力，而加以限制，因为一般傣族农民的传统习惯，是屯箩里要经常保持有点谷子，有的是怕一次卖后造成浪费，愿意用点卖点，有的不卖和少卖是想吃用宽一点（傣族在吃、做酒、做粑粑，养猪、牛、鸡、鸭，宗教节日活动、送礼均要用粮）等，这些虽对国家掌握粮食不利，但不能简单地认为是自发势力。

（三）商品经济有所发展，根本的原因是由于土改后生产的发展，农民生活得到改善，农副产品的出售增加，对工业品的需要增加。这表现为两方面：一方面是国营和合作社商业营业额的增加，1956年较1955年增加34%，1957年1至3季度又较1956年同期增加76%。由于私商很少经营国货，因此主要是直接满足了各族人民的需要，说明社会主义的经济日益扩大，有利于阻止商业投机和减少对外货的依附。但在边沿地区国营部分商品却被私商套购出去换回外货，实际支持了小额贸易商的发展。另一方面，由于对民族商人未加以限制，且少数民族人民从历史上即依赖国外进口工业品满足其消费需要，而内外差价又大，显得外货便宜，在品种上、价格上国货都不易代替。因此，随着人民对工业品的需要增加和国营有意识地通过民族商人进口部分物资供给内地市场需要，再加上出外采茶、帮工逐年减少，自带货物回国自用便逐步减少，因此傣族私商和小额贸易便有很大发展，即资本主义性质的商业活动有所扩大。当然在地区上是不平衡的，如城镇口岸、交通沿线从事商业的就较多，有的地区如章凤等地，因交通和国外政治情况及国营从别的口岸进口小额贸易物资的支持，甚至私商（汉商）有所减少。但总的来说，私营商业从户数、资金、营业额都是增加的。这固然对满足人民日益增长的生产生活需要起了一定作用。但由于货源、价格均取决于国外，很难纳入国家计划，加以经营小额贸易周转快、利润高，有些属官和地主富农甚至雇用农民帮助其贩运、走私，因此从经济到思想都影响农民，使得交通沿线和口岸地区不少有余粮余钱的富农和上中农弃农就商或兼营商业活动。如瑞丽勐卯镇不少以1箩田3箩租的低租把土地出租而经营商业，商贩户数由42户增至190多户。俄罗乡弃农就商的即有8户。偏僻如莲山的姐岛寨，商贩户数也有增加。有些民族上层也利用政治上的便利，毫无忌惮地进行走私活动，就是国营为了进口小额贸易物资扶持的一批商人也带有很大的投机性。往内地市场走私的也有增加。如让其自流下去，便会严重影响这些地区合作化的巩固和发展。但这个问题又难于根本解决，因此必须采取适当措施，加以限制和改造，减少其破坏作用，使之逐步纳入国家计划。

（四）阶级上升较快。土改前农民对土地无完全的所有权，如经济有所上升，领主可以派款、强借、惩罚等方式剥夺农民的财产，因此富农经济便不易发展起来。土改中废除了官租和特权剥削，富农经济有了发展的条件，有的土改前即是富农的经营方式，废除领主的剥削后即成为富农。还有靠边地区，在土改时有意识地放过了的一些小富农，上中农中也有上升为富农的。如法帕土改后根据上述原因分析，即新发现富农（按其经营方式来看）11户，占富农阶层的64.7%。农民各个阶层上升也是快的，据潞西的风平、炳茂、瑞丽的姐东等3个整乡和盈江县的芒槐等7个寨子的调查，土改后仅1年多的时间，由雇农上升为贫农、下中农的有19户，占原有雇农83%；由贫农上升为下中农、上中农的有195户，占贫农的49.9%；由下中农上升为上中农的有158户，占下中农的41.8%；老上中农生活也有所提高。这固然是由于土地改革的结果和国家对边疆少数民族人民在生产生活上的扶持，固然是好现象，说明农民生产的增加和生活的改善。但也要看到基于个体经济基础上的这种经济愈上升（主要是中农）便愈带有自发的倾向，愿意自己发展，愿意走资本主义自由竞争的道路。因此，社会主义的改造工作必须加强，在全面发展生产的同时，不能对个体经济采取放任自流的态度。土改后农民也有贫困的，但在互助合作发展的地区，一般贫困户都入了社，制止了下降，他们对合作化道路也是坚决的，在严重的退社风潮中他们仍然选择合作化道路，是今年社能得到巩固和增加的原因之一。

（五）富裕农民雇佣劳动的发展。土改后地富的雇工是有所减少，且一般都不雇长工，而采取雇零工和季工的办法。至于中农雇工则是增加的，这显然是一种自发趋势，特别是表现为傣族对其他民族的雇工。内地到边疆卖工的土改后是有增无减，除帮助盖房以外，还有帮长工和短工，种田种地种经济作物等。就在边疆来说，山区汉族、景颇族下坝帮工也增多。如梁河赵老地乡1955年下坝卖工800人，1956年下坝卖工1300人，增加了70%。另一方面，特别是内地到边疆卖工的，多系思想落后的农民，他们带来了小农经济的落后意识，夸大合作社的缺点和散布对社会主义改造的措施的不满言论，更增加了边疆傣族农民对合作社的疑虑和误解。必须采取适当措施加以管理，但对待雇工剥削问题，要与农民为调剂劳力而互相换工和因劳力缺乏而雇工区别开来。

（六）出租土地的情况仍然不少。据潞西的法帕寨和瑞丽县姐东乡的调查，姐东585户出租土地有106户，占总户数的18.1%；法帕寨159户出租土地2户，占总户1.25%。出租土地的原因很多。有些地主土改后仍不愿劳动改造，而将其土地出租，有些是富农或上中农耕种不完或因从事商业活动而出租土地，但有很大部分是鳏寡孤独缺乏劳动力或生产资料缺乏无力自己经营而出租。归结起来只有两种情况：一是不愿劳动和专营或兼营商业而出租，是资本主义经济和资本主义自发倾向的反映；一是经济下降、日益贫困的反映，实际上是两极分化的现象。如不采取适当措施和把贫农尽快地组织起来，则两极分化还将发展下去。

（七）高利贷经过土地改革予以废除后，现数量减少，且不易了解，但仍然存在，特别是靠边的和改革方式更为缓和的地区仍不少。如瑞丽姐东乡放高利贷的59户，占户数的10.4%，贷出谷4835箩，且各地还存在卖青苗的情况，而农村中出租牛和大量分养牛猪亦是一种高利贷性质的剥削行为。必须认识农村中一部分人有余钱余粮，有一笔相当量的游资，另一方面农民的收获有一定季节，生产投资、生活开支常有一时周转不灵而需要借贷，也还有相当数量贫苦农民缺乏生产资金或遇到生活上的困难需向他人借贷。虽然银行每年也发放一定数量的贷款，但从贷款的数量上、项目上，灵活解决群众需要都不能适应当前农村经济的情况，因此资本主义自发势力向高利贷方面活动仍有其基础，而高利贷活动的结果，就会影响农民生产情绪，涣散互助合作的积极性，会促使农村新的阶级分化。当然我们不排除农民之间的互通有无，因为这是互助性质，而通过信用社的发展，农民互通有无也才能最后得到解决。至于出租耕牛、分养牛猪虽属剥削行为，但目前对生产是有利的。只有通过信用社的发展，农民经济的普遍上升而逐步代替，不能加以限制。

以上7个方面，集中反映了边疆傣族地区和平土地改革后主要的矛盾是社会主义和资本主义两条发展道路的斗争。但因各个地区政治、经济、文化发展的不平衡，两条道路的斗争在程度上也有所不同。我们在土改中把傣族地区分成两类地区来进行工作，今后社会主义改造也应照顾各个地区的不同情况，根据总的目标，使一切工作的进行都围绕着为了两条道路斗争的解决积极创造条件。这个矛盾获得最后解决即意味着社会主义改造的完全胜利。因此，这是一个贯穿于整个过渡时期的革命任务，解决起来需要相当长的时间，而且在解决的过程中，既要不断克服农民的资本主义自发趋向，而且还要逐步由限制到消灭农村的资本主义经济。目前土改完成仅1年多，两条道路的斗争就已较为明显，随着农村经济的发展和农业社会主义改造的前进，矛盾还会日趋尖锐起来。因此，我们要坚守社会主义原则，学习掌握这个斗争的规律，才能保证社会主义改造的胜利。当然，在我们国家伟大的社会主义制度的支持下，解决这一问题具有许多有利条件。

二

但边疆由于地接缅甸，又是少数民族地区，民主改革不彻底，在两条道路的斗争中又有若干特有情况不容丝毫忽视。

（一）土改后，我们实现合作化的基础是刚从面临崩溃的封建领主制度下解放出来的小农经济，带有较为浓厚的自然经济色彩。除铁器和日用工业品需依靠市场供给外，一般是自己修造房屋，自制农具用具，自己纺线织布。虽然地处亚热带，自然条件得天独厚，但田多人少，劳动力缺乏，因此广种薄收，生产更多的是看需要而较少地过问价值。管理水平和技术水平都较低下，思想保守。劳动散漫，习惯做的就愿意去做，不习惯干的就说"不是人干的事""不合乎人情"。满足于有儿子犁田，有女儿做饭，坐篾椅，吃苦肠，上奘房，做帕夏，便认为"不白活一生"。缺乏长远打算，不习惯计划，说"儿子还未生出来你就要问他几个牙齿"。平均主义思想也较为严重，虽然实行包工，有些仍平均分配工分，还有的分剩余工分时用划拳的办法得分。加以宗教的束缚，不批评人，也难于接受别人的批评，说"已经错了，你还批评，你都不害羞，我还害羞"。再加上自然条件优厚，中农占的比重大。除遭受自然灾害外，一般不易破产，单干困难不大，对资本主义的剥削体会不深，这就使得农民难于理解和接受社会主义。因此，我们在合作化的速度、规模、经营管理、生产安排都必须从这个特点出发，循序渐进。如在经营管理安排生产上，去年有的社计划过大，集体部分过多，虽然增产社员也不满意。今年改变了这种情况，首先保证粮食增产，然后扩大农民所需要的作物，如甘蔗、花生、草烟、豆类等，再视条件积极发展热带经济作物和开展副业经营。在公私关系上，大的归社，小的个人经营，属农民生活需要的既有集体部分也有个人部分，同时安排；主动照顾参加宗教节日活动的时间；在包工上进行季节包工和小段包工，分地段分等制定定额，力求按定额计分，减少评分和会议，这样便使得社员方便，社外也改变了对社的看法。说明只有掌握了这个特点，并根据这个特点实事求是地进行工作，才能有利于农民接受合作社，接受社会主义改造。

（二）由于地接缅甸，且与缅甸掸邦属同一民族，经济上与国外有紧密联系，思想上也联系密切，因此对祖国认识淡漠，对缅甸事物亲切。去缅甸是串亲戚，到内地是到外面。号召种植咖啡，说"不消栽了，缅甸多得很"。日用工业品主要仰给于缅甸。每年栽秧前、薅秧后、赶朵到春季前这3段时间，都有不少去缅甸买宗教节日用品和生活用品，多则1年3次，少则1次，少数做生意的则经常往来。出外采茶、卖工虽逐年有所减少，但据瑞丽坝区统计去年还有1000多人。其他还有因拜佛、逃婚、串地方而去缅甸的。这样，一方面农民从经济上到思想上不断受到资本主义的影响和侵蚀，有的弃农就商或兼营商业，牟取高利。他们一般称道缅甸货物便宜，羡慕缅甸生活方式，感到入社不自由，怕劳动太累。入社的也因经常出入缅甸而打乱社的出勤计划，影响社的巩固。另一方面，由于这部分资本主义商业活动难于纳入国家计划经济的轨道，对社会主义经济起着破坏作用。至于要完全摆脱许多日用必需品从缅甸进入的情况，又非目前所能办到，就是逐步解决也需靠国内工农业高度发展起来逐步代替，需要相当长远的时间，这就增加了边疆社会主义改造的复杂性。因此，如何正确地处理国内外的经济联系，是一个重要问题。

因地处边沿，国外敌特必然利用一切空隙混入国内进行各种破坏活动，这对我们的工作当然也是一种威胁，这在越靠边而工作基础差的地区更甚。因此在社会主义改造中，对敌斗争也是一个很突出的问题。

（三）和平协商土改本身局限性很大，对地主在经济上只没收了土地，保留了其他封建财产，政治威风亦未打垮，封建残余的尾巴很大，地主阶级不甘心其死亡。一方面，他们和即将被消灭的富农阶级联合起来，向农民向社会主义进攻，除少数威胁打击农民进行反攻倒算外，他们的主要活动方式是伪装进步，当面讲好话，背后讲坏话，制造社与社员、社与个体农民之间的纠纷，挑拨民族关系，利用宗教节日、风俗习惯、婚丧嫁娶等机会大摆宴席，组织唱戏，出头露面，拉拢和引诱农民和积极分子。另一方面，又转移其封建财产进行商业投机和走私活动，牟取暴利。一般农民则认为"土改后地主富农和农民一样了，谁也不恨谁了"，"过去不团结，现在团结了"，有的甚至羡慕富农吃酒吃肉，有钱做帕夏的剥削生活。部分有一定觉悟的农民，虽内心不满，但不敢说话。不少积极分子也失去思想警惕，说"地主富农乖了，守法了"。农民由于阶级觉悟不高，思想上分不清劳动与剥削的界限，因此接受社会主义也比较困难，这决定我们在社会主义过程中，要经常注意提高农民阶级觉悟，划清劳动与剥削的思想界限，不断地在政治上打击不法地富的破坏活动，在经济上打击其走私和投机活动，才能巩固农村阵地，保障合作化运动的顺利进行。

（四）民族关系复杂。虽然解放几年来民族关系起了根本变化，建立起平等互助、团结友爱的新的民族关系，但由于历史上长期民族压迫、民族隔阂的影响，只要稍一不慎，便会引起新的怀疑和戒备，这种互不信任的民族戒备心理的仍然存在，使他们认为"合作社是汉人的道理"，怕"入社变汉人"。且没有本民族的无产阶级，工农联盟也不是像属同一民族那样亲密无间。特别是我们这里除了汉族外，还有傣族（坝区）与景颇（山区）等民族，由于经济条件的不同，长期形成的隔阂也不是一下可以消除的。从少数民族干部来看，虽然我们在民主革命阶段培养了一批民族干部，不少并担任了各级领导职务，但在进行社会主义革命的新形势下，无论从思想觉悟、工作能力都远不能适应形势的需要，因此在社会主义改造过程中，便需大力培养和提高民族干部。充分注意民族特点，任何措施必须从民族可以接受和要求的水平出发，不能凭主观热情办事，而要更加慎重，且只有实现了社会主义合作化，消灭了私有制，也才能最后解决民族问题。

以上说明，边疆傣族地区两条道路的斗争有其错综复杂的一面，不仅有与内地相同的规律，而且有其不同的特点。因此，我们在社会主义改造过程中，要从这些特有的情况出发，并注意不断解决这些特殊的问题。不如此而采取简单急躁的办法，必然会造成混乱。但是，过分地把那些特点夸大起来，脱离开两条发展道路的斗争去考虑问题，看不到资本主义的危险性，把许多次要的矛盾当主要矛盾去解决，结果不仅会事倍功半，而且会造成错误。因此，我们需要加强学习，既要懂得社会主义改造的理论和一般规律，也要不断摸索，研究各个特殊问题，从实际出发进行工作，才能使边疆农业社会主义改造取得胜利。

三

边疆傣族人民必须在党的领导下，通过各种经济上的、政治上的以至思想上的工作，经过互助合作的道路，即一般地经过具有社会主义萌芽性质的互助组，到具有更多的社会主义因素的初级合作，到实现完全的社会主义合作化，亦即以社会主义的发展道路逐步代替和排除资本主义的发展道路，是丝毫不能动摇的。这是我们的基本任务。这是生产关系的基本变革。除阶级关系的改变外，更多的涉及广大劳动农民的问题，必须根据农民自愿这一根本原则进行，不允许采取强迫的办法。因为任何简单、强迫的行动都会对互助合作运动带来损害，对发展农业生产不利。所以，必须有领导、有准备、有步骤地根据各个地区政治、经济、文化等方面发展的不同，而采取不同的规模、不同的速度循序渐进，使农民在生产关系的变革中不感到勉强和突然，以避免突然变化所造成的种种损失。从目前来看，合作社虽然还处于试办阶段，但无论从增加生产、树立旗帜、培养干部、吸引广大农民倾向社会主义都日益显示出愈来愈大的作用。因此，只要我们今后经营管理得当，能继续获得增产，通过合作社制度本身的力量来显示其比单干和互助组优越，用实际的榜样来说服农民，而且使社还要善于团结和帮助单干和互助组的农民，让农民了解合作社确实是代表农民自己的利益。加上社会主义教育运动的开展，资本主义经济和自发倾向逐步受到限制，不法地富和反革命的破坏活动不断受到打击，民族干部不断成长和提高，合作社是可以从少到多，以致出现合作化高潮的。但也必须看到，由于边疆两条道路斗争的复杂性和许多特殊情况，如敌特的疯狂破坏，与国外资本主义割不断联系，民族觉悟水平不一致等等，是不是也可能出现困难的局面呢？也是应该估计到的。就是在前进中也会产生不平衡情况，如靠内各县可能快一些，边沿的瑞、陇等县可能慢一些。这需要我们有充分的思想准备。在顺利的情况下注意到工作中存在着些可能发生的问题，在困难和情况下不要迷失方向，发展一批，巩固一批。至于速度如何，根据我们已有的经验和估计，农业合作化大体上要经过示范、巩固发展、基本初级合作化、高级合作化4个阶段，约需三五年时间，才能基本实现完全社会主义合作化。当然，只要我们的工作做得好，农民走合作化道路的步伐也可能会加快的。

四

我们在合作化问题上，过去坚决贯彻了中央和省委方针，因而取得了成绩。今后仍应毫不动摇地继续坚决贯彻中央"慎重稳进"和省委对边疆和平改革地区提出的指导方针，在大力全面发展农业生产的基础上，从群众现实水平出发，根据从小到大、由低级到高级的规律，积极地稳步地发展互助合作。并注意解决如下几个问题：

（一）坚决贯彻党在农村的阶级政策。据调查，傣族地区贫农、下中农占总农户的50%至60%，有些地方还多一点，这是我们依靠的力量，是合作化可靠的阶级基础。因此，在示范和巩固发展阶段，应优先吸收他们入社。在政治上树立贫农的领导地位，在经济上给以大力扶持。但就是在他们当中也因经济情况、生产条件、社会主义觉悟程度不一样，而应根据其积极性的不同分作多次吸收他们入社。至于上中农则应晚一步，因为社的生产目前还达不到他们的水平，只有合作化占了优势，他们单干下去不利，再加上社会主义教育，他们才有可能入社。至于地主富农的入社问题，俟基本合作化后，根据其表现分别吸收他们到社内，以不同的身份进行同工同酬的劳动。

（二）要根据社会主义先进帮助落后原则，正确处理社内外关系。由于实际合作化的过程较长，在相当时期内有很大一部分个体农民存在，对他们的这种积极性不能加以挫败。因此，对他们的生产要加以领导，帮助他们组织各种形式互助组，使其受到集体生产的锻炼。对困难的仍要给以帮助，并加强对他们的社会主义教育，正确处理社、组、个体农民之间的矛盾，扭转他们对合作社的认识，社亦有责任帮助和带动他们搞好生产，以利于引导他们走合作化的道路。目前我们有些干部存在排斥和讨厌单干的情绪，要继续加以扭转，要教育干部不要歧视他们，认识他们是未来的社员，我们办社的目的正是为了帮助全体农民摆脱贫困落后，求得最后的解放。只有热诚关怀他们，才能使他们倾向社会主义，走合作化的道路。当然，把不歧视单干理解为照顾单干也是不对的。

（三）互助组是最容易为农民所接受的组织形式，既能够帮助个体农民克服单干时难以克服的若干困难，又能够减少农民间的阶级分化，也能增产，同时又能锻炼农民集体劳动的习惯和培养出一批互助合作的领导骨干。因此，互助组是农业生产合作社的重要基础，所以我们既有可能也应该大量发展互助组。但是我们不少同志对互助组却缺乏正确认识，认为互助组麻烦，组内的矛盾难以解决，不办互助组也能办社。要知道麻烦一下并不白费，为解决组内矛盾而不断努力就能使农民集体主义思想不断增长，骨干分子得到提高，就能为办社打下很好的基础，必须积极发展。而要办好互助组，首先是要贯彻互利原则，才能保证中贫农的团结；其次是要不断解决共同劳动和分散经营的矛盾，不断提高组员集体主义觉悟；再是要培养贫农、下中农的领导骨干，保证农村无产阶级的领导。至于在形式上开始则不宜过高要求，可以多样一些，灵活一些，逐步提高。只有把互助组普遍发展起来，才能保证互助合作由低级形式自然地发展到高级形式，才能保证生产的全面增长。

（四）对资本主义经济和自发倾向必须加以适当限制。首先要严格区别资本主义、资本主义自发趋势、农民内部的互助形式和落后习惯之间的界限。如一般农民保持囤箩不空和以粮食做酒自食的传统习惯，不同于富农不卖余粮囤积居奇和投入黑市，也不同于富裕农民不卖余粮给国家，待价而论，或做酒出售；农民因缺劳动力雇工或出租土地不同于地主富农有劳动而又雇工或出租土地，有困难到缅甸卖工买回小额贸易商品和自购自用不同于做生意或投机等等，才能避免混乱。对资本主义破坏性的经济活动如走私、投机须坚决采取适当步骤予以打击。并应考虑加强对私营商业的管理和对私营商业实行社会主义改造，以逐步扩大社会主义阵地，使私营商业在社会主义经济的领导下活动。对粮食问题要在过去自由收购的基础上对地富实行统购，对富裕农民实行派购，在与内地连接的山区进行凭证供应，打击粮食走私和投机活动，保证国家掌握粮食，稳定市场。对高利贷除加强农贷和救济工作外，应积极发展信用社，通过信用社来组织农村金融活动，调剂资金，解决贫困农民的困难。对内地到边疆卖工的，应加以适当的管理。至于农民之间的借贷出租土地、雇工分养牛猪等则既不提倡，也不限制，随着互助合作的发展即可得逐步解决。对地富的出租土地和雇工及放债等活动，应加以必要的限制，如雇工须经乡政府同意、有劳动不劳动者不得出租土地、放债限制其利息等。至于突出的比较难以解决的还是日用品有相当部分仰给于缅甸的问题，除不断对农民进行爱国主义教育外，根本的问题是发展我们自己的工农业生产，依靠内地支援，逐步以国货代替外货，才能摆脱经济上某种程度的对外依附性。

（五）必须经常不断地对不法地主富农分子和反革命的破坏活动予以坚决打击，实现社会主义合作化，即是要挖掉剥削的根子。因为一切剥削阶级，必不甘于自己的死亡，而要做最后的挣扎，因此要不断地教育农民提高阶级觉悟，警惕地主富农的阴谋破坏，对进行反攻倒算、向社会主义进攻的不法地主富农分子和反革命必须坚决揭发和视情节轻重给以不同程度的打击。考虑到我们边疆的特殊情况，打击的办法既要坚持零敲碎打，也不排除每年在一定时期结合生产、巩固和发展的工作，较集中地对不法地富分子和反革命分子予以打击。但打击时需要有较强的领导。打击的面不要过宽，捕人的质量要高，才能避免震动过大。打击要在充分发动群众的基础上进行，要把打击不法地富和反革命的破坏活动与进一步提高群众的阶级觉悟、社会主义觉悟紧密结合起来，打击前后都要对地主富农进行工作，交代政策，指出出路，以稳定多数，孤立少数。只有不断地打击不法地富和反革命的破坏活动，才能镇压不法地富分子和反革命的反动气焰，提高群众阶级觉悟，保障合作化运动的顺利发展。

（六）正确处理民族关系和培养民族干部。首先要批判有些干部认为土改后"没有民族问题了"的错误认识，要弄清民族工作有了前进，民族的事业得到了发展，不是民族问题不存在，而是有了新的基础新的内容。因此，要在社会主义改造过程中继续改善民族关系，以不断巩固和进一步增强民族团结。特别是对各民族各地区的工作都应有适当的注意，以免跋足前进。要教育外来汉族干部看到民族的差别，不要因工作有了发展而产生骄傲和自满情绪。要尊重民族风俗习惯，照顾民族特点，继续全心全意地耐心帮助少数民族，献身于少数民族的社会主义事业，从而在社会主义革命中改造自己、提高自己，不断地自觉地克服大民族主义思想残余。同时要大力培养和提高民族干部，要通过各种方式对他们进行社会主义的教育，提高社会主义觉悟，帮助他们提高文化，提高工作能力。还要在外来干部克服大民族主义的同时，影响和推动他们自觉地批判地方民族主义情绪，认识社会主义不仅不消灭民族，而且要发展民族政治、经济和文化，成为社会主义的民族，从而提高社会主义积极性。党的政策也才能通过他们得到更好的贯彻，才能使民族的社会主义事业得到前进。

五

在边疆民族地区完成农业社会主义改造的任务是艰巨的、复杂的，是经济、政治、思想上的社会主义革命，因此必须动员各民族人民加强团结共同努力。但根本的保证是加强党的领导，离开了党的领导，不要说社会主义革命，就是任何事情也将是无成的。因此，必须认真学习党的理论和政策，改进我们的工作。其次要经常不断地系统地结合农民的切身体验和日常生活实际，利用各种有效的群众喜闻乐见的各种各样的形式向农民进行社会主义教育，使农民懂得资本主义道路是老路、死路，永远不能摆脱被压迫、被剥削和贫困落后的地位。只有社会主义合作化的道路，才是唯一的新路、生路，才能消灭剥削达到共同富裕。再是要加强农村支部工作，帮助支部建立和健全集体领导和各种工作制度，克服党内已经发生的对社会主义的动摇和疑虑现象，发扬党内民主，提高党员对社会主义事业的责任心，使支部真正起到战斗堡垒和核心领导的作用。再是要克服党内资产阶级思想影响，要反对党员雇工、出租土地、放债、买进土地、经商和进行商业投机、吸食大烟等行为，加强党的纪律工作，教育党员遵守党的纪律和国家法律，与一切违反社会主义利益的行为和现象做斗争。解决以上问题，关键还在于加强教育。只有如此，才能保证我们在思想上、组织上有一个坚强的党，从而才能把社会主义革命的事业引向胜利。为此，各级领导干部必须进一步地深入下去，帮助基层干部做好工作，同群众共甘苦，密切群众联系，及时发现解决社会主义改造中的各种问题，克服官僚主义和主观主义，使社会主义改造循着正确的道路发展。

六

至于今冬明春的工作如何安排，大体应分以下几个阶段：

第一阶段：各县召开党代会，吸收非党的农村工作干部列席，主要是通过认识边疆主要矛盾和总结生产、合作，解决两个问题：

（1）提高干部社会主义觉悟，站稳社会主义立场，提高社会主义积极性。

（2）坚持群众路线，克服主观主义和官僚主义。

但要注意防止干部可能产生的两种偏向，一是看到边疆两条道路斗争的复杂性而畏难不前，要教育干部认识看到了困难，正是由于工作有了前进；一是急躁情绪，把两条道路的斗争简单化，要提醒干部既要看到前途，不要迷失方向，又要懂得从实际出发稳步前进。党代会后，即结合整社和中耕生产，总结合作社的优越性，总结生产，对农民广泛进行一次社会主义的宣传教育，和阶级路线的教育。要通过阶级教育，使农民从思想上划清阶级界限，揭露地富、反革命的破坏活动，对不法地主富农分子和反革命的反攻倒算和现行破坏活动予以坚决打击，以推动社会主义宣传教育。

第二阶段：机关干部进行整风，外来干部和民族干部一起大鸣大放，但不贴大字报。鸣放后，外来干部和民族干部分开编组集中几个问题进行辩论，不反右派，但要提高思想，批判右派观点。农村中以秋收秋种为中心，结合做好农业社的分配工作，估计今年秋收时还会下雨，因此要保证及时收、及时打，以避免损失。小春种植要争取超额完成计划，以增加农民收入，保证副食品、饲料的供应。至于分配工作，要争取主动：收前即发动群众制订好分配方案，并通过制订分配方案认真对社员进行教育，改进社的经营管理，安排好秋收秋种，以做到边收边分边种，力争提前完成秋收和秋种工作。

第三阶段：由县集中农村党员和农村干部进行鸣放辩论，提高社会主义觉悟后，以征粮购粮为中心，并结合进行冬耕和明年春耕要做的准备工作，特是做好犁板田、兴修小型水利和积肥，为明春大生产打下基础，还应视条件开展副业经营，以增加农民收入。

第四阶段：春节后全力转入大规模的社会主义宣传教育，建社扩社和春耕生产工作。

总之，今冬明春工作任务十分紧张，需要我们全党动员，全力以赴，并兢兢业业，谨慎从事才能做好。

1957年11月8日

德宏地委关于边疆和平协商土改地区互助合作问题的总结报告

中国共产党德宏地方委员会报告

1957年1月16日

总号：（57）004

主送：省委（并省边委）

抄送：县委、地委各部委、州人委各党组

中共德宏地委办公室

1957年1月22日印

德宏地委关于边疆和平协商土改地区
互助合作问题的总结报告

省委：

我们于12月下旬召开边疆扩大干部会议，在学习"八大"和二中全会决议精神下，传达省委边疆互助合作会议精神。并在总结了1年来发展农业生产互助合作的经验教训的基础上，进一步研究了1957年的发展方针和计划。现将主要情况报告如下：

一

我州和平协商土改区，包括傣族、阿昌族和一部分汉族，共132个乡，27万人。

去春以来，共办了336个初级农业合作社，入社农户8283户，其中傣族、阿昌族165个，入社农户为3756户，占这些地区总户数的11.6%；汉族社171个，入社农户为4527户，占汉族区总农户的21.4%。加入互助组的农户22000户，占总农户55000户的40%。这些合作社和互助组，由于各级党委的具体领导，广大群众特别是贫农和下中农积极支持，并取得民族上层人士和宗教人士的赞助，发展一般是顺利而正常的，给土改后刚变化了的农村又带来了新的变化。根据269个社试算预分的统计，有258个社增加了生产，占96%；有11个社减产，占4%。梁河县实际分配的结果，全县74个社，有72个社增产，2个社减产；一般增产二至三成，多数社保证了90%以上的社员增加了收入。一般社员的平均收入达到1272斤谷子。互助组也获得了一成左右的增产。

合作社能够这样地增产，是由于边疆合作社是在土改后的生产热潮中组织起来的，而在组织起来后又立即转入发展生产。在生产过程中兴修了水利，提早了栽秧季节，部分地区增施了肥料，种植了小春，推行了深耕多犁，选用良种，注意防止病虫灾害，使用温汤浸种、泥水选种，特别是合理密植的推广，对增产起了极大的作用，证明这是在边疆实现增产的主要措施之一。在劳动组织和管理水平方面，也随着生产的发展不断地获得了提高，已基本上克服了打伙出工、不评工记分或虽评工记分但很不合理的混乱现象，并分别地推行了照顾时间和劳动强弱活分活评和按件包工的各种制度。

合作社实际增产的现实结果，使社员亲身体会到组织起来的好处，进一步坚定了走合作化道路的信心。根据许多材料的反映，经过分配，原来20%有动摇的社员已坚定下来，现在还考虑退社的现象已成为极个别的了，这就给广大群众树立了走合作化道路的良好榜样。特别是合作社经济作物的发展，吸引了周围的群众，促进了常年互助组准备转社，也使一些工作基础较好地区的富农和下中农群众集体开荒或种植小春准备办社。同时，因为土改后紧接着办社，土改中培养起来的骨干、积极分子很少有松劲换班思想，而且在互助合作运动中得到了进一步的提高，并已涌现了大批新的骨干、积极分子。党团支部和基层政权也得到了锻炼，巩固了党在土改后的农村阵地。通过1年来的互助合作运动，使地主富农和民族的公众领袖，对互助合作有了较多的了解，逐步消除了顾虑和误解，除极少数（大约10%）尚存有若干抵触情绪，甚至其中的一些人（3%）进行破坏活动外，多数能在党的政策的感召下，劳动守法，表现了政治上的空前安定。这些就为合作社、互助组的进一步发展创造了更为有利的条件。事实证明，土改后重点直接办社同时大量发展互助组，是完全符合边疆地区的实际情况的。

但是，在土改后如何贯彻全面发展生产的方针，在实际工作中产生了极大的片面性。具体表现在：

（一）在发展合作社和发展广大面上的生产方面，更多地注意了合作社的工作，而对面上的生产领导不够，以致在合作社、互助组、单干农民三者之间的关系处理不当，普遍的情况是：重社、轻组、忽视单干，不是兼顾，而是偏废。其所以如此，就是因为合作社办多了一点。因为第一年办社的目的只能是树立旗帜，培养干部，吸收经验，过多是不适当的。当然从社的本身来看，绝大多数是办得好的，增加了生产，增加了收入。但因干部普遍缺乏经验，多办了几个社就使干部拖入合作社不能脱身，无力兼顾互助组和单干户了。经常到有社的地区去工作，而放松了面上的生产领导，尽管领导上经常也提到加强互助组和面上的工作，但在实际上干部是力所难及的。以互助组为例，由于领导不力，出现了"忙时组织闲时散，不忙不闲打伙干"的情况，对发展起来的互助组未能通过生产获得普遍的巩固提高。在春耕生产时，互助组曾经发展到40%左右，但到秋收前只剩下了23%（1956个，入社农户为18428户）。据盈江县的检查，常年巩固的互助组不到10%。互助组发展较好的瑞丽县，常年互助的也才是16.6%（63组，648户，总农户为3900户）。这种对生产领导不够也表现在经济扶持方面。以贷款来说，瑞丽今年共贷款72100元，其中合作社就占了41000元（生产社14000元，信用社27000元）。入社农户398户，占总农户的5.9%，单从生产合作社贷款来算，每户社员平均贷款35.1元。潞西县180个合作社，入社农户占总农户的19%，而贷款却占了68.5%，显然比例也是大了一点。这种对互助组、单干生产照顾不够，曾引起了广大群众对我不满，有的社外农民偷合作社的农具，说："偷了合作社，政府还会给。"他们说："毛主席偏爱合作社了。"

（二）在坝区与山区、腹心区与边沿区的关系上，我们也是更多地注意了坝区与腹心区，而对山区与边沿区注意得不够。这当然与历年的工作发展有关。但在解放几年之后，特别坝区土改完成之后，他们已对现在的生活状况表示不满，提出了改善生活的要求。如莲山的苏甸地区、各村寨都请部队去住，以便解决问题，许多没有饭吃的人跪在部队门口要饭吃。盏西一些边远山区甚至提出了"再没有办法就抢粮食局，反正人饿了死也不怕了"。对边沿山区生产缺乏领导，就使坝区与山区、中心区与边沿区的矛盾更加尖锐起来。仙岛族、崩龙族每人全年收入才15元，景颇族每人每年收入20至50元，而傣族每年收入40至60元，杂居在景颇族中的汉族仍受着许多压迫剥削。在多民族杂居的山区和边沿区，这就成为民族间不团结的新的物质基础，引起了新的民族关系。今春以来，潞西杨家场傈僳族搬家、苏甸等地的外逃，与此是有密切关系的。

（三）在生产本身，也有只注意农业生产而忽视副业生产，特别是商业工作对农副业生产扶持不够。虽然我们对经济作物的发展今年有了很大的进步，取得了相当的成绩，但广大干部和人民，对在发展粮食的基础上发展经济作物的意义认识仍然是不足的，具体表现在对咖啡的管理工作做得不好。从领导上来说，也是对粮食作物的具体指导多，而对经济作物的指导自觉地做得不够，影响了经济作物的生长。在农业和副业的关系方面，普遍的是偏向于追求农业的增产，而对家庭副业缺乏领导，未能注意从多方面增加人民的收入。对当地的小型手工业也未认真着手发展（如皮革、木材等）。至于通过商业支持发展农副业和互助合作运动则还没有系统地注意，对农民从事小商贩活动未能及时提出正确的措施。

这一情况说明，边疆地区在全面发展生产中有着许多复杂的问题。为了合作社、互助组、单干户兼顾，在开始办社时，不宜多，不宜快。多了势必放松面上的领导，有碍发展生产；快了不仅花钱太多，财政负担不起，而且超越群众和干部的现实水平，必将引起混乱。

二

地委扩干会在总结了1年来发展互助合作经验教训的基础上，认真分析了今年办社的条件是：

（一）已办的一批社获得显著增产，树立了旗帜，吸引了广大贫苦农民。虽然他们对合作社也有若干责难的地方，如做活累、开会多等，但确能多打粮食增加收入。单干农民虽有很多增产，但有不少特别是农民因疾病、劳动力外出、自然灾害（有一段缺水）、缺乏生产资料或口粮、农忙时缺人手等原因而减少收入，因此他们积极要求入社。如盈江大寨群众，不管合作社要不要，即帮助社种小春。芒蚌社分配后，芒蚌、户那两寨除个别户外，几乎全寨要求入社。

（二）占农户一定比重的常年互助组，无论从思想上、集体劳动的习惯上，骨干上都得到了锻炼，为转社准备了较好的条件。而且他们在生产过程中实际已体验到互助组与更大发展生产的矛盾，如安排活路争先恐后，不能因地制宜，多种经营，自然灾害不可抗拒（如有的户田里缺水，不能改种）等，因而积极要求转社。如瑞丽有的社除未统一经营外，劳动组织完全照猫画虎往合作社一套，有的是明组暗社，有的秋收后即统一经营，集体种植小春作物。

（三）乡支部经过1年的锻炼，虽然集体领导未能形成，发挥堡垒作用，但除极少数乡未办社外，几乎支部的每个成员都参加了社，当了社主任、委员、生产组长、会计等职务，或具体帮助一个社工作，有了实际经验，初步掌握了办社的政策原则、经营管理、领导生产等知识。

（四）县区在农村工作干部700余人中，已有70%初步学会了办社。此外，民族学院又结业回来骨干250人，民干班结业会计550人，西双版纳土改回来60人，区委和区级政权、工作队已经民族化，县委民族干部占到1/3以上。经过地委、县的扩干会，总结工作，学习"八大"（决议精神），在思想觉悟、政策水平、工作作风等方面都有若干提高进步，并提高了积极性，形成了基本能胜任今年办社的领导队伍。

以上都是我们今春能适当发展社的有利条件。但由于我们经验仍然不足，和边疆民族地区的若干特有情况，避免盲目冒进，因此，傣族、阿昌族地区约束在总农户的35%左右，新办378个社，平均每社20户。汉族地区约束在总农户的40%左右，需新办197个社，平均每社20户。互助组发展到40%至50%。在地区上，则在基础较好的乡适当多发展，靠边沿和工作基础薄弱的乡仍然坚持重点试办。并根据民族管理水平和民族特点，做了如下控制：

（1）只办初级社，不办高级社。

（2）一村一社或大村寨内办数社，不办村寨联合社。

（3）只办小社，不办中社和大社，每社户数一般在15至30户，个别要办40户的，由县委掌握，超过40户的，由地委批准。

（4）一般不扩社。

（5）耕牛采取私有租用，不折价入社；银行贷款，应注意帮助解决贫农耕牛困难。

不仅如此，社建成后，应立即投入生产。从实际出发搞好经营管理，而经营管理的核心问题是劳动组织和评工记分，应根据群众可能接受的程度，由派工到评工记分，到按件包工或小段包工循序渐进。在劳动出勤上不宜要求过高，安排得太紧或盲目追求常年包工、包产高级形式。其他如财会制度不宜过于烦琐，只要简单可行，对风俗习惯要适当照顾等。至于在生产上必须开展多种经营，首先要争取超额完成粮食增产一成的计划。根据边疆去年增产的经验，拟采取这些基本措施：

（1）有计划地普遍兴修小型水利，提倡合理用水。解决水利问题，即可提早季节栽种。边六县计划增灌5万亩。须发动群众，做好规划，及早动手。

（2）大力地、普遍地推广合理密植，这是今年获得增产的重要措施。一般地区将一尺二三寸的株行距改为七八寸，至少可以增产一成以上。今年在合作社带领下，尽量推广到互助组都能做到合理密植，产量即可大增。

（3）推广优良品种，增施肥料。根据各地情况，提倡精耕细作，以及经常地防治病虫灾害。

（4）去年种双季稻，由于种子不当和季节较晚，第二季收成不好。今年除继续试验外，可推广早稻以接济青黄不接的口粮，和调剂开农忙季节劳动力的紧张情况。

其次，是积极发展经济作物，这是巩固合作社和增加农民收入的重要措施。今年计划移植咖啡6万亩，播种棉花、甘蔗、花生、土烟、麻类、茶树等5万亩，经济作物占粮食面积的9%。为了完成计划，必须解决耕地、劳力和技术指导问题。在保证原有粮食面积增产基础上，发动群众，利用闲园空地，开垦荒地移植。凡培育咖啡树苗多余的社和农户，允许其出卖。还要有专人管理咖啡生产。州、县农场作为创造技术经验的基地，及时向面推广。

积极发展畜牧业，以满足市场和农业生产本身不断增长的需要。特别是傣族地区，粮食比山区多，应提倡合作社和社员家庭都要养猪，力求完成每户平均养出2头肥猪，共17万头肥猪的计划。此外，马、牛、羊、鸡、鸭等，也应积极提倡繁殖和饲养，既可增加收入，又可用畜力代替人力运输。

傣族地区副业占总收入的10%至20%，汉族地区副业占总收入的25%至30%。为了活跃农村经济，从多方面增加收入，在安排生产时，必须统筹兼顾。保证副业生产的发展，并有计划地培养和扶持当地民族手工业工人，使原来极其少有的手工业逐步发展起来。

虽然我们提出了上述较为稳妥的步骤和基本适合我州边沿各县生产上的基本措施，但任务仍然是很重的，不能稍有麻痹和松懈，而需要做艰巨的努力。因此，要完成这一任务，关键还在于充分发动群众，保护和发扬广大群众的社会主义积极性，把互助合作和生产造成群众性的运动。在发动群众的步骤上，首先是从总结生产、总结成绩入手，总结县、乡、社、组增产的基本措施，肯定成绩。运用回忆、算账、对比的办法，通过本地本社本人的实际事例，从经济到政治，对比土改前与土改后、入社前与入社后、去年和今年的生产生活情况，以肯定互助合作的优越性，划清两条道路的界限，发动群众投入冬季生产，在加强政治思想工作的基础上，于1月份完成粮食工作。第二步是传达"八大"决议精神，着重讲解社会主义前途，使广大群众明了我们的基本任务是要由落后的农业国变为先进的工业国，将落后生产变为先进的生产。讲解国家与农民关系，国家扶持农民，农民要积极发展生产，支援国家社会主义建设，从而改善人民生活。在此思想基础上，进行今年生产规划和合作化规划，开好互助合作代表会，训练好种咖啡和兴修小型水利等初级技术人员，做好转社和发展互助组的准备。第三步是随着社的建成和互助组的发展，紧接着开展生产运动，由社带组，也带动单干户，依靠支部民主办社，制订具体的生产计划和措施，可以先订春季生产计划，发动群众，及早投入生产。并考虑在傣族区先进乡，试行制订增产节约的生活计划，帮助傣族计划生活，减少浪费现象。通过这些步骤，争取在2月份内掀起全面生产的热潮。

三

为了实现上述计划，还必须解决下列问题：

（一）在边疆互助合作中，必须坚决执行"依靠群众（包括新老中农的下中农），巩固地团结中农，逐步由限制富农剥削到最后消灭富农剥削"的阶级政策。

1年来互助合作的实践证明：贫农和下中农，是农村的大多数，由于社会主义的觉悟高，生产生活有困难，如不组织起来，不仅不能达到富裕的生活，就是当前的困难也无力克服，因此积极要求入社，在入组入社后也就容易接受新的经验。富裕中农则由于经济地位的不同，暂时还具有单独进行生产的优越条件，对互助合作尤其对办社，存在着不同的顾虑，主张"等等看"。在合作化基础较好的地方，他们以"家中人不愿"来推脱，甚至有的还推"等社会主义了再入社还是一样"，普遍顾虑"怕吃亏""入社不自由"，怕"出工去得迟了减工分，搞得不好受批评"。地主、富农在初办社时，开始怕孤立，为了迎合农民"要求入社"，但一经讲明政策，特别是经过1年实际的观察，现在是怕让他们入社，有些富农还要和合作社比赛。在工作基础较弱的地区，甚至还收买干部，拉垮社。这说明党的阶级政策是完全符合于边疆情况的。

1年来，我们在互助合作运动中基本上是贯彻了这个方针的。但也出现了一些问题：在依靠贫农方面，当我们选择社干时，只注意了政治条件，而忽视了领导生产的能力。某些地方也曾发生了排斥孤寡的现象。对合作社树立贫农的经济优势不够（如不补助耕牛）。在团结中农方面，主要是过早地发动中农入社。在限制富农方面，一种情况是群众自发地采用了行政命令的办法，限制过严；一种则对地富思想上失掉了警惕性，对一些现行的破坏活动，置若罔闻，造成群众思想的混乱。

因此，在今年办社中，仍应先吸收贫农和下中农入社，入社后经济上要加强对他们的扶持，并树立其在社内的领导优势，在领导成分中必须坚持2/3的比例。选择社干时，既要看到政治本质，又要在意生产经验。事实证明，尽选过去的雇工当社干是不妥当的。对缺乏劳力的贫苦户，则需更加注意照顾。在依靠贫农的同时，仍要巩固地联合中农，这样才能促进对地富的改造，有利生产的发展。联合中农的关键，在于坚持执行自愿互利政策。在办社初期，当中农还动摇的时候，坚决不勉强中农入社，向他们宣传"入社自愿，退社自由"。去年有些地方过早地吸收了中农入社，结果有些人很勉强，入社又退社，不仅影响生产，而且有害团结。但当合作社确实显示了优越性，合作社的单位面积产量确实超过了和接近中农的单位面积产量时，中农真正愿意要求入社，我们就要欢迎他们入社，决不能有排斥他们的情况。在处理入社的生产资料时，必须执行互利政策，不能损害中农的利益，占他们的便宜。采取这样的政策，使中农有从容的时间考虑自己的入社问题。这对全面地发展生产，是极其有利的。至于对原来的地主和富农分子，目前我们的合作化规模还不大，合作社的基础还薄弱，广大农民还没有入社，所以一方面不让他们参加互助组、合作社，另一方面采取和平协商的方法，自上而下地向他们交代政策，进行教育，使他们懂得社会主义是人人富裕，大家发财过好生活，不过富裕是靠劳动得来。他们劳动守法，放弃剥削，待基本合作化后，可以根据自愿和具体表现，被吸收到合作中来，以不同的身份，进行同工同酬的劳动，使其认识前途，努力改造。对未入社前的生产亦进行妥善安排，如雇工发生困难时，合作社、互助组可以组织剩余劳动给其卖工。对合作社的政策和合作社内的经营管理等问题，采取各种形式，利用各种机会向他们讲解，并与他们（特别是富农）研究增产经验。对于农民与地富的亲朋往来则不能限制，民族共同的节日活动也要让他们参加，从而消除不必要的顾虑。特别是富农创造的也是民族的财富。在和平竞赛中，不使他们的生产受到损失，甚至有些发展对民族是有利的。总之，在边疆阶级关系宜缓和不宜紧张，这是有利于对地主富农的和平改造的。在执行这一基本政策的前提下，对那些违法破坏的现行反动分子，则应毫不迟疑地给予打击。对那些干部家属中改造较好的地富分子，在工作基础较好的地区，个别地吸收几个入社，以利分化他们。

（二）在办社中，必须从实际出发，照顾民族特点。从近1年来试办合作社中，我们深刻地体会到民族的生产力水平确实是落后的。这种落后的状况，一方面是表现在农业与手工业尚未分工，农民有很大部分的劳动时间被牵涉在家务劳动上去（舂米、盖房子、修农具、编家具等），每年花费在这方面的时间有60余天。另一方面，又表现在由于长期停滞于自然经济状态，数字观念较差，不善于经营管理和精打细算，技术水平受到一定限制。特别是宗教信仰和风俗习惯，对劳动力的浪费和生产的限制有很大的影响。据调查，每年用在宗教活动上的时间80多天，加上禁日和忌日，一个男劳动力全年能够用在农业劳动上的时间在200天以下，一般只能达到160天左右，加之疾病较多，对劳动的影响很大。其次，劳动力与土地的占有很不适应。在生产力水平低的情况下，每一个劳动力平均还要负担12至25亩土地。土地特多的陇川有竟达50亩以上者，形成长期以来的广种薄收（每亩平均产量270斤），一旦组织起来，推广新的措施进行生产，便感到劳动力十分紧张。再次，由于生产单纯，农民除了粮食收入之外，别的收入甚微（家畜家禽非主要出卖）。像有些左抵、多列教者，则根本不养生，不像内地农民一样还靠手工业和运输业增加收入，加以历史地理条件形成出外卖工，购买缅甸的物质，实际上已成为对农业的一种补助，成为整个经济生活的一个组成部分。尤应指出的是，边疆土改是采用和平协商的方式完成的，而土改后的两条道路的分歧是通过和平竞赛解决的，这就是用经济的手段来限制资本主义的自发倾向，这就使得合作社中的阶级斗争也区别于内地，群众的觉悟程度仍然受着一定程度的限制。这些都使得这个地区虽然自然条件优厚，发展农业生产的条件得天独厚，有无限的潜力，但并不是那样容易发掘的。很多的优越条件在一定的时期内，少数民族自己还无力加以利用，因此，生产关系的改变，生产力获得了解放，但生产的发展还不是没有困难和那样迅速的。这一情况就决定了初期办社规模不能大，管理水平不能要求过高，在具体指导上要从民族的实际情况出发，不能照搬内地的一套。当然，这并不是否认内地对边疆的推动作用。

但是，我们在初办社时，对以上基本特点是认识不足的。在合作化的指导上，自觉不自觉地以内地合作社的模型，不结合当地情况，来指导边疆的互助合作。普遍出现了要求过高过急，如生产计划普遍定得偏高。其所以如此，就是只看到增产潜力的一面，忽视了民族特点的一面，拿内地的生产水平估量边疆的增产可能。再如经营管理中，有些过早地进行了包工制，由于估工不准，定额不合理，反而更大地违背了按劳取酬的原则。这也是只知道包工的优越性而不明了实现包工的具体条件。还有对出勤率的要求上，未能照顾到劳动力不足的基本特点，在开始时要求过高过细，而到了农忙季节带有关键性的措施上（如推行合理密植），因为劳力不足，又不得不马虎从事，结果影响了增产。

由于前述基本特点，在办社中必须正确对待和解决以下一些问题：必须允许社员对农产品的自产自销，对小额贸易物资的自用自购。对他们出外卖工的问题，一方面应加强爱国主义的教育，树立爱社如家的思想，安心社内劳动，逐步减少出外卖工现象；另一方面则不加以限制，以免伤害他们的眼前利益。对待宗教信仰所带来的劳动习惯，涉及宗教政策问题，必须本宗教信仰自由和互相尊重的原则加以处理，坚决防止与党的宗教政策相抵触的任何形式的强迫命令。至于风俗习惯，这是群众的问题，涉及民族感情，在互助合作运动中必须注意尊重，否则便会伤害民族自尊心，引起民族关系的恶化。虽然有些习俗对民族的发展是有害的，但在解决时也只能在发展生产增加收入的前提下，提高文化，加强集体主义、爱国主义、劳动光荣等教育，在他们自觉的基础上，自己动手去逐步解决。在安排生产的时候，要充分地注意到劳动力少、生产力水平落后的特点，在劳动规划的基础上进行生产规划，使两者相适应，在生产的安排上必须全面兼顾。贯彻按劳取酬的原则时，一时不能要求过高，是逐步实行评工记分，逐步加强生产管理中的计划性。在处理社内外的关系问题时，防止关起门来办社的倾向，一定要把社内的情况随时向社外宣传，以扩大影响，社内外互相交流生产经验。合作社并本着帮助的精神对待互助组、单干户。在国家扶持的时候，应本着社、组、单干兼顾的原则，当然在帮助的程度上应该是优先帮助合作社。

（三）妥善地解决国家扶持和外力帮助的问题。解放后，特别是土改后，广大农民的生活是有改善的。但因和平协商土改中，农民只得到了土地和少许的一部分耕牛（昆明农协赠送的耕牛辅助款），口粮、耕牛、农具和其他的生产底垫仍很缺乏，特别是广大山区禁烟后困难十分突出。坝区农民的粮食收入较多，但因宗教活动的消耗很大，过去靠卖工、借债的出路在土改后生产关系变革的情况下中断了，诚然这是一种前进的现象，但却增加了群众暂时的一些困难。所以群众虽然迫切地要求发展生产，但困难是很多的。若得不到国家从各方面进行帮助，光靠自己的努力是十分费劲的。同时先进民族对少数民族从各方面进行帮助，也是我们国家民族政策的基本精神，不如此是很难实现真正的民族平等。

根据以上情况，我们在互助合作运动中贯彻了国家给以人力、物力、财力扶持的方针。过去的民族工作队变成了办社工作队，县区的绝大部分力量投入到了互助合作运动中。先后训练了为数2000人的农村积极分子，无偿地发放了六六六等农药和小春籽种。6县共贷给合作社和互助组的各种贷款达135万元，并建立了各县的技术指导站。通过参观访问与内地区交流生产经验。这些均对互助合作运动和今年的增产的开展起了良好作用。

但是，我们对帮助与尊重的关系缺乏更全面的理解，不了解尊重实际上也是帮助，使民族干部更有信心，在人民群众中树立了威信，从而更好地发挥少数民族的积极因素，用自己的腿走路。在实际工作中产生了包办代替的现象，过低地估计了边疆少数民族自己的力量，对经济困难的解决过多地采用了政府贷款救济的方法，认真组织群众自己克服得不够，造成某些地方国家对合作社的投资很大。瑞丽景颇族社员每人补助达73元，有些社员欠国家贷款有达200元以上者。有些工作队不仅包办了支部的职权，同时也包办了合作社的内部事务，大小事情主意出得很多，缺乏和群众商量，形成强加于人，不同程度地损害了少数民族干部和群众的积极性，引起了不满，反而吃力不讨好。

必须肯定，在今后的互助合作运动中，国家仍应从多方面加以扶持，但这种扶持必须与发挥各少数民族的积极性统一起来。根据1年来的经验，帮助应着重在下列几个方面：

（1）在生产投资上，抓住解决耕牛困难。一般情况牛租占生产投资的一半以上，占总产量的8%。只要耕牛问题获得解决，生产就有了保证。

（2）强调先进技术，这是解决劳力不足的基本办法，也是增产的重要措施。如用畜力代替人力，用步犁犁田，山区推广山地犁，推广打谷机等。

（3）帮助发展手工业和农村副业，从多方面增加农民收入，以繁荣农村经济。考虑从内地抽调一些手工业师傅（石灰、作坊、泥水匠、木匠、铁匠等）到合作社训练徒弟。对于副业的发展，可通过国营贸易运用合同的形式促进发展，同时亦给以技术工作指导。

（4）用最大的力量帮助培养干部，包括经营管理干部、财会干部、技术干部等。至于农民经常性的口粮困难和零用钱的解决，可依靠合作社的多种经营，提倡种早秋，种大小春，种早熟作物和晚熟作物等，使合作社经营有收入，经常能分配，使社员的经济比较活动。这样也可减少国家的负担。

在扶持的同时，要结合进行思想教育工作，用帮助的具体事例进行工农联盟、劳动光荣、勤俭节约、爱国主义、集体主义教育，把经济上、技术上的扶持与政治上的提高密切结合起来。

（四）加强广大面上和边沿薄弱地区的工作，以改变点与面、坝区与山区、边沿地区与薄弱地区工作严重不平衡状态，需要我们做重大的努力。虽然这种不平衡有其历史原因和其他种种原因，但不能悬殊太大，距离太远，造成跛脚形势，引起群众不满。且400余公里的国防线把我州和缅北紧紧连接起来，两国边民系同一民族，在历史上长期的自由往来中，经济、文化、生活习惯等各个方面彼此有着深厚的影响，这种影响甚至现在仍然起着作用，愈靠边影响愈大。特别是缅甸的社会制度与我国有着本质的不同，而美蒋反动势力又时刻伺机进行破坏活动，而我们一切工作都含有与缅方和平竞赛的意义，好坏有着直接的影响。这一情况鞭策我们不仅要办好社，而且要抽出必要的力量加强广大面上和边沿薄弱地区的工作。因此，一方面要依靠支部（山区未建党的地区是工作队）领导好互助组，把群众组织起来，发展生产，改善生活。另一方面，为了避免引起过分紧张，应向群众特别是富农和富裕中农交代允许雇工、允许出租土地、允许放债（利息合理）的政策，以消除他们的顾虑，刺激他们发展生产的积极性。同时还应加强调查研究，或分别召开边沿少数民族的代表会或座谈会，深入了解各方面情况，听取他们的意见和要求，并及时帮助他们解决困难。至于对宗教工作特别是基督教的工作，亦应很好地抓起来。这样才能适当满足这些地区群众对我们的期望，使敌人无隙可乘，在政治上保持主动，从而在和平竞赛中取得胜利。

（五）改变领导方法，努力培养干部：加强对农村党、团组织的领导，教会支部办社和领导全面生产，是保证互助合作运动健康发展和农业增产的根本问题。实际上支部已经过1年锻炼，有了直接的初步办社经验，我们有可能改变工作队分兵把口或包办代替的工作方法，而由县委直接与支部见面，依靠支部进行工作。同时统一使用办社工作队，加强县委部门工作，围绕中心服务。坚持搞好重点，及时总结推广经验，并经常地巡回帮助面上解决问题。此外，如由县委直接召开支书联席会，将政策任务和办法直接交代给支部，区委是协助县委帮助支部贯彻县委决议。定期地由县委开办党、团员训练班，教育提高骨干、积极分子的觉悟，带动广大群众行动起来。在发展互助合作和组织生产中，必须充分走群众路线，贯彻依靠支部、民主办社的方针，由党内到党外，发挥党支部的核心作用。动员党、团员有事和群众充分商量，根据群众意见，集中起来，成为社管会和互助组的意见，再坚持贯彻下去。只有依靠了支部，培养了民族干部，才能把工作推向前进。

此外，县委还须抓紧以商业为主的财经工作，从做好商业工作上支持农业生产。抓紧农业技术指导，推行技术措施，逐步改变落后的生产。

以上是否有当？请省委指示。

德宏地委
1957年1月16日

州委农村工作部对边疆县和改区合作社经营管理的初步意见

中国共产党德宏傣族景颇族自治州委员会批转

（59）字第067号

主送：各县委、畹町工委、边疆县区委文化站工委、和改区乡支部

抄送：州委各部委、各党委、省委边委

州委办公室

1959年3月17日印

州委农村工作部对边疆县和改区合作社
经营管理的初步意见

州委批转州委农村工作部对边疆县和改区合作社经营管理的初步意见

（这个材料根据地委合作部在去年召开的边疆和改区合作社经营管理座谈会上的发言修改整理而成，现印发各地，供各地整社中参考。）

现将州委农村工作部对边疆县和改区合作社经营管理的初步意见，转发各地试行，并望各地通过试点认真总结这方面的经验。

州委

1959年3月15日

在和改区转社并社结束，春耕生产高潮逐渐形成的情况下，合作社管理工作必须迅速跟上，才能建立起正常的生产秩序，发挥社员劳动热情，保证今年农业生产更大、更好和更全面地跃进，否则便会陷于混乱。下面分别叙述合作社经营管理中的几个问题，供各地在研究和摸索这个问题时参考。

一、正确制订社的生产计划

发动社员正确制订的生产计划对继续克服保守思想，鼓舞干部和社员干劲，发掘农业生产潜力，实行计划管理，使社的生产有秩序地进行，保证农业生产更大、更好、更全面地跃进都有巨大的作用。但是在去年一年中，由于各族群众劳动积极性不断增长，右倾保守思想不断克服，干劲越来越大，加上技术革新，一日千里，措施不断增加，计划一而再、再而三不断突破；也有少数的计划由于未把冲天干劲和科学分析结合起来，不可能实现，因此今年便有一部分同志似乎有这样的情绪，认为社的生产计划没有作用，可有可无，对订计划发生了怀疑，消极对待，这是不妥当的。应该肯定去年合作社的生产计划，不管怎样，它对安排和组织生产、鼓舞群众干劲、推动生产发展是起了作用的。但是为什么计划与实际情况出入很大（多是偏低，少数又不可能实现），主要是在计划时对群众的冲天干劲和群众无穷的潜力估计不足，思想未很好解放。也由于只凭冲天干劲缺乏科学实事求是的态度，而且人的认识往往与客观实际有出入，加上情况有了变化，事物有了发展，计划的不断修改不仅是难免的，而且也是必须的。不可想象集体经济没有计划指导。因此，我们正确的态度应该是破除迷信，思想解放，认真依靠和发动群众，充分挖掘潜力，敢想敢干，加上调查研究和实事求是的科学分析，订出一个既是更大更好更全面的跃进计划，又是群众发挥了革命积极性经过努力能够实现的计划。根据去年的经验，在制订计划中有以下几个问题需要引起注意：

1. 社的生产计划必须与整个国家计划衔接起来。去年有的县和一些地区没有把计划分下去，社的计划也较盲目，结果指标、措施越往下就越低，这样国家计划没有保证，对社的生产也不利。应该自上而下分配指标，规定措施，交乡掌握，乡把社的计划碰头后，大致相符就执行，不符再调整，上下结合，反复一次，社的计划便可纳入国家计划的轨道，国家计划才有保证。特别是社在安排计划时，在安排自给生产的同时，要尽可能发展商品生产，以支援国家建设和满足工矿、城镇的需要。

2. 社的生产计划要根据国家计划、社员需要、因地制宜统一起来考虑，全面安排，统筹兼顾。

首先要保证粮食高速度增产，从根本上解决农民问题。傣族地区除认真贯彻农业八字宪法外，还要从耕作制度上来改进，如种植双季稻和早稻，避免盲目开荒，提高单产，稳定和逐步有把握减少粮食耕地面积，推行基本农田和一般农田相结合的耕作方法，扩大复种指数，改种部分高产作物等。

其次要充分利用自然条件，专人负责，组织专业队伍，积极种植亚热带经济作物。如能种甘蔗、咖啡的地区，每人种半亩甘蔗、50株咖啡，其他如试种棉花，发展枫茅、紫胶、龙舌兰及热带水果等，油料作物如花生等也要积极发展。这一方面可以为工业提供原料，提供出口物资，另一方面可以大大增加社员收入，满足市场需要，活跃边疆经济。

再次要把畜牧业放在应有地位。没有畜牧业的发展，要为群众提供足够的油脂、肉食品、乳制品及衣着用的皮、毛，增加社员收入，从根本上改善人民生活是不可能的。过去各地对此项生产抓得不多，今后要积极利用边疆水草丰美、四季常青的优厚自然条件，把这一工作逐级加强起来。

汉族山区要注意发展林木生产，特别是经济林木，如茶叶、木本油料等。

乡、社要发展小型工业和副业生产，如动力（水电站、小型电站、沼气）、农具制造和修配、土化肥和土农药、农副产品加工（如碾米、磨面、榨糖、制酒、淀粉、粉丝、榨油、编织、造纸等）、野生植物利用等。这既可满足社员和市场需要，又能增加社员现金收入，各地要认真组织这一工作，从资金、技术、设备等各方面加以扶持，并固定专业队伍来进行，争取坝区每1至2月每个社员能按劳预分现金（除了积累）3至5元，山区每个社员能分到7至10元，以解决社员零用钱的问题。

3. 在制订计划时最好定出两个指标，一个作为保证指标，一个作为争取指标。如计划发生变动时修改争取指标，保证指标尽可能不变。在实行三包时包保证指标。

4. 生产计划的内容应力求完整。过去有不少社的计划是残缺不全的，有的只有指标没有措施，有的只有作物播种和产量计划没有劳力安排、资金保证，这便阻碍了计划的实现。生产计划内容正确的应包括：作物播种和产量计划，劳动力和畜力使用计划，生产资料的供应计划、副业计划等。但也不可过于烦琐，有几项主要指标和措施即可，以适应当前干部管理水平。有基本建设的还应有基本建设计划。在制订计划时，最好有长远规划作依据。

5. 年计划制订后，还要有分段计划，如季度的、月的，以至半月、十天的小段计划。通过分段计划全面具体规定各项生产任务，统筹安排劳力、畜力，保证按节令有秩序组织生产和保证如期完成各项生产任务。在制订分段计划时，要根据年度生产计划来进行安排。

二、健全劳动组织，加强劳动管理

固定的生产队是合作社劳动组织的基本形式，去年和改区多是20户左右的小社，没有必要建立固定的生产队，今年许多社的规模扩大，因此除20至30户以下的小社直接领导生产组（也可叫队）外，在40户左右以上的社都要建立生产队，以便分级管理，正确体现按劳取酬和生产责任制。

1. 生产队分田间生产队和专业生产队两种。田间生产队的规模在坝区一般以20至30户左右（40至60个劳动力）为宜，根据去年的经验，这样较适应傣族社干管理水平，也照顾到傣族村寨居住条件，便于合理利用土地、耕畜、农具，如果太大不便于指挥，太小不能适应农忙季节和生产大跃进战线多、突击性活多的需要。汉族山区可按此参照实际情况确定。专业队应根据情况需要来建立。有3种形式：固定的专业队，如对经济作物、林业、畜牧、常年性的副业、蔬菜等均可建立固定专业队经营；其次是临时的专业队，如对经营临时性或有季节性大宗副业建立的专业队；三是对业务不固定、数量少或分散的经济作物的经营可设临时专业小组或在队下设组。建立专业队的好处是有专人负责，便于提高技术，有利于经济作物、畜牧业等的发展，但专业队往往季节忙闲不均，这只要通过劳力调剂便可解决问题。基本建设任务大的社还可建立专业建筑队。

2. 生产队要四固定：

户数劳动力固定：根据劳动力的强弱、技术高低、骨干强弱来搭配，并坚持贫农、下中农的领导优势。还要照顾居住相近、人事和睦情况，男女劳动力和青年、壮年、老年混合编队。傣族区要特别注意人事关系和"歹哥"（男女青年朋友）关系。有些适合妇女单独干的农活，如栽秧、薅秧等，可以由队里根据需要组织临时性妇女作业小组，也可建立突击队，固定队员，平时在队里一起劳动，需要时抽出组织突击。

耕作区固定：根据地形、土质、远近等统一划分，合理搭配到队，使各队耕地面积、作物种类与劳力情况相适应。好坏要合理搭配，还要注意"近田划入，远田划出"，土地连片和调整插花地。有条件的地区在划分耕作区时最好结合进行土地利用规划，划分经济区，规划土地并块、灌溉、道路等，对土地逐段分片排队，固定基本农田，定名编号插牌，确定绿化和山林责任区，并划出土地分布利用规划图，达到合理利用土地以充分发挥土地潜力。

耕畜固定：根据各队耕地面积、土质、种植作物合理搭配牲畜。并固定专人饲养，专人使用，规定劳役定额。对母畜和小畜在有条件的地方可建立专业的畜牧队（或场），组织放牧和繁殖等。

农具固定：根据与各队耕地面积、土质、种植作物相适应来确定。大农具专用专管，小农具自带，对使用范围大又不是日常需要的如打谷机、花生脱壳机等，由社统一调配。

3. 生产队设队长1人、副队长2人，其中妇女1人，管技术的1人。记工员兼统计员1人。由以上人员和党团小组长、社员代表组成队委会，决定队的重大事情。

4. 生产队有下列职权：

（1）保证或超额完成社管会分配的生产任务。

（2）服从社管会对劳动力、耕畜、农具的调配和土地调整。

（3）服从和执行社管会的决议。

（4）在保证完成社分配的生产任务外，还可组织其他生产活动，并享受收益。

（5）分配超产奖励部分。

（6）举办文化福利事业，如五保户的生产、公共食堂（或农忙食堂）、托儿所（或农忙托儿组）、夜校等。

（7）协助政府监督地富反坏的劳动生产和改造。

5. 田间生产队应通过小段作业计划具体组织生产活动，保证按时、按数、按质完成生产任务，实现队的计划，并正确贯彻按劳取酬、多劳多得的原则。组织生产活动的程序和方法是：

（1）社将全年计划交到队，按季做出农事活动计划，并按每个生产段落做出计划交队执行。队根据社的计划安排小段作业，一般可5至10天安排一次。安排时要三排队：首先是对农活进行排队，包括农活的项目、数量、质量和需要劳动力；其次是进行劳动力排队，包括全劳动多少、半劳动多少、辅助性劳动多少，并分别男女；再是时间排队，分清农活主次、耕作次序、耕作和完成时间等。根据排队结果做出小段安排，作为组织生产活动的依据。如遇天时变化无常，在小段安排时还可提出一些预备项目，以免天时发生变化时无活可干，造成窝工。

（2）根据农活种类，需要劳力和操作方法组织田间作业小组。组长可由队长指定，然后按定额和定额报酬标准评出各小组这一段应完成的定额和应得的定额报酬，具体包工。

（3）田间作业小组可分：

①临时性作业组：在春耕、秋收秋种等农忙季节，由队统一调配劳力，根据农活项目需要劳力及操作方法组织临时性作业小组。

②季节性作业组：如中耕、田间管理等可在一个季节固定在一个地段进行各种农事活动，便于加强责任制。

③专业组：为专门完成某项农活而组织，如积肥组、甘蔗组、蔬菜组等。

④固定性作业组：有两种情况，一种是常年固定经营某项经济作物；一种是较小的村寨和别的村寨划为一个生产队时，对小寨和划给附近耕地，成为固定的小组，全年包干完成各项农活。

（4）作业小组的作业方式有4种：一是适宜于个人单独操作的，如积肥、送肥、犁田等可分给个人负责；二是如栽秧、栽甘蔗、薅秧、锄草等可采取集体劳动、分段作业的方法进行，这既便于竞赛，又便于检查个人的质量和数量；三是对棉花移栽、榨糖等农活同时需要有各种不同的工种配合，如棉花移栽需要整地、打塘、施肥、移苗、浇水等同时进行，榨糖需要砍甘蔗、运、榨、烧火、管锅等同时进行，采取集体劳动分工协作的办法；四是集体劳动共同操作，如水利上的打夯等。

（5）各种农活在进行的过程中和完成后社队要进行检查验收，对完成得好的要表扬奖励，不好的要批评教育，或给以重做、扣减工分等处分。

三、劳动定额和按件计酬

农业生产劳动定额就是对于一种农活，在一定的土地、耕畜、农具、天时等条件下，一个中等劳动力做了一天所能达到的数量和质量，就是这一种农活的定额。过去我们推行小段包工或按件包工时也搞过一些临时性的简单定额，这对核算劳力、贯彻按劳取酬、启发社员生产积极性起了一定作用。但这种定额有它的缺点，主要是季节与季节之间、工种与工种之间很不平衡，已经不能适应今年社的规模较大的需要，因此必须推行分级定额。下面也着重谈谈分级定额。

如何制定定额，其办法是：

1.首先对农活分类排队，这有两种办法：一是把每种作物的活计按生产过程排队，选几种标准作物制定定额，然后参照这个标准对其他作物中相同的农活根据操作方法、耕作条件的不同一项项地制定。这比较复杂，但定额准确，而且便于推行以产定工。其次一种办法是将全年农活分季按生产过程分类排队，一项项地制定，比较简便易行。

2.在掌握定额的标准，要注意下列的因素：

（1）以一个中等劳动一天所能完成的数量和质量为标准，每一项定额都应当是，要选男女不同的中等劳动力来确定，制定结果要使50%至60%的中等劳动力能达到、20%至30%能超过为宜。

（2）时间标准：要统一时间，如农闲劳动8小时，农忙10小时。还要参照习惯，如犁田可以架数计算。

（3）技术标准：技术操作要与按时、按质完成农活数量统一起来，否则标准过高，不能按时完成任务。但也要注意以先进的操作方法为依据，稍高于一般水平即可。

（4）同一项目因条件不同须有不同定额，如土质松紧、距离远近、地势、技术要求、使用工具等区别，但只要确定基本的，其他便好制定。

（5）确定定额要找出决定定额的主要条件，如犁田主要是土质、送肥主要是远近等。

（6）计算单位力求准确，但要注意习惯。重点社还可抽丈土地。

3.制定定额的方法可以估工，也可以根据经验制定，还可试工。如几种办法同时运用更好。

4.制定定额要从实际出发，根据社干管理水平和群众可以接受的水平由低到高、由简到繁、由主要农活到全部农活、由分季分级定额到全年分级定额。在分级上根据和改区社干管理水平较低和合作社经营项目一般比较单纯的特点，不可过繁，一般以5级（繁重技术活、重要技术活、技术轻活和重活、轻活、辅助性轻活）为宜，多的可以到7级、9级，经营项目很单纯的3级、4级也可。分级时要反复比较排队，才能便于合理确定报酬标准。

5.定额制定后要确定定额报酬。定酬的原则是按劳取酬，定酬的标准是根据所需技术程度、劳动过程中的辛苦程度和这种工作在整个生产中的重要性来确定。在分级定酬时要确定合理级差，如五级定额的级差可确定为12分、10分、9分、8分、6分等，总之规定级差要从符合按劳取酬的原则，有利于鼓励社员积极性、创造性，提高技术出发。在执行中还要注意做好记工工作，最好算出每件农活的单位工分，以便于实行按件（包括个人计件和小组计件）付酬。

食堂炊事员、托儿所保育员等服务人员和耕畜饲养员，如不好制定定额、实行按件计酬时，可采取全年固定劳动日报酬加奖励的办法。社办工业可实行按定额按件计酬酌加技术津贴的办法。

6.制定定额由社成立定额委员会（或小组）起草，经社员代表大会或社员大会通过实行。但在实行的过程中要注意修订，修订应由社管会进行，一般是在下列情况下修订：

（1）原来定额不合理，执行不通，可以修订。

（2）生产条件发生了变化。

（3）工效普遍有了提高。

（4）工具改革。

四、推行"三包五到田"，彻底贯彻生产责任制

定额和定额报酬标准确定后，要推行"三包五到田"，以彻底实行生产责任制。在进行三包时，首先各队要根据社的计划定工、定成本（财务）、定产：

1.定工：根据各队负担面积、所需定额算出工数，包干给各队，但如生产条件起了变化，或增加措施，或遇到自然灾害，或定额修改经社批准可以修改定工数。如果队窝工浪费则不增加，有些工因错过农时社可以扣回。定工后社还可给队一部分机动工分，由队掌握调剂。机动工分数一般以定工数的5%左右为宜。

2.定成本（财务）：根据生产计划和各队负担面积算出各队所需种子、肥料、农药、耕牛和饲料、农具（指公有农具、使用年限、修理费用）包干到队，最好由社供应实物，管理费用则要规定专款专用。

3.定产：根据计划定出各队应完成的各种作物的产量。产量最好有两个指标，一个争取指标，一个保证指标，包产包保证指标。

根据"三定"三包到队（社的规模小，如有固定的生产组或队也可三包），超额时奖励，但不全奖，可奖超产部分50%至70%。如队在三包以外还经营了其他生产，如果数量少由队自行分配即可，如数量大在向社交了公积金后由队自行分配。减产要具体分析原因，如全社都遭受自然灾害，可按平均数计算，超产者奖，减产者适当赔偿。如有的队受重

灾，可由社评定是否赔产。如属社未完成投资计划则少赔，如因队经营不善，偷工减料，则要赔产，一般也不要全赔，赔的比例可由社议定。

"五到田"就是把"三包"任务和增产措施、劳动定额等以队为单位具体规划到每块土地，便于进一步贯彻集体或个人的生产责任制。做法是先由队委会就队的作物种类、包定产量、施肥计划、技术措施、工分定额等提出初步意见，交社员讨论，经过逐块（分片也可）挖潜力，找措施，因地制宜地将品种、产量、施肥、技术措施、工分定额规划到田，插牌写明，并登记入册，以后便按"五到田"要求组织生产和进行检查。这样社干、社员心中有数，责任明确，评比、检查、验收也好办，使生产队的全部劳动管理工作有了更加切实可靠的基础。

"五到田"之后，为了进一步加强田间管理工作，还须实行田间管理分到户和零星活路包到户的责任制。即是以社员户为单位划分管理的责任田，主要职责是：

（1）监督各项增产措施的实现，标准是"五到田"的要求。

（2）根据各种农活季节提出活路安排的意见。

（3）及时报告各种自然灾害。

有几种人不宜分给管理责任田：

（1）社的主要干部常常开会误工。

（2）孤寡老弱户劳动力少。

（3）常年搞副业的社员。

（4）地主富农。

为了使各户社员对分担的责任田负责到底，可以把一些零活如看田水等包给各户去进行。

重点社在进行"三包"的时候，有条件的还可试行"以产定工"。

五、做好财务工作，实行按劳预分

做好财务工作对贯彻按劳取酬、激发社员劳动热情、巩固合作社都有极为重要的意义，这里提出如下几点：

1.建账。和改区合作社过去用的记账方式很多，有红蓝字日记总账、借贷账、收付账、中式流水账等，也有没有账本临时用纸记或记在干部笔记本上。这些记账方式有的较为复杂，当前一般会计难于掌握，常常发生错乱，没有账的更是混乱，这给去年分配带来很大困难（当然有其他原因）。因此，我们的意见是要根据会计的水平不同采用中式或西式记账法，但无论中式和西式记账法，一般一个社只要有财务流水（日记）账、工分流水（日记）账和总账3本账簿即可。科目不可过于烦琐，要力求简单明了。

2. 建立一定的财务制度，如开支审批制度、社员预支制度、单据制度、公共财产保管制度、账务清结和公布制度等等，避免财务上的混乱和少数社干贪污。

3. 加强会计辅导工作。乡要配备会计辅导员，还要把去年在辅导工作上已有的好经验用起来，如五日辅导检查账目、巡回辅导、账簿展览、现场会、联社协作等。

4. 实行按劳预支。社要积极开展副业经营和搞商品性生产，并按社员在民族节日和生活上对零用钱的需要，实行按劳预支，以解决社员零用钱的问题，充分显示合作社的优越性，激发社员劳动热情，保证今年更大跃进。

5. 勤俭办社的方针必须坚持。要力求节约，精打细算，防止浪费，要教育社员维护社的利益和爱护社的公共财产。

关于瑞丽县贺赛乡弄换合作社的调查报告

　　紧接土改以后，于1956年弄换和暖波两寨就合办了一个初级农业生产合作社，是当时全县重点试办的15个农业社中之一。弄换寨入社农户有15户（暖波村24户），占该寨总户数55.5%，其中有贫农8户、下中农3户、上中农3户、小土地出租1户。入社土地300亩，占全寨水田面积815亩的36.8%。这一年合作社的生产搞得较好，又因为绝大部分社员又是贫下中农，收入比单干时有显著增加。但由于这个联合社的许多具体问题没有加以妥善解决，因而在社员中特别是寨与寨之间的社员之间闹起了纠纷。经过乡党支部给予合理的解决之后，于1957年两寨正式分开。1958年弄换社从原来的15户扩大到20户，基本实现了合作化。1958年、1959年两年全寨外迁了7户，至1960年仅有25户（其中新分家出来4户），都参加了合作社，内有贫农10户、下中农6户、上中农3户、富农4户、小土地出租2户。1961年初，因粮食问题又外迁了5户，现有20户101人、36个全劳动力、17头耕牛。属于社集体所有的耕牛1头、黄牛4头、牛车2部。

　　该寨在土改前原是一个28户的中等村寨，在经济上的特点是：土地多而肥沃，粮食生产水平较高，并且普遍经营以养猪、鸡为主的副业生产。今年稻谷收入每人平均达1773斤，其他副业收入的比重也较大。在政治上的特点是：阶级分化明显，地富上层和小土地出租较多，全寨有10户贫农都没有土地，长年累月给地富帮工。广大基本群众在寨内毫无权利，在生活上比较困难。

　　1953年工作队在该寨开辟了工作，随着群众阶级觉悟的提高，陆续涌现出一批骨干、积极分子，群众基础是比较好的。土改后第一年办社，广大贫下中农表现了很高的生产热情，1956年社员的收入有了显著增加。1958年由于所有制的变动太快，社员的思想都动荡不安，加之合作社经营管理工作比较混乱，因而使社的生产又趋于下降。1959年经过调整了生产关系，认真贯彻了省委对边疆的现行政策后，合作社的生产又逐渐回升。特别是1961年恢复很快，每人平均产量超过了办社前和办社第一年的水平，单产也基本接近，虽然耕种的土地还达不到单干时的总数，但每人负担面积都大大增加了。在经营管理上虽然较差，但随着社干管理水平的不断提高，而且从目前的发展情况看，整个经营管理工作是前进着的。在社管会中虽然贫下中农的领导核心还不十分坚强，但阶级队伍已基本形成了。尽管该寨的富裕农民嚣张极甚，但他们在各项运动中对来自富裕农民的袭击都能抵挡，并且以社长（贫农）为首的领导集体中还能团结大部分社员和富裕农民思想划清界限。

现据弄换社的各项调查分类，评述于下：

一、全寨办社前后的粮食生产情况

全寨办社前后的粮食生产情况，总产量办社后低于办社前，每人平均略有超过，单产基本接近。总的看来是恢复回升的趋势。见调查表：

年份	人口	总产	增减%	每人平均	增减%	单产	增减%	水田面积	增减%	每人平均	增减%	平均劳力负担
1955	138	244650		1773		300		815		5.9		
1956	143	243022		1699	−4.1	311	+3.6	780	−4.2	5.45	−7.6	12.1
1959	136	182105	−2.5	1339	−21	286	−8	635	−18.5	4.67	−14.3	
1960	137	178885	−1.7	1306	−2.4	295	+3.1	605	−4.7	4.41	−5.5	
1961	101	183050	+2.3	1812	+38.7	286	−3	640	+5.7	6.33	+43.5	17.7

从上表看出，总产量低于办社前。1961年虽有上升，但仍比1956年减少25.1%。每人年均产量1959年、1960年较低，1961年上升很快，比1956年增加6.6%，比1955年也还增加2.2%。单产：1961年比办社前减少4.6%。水田面积：总面积仍然比办社前减少18%，但每人平均负担面积1961年又比办社前增加16.1%，劳动力负担面积比办社前更多，1961年每个劳动力负担数达到了17.7亩，比办社前增加46.2%。

从表上看办社前后历年来的人口都差不多，而耕种面积、总产为什么却减少了呢？这主要是从1958年以来，全寨外出了13户75人，28个劳动力；而在本寨的人口增长率却很快。也就是说小孩增加了、劳动力减少了的缘故。从每人平均、每个劳动力平均负担面积来看就更清楚了。

上述调查的根据有三：

（1）以土改时的历史资料和合作社的分配决算表为依据；

（2）以社负责人亲口说的为参考；

（3）再在社干中做全面核对。

经过这三方面的互相结合，一般地说材料是确切的。

二、历年来牲畜占有情况

全寨的大牲畜从办社前后两个阶段来看，办社后比办社前减少，其中水牛1961年比1955年减少32.7%，黄牛减少68.5%，只有马增加了2匹。见牲畜调查表：

年份	人口	水牛		黄牛		骡马		合计		
		头数	增减%	头数	增减%	头数	增减%	头数	每人平均	增减%
1955	138	58		54				112	0.81	
1956	143	66	+13.7	63	+16.6			129	0.89	+10
1960	137	49	−25.7	11	−82.5			60	0.43	−51
1961	101	40	−18.3	17	+54	2	+100	59	0.58	+34

见上表除了1956年比1955年增加外，自1960年以来大大地下降了。这主要因为外迁户把牲畜拉走了，而且外出户中多数属牲畜占有较多的户。

牲畜调查的主要根据是：参考历史资料的牲畜占有统计表，然后去社干中做进一步的核对。故材料是基本准确的。

三、各阶层经济收入情况

办社前的1955年，全寨有28户，其中贫下中农15户，占总户数53.5%；上中农4户，占14.3%；富农5户，占17.8%；小土地出租4户，占14.3%。

办社后的第五年1960年，全社有25户，其中贫下中农有16户，占总户数64%；上中农3户，占12%；富农4户，占16%；小土地出租2户，占8%。

从办社前后两个年限群众的经济收入来看，按照实物不变的价格来算，全寨每人平均收入比办社前减少了。分阶层看，上中、富农和小土地出租等3个阶层均比办社前减少，其中富农减得较多，只有贫下中农阶层的收入增加了，亦即绝对财富比办社前增加了18.5%。见各阶层收入调查表：

阶层	1955年人口	1955年实际收入	每人平均	1960年实际收入	每人平均	增减数	%	1960年人口
贫下中农	67	4314.40	64.40	6107.30	76.34	+11.94	+18.5	80
上中农	15	1925.50	128.38	2089.71	99.51	−28.87	22.5	21

续表

阶层	1955年人口	1955年实际收入	每人平均	1960年实际收入	每人平均	增减数	%	1960年人口
富农	39	5170.23	132.50	1892.90	82.30	−50.20	38	23
小土地出租	17	1811.36	106.52	1044.55	80.35	−26.17	24.6	13
合计	138	13221.88	95.81	11134.31	81.27	−14.54	15.1	137

贫下中农收入的增加，无疑是参加社后改变了生产关系和避免了剥削的结果。富农和上中农的收入减少，是由于他们在单干时有较多的较好的土地、生产资料比较齐全的缘故。但如果将他们的雇工剥削除去之后，实际劳动收入只减0.7%，因为他们在过去的雇工较多。小土地出租也同样把地租剥削全部除去之后，实际劳动收入大大增加。

如果按照变动的价格另算一笔账，则各阶层的收入情况见下表。

在1960年各阶层的总收入中，不论哪一个阶层私人收入部分都占了较大的比重。除贫下中农阶层公私比例为正四六外，其余阶层私人收入部分都大于集体收入部分，小土地出租接近倒三七的比例。如下表：

阶层	总收入	集体部分	占总收入%	私人部分	占总收入%
贫下中农	6107.20	3696.60	60.5	2413.60	39.5
上中农	2089.71	988.59	49	1106.91	51
富农	1892.90	786.83	41.7	1104	58.3
小土地出租	1044.55	348.14	33.4	696.41	66.6
合计	11134.31	5811.16	52.2	5320.92	47.8

私人收入部分比重之大，其主要原因是：家庭副业的销路大大扩大了，加之这个社的社员都普遍饲养着较大数量的鸡、猪，近两年来，社员和农场的往来也日渐频繁起来；同时，合作社的生产比较单纯也给了社员扩大私人副业之便。

四、社员的生活变化情况

该社自办社以来，多数社员的生活逐年都有提高。据调查办社前1955年全寨只有缝纫机1部、自行车1辆，办社后增加了2部缝纫机、2辆单车、2部牛车、5个热水瓶和18支水笔。

从各阶层的状况来看，办社后绝大多数贫下中农的生活水平一直上升，如波岩斯（贫农）全家5口人，2个劳动力，土改前无田无地，也无大牲畜，每年都是靠帮工为生，口粮年年不够吃，家庭成员的衣食和其他用具都十分简单。办社以后，增加了3头大牲畜，全家人的衣着男人从办社前每人平均3件增加到5件，女人也从4件增加到7件。被子、蚊帐、垫单也都比办社前各增加了1件。这一户在贫下中农中是较有代表性的。上中农阶层的生活没有较大的变化，他们入社以后从一般的衣着和食品来看总数略有减少，牲畜头数又略有增加，但由于人口的自然增长，每人平均还是有所减少。如上中农莫成1955年原有水牛16头，现有17头，按人口平均计算由原来的2.66头减少到1.88头。猪从4头减少到2头，每人平均由原来0.6头减少到0.22头。衣着、日用品和油肉等数量和过去基本相等，油和肉类每人平均由原来的25斤减少到20.3斤。富农阶层由于过去的剥削收入大，尤其是雇工较多，且占有较多较好的土地，入社以后，因人口多、劳动力少，故收入减少了。所以他们的衣着、用具和副食品等都比入社前有所减少。

五、社干部情况

该社有社干部6人，内有党员1人、团员1人。这6名社干中，成分好、工作积极、爱社如家的有3人；成分好、工作表现一般、基本拥护社的有2人；成分好、工作表现踏实、对社三心二意的有1人。他们的具体表现是：

社长波岩斯，男，35岁，贫农成分，于1955年入党，现还兼任联防小队长职务。远在20多年前就离开了他的父亲，到伯父家（小土地出租）住了10余年，结婚后和伯父分了家，家产一无所得，每年都是靠帮工和租种田地来维持全家生活。在反官租斗争和土改运动中觉悟提高很快，工作一贯积极，立场坚定，于1956年办社时当选为一般社干，1957年任社长至今。几年来他一向对社热心，办事公道，斗争性也较强，如1960年社里富裕农民麦喊等人借口社里账目不清，煽动群众撤换社干部，并提出把社里剩余的谷种按户平分。这时以社长为首的合作社干在乡支部的帮助下，耐心说服了群众，通过算账，说明把社里的储备粮分掉后，贫农缺粮就难以解决；并且查清了社里的账目，向社员公布，从而争取了多数社员，压下了富裕农民的邪气。通过这次斗争他的认识更加提高了，他常说："办社会主义的事，不是我们共产党人来办，叫谁来办呢？"他的主要缺点是：办法较少，管理社的能力较差。

检查委员曼相，团员，现年21岁，下中农成分，原住暖波寨，是暖波社副社长帅相的弟弟，1958年结婚后即分家出来搬到弄换居住的，1959年他被选为该社社管委员。他在生产中能积极带头，并有一定的工作能力，敢说敢干，对社一些不合理的现象和富裕农民的叫嚣也敢于展开斗争，已成为社长的一个得力助手。唯年纪较轻，在社员中还没有较高的威信。

生产委员喊帅，41岁，下中农成分，诚恳老实，不多说话，对合作社十分热心，在生产中能够积极带头，在劳动中埋头苦干，对办合作社坚定不移。

社管委员体喊，男，42岁，下中农成分，劳动积极，但对社内的事情不够关心，工作也不够主动，阶级觉悟较差，有时也还跟着一些富裕农民叫喊，1960年富裕农民提出要撤换社干，他也随着附和，经教育后已有转变，基本上可以团结在社长的周围。

副社长野相，男，36岁，贫农成分，原是贺双寨人，他父亲在1949年以前曾当过贺双寨的布幸，于1956年和他父亲分家后即迁来弄换寨岳父家，当年就参加了合作社，1958年他被选为副社长。在初任副社长时，工作表现尚好，但近来有了变化，主要对粮食政策有意见，叫喊口粮不够吃，并与暖波社干波岩思合股做牛马生意，今年来贩卖了牛马×头，盈利×元。有时还抽几口大烟。他兼任社里的保管员，现保管的现金数目与账面不符，尚未查清原因。目前虽存在上述问题，看来只要抓紧加强教育，还是可以转变过来的。

会计岩亮，男，30岁，贫农成分，1956年脱产参加了工作，于1958年反右派时，他被划为民族主义分子，在公安局劳动了半年。回家后即迁往缅甸猛广。他曾说过："只要共产党在，就绝不回来。"但到猛广后得了重病，医治无效才抬回家来，经民族医院才把他医好了，以后他再也不敢外出了。去年因社的会计外出，社里没有人记账，只有他还略识些傣文，所以才叫他暂时代替着会计的工作。但其业务水平极低，只会写不会算，所以今年合作社的现金账目不清楚。从他对社的态度来看，由于其劳动力多，自发思想比较严重，因此对合作社表现动摇。

综合上述该社6个社干部中，以社长为首的3个社干部工作积极肯干，爱社如家。另外2人虽表现一般，但还能团结在社长周围做些工作。只有会计1人不称职。由此可见，社的领导核心基本形成，同时这些社管委员还联系团结了一批积极分子，开始形成了一支队伍。

六、合作社的经营管理问题

弄换社自1956年办社以来，经营管理略有提高，由于社小社员的意见容易统一，即使有些不合理的情况，大家也不斤斤计较。去年以来男劳动力实行了固定犁耙小组，土地划片固定到组，因此出勤率、进度和质量都有了显著提高。今年初曾尝试插牌定分、劳动抢分的办法，由于制定的工分定额不清楚、不完善，群众感到麻烦，而没有坚持下去。从当前的经营管理工作看，一般是适应社干管理水平和社员觉悟程度的。

（一）劳动组织和评工记分

该社劳动组织形式大体有3种。第一种按劳动力固定犁耙小组。全社23个男劳动力分为两个组，土地划片，固定到组。看管田水也由小组负责。第二种根据社内土地多、劳力少、工种集中的特点，采取集体伙干的形式，这种形式约占全社总工种40%左右，如拔秧、栽秧、薅秧、割谷子、堆打谷子以及种小春等。第三种是责任到人（如赶牛车）和零星活路临时派工的形式，如撒秧、看管秧田、种黄豆等。以上几种形式不足之处主要有：

（1）许多活路没有固定小组，不能实行小段包工到组和实行小组责任制。因此各道工序不能按时按质完成任务，工种与工种之间不能有机地衔接，往往打乱和影响了生产计划和种植节令。

（2）不能充分调动各方面的劳动力，使原可出工的一部分妇女抢不到工分。

1960年初在乡工作组的帮助下，社里对大部分活路曾制定了工分定额，如犁田每箩种分别定为50分和40分两种，耙田分为25分和20分两种定额，薅秧分别定为每箩种60分、50分、40分等3种，此外割谷子、打谷子、种小春等也都规定了不同的定额。但由于组内不会算账，因此均未实行。目前评工记分只有两种，一种是集体劳动个人计件，在今年所有工种中采用这种形式的只有拔秧、栽秧和挖沟。另一种就是按日记分，一天10分半天5分，只区别出工早迟，不分难（男）女强弱。虽然这种评分方法存在着严重的平均主义，但群众认为："各家都有男女老幼，只要干活谁多一点少一点都没有关系。"看来，群众还没有意识到这样评分不合理时，要贯彻小段包工和实行定额管理是需要一个过程的。

（二）财会工作

自办社以来，先后换了3个会计，现有会计、保管各1人；会计的业务水平很差，除能记账外，不能预分，连珠算加法也不会，社员反映会计写的字念起来还"近近哽哽"（说不明），社内每次公布各种账目和预分，都是由工作队直接进行。保管员由副社长兼任，财务工分由会计记账，现金和账单由保管员保管。具体的情况是：

1. 工分管理

这是会计工作中比较清楚的一项，社员对工分账较满意。几年来都使用工分票，基本上当天工分当天发，今年已公布过5次。在小段清理工分时，用大工分票换回小工分票；社员手中只有工分票，没有工分手册，会计只有小段清理工分登记本，没有日记账，如发生社员手上的工分票与会计账不符，则以社员的实有工分为准。为了防止舞弊，社员的工分经由会计和保管员发给，会计工分由社长和生产委员发给，会计的工分票和社员的不同。社干误工补贴按一天10分、半天5分评给。

2. 现金管理

现金管理较混乱，社员意见多，不放心。今年公布过两次，最近一次是在社员的强烈的要求下经过工作组直接参加下才公布的，公布后社员反映还有两笔账不清楚，240多元，现正在进一步清理。今年试算分配清理财务的结果：当年农副业和上年提留数收入为1906.84元，而会计的流水日记账中只有1745.82元（其中两笔275元没有记入账本），当年开支为1600元，而会计的流水账只有1264.50元。会计的账面结余481.32元，但社内包括保管员手中和存入银行的现金总共只有325元，有156.32元清查不出。当年的收入和开支都没有归类，没有凭证报账、专款专用和一套民主管理制度。如当年支出共1092元中（不包括两次预分现金172.40元），属于社员借支的有393元，占总支出36%。谁想借，只要副社长一人说"可以"就行，借多借少也没有限度，最少的一次借2.50元，最多的一次达73元。社员反映："买什么东西用多少钱，只有副社长一人肚里有数。"群众怀疑副社长（即保管员）有贪污，故意见很多。

3.实物管理，基本清楚

社内有"小仓库"一所，小春和大春种子都存放在仓库中，现有黄豆籽种269斤、春豆210斤、豌豆560斤、社公牛2头、黄牛4头、牛车2部。水牛、黄牛、牛车都有固定报酬，责任到人。牛车小修由赶车人负责，社上评给工分；大修时，经费由社负担。

根据群众要求和管理情况，需要解决的问题是：

（1）搞清现金收支后需建立现金使用范围和财会工作人员的职权范围，以便于群众的监督。

（2）该社除会计外，尚有会挂账的3人，须从长远打算培养一个能胜任的会计。

（3）劳动组织和评工记分中应首先解决充分调动社内所有劳动力，在此基础上根据社干管理水平和群众接受能力逐步地把经营管理工作提高一步。

七、各阶层对合作社的态度

全社共18户，其中积极拥护办社的5户，占总户数27.5%；基本拥护的5户，占27.5%；对合作社表现动摇的4户，占22.5%；向往单干的4户，占22.5%。

坚决拥护合作社的5户全是贫下中农，他们在土改前无田无地，每年都是靠帮工和租种田地为生，生活较困难。入社后收入不断增加，生活逐年改善，如波岩斯解放前连续10年当长工，或佃耕田地，每年收入50箩到80箩稻谷，极难维持全家人的生活。办社后年年都增加了收入，1960年全家分到120箩谷子，还有80多元人民币，日子过得很好，几年来还买得3头大水牛。他说："我在旧社会里无田无地，成天愁吃愁穿，连自己的命都掌握在人家手里。今天有了合作社，生活一年比一年好过，我还当上了社长，要不是共产党领导办合作社，我怎能有今天。"

基本拥护社的5户中，贫下中农3户、小土地出租1户、富农1户。这3户贫下中农由于人口多劳力少，入社后生活虽有改善但不显著；加之前两年社的领导权为不纯分子岩板所掌握，拉用社的公款，独断专行，谩骂群众。一些向往单干的人也说合作社不好，致使他们界限不清，把工作中的缺点和合作社混淆在一起，认为"合作社人多嘴杂，账目不清，领导人贪污"。同时目前合作社的经营管理还差，未能经常进行预分，零用钱发生困难时，也纷纷归罪于合作社。如相保母女二人过去无田无地，靠帮工过活，入社后生活有所改善。今年"出凹"（民族节日），因没有钱买衣服，她就说："过去寡妇3年可以做摆，现在入社过节也还买不起新衣服了。"另外的一户小土地出租和一户富农因缺少男劳力，不入社生产生活都有困难，所以对社基本上是拥护的。动摇的4户，原都是下中农，这里有两种情况，一种是解放以来生活大有改善，但因其他生产资料齐全，且劳动力多，因此他们认为单干会比现在的收入增加。在合作社里干活感到吃亏，因而对社三心二意。如岩亮，生产资料齐全，自发思想比较严重，他说："要是给单干，我家一年收入的谷子，两年也吃不完。"另一种情况是吹大烟，不爱劳动，认为在合作社不自由。这些人收入并未减少，但不敷支，对合作社表现动摇。反对社的4户中，富农1户、上中农2户和小土地出租1户，他们在入社后由于收入减少，对社十分不满。如喊软家入社前每人平均收入到106元，1960年在社里每人平均只有75元。他说："合作社不如单干，单干时想做就做，还可以请工，现在一天不出工都要受批评。"又如上中农麦喊过去雇工放债，入社后收入减少，1960年私自召开会议拉拢了一些人，借口社里账目不清提出撤换社干，平分社里的籽种，企图把社搞垮，恢复单干。

从以上情况看来，拥护办社的占55%，反对办社的占22.5%，动摇的占22.5%，对这些动摇户只要加强教育，把今年的分配工作做好，并进一步提高社的经营管理水平，争取他们继续留在社里是完全可能的。就是现在反对社的人中，也会有所分化，对个别户也还可以争取。

八、外出、回归情况

1956年全寨原有27户149人，合作化以来先后外出14户75人，占1956年全寨总户口44%，占全寨人口49%。1958年后又回归两户4人，现还在外共12户71人，其中地主1户9人、富农3户19人、上中农1户4人、小土地出租1户4人、贫下中农6户35人。外出时间：1958年5户28人，1959年3户12人，1960年分配结束后外出4户31人。现在外约13户中有6户曾参加过合作社（内有贫下中农4户、上中农1户、富农1户），另6户原是单干（其中地主1户、富农2户、小土地出租2户、贫农1户）。

他们的外出原因是：

（1）地主富农入社后收入大大减少，对我粮食政策和合作社不满而外出的4户，如富农瑞庄原有7箩种水田收550箩，1960年入社后9口人收入150多箩，除支出看牛工资和吃掉的旱谷外，只有100箩谷子进仓。为此他的思想十分抵触，于分配结束后就外出了。

（2）怕入社后劳动苦，不自由，粮食紧不够吃，因而向往单干和做生意而外出的两户。如曼喊，贫农，1958年由广双到弄换上门，要求种社里的荒田搞单干，不愿意入社，因社不同意，而随别人外出。

（3）1958年大战钢铁铜时，怕上铁厂而外出的两户。如瓦思只有一个劳动力，工作组曾动员他参加工作，其父亲不同意就和干部吵架，后又再次动员他去铁厂，因害怕而外出了。

（4）因抽大烟被送往学好队的1户，在学习期间，因经常看到辩论斗争和逮捕人，思想产生恐惧而逃跑了。

（5）原贺赛乡长波岩板望回家后任社干，因贪污社里公款，并经常谩骂群众，从而受到群众的反对而外出了，并带走了他岳母亚来哈一家。

这12户现在外的居住情况是：紧靠我国境线哈亮、芒参、广丙、南坎等地的有9户54人，居住在离国境线两天路的南帕嘎等地有3户19人。

他们的生活现况是：

（1）购买了田地、租种茶园已安家落户的有两户。如干喊良在广丙寨栽种了10箩面积的茶苗，两至三年即有收成。

（2）主要靠做生意过活的有两户，如瑞庄在南坎做贩卖粮食生意，生活过得很富裕，去年还买了1部牛车。

（3）租种田地和帮工的有4户。这些人生活比较困难，如曼喊8口人，租种7箩种面积，除支付田租和零工工资外，实收130箩谷子，20箩黄豆。目前生活较困难。

（4）靠采茶、挖宝石、割草卖的有4户。这些人的生活更加困难，如寨庄原外出时带去了黄牛2头、水牛4头、牛车1部，大部分都卖吃了，只剩下黄牛、水牛各1头。

从外出户的情况看来，现在外的12户大多数都居住在国境沿线，除个别户已购置了产业外，多数人的生活都动荡不定，没有固定的职业。据了解，这些人是愿意回来的。有人反映说："就因为在合作社里劳动苦，粮食紧张又不容易买到，而目前还不想回来。"也有些人反映："如果在中国政府允许单干，口粮宽裕一些，愿回来的人就多了。"由此可见，我们认为只要我们端正地执行边疆的现行政策，认真坚持合作社的自愿原则，并切实做好今年的分配工作，要争取其中的多数人回来是可能的。

九、内外关系情况

弄换社距国境线仅450多公尺，境内外都是傣族，解放后虽然两个社会制度不同，但群众在生产、生活和社会关系上仍然保持着密切的联系。

（一）经济生活方面

办社前该寨雇外国工包括长工短工达430个劳动日，外出采茶和帮工的有8人，合180个工作日。办社后除单干户雇少数零工外，劳动力内流的现象大大减少了，而外出采茶的却有所增加，去年该寨外出采茶8人，合160个劳动日。在粮食的外流方面，土改前该寨通过借贷出卖雇工工资共外流粮食达4000箩，到办社前减少到2600箩。1960年社里支付外国牛租55箩，个别社员出卖零星粮食150箩，共205箩。但是1961年有10户又从国外购买入大米20箩，折谷子60箩。生产工具和生活用品方面，解放前主要向国外购买，解放后随着国营贸易的扩大，这种情况有了显著改变。但目前仍有相当数量的生产工具和生活日用品需向外国购买。如锄头、镰刀等，在生活上有50%左右的炊具，90%以上的宗教用品以及盐巴、烟、油等日用副食品大部分都向国外购买。另外还有11户社员利用缅币和人民币的黑市比价，在国外贩卖衣服、布匹和大米，据调查他们今年所得盈利最多的户达160元，最少的户也有10元，一般的都在40元至50元左右。

（二）社会关系

据统计，全寨20户中有直系亲属在国外的有16户，占总户数80%，至于旁系亲属则家家都有。婚姻关系上，外国人来上门的有1个，嫁到外国1人，到外国上门1人。亲属关系如此密切，对边民的内迁或外迁有着直接的影响。

龙陵县第四区潞江傣族地区
和平协商土地改革条例（草案）

第一条　根据《中华人民共和国宪法》第二章第五节第七十条的规定和我区情况制定本条例。

第二条　和平协商土地改革是在中国共产党领导下，依靠各民族劳动人民，团结其他阶层人民和与群众有联系的民族公众领袖，采取自上而下和平协商的办法，废除领主、地主阶级封建剥削的土地所有制，实行农民的土地所有制，以解放农村的生产力，发展农业生产。

第三条　废除领主、地主的特权、杂派、高利贷，并没收其土地归农民所有，其他财产一律不动。分配土地时，先留给其与农民同等的一份土地。无劳动力者，允许雇工或出租，并得依法收租。

1954年5月八项政策宣布后，领主、地主如以出卖、出典、赠送或其他方式转移分散土地者，一律无效。

领主自己经营的果园、茶园、咖啡园、藕池和小块园林者，予以保留。

解放后，领主、地主自己劳动开垦的荒地不动，并不计入其应分土地数目内。

凡依靠官租维持生活的领主或属官，如生活确有困难者，酌予适当补助。

领主、地主的公民权利不予剥夺。

第四条　保护富农所有自耕和雇人耕种的土地及其他财产，不得侵犯。

富农的高利贷另规定办法处理。

第五条　保护中农（包括富裕中农在内）、贫农、雇农和其他农村劳动人民自耕的土地及其他财产，不得侵犯。

农民之间的债务继续有效。

第六条　革命军人、烈士家属、工人、职员、自由职业者、小贩以及从事其他职业或因缺乏劳动力而出租小量土地者，均不得以地主论，其每人平均所有土地数量不超过当地每人平均土地百分之二百者，均保留不动。超过此标准者，得征收其超过部分的土地。若系鳏、寡、孤、独、残疾人等，依靠该项土地为生者，其每人平均所有土地数量虽超过百分之二百，亦得酌情予以照顾。

第七条　佛寺、教堂占有土地和其他财产一律不动，社神地一律不动。

第八条　寨公田一律予以征收分配。

第九条　大块荒地除酌量分配给无田少田的农民耕种外，一律收归公有。
领主、地主的山林和公山的处理办法另定之。

第十条　公路、河道两旁护路、护堤的土地和国营农场范围内的土地林木不得分配。

第十一条　所有没收、征收的土地，均由乡农民代表会统一地公平合理分给无田少田的农民所有。
所有没收、征收之塘堰等水利，可分配者随田分配，其不宜分配者得由乡人民政府根据原有习惯予以民主管理。

第十二条　分配土地以乡为单位，在原耕基础上按土地数量、质量及位置远近，用抽补调整法，按人口统一分配之，但区人民政府得根据需要与可能在各乡之间作某些必要的调剂。
乡与乡之间的交错土地，原属何乡农民耕种者，即由该乡农民分配。
外县区租种我区的土地，一律收回分配。

第十三条　在分配土地时，对于只有一口人或两口人而有劳动力的无田少田的贫苦农民，在本乡土地条件允许时，得分给多于一口人或两口人的土地。

第十四条　农村中的手工业工人、小贩、自由职业者及家属，应酌情分给部分土地，但其职业收入足以经常维持其家庭生活者，均不分给。

第十五条　家居农村的烈士家属（烈士本人得计算在家庭人口之内），人民解放军的指挥员、战斗员、荣誉军人、复员军人（人民政府和人民团体的工作人员及其家属在内），均应分配与农民同等的一份土地。

第十六条　外逃人员原则上分给与农民同等的一份土地，由其家属或乡政府代管。

外逃为匪者，原则上亦留给土地，由乡人民政府代管，并争取其归来，悔过自新，不咎既往。

第十七条　在土地改革中必须贯彻各族农民是一家、团结互助共同发展生产的基本原则，因而凡系山区汉族及其他各族农民租种坝区傣族的土地，可允许保留一部分或全部，俟山区改革时再进行分配。

山区各族人民原则上是就地发展生产，但在个别地区确无就地发展之条件，而附近之坝区又有荒地可开垦者，俟坝区土地改革结束后，有领导、有计划地组织下坝生产。

第十八条　领主所有之武器应一律交归政府，酌予适当奖励。

地主、富农、属官、农村头人及司署兵所有之武器，应一律交归政府，不得非法分散和转移。

第十九条　为保证和平协商土地改革的实行，在改革期间，应组织人民法庭，用巡回审判方法，对于一切违法、违抗和破坏土地改革法令的罪犯，依法予以审判及处分，严禁乱捕乱打。

第二十条　划定阶级成分，应根据前中央人民政府政务院1950年8月4日所颁布的《关于划分农村阶级成分的决定》和自治区人民政府的补充办法，由农民代表会提出，经村寨农民大会讨论，在乡人民政府领导下，由乡农民委员会邀集本人协商。协商后，由乡人民政府报请区人民政府批准、县人民政府备案。本人或其他人如有不同意，得于批准后十五日内向县人民法庭提出申诉，经县人民法庭判决执行。

第二十一条　在和平协商土地改革期间，区应组织协商委员会，协商土地改革各项事宜。乡设立农民代表大会及其委员会，执行土地改革的各项事宜。上述两种机构，均在各级人民政府领导下进行工作。

土地改革工作，应由县以上人民政府指派干部领导进行。

第二十二条　为保障和平协商土地改革一切措施符合绝大多数人民的利益及意志，各级人民政府应负责切实保障人民的民主权利，农民及其代表在各种会议上有自由批评及弹劾各方各级的一切工作人员的权利。侵犯上述人民权利者，应受法律制裁。

第二十三条　和平协商土地改革完成后，由县人民政府发给土地所有证，并承认一切土地所有者自由经营的权利，土地改革以前的契约一律作废。

第二十四条　本条例经区人民代表会议通过，报请省人民代表大会常务委员会批准施行。

龙陵县第四区（潞江）傣族地区
和平协商土地改革宣传提纲

一、为什么要实行和平协商土地改革

封建领主、地主的土地制度是极不合理的制度。本来田地是我们农民的祖先用自己的劳动开出来的，就像我们现在开荒一样，但是少数人——封建领主集团却利用封建特权把农民的田地强占去了，自封为土地的主人，叫作所谓"官家"。他们更制造了些歪道理说："天是土司的，地是土司的，山是土司的，水是土司的。'溥天之下，莫非王土，率土之滨，莫非王臣。'"这样便把农民变成了他们的农奴，交官租、出杂派，供他们剥削，出夫、出兵，供他们驱使。也就是说，农民在封建领主制度的压迫下，失去了土地所有权，只剩下土地使用的权利，而这种使用权还必须用交官租、服劳役等条件才能换得。如果交不起官租或不愿受剥削，土地的使用权也会马上被剥夺，变成一无所有的无田户。官租和杂派是农民在领主制度压迫下最沉重的负担，农民要种田，便不得不向领主交官租和杂派，在过去我们潞江坝农民每年向土司交官租10多万箩、杂派11万多箩，共计21万多箩，可供8000人吃1年；如以之买耕牛，可买2000多条，只需2年，我们全区每户就可有1条牛。受了灾荒也要交，说什么"荒田不荒租"。杂派的名目更是数不清，过去农民出的杂派有几十种之多。如门户款、开锁钱、壮丁费、落地捐、草鞋钱、门牌款、户口登记款、土司结婚、生子、满日、嫁女、娶儿子媳妇、出门、盖房子、修车路、赶摆等均要派款，其他还有什么见面款、打街、彩子租等，土司可以随便立个名目派款。我们街街在出款，年年在欠债，因为交不起官租、杂派，被迫卖牛、借债、卖青苗、卖桶裙，甚至拉女儿做丫头抵租，逼得农民跑缅甸、跑芒市、跑上江，挨打受气的多得数不清。

领主集团一部分人为了加重对农民的剥削，又以各种手段来剥夺农民的土地使用权，霸占农民的土地，把田集中到自己手里，再出租给农民，交官租又交地租，加倍剥削农民、敲诈农民。在抗日战争时，一年收两道官租，逼得农民走投无路、无吃无穿，使得农民一年不如一年，日益贫困。农民每年辛勤劳动的成果，以土地产物的50%交纳官租、地租，高的地方，官租、地租要交到60%—70%。交租时还要用大箩剥削，还要供饭、割马草，出什么抹箩钱、鼠耗谷等，农民实际上变成了封建领主的奴隶。

高利贷的利息很高，青黄不接时借一箩，到秋收后还两箩是最普通的利息，还有利滚利，农民借了高利贷还不出，便卖牛、做长工，这样就更使农民痛苦日益加深，逼得妻离子散。

官租、杂派和地租、高利贷是绞杀农民的3根绞索，农民在这种残酷压迫下，一年到头劳动，吃不饱、穿不暖，含着眼泪过日子，而领主、地主则不劳动，坐享其成，过着荒淫奢侈的生活。

在这种不合理的土地制度的基础上，树立着领主、地主的封建的血腥统治，封建领主凭借衙门、武装、监狱作威作福，任意欺压农民。在国民党反动派统治时期，领主勾结国民党反动派和日本侵略军敲诈勒索、抓兵派夫、吃花酒、强奸妇女、霸占农民田产、杀害人命，无恶不作，上述种种给农民、给整个民族带来了严重的灾难。具体说来有以下10条：

（一）阻碍了生产的发展

在封建领主制度下，农民交了官租、地租、高利贷，吃穿也不够，根本无钱买生产资料，扩大再生产和改进技术，就是生产好了也会遇到加租或额外的勒索，不愿加租便会被抽佃，因而没有心肠把田种好，这就阻碍了生产的提高，形成广种薄收，大片田地荒芜。所以我们生产的落后是封建制度造成的。

（二）使人民生活极度贫困

由于封建领主的层层剥削，除交官租外，还另加鼠耗谷，每百箩加10箩，把清朝和国民党反动派时代的耕地税转嫁给农民，解放后把交公粮也转嫁给农民，每箩官种加3箩，群众普遍反映："别处是二五减租，土司是二五加租。"另外，还派官糖、官鸡、官豆、官笋等勒索农民，造成农民生活都很困苦，一年四季都在劳动，生产出来的粮食自己不得吃，粮食还在田里就被收租逼债的驮走了，只有扛着空扫帚回家。特别是青黄不接的时候，找一顿吃一顿，找不着就挨饿，有时连盐巴也吃不上。过年没有米，赶摆没有衣服，扎实难在了。所以我们生活贫困，也是封建制度造成的。

（三）把民族陷入了愚昧落后

领主、地主不仅剥削农民，而且制造很多歪道理来欺骗和侮辱农民，他们把农民剥削穷了，反说是农民"命不好""八字不好"，对土司"恨不得""离不得"，说什么"土司是天上掉下来的父母官，农民是土生土长的"，"穷是祖坟不好，大门朝向不好，相貌不好"等胡说八道，像用一块黑布遮住我们的眼睛一样，使我们不知道穷的根子，也就不懂得反对他们，听任他们剥削。事实上劳动农民不是命不好，劳动人民创造一切财富，是伟大的、光荣的，领主、地主是寄生虫，靠剥削吃饭最可耻。如果说我们过去命不好，那现在有共产党领导翻了身，生产提高了，"命"都好了。还有在领主制度压迫下，生活都顾不过来，当然没有钱读书、学文化，很多都不识字，像睁眼的瞎子。所以没有文化、不懂科学的痛苦也是封建领主剥削制度造成的。

（四）抵抗不了自然灾害

我们农民因为被领主剥削得十分穷困，什么也没有还要欠租欠债，当然更说不上有积蓄，一遇自然灾害，如水灾、旱灾、荒灾，很多便向外逃亡，有的搬到芒市、上江，有的跑到缅甸去卖工，甚至死在外面，大量的田地便荒芜了。现在到处都有很多荒田，就是这样造成的。这样生产也受到很大破坏，所以说，天灾也是与旧制度分不开的。要战胜各种自然灾害，也得首先推翻封建制度。

（五）制造了民族隔阂

本来各民族是一家人，但由于封建领主集团长期实行民族统治，并勾结其他民族的统治剥削阶级，对本民族进行残酷的剥削和统治，他们一方面是本民族的统治者，同时又是大民族统治阶级的代理人，互相勾结支持，狼狈为奸，他们利益一致的时候，就联合起来镇压各民族人民，屠杀迫害农民。如过去坝湾附近有菜园寨、小芒费二村，人多，生活富裕，土司怕他们起来夺了他的天下，便利用封建迷信铸铁老鸦埋在菜园寨，以威胁、迷惑该村群众说破了风水，使全村搬散，同时又派土司兵至小芒费村杀人放火，撵走农民，以巩固封建领主制度，达到"溥天之下，莫非王土"。在他们利益冲突的时候，就欺骗本民族的群众，装成民族的保卫者，挑起山坝民族纠纷，如在1953年，土司煽动傣族农民，挑起租佃关系之纠纷，造成了严重的民族偏见和民族仇视。所以，过去民族的不团结，山坝农民的利益都无保障，抽佃夺佃、加租加利，使各族人民生产不能安心，也是封建领主制度造成的。现在，我们民族虽然团结了，但仍要警惕统治阶级制造和挑拨民族纠纷。

（六）招来了外族统治者压迫

我们都知道过去国民党反动派来压迫我们，日本人也来欺侮我们，但是我们再想一想，为什么国民党反动派和日本侵略军能够来压迫我们呢？为什么他们来压迫我们遇不到任何抵抗呢？谁帮他们派兵、派夫？谁帮他们收款、收税？谁在当维持会长、区长、设治局长？显然封建领主制度下，领主集团中的某些人是与国民党反动派和日本侵略军勾结起来压迫和剥削我们农民。更由于我们人民在旧制度压迫下，生活困难，无力抵抗外族统治阶级的压迫。如坝湾寨子过去有49户人家，在封建领主制度的残酷剥削压迫下，又加上日本帝国主义的侵略，先后曾搬家两次，现在只有25户了。所以说我们受外族统治者压迫，也与封建领主有关。

（七）剥夺了人民的权利

在封建领主制度下，农民生命财产丝毫没有保障，政治上封建领主掌握了全权，成立了全套的政治、军事、经济机构，摆设了大堂，设立了监狱，成立了武装，维护其统治地位。同时并利用土司特权吃花酒、赶摆，随便强奸或侮辱妇女，土司衙门里可以任意打骂或监禁农民，甚至处死农民，不管有没有理，根本没有说话的地方，农民有句俗话说："衙门八字开，有理无钱莫进来。"真是有苦无处诉，有冤无处申，更不要说参加管理民族的国家的大事，只有受压迫、受奴役。俗话说："逃雨逃不出天，逃领主逃不出地方。"为什么要逃领主呢？可见领主、地主对农民统治的残酷。我们过去政治上的不自由，也是领主制度的罪恶。

（八）破坏了社会治安

过去领主集团表面上也叫剿匪，但是土匪仍然像蜂窝一样，这个原因在哪里呢？封建领主集团的武装名是保卫地方，实际就是进行抢劫，到处关卡林立，如守江桥、保路，表面上是保卫，实际就是抢人。当土匪要有枪，枪是哪里来的？有人说："过去土匪来抢，听着枪响就明白了。"这个说法含意很深刻，他们喊剿匪，实际上就是"贼喊捉贼"。这样地方不安，出门很担心，天不黑就关大门，扎实担惊受怕。这是一方面。再说很多善良的农民由于在领主制度下被压迫得生活无着，被逼为匪，也造成社会治安的混乱。为什么解放后治安会好了呢？因为许多人有饭吃就不去扰乱社会了。所以，过去治安不好，也是封建领主制度造成的。

（九）各种疾病严重流行

因为穷困落后，必然带来疾病和死亡。农民因为被剥削穷了，生了病便没有钱请医生，这样一个病了便传染十个，造成了人口的大量死亡。有句俗话说："只见娘怀胎，不见儿赶街。"几百年来，我们民族的人口不是增加，而是减少得厉害，如果不解放，再过几十年，整个民族就会自然消灭，所以疾病死亡也是封建领主制度造成的。

（十）毁灭着整个民族

封建领主制度存在了几百年，统治和剥削了我们28代，没有办任何好事，而是快把我们整个民族推到悬崖边了。祖祖辈辈和我们自己都受尽了苦难，不知流了多少汗、流了多少泪、流了多少血，却仍然受压迫。解放了，共产党才把我们从悬崖边拉回来，虽然共产党是我们的救命恩人，领导我们，但还要我们自己起来打倒我们最凶恶的敌人封建领主的剥削制度。

所以，这种极不合理的土地制度，使我们农民处于悲惨境地，是我们民族被压迫、穷苦及落后的根源，是我们国家富强、民族进步的基本障碍。所以，为了生产的发展、民族的团结、人民生活的改善、民族的进步，必须进行和平协商土地改革，改变这种极不合理的土地制度，也即是说，必须废除封建领主、地主的土地所有制，就是没收封建领主的全部土地，在原耕基础上分配给我们全体农民所有。山区农民过去同我们一样受封建领主的压迫剥削，今天在党的领导下，只有我们各族人民团结起来才能彻底地消灭封建领主制度，因而在分配时，对山区农民租种之土地全部给山区农民兄弟分配，这样做我们山坝各族人民都有利，而且实际收入都比过去大大增加，改革后在山区无条件就地发展的地方，政府还有领导地组织下坝开荒。这样我们各族人民的团结就大大地加强了，所以说坝区农民的翻身也是我们山区各族人民的翻身，这样才能解放我区农村生产力，发展生产，逐步发展各族人民的政治、经济、文化，消灭历史上遗留下来的各族间事实上的不平等，使我区各族人民得跻于先进民族的行列，逐步地过渡到社会主义社会。

二、和平协商土地改革对各族人民都有利

1. 和平协商土地改革使农民从封建领主制度的剥削和压迫下解放出来，废除了官租、杂派、地租、高利贷，农民在自己的大地上耕种，生产出来的粮食不再受剥削，劲头也就大了，生产一定能搞好，我们农民的生活就能改善。如允茂乡主席孟进芳，全家4人，废官租前自耕10箩种，产360箩，转租8箩，收租138箩，共计收入498箩；每年须交官租52斗、杂派130斗，代土司上公粮26斗，交地主债利300斗，共交508斗，实际还不敷10箩。今年自耕12箩，每人平均3箩，产470箩，由于废除官租，杂派、高利贷后，只交公粮12箩，实得458箩，生活大大得到了改善。又如坝湾全村25户，废官租前自耕21户、216箩种，每人平均1.9箩种；产7160箩，转租166箩，收租1983.5箩，共计9143.5箩；交官租1790.5箩，债利1448箩，杂派3233.5箩，共计6742箩，占总收入70.8%，实际收入每人平均只有23.42箩。1955年，23户自耕243.5箩种，每人平均2.13箩，产量8165箩；出租148.5箩种，其中保留小土地出租1户，收租140箩，其余完全放弃。这样全村总共收入8305箩，除交公粮490.5箩、种房田租20箩，实际收入7794.5箩，每人平均68.37箩，比废官租前收入增加3倍。例如芒市和遮放已经实行了土地改革的10个乡，农民刚分到田，就忙着积肥、薅秧，今年一定可以丰收。不仅如此，我们农民还要在共产党的领导下，逐步地自愿地组织互助组、合作社，改进生产技术，克服困难，更大地提高生产，走社会主义道路，我们山坝各族农民共同过富裕美好的生活。

2. 和平协商土地改革以后，农业生产增加了，我们农民也才有可能增加经济作物的种植，如种茶、咖啡、甘蔗、花生、麻、木棉、紫梗、龙舌兰等，以供应国家工业建设的需要。这不仅可以增加农民的收入，也支援了国家工业化，使建设社会主义更有保证。农民生产增加，收入多，要买的东西也多，因此，商业、手工业、运输等都要发展，会带来整个边疆的经济繁荣。

3. 和平协商土地改革以后，随着农民政治觉悟的提高，就会懂得天下劳动人民是一

家，懂得过去不团结、互相仇视是封建领主、地主阶级造成的，懂得我们各族人民的互相团结、互相支持、互相帮助才能摆脱贫困，这样民族关系便会进一步改善，我们各族之间就一定会更加信任、更加团结，这样团结，水冲不破，火烧不烂，成为永远不可分裂、永远不可战胜的力量。

4. 和平协商土地改革以后，各族人民才能实现自己起来当家做主。不能想象，占人口90%以上的农民呻吟在封建领主制度压迫下能够实现民主政治和民族自治权利，因此，劳动农民也不可能真正成为国家的主人。所以，只有经过和平协商土地改革，打倒了封建领主制度，农民翻了身，才能真正起来当家做主，掌握印把子，自己办自己的大事。

5. 封建领主制度是我们农民受压迫、受剥削的根子，也是国民党反动派和帝国主义的支柱，改革了土地制度，就挖掉了帝国主义、反动派的根子。随着各族人民爱国主义觉悟的提高，政治上的团结也更加巩固，便会成为不可战胜的力量，必然能够更好地保卫边疆、巩固国防。

6. 和平协商土地改革以后，随着农民生活的改善，必然带来文化的高潮。因为大家有了饭吃、有了衣穿，就要求学文化，懂更多的道理，学更多的本事，卫生工作也有可能得到改善。

7. 妇女的翻身与全体人民的翻身是分不开的。在封建领主制度下，妇女不仅是社会地位低、被看不起，而且受侮辱，如领主可以随意到寨子里吃花酒、侮辱和强奸妇女。家里被领主、地主剥削穷了，首先遭遇到柴、米、油、盐困难的也是妇女。因此，不消灭封建，妇女便不能翻身。所以只有实行了和平协商土地改革，妇女才能摆脱被压迫、被侮辱的地位，妇女也才能得到解放。

8. 青年在封建领主制度下不仅被人看不起，而且还被抓壮丁、拉夫，甚至为了怕抓壮丁、拉夫而逃亡在外，一家人不得团圆。再说家庭被领主、地主剥削穷了，便没有钱读书、学文化、懂道理，陷于愚昧。因此，只有实行了和平协商土地改革，推翻了封建领主制度，我们青年才能团结起来、组织起来，从思想上、政治上得到进步和提高。

9. 和平协商土地改革以后，我们整个民族的命运掌握在自己手里，整个民族有了前途，大家也有了前途，大家生活都能过好，走向更加繁荣的境地。

三、和平协商土地改革是消灭封建剥削制度，领主、地主个人在改革后仍有前途

和平协商土地改革要消灭封建领主制度，是完全必要的，也是丝毫不能动摇的，但并不从肉体上消灭领主、地主。我区和平协商土地改革条例上的规定，对领主、地主照顾是十分宽大的，即：（1）只没收土地，其他财产一律不动；（2）留给与农民同样一份土地，并允许雇工和出租；（3）领主自己经营的果园、茶园、咖啡园、藕池及小块林园等保留不动；（4）自己劳动开的荒地一律不动；（5）过去依靠官租生活的领主及属官中，

生活确有困难的，政府酌予补助；（6）不剥夺公民权利。这真是仁至义尽，因此只要领主、地主在改革中和改革后完全服从政府法令，努力从事劳动生产或做其他经营，他们是有前途、有出路的。他们当中有的有农业生产技术，可以从事农业生产；有的有文化知识，可以利用文化知识从事脑力劳动，事实上已有很多参加了政府工作，当了人民政府的干部；有的可以经营工商业或其他事业，所以说他们是有前途有出路的。

但是如果领主、地主阶级中某些个别的顽固不化，千方百计地抵抗和破坏和平协商土地改革，如分化农民团结、挑拨民族关系，甚至与美蒋特务、李弥残匪相勾结，进行反革命阴谋活动，人民政府当然要依法惩办，以保护农民利益，保障和平协商土地改革的顺利进行。民族团结是牢不可破的，人民力量是不可战胜的，反革命分子想要破坏和平协商土地改革，必然是自取灭亡、毫无出路的。

四、大家应怎样拥护和平协商土地改革

1. 和平协商土地改革对我们各族人民都有利，势在必行，任何人都不能加以阻碍，革命的和愿意进步的人民都应当拥护并积极帮助和平协商土地改革。有的人没有认清这一点，说"我们这里没有地主，不需要改革"，但我们要问有没有封建呢？有封建制度存在就要推翻制度。因此，地主阶级中的一些开明分子，应认清大势，站在反封建领主制度一边，切不要妨碍农民分配领主、地主土地这一正义要求。

2. 在要实行和平协商土地改革的地区，人人都应当学习《龙陵县第四区傣族地区和平协商土地改革条例》及有关文件，并利用一切机会向别人进行宣传。如果自己家庭属于地主成分或自己亲友属于地主成分，应劝告他们从民族的利益、民族的进步、民族的团结这一原则出发，老老实实服从人民政府的法令，依法向农民交出土地，并警告他们切勿进行抵抗与破坏。

3. 在和平协商土地改革开始前，特别是开始以后，封建阶级中一定会有部分人用各种面貌进行造谣、污蔑和叫嚣，以反对和平协商土地改革，对此我们必须提高警惕，切勿上当，成为封建阶级的应声虫，地主说什么，也跟着叫什么，而要站稳立场，驳斥封建阶级的造谣、污蔑，严正地维护政府法令和农民利益。

4. 当然，这样伟大的革命运动，不可避免地可能发生若干缺点和偏差，我们对待这些缺点和偏差，应善意地提出批评和改进意见，而不应片面扩大或歪曲事实，以致被封建阶级所利用。

中共龙陵四区区委关于训练土改队的情况报告

中共龙陵四区区委（坝湾）

1955年9月7日

报：县委

发：区委

中共龙陵四区区委
关于训练土改队的情况报告

（一）这次会议自8月14日起至9月30日止，前后共24天的学习。整个会议遵循着省、地委、县委对我们的指示，结合我区干部来自不同的工作岗位，有县上调来的干部和外区农村中的骨干，过去不有搞过民族工作；有在本区搞民族工作的外来和本地的民族干部。因此，首先从学习民族政策、边疆民族特点及社会特点着手，在干部对民族工作有了较系统的认识基础上，进一步学习和平协商改革的实质、精神。在基本领会和平协商改革的精神实质的基础上，进行政策、策略思想的学习，从而进一步通过讨论，制订改革计划，安排工作步骤，并求得了干部思想统一，步调一致。会议基本上是成功的，大体情况如下：

学习开始，思想混乱，认识不调和，但随着运动的逐步深入，认识基本求得一致，思想上有所提高，也协调了。如开始从外区农村中调来的骨干，开始听到"和平"二字就抵触不满，认为"不过瘾"；县上调来的也认为"没有搞场""很简单"；中学生认为自己的任务就是"登记、挂账""不有什么困难"；当地民族工作干部，认为没有土改经验很难办。此外，有的干部还怕气候炎热、怕病、不愿坚持工作等个人主义情绪。总之，思想是很混乱、很不协调的。通过20多天的学习，上述许多混乱、不协调、不健康的思想情况已产生了根本的变化，思想提高了。从对民族工作不了解到有所认识，过去不明确的达到了基本的明确，一般地感觉到：过去不懂得为什么要和平协商改革，现在才知道这是从边疆实际、民族特点出发，这是为了更好地消灭封建剥削制度；过去认为和平协商改革不有搞场、很简单，通过学习认为一点也不简单，是一个非常复杂、艰苦的工作。怕热、怕病的通过学习后，也从思想上认识自己所负到的责任是：为了解放兄弟民族的光荣职责，因而安心工作，觉得这一工作的重要，同时还提高了自己，增加了更多的认识。民族干部也表示：为了各民族的发展，把自己少数民族跻于先进民族的行列，一定要把本族群众发动起来，胜利地完成改革任务。所有干部都得到提高，根据会终统计：

1. 从政策观点、政策水平上看：接受了政策，又看到阶级斗争的尖锐性和复杂性的，共29人，一般的16人，认识模糊的16人。

2. 思想上：安心工作的33人，平常的178人，不够安心、怕吃苦、信心不足的11人。

3. 工作能力上：能掌握一寨的29人，不能单独工作的32人。

由于干部的提高，思想上求得一致，就成为改革工作上的动力和取得改革胜利的先决条件。

（二）学习中主要解决和进一步明确的两个主要问题：

1. 从思想上领会了和平协商改革的实质、精神。普遍认识和平协商改革是一场极深刻的、广泛的、很策略的阶级斗争，有其特殊意义，但潞江封建领主土地所有制比较完整，地主、富农无土地所有权，同样交官租、杂派，因而领主与地主之间也有其矛盾存在，成为分化、瓦解领主、地主统治集团的有利条件。继而明确了"联合封建反封建"的可能性，在消灭封建领主制度中要把群众发动起来，更好地团结、改造上层，以削弱封建力量，来消灭封建剥削制度。另一面明确到过去是以领主为主的联合地主形成封建集团，剥削农民，现在是以农民为主的联合封建反封建，这就要艰苦地做好群众工作。在发动好群众的前提下，才能更好地团结、改造上层，终归是消灭封建领主、地主的剥削制度，因而认识这是非常复杂、艰苦的工作。

2. 要完成民族地区伟大的土地改革运动，必须正确地执行党在民族地区的阶级路线。通过讨论，较深刻地认识到和平协商改革是由于民族特点与边疆实际，因而在方式上采取和平协商改革，但实质上是要彻底地消灭封建领主的土地剥削制度，这是一个革命的运动，不是改良主义。要形成这样一个运动，就必须要有在党的领导下的一支强大的革命队伍；但在潞江傣族中农较多、贫雇农较少的情况下，更应该不动摇地依靠贫雇农，巩固地团结中农及其他劳动人民，结成巩固的联盟上，体会到更加重要。其次明确贫雇优势树立、团结中农及其他劳动人民才能保证对上层的团结、改造，从而达到逐步地、有计划地消灭封建土地剥削制度。

（三）解决得不够深刻的问题：

1. 个别的对团结、改造上层认识不足。有的认为群众发动起来，就可以不再团结、改造他们了。有的把进一步团结、改造、教育、提高进步头人，错误地认为是依靠他们，所以不想继续做进步头人的工作。两种不同的反应说明认识团结、改造上层还不够。相反，群众起来后，更要团结、改造上层，对进步的要发挥其积极性，更好地教育、提高、团结、改造他们。通过上层中的进步分子，去做其他上层的工作，不是依靠他们。

2. 部分的觉得既要把群众发动起来，又要把上层团结、改造得低头认罪，还要不能出问题，太难办了。这一点只要政策宣传得透，变为各阶层的行动，就能完全办到，群众就可以放手发动，上层的团结、改造、低头、认罪也就有了保证。

3. 个别的钻条文，认为联合封建反封建办不到，不从实质上理解。

4.部分的认识与中农结成巩固的联盟不深刻，认为潞江中农多，强调依靠雇农会把中农丢掉。这是错误的。

5.对头人的政治、经济形态不有全面认识，提到头人就认为是地主、富农。

6.个别的对执行发动群众与团结上层这一基本原则理解得不透，思想上感到做上层工作怕说立场不稳，只发动群众又怕上层出问题，形成束手束脚。

（四）对改革第一步工作的几点意见：

1.由于社会情况掌握不够系统，因此，将原计划第一步的时间延长到9月15日。此步的要求和目的及做法（详见《傣族区改革步骤和方法》），应注意通过广泛地交代政策，做好各方面的安排，使政策普遍与各阶层见面，达到稳定上层；初步发动群众和发现积极分子。同时做好各乡的分户登记工作，从而初步掌握情况，为下步深入发动群众创造条件。结合做好发布票，宣传统购棉花政策。

2.分户调查登记工作必须紧密结合政策教育进行，要利用农村中一切可以利用的力量；运用宣传政策的各种会议及个别访问、闲谈了解。

3.第一步的工作必须以第一步的目的和要求做指导，认真完成第一步的工作，执行这一步的内容和计划。今后各步也同样，做哪步讲哪步。

4.9月10号区召开人民代表会议（共148人），宣布土改。

龙陵县第四区（潞江）山区土地改革的
步骤和做法

一、土地改革第一步工作意见

目的和要求：通过广泛地交代政策，使政策普遍与各阶层见面。稳定生产情绪，全面揭露领主、地主阶级的罪恶，做好扎根串连，结合整顿组织，树立贫雇优势，扩大农民队伍，为下一步划分阶级打下基础。时间22天（9月8日至30日）。

1.区召开人民代表会议，结合各阶层思想动态全面交代政策，以提高认识，稳定各阶层情绪，并做出拥护实行改革的决议及成立协商委员会。初步形成反封建的统一战线，造成有利和平协商土地改革的局面。要开好会议必须坚持：

（1）代表要包括各阶层、各方面的代表人物。

（2）把斗争目标集中在封建领主制度上，通过揭发旧制度的不合理，使各阶层认识改革的正义性和必要性。

（3）坚持既要逐步树立群众优势，又要通过团结达到对上层改造的目的，对群众要适当揭发旧制度的罪恶，全面交代政策，在思想提高的基础上讲清按政策办事，对上层应在认识了改革的正义性的基础上说明对他们的照顾。

（4）分别上层人物的影响及代表性大小做适当安排，吸收他们参加区协商委员会。

2.召开宗教界会议，讲解形势，进行爱国主义教育，交代在改革中对宗教的政策，消除其顾虑，提高认识，使其赞助改革。

3.干部进入村寨，即应召开骨干、积极分子会及群众会，说明来意，一般地交代政策，初步掌握各阶层思想动态，初步稳定情绪。

4.召开各种类型会（贫雇农、中农、佃户、青年、妇女、老人等），根据不同对象的不同思想动态，进一步交代政策，使改革政策迅速与群众见面，以澄清群众中的误解和消除顾虑，并注意解决贫雇农生产、生活上的切身困难，初步提高群众觉悟。要交代好政策，必须：

（1）要说明制定政策的意义。政策是为了群众的现实利益和长远利益，是农民翻身的武器。我们的政策意图是没收领主、地主的全部土地，在原耕的基础上分给农民。

（2）要全面交代改革的目的和内容。土地改革是以分田为中心的从政治上、经济上、思想上推翻封建领主、地主阶级的革命，具体说来就是废除官租、杂派、特权，实行农民的土地所有制，农民当家做主，使群众懂得只有废除了封建领主、地主阶级，农民才能翻身，分得的田地才保得住。

（3）讲条文要结合讲清道理，并紧密结合思想。如保存富农经济问题，不仅要说明保护佃富农自耕土地及其财产，而且要使群众懂得保存富农经济是为了更好地保护中农，有利生产，和集中力量打垮封建领主、地主阶级，对一些坚决主张动富农的人，应针对他们的思想实际，具体说明保存富农经济的原因，使群众看到现实利益，也看到长远利益。

（4）对不同对象，根据不同的特点，强调不同的内容。如：对贫雇农就要强调消灭封建剥削制度，没收领主、地主土地归农民所有，领主、地主破坏改革，要依法制裁，贫雇农要带头起来干等。对中农要着重说明中农也受领主、地主的压迫，土地改革中农也得到很大利益，永远废除封建的官租、杂派和特权，取得土地所有权，因此，改革也是自己的事情，天下农民是一家，保护中农利益等。要把政策与各种不同对象的群众的切身利益结合起来，才能达到提高觉悟、初步发动群众的目的（这里具体的应强调第（2）条——全面交代改革目的和内容）。

5. 召开各种类型会，必须与访贫问苦、个别谈心相结合。在访贫问苦中仍要坚持与群众同吃、同住、同劳动的做法，发动受苦最深的雇贫农。这样，与群众——首先是雇贫农逐步建立感情，密切与群众——首先是雇贫农的联系，扎正根子。

6. 通过各种会议及个别访问，初步了解各种情况。应注意掌握：

（1）户口、人口、土地数字（包括租佃人户等）。

（2）原有骨干、积极分子的经济地位、历史情况、社会关系、工作表现。

（3）群众中新发现的可以作为培养的积极分子对象。

（4）群众的思想动态、困难和要求。

（5）地主、富农的思想动态、经济情况、政治态度、社会关系、与群众的关系。

（6）国民党官兵、土匪等社会情况。

这些情况不是推开工作去专门收集，而是结合前述工作，有意识地收集，逐步积累，以达到心中有数，有利工作的开展。

7. 召开乡农代会，进一步交代政策，提高阶级觉悟。农代会是组织形式，又是工作方法，应善于运用。而要开好农代会，必须：

（1）慎重选择代表，不能只限于少数积极分子内，要注意广泛地联系群众及新起的积极分子，才有明确的阶级性和广泛的代表性。

（2）做好充分准备，对会议的目的、中心、开的方法均要事先使干部明确，才能思想一致、步调一致。

（3）贯彻思想发动，结合思想交代政策。

（4）注意政策、策略和路线教育，必须把斗争锋芒集中在领主、地主制度上，必须按政策办事，使群众懂得改革为了谁、依靠谁来干，要团结谁、中立谁、打击谁，使党的政策路线为群众所掌握，体现党的领导，变成行动的力量。

（5）认真发扬民主，不能把农代会开成报告会、讲演会或传达会。要认真启发代表动脑筋、想办法、开展讨论，有领导地通过代表的各种活动来解决问题，才能体现民主作风和群众路线。

（6）抓紧贯彻会议精神，农代会不能停留在空泛的讨论上，本身就是一种群众的行动，也是发动群众、组织群众、领导群众斗争的主要形式。因此，要趁热打铁，依靠代表进行串连，便会使运动迅速深入与扩大。

8. 如何扎根串连。扎根串连是我党几十年来发动群众进行土地改革积累的宝贵经验之一，而这一工作的好坏关系占领农村阵地问题，因此不能有丝毫动摇，必须坚持并切实做好：

（1）干部思想必须明确依靠贫雇农、团结中农的阶级路线，克服对贫雇农的各种错误认识。如认为贫雇农"落后""不会讲话"等荒谬论调，使干部懂得依靠贫雇农才能扎正根子。

（2）强调访贫问苦，干部必须有高度的阶级同情心，艰苦深入，与贫雇农同甘苦、共患难，同吃、同住、同劳动，才能取得贫雇农的信任，从而引导贫雇农起来斗争。

（3）坚持思想发动，要通过算剥削账的方法提高群众的阶级觉悟。有的把串连理解为约人开会，就是不了解思想发动。只有群众从思想上觉悟起来了，这种串连才有"灵魂"，否则是形式主义。

（4）边串连、边提高、边组织，要三者结合，不能偏废。通过思想教育，把串连起来的农民组织到农民小组中，才能保证串连一批、提高一批、巩固一批。

（5）注意对原有骨干、积极分子进行审查，好的应作为依靠的对象，有缺点的帮助改正。对不纯分子应采取适当方式清洗，更重要的是发现和培养新的积极分子。总之，对原有积极分子既不能一脚踢开，又不能吃"现成饭"。

9. 全面揭发领主、地主制度的罪恶，提高群众阶级觉悟。经验证明，有领导、有控制地算剥削账是我区揭发领主、地主阶级的罪恶，提高群众觉悟主要的、行之有效的办法，是通过群众自我教育、互相启发的方式。把农民切身受压迫、受剥削的惨痛事实用算账办法集中起来、概括起来，既使农民对待封建制度有较清晰的认识，也易激发群众对旧制度的仇恨，从而划清农民与领主、地主的思想界限，提高觉悟。

（1）斗争目标必须是封建领主、地主制度，不能有所动摇。因此，在算账揭发的内容上，应是封建领主制度对农民政治上的压迫（衙门、监狱、封建特权、抓兵、拉夫等）和经济上的剥削（官租、杂派、地租、雇工、高利贷等）以及思想上的统治，这样才能使目标集中于封建制度，才能争取多数、孤立少数，一般的不要去算，否则容易转移目标，混乱阵营。

（2）在做法上应坚持下列基本的两条：

①运用典型启发，即是用活人活事教育。对典型要事前掌握材料，典型事实要有代表性，能博得社会同情，事先要做充分的思想工作，酝酿成熟。

②边算账、边启发、边提高，并进行追根，才能有深刻的思想内容，才能提高群众阶级觉悟，不能形成为算账而算账，或只算账不提高、不追根，这样群众觉悟并不能得到应有的提高。

（3）召开贫雇农座谈会，适当吸收中农参加，是集中算剥削账、揭发领主制度罪恶的好办法。因为有领导强、集中、影响大等许多优点，要善于运用，一定开得好。

10.扩大串连面，壮大农民队伍。这一步的中期和后期，便应注意扩大串连面，把广大群众发动起来，组织到农民小组中，运用农民小组进行工作，否则便会孤单冒进，不仅农民队伍不大，反而给封建阶级留下空隙。

（1）首先必须克服干部和积极分子的关门主义思想和漂浮作风。不能想象，没有把群众（男、女、老、少）一齐从思想上发动起来、组织起来，能摧毁封建制度，因此，要教育干部和积极分子懂得"团结绝大多数"的道理，深入下去，克服关门主义，把90%以上的群众发动起来。

（2）对团结中农应有足够的注意，而要团结好中农，必须：

①使骨干、积极分子和贫雇农懂得团结中农的道理。

②全面贯彻改革内容、目的，使中农体会到废除了封建领主制度才能翻身。

③领导成分保证中农占1/3。

④坚持耐心说服。

⑤照顾中农的经济利益。

（3）根据各地经验，往往有下面一些人被关在门外，因此，应注意对他们的发动。

①与地主、富农、头人有亲戚关系的农民。

②有少量剥削的富裕中农。

③有不满情绪、爱说"二话"的农民。

④过去当过头人的农民。

⑤与积极分子有私人仇嫌的农民。

⑥生活极端困难、误不起工的农民。

⑦新婚及多子女的妇女。

（4）大力培养积极分子，树立贫雇农领导核心。每乡每寨都要十分注意培养新的群众领袖，形成领导集团，运用组织进行工作。对骨干、积极分子，不仅注意提高他们的思想觉悟和政策水平，重要的是把他们提到领导岗位上来，大胆放手交给工作，并耐心帮助，使他们在工作中得到锻炼和提高。

（5）结合串连的不断扩大发展农民小组的组织。农民小组的组成也应贯彻依靠贫雇农、团结中农的阶级路线。即以贫雇农为骨干，团结中农参加，在组织时要照顾地区，才能熟悉情况，互相从思想上、组织上互助。组织起来后，要加强领导，充实内容，否则便会流于形式。

（6）组织一定力量，突击落后寨。由于工作发展不平衡，必然有少数落后寨，要找出原因，提出办法组织力量突击，以改变落后寨的面貌。

二、土地改革第二步工作意见

目的和要求：通过划分阶级进一步划清劳动与剥削的界限，树立群众优势，锻炼骨干领导能力，分化瓦解敌人，打垮地主阶级的封建威风，并收缴地主、富农武器。时间12天（10月1日至12日）。

具体做法：首先召开干部会、农民代表大会，认识划阶级的目的和要求，以提高干部的政策、策略水平，懂得坚持团结大多数、分化瓦解孤立最少数，强调依靠群众，反对包办代替和放任自流，在干部提高的基础上，摸清骨干、积极分子的思想，针对思想进行阶级教育，激发阶级仇恨，抓紧进行政策、策略教育。然后交代划阶级的政策，充分讨论，通过典型事例，摸出地主、富农，做到心中有数。

代表会后，分村分组召开各种类型会议、群众会，传达代表会议精神，广泛交代政策。进一步组织、扩大农民队伍，充分掌握地、富材料。分别召集地主、富农，交代划分阶级的政策，强调划清阶级界限，不追赔旧账，消除其顾虑，让他们自己衡量自己，通过会议造成分化他们的基础，掌握靠我分子，争取中间分子，确定重点说理对象。在步骤上，将采取先划地主、富农，后划农民内部，先划容易后划困难的方法进行：

（1）农民大会划地主。针对劳动与剥削选择群众痛恨、剥削手段毒辣的开展典型控诉，最后提出名单，交谈判小组与地主进行谈判。对于地主，应：

①进一步分化顽固分子，布置他们互相揭发。

②抓紧靠我分子在一组中检讨剥削，启发其余的亦检讨，承认为地主阶级，对个别不承认、不低头者，进行说理。控制面不超过5%。

（2）农民小组划富农。为了区别对待，分化、团结大多数，仍是由群众提出名单，说明地主与富农不同，地主不劳动，富农劳动，但要割掉封建尾巴，逐户在小组中进行。对有些可划可不划可主动放弃，这样有利于分化他们。控制面不超过3%。

（3）划农民内部，以农民小组为单位公议，避免不必要的争执，减少内部矛盾。

（4）几点注意：

①自始至终把锋芒集中在封建领主制度，争取最多数，孤立极少数，才能划好阶级。

②保持头脑清醒，既要放手发动群众，教育群众接受政策思想，又要使地主、富农遵守法令，承认阶级。

③不涉及政治压迫，以免引起过分紧张和尖锐对立。

④与地主、富农谈判要有较强的领导掌握，不能走过场，要有理有利有节地开展说理斗争，反对为划阶级而划阶级。

⑤划少数民族地主时，必须以本民族为主，其他民族支援，严禁带有民族性污蔑。

（5）对地主、富农的武器，应在掌握材料、摸清情况、酝酿成熟、在靠我分子的带动下，争取一次动员交出。这由区委确定进行。

三、土地改革第三步工作意见

目的和要求：通过审查阶级转入没收、征收，结合民族团结教育，进一步提高骨干、积极分子，提高群众觉悟，为建党建团创造条件。时间大体13天（10月13日至25日）。

步骤和做法：

第一，没收、征收土地。

1. 对干部进行思想教育，并学习政策，使干部明确没收、征收是一场激烈的阶级斗争。克服左右摇摆的思想情绪，使能掌握政策和策略。

2. 召开农民代表会，首先审查通过阶级进一步提高阶级仇恨，说明阶级敌人不甘灭亡，必须提高警惕、提高觉悟，同时并交代没收、征收政策的内容道理，研究没收、征收的目的及可能产生的问题，做到思想明确、心中有数，并对证地主、富农、小土地出租、寨公田等土地数字。

3. 分别对地主、富农、小土地出租者进行教育，对地主教育其服从政府的政策法令、交出土地（契约、账簿）、劳动生产，并指出前途；对富农教育他们割掉封建尾巴，努力劳动生产；对小土地出租者说明农民对他们的照顾，目的是使他们在协商会前有所分化，思想有所准备，情绪有所安定。

4. 与村召开群众会，交代没收、征收政策，进行没收地主土地、核桃树、耕畜，命令地主当场交出契约、账簿及土地清单，保证劳动守法，不服者可适当组织说理。没收后即转入征收公学产及富农、小土地出租者出租之多余土地。

5. 加强民族团结教育，认真解决与坝区傣族所发生的土地纠纷。

第二，查田评产。

查田评产是公平合理分配土地的基础，又是贯彻合理负担、计划发展生产的必要条件，不能有所忽视，否则便会走弯路。因此，在进行时必须明确是艰苦的耐心说服工作，要依靠群众，发扬民主，干部并应事前心中有数才能做好。

1. 召开乡农民委员会，进行共产党的领导、天下农民是一家、提高对阶级敌人的警惕的教育，并一般地交代没收、征收政策，以提高觉悟。在此基础上交代为什么要查田评产，说明其意义之重要，从而解决骨干怕报实土地与产量的各种思想顾虑，并具体研究查田评产办法。

2. 分寨召开骨干、积极分子会、群众会等各种会议，传达农民委员会精神，针对群众可能产生的怕报实产量要多负担、多抽出田、少留，怕现在不报实受处罚等思想顾虑深入动员，说明查实田土、评好产量是贯彻政策、公平合理分配土地的保证，造成实报空气。

3. 在1954年负担公粮、查田评产的基础上，首先评实应予没收、征收土地；农民内部的评产，采取依靠贫雇农、团结中农、骨干带头、小组自报、民主评定的办法，经认真评实核对后，在群众大会上征求意见，最后定案。进行时应先重点取得经验后推开。

4. 结合处理典当及抵押土地问题。查田评产结束，即应迅速组织力量进行计算统计，确定应分地户口、人口，算出每人平均数、中农每人平均数、分地户应分土地数等必要数字。

四、土地改革第四步工作意见

目的和要求：对农民进行团结教育和社会主义前途教育。总结没收、征收转入分配，建立党和团的基层组织，确立无产阶级在农村中的领导权，并改造政权、整顿和适当扩大民兵武装，从思想上、组织上巩固反封建胜利果实。结合处理分配遗留问题，填发土地证，组织生产工作。时间大体17天（10月26日至11月10日）。

具体做法：

（一）关于分配

1. 召开农民代表会，总结没收、征收，鼓舞农民胜利信心，教育农民加强团结，提高对阶级敌人的警惕，说明土地来之不易，是共产党领导农民斗争几十年得来的胜利果实，也要说明内地农民土改后积极生产，支援工业建设，使国家收入增加，因而才有大批贷款救济款扶持我们解决生产生活上的困难。天下农民是一家人，尤其是对参与坝区分田的及就地发展的，必须加强教育，以免发生争执，并在此基础上反复交代分配政策，讨论具体做法。指出分得土地是小翻身，发展生产、过渡到社会主义才是大翻身，深入动员农民团结互让，富村帮穷村，干部公正无私，不多分田或只分好田，决定村寨互相调剂的土地数字。

2. 分寨召开骨干和积极分子会、贫雇农会、佃户会、妇女会、群众会等各种会议，传达农代会精神。反复交代分配政策及做法，通过社会主义前途及团结互让的教育，克服农民中的自私自利、斤斤计较等思想，充分酝酿讨论，搞通思想。

3. 根据全乡调剂后的土地情况，做好具体分配的准备工作：

（1）检查典当、抵押关系是否处理完毕。

（2）进一步审查、确定应分地户、户口、人口。

（3）检查土地数字是否精确，并计算出各寨分地户、每人平均应分土地数。

（4）干部、积极分子实地勘查、试分，做到心中有数。

4.分配的原则是"先留后分、先抽后补、肥瘦兼搭、有利生产"，在做法上采取小组自报、民主评议、群众讨论、干部参谋、实地搭配、大会通过、征求意见、出榜定案。首先必须充分民主讨论、逐步搭配，搭配时要贯彻团结互让和生产教育，不能机械平分，力求妥善方圆、公平合理。搭配完毕后，由农民互相审查、群众通过，再征求意见、反复讨论，最后修正定案、插标立界，并报乡农代会批准。进行时，应先重点取得经验推广。

5.对农民的思想教育工作：

（1）干部必须明确这一步的工作是艰苦细致的群众工作，是农民内部耐心教育说服的工作，要解决每一个问题，都必须反复教育说服、打通思想、酝酿成熟，否则便会脱离群众，造成农民内部不团结，甚至造成包办代替、强迫命令的恶果，应十分警惕、认真把思想工作做好做透。

（2）不仅要向农民进行天下农民是一家、团结互让的教育，而且要使农民认识党的领导作用和社会主义前途，才能克服自私自利、目光短浅及松劲麻痹的思想，从而达到不斤斤计较、公正无私、提高思想、增强团结、热爱和拥护党、奔向社会主义前途、保持饱满的政治热情的目的。在教育内容上应着重：

①党的领导作用，党与农民的关系。

②发展生产、走社会主义共同富裕的道路。

③加强团结，警惕敌人的破坏活动。

（3）做好原佃户的思想工作有十分重要的意义，尤其是每个环节应单独召开转租农户会，进行教育。

①回忆过去没有土地所有权、受高租重利剥削及地主夺佃的苦处，说明改革中分得土地是自己的，并交代照顾原耕政策。

②以算账方式对比分田后，只要精耕细作，努力生产，实际收入较前增加。

③说明翻身靠大家、翻身大家翻的道理，民族团结，才能打垮封建、发展生产、过渡到社会主义。

（4）在进行思想教育的方法上应采取：

①联系实际，把道理和具体工作、群众思想结合起来，反对空讲大道理不解决实际问题的做法；

②结合大会、小会、座谈、讨论或个别谈话，反复多次进行。

③培养典型，现身说法，以带动其他。

④利用形象、图片、画报、实物均很有效。

（5）总结分配，向农民进行巩固胜利、社会主义前途及发展生产、提高警惕、防止敌人破坏的教育，以避免农民可能产生的麻痹松劲思想。

（6）几点注意：

①必须坚决贯彻政策，首先适当满足贫雇农土地要求，对原佃户应适当照顾，防止绝

对平均、本位主义及挖肉补疮的做法，以利发展生产、增强团结。

②时刻注意运用骨干、积极分子进行工作，加强对他们的教育和交给工作方法，防止居功骄傲、自私自利、强迫命令等脱离群众的作风。

③分配中统计工作极为重要，应十分重视，尤其是在山上分地的及参与坝子分地的，要分开统计，做到精确及时，否则便会陷于被动。

④领导要经常掌握全面情况，心中有数，充分做好准备工作，防止手忙脚乱及束手无策的现象。

⑤注意切实发扬民主，不可包办代替，经常有意识地让骨干分子出头露面，多方树立其领导。

（二）建党工作
（略）

（三）建团工作
（略）

（四）建社工作
（略）

（五）改造乡政权

土改后的农村政权，必须适应农业社会主义改造这一任务的要求。因此，必须保证党的领导，以贫雇农为核心组成（贫雇农2/3、中农1/3）。

1.召开各种类型会议，反复说明：

（1）人民代表大会制度是人民当家做主的最好的制度，能保证人民按自己的意志，选举能为群众办事的人，为各族人民办事。

（2）现在选举是为了实行宪法规定的民主权利。这种民主权利是各族人民在中国共产党、毛主席领导下，奋斗几十年得来的胜利成果，必须珍惜。

（3）担任乡村干部和人民代表是很光荣的，要认真为群众办事，要有民主作风，并受群众监督。

（4）大家积极参加选举。

2.划分选区：一般以一村或一个大组为一选区，一个选区划若干选民小组，一般10至30户为一选民小组，并审查选民资格。划好选区后，由中国共产党支部、青年团支部、农民委员会联合提出候选人名单，让群众酝酿讨论。选民对候选人名单如有意见时，可以修改、个别调换。这样酝酿成熟后，就正式公布候选人名单。

3.召开选举大会进行选举。选举采取举手表决。

4. 召开乡人民代表大会，选举乡长、副乡长、乡人民委员会委员（包括乡长、副乡长在内，名额总数5至13人），并通过以生产为核心的工作计划，做出决议，会后组织代表传达。

5. 乡人民委员会召开第一次会议，建立工作机构（如民政、调解、武装、治安、文教、生产合作等委员会，应视情况逐步建立。每个委员会成员5至7人，由乡人民委员兼主任，吸收本级人民代表大会代表和其他适当的人员参加），并定出工作、会议等必要制度。

（六）整顿和扩大民兵武装

1. 广泛宣传，反复向群众说明要保卫翻身果实、巩固胜利，必须掌握好刀把子，以提高群众及民兵的阶级觉悟及对敌人的警惕性。

2. 在思想教育、提高觉悟的基础上，进行摸底，掌握情况，弄清每个成员的成分、历史、政治面目，对五方面反革命分子及地、富分子，3年以上旧军人及司兵或本质恶劣、多次侵犯群众利益、屡教不改者，以适当方式清洗，尽可能做到不伤感情，一般以其他原因劝其退队。在清洗时要十分慎重，稳步地搞，不能成批清洗。对领导成分，亦应适当调整，以保证贫雇农、骨干担任领导。清洗和调整领导成分，均须报县批准。

3. 在没有民兵或民兵很少的乡、寨应适当发展，最高不能超过人口的5%。发展队员的条件是：

（1）18至30岁。30岁以上表现特别好的，个别的个别吸收。

（2）贫雇中农成分。

（3）身体健康，没有残疾及其他严重疾病。

（4）思想进步、表现积极，有参加民兵的要求。

4. 在编制上，根据规定：5至15人为1小队，2至5个小队为1分队，2至5个分队为1中队。每乡1中队，设中队部，设正副中队长、正副分队长、正副小队长，均由选举产生，并经批准。中队并设指导员，由党的正副支书兼任。队长必须是成分好、历史清楚、政治可靠的骨干或积极分子。

5. 民兵的武器应掌握在党团员、各级队长和基本队员手里，并固定专人保管使用，不准轮流乱拉。

（七）结合处理遗留问题，填发土地证，组织生产，庆祝胜利

1. 对分配土地的遗留问题，应抓紧适当处理：

（1）土地上的附着物，如窝铺、粪池、小块园地、竹丛、树木随田分配或按习惯适当处理。

（2）土地上之农作物，根据新分得户及原佃户两不吃亏的原则，适当解决。

（3）对多分、少分、分得太零碎等不公平现象合理调整。

（4）对荒地、山林研究出管理办法。

（5）水利灌溉系统适当调整，订出合理水规。

（6）对留的机动田及留与外逃为匪人员的田管起来，并尽先租给原佃户耕种。

2.由乡人民委员会及代表领导群众进行生产，并具体帮助解决困难，组织农民订生产计划及互助。

3.填发土地证。

4.召开群众大会，庆祝土改胜利，庆祝乡人民委员会成立，庆祝民兵队成立。并教育农民加强团结，努力生产，提高对敌人的警惕，并宣布土地改革胜利结束。

龙陵县第四区（潞江）山区土地改革条例（草案）

（于龙陵县第四区第一届第一次各界人民代表大会通过）

第一条　根据《中华人民共和国宪法》第二章第五节第七十条，及《中华人民共和国土地改革法》《云南省土地改革实施办法》的规定，结合我区情况，制定本条例。

第二条　在中国共产党的领导下，坚决依靠贫雇农与中农及其他劳动人民结成巩固的联盟，中立富农，团结改造少数民族中与本民族有联系的领袖人物，废除领主、地主阶级封建剥削的土地所有制，实行农民的土地所有制，以解放农村生产力，促进互助合作运动，发展农业生产。

第三条　废除领主、地主的特权、杂派、高利贷，并没收其土地，同时没收汉族地主耕畜、核桃树归农民所有，其他财产一律不动。没收土地应以先留后分原则进行。减退中留予地主之耕畜种畜，减退后其本人劳动守法，发展起来的新生耕畜，即为劳动所得，予以保留不动；若减退后继续坚持剥削立场，发展起来的新生耕畜，即为剥削所得，应一律没收分配。

对少数民族地主，在没收时应本协商原则，取得本民族的同意；分配土地时先留给与农民同等的一份土地，无劳动力者，允许雇工或出租，并得依法收租。解放后领主、地主如以出典、赠送或其他方式转移分散土地，及汉族地主之耕畜、核桃树等一律无效。

少数民族地主的公民权利不予剥夺。

第四条　保护富农所有自耕和雇人耕种的土地及其他财产。

富农所有出租的小量土地，亦予保留不动。但在个别特殊地区，出租土地过多者，经区人民政府的批准得征收其出租土地的一部或全部。

富农的高利贷照《云南省农村债务纠纷的处理办法》解决。

第五条　小土地出租者出租之小量土地予以保留。

第六条　革命军人、烈士家属、工人、职员、自由职业者、小贩及从事其他职业，或因缺乏劳动力而出租小量土地者，均不得以地主论，其每人平均所有土地数量不超过当地每人平均土地百分之二百者，均保留不动，超过此标准者得征收其超过部分的土地。若系鳏、寡、孤、独、残废人等依靠该项土地为生者，其每人平均所有土地数量虽超过百分之二百，亦酌情予以照顾。

第七条　保护中农（包括富裕中农在内）、贫农、雇农和其他农村劳动人民自己的土地及其财产，不得侵犯。农民之间的债务继续有效。

第八条　解放后，地主、富农、小土地出租者在减租退押中已退给农民的土地、核桃树及交给农民的房屋、耕畜、农具、罚金、杂物等一律有效。

第九条　关于典当土地的处理：

所有应没收、征收的土地、核桃树中，属于农民出典之土地、核桃树，应尽先分给原出典户。如原出典户因而所得土地过多，可抽出一部给其他农民，但抽出部分一般应以相当于原出典户典出土地时所得之典价为限。

应没收、征收之土地、核桃树中，在解放前已典出者，依当地习惯，将相当于典价之部分土地、核桃树留给承典户，其余土地、核桃树抽出统一分配。如承典户是应分土地之农民，且承典之土地数目加其自耕土地，不超过当地每人平均土地数目者，可全部归承典户所有；如不及新得土地户所分得之土地水平者，还应补足之。

按上述两项处理了的典当土地，其典当契约作废。

农民间的典当土地、核桃树不加变动，其契约继续有效。为分地时计算方便起见，得依当地习惯，将此项土地按一定比例分别在出典与承典双方名下各计算一部。

第十条　解放前凡属少数民族之庄房、教堂、清真寺所占有之土地及其财产，予以保留不动。

第十一条　征收寺庙田、村公学田、族地及核桃树，对小块祭坟田地，在当地群众同意下，予以保留。

第十二条　大块森林收归国有，经济林木和水源地带的树林坚决保护。

第十三条　保护国家公路两旁的岩石、树木及各族之寺庙、古迹，不得破坏。

第十四条　解放后各阶层自己劳动开垦的荒地，一律归其自己所有，但应计入分配数内。如分配时，在当地土地条件许可下，可酌情予以照顾。

第十五条　划定阶级成分，应根据前中央人民政府政务院1950年8月4日所颁布的《关于划分农村阶级成分的决定》，按1947年至1949年在连续三年内其家庭成分不变者，来划定地主、富农、小土地出租者、中农、贫农、雇农等。

第十六条　所有没收、征收的土地、核桃树、耕畜，均由乡农民代表会统一地公平合理地分给无田少田的农民所有，对地主亦分给同样的一份土地，使地主也能依靠自己的劳动维持生活，并在劳动中改造自己。

第十七条　分配土地时，以乡为单位，但因地区辽阔、村庄分散，可以村为单位分配，乡做适当调整，在原耕基础上按土地数量、质量及位置远近用抽补调整的方法按人口统一分配之。

第十八条　从民族团结、有利生产出发，凡系山区租种坝区土地者，只分其租种土地的没收、征收部分，按其人口统一分配。对于自有土地不得抽出分配，租入土地抽出分配时，应给予适当照顾，使其分配得的土地（自有土地者同其自有土地在内）适当地稍多于当地无地少地农民。

在分配土地后，所有的土地以使原耕农民保持相当于当地每人平均土地数的土地为原则。

凡系只耕种山田、山地者，以就地发展为主，不参与坝区分配，只分配山区没收、征收之土地及耕畜、核桃树。改革后，如确无就地发展之条件，人民政府则有领导、有计划地组织下坝开荒生产。

第十九条　解放后，在减租退押运动中，地主、富农、小土地出租者所退出之土地、耕畜、核桃树、房屋，当时分配办法为各族人民所不同意者，改革中应予适当调整，错退农民之土地一律归还。如因归还原主后而为少地无地者，应分配给其土地。

减退中未分配的（包括土地、核桃树、耕畜、房屋、人民币、杂物），在改革中应分配给贫雇农所有。

第二十条　在分配土地时，对于只有一口人或两口人而有劳动力的无田少田的贫苦农民，在本乡土地条件允许时，得分给多于一口人或两口人的土地。

第二十一条　农村中的手工业工人、小贩、自由职业者及其家属，应酌情分给部分土地，但其职业收入足以经常维持其家庭生活者，不得分给。

第二十二条 家居农村的烈士家属（烈士本人得计算在家庭人口之内）、人民解放军的指挥员、战斗员、荣誉军人、复员军人、人民政府和人民团体的工作人员及其家属在内，均应分配与农民同等的一份土地。

第二十三条 外出人员原则上分给与农民同等的一份土地，由其家属或乡政府代管。外逃为匪者，原则上亦留给土地，由乡政府代管，并争取其归来，悔过自新，不咎既往。

第二十四条 凡经乡农民代表会议通过、上级政府批准，认为土地改革已完成的乡，即应颁发土地证，以前的土地契约一律作废，统由乡政府收回，当众销毁。

第二十五条 地主、富农之武器弹药，应一律交归政府，不得非法分散、转移。

第二十六条 为保证土地改革的实行，在改革期间，区组织人民法庭，用巡回审判方法，对于一切违犯、违抗和破坏土地改革法令的罪犯，依法予以审判及处分，严禁乱捕、乱打。

第二十七条 在土地改革期间，乡设立农民代表大会及其委员会，执行土地改革的各项事宜，在上级人民政府领导下进行工作。

第二十八条 为保障土地改革一切措施符合绝大多数人民的利益及意志，各级人民政府应负责切实保障人民的民主权利，农民及其代表，在各种会议上有自由批评及弹劾各级的一切工作人员的权利。侵犯上述人民权利者，应受法律制裁。

第二十九条 在土地改革期间，为保证土地改革的秩序及保护人民的财富，严禁地主非法宰杀耕畜、砍伐树木、荒废土地、破坏水利、农作物等，违者应受人民法庭的审判及处分。

第三十条 在土地改革期间，大春作物谁种谁收。
小春播种时，土地分配尚未结束，仍由原耕户继续耕种，俟分配结束后，由原耕户向新得户交租，或按等价原则由新得户补偿原耕户所付出的劳力及生产垫本。

第三十一条 本条例经区人民代表会议通过，报省人民代表大会常务委员会批准施行。

中共龙陵县第四区（潞江）山区土地改革
综合报告

山区土改自9月8号开始，先后在9个乡（土改前8个乡）、1203户、13829人、7个民族的地区，开展了土改。由于运动中正确执行了省委、地、县委的指示，领导头脑得以保持清醒，运动的发展基本上是正常的。历时47天，到10月25日已胜利结束。

土改开始，由于对山区情况认识不足，体会党的政策不全面，因而束手束脚，不敢放手发动群众，形成静止串连，运动显得软弱无力。后根据县委指示，认真贯彻"边轰、边稳、边深入"的方针，开展三查，对严重违法的地主15人进行了说理斗争，每乡1至3人，镇压了现行破坏的反革命，运用策略，分化瓦解敌人，群众斗争与人民法庭相结合，同时跳开了旧村干的圈子，首先取得了政治上基本安定下来的胜利。9乡共查出多年逃避潜伏在山洞中的反革命分子和逃亡地主3人，破获了一切反革命组织，缴获了火枪11支、小枪2支、子弹2300多发；在镇反上依法枪毙1人、逮捕了5人。通过土改，发动了各族群众，培养出一批各族乡村干部，通过土改涌现出骨干268人、积极分子583人，改造了乡政权，扩大与纯洁了民兵组织，改革前民兵644人，改革后652人，占总人口的3.42%；发展了党员72人、团员78人，组织了各乡党团支部，这样有力地巩固了山区人民民主专政。

其次，消灭了领主、地主的封建土地所有制，共没收、征收坝田5257箩种、产量156926箩，山地5252.4亩、产量60355.5箩（折谷计），核桃产量2911570个，折稻谷4367.4箩，分给无田少地的农民1683户8609人，每人平均分配25.74箩。没收耕畜水牛87.5条、黄牛131条、骡马72匹，连同减退时未分的果实5486元，分给552户雇贫农，并固定了耕地，为今后互助合作生产打下了基础。

关于土改中的几个问题，分述如下：

一、针对山区特点，坚持"边轰、边稳、边深入"的方针，是掀起土改高潮的首要关键

山区各乡以汉族为主，每乡内又杂居着一二种少数民族，封建统治十分残酷。从社会制度上看，山区各族农民一般受到封建领主制度的剥削统治，同时又受到山区各族地主的剥削。由于领主经济上掌握了土地进行坝田收官租、山地收烟捐及苛捐杂派等剥削，政治上绝对统治潞江，勾结和利用山区地主阶级，共同统治山区各族人民，并造成民族隔阂；山区农民在人多地少的情况下（山区各族共13829人，占有山地19047亩，产量102962箩，每人平均7.44箩），45.47%的农民租种封建领主的土地（包括租给傣族各阶层又转租的在内）共5257箩种，产量稻谷156926箩，使得民族关系极为复杂。从工作基础上看，虽经减退，但大部分乡不彻底，甚至打熊乡原封不动，匪根未拔，甚至篡夺了乡政权，同时在减退中，地主分散了封建土地、核桃树、耕畜等。由于以上情况，在改革开始一般交代政策及贯彻山区就地发展、种田户参与坝区分配的原则后，群众觉得无搞场，普遍要求分坝田，原耕户怕过多地更动土地等，总之对改革劲头不大，加以不法地主、反革命分子收买群众，造谣破坏，鼓动山区农民下坝分田。分析上述特点，土改队认为：不斗怕群众发动不起来，斗了又怕跑人犯错误。有的阶级观点不明确，住到匪根家、小土地出租者家。根据县委"边轰、边稳、边深入"的方针，进行研究，进行三查：在地主违法多的乡以查违法为主开展查反革命和查专政，在镇反不彻底和乡政权很不纯的乡以镇反为主开展查违法、查专政，各乡并结合三查收缴武器，运用各种会议进行具体贯彻，因而从政治上提高了群众的阶级觉悟，鼓起群众革命热情，轰开了局面，造成土改声势，同时对打熊、新寨的基督教进行了爱国主义教育，贯彻了宗教信仰自由政策，划清了宗教活动与反革命活动的界限和土改政策，分别对地主、富农宣布政策法令，指出前途，以稳定各阶层情绪。在三查中深入发动雇贫农，开展串连，认真进行思想发动，不断提高群众觉悟，扩大组织，使运动发展很快而且有力。

二、提高干部政策思想水平，正确分析情况，掌握区别对待开展斗争

在土匪多的乡，部分干部阶级观点模糊，对反革命主从分不清，同时作风漂浮，找不着雇贫农依靠，扎不下根子，串连很慢，群众顾虑很大，不敢靠我。后及时对干部交代政策，掌握匪民、主从等政策界限，进行具体分析，确定打击、争取、分化的原则，干部头脑得到清醒，从而向群众广泛宣传区别对待政策，通过放手摘帽子进行分化，争取群众，普遍提高群众觉悟，检举反革命的罪行，逮捕了反革命分子，多年逃匿我区山洞中的外县恶霸、土匪也被群众查捕归案。

在收缴武器的斗争中，初普遍查收重点斗，后普遍斗争打击面过宽，运动形成僵局，干部思想不冷静，未能正确分析情况、证实材料，故收缴中硬追硬逼，部分乡村出现混

乱、紧张情绪。通过总结提高了思想，具体掌握情况，弄清真假，有目的地进行收缴，分化家属，争取进步，收出了武器。

三、关于民族问题

由于山区和山坝之间复杂的民族关系和深刻的民族隔阂，成为改革中深入发动群众、组织各族农民队伍必须解决的问题，在改革中消灭封建领主、地主的土地所有制的革命中，同时出现山区各族与傣族争田分和傣族要抽回出租给山区的田分配各自打算不利团结的想法。其次又出现了山区各族之间翻历史上的旧账和互相不满，都想出口气，不很好进行解决，就极为不利于土地改革。对此问题认真地进行民族团结的教育，在各族之间造成舆论和映入思想，并认真进行阶级教育，通过诉苦进一步认识穷苦和不团结的根源在于封建制度，从而使各族群众加强了团结，集中力量反封建。在杂居的村扎根串连上，根据"分头扎根、互相串连、大家诉苦、共同提高"的原则，从而形成了各族农民队伍，在此基础上交代有利生产、有利团结的分配具体政策。如打熊乡开始反革命鼓动傈僳族不与汉族开会，争着要分坝田，后通过扎正根子，培养了骨干，串连了群众，和汉族团结在一起开会，划出本族地主，收缴地主的武器，对不分坝田的政策也无意见了。

四、存在问题

1. 思想发动不充分，运动发展不平衡

改革后期，由于时间短、工作紧，工作方法上主要运用代表贯彻政策进行工作，形成粗糙，因而发动面较窄，还有个别落后村、10%的落后人。个别乡开始工作队思想不艰苦，放松对群众的发动和组织，运动不起来，造成后期忙赶时间。

2. 在土改中结合抓好互助合作生产有些放松，个别乡根本未抓

主要原因，干部忽视文件学习，工作单纯，对土改中的农民小组即为土改后的互助组的认识不清楚，表现在对办社组骨干培养不够，思想准备不充分。有的乡办社组内来训练班学习的代表少，造成当前办社、发展互助组的困难。

对上述存在问题，我们认为必须解决，为此应把改革中未发动起来的农民（其中鳏、寡、孤、独占70%左右）进行排队，在互助合作运动中，通过回忆对比，提高阶级觉悟和社会主义觉悟，适当地把他们安排入社、入组，从而发动起来。其次加强对骨干的思想教育，培养其领导能力，具体帮助他们工作，通过工作予以提高。

以上当否，请示。

版纳勐养坝子社会调查情况报告

第一部分　经济方面

壹、各民族各阶层生产资料占有情况

一、土地占有情况

版纳勐养坝子情形特殊，土地虽属公有制，但极其复杂，分配情况亦相当混淆，这个村的田租给那个村，那个村的田租给这个村，类似互相交换耕种，这种现象，各村皆有。兹将所了解的材料分述于下：

1.整个坝子大小共有21个自然村（其他边远村寨及山区不在内）共有户口587户，2769人。共有全劳动力1274人，其中地主占9户（包括破落地主在内）44人，有15个劳动力；富农占58户，有175个全劳动力；中农占311户，人口1609人，全劳动759个；贫农占118户470人，全劳动208人；雇农占83户216人，全劳动103人；其他阶级8户39人，劳动力14人。

2.整个坝子共有水田42818纳，每人平均15.46纳；旱地1687纳，每人平均0.6纳。

3.全坝子共有水田42818纳，其中：①村公田占22942纳，占总数53.58%；出租1805纳，占村公田的总数7.87%。②头人田占8585纳，占总数20.1%；出租1065纳，占头人田总数12.3%。③私有田占有6395纳，占总数14.94%；出租2445纳，占私有田总数38.23%。④宣慰田占有4560纳，占总数10.64%；出租1180纳，占宣慰田总数25.88%。⑤波郎田占有225纳，占总数0.5%。⑥其他田占总数0.24%。

4.全坝子实耕种水田42818纳，租入宣慰田4560纳，占耕种总数10.64%。

5.坝子内村与村之间的租入与租出之比差大致相等。

6.各阶层田地占有情况：地主占有水田2345纳（内有4户役田），占总数5.97%，每人平均53.3纳。富农占有水田9635纳，占总数22.5%，每人平均24.6纳。中农占有水田23572纳，占总数55.05%，每人平均14.65纳；占有旱地513纳，占旱地总数30.4%，每人平均0.318纳。贫农占有水田6771纳，占总数15.82%，每人平均14.4纳；占有旱地774纳，占旱

地总数45.88%，每人平均1.64纳。雇农占有水田170纳，占总数0.4%，每人平均0.787纳；占有旱地345纳，占旱地总数20.46%，每人平均1.6纳。其他阶级占有水田325纳，占总数0.76%，每人平均8.3纳；占有旱地55纳，占旱地总数3.26%，每人平均1.4纳。

7.勐养坝子土地分配，原来是以"哈麻贺西"为单位，每个"哈麻"管理几个自然村，有田若干，是有一定的，不属"哈麻"管辖的村，就没有"纳哈麻"田。不论任何人，只要能服从村里的一切负担，也就是说能抵一个门户的均可种"哈麻"田（即村公田），但凡种"哈麻"田，就必须服从一切负担。但是头人都有头人田，作为头人的俸禄，而且"勒贯"的"混勒贯"（大头人）比一般的头人要得多，过去如此，现在还是如此。通过这次总路线的学习，所有头人绝大部分表示今后的头人田交还人民，谁种谁收，不再收租。

二、牲畜占有情况

1.全坝子共有水牛933头，可耕的有555头、不可耕的有378头；黄牛共有2135头，可驮的有1226头、不可驮的有909头；共有马145匹，可驮的有138匹、不可驮的有7匹。耕牛平均每户0.945头。

2.各阶层占有情况：

地主占有耕牛17头（可耕牛，以下同），占耕牛总数3.06%，每户平均1.9头；不可耕水牛13头，占总数3.44%，每户平均1.44头。黄牛占有可驮的64头，占驮牛总数5.22%，每户平均7.1头；不可驮黄牛23头，占不可驮黄牛2.53%，每户平均2.56头；占有可驮之马7匹，占总数5.07%，每户平均0.777匹。

富农占有耕牛116头，占耕牛总数20.9%，每户平均2头；占有不可耕水牛56头，占耕牛总数14.81%，每户平均0.965头；占有可驮黄牛264头，占总数21.53%，每户平均4.55头；占有不可驮黄牛238头，占总数26.8%，每户平均4.3头；占有马56匹，占总数40.58%，每户平均0.965匹；占有不可驮之马6匹，占总数85.71%，每户平均0.101匹。

中农占有水耕牛366头，占耕牛总数65.05%，每户平均1.177头；不可耕水牛297头，占不可耕水牛73.81%，每户平均0.9头；占有可驮黄牛808头，占总数65.9%，每户年均27.1头；不可驮黄牛577头，占不可驮黄牛63.48%，每户平均18.6头；占有可驮之马71匹，占总数51.45%，每户平均0.215匹。

贫农占有可耕水牛47头，占耕牛总数8.74%，每户平均0.31头；占有不可耕水牛26头，占总数6.88%，每户平均0.22头；占有可驮黄牛68头，占总数5.55%，每户平均0.579头；占有不可驮黄牛60头，占总数6.6%，每户平均0.54头；占有可驮之马3匹，占总数21.7%，每户平均0.026匹。

雇农占有水耕牛3头，占耕牛总数0.54%，每户平均0.0389头；不可耕水牛1头，占总数0.27%，每户平均0.0145头；占有可驮黄牛12头，占总数0.98%，每户平均0.014头；不可驮黄牛4头，占总数0.44%，每户平均0.0482头。

其他阶级占有水耕牛6头，占总数1.08%，每户平均0.0749头；不可耕水牛3头，占总数0.99%，每户平均0.35头；占有可驮黄牛10头，占总数0.82%，每户平均1.25头；不可驮黄牛7头，占总数0.77%，每户平均0.875头；马1匹，占总数0.73%，每户平均0.125匹。

三、农具占有情况

1.整个坝子占有农具（可用的）犁头612张、锄头836把、镰刀1504把、砍刀978把、耙534张，平均每户有7.6件。另外不能用的，犁有119张、锄头141把、镰刀184把、砍刀81把、耙15张，平均每户0.918件。

2.各阶层占有情况：

地主占有犁13张，占总数2.12%，每户平均1.444张；占有锄头17把，占总数2.03%，每户平均1.888把；占有镰刀26把，占总数1.73%，每户平均3.25把；砍刀14把，占总数1.43%，每户平均1.75把；耙12张，占总数2.3%，每户平均1.5张。

富农占有犁104张，占总数16.99%，每户平均1.91张；锄头156把，占总数18.36%，每户平均2.95把；镰刀234把，占总数15.56%，每户平均4.04把；砍刀140把，占总数14.37%，每户平均2.41把；耙92张，占总数17.22%，每户平均1.79张。

中农占有犁391张，占总数63.89%，每户平均1.26张；锄头464把，占总数55.5%，每户平均1.42把；镰刀844把，占总数56.12%，每户平均2.611把；砍刀542把，占总数54.42%，每户平均1.56把；耙329张，占总数61.6%，每户平均1.056张。

贫农占有犁87张，占总数14.22%，每户平均0.737张；占有锄头145把，占总数17.35%，每户平均1.23把；占有镰刀292把，占总数19.41%，每户平均2.57把；占有砍刀189把，占总数19.33%，每户平均1.616把；占有耙92张，占总数17.22%，每户平均0.828张。

雇农占有犁14张，占总数2.29%，每户平均1.61张；占有锄头46把，占总数5.0%，每户平均5.54把；占有镰刀99把，占总数6.58%，每户平均1.19把；占有砍刀85把，占总数8.66%，每户平均1.02把；占有耙7张，占总数1.3%，每户平均0.087张。

其他阶级占有犁3张，占总数0.49%，每户平均0.379张；占有锄头8把，占总数0.96%，每户平均1把；占有镰刀9把，占总数0.6%，每户平均1.126把；占有砍刀8把，占总数0.82%，每户平均1把；耙2张，占总数0.36%，每户平均0.25张。

贰、租佃关系

一、田地租佃关系

1.地主自耕水田1065纳，占坝子水田总数2.56%；富农自耕水田9635纳，占总数23.2%；中农自耕水田23572纳，占总数56.75%；贫农自耕水田6771纳，占总数16.3%；雇农自耕水田170纳，占总数0.41%；其他阶级自耕水田325纳，占总数0.78%。中农占有旱地513纳，占总数30.4%；贫农种旱地774纳，占总数45.88%；雇农占有旱地345纳，占总数20.46%；其他阶级占有旱地55纳，占总数3.26%。

2.地主出租水田1280纳，占总数18.3%，占其本阶层54.58%；富农出租水田3755纳，占总数53.68%，占其本阶级38.97%；中农出租水田1360纳，占总数19.44%，占其本阶级数5.77%；贫农租出水田600纳，占总数8.08%，占其本所级8.9%。所有租出都是租给外寨，寨与寨互相租种。

3. 地主租入530纳，占本阶层所有水田数22.6%；富农租入水田2815纳，占本阶层水田总数28.8%；中农租入水田6183纳，占本阶层水田总数74.66%；贫农租入水田4420纳，占其本阶层占有数65.28%；雇农租入150纳，占本阶层占有数88.24%。

4. 版纳勐养的租佃制度，概属不定租。在坝子里，以田好坏来决定租额的高低，本村与外村均一律如此。宣慰田以整个勐养来说是属永租，但在勐养坝子内则又是不定租，谁喜种，谁就种，没有固定。

5. 租额种类以活租为主，其次是死租，租额最高每百纳8石，最低百纳3石，一般的4石至5石，与其他民族很少发生租佃关系，没有差别。

6. 交租方式，以谷为主，也是最多，其次为钱租，以当时市价折交。

7. 在租佃关系上，有土地主的租佃关系，但不是个人而是所有大头人都有份，如宣慰田，租给勐养，每百纳额为1石至2石，但大头人则收4石至×石甚至12石，除交宣慰街外，其余就是头人分享。

8. 产生租佃原因：由于过去分配的所谓"纳哈麻"哪些村、哪些田属于哪个"哈麻贺西"是有一定的，因为经过几次调整，田地颇为零乱，这个村的田分在那个村，那个村的田又分在这个村，因而发生租佃关系；有的则是不属"哈麻贺西"，没有"纳哈麻"不够耕种而租别人的，有的则是根本无田而租。

9. 由于在封建制度的统治下，再加上兄弟民族的纯朴怕事，所以过去的租佃纠纷是很少发生的。解放后受内地的影响，不预纳租，在团结互让的原则下，减少一部分租，但是现在还存在一些不合理，就是城子的"哈麻贺西"比别的"贺西"的田要多，收租也是最多。据各阶层反映，不论谁的田，谁种谁收，田在哪村就属哪村种，免得你租给我、我租给你的很乱。

二、牛租关系

1. 各阶层耕牛租出租入情况：地主租出耕牛有4户，共7头，占其本阶层户数44.44%。富农租出耕牛7户，共7头，占其户数12.07%；租入耕牛3户3头，占其户数5.17%。中农租出耕牛28户、31头，占其户数9%；租入耕牛51户、54头，占其户数16.4%。贫农租出耕牛9户、14头，占其户数7.63%；租入耕牛44户、44头，占其户数37.3%。雇农租入耕牛5户，计5头，占其户数6.07%。

2. 牛租租额一般以谷为主，也是最多；其次就是钱租，最高12石，最低2石，一般6石至7石。

3. 牛租计算方法，以牛的耕作及田的多少决定，计算以耕完田地为止，栽秧后即送回牛主。在租入耕种期，发生损失，看损失情况而决定之，一般解决办法有两种，一种是赔一半，另一种是赔2/3给牛主。

4.分养牛、猪的情况：分养牛多属母牛，生出小儿，牛主2头，养户1头。若母牛可以耕作，可以出租，租额平分，或者养户租用，则租额减少些。若是黄牛，养户可以驮用，但若是出远门驮运费分牛主一半。分养猪一般是平分为二，各拿1份，但也有除本分利的，也有抽一部分给猪主，然后平分的。

叁、借贷关系

1.勐养坝子的借贷，以贷粮为最多，最普遍，贷款为次。

2.利息方面，谷子的利息最高是利对本，如借1石赔2石；最低是加1，如借1石赔1石1斗。以一般来说，加3到加5，计算方法以1年为期，如借今年的老谷到秋收后赔新谷。贷款最高8分息，其余同。

3.发生借贷关系时间，借谷多属在青黄不接的荒日，因为那时缺粮户较多；贷款则多在栽秧初收割的季节，因为这时需要请工较为迫切，因此买卖青苗，也多在这时发生。

肆、劳资关系

勐养雇工多属季节性，如劳动力不够，必须请工干活，本地人雇本地人，由耕田开始到栽秧完打好篱笆，即可回家，到收割又来帮助收割，以谷子收完为止。如系无家可归者，仍可留在田主家，但工资是一样的，不过长年的每年可多得1套至2套衣服，最高工资每年可得稻谷12石（合2400市斤），最低6石，一般的7石至8石。做活时期伙食完全由田主负责，最高工资可以养活2人（口粮），一般工资可以养活1个半人，最低工资可以养活1口人。男工最高7500元，一般的5000元，最低3500元；女工最高5000元，一般3500元，最低2500元。解放前男工最高5000元，女工最高2500元，最低1000元，一般的1500元；童工最高2000元，最低1000元，一般1500元。

伍、生产情况

一、一般情况

1.勐养栽种季多在7月（雨季）开始耕作，冬月收割，每年只耕作1次，主要是水源缺乏，必须要雨水下来方能耕作，肥料也不上田。解放后，在党和人民政府的领导下，已逐渐兴修小型水利，也上肥了。

2.计算单位面积，一律以"光"即"堆"为单位，1"堆"折合5"纳"。

二、农作物的产量及各阶层占有数

1.勐养主要农作物以稻谷为主，每年最高产为8石（合1600市斤），最低每年产2石（合400市斤），一般产量，每斗种产4石至5石，以单位面积计算，每纳最高产量为8斗，最低2斗，一般产量为4斗至5斗。

2.根据今年统计，21个村、587户的产量为20117石3斗，每人平均稻谷7.26石，合

1452市斤。

3. 各阶层占有情况：地主占有稻谷380.5石，占总产量9%，每人平均8.647石（自耕收入）。富农占有稻谷3638.4石，占总产量18.1%，每人平均9.3石。中农占有稻谷12926.9石，占总产量64.3%，每人平均8.034石。贫农占有稻谷2812.2石，占总产量14.02%，每人平均6石。雇农占有农作物312.3石，占总产量1.6%，每人平均1.441石。其他阶级占有农作物38石，占总产量0.08%，每人平均0.97石。

陆、人民群众的各种负担情况

1. 劳役负担情况：在封建土司制度的统治下，劳役负担是繁重的。如土司、总叭、头人、各波郎修建房屋都要人民群众负担，甚至土司家的马草也要群众供应，土司头人去哪里要派夫役，耕种收割也要群众负担，总之凡属劳力的事情，几乎都是群众负担。

2. 官租负担，以单位计算，每百纳最高租额为8石，占常年产量0.4%；最低为4石，占常年产量0.2%；一般租额为6石至7石，占常年产量0.35%。解放后受到内地的影响，租额减轻1/3。目前通过总路线学习，绝大部头人自愿放弃官租，群众也不愿交官租。

3. 田租负担以单位（每百纳）计算，每百纳最高8石，占常年产量0.4%；最低3石，占常年产量0.15%；一般4石至5石，占常年产量0.25%。

4. 各阶层牛租负担情况：富农负担牛租12石，占其田地产量0.33%；中农负担224.5石，占其田地产量0.62%；贫农负担牛租187.7石，占其田地产量6.65%；雇农负担26.7石，占其田地产量8.55%（今年统计材料）。

5. 过去的公粮是极为不合理的平均摊派，今年则按公平合理负担政策执行，最高率为15%，最低率为5%。

6. 宗教负担情况：一般的节日如"进爬萨""出爬萨""堆沙""胆东""祭龟""胆路教"（开和尚）等，每户每年平均3石（稻谷），共1761石，占总收入8.75%。负担分配方法，以种田多少（门户田）为标准，种田者负担，不种田者不负担，但必须补助一点，除了鳏寡孤独以外，绝大部分是平均摊派的，因为每逢节日，都要屠猪牛，吃不完的分回家去，为了如此，多为平均摊派，同时也是为了方便。

转发《云南省委转报思茅地委关于西双版纳傣族自治州傣族地区采取和平协商方式进行土地改革的意见》

中国共产党西双版纳工作委员会

总号：018

报送机关：各版纳（自治区）工委员、边工委委员

抄送机关：办存一份

中共西边工委办公室

1956年3月26日印发

转发《云南省委转报思茅地委关于西双版纳傣族自治州傣族地区采取和平协商方式进行土地改革的意见》

附件一

各版纳（自治区）工委：

　　兹将云南省委向党中央转报《思茅地委关于西双版纳傣族自治州傣族地区采取和平协商方式进行土地改革的意见》发给你们，其中如与中央批示有抵触者，以中央批示为准。

西双版纳工委

3月25日

附件二

　　云南省委转报思茅地委关于西双版纳傣族自治州傣族地区采取和平协商方式进行土地改革的意见

中央：

思茅地委关于西双版纳傣族自治州傣族地区采取和平协商方式进行土地改革的意见经省委作了修正，现报上，请批示。

西双版纳土地改革已于1955年底在景洪开始试点，拟于中央批准方案后召开自治州人民代表会议通过土改决议，制定单行法规，全面铺开，依法进行土地改革，于1956年内完成。

云南省委

1956年2月11日

思茅地委关于西双版纳傣族自治州傣族地区采取和平协商方式进行土地改革的意见

一、基本情况

西双版纳傣族自治州包括景洪、勐龙、勐混、勐腊、勐捧、易武、曼墩、勐海、勐遮、勐旺、勐往、勐养等十二个版纳。面积近二万余平方公里。其中景洪、勐龙、勐混、勐腊、勐捧、易武、曼墩等七个版纳相连缅、寮两国，与泰国也很近。人口二十五万余人，其中傣族十三万余人，聚居平坝；哈尼、布朗、汉、基诺、瑶、拉祜等族十一万余人，多住山区。

傣族社会是领主封建制度，全区大封建主"召片领"（译意是"广大土地之主"）自元、明受封为车里宣慰使司，下辖三十余个"召猛"（土司）。宣慰及各勐土司的封建政权组织是由他们的大小家臣贵族（议事庭长、总叭、波朗等）组成的议事庭，议事庭通过大小波朗统治着各村寨及山区少数民族；他们和各村寨"叭"级（包括部分地区的"鲊"、"先"两级）中的当权头人组成为领主集团，占总户数百分之八（大、中领主约占百分之二，村寨当权头人约占百分之六）。

全区土地由宣慰最高领有，分封给各勐土司实际领有，傣语称为"澜召领召"（水和土是领主的）。农民被牢固地束缚在土地上，人格依附于领主。过去或至今在少数地区，农民猎获野兽必须把倒在领主地面的一半兽身献给领主，死后要用钱向领主"买土盖脸"；未达负担年龄的少年或不种田的流浪汉死后没有"鬼魂"，不得用棺埋葬；有的甚

111

至保存"死手权"，即领主有权继承农奴死后的全部或部分遗产。领主的各种土地依其占用和提供地租的情况不同，大体分为三类：

第一类是各级领主直接保有和经营的土地，占全部耕地的百分之十四。又分三种，一种是大领主世袭的"私庄田"（宣慰田和土司田）；一种是宣慰或土司封赐给其家臣的俸禄田，不能世袭，其中"波朗田"系大头人占有的土地，"头人田"系村寨头人占用的土地，"龙达田"系代领主收租的管事占用的土地；此外还有极少量的宗教土地。不少地区的"私庄田"和"波朗田"亦多按"份地"形式分租于农民使用。1954年后，在景洪部分地区"私庄田"和"波朗田"已转入村寨手中，大部分并入"寨田"。

第二类是"寨田"（"纳曼"），占全部耕地百分之五十八，系领主以奴役性条件交给各村寨农民集体承袭占用的土地，故又称为"负担田"（"纳倘"）。这种土地虽在群众中有"大家的田"（"纳党来"）的观念，但本质上是领主所有。农民在村寨界限内自己开垦的土地，满三年交地租，五年后并入"寨田"。凡"寨田"均由村寨头人管理分配，以"份地"形式按户或按一对夫妻分给农民使用，一年或数年分配一次。目前多数地区土地使用权已渐趋稳定，一般仅在原耕基础上进行抽、补调整，少数地区也有打乱平分的。丧失村寨成员身份或迁出外寨时，必须将"份地"交还村寨头人，不能买卖或转赠。可见这种村社分配土地制度是为了完纳封建义务并以平分地租为其前提的。农民对土地占用的不稳定性也造成了生产上的不安定。

村寨头人虽在名义上没有土地私有权，也不能通过自由买卖集中大量土地（头人使用土地比一般群众多一倍至二倍、三倍），但他们中的大部分除享有不出封建地租的"头人田"外，有少数还利用掌握全寨土地支配权及其他特权霸占宗教田、绝户田，当领主的"龙达"（代领主收租管家）占用"龙达田"，并代表村寨出租土地、侵食地租，从剥削性质和剥削形式看，已构成了事实上的"地主"。村寨内的老户也都长期占用量多质好的土地，而丧失负担能力的老弱孤寡则无权分得"份地"。村寨内部的土地占有也不是平衡的。

由于农民内部两大等级（一种是相当于农奴身份的"傣勐"，意思是"本地人"或"最早建寨的人"，占农户百分之五十五；一种是由领主家奴分出，相当于隶农身份的"滚很召"，意思是"领主的家奴"，占农户百分之三十九。一个村寨分属一个等级）占有"寨田"多寡不同，造成村寨等级之间的土地占有不平衡。至今在景洪、勐海等地占人口百分之四十的地区，"傣勐"等级村寨承袭占有的"寨田"较多，为了转嫁封建负担，把多余的土地（约占其耕地的百分之二十）以集体出租形式（少数有单户出租的）租给无田少地的"滚很召"寨子，征收正产物十分之一的地租（"烤戛纳"），大部分转交领主。这一剥削形式的转移，在历史上造成各等级农民内部的土地纠纷和不团结。1954年以来，由于不少上层领主被迫放弃了地租，各村寨之间转嫁封建负担，而造成的村寨之间负担界限的分隔已失去物质基础，等级界限已被冲淡，证明只有废除封建剥削制度后，才能求得彻底解决农民内部的等级界限问题。但也不能忽视，至今仍有不少出租寨头人利用群众对"寨田"的集体承袭占用观念，煽动群众进行抢租夺佃，把宗教负担和政府公粮转嫁给租入寨农民，企图挑拨破坏农民内部的团结，而租入寨群众在头人煽动下，也产生"出租寨是分田对象"的错觉。因此，必须在土改中认真教育农民，处理好农民关系问题，防止头人操纵转移反封建斗争的目标。

第三类是"家族田"和"私田"，占全部耕地百分之二十七。"家庭田"历史上只在同一家族内相互传递调整，不并入"寨田"，目前已逐渐变为单个家庭私有，个别也有在家族内部转让的，但很少卖出族外。"私田"占全部耕地百分之六左右，可以长期承袭占用，一般极少买卖。"私田"中的"召庄田"是由占农户百分之六的"召庄"（他们是领主贵族的旁支远亲，除替大领主充当侍卫外，历史上不出封建地租，其地位相当于自由农民）占有，一般可以买卖。

封建领主除对其直接保有和经营的"私庄田"、"波朗田"、"头人田"等，强迫农民为其耕种或租给农民征收地租外，农民接种"寨田"，须向各级领主提供不同形式的劳役和贡赋，耕种"家族田"和"私田"出三分之一的劳役，傣语称"吃田出负担"。不种田时也要出一定的负担，傣语称"买水吃，买路走，买地住家"。根据六〇一寨一九一四五户的粗略统计，解放前及解放初期每户农民交纳各种地租约折谷七四〇斤，占农民总收入百分之三十左右（不包括村寨头人的特权剥削及解放前国民党的各种摊派），其中劳役地租占百分之七十左右，实物地租（实物代役租）占百分之三十左右。

从劳役地租看，两大农民等级提供劳役种类也有不同，除"傣勐"和"滚很召"都必须为各级领主无价耕种"私庄田"及"头人田"外，领主的家内劳役多由"滚很召"等级各村寨按劳役种类固定分工负担，如某寨为领主当厨役，某寨养马，另一寨妇女唱歌供领主娱乐或为领主贵妇提绣鞋等，其名目多至一百余种。还有所谓"地方劳役"，则多由"傣勐"等级负担，如修水渠、修路、"祭大鬼"（"灵披勐"）等。目前在百分之四十地区的大、中领主和百分之七十地区的村寨头人仍然保持征派"白工"（农业劳役），在百分之二十的地区，还有家内劳役。至于所谓"地方劳役"中除修水渠、修路等仍保存外，"祭大鬼"等在部分地区已有削弱。

由于各地发展程度不同，实物代役租主要有四种形式：一是勐龙、勐罕等地的"烤空"（免役谷）。土司以下各级领主均无"私庄田"，每人按地位得若干个"空"（一个"空"等于一个长年劳役的代价），勐龙一个"空"折谷五百至七百斤、柴一千斤、茅草一百排。二是景洪、勐遮、勐海等地的"烤寒"（懒谷）。景洪大部分"私庄田"由农民无偿代耕改为"烤汉"，勐遮、勐海等地则是按寨分配。三是景洪等地的"烤骂纳"（薪俸谷），系按"波朗田"面积征收的一种实物地租，租率约为正产物的十分之一。四是整糯的"烤朗召"，按所有土地面积征收约正产物二十分之一的谷物（类似德宏的"官租"）。以上四种实物地租经过1953年减官租及1954年合理负担运动，在百分之七十的地区已经基本废除。

农民对领主还有各种献礼（开门节、关门节送礼，建新屋，礼钱、礼肉、拴线礼，波朗等）、进寨出寨费、婚姻税、私生子罚款等特权剥削。目前在三分之二以上地区的村寨头人仍然保持这种剥削，加上征派"白工"，仍占农民收入百分之二十六左右。

此外，傣族普遍信仰小乘佛教①，男子七、八岁到二十岁必须到佛寺当和尚。全区有佛寺五百余所，佛爷七、八百人，大小和尚五千余人，占人口百分之五。大小领主都是神佛的代理人，与封建政权密切结合，有一套垂直的宗教系统。大佛爷依靠剥削生活，有时还蓄养"寺奴"。目前各种宗教负担在宗教中心区每户每年约九二四元，占总收入百分之二八，在宗教衰落区占总收入百分之五至十二。

由于实物地租的出现，加上各等级村寨之间土地占有不平衡，丧失劳动力的人无权分得土地，农民内部早已产生阶层分化。1910年汉族统治势力侵入和帝国主义商品倾销，这种分化更趋激烈。根据1954年的初步调查，解放前许多农民因无力负担领主和国民党的双重剥削，将"份地"交还村寨头人或出租，宁愿卖工度日，雇、贫农阶层扩大，占农村户数百分之三十左右，占有"份地"的中农占农村户数百分之六十左右。一部分农村当权头人已转化成为以雇工、放债等为主要剥削手段的富农，占农村户数百分之三至四。

解放六年以来，由于对敌斗争的胜利，全区社会秩序已基本安定。1953年实行区域自治，民族关系有显著改善。接着进行了以团结生产为中心的一系列的经济工作和文教卫生工作，群众生产生活有了一些改善（粮食较解放初期增产百分之三十，茶叶增产百分之二百六十三，农民1955年每人平均购买力已达四十五元）。雇、贫农由约占农村户数百分之三十下降为百分之二十五（雇农约占农村户数百分之十，其中有一半是分不到"份地"的老弱孤寡），中农由占农村户数百分之六十扩大到百分之六十五左右，其中三分之一左右上升为富裕中农，但上升为富农的极少。由于我加强生产、政治工作，加上傣族历史上不能自由买卖土地，地主、富农经济还未来得及大量发展。目前还有百分之二十五的农户缺乏耕牛，受村寨头人及富农的牛租剥削，达租牛户农业收入百分之二十，债利剥削（放谷、放钱）达借债户总收入百分之五。

1954年，结合宣传党在民族问题方面的总任务和推行合理负担运动（村寨头人，借口历史上不出封建负担，解放后也不出公粮，合理负担运动把来自头人摊派负担变为群众评议头人出公粮，同时也打破了过去不论贫富按户平分负担的老办法），初步发动了群众，民族内部阶级关系已发生了新的变化，先进区的群众已敢于批评旧制度，提出改革要求。宣慰街大小领头人已被迫放弃全部剥削。其他地区的大、中领主的剥削也有很大削弱，一部分上层领主由于丧失土地支配权，依靠政府补贴和参加劳动生活，一部分从农民手里夺

---

① 为"南传上座部佛教"俗称。——编者

回部分土地进行雇工经营，一部分仍然保持土地的中、小领主雇工或派"白工"经营，兼放牛租和高利贷。

总之，从全区看，几年来所引起的变化是很大的，但由于封建领主土地所有制和农民占有制之间的基本经济矛盾没有得到解决，极大地限制了群众生产积极性。目前上层领主的统治权力虽有削弱，但村寨当权头人仍在农村中进行领主式的统治和剥削，从而农民与领主集体之间的矛盾是傣族社会当前的主要阶级矛盾。为了彻底解放农村生产力，并使傣族人民迅速发展其政治、经济、文化，逐步过渡到社会主义社会，必须进行土地改革。依据目前情况，这种改革条件已经大体具备。

当前占百分之九十以上农民（中、贫农）的主要要求是废除封建地租及各种特权剥削，要求固定耕地，要求自己掌握农村政权，他们的主要斗争目标是整个封建领主制度，其中占总农户四分之一的雇、贫农迫切要求土地。在景洪、勐海、勐龙、勐养约25000人口的先进地区，群众自发调整土地较过去频繁，有的还分了"头人田"。但也有不少地区村寨头人利用"分土地"收买群众，抵制土改，必须引起警惕。占有"份地"较多的中农也呈现不安。此种情况如任其发展下去，对我极为不利。

各级大、小领主（土司、波朗约一八〇余人，村寨当权头人二千余人）经过几年来团结教育，对党的政策已有了一些认识，许多迫于大势所趋，向我要地位和生活补助，表示"不愿再当头人"。从目前情况看，已经放弃了剥削的大头人，尤其表现进步靠我的主要头人，一般都盼望早日"过关"，表示赞成或是不反对土改。将来对土改抵触和反抗最激烈的是各勐村寨当权头人，对此必须有充分估计。

经过几年来生产和群众运动，农村中已涌现了大批积极分子。培养了民族干部八二五人，占全区干部总数百分之三十六，其中劳动人民出身的占百分之七十。发展了当地民族党员七十人（傣族三五人，在土改前计划发展八十人），团员二六八人。外来汉族干部与当地群众已建立了较为密切的联系，许多并学会了民族语言。在景洪等部分地区已建立了新的基层政权，并组织了民兵武装。

同时必须看到：首先各地工作基础极不平衡，除景洪等部分村寨外，基层政权仍掌握在村寨头人手里，他们还未放弃劳役特权剥削。约占人口三分之一弱的边缘区和薄弱区，大、小领主的政治统治和经济剥削基本未动或动得很少。其次，在长期封建统治和宗教传统的重压之下，土地束缚观念（傣语："吃着水、土，就在地上生根"）和人格依附思想（傣语："头脚落地就是'召'的奴隶"）还在部分落后群众中有着深刻影响，限制着群众阶级觉悟的提高。再次，农民内部各等级之间，由于历史上转嫁封建地租引起的土地纠纷，在群众觉悟未提高前，也会造成被领主、地主利用进行破坏土改的空隙。许多劳动人民出身的民族干部生长较迟，其中领导骨干不多，特别是共产主义的干部更少，多数还没有经过严格的群众斗争锻炼，政策思想水平还低。最后，全区地处国防，内外关系复杂，傣族不仅与境外同族相连，而其周围还杂居着比他落后的哈尼族、布朗族等；境外敌人和境内反革命分子互相呼应，在土改中将更加紧进行破坏活动，这就要求我们必须有充分的思想准备和精神准备。既要具有前进的信心和克服困难的毅力，又必须保持头脑清醒，提高警惕，随时看到前进中的困难和问题，在土改过程中采取稳妥的步骤。

二、土地改革的任务、要求和具体政策

西双版纳傣族地区土地改革的基本任务是废除封建土地所有制，实行农民土地所有制，废除各级领主的劳役、官租、各种特权剥削以及农民所欠领主的债务。为了使土改有利于民族团结和巩固国防，在保证消灭封建、满足农民土地要求的前提下，采取自上而下的和平协商方式进行。在树立雇、贫农优势的基础上要求通过土改认真发动和组织群众，团结和发动各民族各阶层人民组成反封建的统一战线，集中力量反对封建领主制度，打击各级领主和农村当权头人的政治威风，摧毁封建领主的基层政权（"火西"制度），建立以贫雇农民为领导力量的基层政权和整顿提高民兵武装（为了照顾对外影响，在宣传中不公开提出废除土司制度），广泛深入地向各族农民进行阶级教育、民族团结教育和社会主义前途教育。认真锻炼培养民族干部，注意选拔党、团员对象，有意识有计划地发展一批党、团员和建立农村党、团支部，以便在土改后紧跟上合作化运动，为第二个革命打下思想和组织基础。

土改的策略口号是："在中国共产党领导下，团结各族劳动人民及其他各阶层人民，团结教育与群众有联系的民族领袖人物，采取自上而下的和平协商的方式，有步骤、有分别地废除封建领主土地所有制度，逐步地组织起来，发展生产。"但必须使干部在思想上明确并在实际工作中贯彻执行"依靠雇农、贫农，团结中农，中立富农，有步骤有区别废除封建土地所有制度"的阶级路线，土改中既须坚定不移地依靠雇、贫农，又要认真团结和发动整个中农。必须指出：傣族区中农比重很大，他们的背向决定土改的成败，同时，在封建领主制度下的中农，他们没有土地私有权，受封建劳役、官租及其他各种特权剥削，具有农奴性质。他们在反封建领主制度的斗争中是积极的，过去反官租斗争中已证明这点，因此改革中要积极地发动他们，针对他们的思想进行教育团结工作，提高他们的阶级觉悟。此外在划分农民阶级时，对于那些虽有足够"份地"，但缺乏其他生产资料，受牛租、债利剥削较重的人，应划为贫农。同时，在各种基层组织中，既要保证雇、贫农占三分之二，也要有三分之一的中农积极分子参加领导。

在改革期间，对民族上层，本长期团结合作政策，保证"过关"，不算旧账，尤应做好"叭龙"一级以上领主、头人的工作，并对他们进行适当安置。为了纯洁农村基层政权，今后在基层政权中，不再安置头人，村寨中个别代表性较大的头人，可在上一级人民代表会议或协商委员会中予以安置（版纳一级可成立协商委员会）。生活确有困难者，可酌情予以补助。在改革期间，把他们组织到土改协商机构中，向他们交代政策，使其赞助

或不反对土改，减少阻力。

在废除封建领主对傣族区的土地所有制的同时，应废除傣族领主对山区其他少数民族的土地、山林所有权和各种封建的劳役、贡赋、特权、债务。但山区少数民族内部的社会改革另做方案。

据此，提出土地改革的各项具体政策如下：

（一）对领主、地主的政策：

土改中对各级领主、地主一般不剥夺其政治权利。

没收领主的"私庄田""波朗田""头人田""龙达田""家族田""私田"等和地主的土地，废除领主、地主的各种地租、特权剥削和高利贷，其他财产坚决不动。在没收分配土地时，先留给领主、地主与农民同样的一份土地，如缺乏或丧失劳动力，可允许其雇工耕种或出租。为了从政治上使头人更多地分化靠我，一般可按其所划阶级成分待遇。"鲊"以下头人，除当权者外，可不视为领主集团分子。"叭"一级头人，本人一般应视为领主集团分子，其家庭仍按所属阶级成分待遇；如本人参加主要劳动、剥削轻微、政治罪恶不大，亦可不以领主集团分子看待。

领主、地主在解放后直接劳动开辟的土地一律不动。

领主直接经营的小块茶园、果园、樟脑林、鱼塘、小块林园及其他经济林木等一律不动。但派劳役（"白工"）经营者，仍应没收一部或全部。

1953年后，领主、地主以夺佃、偷卖、赠送等方式转移分散的土地，一律无效。

大块山林、荒地，以及领主派劳役经营的大茶园、大鱼塘等一律收归公有，已由农民耕种使用者，继续由农民耕种或使用。

（二）对富农的政策：

富农自耕或雇工耕种的"家族田"、"私田"和"份地"坚决不动。但富农耕种领主的"私庄田""波朗田""头人田""龙达田"以及利用头人特权占用的土地，必须抽出统一分配。

在个别地区，没收领主的土地，不能满足雇、贫农的土地要求时，可经自治州工委批准征收富农出租和以高利贷抵进的土地，但必须留给相当于当地中农水平的一份土地。

农民所欠富农的债务，属于解放前者，一律废除；属于解放后无纠纷者，不予过问。如有纠纷，可按政务院颁布的《新区农村债务纠纷处理办法》处理之。如农民确因贫困无力偿还者，可由乡人民委员会召集双方协商调处，分别采取缓期、减轻或免还等办法处理之。

（三）宗教土地（"佛寺田""龙山田""鬼田""牛桩田"等）及债务一律不动。土改中坚决保护宗教信仰自由政策。对于各种群众性的宗教负担不予干涉，但头人利用政治特权进行强迫摊派的宗教性剥削，在群众提出反对要求时，可由政府调解协商予以解决。

（四）小土地出租者的"份地"、"家族田"和"私田"坚决不动。

（五）所有土地都在原耕基础上进行分配，分配土地以乡或数寨联合为单位，寨与寨间进行调整。

凡没收领主的"私庄田""波朗田""头人田""龙达田"以及地主的土地，由原耕寨分配；如原耕多余转租给它寨耕种者，即由承租寨农民分配。

凡没收领主、地主的"家族田"，在原则上都应不分家族统一进行分配，以打破原有的家族界限，加强农民内部的团结。但在某些落后地区，为了照顾傣族"家族田"只能在同一父系家族内互相传递、继承、调整的习惯，如本族农民不愿分出族外时，个别的可允许分给本族无田少田的农民，但不作公开宣传。

"寨田"实际上是属于封建领主所有，但目前在群众中仍保持着"寨公有"的观念，废除领主土地所有制，实行农民土地所有制，这种"寨公有"观念将逐步得到改变。但在改革中，这种落后的"寨公有"观念和"留后"思想的残余容易被封建领主利用来挑拨农民关系，抵制和破坏土改政策。为了加强农民内部的团结，集中力量打击封建领主制度，改革中只提废除封建领主对全区土地的所有制，不提没收"寨田"。因此，"寨田"在原耕基础上进行分配，有些村寨为了转嫁封建地租，把多余"寨田"以集体或单干户形式出租与外寨耕种，原则上一律留给租入寨原耕农民分配。但应教育出租寨农民：这种土地原是领主的，过去收入地租绝大部分转交领主或为村寨头人侵吞，废除领主所有制和各种剥削后，他们自耕的土地上不再出封建负担，从而获得真正实利。其在土改前已由出租寨收回，以致原租入寨无田少田者，应由乡人民委员会召集双方协商，本团结互让精神交还原租入寨分配，但个别农户在解放前由于无力出国民党和领主负担将"份地"出租，现在反而缺田少田者，应根据实际情况由租佃双方协商，进行适当抽补调整。

农民自耕的"寨田"、"家族田"和"私田"坚决不动。如没收领主、地主之土地以及在村寨之间进行调整，都不能满足当地雇、贫农土地要求时，应由政府帮助开荒或协助迁往别寨分地。必须教育干部和雇、贫农积极分子防止侵犯中农利益和雇、贫农民要求打乱平分的思想。

原耕农民所种领主、地主之土地，必须抽出分配时，坚持做到自愿互利，不得强迫命令，一般在满足雇、贫农土地要求的原则下，应使其保留部分适当地稍多或稍好于当地农民分配土地的平均数。

（六）农民内部的债务按原约有效，若有纠纷由双方协商解决。

（七）下列人员必须分给土地：

①现在领主家内的奴隶或佛寺"寺奴"，必须分给一份土地。

②农村中的手工业工人、小贩、自由职业者及其家属，应酌情分给土地，但其职业收入足以经常维持其家庭生活者，可不分给。

③烈士家属（烈士本人得计算在家庭人口之内）、革命军人、人民政府和人民团体的工作人员及其家属均应分与农民同等一份的土地。

④老弱孤寡应分给一份土地，如不能自己经营者，并允许其出租。

⑤外出或外逃人员一律留给一份土地，由其家属代管。外逃为匪者，也应留给一份土地，由乡人民委员会代管，并争取其悔过自新。

⑥在分配土地时，对于只有一口或两口人而劳动力较强的农民，在本乡土地条件允许时，得分配稍多于一口或两口人的土地。

⑦和尚应计入其家庭人员之内分得一份土地，还俗佛爷应分给一份土地。

⑧凡居住在傣族地区的其他各族农民在土改中均分给一份土地。

⑨凡全家侨居外国的华侨，要求回国分田者，应分别情况处理：如在国外有固定职业，一般应予以劝阻；如无固定职业，生活确有困难者，应分给一份土地。

⑩凡以从事农业生产为主要生活来源的外国侨民，在土改中要求分田者，应分给一份土地，有使用权，无所有权。但在土改中欲迁居我国的外国侨民要求分田者，应予以劝阻。

⑪分配土地时，应留一部分机动田，以不超过本乡已耕土地百分之五为原则。

（八）傣族农民与不进行土改或暂不进行土改的山区民族间的租佃、典当、借贷关系继续有效。但山区农民租种领主、地主土地者，没收后可分给原耕农民。

（九）凡牵连国外的租佃、借贷关系及山林、水利等问题一律不作处理。发生纠纷时按历史习惯解决。

（十）关于划分农村阶级的年限，以1953年自治区成立时为准，连续上推三年，并适当注意到1953年以后的变化情况。如1953年为地主、富农，连续上推三年，仍为地主或富农者，即确定其地主或富农成分；如1953年已不是地主或富农，即不划为地主或富农。波朗以上的上层领主即为领主，不必再去划分。农民内部阶层由内部掌握，不再公开进行划分。

关于划分阶级的标准，除依照《中央人民政府政务院关于划分农村阶级成分的决定》进行划分外，应根据傣族地区阶级划分的特点由自治州人民委员会制定划分阶级补充办法，报请省人民委员会批准后实行。在制定划分阶级的补充办法时，对于"波朗"以上的农村头人，在领主经济条件下，名义上仅有土地私有权，一般占有和出租土地也不多，因此，必须根据其利用代理领主掌握全寨土地支配权，本人进行的各种劳役、官租、特权等剥削性质和剥削分量来确定其"地主"成分。虽有少量劳役、特权剥削，但本人参加主要劳动，并以雇工、牛租等为主要剥削手段者，应划为富农。虽是富农而霸占和出租土地较多，并代领主征派劳役、官租进行特权剥削者，可划为半地主式富农。不当权的头人或小头人本人参加主要劳动，剥削分量不超过其总收入百分之二十五者，应划为农民，但一般不能使其参加基层组织的领导工作。

在划分地主、富农阶级成分时，统一交代政策，先由乡农代会提出名单，在群众中广泛讨论，由农民和地主、富农组成协商小组酝酿试划，交乡协商委员会协商，经本人同意，版纳人民委员会批准。

（十一）土改中对解放后在部分先进地区已建立的农村基层组织（基层政权、民兵武装）如系当权头人或富农掌握，必须坚决清洗。对农民出身的旧的村干，应本教育提高方针，好的继续留用，对其中思想作风不纯的分子，只要不是反革命，一般都应团结改造，做到不伤感情，不为敌人利用，并鼓动其个人进步。在整顿基层组织时，应防止忽视团结提高旧村干，特别是不认真培养提拔雇、贫农新生力量的两种偏向。

（十二）为保证土改政策贯彻实行，在土改期间，各版纳应组织人民法庭，用巡回审判方法，对破坏土改的反革命分子及一切违抗土改的现行犯，依法予以惩处，严禁乱捕、乱打、乱杀及各种肉刑或变相肉刑（自治机关依此精神制成单行法规）。

土改中应结合进行反革命分子的摸底工作，但不搞镇反运动，即使已批准杀者，也应缓至土改后执行。

（十三）领主、地主、富农所藏武器弹药，土改中通过协商和说服教育上缴自治机关。蒋匪军埋藏的各种武器弹药，凡向政府告密者，酌予奖励。农民群众自有的猎枪一律不动。

三、基本做法

（一）土改方案经省委批准后，即召开自治州人民委员会讨论，通过试点。试点完毕后召开自治州人民代表会议，充分反复协商，做出工作决议，制成单行法规，然后依照法律进行土改。

（二）在通过土改决议，做出实施计划后，必须认真整训干部、组织力量，切实依靠民族干部，充分发挥他们的积极性，首先汉族干部要善于热情帮助提高他们，克服包办代替，同时也要教育民族干部热情欢迎汉族干部的帮助。在土改过程中，不断提高干部的政策思想水平，必须帮助干部全面深入分析情况，认真采取和平协商方式进行土地改革政策的依据，并对和平协商土地改革政策的实质和内容有一全面的、正确的理解。反复强调和平协商的积极意义，指出边疆土改不论采取什么方式，土改本身是一个革命，就必须依靠群众、发动群众。但基于边疆内外关系和民族特点，在土改方式、斗争形式上可以让步，同时必须加强上层工作，随时防止干部在团结上层和发动群众问题上的"左"的和右的摇摆倾向。

（三）土改开始时，必须做好各方面的安排工作，除对土改区的民族上层及宗教界代表人物必须首先做好安排工作外，对不进行土改或暂不进行土改的山区民族的上层和群众，必须充分交代政策，争取他们赞助傣族地区的改革，在此基础上稳步地进行群众工作。

（四）自治州、版纳、乡人民代表会议、人民委员会是土改的法定执行机关，在以上三级人民委员会领导下设立和平协商土改委员会，作为农民与领主、地主的协商机关。由上层、农民（上层应略少于农民）组成，并有政府（或工作队）干部参加，协商会开会时，一般由农民代表担任主席。乡成立农民代表会议及农代常委会，是农民自己的组织，以便有领导地组织发动群众。上述两种机构均无最后决定权，有关土改中的重大问题，均由上级人民委员会或人民代表会议决定。

（五）在做好以上工作后，必须坚决贯彻实行和平协商土改政策的前提下，认真地充分地进行群众工作。善于运用农民代表会议，通过土改的每一具体步骤，从划分阶级直到没收分配，认真提高群众的思想觉悟和组织程度。

（六）始终贯彻执行和平协商方法，认真做好民族上层的统战工作，在土改的每一步骤，甚至每一会议前后以及会中，都要向他们打招呼，交代政策。在协商中对于上层的抵触和反抗，进行教育批评和适当斗争也是必要的。但这种斗争要掌握合理合法，有理有节，真正做到以理服人。

（七）今冬明春在景洪开始试点，取得经验后，分期分批进行，1957年全部完成，如主观努力许可，争取1956年基本结束。

版纳易武和平协商土地改革工作方案

一、基本情况

版纳易武包括勐仑一、二、三、四、五、六、七乡，瑶区的4个乡，易武的易武街、易田、勐户、曼落、麻黑、曼洒、曼腊、曼乃等共19个行政村（乡），面积近2000平方公里。整个地形，曼乃、曼腊、麻黑村小河边、刮风寨、瑶族自治区与寮国毗连，而勐仑七乡与缅甸相近，其中隔澜沧江。其19个行政村（乡）中的瑶区、小河边、刮风寨、勐仑的四、七乡采取直接过渡外，而土改地区与寮国毗连的有曼腊、曼乃、麻黑3个行政村。

全区131个自然村，有15种民族，共18765人。而民族人口多的有傣、瑶、汉、倮尼4种民族，即傣族人口5849人，聚居于坝区；瑶族4942人，汉族3788人，倮尼族2830人，及其他511人的本人族。香堂、等角、布里、阿克、毕约、倮倮、东川、卡堕、蒙化等民族有12916人，全系居于山区及边沿地带，有极少数居于半山区。坝区以水稻田为主，山区主要是轮耕之山地。易武汉族、本人族除旱地及茶园外，有部分水田。在改革土地制度问题上主要是傣族及汉族两个民族，至于其他民族也就可以跟随进行。因山区和坝区之领主、地主都是出于汉、傣这两个民族，其他人口少的民族在历史上是处于这两大民族领主、地主统治支配的地位，所以政治经济特权剥削较少，土地绝大多数是集中在这两个民族的领主、地主手中。

傣族社会原属3个小勐，即勐仑、勐远、勐醒，易武属于十二版纳之一。90年前勐远和勐醒才正式为车里宣慰承认为小勐，相继封土司，由土司、叭贯（总叭）或大叭组成封建统治议事庭，并与各村寨当权的老叭、鲊、先家族组成封建统治政权，统治本民族、各村寨及其山区少数民族。人格等级分傣勐、领囡两等级。宣慰委派大小家臣——召竜纳扁、召竜真憨、召竜嘿喃直接掌握全勐土地，下有播、火扫、火西的村寨头人制度，全区土地由波朗、土司（召勐）、召雅（二土司）、叭贯领有。农民被束缚在土地上，农民猎取野兽在地主土地上的及受管之村寨居民要献一半给领主、地主，猎取非领主、地主土地上的献1/3至1/4礼肉；抢抓劳役白工频繁。解放后几年来，执行了党中央民族政策，加强了民族团结，头人有了改造，群众觉悟有了提高，放弃了一些剥削。1953年建政以后，官租一般放弃，白工也大大减少，但从根本性看来，封建土地制度未有解决，领主、地主各种土地依其占用，农民根本上仍受着剥削，多系大叭以上的领主、地主，极少数是属于不是头人的地主占用各种土地。

易武山区大部分属官吏、地主占有，名为山主，绝大部分是带茶园性的土地，有部分水田和极少数会田（庙田、学田）。易武整个水稻田多系大众田，如多山区绝大部分分属私人占有，采取宣布没收，废除山主、地主封建土地制度；带有茶园性之山地，进行宣布废除收入分配，并留下少部分带有茶园性之土地为村寨公有，为建社及调整作为机动之用，主要按照前途较大的对群众有利的原则留出。易武茶园，有种植价值的进行收入分配，一般宣布废除，不再进行分配，为村公众所有。

由于农民内部两大等级占有"寨田"多寡不同，造成村寨之间土地占有不平衡，但由于领主个人出租与无田少地的农民，历史上造成了农民内部等级、土地纠纷、不团结。1954年有不少上层放弃官租、地租剥削，但是随着转嫁封建负担，特别听到景洪土改试点结束及区人代会之后，坝区出现分散土地企图转移反封建斗争目标的情况，并且利用小恩小惠软化积极骨干及我民族干部，模糊领主、地主与农民之间的界限。因此，土改中必须认真教育和处理农民关系问题，防止封建集团及当权头人挑拨破坏农民内部团结，紧紧地掌握针对反封建斗争的目标进行土改，抓住以有利对敌斗争、有利民族团结、有利社会主义为出发点考虑进行土地改革工作。

二、和平协商土地改革

实行和平协商土地改革的是：勐仑一、二、三、五、六乡，易武山区之易田、易武街、曼落、曼洒、曼腊、曼乃、麻黑（小河边、刮风寨除外）、勐户（包括石乌龟、毛草地）共13个行政村（乡）78个自然村寨2233户11213人。土改区户数占全区3699户的60%，土地改革人口占全区总人口18765人的59%，实行土改的地区面积占全区总面积的2/3，人口占非土改区一半以上。

根据省、地、边委指示，和平协商土地改革问题上必须明确了解各地区民族实际情况与掌握执行政策相结合、土改要坚决、政策要正确、步骤要稳当、方法要缓和的精神，提出如下土改类型：

第一类地区土地集中、封建剥削制度及土地制度突出的勐仑一、二、三、五、六乡，山区的易武街、易田、曼落、麻黑、曼洒、勐户等11个行政村（乡），采取宣布土改山区就开展访贫问苦、扎根串连、发动群众、协商划阶级、协商没收土地进行下去分配，群众达40%的面发动起来。在土改中的群众发动40%，留在建政中发动20%，其余40%留待互助合作中去做。

第二类地区为边沿地区。曼腊、曼乃大部分是汉族、本人两个民族。傣族、汉族的曼腊虽则剥削及土地制度突出，但土地分散，处于最边沿一线上；曼乃除剥削及土地制度比曼腊较弱，其地形与曼腊相连，情况类似。因此，采取工作队到后宣布土地改革，组织群众学习土改意义、政策，做法上采用自上而下划分阶级、宣布阶级，然后没收土地进行分配。发动群众面达20%，待建政中发动10%，互助合作运动中发动70%，做到既解决土地问题，又不引起上层大的波动。

第三步是基本结束土地分配。结合积极进行乡政权建设工作，在土地转为劳动大众所有的同时，政权也要随同转手，为劳动人民所掌握，变为劳动大众自己的政权，巩固人民民主专政。我区之乡村政权尚操纵在封建剥削阶级集团叭、鲊、先和富农的手中，用共产党领导的新政权作为其统治权控制群众的一切，而劳动人民在名义上当家做主，实质上仍是处于受统治的地位，因此重新建立乡政权，纯洁政治组织，不仅是标志着摧毁封建地主阶级及巩固土地改革的胜利，而更重要的是进一步地加强工农联盟基础，从实质上显示出民主制度的优越性，进一步地加强民族团结。

1. 建政的区划问题。主要是根据地区分散与集中、人口的多少及民族相结合提出，易武地区是地广人稀的状况，原为19个行政村（乡），现改并为12个乡。名称根据民族要求、习惯来确定，主要坚持体现出民族形式。

（1）易武山区划乡情况：

曼落、麻黑合并为一个乡，乡政府在曼落，4种民族，323户1515人，15个自然村（其中直接过渡的有1种民族，67户380人，3个自然村）。

曼乃仍为一个乡，10种民族，191户860人，7个自然村。

曼腊仍为一个乡，4种民族，175户721人，9个自然村。

曼洒仍为一个乡，3种民族，95户420人，5个自然村。

易武街、易田两村合并成立一个镇，5种民族，493户2120人，12个自然村。

勐户、石乌龟、毛草地划为一个民族乡，3种民族，159户824人，3个自然村。

（2）勐仑坝区划乡情况：

原一、二乡合并为一个民族乡，2种民族，360户1897人，12个自然村。

原三乡不动，改名为民族乡，1种民族，196户941人，8个自然村。

原四乡不动，改名为民族乡，2种民族，102户597人，3个自然村。

原六乡不动，改名为民族乡，2种民族，204户1688人，6个自然村。

原七乡不动，改名为民族乡，2种民族，411户2187人，12个自然村。

2. 易武地区乡政权建立于11月底结束。

3. 乡人民委员会组成人员原则上坚持以贫雇农为主要成分，体现出其政权转手。以9至11人组成，贫雇农占委员会80%，中农占15%；为了照顾民族中的统战人士，在不影响劳动人民掌握政权的原则下，有一定代表性、进步的小头人占5%。

4.在组成人民政权的同时整顿人民联防武装，以贫雇农、积极骨干为核心，团结中农，纯洁联防武装队伍组织，把枪杆子握在人民手中。整顿过程以零敲碎打调整，不作成批公开的清洗，本着团结教育的精神调整，不声不响地开展，以利对敌斗争、民族团结，达到团结多数、教育少数、转手和纯洁、巩固民族联防武装组织的目的。

景洪坝区和平协商土改试点总结

中国共产党西双版纳工作委员会

总号021

报送机关：各版纳（自治区）工委、土改队、各小组，并报地委、省委

抄送机关：省边委、边工委各部委、边工委委员、公安局、武装部、政府党组、财委、办存三份

中共西边工委办公室

1956年4月4日印发

景洪坝区和平协商土改试点总结

（一）西双版纳景洪坝区试验和平协商土地改革

西双版纳景洪坝曼占宰十八个乡共有一五〇一八人口（傣族）的地区进行了和平协商土地改革试验，历时三个月，已胜利结束。

试点土改是依靠以傣族干部为主体、汉族干部直接帮助的土改工作队进行的。土改队共二七九人，当中傣族二〇二人（占百分之七二点四），汉族干部五四人（占百分之十九点三）；其他少数民族干部二十四人。政治质量是党员七十八人，团员一〇三人，党团员约占土改队的三分之二。由于以民族干部为主体，汉族党员干部担任支书，傣族干部担任大、小组长，掌握了一个乡一个寨的土改运动，因此，锻炼提高了民族干部，同时堵塞了上层中的落后反动分子挑拨破坏的漏洞，使我在运动中居于完全主动的地位。

在改革中对上层进行了反反复复的团结教育改造工作和政治上的稳定工作，这样就更有利于发动群众推动土地改革的顺利进行。

改革运动中进行了较为艰苦深入细致的群众工作，提高了群众的阶级觉悟，基本上扎正了根子，发动了群众，共计培养了骨干二百九十六人，积极分子六〇〇人，群众思想发动面达到百分之七十左右，并普遍建立了农民小组，组织面达到百分之九十以上。

经过改革运动，基本上是团结教育改造了上层，发动了群众，废除了封建领主土地所有制度，为农民所有制，使约占户口百分之十五的缺田少地的农民分得了土地，分配平均数达到每人七三二斤的产量。征购地主、富农多余耕牛七十三头，以赠送或贷款方式分给缺牛的一百七十户使用，平均两户半分得耕牛一头。并在改革中废除了地主全部债务（七七三〇元）。因此，贫苦农民获得较充分的生产资料，基本上满足了贫苦农民的要

求。百分之四十八点八的中农和贫农分到了原耕"份地"的所有权；中农每人平均产量一一八九斤以上，贫农每人平均产量一〇〇八斤以上。

土改后，八个乡建立了乡人民委员会，共发展了农村党员五十四人，建立了八个党的支部，发展了农村团员二七〇人，建立了八个团支部及各乡民兵中队、妇代会等组织，巩固了农村阵地。

八个乡土改运动基本上是健康正常的，达到了在试点中摸经验、训练干部的目的。

（二）从试点实践中看傣族社会的基本特点

从土改前的社会调查及土改实践中看傣族社会的基本特点有三个：①封建领主制度下面的大领主土地所有制与农民平均使用"份地"制度。②封建制度下面的头人制度和农民中的等级制度。③宗教问题。

这三方面的特点是体现在以下几个问题上：

1. 在阶级构成上的特点。

在阶级构成上的特点是波朗以上的领主，是以官租、特权剥削为其主要来源容易划分以外，村寨内的地主一般是领有比农民多一倍至二倍以上的"份地"和"头人田"，因此，划分地主的条件是自己不劳动，依靠政治特权剥削和官租、牛租、债利等剥削，土地占有不突出。地主的剥削分量是雇工剥削第一位，占其剥削总数的百分之三十八；官租、地租第二位，占其剥削收入的百分之二十五；特权剥削第三位，占其剥削总数的百分之二十二。百分之九十以上的地主都是头人。富农的阶级构成，其领有土地一般与农民同等量之"份地"或一倍至两倍，而雇工剥削为第一位，占其全部剥削收入的百分之五十以上；牛租、债利为第二位，占其剥削总数的百分之十八；特权剥削第三位，占其剥削总数的百分之十七点七。富农的官租、地租收入不到其剥削收入的百分之九。农民都没有土地，在土改中都分得一份土地。中农和贫农的分界线主要的不是以出卖劳动力，而是受牛租、债利剥削。

其次是头人问题较突出，全坝区大小头人（叭、鲊、先以上的旧有的和现职的头人）七三八户，占总农户的百分之二十四点八，而划阶级的结果地主共为一五〇户，占总户数的百分之五；富农一〇〇户，占总户口的百分之三点三。三分之二的头人系农民成分，大部分是鲊、先一级，还有少数叭一级的划为农民成分，而且大部分是历史上当过头人，现在已经没有特权剥削，划不上地主和富农；从划阶级中看，有的不是头人而以雇工、高利贷、牛租等资本主义剥削方式的富农已经出现。而不是头人划为地主的十二户，据初步占有材料来看，其多半因为缺乏劳动力属于小土地经营以小土地出租性质。因为在"份地"制度的限制下没有大量土地，故单靠从事部分土地、耕牛、债利的剥削不容易构成为地主。在运动初期，我们对这个问题不明确，扩大了打击面，形成了运动中不利的形势。而划阶级后，虽然分清了阶级界限，但对于当过头人的农民进行教育仍然是长期艰苦进行的重要工作。

2. 在发动群众方面的特点。

由于"份地"制度，模糊了农民对封建土地所有制的认识与土地的要求。农民当中的百分之二十五左右贫苦农民（雇农或一部分贫农），因为缺少"份地"或没有"份地"，要求土地迫切，其他绝大部分中农和一部分贫农（百分之七十五左右），因为已经有了"份地"而表现土地要求不迫切。改革初期，这一部分农民说"改完了"，并害怕打乱平分。

在傣族领主社会中其剥削极其繁多，官租和劳役是地租的两种形式，其他的政治特权剥削、罚款等掠夺性质的剥削很突出。启发群众认识土地剥削是农民穷苦的根源比较困难，但是全部农民都没有土地，全部农民都受到领主官租、劳役的剥削（傣族对土地的概念是："田、地、水、土"；土地剥削的概念是："买水吃，买路走""吃田出负担"）。从改革开始到分配阶段抓紧算剥削划界限，艰苦地进行思想发动，可以把全部农民发动起来。

雇农、贫农中的最穷最苦的一部分，往往是外来户，由远方逃难、被害为琵琶鬼，被领主波朗滥罚款后逼得家破人亡，开始定居下来领有少量"份地"，受牛租、债利的剥削者为贫农，一部分尚在游离失所、无依无靠者或为家奴，这一部分群众被视为"洪海"（漂泊无定的人），这些人是我党在农村中的依靠力量，是发动群众中最好的扎根对象。另外一个等级是"傣勐"。"傣勐"寨有贫农，但是外来的贫雇农地位低下，更受歧视排挤。

到现在为止，封建领主分割农民的等级界限，虽然已经很模糊了，仔细体察还可以看到残留在农民意识上的影响，在扎根中发现贫雇农民有轻视外来的现象；外来的被视为"洪海"的人有自卑情绪。这对农民内部的团结是有影响的，因此在运动初期就应注意此问题。

3. 在分配土地中表现出来的问题。

在分配土地中出现的问题是寨与寨之间的调剂问题。"傣勐"寨子田多，"滚很召"寨子田少，"傣勐"寨分租出去的田在原耕寨内分配不再收回，但"傣勐"寨的田还多，"滚很召"寨子的田还少，寨内分配平均数太低，不能够勉强维持生活，必须向"傣勐"寨进行调剂，因此，涉及到农民内部的问题。"傣勐"寨群众说："出租田是我们的，要拿回来。""滚很召"寨子群众说："要向傣勐寨分田，他们剥削了我们。"只要是发生这个关系的乡都有必要对农民进行深入的教育，划清剥削界限，直到认识清楚是地主对农民的剥削关系，不是农民之间、寨之间的剥削关系，并且教育"傣勐"寨农民群众主动提出照顾其他寨子，认识天下农民是一家的道理，问题才得迎刃而解。

4. 宗教问题。

在改革进行中起了一定的不利影响。表现在运动中教育农民划清阶级界限以后，出现地主儿子升小和尚，请了积极分子去吃酒，做"教父"。地主利用宗教的习俗拉拢农民。

但也有农民拒绝给地主儿子升和尚、当"教父"，地主儿子升不成和尚，大佛爷表示不满意，而领主、地主阶级就利用他来歪曲党的保护宗教信仰自由的政策，因此在改革中必须慎重地处理宗教问题，以利于土改工作的顺利进行。

（三）土改中基本过程和主要做法

宣布土改之后，在自治州人民委员会通过了景洪试点土改条例，由版纳人民代表会议作了实行和平协商土地改革的决议，然后在各乡人代会宣布进入土改。

第一步的基本要求是稳定上层，扎正根子

普遍宣传和平协商土地改革的正义性和必要性，做到家喻户晓。在普遍宣传的同时，认真做好教育稳定上层的工作，以创造开展群众工作的前提条件，扎正根子展开串连活动，形成农民队伍。

1.运动开始解决好两个问题：一是头人问题，一是原有积极分子的问题。

景洪8个乡包括宣慰街在内，共有宣慰、波朗、叭、鲊、先等现职的和旧的大小头人七三八户（占总户口的百分之二四点八）。这些头人中按经济成分划分则有领主、地主、富农、农民等成分，为了在第一步中做好上层工作，在划阶级以前，确定把那些在经济上相当于地主、富农的政治上当权头人作为上层对待，又把那些相当于农民成分的，或者早已放弃剥削的放过，缩小打击面，把头人面压缩到户口的百分之十以下是十分必需的事。经过压缩后，作为头人对待的四九七户（还占总户口的百分之十六点七）仍嫌面大，还可以再行压缩。

什么人算做头人？其办法是：①宣慰街的宣慰、波朗（当然的领主）和小属官算在头人以内。②旧头人中叭和鲊龙以上的政治上当权的头人，经济上剥削重，群众痛恨者算入头人。一般旧任的鲊、先，属于农民成分者则放过，让他们参加农民小组，在雇农领导优势树立起来后，不参加头人会议。③张哈、陶戒、波板不算头人，"波张""波么"等不以其宗教职业视为头人，"板闷""波勐"应按其经济成分对待。④不属当权的现职鲊、先一级头人中，个别却是自己参加主要劳动者，应划为农民成分，但不能参加农民小组。⑤小寨子内的确系轮流担任鲊、先的小头人不算做头人。这样计算的结果压缩了头人面，解除大半头人的顾虑，有利于集中力量做好政治上当权、经济上基本属于地富的头人工作。同时在头人会议中讲解党在和平协商土改中的策略口号，即："在中国共产党的领导下，团结各族劳动人民及其他各阶层人民，团结教育与群众有联系的民族领袖人物，采取自上而下的和平协商的方式有标准有分别地废除封建领主土地所有制，逐步组织起来，发展生产。"凡算作头人的，其家属子女不应作头人看待，应分别召开会议进行教育。

上层排队工作：上层排队工作按其不同政治态度进行排队，左、中、右按其大、中、小排队，主要做好两头的工作。

第二个问题是原有村干与积极分子的问题。

解放后各行政村均安有村长，绝大多数之中是当权的叭、鲊担任，大多数的民兵中队长是由"昆憨"担任，封建头人得以改头换面继续着对农村的统治。

1954年实行合理负担后，我工作队建立爱国生产委员会及各寨大小组长，在农村中培养了一批新生力量，这批力量是与原有村干相对立的，他们曾经在党和人民政府中以及粮食工作、生产工作中起过积极作用，他们有民主要求。

原有村干部是头人者应作为统战对象。

对原有积极分子分为三种不同情况分别处理，他们当中的少数的确是经过培养的贫雇农成分，历史清楚，受苦深、觉悟高，应作为扎根对象，坚决继续依靠；对于历史上有些污点，不够纯洁，作风不够好，历史上和地主阶级关系密切，阶级觉悟低，割不断联系，不作为扎根对象，应该认真进行阶级教育，划清阶级界限，发挥他们反封建的积极性，作为一般积极分子使用。以上两种人占积极分子的百分之八十至百分之九十，都是好人，应坚持教育提高，适当地使用。第三种人中有些人历史上曾经是惯盗、惯偷、流氓、懒汉、外国搬来的人，政治面目不清，也有个别是地富成分。这种人应该慎重处理，查明确系地富成分者作地富对待，团结教育改造。属于惯偷、流氓是改造问题，不能依靠。但经过查出许多在历史上曾经惯偷的人，解放后几年来已经洗手不干了，并且安心生产，靠拢党和人民政府，对这些人应在生产上继续安置，加强阶级教育，适当给予一般的工作。

对待原有积极分子的问题，在景洪试点中出现两种偏向是不对的。一种是跳不出原有积极分子的圈子，对原有积极分子的政治面貌、历史情况不去认真地审查了解，也不去深入地进行思想发动，提高其阶级觉悟，发现了问题迁就姑息，舍不得、丢不开。而对那些成分好、受苦极深的贫雇农还深深地埋藏着，尚未发现，或发现了没有培养出来。另一种偏向是当发现了问题以后采取一脚踢开的粗暴办法，对于原有积极分子打击了积极性，伤了感情。个别乡在扎根中指导思想上要求敢于斗争，忽视了群众觉悟过程，找上了勇敢分子，找了一批，丢了一批，三次才扎正根子。对于原有积极分子中不纯分子的教育安置不够妥当，工作上有很大缺点。

八个乡当中多数扎根是稳当的，少数乡经过一些挫折以后已基本扎正根子。在对待原有积极分子问题上，曼牛、曼非笼两个乡产生了对待不当的缺点是比较突出的。这些缺点工委发现后，指导不具体不明确，系警惕注意不够所致。

从此得出一条经验：扎根中对旧积极分子的审查和思想发动必须从头做起，对原有积极分子的成分和思想觉悟不可估计太高。旧积极分子和新发现的扎根对象，应该统一排队实事求是地按照统一的标准去进行扎根。对原有积极分子必须分清三种不同情况对待，防止两种偏向的发生。

2. 做好教育稳定上层的工作。

上层在改革初期的思想主要是对和平协商政策怀疑，怕打、怕斗、怕发动群众。

首先要稳定上层，创造群众工作的前提条件。

我们对于稳定上层的要求和做法不明确，重视了发动群众工作，上层工作进行得不稳当，在上层会议中过多地进行直接批判，上层普遍作检讨，个别村寨发现群众大会斗头人，更加形成紧张空气。报地委指示后纠正了过去的做法，采用正面教育方式，带有鼓励性的批判，收到了较好的效果。

做好上层工作试点中采用下面几点做法较好：

（1）掌握上层思想动态，发现思想不稳及时主动召开上层会进行教育，稳定其情绪。第一步中最好召开两次，第一次是在宣布土改以后开二三天，第二次是在农代会进行中及农民代表回去传达时上层更为紧张迅速主动召集上层会，时间一星期左右。

（2）针对上层思想确定教育内容，以土改的正义性与必要性为主，讲政治形势，讲政策。在这个阶段中，地主对土地改革一方面是怕打怕杀，另一方面不承认土改的正义性，不承认其罪恶，顾虑大，破坏反抗也大。因之反反复复地从正面进行土改正义性的教育是很重要的。因其具有极大的说服力，同时在发动群众中经过回忆对比教育后对封建剥削制度造成了广泛社会舆论的指责，在此形势下可一般性地揭发（不指姓名，不揭发血债、反革命暴行）封建剥削制度的黑暗丑恶的一画，集中揭发封建领主制度，并且在组织上层学习中由上层讨论，对旧制度进行揭发批判。土改中对上层的教育改造从第一步到划阶级是一个从道理上说服到驳倒地主的艰苦过程。

交代和平协商土改政策是在以土改正义性、必要性的有力的说服下使其哑口无言、理屈服输的基础上进行交代。只有使其理屈词穷然后才能稳定他，这才是积极的交代政策的方式。

反对消极的方式，单纯的老讲解不打不杀，其结果是软弱无力，不能制服也不能稳定上层。

（3）上层工作的分工，采取"兵对兵，将对将"的做法，即宣慰街的波朗以上的领主和代表性较大的当前头人（经济上相当于地主成分者）集中由版纳工委直接进行工作，一般的地主、富农成分的头人由大组长负责进行工作，属于农民成分的小头人由小组长负责进行教育，争取其与地主阶级划清界限，割断联系。

（4）开好第一次农代会。在访穷问苦中发现了第一批扎根对象以后，选择几个典型，经教育培养比较成熟，思想上划清了封建剥削界限，提高了阶级仇恨，迫切要求实行土地改革，可即召开农代会。第一次农代会宜早不宜迟，大约是宣布改革十至十五天后即可召开，其目的是对全体代表进行深入扎实的阶级教育，以典型培养的经验带动全体代表，人人回忆对比算剥削，把全体代表发动起来。发动起来的标准是："经过回忆对比算剥削在思想上划清剥削界限，仇恨地主阶级，积极参加土改活动。"

第二是交代和平协商政策。第三是给代表布置串连工作。

在农代会上向农民交代和平协商政策，应该是在提高阶级觉悟的基础上进行交代，引导农民认识废除封建土地所有制，实行农民的土地所有制，即可从根本上消灭封建领主制度，经过和平协商土改后农民将永远摆脱封建剥削。对多数的地主在经过长期的劳动后可以得到改造，但对少数要坚持反对革命的人要依法惩办。采用积极的方式交代政策，反对消极的只给农民讲"不打""不斗""不杀"而不去讲和平协商改革的全部道理，不仅不能使农民掌握政策的精神实质，而且容易模糊了农民的阶级界限。

在农代会上布置串连工作，教育农民认真发动群众的重要性。采用的办法是："有计划地分批串连"，把全乡、全寨应该串连发动的农民有多少，分做先后几批，扎扎实实地进行回忆对比、算剥削，从思想上串连发动起来。串连的方法是以个别串连和小组发动、家庭串连相结合。

第一步走好是决定和平协商土改的第一个关键。具体要求是稳定上层，扎下根子，串连发动群众面达到百分之三十到四十。并且把思想上发动起来的群众组织成第一批农民小组。第一步的时间是二十五天左右。

第二步划阶级的基本要求是稳定上层，发动群众

划阶级是和平协商土改运动的第二个关键。通过划阶级分清剥削阶级与农民阶级的界限，经过在协商阶级中农民与地主见面交锋，进一步发动了群众，锻炼了骨干，并且使领主、地主低头承认阶级、承认剥削。这是一场尖锐复杂的阶级斗争，划阶级后农村阶级力量对比基本上发生变化，树立了农民势力。由于这个步骤对整个运动起着决定性的作用，因此，这是和平协商改革的第一个高潮，组织好这个高潮是十分重要的。

试点采取的做法是四个小步：

1. 先在农代会向农民代表讲政策，试划几户，把政策交给农民。农民基本掌握以后召集地富参加统一讲一次，讲完后即刻召开上层会议。随着群众运动的发展上层日趋孤立，到协商阶级前是上层思想最紧张的阶段，其思想是怕打、怕斗、怕当地主，应进行教育稳定其情绪，交代政策并令其按政策自划阶级，为协商阶级创造条件。农民在协商会上给地主提意见应先打招呼。

2. 在群众中由农民代表传达交代划阶级政策后，再充分酝酿被划地富的剥削材料，这是协商阶级之前一个发动群众的必要步骤。一般做法是工作队与农代常委会研究提出划地富名单，然后由农民代表带回寨内按逐年剥削开列清单，再召集寨的农民大会让群众讨论补充，俟材料齐备后，由农民按三把尺子提出初步划分意见，并结合串连发动一批群众，认真进行和平协商政策的教育。全面准备工作七天即可。

3. 协商阶级。

（1）乡协商委员会的协商阶级保持会议形式进行。委员由二十一人左右组成，贫雇农应占三分之二，其余为中农，开明地主、富农可参加二至三人为委员。工作队大组长任主席，农民任副主席，协商阶级时各寨农民代表可列席，被划户到场，其他群众可不参加。

（2）协商阶级应保持会议形式，坐下来协商，给地主以发言权。在原来座位上发言，不得采用斗争形式，坚持不打、不斗。首先地主自报阶级，协商委员讨论或提出批

评意见后，协商通过，地主、富农签名盖章。协商阶级最好的办法是全乡协商与小组协商结合，即集中在乡上由大组长统一掌握进行，同时同地分为若干小组，按小组进行，个别坏的顽固分子由全乡协商委员会去进行必要的说理斗争。乡协商阶级的人数控制在五六十人以内（地富在外），小组协商每组人数农民廿人左右。曼占宰乡后来采用此办法是好经验。

（3）掌握排队名单，坚持分别对待。地主中分为三类：进步靠我，已经团结了的上层，自报阶级后保证过关，群众不提意见。一般地主一般提意见进行教育，承认剥削承认阶级就行。对个别顽固反动的地主应给群众揭发透彻，打下其威风，迫使其承认阶级，低头认错。土改中的现行破坏应予彻底揭发，但应严格控制，不追血债，不追反革命。对富农一般的不提意见，以体现政治上中立富农的政策，个别政治上坏、群众痛恨者应割封建尾巴，给群众适当提出批评意见。

排队名单由大组提出，于协商阶级前报版纳工委批准掌握。

（4）协商阶级后分别做好两件事。

集中地富分别开会进行教育，稳定其情绪，完全稳定时再回去。着重教育的内容是：讲政治形势，讲前途。

组织农民协商委员和代表总结划阶级，肯定划倒地主的胜利和成绩，把会议实况和总结意见带回到各寨给群众传达，组织群众讨论活动二三次，趁势再串连发动一批群众。

（5）批准阶级，根据版纳工委掌握，版纳政府批准。

试点中协商阶级的经验教训。

经验是：

（1）协商阶级会前会后重视发动群众，关键在于协商以前在寨内充分酝酿凑材料。

（2）会前会后坚持了召集上层会议，稳定了上层再进行协商，协商以后再稳定上层，做到基本上稳定为止。

（3）协商阶级中坚持了不打不杀，上层在协商阶级中群众依理依法斗争后理屈词穷，又给予宽大对待。进行了形势教育，前途教育，上层必须稳定。

（4）宣慰街的波朗以上领主不下乡，集中到版纳划阶级，由领导同志亲自做工作。

各乡让农民代表参加协商，在政策方针掌握上较为稳妥。因此，试点协商阶级基本上是成功的，达到了划阶级的要求，稳定了上层，发动了群众。

主要缺点的一面也是存在危险性的一面是：

（1）协商阶级不适当地吸收了大量群众参加开了大会，一般的一二百人，最多的达到三四百人。人多势猛，不能坚持会议形式，发现有叫喊辱骂，令地主坐中间，形成斗争会议。这样做法对稳定上层不利，极容易为坏人钻空子当场破坏，造成以后宣传政策中的被动。这是超越和平协商政策的错误做法，应批判纠正，更不能片面地单纯地看到发动群众有利的一面，应该是从整体出发，考虑得失。

（2）打击面大，不能坚持排队名单，不该提意见的提了意见，有的乡农民也被提意见斗争，这是极不策略的做法。其主要根源是干部放弃了领导原则，在斗争紧张关头做了群众尾巴，对群众政策策略思想教育不足。

（3）划分阶级中地富面稍宽一些，这是由于干部划阶级的政策未学习好，材料掌握不够所致。

以上缺点面上铺开后应认真纠正。

划阶级十五天左右。

对地富子女问题：为了有利于分化瓦解地主阶级，减少阻力，团结多数，对于地富子女应当作一项群众工作来做，对待上应区别于地富分子本人（但也不参加农民小组）。在划阶级中专门召开地富家属和地富子女会议，交代政策，进行教育。讲清剥削是可耻的，应劳动生产求得改造，靠拢农民，服从政府领导。可让他们参加一般性群众会议，使他们得到受教育的机会。

第三步没收征收、查田定产

要求是进一步教育稳定上层，教育群众继续划清剥削界限，查实地主产量。

1. 开好第三次农代会。会议内容：

（1）主要是教育农民认识没收的正义性，一切封建剥削是来源于封建领主土地所有制，没收领主、地主土地，使土地回老家，是完全合理合法的。农民挖掉了穷根不再受剥削，就可通过合作化的道路过渡到社会主义。

（2）按照和平协商土地条例规定，在没收分配中可先留给地主与农民同等的一份土地，对地主的宽大是给其劳动生产的出路，农民应该理直气壮地与地主讲理讲法，监督其劳动生产，教育其爱国守法。

（3）启发代表回忆对比算剥削账，并布置给代表回去认真传达组织群众讨论，再串连发动一批群众。

2. 召开上层会议进行没收、征收的正义性的教育，使其上层承认剥削，愿意交出土地，废除债务。指出上层从前对农民群众的剥削压迫和今天农民对地主的宽大，并进行老实守法、劳动生产的前途教育。同时并教育农民警惕地主在没收中的破坏活动，发现应及时处理，严格的应给予必要的处分，甚至刑事处分。对现行反革命罪犯应坚决拘捕依法严处。

3. 查田评产工作，其主要搞的是查实地主土地，及其接近确实的产量，严密防止地主瞒田瞒产。对农民的产量可根据两年来的评产进行个别调整，接近合理就行。不应该斤斤计较农民内部的产量，因为时间短不可能也不必要在土地中把农民土地产量弄确实，反而会剥弱了对地主斗争的目标。

因此，第三步查田评产的中心工作是通过查田评产，稳定上层、发动群众。这个目的性不能模糊。

试点中曼达乡通过没收、征收，认真开农代会，通过农民代表串连发动群众继续划清阶级界限的思想比较明确，其他乡召开了上层会议，对上层进行教育也做对了，但发动群众的思想不明确，只做了没收、征收的具体工作，普遍查田中纠缠在农民内部，评产上是不好的，整个阶段走过场的趋势较普遍，这是试点中的一个重要缺点。

没收查田阶段五至七天。

第四步分配土地

目的要求是进一步教育改造稳定上层，深入广泛地发动群众，大力发动落后层，是运动中的第二个高潮。

分配土地是从根本上改变生产关系，是群众活动面最广、思想发动更深、规模更加宏大的群众运动。彻底摧毁封建领主的土地制度，是农村阶级关系大改组，必须把群众工作和上层工作作为一个高潮进行。

在分配中应该解决的几个问题：

1.认真对农民进行土地回老家的教育，使农民认识过去一切土地都是领主占有，农民没有所有权，因傣族地区农民受封建领主份地制度的影响，模糊了土地为领主所有的实质，同时，农民没有土地私有的观念和习惯，改变土地制度为农民所有制的观念不易确定。对这个特殊情况，应认真教育农民划清土地剥削界限，揭发地主剥削的实质，并肯定提出只有改变领主土地所有制为农民土地所有制，农民才能真正得到土地所有权。

2.认真解决傣族与"滚狠召"的土地关系，教育农民认识寨与寨之间的剥削是地主对农民剥削的实质，傣族寨子农民主动提出照顾"滚狠召"寨子、加强农民内部团结的道理。

3.认真进行对落后层的发动和提高。

4.土地分配原则是没收领主、地主土地，除留给地主与农民同等分量的一份以外，将多余部分分给缺田少地农民，并将原耕农民的原耕份地分配给原耕户所有，原耕农民的土地坚决不再抽动。为了避免农民内部的波动，这样做的结果可能原耕农民的平均数更高于新分田户的平均数，只要新分田户能够基本上维持生活就行。留给地主土地质量不应该全部给留好田，也不适宜全部留给坏田，数量应与新分田之贫雇农同等份量一份土地。必须抽动富农土地者，应先留给富农相当于中农的平均数的一份土地，其多余部分征收分配。

5.开好协商会，协商购牛与协商留田同时进行。协商购牛与协商留田是有斗争的，对地主顽抗不承认剥削，或表示抵抗讲便宜话，应让农民说理驳斥。协商耕牛按币价八折即为合理，购买之耕牛不要全买坏牛，对农民发展生产不利，也不要全买好牛，对地主的团结教育改造也不利。富农出租的耕牛亦应协商购买。

协商购牛之前，组织缺牛户回忆对比，算牛租剥削账，启发阶级觉悟。缺牛户一般是最穷最苦的贫雇农，应加强工作多予照顾，充分发动。

协商耕牛仍应坚持协商会议进行。

6.协商武器是一场更加艰苦的阶级斗争，地主顾虑特别大，必须慎重进行，不得硬性追逼。在乡上不协商武器，应集中有枪的地主、富农，在版纳工委直接掌握下，以协商会议进行协商。民兵、积极分子不得直接到地主家里要枪，应教育控制。

景洪的经验是：

（1）充分进行正面教育，算土地改革的好处和政策的宽大、解放前后的对比，控诉国民党。在此基础上详细讲解《农业发展纲要》四十条作为光明伟大的前途教育。经过三天的正面教育再协商武器。

（2）各乡参加会议的骨干分子积极调查准备材料，找证人派联络与乡上农代会沟通，上下连成一气。并且对参加会议的农民不断启发其阶级觉悟与政策策略思想。

（3）上层中进行排队，有好枪、枪多的作为重点协商，有一支两支坏枪的一般号召其交给政府，少数无枪的或已经交了的鼓励分化。

（4）以乡为单位进行小组协商。协商武器共进行了六天，结果共得出各种枪五五支。其主要的收效在于提高了群众的阶级觉悟和政策思想，提高了群众的政治警惕性，纷纷表示有决心今后还要继续调查和搞出地主武装。通过协商武器使地主受到了一定的教育改造，更加稳定了情绪。

7.建团工作主张在分配中进行，八个乡均于此阶段建团。

8.分配以前严格审查一次农民骨干，训练党员对象一次三天。

分配阶段工作十分紧张，中心是在协商武器中做好教育改造上层的工作，同时在分配土地中深入发动群众。这是主流，其他各项工作结合进行。试点的做法一般是分为三小步：

（1）开好第四次农代会，进行思想发动及交代分配政策。

（2）协商耕牛、留田时，下面广泛发动群众。

（3）分配土地：主要经验是"普遍插牌"，再进一步发动群众，发动落后层之后群众纷纷参加到分配土地行列中来。普遍插牌的效果是在农民思想上更加具体化地体会土地所有制的改变，同时对原耕份地的中农、贫农，不抽动其土地，也必须插牌以示所有制的改变。分配土地共十天至十五天。

第五步建党建政、巩固胜利

景洪八个乡均已建党，共发展党员五十四人，平均每乡七人（弱）。建党是和平协商土改的直接结果，是土改的巩固之一。因此，从土改开始提拔培养树立贫雇农领导骨干，即以为建党打下良好基础。在建党过程中，曾于划阶级后集中训练党员对象三天，分配以后集中训练党员对象五天，教育内容是党员标准八个条件。训练中提出来的问题，是开始学习中脱离实际地抽象讲解工人阶级和党的事业，后来纠正从总结土改胜利入手，归结于党的正确领导，并进行工农联盟的教育，就此进行党的性质的教育；并进行土改以后合作化运动的社会主义前途教育中两条道路的教育，肯定社会主义的前途，进行党的事业、党的奋斗目标的教育。经过纠正以后效果很好。提出的第二个问题，是片面宣传个人利益服从整体利益，不去全面解释个人利益与整体利益的一致性的另外一面。片面宣传牺牲奋斗，过多宣传刘胡兰、黄继光，因而对象思想产生副作用，想着离家，想着死，情绪不高，不敢申请入党。经过纠正重新补课以后情绪转变，纷纷要求入党，并表示坚决为人民服务，不怕牺牲流血，表了决心。提出的第三个问题，是少数对象历史审查事前没有把握，安排了工作，临时发生了疑问找不到解答，暂缓发展，也未作适当安排，使对象发生了种种倾向，存在有很大缺点。

建党工作应为全党重视，从培养开始就应该进行工作，不应该视作组织员个人的任务。

建政阶段的培养是两个：

（1）主要是通过群众总结土改，启发群众认识巩固胜利，农民当家做主的教育，树立群众信心。

（2）对比新的政权，进行民主政权的教育，提高群众的民主觉悟。对比头人与人民干部的不同点，肯定人民干部不是新头人，教育乡干部树立做革命干部的光荣感，批判和鄙视封建头人的罪恶。

（3）土改以后，中心工作是生产，宣传组织起来发展生产，过渡到社会主义的前途教育。

（4）乡干部必须民主选举。

把土改后期的工作做扎实，分配土地、批准阶级等问题应割断，不再拖尾巴，后期工作时间可稍放长，处理妥当。试点中尾期遗留问题太多，工作队走后还未处理好，有很大缺点。

建党建政十五天左右。

（四）经验教训

团结教育改造上层与发动群众工作并不矛盾

把两者统一起来认识，统一起来进行才能坚持"慎重稳进"的方针，才能坚持和平协商土改的政策，才能指导运动的正常发展。

首先解决的关键问题是做好教育稳定上层的工作，以上层工作作为发动群众的前提条件，并以上层工作的进展速度来考虑群众工作的进展速度，使群众工作与上层工作相适应地发展。

多做群众工作是完全可以的。首先决定于是否多做并发挥了上层工作，但是做好上层工作必须是在党的强有力的教育下逐步引导其进步，必须是在群众逐步发动起来之中逐步推动其进步。教育改造上层是决定于自上而下地正面引导与自下而上地强迫推动的两个力量的共同作用，只有在上层理屈词穷的情况下才能迫使其屈服让步，在此基础上交代和平协商土改政策，政策威力就能大大发挥，促使其稳定下来，创造了更进一步发动群众的前提条件。

因此，在整个改革运动中就必须步步稳定上层、步步发动群众，有前提有条件地互相推移，稳步前进。

肯定和平协商土改完全可以发动群众。

第一个步骤中召开两次上层会议，协商阶级前前后后召开两次上层会议，分配阶级召开协商耕牛、协商武器的两次上层会议，土改结束时召开一次上层会议（我们没有召开此次会议是很大缺点）都非常必需，都是为了教育、改造、稳定上层，最后目的为了发动群众。

改革初期的教训是群众工作前进了，上层工作落在后面，两方面进展不相适应，同时不大懂得如何做上层工作，不大懂得上层工作的策略、方法和教育内容。

上层工作坚持正面教育

以正面的教育代替单纯消极的批评检讨，正面教育包括四个方面，即讲正义、讲形势、讲政策、讲前途；进行三个对比，即解放前后的对比、土改前后的对比、地主从前对农民的压迫与今天农民对地主的宽大的对比。

讲土改正义性，揭发地主阶级对农民黑暗统治、剥削压迫的丑恶一面，并指出少数民族穷困落后的原因是在于民族内部的封建剥削制度的存在，讲土改的正义性、合理性，是千万农民的要求，这是民族向前发展中必然的趋势。土地改革必须进行，从改革开始到分配应反反复复讲正义性，并引导上层对封建剥削制度进行批判，造成广泛的社会舆论，并在协商阶级中让农民理直气壮地揭发讲理，以压倒地主，使其封建主义的道理站不住脚，理屈认输，我在宣传攻势上占取主动。

讲形势，主要是讲人民民主阵营的力量强大，国际紧张局势的日趋缓和，和美帝的日益孤立，台湾一定会解放，蒋军一定要消灭；讲苏联共产主义建设中的伟大胜利，中国社会主义建设中的胜利的事实，打击其政治上的动摇性及变天思想，堵塞其靠敌倾敌、外逃的后路，主要目的是在政治上稳定上层，争取匪属。

讲政策，如何向上层讲政策，其前提是：（1）主要在充分讲透土改正义性的基础上交代政策，先在大道理上征服他，然后才可能稳定他。（2）可以六年来党在民族地区执行民族政策与民族上层长期团结合作的事实，批判解除怀疑顾虑的一面。（3）对比地主的罪恶与农民给予的宽大。这些方面讲透，我争取了主动，再予交代政策，说服力更大。

讲前途，讲祖国伟大的社会主义前途，讲《农业发展纲要》四十条，讲西双版纳边疆的光明前途和少数民族经过土改逐步消灭落后因素，和本民族进步发展的光明前途，讲地主个人的前途等。

进行三个对比，地主自己算账有好处，对比地主对农民的压迫与现在农民对地主的宽大，让其认识应该老实守法，感激政府和人民的宽大。

四讲三对比的目的是说服稳定上层。运动中根据当时上层思想情况而确定教育内容，应反反复复上课，组织上层讨论，做好上层工作就争取了群众工作的完全主动，但是还必须向上层讲明，决心与祖国人民为敌，经过教育尚不悔改是反革命分子，坚决依法惩处。土改中的现行破坏应根据实际情况给予不同处分，现行反革命分子坚决镇压。还必须教育群众十分警惕地主的反抗，把地主改造成事实上的公民，必然是长期劳动改造的结果。还必须教育干部明确上层工作的目的是消灭阶级改造本人，稳定上层的目的是为了发动群众。

运动规律基本上是四个关键两个高潮

第一个关键是扎正根子。反反复复审查，保证纯洁坚强。

第二个关键是坚持思想发动。根据社会特点及群众觉悟程度，在群众思想上层层深入，划清阶级剥削界限。

第三个关键是把党建好，只要是运动发展正常，根子扎正的乡应该建党，党员求质不求量。

第四个关键是教育稳定上层。

把两个高潮组织好，保证把群众发动起来，对上层进行有力的教育改造。第一个是划阶级的高潮，第二个是分配土地的高潮。两个高潮必须认真准备，稳妥进行。

从实际出发，根据少数民族社会经济情况制定具体政策及做法

如扎根工作注意了最穷最苦的"洪海"，还应注意同时扎"傣勐"贫雇农的根，是农民内部的团结问题，在思想发动上划清土地剥削界限，还得针对封建"份地"制度揭穿其骗人的实质，艰苦进行。如头人问题的处理，划阶级问题，对地、富阶级构成的特点及具体政策的制定等，如分配土地中慎重处理寨与寨之间的调整问题，以增强农民内部的团结。

培养民族干部

大量培养以民族干部为主体组成的土改工作队，认真培养，放手使用，培养他们独立工作的能力。八个乡大小组长基本上是民族干部，而且有职有权，逐步胜任地担负了自己的职务。土改结束后由试点中提拔民族干部×人担任一个乡的组长，有许多是从一个普通队员提拔起来的。这样既培养了民族干部，又堵塞了地主的挑拨破坏。

西双版纳傣族自治州第一批和平协商土地改革总结

中共西边工委土改办公室

1956年8月7日

西双版纳傣族自治州第一批和平协商
土地改革总结

我州第一批和平协商土地改革运动，于4月12日在5个版纳（1个自治区）、54个乡、8种民族、81245人口地区全面铺开，前后经历了3个月的时间，在7月12日胜利结束了。这批和平协商土地改革运动的发展是健康正常的，基本上贯彻执行了党中央的方针政策，和运动中省委、地委的指示，坚决地废除了封建领主的土地所有制，使所有的农民分得了土地，变成农民的土地所有制，废除了封建的特权剥削和地主的债务。

运动中坚持了和平协商的政策，对民族上层进行了说理斗争，而又不断地进行前途教育，争取他们在劳动中进行改造，效果是良好的。在稳定上层的前提下，坚持了步步发动群众，层层深入，使群众在思想上划清了阶级界限、剥削界限，农村中培养了大批的骨干、积极分子，树立了群众优势，建立了党团、政权、武装等组织，使农村阶级力量发生了根本的变化。同时运动中锻炼、提高、培养了大批民族干部，因此取得了伟大的成绩。

壹、基本情况

一、主要成绩

1. 划清了农村中农民与领主、地主剥削阶级的界限，从政治上打垮了地主阶级。在54个乡中划出了地主567户，占总户口的3.48%；富农578户，占3.58%，孤立了地主、领主阶级，使农村中阶级力量发生了根本变化。

2. 坚决废除了封建领主土地所有制，使所有农民分得了土地，变成农民的土地所有制，中农（内部划分）在原耕基础上分配，7145户，占总户口的48%，分得54348520斤稻谷产量的田地，每人平均量1360斤。没收地主8641903斤产量的土地，征收富农559340斤（头人田、龙达田、波朗田、召庄田）。共计没收、征收地富9687612斤产量的土地，除留地主2727157斤、每人平均有828.5斤外，其余分给无田户1533户3762791斤产量的土地，每人平均得827斤。补给少田户1716户2271443斤产量的土地，每乡并留有相当于农民中最高分得每人平均1550斤，最低是600斤，一般是1000斤（地主亦同样是最高1550斤，最低600斤，一般1000斤），平均每人分得1184斤（是新分田户、补田户和中农所有农民的平均数），基本上满足了农民的土地需求。

同时废除了封建领主制度下的官租692425斤，特权剥削3048291斤，废除地主债务人民币23915.19元，解除了农民在经济上长期遭受的压迫剥削。

并向地主协商购买、向富农动员购买耕牛569头，无偿补贴及贷放给1118户农民，解决生产资料的困难。

3. 农村中成立了党团支部，发展党团员，并培养了大批骨干、积极分子。在54个乡中（建政时合并了1个乡）发展了共产党员280人，建立了46个支部；发展了团员868人，建立了团支部52个。土改中教育培养审查了一批骨干、积极分子4250人，占人口的4.23%，建立了党在农村中的阵地。

4. 建立了乡村人民民主政权，取消了封建领主制度下的头人制度，乡乡建政。在已结束的49个乡建立了乡政权，选出正副乡长142人，其中雇农成分48人、贫农90人、中农2人、贫民1人；其中女的正副乡长48人。选委员365人，雇农91人、贫农151人、中农81人，保证了政权的纯洁性，亦团结了中农。

并建立了民兵武装、治保会、妇代会等群众性的组织，改变了农村中旧的、封建的组织，建立了新的人民群众的组织。

5. 培养锻炼提高了大批民族干部，在改革中得到了教育锻炼，建立了阶级观点，站稳了阶级立场，树立了明确的群众观点，和深入踏实的工作作风，这是极可贵的收获，为今后一切工作创造了前提条件。

但运动中也存在一定的缺点错误。

二、主要的缺点和错误

1. 从领导的指导思想来看，是存在着多搞点群众工作，多给群众点实际利益，群众工作抓得紧些，没收、征收中想多搞点土地，因此群众工作比上层工作做得多一点，没收、征收时间个别地区多搞了富农的土地（主要是头人田、波朗田）。

2. 对中农的思想发动有不够的地方，重视了份地制度的教育，缺乏领导中农具体的算官租、杂派、劳役的账，思想发动不够充分，因此改革对中农得利最大在中农中是认识不足。

3. 对干部的政治思想领导不够，纪律制度不严，不断有发生未经请示报告，而在政策问题上自作主张，擅自决定进行，不策略、不符合政策的事情。干部中少数作风不正派，在群众中乱搞男女关系，以致在群众中留下一定的不良影响。

贰、几个主要的特点

从土改前的社会调查和土改实践来看，傣族社会的基本特点是：

一、封建领主制度下的"份地"制度问题

西双版纳的全部土地归宣慰一人最高领有，宣慰将各勐之土地分封给各土司领有，各大小波朗分管某一勐或火西村寨及其他各个山区民族。封建领主除直接占有召庄田、波朗田、头人田等外，将其大部分的土地交给各寨承袭使用，寨内则以"份地"（傣话叫"那坦"，即负担田）的形式分给各农户耕种，各农户需用酒、钱、腊条向寨内当权头人请领一块份地耕种，并向封建领主交纳实物或劳役地租。农民无土地之所有权，只有使用权，份地不能自由买卖，若因困难不能耕种而向外寨当一年、二年者仍由原户出负担。在寨内不种田的外来户被称为"洪海"，其负担为种田户一半或1/3。如外边或无力负担或丧失主要劳动力时，田地即被抽回傣勐寨，以寨的名义将多余田地出租给外寨，收得的租名为全寨公有，实被上层所吞占，因此"份地"制度的存在极易模糊了群众对封建土地所有制的认识和对土地的要求，以为份地或出租给外寨的土地，是我们寨子的，是大家的田（傣话叫"那当来"）。特别是近年来土地调整减少，官租和特权剥削的减少和取消更造成份地所有权的错觉，或只以为波朗田、召庄田、头人田才是领主、地主的，这种思想特别是在中农和部分贫农中较普遍。土改开始时，他们以为自己有了份地，对土地要求不迫切，因此必须揭穿"份地"制度的实质，说清农民吃田要出负担，土地都是封建领主、地主的，全体农民都没有土地；官租特权虽有所减轻，但土地所有制并没有改变，讲清封建领主土地制度的特点，这样不但能把雇农、贫农发动起来，也能把中农发动起来，对于中立富农也是有利的。在分配时必须普遍"插牌"（带有一种法律的作用），使农民在思想上明确土地所有制的改变，认识土地是自己的，以发挥其生产积极性，解放生产力。

二、阶级构成的特点

在份地制度的限制和不准自由买卖土地的条件下，土地不可能大量迅速地集中而形成封建地主经济，农村地富的形成主要是当头人后，除领有较好的份地，并可占有波朗田、头人田、龙达田等较多的土地。据5个版纳统计，土地改革前地主每人平均占有50.23挑，富农每人平均占有40挑（每挑50斤），贫农每人平均只占有18.7挑。据勐海、勐遮、猛笼3地统计，在570户地富中当头人的有407户，占71.4%。从其剥削分量上看，除领主主要是依靠官租、特权为主要生活来源外，其他地富主要是靠雇工剥削、政治特权剥削、债利剥削为主，不当头人的地富主要靠雇工、债利和部分地租剥削。据6个版纳（自治区）1950年、1951年、1952年3年的统计，地主的各种剥削中，雇工占44.6%，特权占28.3%，债利占10.7%，分养牛猪占8.05%，官租、地租占6.37%，牛租占1.72%；富农的各种剥削中，雇工占55.1%，特权占16.2%，债利占13.8%，牛租占5.7%，官租、地租占5.54%，分养猪牛占3.4%。

其次是地富家中一般都有主要劳动力，若按中央政务院划分阶级标准来划，则部分特权大、剥削多的地主都要被划为富农。根据猛笼的调查，被划的75户的地主中按政务院标准只划得着×户，因此在阶级中，除按中央政务院划分农村阶级的标准划分外，还必须规定：家中虽有主要劳动，但连续上推3年（1950年至1952年）剥削量超过60%者应划为地主，才不至于放过那些农村中的实权统治者，以达到废除封建制度的目的。

在第一批土改区，由于商业资本发展较早，富农经济也比较发达，已出现买卖典当的情况，雇工、高利贷的剥削较重，剥削量超过总收入的30%的较多。在划阶级中，我们有意识放过一批小的，若严格按25%划就会更多一些。

在没收、征收中，单靠没收地主的土地是不可能基本满足雇、贫农要求的，因此对富农占有封建特权部分的土地，如召庄田、波朗田、头人田等，应按省委之指示征收。

三、村寨等级问题

封建领主将寨子分为傣勐、领因、冒宰等等级，"傣勐"社会地位较高，负担比较轻一些；"领因""洪海"社会地位低，负担重。傣勐田多，其他的田少，多向傣勐寨子租入土地耕种。封建领主则经常用村寨界线来模糊地富与农民的阶级界限，挑拨农民内部团结，削弱农民对领主、地主的反抗斗争。傣勐寨群众说："出租田是我们寨子的，要拿回来。"土改查田没收中曾发现把出租外寨田拿回来的情况。景真曼海的人说："刀庭荣是曼海的地主，他的田要拿回我们寨子来分。"在勐遮勐满乡村寨的群众对城子提出说："城子的人压迫剥削我们，要分城子的田，不分不行。"因此，我们从开始就要注意此问题，在农民会议上必须揭穿等级的实质，剥掉村寨界线的外衣，认识是阶级压迫，划清阶级界限，讲清"天下农民是一家""天下老鸦（地主）一般黑"的道理，共同团结起来消灭封建领主制度，翻身一齐翻。

在傣族中，对家族和宗派的观念没有汉族和傈僳族强，但对村寨等级和外来户、老户间的界限分得较清，在一个乡内培养骨干发展党团员，要培养傣勐的，也要培养领因的；

在寨内中应注意不但要培养最穷苦的外来户即被轻视的"洪海"户，同时也要注意对寨内老户中贫苦农民的培养，这样才有利于加强农民内部的团结和工作的开展。

四、山区的问题

在54个土改乡中，有11个山区乡。主要为僾伲族，其次为拉祜族、汉族等。它在政治经济情况上与傣族有所不同，以格朗和为代表的特点是：

1. 田地茶园都是私有，自由买卖，无份地制度。

2. 地富家中，几个大头人家中都有主要劳动，比傣族不同的是长工多，有的一家曾有六七个。

3. 养家奴不单地富家养，富裕中农家也有。格朗和苏湖乡13户地富养有15个家奴。

4. 特权债利剥削很重，许多家奴都是因欠债抵债而为家奴的。利重的有3倍、4倍者，甚至5倍以上者。

5. 寨内封建头人与宗教迷信职业者很多，互相间关系密切。头人有保甲长、叭鲊、掌登等，宗教迷信方面有师娘、白摩、笼巴头。

6. 家族支派观念很深，民族支派中分吉觉、大小布里、平头等。

根据山区的特点，在政策执行上需要更和缓更稳妥，需要有区别于坝区：

1. 在划阶级问题上除按中央标准划分外，对家中有劳动，但连续3年剥削量超过60%、每人平均产量在1500斤以上者（这点要看当地情况决定，目的是放掉小的，不漏掉大的）划为地主。

2. 家奴问题原则上应把他们解放出来，若本人暂不愿出来者也不宜勉强。因而比较宽，处理上要慎重。

3. 在废除政治特权剥削时，应同民族风俗习惯和宗教迷信区别开来。

4. 不征收富农多余的土地。

5. 土地系私有制，无"份地"制，就不必普遍插牌，只在雇贫中农分得地主的土地上进行插牌。

6. 在发展党团和培养骨干中必须注意僾尼族中各种支派（布里、吉觉等）和家族的关系。

除了傣族、僾伲族社会经济的基本特点外，在这批土改中还有以下一些特点：[①]

五、山区坝区的关系问题

这是第一批土改的新问题。山坝区民族间政治、经济往来密切，如下坝开荒种田、放牛租、债利等。坝区土改对山区影响很大，如勐海黑龙塘农民要把过去卖给僾伲族的田

---

① 疑有内容缺漏。原文如此。——编者

拿回来。土改中发生要债，把出租的牛拉回去，如处理不当易引起民族间的团结问题。因此，在改革中必须注意土改对直接过渡地区之震动影响，认真做好边沿地区西定、布朗山之稳定工作，领导他们搞好生产，同时要坚决按省地委指示要正确处理山坝区民族间的租佃、债利等问题，以利民族团结，保证土改之顺利进行。

六、宗教问题

佛教是我州带有国际性和民族性的问题，外向问题较严重，我们过去这方面的工作做得很差。宗教上层曾经到内地参观，提高了认识，但对我宗教信仰自由的政策怀疑还是大的，而敌人和上层则经常利用宗教来进行造谣破坏活动，欺骗群众，破坏各项政治运动，在这批土改中是一个比较突出的问题，在勐混、勐笼、勐遮都发生，因此，必须在土改中做好宗教工作。

七、头人多也是傣族地区的特点之一

6个版纳（自治区）共有大小头人××人，占总农户的百分之××，其中被划为地主的××户，占总农户的百分之××；划为富农的××户，占总农户的百分之××；合计有××户，共占百分之××。系农民成分的有几户，占百分之××。划为农民成分的，一种是历史上当过头人，解放后已无实权者；第二种是鲊、先等小头人和新当的一些头人。对头人多的问题，我们接受景洪的经验，为缩小打击面，分化瓦解上层，开始时就对一望而知的地富上层召开会议交代政策，解除其顾虑；对有些怀疑户划阶级分清界限后要加紧做工作。对于农民成分的头人要当作群众工作来做，单独召开会议进行教育，强调他们与地富的不同，同时指出其过去压迫群众也是不对的，团结他们积极站到农民方面来，在协商阶级前就把他们吸收到农民小组中来，划清这条界限以便集中解决地富的问题。

叁、第一批土改各步的执行情况

第一步：准备阶段

（一）人代会前后

土改铺开后，突出的情况是敌人与我争夺上层，上层与我争夺群众，他们利用州人代会后我工作队未到前的空隙时间进行破坏活动，挑拨民族关系，歪曲土改政策，散布各种谣言，在傣历年（4月14日）前后，连续发生放火烧房子、烧茶园等事件，煽动上层、群众外逃、外迁；山区上层也有些恐慌不安。敌我斗争比试点更为突出。

土改队于4月11号前后到达各乡后，立即召开了各种会议，说明来意，一般地宣传土改的正义性和必要性，解除上层的顾虑，同特认真地进行了访贫问苦工作，审查原有积极分子，发现新的积极分子，选择扎根对象。在经过了一段准备工作后，各乡即召开了人代会。人代会中包括了各阶级的代表，有进步和落后的上层代表，而多数为贫雇农民代表。

在代表的选举中特别注意对原有积极分子的安插和新积极分子的选拔工作，采取在群众会上提名通过的方式进行选举。会议对代表进行了国际国内形势、土改的正义性、必要性和土改条例的教育，最后通过了在乡实行土改的决议。会议的收获是：

1.通过土地正义性和必要性的宣传教育，结合回忆对比，揭发了封建土地所有制的不合理性，使代表开始认识到"份地"制度是封建统治阶级套在农民头上的缰绳，为了种一块份地要承担各种封建剥削，上官租、出劳役等等，启发了他们对土地的要求，使他们认识到要求得本民族政治、经济、文化的发展，要过渡到社会主义社会去，必须进行改革，而根据目前的形势和民族的特点，唯一正确的是采取和平协商方式来进行改革。

2.上层开始是推卸剥削压迫的责任，说是土司、国民党搞的，有的准备来作一番检讨，经过教育后，一般的承认了封建剥削制度不好，表示愿意放弃剥削，赞助土改。

人代会后经过代表召开各种会议（上层、群众、青年、妇女、积极分子会）进行宣传，农代会前宣传面达到70%以上，造成了土改的声势。但对土改的具体政策讲得少，故在各项政策上提出的问题较多。

（二）农代会情况

第一次农代会是在人代会后，向群众广泛进行了宣传，各版纳召开了叭以上的上层学习了六七天，使他们看清了形势，了解了政策，承认了封建制度不好，看到了前途，思想上得到了基本稳定。同时对原有积极分子进行了审查排队，初步确定了扎根对象、一般积极分子和团结使用等3种人，并通过原积极分子和干部的访贫问苦发现和培养一批新根子。农代会就是在这样的基础上召开的，目的是：向农民进行一次系统的阶级教育，通过土改正义性、必要性的教育，在彻底揭发封建领主制度的罪恶事实的基础上进行回忆对比，诉苦算剥削账，启发农民的阶级觉悟，增强对地主阶级之仇恨心，体会和平协商土改政策，把代表从思想上发动起来。由于此时上层的政治威风尚未打垮，群众还没有很好发动，因此要着重讲清在党的领导下，农民团结的力量是大的，只要遵照政策去做，一定能取得胜利。对他们进行组织教育，以他们为核心，把广大农民群众串连组织起来。必须认真开好第一次农代会，是深入发动群众的关键问题。

农代会的主要情况和经验：

会前一定要选择培养好苦主，最好有各种类型的苦主代表（雇农的、由中农下降到贫农的、新中农的），由乡统一集中训练，解除其不敢诉苦的顾虑，怕头人报仇、怕赶出寨子、借不到米吃等，帮助他找关键，分析提高，从现象到本质，找到苦根，仇恨封建统治阶级，这样诉起来对代表的启发教育意义大。有的乡由于事前未选择好苦主，因此发生不敢诉或是诉得不好的情况，达不到预期的结果。培养干部同农民一起诉也是一条好经验，能密切党群关系，加深土改队与农民间之阶级感情。

农代会一开始要彻底揭发封建领主制度的罪恶事实，以启发教育农民，为诉苦打下思想基础。以封建土地制为中心，联系到政权、武装、特权之剥削压迫。通过典型诉苦后，普遍进行回忆对比。

通过诉苦揭发了封建领主的各种剥削压迫方式及其危害性，从思想上把农民的仇恨激发起来，看到旧制度的极端不合理性，贫雇农大部分都在此时被发动起来了。但单诉苦还不够，还必须深入进一步具体算剥削账，帮助农民找到穷根，认识为什么农民劳动还不够吃，而地主不劳动却过着奢侈的生活。不是我们命不好，而是被地主剥削去了，揭穿"份地"制度的底牌，使农民认识没有土地是一切穷困的根源。中农代表多数是在算剥削后发动起来的。

应教育农民从根本道理上认识"剥削"，认识如果没有人的劳动，田里不会长出谷子，水牛也不会自己去耕田。大家对特权、债利、官租的剥削容易懂得，但对雇工、牛租的剥削是不够清楚的。在算剥削时，总的是掌握住锋芒对准了封建领主、地主阶级，但有的地方由于剥削界限不清，干部思想不明确，曾发生诉中农苦的现象。另外在勐宋还出现算叭笼曼芳的发家史教育农民的做法，这是带有危险性的。有的地方在计算中夸大了剥削数量，或出现干部包办算账的情况，其效果都是不好。

在经过诉苦提高了阶级觉悟，划清了界限，激起斗志的时候，农民为了要报仇申冤，要求把压迫大、作恶多的上层叫回来斗争，要求没收地主的牲畜、财产是自然的，问题是我们如何把斗争引向正轨，按和改政策去斗垮地主阶级。这当中最主要的是抓住土地问题，说明领主占有土地是造成农民穷苦的根源，废除封建地主所有制，摧毁其经济基础，即可从根本上消灭了地主阶级。有个农民说："没收地主的土地，这就像把老虎牙齿和爪子砍掉一样。我们农民有了土地，在共产党的领导下，经过互助合作以后，就可以大大地发展起来。"同时应该用党在民族地区6年来的工作，和景洪土改胜利的事实来教育说服农民，只要坚持正面教育，提高其政策策略思想，广大农民是相信和拥护党的领导和政策的。最后是进行组织教育，布置串连，教育代表认识团结就有力量，单靠几十个代表不够，必须把全体受压迫的农民组织、发动、团结起来，才能打倒封建地主阶级，消灭封建剥削制度。布置回去串连苦深、劳动好的农民，经过思想发动组织成核心后，按先组织、后发动的原则，迅速把广大农民组织到农民小组来。

农代会后，干部由于受景洪改革的影响，对组成核心后先组织后发动的方法接受不了，而要求过高，有的大组把组织面与发动面混为一谈，因而进展缓慢，一般只到20%至30%左右。在组织要求上稍有问题就不吸收，有的去查人家的三代，吹烟的、偷过东西的、与地主或头人有点亲戚关系的、说过几句坏话的，一直不编进农民小组来。有的人跑来向干部、代表检讨自己的缺点，承认错误，还是不行；有的拿着凳子跟农民小组去开会，被使唤回去了，说"你们条件不够"。因而后发展入组的中农觉得没有面子，有缺点的农民思想混乱，上层乘机挑拨。但也有少数组是走过场，没有核心就成批乱发展，边工委一再强调指出后，才逐渐扭转过来。总的看对群众的思想发动是比较认真的，达到30%至40%，组织面达50%至60%。经过农代会后的普遍回忆对比，诉苦算账，串连发动群众，组织农民小组，使农村阶级关系开始发生了基本变化，农民反封建队伍逐渐形成和壮大，头人公开的活动比前有所减少，头人威风开始下降。

这一切为第二次农代会的召开创造了前提条件。

（三）积极分子工作

群众工作的中心问题是做好积极分子工作，由于在集训时，对此问题学习较认真，大家在思想上是比较明确和重视的，下到寨立即开展了访贫问苦、审查原有积极分子的工作，选择根子对象，在工作上是比较踏实认真的。在积极分子工作中存在两种偏向：一种是跳不出原有圈子，满足于现状不去发现培养新的，以为新的不会说话，没有威信不好培养。但主要是一脚踢开的偏向，当看到积极分子背枪、会说会讲、家中有牛马，就疑神疑鬼，查到一点问题，就不敢相信，有的甚至去查三代、四代，在思想上是顾虑，怕扎歪了根子，犯立场不稳的错误，要求扎的根子将来都是能做骨干。由于对新的情况认识不足，要求过高，对他们采取了敬而远之的态度，感情上有距离。在审查方法上有的不是使用他们去做工作，通过工作来审查了解，而是采取逢甲问乙、逢乙问丙的粗糙简单的办法，引起了一些不必要的顾虑怀疑，对党表示不满，压制新积极分子之生长。上层则利用我政策尚未广泛宣传之际，造谣惑众，拉拢收买原有积极分子，挑拨农民内部不团结，阻碍群众工作之发展。以上情况的产生，主要是在开始时对原有积极分子工作的重要意义认识不足。

原有积极分子是党在农村中经过征粮、生产等工作发现和培养出来的，大部分是好的，不纯的是少数（约占百分之×），党依靠他们取得了各项工作的胜利。他们是党在农村中的依靠力量，他们对党的政策有一定的认识，在群众中有威信，有一定办事能力，他们经过各项政治运动的考验，是在不断地与封建势力进行斗争中成长起来的。上层为巩固其农村阵地，在过去和现在都是千方百计地采取各种软的硬的办法打击拉拢积极分子，来破坏我们发动群众的工作和农民内部之团结问题。

经过反复教育后，扭转了对原有积极分子中的一些不正确的做法。对待原积极分子的方针是"爱护、团结、教育、提高"，即使其中有部分不纯分子，我们也要认真团结教育他们，按其情况分给他们一部分工作做，充分发挥其积极性，不能对之冷淡。谁是根子是干部内部掌握的问题。首先在农代会上安置了他们，以后在农代会、协商委员会或青、妇代会上都注意了这一问题。在人代会后组织运用他们去向群众广泛宣传土改正义性、必要性和土改政策，在收集地富材料中也起了很大的作用，在实际工作中教育提高了他们。由于群众的发动，新积极分子的生长就更有利于对他们的考查（以上3点就是对原有积极分子进行教育和考查的主要方法）。根据其具体情况，排为3类：

（1）政治历史清楚、受苦深、工作积极的为依靠对象，作骨干使用。

（2）工作积极，也受苦，但历史上作风上有缺点的作一般积极分子使用。

（3）对于不纯分子、富农分子、流氓、惯偷可作为团结教育对象改造使用他们。

在做好原有积极分子工作的同时，我们注意了对新生力量的发现和培养。一方面干部去串小房子访贫问穷发现的（在工作基础差的地方这是主要方法），更主要是依靠审查好的骨干去串连发动。新的积极分子和骨干大多数是雇农和贫农，并注意发现培养了一批女的。经过农代会后，吸收了一批苦主到我们队伍里来，使骨干、积极分子的队伍更加扩大和巩固。也初步确定了党团的发展对象，和注意了乡级骨干之培养工作。

群众工作的主要经验是以苦引苦、以贫连贫的方式，采取个别串连、家庭谈心、组织农民小组的方式，在扎正根子、有了依靠骨干后，迅速把农民串连发动起来。

反复认真地向农民进行土改正义性、必要性的教育，通过回忆对比算账，把农民从思想上发动起来，在提高阶级觉悟的基础上进行交代和改政策。

（四）上层工作

由于进行了景洪土改试点，上层在思想上是有准备的，他们看到景洪都改掉了，不得不改，对于杀、关等问题比较放心，但因各种谣言的影响，对各项具体政策问题的思想顾虑还是很大的。一般的小头人顾虑小些，表示赞同土改，主要是罪恶大、剥削多、有血债的上层顾虑较多。上层的顾虑主要是怕斗争、怕算老账、怕分牛马、怕当地主，将来没有前途。在通过州的代表会议，工作队未下乡以前，以及乡人代会前后，由于敌人的有计划的活动和上层的疑虑恐慌，各地谣言和破坏是很多的。其主要的方式是：

（1）歪曲政策，如说："每条牛给20元，什么都改，牛马要分。"

（2）挑拨农民关系，说："土改是汉人搞出来的。"

（3）利用宗教进行活动，说"要分田给大佛爷，从勐混城子大佛寺传出人病是有大鬼，晚上出不得门"，来破坏我们的串连工作。

（4）拉拢农民成分的小头人，说："头人都有剥削，都是地主。"

（5）拉拢或打击威胁积极分子，特别是原有积极分子。

（6）直接地破坏：烧房子、烧茶园、砍樟脑树、卖牛马、分散财产武器等。

土改开始时整个局面是比较动荡混乱的，突出的是在勐遮和勐混，这主要是由于我们在初期更多地偏重于搞扎根串连、审查积极分子等群众工作，而加上敌人有计划地造谣破坏所造成的。经过学习讨论地委三月会议的精神后，对整个国内外形势和边疆情况有了进一步认识，批判了在指导思想上的局部观点和片面的阶级观点，要求树立国际观念，坚决执行"慎重稳进"的方针，要求比景洪更稳妥、更和缓。检查了我们过去工作中不重视上层工作和不正确对待原有积极分子的问题，最后统一政策思想，明确了方向，进一步认识上层工作在整个土改中的重要意义，它是决定土改成败的重要问题，在民主主义革命中，在社会主义革命中党对民族上层都是采取长期团结合作的方针，再一次强调必须重视上层工作，以保证土改之顺利进行。

首先对上层进行了分头排队，对机关统战干部和进步靠我上层一律保护过关（对于顽固落后的统战干部采取回避政策，在土改前送了一批去学习）；对一般上层叭以上头人由版纳进行教育改造；鲊一级属于地富成分者，由大组长负责教育；农民成分小头人单独开会当群众工作来做，以区别对待之。在上层工作方面除各乡召开会议进行教育外，在农代会前6个版纳共集中250余个叭以上头人学习，对他们系统地进行了形势、土改正义性、必要性的教育、政策教育，在学习中强调正面改育，不要他们作检讨，并结合其思想顾虑又进行些解释说服，如有的怕群众斗争、算老账，我们正面说明：过去你们对群众压迫统治很深，今天农民起来诉苦算账是应当的，只要你们能认识过去压迫剥削人民不对，承认阶级和剥削，愿意交出上地，废除封建土地所有制，在共产党的领导下，农民一定会按照和改政策对待你们。对他们不得当干部和委员代表的问题，也讲清党对上层是长期团结合作的，过去当什么，土改后还是当什么。经过学习，一般地认清了大势，揭发了封建领主制度的许多丑恶事实，承认封建土地制度的不合理，表示愿意放弃剥削，好好地劳动生产，拥护土改，不造谣破坏，初步体会到政策是宽大的，解除了思想上的一些顾虑。

经验证明：在认识土改正义性、必要性的基础上，去讲和平协商土改政策，就显得有力量。有的头人说："过去做了许多压迫剥削人民的事，今天农民要斗也不会说了。""按照政策划我地主或富农我一定接受。""共产党政策真宽大，不杀、不斗、不动钱财，还分给我一份土地，我一定劳动守法。"在讲和改政策时，一方面要讲对现行反革命分子要依法惩处，但更主要的是讲"既往不咎"的政策以安定人心。

在工作中我们注意培养了上层进步分子的作用，做好统战干部，特别是主席的工作，通过他们去做其他头人的工作，争取中间势力，以逐步孤立少数顽固落后的头人，以利进一步争取团结他们。勐遮上层在开始学习时曾有人公开提出"我们已经改过了"，"我们地方与景洪不同，景洪的政策不合我们景真"，在我们力量扩大、大多数人稳定下来后，他们也表示了赞同土改。这样叫以上头人学习会议，各地都是开得较好。

各乡在上层子女会议上进行土改正义性、必要性教育，一般的都能认识劳动与剥削的界限，并着重说明参加劳动、不直接参加剥削的不当上层看待，讲社会主义建设成就和远景，青年的光明前途，鼓励他们劳动，争取进步，这点青年人是易于接受的。大家表示拥护改革、靠拢农民，要好好劳动生产，回去要耐心帮助教育父母听农民的话，不造谣破坏。格朗和地主克兹的儿子说他父亲对改革不满是不对的，并同他讲利害关系说："你再这样做农民会更仇恨你，这样对你自己，对我们都不好。"有的回去动员父母撒秧、施肥等，这对教育改造稳定上层是起了一定的作用。在有的地方，不适当地把十三四岁的少年，或直接参加剥削的成年人当作子女叫来学习是不对的。

在经过广泛地宣传政策、初步发动群众、组织头人学习后，上层情绪基本上是稳定下来了，各地造谣破坏事件大大减少，头人回寨后一般还表现好。

农代会后，各地开展回忆对比诉苦算剥削账，组织农民小组，上层在思想上所产生的主要顾虑是划阶级，怕揭发斗争，怕算老账，听到农民诉苦，在家中坐立不安，思想情绪开始出现新的不稳定。各地在划阶级前针对这些思想对头人进行了教育。

这段上层工作是有成绩的，从领导上看是重视的，但也存在不少问题。如在算地富怀疑户时一般在10%以上，有的算到20%至30%，有想多划地主、富农的思想；在排队中右的排得多，中、左的排得少；对进步的上层工作做得多，落后顽固的工作做得少；对头人的思想掌握不够紧，一般地满足于会议教育，个别工作做得少。有一部分同志是怕做上层工作，下面的同志推说这是工委、大组的事，与我无关，而有些大组长，对做上层工作还不够重视甚至不通，有的认为群众发动起来了，上层工作可以少做一点，以为做了他们的工作，安个协委给他，那就会提高他的威信，而不愿去做。以上情况产生的主要原因，是对省、地委的指示精神还体会不深，对国内外形势的发展，对上层工作在民族工作中的重要意义认识不足。

（五）宗教工作

宗教工作是我们工作中最薄弱的一部分，但也是敌人和上层常来进行造谣破坏活动的一个基地。土地改革开始后，敌人通过国内外佛寺之关系，传出"傣历年关，天王叭应要下凡，要刮大风、雪，地动7天；每人要照抄9张传单，并把它念会了才不会死"。勐混病死人后，大佛寺内即传出"人死是因为闹大鬼，夜晚不能串门子，听见叫名字答应不得，答应了会死"，直接影响了串连发动群众的工作，有些积极分子也不敢活动了。宗教上层过去对党的宗教信仰自由政策是怀疑的，听到说要分田给大佛爷、土改要改宗教等顾虑很大，这就容易被敌人利用宗教来进行活动。各地工委感到束手无策，后经边工委指示后，5个版纳都召开了佛爷会议，以座谈形式，正面交代宗教政策，讲清土改是改封建土地所有制，不改宗教，并启发他们认识土改对民族、对人民的好处。并通过到内地参观过的佛爷讲社会主义建设和国家执行宗教信仰自由政策的情况，讲中国佛协的成立等。经过座谈提高认识后，他们谈出，共产党不信神，但对宗教是尊重的；国民党不尊重宗教，乱来佛寺内抢、偷东西，来佛寺集赌罚大佛爷钱。头人当面求神拜佛，背后还是乱骂和欺骗我们，揭发有些话是头人来佛寺内款出来的，叫政府多教育他们。勐混乡下佛爷说谣言是从城子大佛寺传出来的。抄写散发传单是不懂政策，以为是经书上的就照着传了。有的还提出佛寺枪支交不交的问题。他们回忆过去老百姓受封建压迫搞穷了，佛寺也无吃的，解放后好了一些，土改后人民生活好过，我们也会好起来，大家表示拥护土改，不再听坏人造谣。并希望政府多开座谈会使他们能多懂道理。有人提出有机会让他们参观参观。

第一步时间是25天。

第二步：划阶级

协商阶级是整个和平协商土改中执行政策的具体体现，也是政策决定的基础，是农民阶级与领主、地主阶级在阶级斗争中的直接交锋，是斗争中的主要紧张阶段，和群众运动中的主要环节。地主阶级处于低沉，这样紧张尖锐的阶级矛盾是要用和平协商的方式解决，以教育说服为主要方法，形式要和缓，内容要尖锐。因此要求是：对领主、地主阶级是"既团结又斗争，团结是前提，斗争是为了团结他、改造他，斗争太多或太少都不利于团结和改造他们"。善于掌握，有理有节，使其划定阶级后进一步稳定下来。对农民是进一步地深入发动，划清农村中地主阶级与农民阶级的界限，揭发领主、地主阶级的官租、地租、杂派等项不劳而食的剥削事实，使"劳动光荣，剥削可耻"在群众中形成广泛的舆论，树立农民在政治上、思想上、组织上的优势，迫使上层承认剥削，承认阶级，接受劳动改造。

6个版纳划阶级的情况是，加强了教育，严格控制，采取比较稳妥的步骤、缓和的形式进行的。运动的发展是健康正常，克服了试点时危险、不够策略的做法。一般的做法是：

（一）做好两头工作

做好上层和群众工作，使两者平行发展，互相适应，群众的发动要有利于稳定改造上层，上层的稳定就有利于多做群众的工作，能更好地深入发动群众。各地执行了这一工作步骤，在召开第二次农代会时，同时也召开了上层会，明确地向上层、群众分别交代划阶级的标准政策，充分酝酿，具体算剥削账，群众试划，上层自划自认。必须认真做好以下两个方面的工作：

1.上层工作：在上层中怕打、怕杀、怕斗、怕农民不执行政策的叫喊是普遍的，但这是一种叫嚣，而主要思想是怕提意见、怕孤立、怕当地主，在听到农民诉苦揭发时思想苦闷紧张，反映"吃不甜、睡不安、出门又怕群众看"。到内地看见过斗争地主更加恐慌，对政策怀疑很大，有的公开说"怕划成地主，愿当富农"，"只要不指着我吐痰在脸上就行了"。因此，针对他们的思想，明确指出：

（1）景洪试点时未打、未杀，坚持了和平协商。

（2）老实地认识剥削可耻，承认阶级，争取农民的宽大，农民是执行党的政策的。

（3）用剥削、占有、劳动与不劳动的三把尺子衡量自己。

在具体交代后，认真充分酝酿，在酝酿的过程中教育培养了一批能承认剥削、承认阶级的进步核心分子，给他们起带动作用，让他们中的一二人来具体地揭发封建领主制度的丑恶，自己作了认识，所以在上层中自然地展开了算剥削账，他们彼此之间你请我看、我请你看，怕的是怕算不合、怕农民提意见，这样多数的起了变化，少数顽固的不愿承认剥削的受了孤立，在经个别教育说服后，亦被迫承认剥削和阶级。很多在自认阶级后是稳定了一些，再交代他们回家后教育老婆儿女认识划阶级的标准政策，听农民的话，劳动守法。

对农民成分的小头人，加强了他们的工作，在交代划阶级标准后，使他们认识自己不是地富，但认识沾着封建领主制度是不好，划清界限后从经济上启发回忆对比地富阶级对农民的剥削事实，在提高阶级觉悟后吸收他们参加农民小组，稳定了上层。

2.群众工作：在农民代表中要把政策标准交代清楚，剥削、占有、劳动与不劳动的界限酝酿明确，提出明显易划的进行试划，结合回忆对比提出地富名单，农代常委会初步审核决定。最后在代表中交代了任务：

（1）要召开农民群众会广泛宣传政策标准。

（2）要依靠群众回忆对比收集地富材料，认识收集材料的重要。

（3）要执行和平协商政策，向地主阶级说理说法斗争，不在群众中揭发反革命和血债。

在代表回寨后，依靠了他们的力量，广泛地在群众中进行了宣传，农民小组中进行了具体的回忆对比，揭发出地富的剥削事实，代表中分工收集占有材料，把零星、个别的剥削事实集中后，教育了农民，地主、富农的富裕是从哪里来，认识了地富剥削手段，占有土地进行剥削，找到了农民穷困的根源。把材料整理后经过寨的群众会讨论补充，这样群众中就更清楚地划清了阶级界限和剥削界限，孤立了剥削阶级。

收集材料是发动群众的重要过程，这一阶段中农民除了在本乡本寨收集外，还自带粮食到他们知道地富有剥削的地方找材料，这样村与村、寨与寨的互相派出代表了解，收集材料成了群众的广泛活动。在揭发地富阶级剥削事实后，激起了群众的阶级仇恨，反映了"地主过去怎么整我们，现在也要怎么整他们"的思想，要求个个斗争、个个提意见，所以在群众中都进行了政策思想的教育，特别是对骨干进行策略思想教育，把群众约束在政策范围内，保证了未出乱子和偏差。

（二）认真做好准备工作

准备工作一般的是做了4个方面：

1.材料准备好：把群众中收集的材料集中乡上整理，农代常委研究讨论后，大组支部审查后报经工委审核（有的由工委委员分工在乡上审核），审查中把有些虽剥削量超过60%的，但占有不大（未达一般中农），生活只相当于一般中农的也不划，是当权头人的降为富农，缩小了打击面。这段时间较长，做得比较认真，有助于划得准稳。

2.力量的准备：选择审查比较纯洁的骨干代表，对一些勇敢分子不让其参加协商会。

3.思想准备：对参加协商会的代表会前集中进行一两天的学习，进行策略思想教育，明确告诉他们划阶级主要是划清地富剥削阶级与农民的界限，目的是没收地主的土地分给农民，只要承认阶级、承认剥削的就不提意见，对他们是可以说服的。并交代协商中如何分别对待，讨论认识谁是地主、谁是富农，统一思想认识。不追血债，不揭发反革命。

4.做好地富的分头排队，区别对待。根据地富中的左、中、右排队，对进步的保护过关，中间的在承认阶级、承认剥削后亦不提意见，顽固落后的进行必要的揭发和批判，打垮其政治威风，即适可而止。

（三）正式协商阶级时，坚持了不开大会，保持协商委员会的会议形式和人数，每乡30人左右（地富在外），重点乡协商时个别乡到了100多人，做了纠正制止，并根据了地区人物情况，做了分工负责

分别协商其类型是：

1.要保护过关的主要统战干部集中版纳协商，在经过动员教育后对剥削及其阶级有了认识，采取上层自报阶级，乡农民代表提出划定阶级意见，经本人承认阶级后，就不提意见，保护过关，农民提出今后对他们的要求是在党的领导下，很好改造，做好工作，上层亦表示，接受改造，会后反映较好。并通过他们的认识，领主、地主剥削阶级就是不好，阻碍着民族的发展和生产发展，向农村中上层地富动员说明，承认阶级和剥削，争取农民的宽大，所以农村中的上层亦要求在版纳协商。对个别的统战干部只是宣布阶级，没有让他们同群众见面。

2.乡上协商时，坚持了地委边疆工作会议指示精神，只要承认阶级、承认剥削就没有提意见，个别不承认阶级和剥削的，亦让群众适当地揭发，经个别教育后，在事实对证的情况下还是被迫承认了阶级和剥削，即适可而止。重点排为打击的顽固落后分子，过去

作恶多、民愤大的，让群众进行了适当的揭发，在不超越政策的范围内到打垮其政治威风时而止，这样做群众认为满意，划倒了地主阶级，同时教育了上层，进步的得到群众的宽大，谁在事实面前低头，群众是完全看清楚的，而且也完全掌握了其剥削材料，所以绝大多数地富都自动地承认了阶级和剥削，协商阶级就比较顺利地完成了，还未发生拒不承认公开对抗的情况。

在方式上采用多小组协商，少开大会，先协商富农，后协商地主，在摸清地富思想后，先易后难，这也是可行的。

3.边沿线（打洛一线），协商时更要缓和，由农民提出划定阶级意见，上层表示接受意见，即报政府批准，不揭发，不追逼，个别不想承认阶级的事前做好了工作，解除顾虑。

4.山区比坝区又较为稳妥缓和，把各乡主要上层（包括作恶多、顾虑大的地富）集中版纳协商，由工委亲自掌握做好工作，只要承认阶级剥削的保护大多数过关，少数必须揭发的亦在代表中做好安排发言，一般的地富成分的中小头人等由乡上协商，支书大组长亲自掌握，分工负责地充分做好两头工作，让骨干掌握精神后出面与之协商，要求承认阶级就放过。

以上几种，协商阶级中要善于掌握火色，在直接交锋的斗争中，群众与上层的思想不断有着变化，骨干和个别干部过瘾的思想随时存在，稍一放松，就形成过火的斗争，而且骨干的策略思想是不断地在实际斗争中提高的，所以只要一发生问题即时休会，做好两头思想动员工作，反复向农民交代策略，如何搞对斗争有利，向地主交代老实争取群众的宽大。只要灵机掌握这一着的，火色就拿得好，坚持了原则达到目的。

（四）协商后要善于布置两头工作

对地富专门进行前途教育，劳动守法教育，讲了《农业发展纲要》四十条，一般都表示要很快地争取做第一种人，以后改变成分，参加合作社为社员。地富中应特别注意对非头人成分的工作，他们思想不满是不容易解决的。他们的思想是：

（1）不愿同头人在一起。

（2）认为他们没有当头人没有特权剥削，划地富想不通，有时还被头人剥削他，对他们应进行算细账，指明剥削事实逐步解决。

学习中上层亦反映了会前的顾虑恐慌，会后对比时有了认识，感到农民是按政策办事，对他们是给予了宽大，现在放心了，反映"协商阶级像过桥一样，没有过完还有点怕"，"协商完后的那天晚上就好睡了，放下了几个月来的不安"。在基本稳定后让其回家。

对农民代表应及时帮助总结胜利，布置回寨传达划阶级的胜利，鼓舞了群众斗志，孤立地富阶级，为迎接下一步工作而打下基础。

（五）协商中的主要缺点和错误

协商中有个别地区仍然存在控制不严、不讲策略乱斗、人人过关、过分刺激的现象，应该保护过关的没有保护。

1. 个别地区对民族上层主要统战干部没有保护过关，过分打击，如：勐阿对版纳长刀成良未认真加强教育，放回乡上后，打击群众，被乡上叫去乱斗一通；协商中干部未很好掌握，群众限制其吸烟，蚊子咬脚不准抓，谩骂老狗腿等；协商后对我不满，散布不按政策办事。勐遮曼根对统战干部打击过重，一个搞9小时，这就有些过火，失去斗争的原则。群众反映还是搞得不够，不进行教育，群众的要求是不能满足的。

2. 超越和平协商政策原则：猛龙协商富农时干部对骨干代表政策交代不够，未加强领导控制，个别群众动手抓富农的胡子；勐往二乡协商时派民兵在会场门搜查每个地富身子，没收随身携带的大烟小刀。

3. 有的乡人人过关，个个提意见，未能分别对待。会前缺乏做上层工作，对上层思想没有掌握，因此安排先易的却是先难的。会上自报农民，不承认剥削，是在农民挤一点承认一点挤牙膏式的斗争，是不适宜于我们的要求。

有的乡是当地富承认阶级后签名盖章时乱叫割断老虎尾巴，有的继续搬用试点时已批判的错误做法，单独把被划地富叫出坐于会场中间揭发，未能保持在原座位上的协商。

这些做法表现出干部中盲目"左"倾的倾向，也反映了领导控制不严，这是一些危险过火的做法，使改革造下不良的影响和后果。

4. 据检查有个别地区没有根据地委、工委指示连续过地主生活满3年者，划为地主（即剥削量继续超过60%者），而是把其中有一年超过60%的就划为地主。有的地区为了压缩亦把占有大量土地、剥削超过60%以上的放过去了，不是实事求是的精神来对待，引起群众的不满。

划阶级阶段时间是15天即可。

第三步：查田定产没收征收

协商阶级后，报经政府批准时，即召开了人代会宣布阶级，把中心转向查田定产、没收征收，把问题集中在土地上，是改革的目的和中心，是从根本上搞垮地主阶级的物质基础。因此各地注意了两个方面，抓紧了3个环节：

（一）两个方面

第一，把斗争锋芒集中于封建领主、地主的土地所有制上：从农代会到农民小组中进行了封建领主份地制度危害性的教育，强调改革改变了所有制，废除领主土地所有制变为农民土地所有制。回忆对比过去吃田出负担的痛苦，揭发领主、地主所造成的村寨等级制度的真相，破坏了农民的内部团结。所以突出解决的问题是：

（1）消除了城子召庄与其他寨子农民间存在的隔阂。

（2）傣勐寨与领因、洪海等寨的关系。

（3）无田少田农民认识了土地被夺回去的不合理，特别是寡妇，一致认识了各寨土地是被领主、地主、当权头人掌握，他们才有分配大权，农民是吃田出负担，出不起负担的夺回土地，赶出寨子，或担负重劳役，领主、地主土地则日益增多。

经过回忆对比后，把被寨公田蒙蔽模糊的思想基本解决，把对改革认为是像习惯上调整土地、打乱平分的思想提高到阶级斗争的思想，集中到只没收领主、地主的土地为农民所有。因此激起了农民查田定产，要求没收地主土地的正义性。

第二，贯彻了党在农村反封建的阶级路线，加强了农民内部的团结教育。

在农民对份地制度有了认识，提高了阶级觉悟后，就依靠了贫雇农，以他们为核心，组成了评议小组，吸收了中农参加，从评议小组到农民群众当中明确地交代了4个问题：

1. 只查地主的田，要查出实产量，揭发地主阶级瞒田瞒产，只没收地主的土地，废除地主债。

2. 富农的私田、份地、家族田一律不动，不查田的产量，只征收富农当头人以特权占有的薪俸田、波朗田等，要查实这些田地产量，教育农民认识中立富农的好处。

3. 中农的坚决不动，在原耕基础上分配，认识这是对中农的团结、稳定。

4. 农民内部的一律不查田，只报产定产，以利分配。

这样做稳定了中农怕抽田、打乱平分的思想，积极起来了。有的地方专门对雇贫农骨干、积极分子进行为什么要团结中农的教育，让他们讨论了：①改革的目的，改哪个，改什么。②中农是劳动人民，中农是多数，团结中农对农民的好处。③在封建领主制度下中农政治上受压迫，经济上被剥削。讨论中加以启发引导，效果良好，认识了团结中农的重要性，反映"中农自己劳动，不剥削别人"，把有的雇贫农中认为"中农土地多，如果不拿出来分还是像过去一样的"思想有了扭转，加强了农民内部的团结。对中立富农政策有了具体认识。

因此查定、没收、征收中，依靠了力量，思想集中，目标集中，对分化地富阶级起了积极作用。减少了阻力，缩小了打击面。

（二）掌握的3个环节

1. 统一干部思想认识。连动转向查田定产、没收征收时，干部思想认识上存在一些问题，从重点乡进行中出现的，主要是表现在：

（1）想在查田评产中组织对地主的过火斗争。召开群众会，叫地富报产，查田时另做文章。

（2）征收富农的土地，一次搞垮富农经济，认为富农土地太多，宣布征收。

（3）主观包办评高地富产量，以最高产量定量，不是实事求是。

（4）对土地性质认识的模糊，份田认为是召庄田等。

这些思想认识及时注意做了纠正，做了统一认识，统一在党的和平协商土改政策范围内，对地富坚持教育说服，老实报产，个别瞒田瞒产的，适当在评议小组揭发批评，依靠群众实事求是地评实产量。对富农土地除条例规定征收者外，领导思想坚定，坚决不动富农多余土地。对干部坚持了教育说服，中立富农政策的好处，同时以纪律作保证。这样经过不断地纠正，思想有所解决。但另一方面，干部思想又表现在宣传政策时有意识突出地宣传荒田不荒粮，使富农思想顾虑很大，怕将来请不着工，田种不完，公粮出不了，纷纷提出自动交田。干部叫喊想接受富农土地，以致影响骨干、积极分子亦要接收，后经坚持不动富农政策、不予接收时，才交代允许合理出租，解除富农思想顾虑，同时教育骨干、积极分子认识党的政策是从农民长远利益、从发展生产着想，从有利于阶级斗争而定，有利于分化地富阶级，孤立地主，稳定中农，才把干部、骨干思想由不通、不满基本解决，到富农进一步相信党的政策后不与地主往来，才教育了干部、骨干认识党的政策的正确。

对土地性质的认识必须调查了解清楚，才能保证政策的正确执行，因此解决干部思想，认真学习上级文件，统一认识，才能把查田定产、没收征收工作随利进行。

2. 群众思想的进一步发动和扩大组织发动落后层。人代会宣布阶级后，紧接着召开了第三次农代会，结合乡的具体事实，首先交代是份地制度对农民的危害，影响生产的发展。结合回忆对比算3笔账，算官租账、劳役账、杂派账。划清农民对1953年后不交官租土地就是自己的观念，认识只有经过改革没收领主、地主的土地分给农民后才固定是自己的。其次交代没收、征收的正义性，和具体政策，查实地主产量。会议解决的问题是：

（1）对原来思想认为不合理的是土地不平均有多有少、有好有坏、一定要打乱平分的思想，转变到集中于领主、地主。

（2）对中农的稳定，动不着他们耕种的土地。

（3）查田定产的做法。

农代会后在群众中进行广泛宣传后以雇贫农骨干为核心，组织评议小组，坚持了先地主后富农再群众的步骤查实地主田地，评定产量。评产中防止了农民想把地富产量评高的思想，但个别地区仍出现偏高的现象。有的分等硬套，每挑产量有达130挑多，以致到分田时地主不满。农民中评产时，重视了对农民的思想教育，自报时把征粮时瞒产情况反映，有的乡比原定产增40%，一般在20%，而忽视农民思想发动的地方评产偏低，每挑才报产量10挑。

在查田评产中注意了落后层的发动，主要是对农民成分头人的工作，对他们继续进行划清头人与地富界限，只要改革中坚决与上层地富分清阶级界限的，即把他们全部吸收到农民小组中进行教育，扩大了群众的组织面。

3. 稳定地富思想。宣布阶级后地富就留下学习，大的集中版纳做了工作，他们的思想主要是顾虑前途问题，产生新的四怕：怕不够吃，怕死了无人抬，怕农民不帮盖房子，怕儿子找不着老婆、姑娘找不着男人。这些思想的产生，不是消极地解决，单纯为了稳定而稳定，而是采取了积极的教育、正面的教育，对他们从4方面讲：

（1）西双版纳的变化和发展，将来的远景。

（2）几年来党对民族上层政策的执行，和各级上层解放前后的生活对比，及上层与其子女现在国家机关的现实情况，将来仍然是本长期团结合作的方针。

（3）学习《农业发展纲要》四十条，明确指出国家前途的伟大，边疆民族有前途，农民有前途，上层也有前途，只要同劳动农民一样地劳动，听农民的话，跟共产党走。

（4）对上层子女中劳动好的可以参加农民小组，可以参加农民学习和集会。这样带鼓舞有事实、有前途的教育，占领其思想，解除消极因素后，再进行交代查田定产、没收征收政策，交代中明确地肯定了对富农的份田、私田不动，专门为他们开好会，稳定富农情绪，对地主教育老实报产，交出土地，不得破坏生产，并强调了劳动光荣、剥削可耻，指出劳动生产改造成自食其力的劳动者，因此扭转上层怕的叫喊，树立劳动改造、争取做农民、参加合作社的议论。

上层会后召开上层地富子女会，向他们交代查田定产、没收征收的政策，进行前途教育是有利于运动的发展和对上层的稳定，他们回去后动员其父母不要瞒田瞒产，个别的还向干部反映其父母瞒田，领干部去查看。同时他们亦积极要求参加农民小组，对个别表现好的吸收参加后，给其他的得到了教育和影响.

但在这一步工作中，个别地区由于领导思想模糊，缺乏全面观点，对上级指示文件不学习，干部思想认识不统一，因而在执行政策中出现了一些主要的缺点和错误：

（1）在征收富农土地问题上，勐阿出现了不按既定政策办事，而自定政策，对富农土地除留给中农平均数以外多余的，不分田的性质一律全部征收，企图民主革命中一次消灭富农经济。

（2）侵犯中农利益。勐往第二乡宣布没收中农耕种的寨公田，而不在原耕基础上分配给中农。

（3）在查田评产中由于干部左的思想情绪支配，对地富农评产有偏高现象。

这一段时间大致需要15天左右。

第四步：分配工作

分配中具体体现党的政策是正确对待地主的留田问题：一是有利于民族团结和有利于加强农民内部的团结；二是有利于发展生产。问题主要转向于农民内部，而又必须警惕敌特挑拨民族内部的团结和阶级敌人的复辟活动。分配工作的好坏关键在于干部政策思想明确，统一一致，主要解决雇贫农骨干、积极分子的思想问题，发动群众，特别是落后层，把运动引向深入广泛。因此在具体做法上是：

（一）协商给地主留田

协商留田是地主向农民争夺好田好地的斗争,地主明确我先留后分政策，因此分配前是先犁好田近田，不犁坏田远田，舍不得鱼塘、茶园，白天哭鱼塘，晚上去偷鱼，具体表现了地主的现实思想。所以协商留田中大部分地区坚持执行政策，稳定了上层情绪，留给地主与农民同等分量的一份土地，按照好坏搭配，犁着的给了一些，不犁着的亦给了一些。协商时并由农民对其教育，农民是按政策办事，合理留田，好坏都有。指出其尽要好田是不合理，犁了未留的，分给农民后还工，这样农民合理合法、理直气壮地教育了地主，同时避免了敌特、地主阶级钻空子、造谣、歪曲政策，农民明确指给所留田丘数后地主就下田劳动生产。同时为了教育地主，认识党的政策宽大，除留田而外并留给小鱼塘、园圃、茶园和竹蓬，这些东西是地主所喜爱的，适当留给一点有好处，留得太多亦是不对的。但有个别地区执行政策不坚决，表现在：

（1）留给地主的田少于农民分配数。

（2）完全把犁过的抽出，分给未犁过的。

（3）评产过高协商留不下去，地主不满，叫喊不够吃，要开荒，造成被动而后补课，后果不良，不利稳定上层。

（二）发动群众，加强民族团结和农民内部团结教育，贯彻分配原则

1. 分配前干部做好几项准备工作：

（1）做好分配方案，报经版纳土改办公室批准。

（2）摸清乡内寨与寨间历史上存在的问题、土地纠纷、租佃关系、互相往来等情况，抓住群众思想，支部做了研究，心中有底。

（3）召开农代常委会，充分酝酿讨论分配方案，交代分配原则，让他们提意见，统一认识。

2. 召开乡的骨干、积极分子会：针对贫雇农积极分子的一些思想，他们想要分的是好田、肥田、近田、水头田，不想给地主留好田，有的寨子不想分给外寨。这些思想的解决首先是对份地制度的认识，回忆对比农民共同受的苦痛，然后具体交代分配原则，强调合理分配，好坏搭配，分配时民族间要互相帮助，农民内部要团结互让，骨干、积极分子要大公无私，起带头作用，寨与寨之间没收领主、地主的土地后要互相调剂，从正面教育，因此纷纷表示要把分配工作做到公平合理，而不是简单地去批判自私思想。这样为分配打下了思想基础。

同时分配前对党团员进行集训，条件成熟建一批团也好，对分配工作起很大作用，他们积极带头大公无私地参加搞好分配。

3. 召开农代会贯彻分配原则：由于骨干、积极分子带头，会议上展开了对封建领主、地主阶级的揭发，过去城子与乡下农民间的不团结，是领主、地主造下的，因此互相表示要团结互让分土地。抓住了这一个关键，解决了历史上村寨之间因土地问题而产生的隔阂，加强了农民之间、村寨之间的团结。特别是勐海城子、勐混曼赛、勐遮勐满，做得认真细致，3个乡把没收领主、地主的四五千挑产量的土地分给了少田寨子的农民，使这些长期无田少田寨的农民受到很大感动。有的乡坝区傣族农民把没收地主、领主的土地送给山区傈僳族、拉祜族分配，加强了民族间的团结，解决了历史上因土地问题发生的纠纷。

忽视这一工作的地区骨干群众思想模糊自私，不照顾外寨农民，产生了问题。景真曼拉乡分配时寨与寨的积极分子在田里吵起架来，一个不给分、一个一定要分的争执，对地主祖护多留田而不愿分给外寨农民。勐海曼真乡把远田分给外寨农民，外寨农民嫌太远不要，以致剩田1000多挑，使农民之间的问题不能消除。

4. 组织好分配插牌：在分配工作妥善后，组织群众性的插牌运动，是从形式上、内容上对群众进行改变土地所有制的一个实际教育。群众把插牌是当作一个严肃的法律手续看

待，插牌前必须做好预分工作，干部与骨干先进行查实分配是否适当，要做到数字相符，做好插牌，避免正式插牌时的混乱。

插牌时群众情绪很高，群众敲锣打鼓，男女老少全部发动。群众情绪积极高涨，有的群众在插牌前的一天晚上兴奋得睡不着，一夜唱通宵。插牌中出现了无数生动事例，一些比较难发动的落后层也发动起来了，成为积极者，他们喊着："栽下金字牌！"分田户对自己的牌保护得很好，有的到百货公司买油漆漆上，特别是长期无田的雇贫农，分得了田地就在田中跳跃比武，有的抓起了一把土，闻闻香就歌颂起毛主席、共产党，这说明了群众的要求和希望的实现。平均每个农民分得875斤的产量，基本满足了农民的土地要求。

通过实际分配，一部分老年农民和落后层的群众受到感动和教育。运动中他们多少有些怀疑是否真有这样从来没有过的事，到分了土地插了牌，他们相信了，有的感动得在田中哭起来。因此抓紧时间对他们认真进行阶级教育是必须和必要的。在分配后专门对新分田户和补田户进行教育时，应明确地向他们讲党的主张、政策及一切措施，都是为了劳动人民的利益，领导劳动人民翻身，发展生产，改善生活。

分配时一般的对中农思想的发动重视不够，所以有部分中农对改革废除领主土地所有制后中农分得了田、得利最大认识不足，出现少数中农不积极，有的还提出"忙了两个多月，看着人家分田""白白干了"等反映，经及时发现后迅速补课，才激起了他们的积极性，认识了自己分得了田地，而且得利最大。

分配后应在群众提高阶级觉悟、积极热情的基础上，全力领导搞好生产，开展互助合作运动。

到分配结束后，群众的发动是比较好的，重点乡组织面达到95%以上，思想发动面达70%，一般乡思想发动60%，基本上达到了党的要求。

这一段时间大致需10天左右。

分配前后各地向地主协商购买了耕牛335头，向富农动员自报卖牛，农民与之议价购买234头，共协商购买了569头。各地进行中坚持了给地主先留好牛，价格一般掌握在市价的80%，有的是照市价，但也有个别地区偏低的现象，基本解决了部分缺牛户的困难。在宣传内地农民斗争果实支援后，更加强了边疆农民与内地农民的团结，具体地认识了天下农民是一家。

第五步：巩固土改胜利成果建党建团建政建武装

主要的工作任务和内容，是在继续进行社会主义教育的基础上，做好建政、建党、建团为中心的各项组织建设，总结工作、总结胜利，布置生产工作。为此，分配工作结束后，全力领导生产是主要的，紧密结合生产，进行建政、建党、建团、建武装等组织工作也是必要的。建立政权，实行人民民主专政是保证土改胜利的成果，在建党、建团、建立武装等工作进行后，主要目的是使农民从政策上、思想上、组织上巩固反封建斗争的胜利成果，占领农村阵地，为改革后逐步进行农业社会主义改造创造必要的条件。

这批土改抓紧了各项组织工作，取得了很好的成绩。

（一）建政工作

在农民分得土地、热情高涨的基础上，广泛向各阶层宣传建立村政权，向农民进行了一次民主教育，行使了公民政利，选择了自己的代表委员，建立了乡政权。主要解决的问题是：

1. 在农民中认真地进行总结土改胜利，总结中明确了党的领导、政策的正确，农民团结的力量。他们回忆到历史上也曾有过农民起来反对土司、领主，勐混赶走了刀栋材，但还是失败，封建领主制度还是存在。这回是真的翻身了。

2. 在阶级觉悟提高的基础上，接受了民主教育，认真选好了代表、委员，在我们宣传宪法中公民的权利与义务时，群众是能接受的。群众的反映是"这次不像以前，头人提出名来叫我们举手就是代表了"，而是在群众中经过酝酿选出很好的代表，一些不够纯的选不上。

3. 代表中安置了上层地富，效果是良好的，稳定了上层情绪。地富中反映："现在政府、农民对地主、富农宽大，留给土地还可当代表，今后要好好生产，听政府和农民的话。"同时也表示了我们保留了上层地富的政治权利，使他们感到还是有前途，有利于对他们的团结教育改造。

4. 乡乡建立了政权：在分配结束的49个乡（格朗和5个乡到8月才能建政）都成立了乡人民委员会，共选出正副乡长142人，其中女正乡长2人、副乡长46人；阶级成分是雇农49人、贫农90人、贫民1人、中农2人。委员365人，其中女21人；阶级成分是雇农91人、贫农191人、中农81人、地富2人，基本上保证了乡村政权的纯洁性，同时在边沿乡照顾了地富，适当参加政权。

建政中应注意防止的问题是：

1. 正确安排骨干、积极分子，在群众中酝酿选举代表是审查乡干的最好时期，但从审查中暴露出来的问题是两方面，有政治历史不纯和思想作风问题，应该区别对待。在我们干部执行中，是把凡有一点问题的都不想要，一脚踢开的想法、做法，把一些阶级出身好，改革后期骄傲、急躁，群众有点意见的就不要。安置委员或主要乡干是不对的，应该分别安置，政治历史不纯的应坚决不放在乡政权中，在不伤感情的情况下另适当安插；是思想作风问题的，只要出身纯洁，有一定工作能力的，教育后应坚决安置。

2. 宣传中注意不应把内部掌握的原则"政治历史可靠"向群众宣传，避免引起一些积极分子选不上代表而自己怀疑。有的乡在群众中宣传后，积极分子选不上代表，思想不安，家庭夫妇不和。

3. 注意积极分子内部的团结，勐遮景坎乡一积极分子为了想当代表委员怕选不上而私自活动。

（二）建立党团的农村基层组织应该作为进一步的中心任务

只有建立党团组织，才能更好地巩固农民反封建革命斗争的胜利果实，也才能更好地防止改革后可能产生的农村中埋头生产、不问政治的倾向，而把农民逐步引向社会主义的道路上来。因此，建立党团农村基层组织的问题，实质上是建设农村中的社会主义阵地问题和基础问题。在6种民族地区来说，也是解决民族问题的根本问题，任何的消极态度，都将会在政治上走弯路、犯错误，不仅从形势需要，而条件也是允许发展党团组织的。从这次改革中看，最主要的最基本的条件，就是经过解放6年的政治工作和这次土改运动的实际锻炼，都涌现出了一批非常可靠的骨干和积极分子，经验证明，只要对他们进行一段共产主义的教育和党的基本知识教育后，他们之中的一部分是可以成为一批很好的共产党员的。

1.建党：共发展党员280人，占人口的0.3%强；建立了的党支部46个。

党员的民族成分是：傣族236人，倮倮族14人，拉祜族14人，汉族9人，香堂族2人，布朗族2人，回族1人。

2.建团：共发展团员838人，占总人口的1.07%；建立了52个团支部。团员的民族成分是：傣族772人，拉祜族23人，回族2人，布朗族4人，香堂族1人，汉族11人，倮尼族25人（建党团详情另有总结）。

（三）接着农村建政、党团基层组织的建立，对原有改革前的乡村政权成员中90%以上都是农村当权头人，而且多数还是地富成分，在改革以后，农村阶级力量发生了根本变化，农民自己要求掌握政权，在这种新的阶级斗争形势下就需要建立民主政权。在形式上，仍应是统一战线的形式，边沿地区，对个别表现进步的农民成分的小头人，吸收他们参加（不能当领导干部）。在内容上，应该是雇贫农占绝对优势，树立坚强的雇贫农领导核心，在乡人代中一般的雇贫农应占2/3（包括原为贫农的下中农），中农及农村中的其他劳动人民可占1/3（包括个别进步的农民成分的小头人），这样做既有利于发动群众，也有利于团结农村中为多数的小头人。至于叭以上的农村当权头人，在取消了他们乡村政权中的职位后，就必须把他们适当地安排在版纳的协商机构中来，在经济上给予必要的照顾，否则将难达到对他们进行团结教育改造的目的（个别版纳没有成立，也必须迅速建立）。

（四）建立了民兵武装、治保会、妇代会等群众组织

乡乡建立了民兵中队、治保会、妇代会等，通过这些群众组织，进行了民主教育，动员所有群众转向生产（详细总结另报）。

建政以后，各地以版纳为主的召开了上层地富会，进行协商武器。这次的协商武器是采取完全动员说服的方式，由地富自报，自报情况与我掌握情况相符的就放过，不符的个别动员，坚持了不追不逼的方针。各地共协商交来武器是各种大小枪××支。

结合协商武器后做了稳定工作，对一般生产生活有困难的，公开发给补助，效果是良好的。各地共发给××人，补助了××元，上层思想有了转变，顾虑前途的思想有所解决。有的地区并成立了"社会主义建设学习委员会"，对上层达到基本稳定。

肆、主要经验

整个运动中几点主要经验是：

1. 以民族干部为主体组成土地改革工作队，汉族党员干部担任支书，民族干部担任队长、组长，在实际工作中充分发挥民族干部的积极性和领导作用。支书的主要任务是帮助分析研究情况，贯彻执行政策，组长负责团结教育上层，组织串连发动群众，一般的汉族干部，主要是帮助组长进行社会调查、统计总结材料。通过土改运动，进一步锻炼培养提高民族干部的阶级觉悟、领导能力和政策水平，同时更加密切地联系了本民族群众，在群众中建立领导威信，堵死了敌人和上层中左派分子挑拨民族关系的漏洞，保证了土改的顺利进行。

2. 上层工作：民族上层经过6年来的团结教育改造和政治上的妥善安置，生活上的补养，进步靠我阶层日益坚定，中间层进一步扩大，落后层进一步走向中间，绝大多数基本上靠我，对土改表示同意赞助，少数顽固落后分子在大势所趋、人心所向的情况下不得不赞同土改。但随着土改的全面展开，大大地缩小了敌人的活动地盘，因此，敌人与我争夺民族上层的斗争日益突出，加上民族上层阶级本质所决定的动摇性、右派分子的两面性，在阶级斗争尖锐的情况下多被敌人利用，为此做好上层工作是顺利完成土地改革的关键问题。

（1）在改革的准备阶段，我们对上层进行了分类排队，根据不同情况进行了妥善安置。对民愤大的右派分子采取回避的方式（送省民族学院学习），保证其过关；对机关统战干部和进步靠我上层均一律保证他过关，并分给他一定工作；对叭一级以上的头人由版纳召开会议进行教育改造，鲊、先一级头人属地富成分者由乡支书大组长负责进行教育改造；对农民成分的小头人和上层子女，由组长分别单独召开会议，当群众工作去做，区别对待，达到分化其内部的目的。

（2）培养机关统战干部和进步靠我上层，对地主富农进行教育改造工作。对机关中之统战干部及进步靠我之上层，各版纳工委都亲自动手对他们进行了深入细致的政治思想工作，帮助其消除顾虑、稳定情绪，把思想工作搞透后，充分运用他们的力量去做地主、富农的教育稳定工作。凡是思想工作做得深入透彻，他们都能在上层会议上深入揭发封建领主制度的丑恶和对各族人民的危害，并以自己的回忆对比现身说法的方式教育地主富农，对稳定上层起了重大作用，既教育稳定了上层，又改造了他个人，从而感到党对他的关怀信任，为今后继续对上层的团结教育改造工作打下了良好基础。

（3）从正面入手，对上层进行了教育改造工作，具体内容是四讲三对比：讲形势、讲政策、讲前途、讲利害；对比解放前两个党、两个军队、两个政府，对比改革不改革对国家对民族对人民的利害得失，对比过去封建领主对农民的残酷压迫剥削，现在共产党领导农民采取和平协商的土改政策和农民对领主、地主的宽大，使其认识罪过，相信政策，看到前途。在教育中对其进步的一面——放弃了部分剥削、参加劳动、赞同改革给予鼓励表扬，对其落后的一面给予适当的批评，在回忆对比中上层把他们过去做的坏事全部推在召片领、国民党身上，我们既承认是事实，又指出他是封建领主集团的一员，直接压迫剥削过群众，本人也有责任。对上层的怀疑顾虑（怕杀、怕关、怕斗争、怕算剥削账）从正面说明道理，从揭发他们过去压迫剥削农民的事实说明今天农民起来要斗争要算老账是不可避免的，要说明党的宽大政策，过去有的人做了坏事，今天遵守政府法令，拥护改革，愿意交出土地、废除债务不再做坏事，对过去的问题是既往不咎，党能够说服农民不用斗的方法用和平协商的方法废除封建领主制度。怕党和群众不要他当干部无前途，正面说明改革后乡村政权是民主选举产生，你们过去压迫剥削农民太深，农民不会再选你任乡长，又要指出凡是愿意革命为人民办事党和人民群众都是欢迎的，不能在乡上工作，要革命可到版纳自治州政府、财经、卫生单位工作，原来是干部代表、委员的不但不降职，在工作中表现好的将来还要提拔。坚持说服教育的本身是一场尖锐复杂的阶级斗争，在教育中既要使其认识进步的一面，又要使他认识罪过的一面和前途，只有使其认识了罪过，看到了前途，才能感到党对他们的关怀照顾，农民对他们的宽大。

在改革中每个步骤都采取了先上层后群众的工作方法，每个阶段首先向上层打招呼交代政策解除顾虑，在稳定了情绪的前提下说明我们还要向群众交代政策，上层学习了政策后仇恨召片领、国民党，农民学习政策后必然更仇恨领主、地主对他们的压迫剥削，听了后不要惊慌。工作队在农村的主要任务就是教育农民执行和平协商土改政策，以此减少在农村发动群众的阻力。

在协商会议上，充分运用会议形式，对上层进行了说理说法斗争，事前对上层进行了分头排队，在会议上对进步靠我之上层保护其过关，并运用他们对顽固落后上层进行教育工作。对中间分子只要承认阶级、承认剥削，不再揭发批评。对在上层群众中受到孤立的落后顽固分子，群众在会上予以深刻的揭发批评，特别是要争取进步的上层对其批评，但批评的内容要尖锐深刻，方式要和缓稳妥，既要使他理屈词穷低头认错，又要做到不伤感情，基本上达到了斗争服从教育改造的目的。

在傣族地区的土地改革，不采取群众斗争的方式，坚持说服教育充分协商的方法是可以废除封建领主制度，因民族上层在国际国内有利形势的发展和边疆几年来的重大变化，群众觉悟提高的推动下，和党对民族上层长期团结合作政策的实施，他们在亲身体验中看到了前途和出路，在运动中坚持了自上而下的从正面入手进行说服教育和自下而上的群众力量相结合的方式，对上层进行教育改造，既废除了封建领主制度，又达到了团结教育改造了上层、发动了群众的目的。

宗教工作：傣族地区的佛教是带有国际性和民族性的宗教信仰问题，由于历史上的传统影响，佛教界的外向心理较严重。改革开始，敌人上层利用宗教进行破坏活动，一时造成群众的思想混乱，各版纳先后召开了大佛爷会议，进行形势、改革的正义性、必要性的教育，宣传宗教信仰自由的政策。改革中对宗教的具体政策澄清其混乱思想后，再进一步讲爱祖国、爱民族，保持宗教的纯洁。中国的佛法高深，中国佛寺协会的成立，佛（牙）遗留在中国，要学经书到内地去学，由外向促进了其内向心理。通过以上工作，团结了一切可以团结的人，达到孤立敌人的目的。

（3）在改革中正确对待原有积极分子是群众工作的重要一环。农村积极分子是在党领导下成长起来的，对党的政策有所了解，有工作能力，在群众中有威信。经过各项政治运动的锻炼，和上层威胁利诱的考验，过去几年来他们是我们党在农村工作中的依靠力量。原有积极分子是上层与我争夺群众的一个中心问题，对原有积极分子采取一脚踢开的态度，则易被上层拉过去成为我们发动群众的阻力，增加新积极分子的成长的顾虑。

对待原有积极分子采取的方针是："爱护、团结、教育、提高"，在运动中要充分发挥其积极作用，给予适当安插，通过群众来审查他们的政治历史、思想和工作，进行分头摸底排队，分为骨干、积极分子、一般团结使用3类，对其思想作风问题，应给予真诚帮助，加强群众路线教育，密切联系群众，在运动中团结教育提高其觉悟，划清界限，坚定立场。在各乡骨干中2/3以上都是原有积极分子，他们当中除少数人不纯外，大多数是好的。事实证明，他们在宣传土改政策、发现培养新积极分子、领导群众回忆对比、诉苦算账、串连发动群众搜集地富材料是起了很大作用的。

（4）发动群众必须广泛深入认真地宣传土改的正义性和必要性，彻底揭发封建制度的一切丑恶事实。通过典型培养、以苦引苦，进行回忆对比、诉苦、算剥削账来发动串连群众，串连组织的办法是以个别串连、家庭串连和组织农民小组的形式。通过回忆对比，使群众认识旧制度，仇恨封建领主统治阶级，经过进一步算剥削账，帮助农民找到穷根，认识封建领主的土地所有制是农民穷困、民族落后的根源，应积极团结组织起来，消灭地主阶级，废除封建土地所有制。

在农民的斗争劲头鼓起来以后，要从正面用和改的政策把他们引向正确的方向去，应该抓住土地问题为中心，认识废除封建土地所有制就是从根本上消灭封建领主、地主阶级。农民有了土地，在党和人民政府的领导下，可以通过互助合作的道路走向社会主义，用6年来的民族工作和景洪和平协商改革经验说明和改是正确的。通过教育，农民是相信党的领导，拥护和改政策的。

经验证明：不用大会斗争的形式和面对面斗争的方式，而采取以小组的背靠背的回忆对比、算剥削账揭发封建领主阶级的丑恶事实，同样是可以使农民认清封建制度的本质，仇恨地主阶级，划清思想界限的。

5.掌握民族特点，不断坚持份地制度教育是对农民思想发动的中心。份地制度及村寨等级关系，是傣族封建领主制度下的特点，它模糊农民对土地的认识，破坏农民内部的团结，因此自改革开始就应认真向群众进行封建领主土地所有制对民族发展、生产发展的危害性的教育，强调改革是改变所有制，废除领主土地所有制，变为农民土地所有制。回忆对过去吃田出负担的痛苦，揭发领主、地主阶级所造成的村寨等级制度的真相，揭发份地制度的不合理，这就有利于发动所有农民特别是有利于对中农的发动。富农在争取中立后，进行份地制度教育，指出分得土地是可以和领主、地主划清界限，孤立地主阶级的。

运动中着重在没收、征收、分配时抓紧进行份地制度教育，使农民理直气壮地起来没收、征收，分配前做好骨干、积极分子的思想工作，强调农民内部的团结，大公无私，互相照顾，为分配时村寨调整打下基础，同时解决民族之间、村寨之间的团结问题。

坚持份地制度教育是不断提高农民思想觉悟的重要内容之一。从具体事实中进行分析，土地的一切分配大权是属于领主和农村当权头人，他们有自由，农民没有自由，农民随时有被夺去土地的危险，所谓"寨公田"是领主、地主蒙蔽欺骗农民的，并指出份地的不断调整，土地不固定，农民的生产积极性不能发挥，技术不能改进，生产不能发展的危害，农民是完全可以提高认识、仇恨封建领主制度的，激起没收领主、地主土地的正义性认识，可理直气壮地起来没收、征收，在农民中进行合理分配，达到改革的目的和要求。

6. 运动中不断加强干部的政治思想领导和政策策略水平的教育提高，是正确执行党的政策的保证。改革的每一个步骤中防止左的、急躁的思想倾向是主要的，不断提醒干部认识形势，从全面出发，从长远考虑，具体分析情况，是解决干部中片面群众观点的主要方法。

每一步骤中组织干部学习，总结统一思想，统一认识，统一在党的方针政策范围内是必要的，而且是比较稳妥又积极的领导方法。

经验再一次证明，凡是坚持党的集体领导原则的地区，发挥了干部的积极性和集体的智慧，保证了党的政策的正确执行，运动发展是健康正常的，没有坚持这一原则的就出了问题，运动走了弯路。

7. 做好边沿非改革区的稳定工作是有利于改革区的上层的稳定，有利于群众的发动，有利于对敌斗争。这批改革证明，我们抽调了力量，在改革工作进行的同时，加强了边沿山区工作；加强对敌斗争的政治攻势，做了上层稳定工作，领导群众生产，使边沿从不稳定的情况稳定下来，争取了主动，堵塞敌特破坏的漏洞，使改革区能集中精力胜利地完成改革任务。

第二批和平协商土改总结（勐腊、勐捧、易武、象明）

中共西边工委土改办公室（勐腊）

1957年元月6日

第二批和平协商土改总结
（勐腊、勐捧、易武、象明）

一、情况及成绩

　　勐腊、勐捧、易武3个版纳及象明的土改区，计34个乡6046户，人口32845人，在坝区以傣族为主约23828人、山区以汉族（4326人，本族2735人）为主的约17种民族的聚居和杂居区进行改革，从总的社会情况来看系属封建领主制度，但在发展变化上有着程度不同的演变。其情况是：

　　1. 在坝区以傣族为主的自然经济较为突出，封建统治强而分散。这3个版纳一直到现在还没有形成一个像样的市场，土地在领主领有下使用是分散的，农民还停留在自足自给的状况，虽有交易亦不是主要的，是在自己生产剩余之时发生的。而在政治上的封建统治却是强的，在这3个版纳中有大小勐14个，各有其一套严密的土司头人制度，解放前对宣慰是服管不服调的割据之势，所以头人多特权剥削是主要的手段。新旧大小头人计1218户，占总户口26%，占傣族户口达1/3，城子有的达54%，因此统治较强，但又是分散的。有的勐是各自为政，勐与勐之间历史上又常有械斗，又因距宣慰远，割据时间较长，所以就比第一批土改区较复杂。

　　解放后由于受内地土改的影响，上层恐惧土改中的斗争，因而在上层控制下逐年都进行过土地调整，形成土地不固定分散的状况，群众在土地上的加工生产受到一定影响，而上层却在调整中不断占有好田，从吃官租而逐渐转为吃地租、派劳役。

　　2. 在山区以汉族、本族为主的经济变化，也较傣族有所发展，商品的交易较多。解放前汉族的地主，大多数经营商业，集中大量山场，号为山主，有的甚至发展到政治上的当权恶霸，领主已不能控制，土地买卖关系较频繁自由，地租、高利贷剥削较突出。但在1950年前后经过一些减租退押、清匪反霸、镇压反革命的运动，成立过农会，群众中直接地与地主进行过一些阶级斗争，地主阶级受到了一定打击，剥削有所削减，群众有一定的思想觉悟。易武、象明的山区乡计13个，占土改区1/3强，是一个民族杂居的地区，民族关系是复杂的。

紧靠国境边沿，对外震动大。这批土改区中有9个土改乡是最边沿，当我土改队一到后，国外勐信头人叭西广即召开上层会，对我改革散布破坏言论，说"大头人划大领主，小头人划小领主，全部要拿去杀"，对边民情况也有紧张。加之敌人的破坏更直接，散布变天思想，扬言美机要来轰炸我境内，煽动居民外迁，以便借机在国际上有造谣中伤的资本。所以我们的土改乡就有3种情况：

第一种是紧靠国境线的9个边沿乡，斗争更复杂尖锐。

第二种是山区乡，民族关系复杂，山地分散，群众工作基础较差，问题亦较多。

第三种是接近版纳领导的中心乡，仅只11个，群众工作基础较其他乡好。

同时这批改革区是地广人稀，村寨分散，交通不便，有的乡往返需六七天，不通电话，在领导上存在着较多的困难。

居于以上实际情况，因此党的方针政策，就要求更缓和稳妥、更宽大些，一切从国际影响、对敌斗争、民族团结出发，在解决土地问题后群众有所发动，上层更趋稳定。所以地委进一步提出了对边沿乡的具体政策和做法，以便保证最后一批土改的顺利完成。

从3个多月来的执行情况来看，我们认为是取得了很大成绩的。首先是基本上贯彻执行了中央"慎重稳进"的方针，坚持了和平协商的原则，用教育说服上层的方法使他们在事实面前承认了剥削和阶级，交出了土地，废除封建的领主土地所有制和特权剥削。同时在广泛地宣传土改正义性和必要性后进行艰苦深入的访贫问苦、扎根串连工作，通过回忆对比，用群众实际生活的体验来教育了群众，提高了阶级觉悟，仇恨地主阶级。农村中划清了阶级界限和剥削界限，组织成有觉悟的农民队伍，农民小组成了光荣的劳动农民的组织，把所有农民都组织到农民小组中进行了系统的教育，使地主感到了孤立，把过去地主阶级的威风搞垮了，接受了在劳动中进行改造，亲自参加生产。这样就使农村中的阶级力量发生了根本的变化。

我们取得的具体成绩是：

1.通过发动群众揭发了剥削事实，在农村中划清了阶级界限和剥削界限，共计划出地主223户，占总户数的3.68%；富农115户，占总户数的1.9%，使地主阶级受到孤立。

2.没收地主土地169282挑；征收富农土地2148挑，占富农产量的9.9%；没收地主茶园14851挑。除留给地主25913挑外，分给新分田户1025户3981人产量160762挑，补给少田户1086户4985人产量77634挑；每人分配最高达1200斤，一般是800斤，最低500斤。废除领主土地所有制后，在原耕基础上分配给中农3020户18801人产量395071挑。废除地主债务人民币12494元。

3.培养了农村干部，建立了基础乡政权33个，选举了正乡长33人（其中女1人）、副乡长60人、委员210人。其中有雇农42人、贫农165人、中农88人、地主6人、富农2人，保证了贫雇农的领导优势。建立了33个民兵中队部，民兵2255人。

4.发展了党团组织，建立了党团支部：共发展了党员125人，包括10种民族，建立了26个党支部；发展团员415人，包括12种民族，建立了23个团支部。

5.协商收缴地富武器步枪130支，子弹1583发。

购买耕牛188头，分给418户贫雇农。

6.培养了一批骨干、积极分子：骨干分子636人，积极分子1109人。所有农民全部组织参加了农民小组，思想发动面少数重点寨达67%，一般达60%，边沿乡达50%。

二、主要工作情况

（一）上层工作

上层在试点和第一批改革后，思想是更有准备，一部分在与改革区的上层联系后对党的政策有了信任，但又怕我发动群众，害怕斗争，而实际上又没有经过改革，具体的感受没有，所以他们大多数是等待过关；少数的进行收买拉拢群众，使在改革中更有利他们，避免斗争；个别的惊恐不安，怕改革像镇反一样，看势决策。个别村寨上层则还气焰嚣张，控制群众，借口迷信习惯赶我土改队出寨，对群众进行无理罚款。破坏我宗教政策，扬言改革要改宗教，增加赎佛次数。

我们根据了这类地区的情况，和本着地委的指示"防止形成和所有的头人对立"，我们坚决采取了分类排队、区别对待的政策，一开始就把上层面压缩到10%以下，个别城子乡是15%左右，其他的一般中小头人当群众工作来做。对上层的教育是正面的，耐心等待与发动群众相结合起来，同时对进步的统战干部分配工作，有的担任乡大组长专做上层工作，有的分配上山进行救济贷放，原有乡干亦积极抓紧，通过他们去教育其他上层，特别对顽固落后的进行了适当的批评和指明前途出路的教育。这批改革中上层工作的重点是放在版纳进行的，每个步骤前都由版纳工委亲自做了工作，学习时间放得较长，有的一次学习达12天多，政策交代较统一，解决思想问题较好。协商阶级时，绝大部分都能承认阶级和剥削，原来怕土改和镇反一样，汉族地富和傣族地富在政策对待上怕不一样等的思想顾虑得到了解决，回乡后大组又抓紧教育，所以大多数地区的上层是在接受政策的基础上稳定下来的。实际上，我们的具体政策上亦比第一批放宽了，不协商耕牛，不没收小的鱼塘、茶园。当群众发动起来后，他们感到了孤立，通过划阶级打垮了政治威风，在农村中成了可耻的阶级，在群众的监督下一般地不敢进行破坏活动，并表示"再也不敢剥削了"。

当没收土地后他们感到没有前途了，怕不够吃，在我们照政策留给与农民同等土地后，堵住了这种叫喊。在建政时，代表中有1/10的地富，在乡委员中有12人进步靠我之地富，使他们看到自己政治权利的可贵，感到党的政策的宽大，看清了前途，因此从基本上稳定下来。

上层家属子女工作是稳定上层的重要内容之一。一开始我们就抓紧了这一工作，在召开上层会后紧接着召开家属子女会，向他们进行改革的正义性、必要性的教育，同时指出他们过去的生活是靠剥削农民的，今后要劳动生产。对其子女指出，他们是有前途的，将来可以学习，好的可以参加工作，过去参加劳动生产的划阶级后还可以争取进步，教育父母，争取参加农民小组，同时让他们参加了一些农民的文娱活动。在划阶级后，也执行了吸收个别进步的从事劳动的青年子女参加了农民小组，有的吸收参加工作调到其他地区去。这样执行的结果是，教育鼓励了其他地富子女积极要求争取进步，在家中说服父母听农民的话，跟共产党走，而地富的反映则是他们已经老了，只要子女有前途，他们就有前途，打破了担心将来子女的出路问题。这样做对他们给予了很大教育，并起到了积极稳定上层的作用。

在成立妇代会时，选举了地富家属参加会议，起到了良好的反映。如勐腊召龙西里老婆，当选她当妇代会代表时，她感动地说："像我这样的领主老婆，过去靠剥削吃饭，今天农民对我们这样宽大，我要亲自参加劳动来改造自己，积极争取改变成分。"从家属工作的效果来看，一方面教育了他们，减少运动中的造谣、破坏、抵抗；另一方面避免了对地富的刺激，使得一些想离婚分家的现象少发生和不发生，使上层地富的工作达到全面。

但在个别地区出现了两种情况：主要是处理团结与斗争的关系是不够恰当的。注意了上层的团结稳定，而又忽视了群众的发动，使团结上层没有基础。所以上层还敢嚣张，在协商阶级时尚敢于公开抵抗，歪曲事实，到土改结束时还不承认阶级和剥削，散布破坏言论。有的地区为了稳定上层，不是充分发挥政策威力与发动群众相结合，而是想通过经济手段来达到稳定上层，所以发给生活补助费，不是根据其生活困难情况，而是普遍发，凡参加学习的都发，并提出进步的多发、不进步的少发，因而在上层中起了反作用，回乡后打击群众，说"你们天天开会诉苦哭，不见政府发给你们什么，我们政府还看得起，还发给钱"，助长了上层威风，对群众支持不够。另一种情况是注意了对上层的斗争，但在掌握时不是适可而止，形成过火斗争，到处歧视打击。协商阶级时硬追硬逼，插牌时用民兵监视跟踪，使上层感到似对劳改犯。群众中政策策略教育不够，出现不同地富买卖，叫地富小孩"小地主""小富农"等，使上层感到无容身之地，造成阶级关系的过分紧张对立，实欠稳妥之处。

由于对问题的发现及时，纠正坚决，领导亲自交代政策，所以这批土改中上层没有发生外逃自杀事件。但稳定的主要原因是：

1. 和平协商土改政策的正确。上层看到试点和第一批执行的情况，加之我们在这批中某些具体政策上放宽了，具体执行时又确按政策办事，生产生活困难的土改中给予了补助，后期建立了"社会主义建设学习委员会"，对他们进行了社会主义建设的前途教育。

2. 国内外形势发展对我有利。国际局势的缓和使敌特无造谣破坏的根据，在土改期间周总理的访问东南亚给予群众和上层很大的鼓舞，邻国宣传了中缅、中寮友好关系，宣传和平共处。我结合宣传对敌斗争，所以上层感到在自己的祖国更好。

3. 上层工作全面系统。在上层比较接近周围的力量，主要是家属子女都做了工作，从各方面去影响教育他。在分类排队后采取了区别对待，调动了上层中的积极因素，起了一定作用。

（二）从划阶级中来看，大多数乡政策做法是正确稳妥的

经过政策的交代，结合回忆对比，揭发了地富剥削事实，划清了剥削界限和阶级界限，群众在政治思想上有进一步的发动，群众的活动有了显著的变化，积极起来搜集反映地富剥削材料，他们明确了要把地主富农和农民的阶级分清，通过收集材料教育了农民认识贫穷的原因，激起了阶级仇恨，要起来斗争。所以划阶级是在群众已经发动起来的基础上进行的，大多数乡取得了胜利，经过协商阶级打垮其政治威风，低头承认阶级和剥削。但少数乡发动群众不够，地富威风打击不够，地富尚敢嚣张，而有的群众阶级仇恨激起来后，政策教育差，斗争中又稍有过火，因此协商阶级中出现了3种情况：

第一种是协商前对群众的政策交代得充分，群众掌握了政策，收集材料，形成了群众运动。多数群众起来揭发剥削事实，地富在收集材料时就已孤立，威风下降，群众要求狠狠地斗争地主，而我积极抓紧进行政策策略思想的教育，把阶级仇恨提高到政策策略的水平，做了具体分类排除，争取进步的在承认阶级、承认剥削后就放过，个别顽固落后的加强了个别教育和给予群众开展适当的斗争，到低头承认阶级、承认剥削后就适可而止，打击面不大，争取了多数，孤立了少数，达到了以斗争求团结的目的，群众满意，上层的政治威风亦打垮了。

第二种情况是群众阶级仇恨激起后，进行政策策略思想教育不够，群众要求斗争就追随群众，协商阶级中就过于放手，让群众展开了过火的斗争。协商时追造谣破坏是硬追硬逼，地主抬头不得，低头不得，谩骂红头地主、大头地主、尖头地主，有的因不称"怀"而被斗争，直至搞哭方休，结果是上层对我政策怀疑，群众还感斗争不够。

第三种情况是对群众支持不够，思想发动差，群众还不敢面对面地与地主进行说理斗争，因此地主威风未下，还敢在会上歪曲事实，不承认阶级和剥削，反说他养大了家奴。群众不敢据理反驳，就使个别地富到没收分配时还不承认剥削和阶级。但这种情况是少数个别乡的。

从以上3种情况看，就使协商阶级的工作不够圆满，由于干部片面的群众观点想多划地主，所以地主面达4%多，就稍宽于上级党委的要求。

（三）群众工作方面

这几个版纳在解放后虽做过了一些群众运动，建立了一些群众性的组织，有农协会、妇女会、民兵联防、儿童团等，一部分组织是属农民掌握，一部分却为上层掌握，妇女会主席多为上层家属，儿童团长亦是上层子女，加之乡政权乡长、干事亦是上层，所以形式上是新的一套组织，实质上是旧的制度。加之上层曾不断进行土地调整，模糊群众视线，所以群众除了对党有一个比国民党好的认识外，其他的认识是模糊分不清界限，其中虽有

一批原有的骨干、积极分子，但锻炼少，觉悟是不高的。有的是由乡长指挥的，少数还是不纯，为地富子女或是新上升的富农，个别政治历史有问题。同时发展是不平衡的，除了重点乡外，其他地区群众基础是差的。

但由于试点和第一批土改的胜利，土改队要下达的声势形成，鼓舞了群众，思想有了准备，当土改队到达后是积极热情地欢迎要求土改，使我们的工作有了群众基础，就有利于工作的开展。

根据以上的情况，我们进行了以下工作：

1. 在原有工作的基础上我们确定了：正确使用原有组织，广泛宣传政策，逐步建立新的组织，坚持步步深入、逐步提高的方针，把土改正义性、必要性全面地同群众进行了广泛交代，做到了家喻户晓，占领群众思想阵地，把上层和敌特散布的谣言揭穿，明确改革是对封建领主地主，不是搞所有的头人，更不是在农民中打乱平分，使大多数群众稳定下来，积极投入到改革运动当中。

2. 通过原有的积极分子进行深入的访贫问苦，扎根串连：由于这些地区自然条件的优厚，解放后党积极领导大力支持农民的生产，生活有了显著的改变，农民生活条件比第一批要好，所以干部初下乡时感到苦恼，从形式上来看家家是大房子，房子下面有牛圈马圈，怕找不到贫雇农。我们坚持了不单看形式，应深入下去从实际出发，因此扎根问题逐步地求得了解决，发现了一批家奴和贫雇农，有的乡10多天中发现了40多新的根子和积极分子，反过来依靠了他们，亦审查了原有积极分子，使扎根问题基本求得解决。在运动中正确地贯彻执行了党的阶级路线，依靠贫雇农，使建党建政工作建立在纯洁的阶级基础上，乡里面的主要依靠力量是现在的贫雇农和少数下中农及个别好的新中农。

3. 运动中坚持了思想发动和先组织后发动的原则：在发动群众中我们是根据不同的地区确定不同的做法的。在接近版纳的中心区基本上和第一批是相同的，而在边沿乡我们是采取了以下做法：

（1）农代会中不进行大会诉苦，而坚持小组的回忆对比，时间放长点，在小组中进行诉苦具体帮助分析提高，这样做法是比较细致，思想发动更深入。

（2）组织农民小组，是以农民代表为核心，个别串连形成了领导力量后一次把所有农民组织起来，除极个别的农民成分的头人外全部参加农民小组。在小组中不进行具体的诉苦，而是通过新旧制度的回忆对比提高认识的，对上层的震动不大。同时上层集中版纳学习时间多、阻力小，群众工作可以好做些。

（3）政策交代较广泛充分，不能草率急于求成：由于边沿乡过去工作基础薄弱，群众认识是比较差的，如仓促草率地含糊地交代政策，反而会形成混乱，必须是逐步地明确交代政策，在农民中充分地酝酿，使他们从实质上弄清楚就不出问题。

（4）进行份地制度教育，发动所有中农：大多数农民由于份地制度的影响，改革中他们存在两种思想：一种是中农怕把土地拿出打乱平分；一种是贫雇农要求除没收领主、地主的土地外，要把田多的抽出来平均分配。两种思想都是对土地所有制没有认识，我们通过过去的调整土地、吃田出负担，算官租、劳役、杂派的账，用群众实际体验的事实来教育了农民，使他们认识了份地制度的危害性，说明了所有农民没有土地的痛苦，明确规定了所有农民耕种的土地不动，在原耕上分配，解除了中农的怀疑顾虑，积极起来参加运动，特别在分配插牌中比较活跃，对党的政策更加相信。

山区同样可以进行份地制度教育，用山区人民所受领主贡物、劳役、杂派的负担来买地种的事实教育群众，分配插牌分给固定的耕种土地，群众情绪高涨，打破原来认为山地没改场的思想。

（5）加强了民族内部的团结和民族之间的团结教育：结合分配进行揭发了封建领主为了加强统治制造民族内部的等级制度和民族之间的歧视，造成了农民内部的不团结和民族间的不团结，经过教育后勐伴城子把没收地主的田分给了外寨农民，并且分给了岔满族，欢迎搬入城子。各地出现寨与寨之间、民族与民族间互相让田分田的好现象，易武山区乡原来民族之间互相诉苦不满，经过教育后一致仇视地主阶级，解决了民族内部和民族间不团结的现象。

（四）干部方面

经过第一批的工作总结，大多数干部政策策略思想水平有了很大的提高，他们能接受好的经验和不好的教训，在工作中能虚心正确地贯彻执行党的政策，依靠群众，和农民同吃、同住、同劳动，起了积极模范的作用，且在干部情况上是有了好的变化和恰当的配备，保证了运动的正常发展和胜利地完成了历史任务。具体表现是有的乡支书、大组长已全部民族化，他们已经能认真地掌握情况和政策进行工作，而且做得还较好。其次是加强了边沿乡党的领导，安置了较强的干部掌握，工委不断深入进行领导。另外是经常学习上级的指示文件，一般干部比较积极热情地艰苦肯干。

但干部中也存在着两种主要情况：一种是不断地出现左倾急躁的倾向。在少数领导干部中，他们是经过了试点和第一批的改革，对政策是认识的，但由于滋长着骄傲自满情绪，对情况不深入了解研究，对上级政策不学习，凭自己主观办事，出现了一些问题。如在边沿个别乡硬性规定农民不同地主来往，不进行买卖，地主见了农民凡8岁以上的都要称"怀"，对地主过于生硬，造成阶级关系过分紧张对立。有的中心乡在分配插牌用民兵跟踪地主，使地主反映他们像劳改犯一样。有的地区在对地富上层分类排队中凭自己主观的好恶确定地富怀疑户，有的随便布置收缴枪支，边沿乡在农民小组中不诉苦亦布置诉苦。在扎根问题上不想深入地访贫问苦，只是单纯使用原有积极分子，有的把不纯分子安了农代常委主任，使后期根子搬家，就影响到对新的培养不足，损伤旧的感情，多少给工作带来了不好的影响。

另外一种情况是增加了一部分新的同志，和新的领导成分。由于我们具体政策教育不够，和他们学习的不足，在一些政策和做法上是生疏的，初期工作中感到苦恼和不敢大胆进行工作。所以当他们在对群众交代政策中有一些缺点和错误，如宣传不动两头动中间，使中农增加了思想顾虑和被动。交代划阶级的三把尺子，是70%至60%一把、50%至25%一把、25%以下的一把，有的在组织农民小组中乱提条件，吹大烟的不要，哪天断烟，哪天吸收，参加农民小组的要进行检讨，经过提了意见才吸收等现象。干部在对先组织后发动思想是不通的，经过教育后这些问题是得到了及时的纠正解决。这种情况和问题是我们所原来没有估计到的，所以在每个步骤之先进行认真的教育学习不够。

从这批的版纳工委领导情况来看，基本上是坚持了集体领导的原则，工委和各支部中是团结的，同志间亦是团结的。前期的政治思想领导是抓得紧，中间忙于搞协商阶级等工作，有所放松，个别乡、个别人就出了些问题，在群众中派蛋吃、向农民借钱、偷钱花等现象均已发现，有的继续发生乱搞男女关系的。经检查了解后发现了问题，及时在干部中进行了整顿，通过总结来提高干部政策策略思想，批判了左的情绪，克服了一些不讲策略的做法，基本缓和了一度阶级关系紧张的情况，使工作没有发生严重的错误。

三、主要的缺点和错误

由于我们对边沿区的实际情况分析认识不足，和对省委、地委、边工委指示学习差，所以在具体指导工作中出现了一些偏差和错误。主要是：

1.在指导思想上是不稳定的。初期强调了从对敌斗争和国际影响出发，抓紧了上层工作，群众工作就稍有放松，只从不出乱子、不发生问题一方面看，因此群众工作跟不上，上层尚敢于威胁群众、破坏生产，经发觉后注意加强群众工作，着重地进行了斗争。政策教育不够，做法上不策略，为了锻炼骨干斗争有的过火，造成阶级关系的紧张。总的情况是先松后紧，想多做群众工作，而实际亦是多做了一些。

2.划阶级时控制不严。协商阶级时坚持边工委、地委指示不够，有的边沿乡虽集中版纳协商，而斗争却比第一批一些中心区还过火一些。同时在控制面上不严，地富面普遍是偏宽，有的乡达14%多，有些可划与可不划的地主划上了，结果土地搞不出来，反而分给土地，多增加了阻力。后经地委、边工委指示压缩了一部分，但仍然是偏宽。

3.少数地区对中农思想发动不够。改革中中农得利最大不明确，积极性不高，插牌时不重视，有的是没有发动中农认真参加，中农的积极分子没有分得土地而不满，认为自己的产评高了。对少数佃中农的抽佃工作，思想动员不够，以致在试分时在田中争执，佃中农认为是改着他。

4.时间的掌握上是不够紧凑，有的忽松忽紧，有的先松后紧，使步骤安排上有些混乱。有的是大组领导层次多，开会时间跑路时间多，几乎占了2/3的时间，深入领导就感不够。

5.对根子的成分审查过严了一些，因而使部分乡根子搬家，新的培养不起来，原有的思想有所不满。

四、结合土改进行领导生产，加强边沿山区和对敌斗争工作

1. 搞好生产迎接土改是这批改革中推动生产的很大力量：为了迎接土改，群众积极地早栽早插，比往年提前了将近1个月，并积极地进行清理寨内卫生，把粪送到了田间。土改队在土改、生产两不误的原则下亲自深入田间，帮助领导群众生产，组织了变工互助、打猎护秋，亲自领导抢收，使今年生产普遍增产，极少数因自然灾害减产。所以今年群众反映是几十年来生产最好的一年，他们欢笑地说，打垮了封建领主生产特别好。

2. 加强了边沿区的山区工作：各版纳都由机关和土改队中抽出了力量，配合部队开展了坝区改革对山区有利和山区不再进行土改的宣传，积极领导生产，发放救济贷放，并组织贸易小组配合流动供应物资，群众反映很好，认为是自解放后从来没有这一次好。这说明了这几个地区过去的山区工作是比较差的，建议工委今后加强领导。

3. 对敌斗争工作：在展开土改的同时结合宣传了形势，宣传周总理对解放台湾的发言，并前后送出大量的宣传品，组织外逃地富家属写信争取。在具体做法上，是采取了对外逃的地富家属在协商阶级时不提意见，教育其承认阶级，分配时留给所有外逃人员一份，因此家属思想稳定，反映要把丈夫叫回。据勐捧刀保国反映土改后想回来，已经与家里联系修房等；勐仑等地亦有反映。这批是比前批为好，但土改紧张时又忽视了这个工作，对上层中可以使用的线索抓得不够。

第二批改革中勐腊、勐捧、易武、象明
妇女工作总结

　　勐腊、勐捧、易武、象明3个半版纳的改革工作，已于9月中旬至12月中胜利结束。两个多月来，不仅基本上废除了800年来的封建领主制度，废除了压在各民族妇女头上的各种劳役、杂派、白工等苛重剥削，改变了封建领主的土地所有制，彻底改变了封建的基层政权，9519个农村的劳动妇女参加了农民小组和男子一起，积极投入了这一尖锐复杂的反封建斗争。随着改革运动的不断深入和发展，也涌现和培养了一批经过改革斗争考验的贫雇农妇女骨干和积极分子，在建政中这一批妇女骨干和积极分子参加了乡一级人民政权和乡妇代会常务委员会的领导工作，其中并有一部分优秀的贫雇农妇女，参加了党和团的组织。

　　由于改革斗争的胜利，广大妇女也受到不同程度的教育，阶级觉悟有了提高，划清了地主与农民之间的阶级界限，劳动光荣、剥削可耻的道理在广大妇女群众中形成了广泛的舆论，上层妇女也受到了较为深刻的教育改造，大部分上层妇女她们看到了只有放弃剥削，在生产中把自己改造成为自食其力的劳动者，和劳动人民一道进入社会主义，才是她们光明的前途，这就为今后我党在边疆进一步领导各民族妇女走向以生产为中心的互助合作运动，打下了思想基础，为我党领导边疆的社会主义改造和各项建设工作创造了前提条件。

（一）这一批改革妇女工作方面基本的情况

　　1.改革的地区共33个乡6086户33148人，其中妇女共有16981人，占改革区人口总数的51.2%，包括17种民族，就其傣族社会经济的基本情况看，民族上层多，共14个勐，封建统治强，封建领主集团在这一带地区形成各自分割统治的局面，虽有广大而优良的土地，但都集中于封建领主手中，因此妇女除和男的农民同受封建领主阶级在政治、经济、文化等各方面的压迫痛苦外，宗教迷信对妇女的思想的束缚也很深重。解放后，经过了民族团结的教育，疏通了民族关系，经过了镇反，贯彻了合理负担政策，领导农民挖井打坝，发动妇女积肥施肥，有重点地推广农业生产上的先进技术，发展了生产，开展了家庭和环境卫生等等，通过这些具体工作各阶层妇女都亲身体会到党和毛主席是我们各族人民的好领导，人民政府是为我们各族人民服务的。但从整个妇女工作的情况来看，群众基础仍是非常薄弱，而紧靠国外边沿的9个乡，妇女工作基本上未有开展，根据勐捧勐满乡情况的了解，解放后到过昆明参观的妇女只有1个，而参加各族人民代表会的女代表，数量也很少。

2. 解放后，各乡虽有民兵联防、妇女会和儿童团等群众团体组织的组织形式，但参加妇女会的人，绝大部分是属于民族上层妇女和生活富裕的人，各乡的妇女会主席，大部分属于召龙或叭一级以上的上层家属掌握。

3. 土改前原有的妇女骨干、积极分子只占百分之×，量少质弱，而且多属于上层家属或生活较富裕的农民，居于贫雇农成分的一部分女积极分子在党的过去一系列的革命斗争中，也确实起到了很大的作用，但阶级觉悟仍是很低。

4. 从33个改革乡中，有9个是紧靠国外的边沿乡，有的地区同一民族跨境而居，并有互通婚姻的情况。解放后，国内外妇女之间或同一民族间亲属的来往也较密切，如：常到国外串串亲戚"做挡"或购买一些妇女们日常生活上需要的装饰品到国内来卖，并有一部分改革乡紧靠非改区的少数民族。妇女工作的好坏，对国外各民族各阶层妇女的影响很大，非改区的各族妇女也会直接震动，因此这一批改革中从妇女工作方面总的情况来看，我们基本上坚持了中央"慎重稳进"的方针和男子一齐发动的方针，并贯彻了和平协商改革的基本政策，对民族上层妇女在土改的各个步骤中，我们始终采取了以座谈的方式，坚持了说服教育的工作方法去团结改造她们，使她们逐步认识到封建领主制度的丑恶和依靠剥削为生的可耻，从而解除了她们的思想顾虑，和对政策的不满情绪，减少了运动中的阻力，而视整个民族上层工作的情况，采取层层发动和步步提高的工作方法来发动整个妇女群众，因此妇女工作方面的成绩是大的。

（二）成绩和工作进行的主要情况

1. 工作成绩：改革结束共培养了1109个积极分子，妇女积极分子347人，占积极分子总数的31.3%；培养了骨干636人，其中女的144人，占骨干总数的22.6%；发展了24个女党员，占发展党员总数的19.1%；发展了142个女团员，占团员总数的34.2%。并有一部分女党团员参加了党团支部的领导工作，300个农村妇女当选了乡人民委员会的代表，44个妇女当选了副乡长和乡人民委员会的委员（女乡长25个）。

结合建政，33个乡成立了妇代会，×个妇女当选了妇代常务委员会的主任和委员（其中雇农×人、贫农×人、中农×人），保证了乡村中基层妇代会的纯洁，根本改变了过去妇女会的面貌。今后乡妇代会将在党和各级妇联组织的直接领导下，更紧密地联系和发动广大的劳动妇女完成党的各项任务。

在乡妇代会中，各乡亦同样照顾到一二个民族上层妇女代表，以利于我们今后进一步做好民族上层妇女的统战工作，体现了我们党与民族上层长期团结合作的政策。

2. 妇女群众工作进行的主要情况：

（1）就整个妇女群众工作来看，这一批改革的33个乡基本上分为3种类型，即13个山区、边沿区和靠近版纳领导的11个复兴区。这3种类型的地区妇女的阶级觉悟和群众基础也各有不同，改革开始后，各阶层妇女对我党的和平协商改革的政策缺乏具体认识，加之敌特的造谣破坏，思想顾虑也特别多。如：土改队未到前在勐腊召开的一次人代会上，妇女代表认为解放后，毛主席领导什么都好了，各家都有田种，认为过去的调整土地是土地改革，无田少田的农民妇女，当土改队宣传了土改的正义性和必要性后，虽迫切要求废除封建主制度，改变领地主的土地所有制，但她们看不到自己的积极力量，认为学习参加开会是男人的事，妇女自古以来就不会搞什么，怕受打击，怕上层头人报复，怕生活困难借不到谷子，怕头人不给田种，因此在土改前期妇女参加开会学习的很少。但在土改的各个步骤中，对妇女群众的发动，坚持了层层发动、步步提高的工作方法，土改队一下乡，进行了访贫问苦、扎根串连工作，形成了贫雇农妇女的领导核心，在第一次农代会后，为了进一步启发妇女的阶级觉悟，依靠农代会上的妇女代表作为妇代会上的骨干，召开了2至3天妇女代表会议，进行土改正义性、必要性的教育，着重揭发封建领主制度和份地制度给妇女在政治上、经济上和文化上所造成的阶级痛苦，启发大家诉苦算账，提高了代表的阶级觉悟，而在边沿几个乡，妇代会上却坚持了不搞大会诉苦和不揭发具体人的剥削事实。经验证明，在对妇女的教育工作上，只要掌握妇女的基本特点和妇女所亲身体验到的具体事例，结合党的具体政策，耐心细致地帮助妇女认识阶级压迫的本质，即使不搞大会诉苦，也能达到提高妇女阶级觉悟的目的，同时避免过分的阶级紧张，使整个运动更能慎重稳妥地发展。

（2）各种类型的会议，如：人代会、农代会、青代会或村寨中群众会议，有些乡都注意专门对妇女做了加工补课的教育工作。如：勐腊曼戛乡，在人代会、农代会期间，抽空隙时间召开妇女代表座谈会，在寨子中也专门召开妇女的群众会议，围绕中心，加强妇女的思想教育工作，效果很好。

（3）在民族杂居地区，为妇女进行民族团结的教育，如：版纳易武农代会上，妇女代表思想界限不清，会议上互相诉民族的苦，后注意了民族团结的教育，把斗争锋芒集中于领主制度上，妇女代表才明确地划清了阶级界限，思想觉悟有了进一步提高。如一个汉族的妇女代表赵兰芬说："……现在可算知道了，农民穷苦不是这个民族压迫那个民族，而是各民族地主阶级的压迫才使我们穷苦的。"

（4）土改后期，勐腊勐捧的改革乡注意做了发动落后层的工作，以揭发份地制度为教育的中心内容，帮助落后层初步划清思想界限，这样做就整个妇女群众的发动来看，也是十分必要的。根据曼戛乡曼领寨情况的调查，从土改开始到第四步工作结束，从未参加过开会学习的共18人，其中就有15个是老年或孩子家务拖累的妇女，城子未开会的有30人，也大多数是妇女。后来大组经过了研究排队，通过骨干、积极分子或者她们的丈夫儿女去教育帮助他们，思想觉悟是有了显著提高。如：三乡岩公的母亲，由于儿子忙开会学习，她家务又很拖累，思想上认为自己年老啦，开会学习是儿子的事，更怕会上要发言，所以一直没参加过什么活动。后来经过她儿子帮助后，思想有了认识，开会学习也积极了，在一次团员家属座谈会上她说："真想不到我儿子也能入团，太好啦，我不老，我要多学习，还要过到社会主义。"

3. 民族上层妇女工作：

（1）土改队到了各乡后，随即进行了民族上层的分类排队和分化瓦解工作，把地富怀疑户划除后，有的乡分别召开了地富家属和属于农民成分的上层家属座谈会，正面教育她们认识土改的正义性和必要性，结合她们亲身体会的事例和存在的思想顾虑，指出解放后党和人民政府对于民族上层长期团结、教育、改造的具体政策，今日党和人民政府领导边疆各族人民进行和平协商改革，不仅符合于各族人民的切身利益，也是民族上层妇女的切身利益，但同时也说明过去她们对农民的压迫剥削是不应该的，逐步解除她们的抵触抱怨，减少了运动阻力，也达到了对她们教育、改造的目的。如勐腊寨子和勐捧一乡，经过座谈后，有些上层妇女在座谈会上做了过去剥削不对的认识，有的表示了态度今后要听农民的话，跟共产党走，努力劳动生产争取改变成分，争取参加互助合作，和农民一道进入社会主义。

（2）有的乡除对整个民族上层妇女作了分类排队，还专门培养了12个有代表性的上层妇女，通过她们具体反映了上层妇女的思想情况，带动上层妇女一起进步。

但有的乡对这工作重视不够，对做好了上层家属及子女工作有利于我们的稳定民族上层认识不足，所以没有认真地对上层妇女交代政策，每一步都抓紧召开一些必要的会议，有的乡虽开了大组长或支部会，没有深入掌握，单让妇女干部去搞，会场上我们形成非常被动，有的同群众交代一些做法上不够策略，农民不买地主劳动生产出来的东西，如米干、小菜、猪、鸡，有些家属甚至哭起来，而农民又怕买了地富的东西在农民小组中受立场不稳的批评，表面上形成了过分的阶级紧张，上层家属对我不满，打击我骨干、积极分子，乘机造谣破坏。

（三）工作中存在的主要问题

从妇女工作的专职干部来看，大部分都很积极，愿意搞好妇女工作，但有的版纳未配备妇联干部，土改队中妇联的专职干部有些抽去当了大组长和支书，而各乡配备的妇女干部也多是试点或第一批新参加的土改队员，虽然她们和本民族的妇女具有天然的联系，但对党的政策学习不够，业务不熟，缺乏妇女工作的具体经验，加之上面妇联对下面的干部缺乏具体的联系和帮助，所以往往形成空口叫喊妇女工作重要的现象。有的乡却深入了点，也取得了经验，但没有加以总结，推广和指导面的工作，有的女队员片面地认为，发动妇女和培养女干部积极分子是专职干部的事，与自己无关，却没有认识到妇女工作也是整个群众工作的一部分；个别版纳的工委，对妇女工作具体的领导，和加强妇女工作发挥部门专职干部的作用仍然做得很差，有些大组或支部书记思想上存在着轻视妇女的观点，他们既看不到妇女在整个运动中的作用和不调动广大妇女的力量对整个工作的危害，在领导方法上又存在着严重的一般化的现象，正如勐捧勐等乡的支部书记说的："说老实话，我们对妇女工作，确实重视得不够。"有的支部书记看到妇女带孩子来开会有时候孩子哭、拉尿屎，就嫌妇女麻烦啰唆，勐腊有一个乡的支书还公开宣布说："今后开会不要带孩子的妇女来参加。"有些乡在开专门的妇代会上，大组长忽视了这一工作的具体布置和领导，勐捧勐润乡的一次妇代会上，2/3以上的男农民当了妇女代表，勐腊7乡的一次妇代会召开了两天结果不议而散。由于以上的主客观情况，致使全面的工作发展得不平衡和不经常，有的版纳，如易武、勐捧，妇女骨干、积极分子的培养和发展女党团员，未达到上级党委的要求。

以上仅是第二批改革中3个半版纳妇女工作的总结，除报西边工委，如有不当之处，请各位同志提出修正意见。

景洪土改试点中结合农村建党的工作意见

中国共产党西双版纳工委组织部
总号：038
组字第001号
主送机关：报地委组织部、西边工委、发边工委土改办公室、景洪工委、各土改乡党支部
中共西边工委组织部
1956年1月7日印发

景洪土改试点中结合农村建党的工作意见

一、为了要彻底消灭封建领主制度，肃清民族反动派，树立农民在农村中的政治优势，巩固党在农村的阵地，为土改后合作化运动和社会主义革命开辟道路，没有大批共产主义的民族干部和党的领导是不可能的。因此，必须紧密结合土地改革进行党的建设工作，通过改革有意识有计划地发展一批党员，在乡村把党支部建立起来。

我们根据当前主客观条件，在景洪试点的八个乡，把党建立起来是完全可能的。解放以来，在这地区进行了团结生产、对敌斗争、合理负担等各项工作，对群众进行党的教育，广大群众阶级觉悟和政治觉悟都有不同程度的提高。在八个乡中，版纳工委已培养的骨干分子四十一人，积极分子三〇〇余人，通过改革将会涌现出大批积极分子。其次，从主观力量看来，土改工作队共有脱产干部三〇〇余人，其中党员六九人（当地民族党员三九人）、团员一〇〇人（当地民族团员八〇余人），以乡为单位建立了八个支部。从主客观条件来看是具备的，只要我们领导上注意在运动中去选择教育培养党员对象，集中起来经过系统的训练，在八个乡把党的支部建立起来是完全可能的。

二、根据中央"积极慎重"的建党方针，及中央对于在少数民族地区掌握党员标准的指示："暂时还不能和在汉族地区一样地去运用党员标准的八项条件，而应依据少数民族地区的实际情况，适当地吸收那些历史清楚、政治可靠、忠心拥护共产党并愿为党积极工作的积极分子入党，在党内教育和帮助他们，使他们逐步地达到党员标准八项条件的精神接收党员。"据省委建党指示中："特别强调建党首先要在经过土改斗争考验的雇贫农中的优秀骨干分子中发展，合乎党员条件的下中农中的个别优秀骨干分子亦可发展，富裕农民暂不吸收，年不满二十五岁的青年，一般是先入团后入党。"我们在建党过程中，必须遵照以上指示原则，认真研究贯彻执行。

三、具体要求：西边工委对景洪土改试点计划中，对建党工作，已有明确指示，要求在曼达、曼龙凤、曼牛三个乡，每乡发展党员七人以上；曼占宰、曼乱典、曼非龙三个乡，每乡发展党员十人左右；其他条件较差的乡，曼播、曼听二乡每乡发展五人以上，把支部建立起来，改革后，要把党员对象积极分子的名单登记起来，在改革后领导互助合作运动、进行建党打下有利基础，为全州铺开土地改革开展建党工作创造出系统的经验来，为此版纳工委必须重视，亲自领导，保证把这一工作做好。

四、建党步骤和方法：根据工委土改工作的五个步骤，建党工作亦要紧密结合土改分四个阶段进行。

第一步，土改准备阶段：在群众中宣传土改，交代政策，稳定上层情绪，发动组织群众的同时，土改队党支部应在基本群众中，结合宣传党的性质、党的主张，为什么要在农村建党，并说明解放以来的各项工作及现在的土改运动是有党的领导，要过到社会主义、共产主义，要消灭阶级，消灭压迫剥削，一定要有党的领导和本民族的共产主义者，才能过到。党支部应有意识地在原有骨干、积极分子中了解他们对党的认识、要求、反映等，以便结合其思想认识，进一步启发教育，逐步树立对党的正确认识和要求。在雇贫农中要选择好依靠的对象，通过他们苦访苦，贫连贫，在扎正根子的工作中，应将农村原有骨干、积极分子和新发展的积极分子，做一审查排，确定真正的骨干、积极分子，并把他们登记起来，支部有底，并应有意识培养，大胆让其工作，在群众中树立威信。土改第一阶段结束时，各支部据实际情况，抽二天的时间，以大组或小组集中已排队登记之骨干、积极分子，由支部领导学习党的性质、党的主张，农村为什么要建党，什么人才能入党，怎样做一个党员。并分工培养、组织讨论座谈，进一步提高认识和要求及入党的自觉性和积极性，为下一步土改划阶级和没收征收的工作中扎下更稳固的依靠力量。

第二步，经过以上学习的骨干、积极分子，在进一步提高阶级觉悟、政治觉悟的基础上，在划阶级、征收没收、分配土地的过程中，支部对他们应进一步审查，具体明确分工，包干负责，加强掌握思想变化，以党的知识、党员标准、改革的政策进行个别教育，了解其工作中的困难和问题，具体帮助解决，要大胆让其工作，解除思想顾虑或怀疑，积极坚决地团结领导群众投入反封建斗争。把党的主张和政策，变成自己的志愿和行动，在大组会、小组会、青年会、妇女会、头人会、积极分子会等各种组织中，都应有意识地培养锻炼他们，在其中积极带头进行各种组织活动，这是对他们锻炼提高觉悟的最好机会，也更丰富了建党的内容。在整个尖锐激烈的斗争中，除掌握思想及其认识教育帮助外，在有利于推动土改的前提下，通过个别的或用会议对比向基本群众中的老人、青年、妇女等再深入了解审查其政治历史、社会关系，和工作中的意见，然后进一步审查，在考核了解的基础上，分配土地结束时，据其政治历史、觉悟情况，研究确定建党对象，每乡十至十五人。

在划阶级、征收没收、分配土地的各阶段中，支部在检查总结各阶段工作时，必须紧密结合研究对象的了解考核情况，并应根据各阶段斗争的特点，教育他们争取做一个共产党员应有的思想表现。

第三步，分配土地结束后，从培养的骨干中，选择一批建党对象，每乡15人左右，集中到版纳训练，各支部应抽一至三个党员参加，领导学习。进一步系统进行党员八项标准、什么人可以加入共产党的教育，开展批评与自我批评，联系思想、联系实际，检查哪些够条件、哪些不够条件，今后应如何努力，以此提高其认识和觉悟，从积极分子水平达到基本具备党员条件的水平，积极要求入党，写申请书，支部从中进一步摸清其政治历史与觉悟情况，确定发展对象，时间五至七天；乡里可积极做好土改第五个阶段的建立政权、民兵武装、治安组织、发展党团组织、庆祝土改胜利等的酝酿准备工作。

第四步，对象经过训练回农村后，支部应公开系统地向基本群众宣传要建党的意义，进行共产主义、共产党的教育，为什么要建党、什么人可以参加共产党、建党好坏与群众关系等的教育，提高群众觉悟，扩大党的影响，密切党群关系，使广大群众关心建党，拥护建党。在此基础上，公布建党对象名单，由党员对象在群众中进行自我介绍和检讨，说明对党的认识和动机，表明为人民服务到底的决心和态度，并教育群众在小组会上酝酿讨论，向对象提意见，支部再分头与对象谈话，对象找介绍人，介绍人与对象谈话，填写入党志愿书，进行忠诚老实教育，再考查其出身历史、工作学习、思想觉悟是否够条件等，最后支部研究，召开支部大会讨论通过，报版纳工委个别谈话审查批准，新党员宣誓大会，举行入党仪式，吸收青年团员和乡干部、乡代表参加，以达到扩大党的影响和教育群众的目的。

五、建党中应注意的问题：

1. 工委必须教育全党从思想上重视建党工作，全面贯彻中央"积极慎重"的建党方针，加强支部和组织员的领导，当作一个重大的政治任务去完成。农村建党、土改工作，紧密结合，土改创造建党经验，为全面铺开土改进行建党打下良好基础，因此，要求组织员在土改每一过程中，不断学习建党方针，积极培养党员对象，防止消极保守思想和唯成分论的思想，同时还要防止急于求成、草率从事、单纯任务的观点。党支部和组织员的工作作风，必须深入细致，认真选择教育培养、审查了解积极分子和党员对象的工作，具体分析其思想情况和转变，及时帮助教育提高其政治觉悟，启发他入党要求，工委和支部要经常研究、检查、总结、布置建党工作，及时发现问题，解决问题，交流经验，纠正偏差。

2. 坚持中央对少数民族地区党员标准的指示，吸收雇贫农、下中农成分中合乎党员条件的人入党，保证新党员的质量，既不能把所有愿意入党的人，都接受到党内来，又不能把成分好不合入党条件的人吸收入党，坚持党员标准，把党建立在纯洁的阶级基础上。

3. 对党员对象和积极分子的教育培养，除了进行党员标准教育外，还要进行国际主义教育，以逐步克服狭隘民族主义思想。对于少数民族中一般的宗教信仰问题，应按照中央指示精神去执行，即"民族中劳动人民的觉悟分子和革命知识分子，虽然仍存有宗教的信念和感情，都承认党纲和党章，并在实际上积极执行党所号召和指示的工作，对这样的劳动人民中的觉悟分子和革命知识分子，在经过了一定的考验之后，应当允许其入党。不要把放弃宗教信仰作为入党的一个条件，让他们入党后，在长期的党内教育和革命实践中，帮助他们逐步冲淡和消失其宗教信仰"。

4.工委对建党组织员的选择，必须是政治上完全可靠，作风正派，对党有一定认识，有一定建党知识的党员干部，其中应特别注意培养当地本民族的党员干部为建党组织员，依靠他们去向群众宣传建党的意义、目的和党员标准，开展建党工作，并进行教育，帮助他们正确领会党的建党方针。

5.宣传教育工作：必须从民族特点和现有水平出发，用群众易懂的实例由浅到深、由近到远进行工作，如共产主义、共产党、工农联盟，什么人可以加入共产党，怎样做一个党员，社会主义前途的宣传教育，通过回忆，对比过去、看看现在、望望将来，和苏联社会主义、共产主义的建设图片、电影及当地民族干部党员的亲身说法等实例教育，切忌空洞教条，只有这样，才能将一个积极分子水平提高到党员水平，通过建党，将群众的政治觉悟提高一步。

6.严格入党手续，吸收新党员，必须按《中央关于接收新党员的规定》执行，在填写入党志愿书的各栏，介绍人意见、支部意见等的各栏，都必须遵照党章规定，填写清楚，防止潦草从事，乱涂内容，空洞说不明问题、任务、观点等。

关于掌握骨干、积极分子条件的问题，即以前发下的文件为主。另外，建党各阶段中的宣传内容等问题，再另印发。

西边工委关于土改区整顿提高互助组的
几点意见

我州在和平协商改革后，在农民两种积极性高涨的基础上，即时地向农民进行社会主义前途和组织起来优越性的宣传教育，并交代了组织互助组的三大原则，随着农活的栽插、薅锄、秋收等，分别组织了一批互助组。据1956年底统计，已有1115个组，参加农户约占土改区的54%。这些互助组主要是在澜沧江以西的6个版纳，其中又以景洪坝子、勐海、勐遮较多，组织农户已达该版纳农户的85%以上。由于组织起来的力量，和农民生产积极性的高涨，去年生产技术有了改进，肥料有了增加，其次是加强田间管理，因而除个别组减产外普遍获得了增产，平均约增10%。由于显示了组织起来的优越性，农民切身体验到组织起来的好处，所以这些组是稳下来了，但也存在一些问题，其中主要是互利问题上，工分评得不合理，工分折价低，组织劳动力和安排生产不适当，耕牛没有报酬，或是个别组的平均主义分配，中农和劳力强的农民有意见，组内干部民主作风差，因而民主管理上不够好。领导上深入不够，没有经验，跟不上发展的要求。但这是前进中的一些缺点，中农和劳动力强的农民虽然有些意见，他们还是认为组织起来很好，要继续干下去，并要求办社。现在要求退组的是极少数的，因此只要加强领导，是可以巩固的。

根据面上的汇报和初步摸勐海、勐遮、景洪的情况，这些互助组大体可分为5种类型：

第一，名组实社：这类的特点是土地大部分集体，有的是全部集体，有的是田地集体，山地私营。其次是基本上按劳取酬，坝区全部实行评工记分，按工分多少进行分配。山区不评分，按劳力强弱来分配，在这类中，土地集体的多少，评分和分配办法上又有4种情况：

一、土地全部集体，无土地红，全部按工分进行分配。如勐海回笼新寨，11户农民无土地，1954年、1955年组织互助开荒，1956年将土改分得的和开荒的全部拿拢生产，分配中无土地报酬。全部按工分进行分配。

二、土地全部集体，有土地报酬。如曼砖组11户农民有9户无土地，1954年组织起来开荒田籽种3挑，并将两户中农8挑半种的田入了组，1954年、1955两年土地报酬40%，1956年10%，其他全按工分分配。又勐遮曼根乡7个组，土地报酬50%，耕牛和人工报酬为50%。勐混曼养管基本上和曼砖相似。

三、田集体，山地私营。如景洪曼金洞互助组，土改中田未分到户，集体经营，全部按劳分配，山地谁种谁收（山地少）。

四、土地集体经营，不评工分，按劳力强弱进行分配。如勐阿阿克西拉寨，土地集体经营，不评工分，分配是按全劳力一等、半劳力二等、无劳力三等（老人、小孩）进行分配。

第二，实行评工记分制，办法采用死分活评，男女同工同酬，其标准是按劳力强弱分等，再根据做活时间长短，出工收工早迟来确定当天的工分。工分标准有3：（1）高者13分，中者10分，低者7分；（2）高者8分，中者7分，低者5分；（3）高者5分，中者4分，低者3分。另一种是男女分别定工（男女不同工同酬），男高10分，中8分，低6分；女高9分，中7分，低5分。这类中评分标准一种好，二、三种要提高，四种较差（男女应同工同酬）。

找补办法有二，其一是用钱补，1个工分折价是1角、8分、7分3种。二种是用食物找补，定10分为1个劳动日，1个工分折为谷子2.5斤，1个劳动日为25斤。定工分折价来看，市价是吃一顿饭给工资谷子1笋（25斤），合人民币7.5角。现组内不吃饭，1个工得谷25斤，基本上是互利的。折钱方面，每个工分折8分较为适合。

第三，按劳动强弱换工，基本特点是变工组。如勐海曼钟互助组1个全劳力换1个全劳力，1个半劳动力换1个半劳动力，2个半劳动力换1个全劳力，全劳力2早上抵1天，半劳力4早上抵1天，当天工分当天记，1个季度清工、结账、找补1次，各户工对工，对销外，欠工者找补。

找补上方法有3种：（1）折谷子，有的组1个工给谷17斤，有的组为25斤，25斤的报酬较为合理；（2）用钱找补，有的组1个工为1元，有的组为7角；（3）以食物、钱同时定价折工，如曼东互助组1个工分折为1角，谷子为2.5斤。

第四，土地一半集体，一半私营换工互助。如勐遮新芫掌4个寨子，组织起来开荒，开荒部分始终是属集体所有，按劳分酬，原种部分私人经营，互相换工。这种主要是在半山区，或接近坝子边上，土地少必须扩大面积的地方。这适合于当前群众要求和管理水平，因此必须加强领导，作为一种特殊形式的互助组。加强领导主要是两个方面：一是提高评工记分办法，二是逐步把私有的变为集体所有制。

第五，大变工，组织起来干活，不评工记分，也不记工找补。这种为数很少。

对今后整顿提高互助组的几点意见：

根据我州互助组的发展情况看，基本上是正常的，并初步地稳下来了，但也存在很多问题。总的看来，目前主要问题是解决互利、民主管理、合理安排生产与组织劳动，和现在如何把当前生产领导起来等问题，这些问题是亟待解决的。这些问题的解决必须掌握从实际出发、逐步提高的原则，这样才避免不挫伤干部和群众的积极性，据此情况提出整顿提高的几点意见：

一、加强领导，迅速解决互利问题，肯定类型，统一工分标准和工分折价标准。据上述5种形式来看，结合群众管理水平，和领导缺乏经验的情况下，除第五种大变工不好外，其余4种基本上是好的，都可采用，但第四种应作为特殊的形式，应继续提高不宜倒退，将私有部分逐步变为集体所有。

关于统一评分标准和评分办法：标准分统一为10分，定质、定量、定时，采用死分活评，贯彻男女同工同酬，各地评分标准与此不符者，应逐步提高达到。关于换工的，应采用全劳力换全劳力，半劳力换半劳力，互助中应记工分，欠工者要找补（这适用低级的）。评分办法，采用死分活评，和按劳力强弱换工两种较为适宜。

关于工分折价问题，1个劳动日为10分，1个工分折钱7至8分，10个工分折为7至8角；折谷子1个工分为2.5斤，10个工分为25斤为宜。总之折工分不能超过当地市价，略低市价即可。其次是耕牛报酬，过去是一般没报酬，因而会对耕牛的饲养、繁殖不利，应给予合理报酬。办法是1个牛工抵1个人工，工分仍与人工相同，即为人工1天得7角，牛也应得7角，连人带牛为1元4角。这符合大部分版纳，若不符者，不能硬搬，应灵活掌握，目的是为达到互利。

二、对干部进行群众路线、民主作风教育，对组员进行民主管理的教育。从目前情况来看，组长民主作风差，当上了组长，自以为是当上了头人，少数群众也如此看待组干，因此组干的强迫命令作风较为严重，安排生产上是先组长后组员，或是组长亲友等，不从生产的需要出发。为此，进行民主教育是非常重要的，要使组干懂得，凡事要同群众商量，依靠群众来办好组，组员也要懂得组是大家的，要大家来管理，只有这样，才能进一步巩固组。

三、各版纳工委深入下去搞重点，目前群众组织起来的积极性很高，但办法少，另是领导缺乏经验，因此工委要组织力量亲自深入，分别不同类型进行整顿提高。要帮助组制订全年生产计划，将生产纳入轨道，从而取得经验，指导面上工作，随时总结集体经验，丰富领导。取得经验后及时召开支书支委会议，和训练干部。具体为：

（一）帮助提高支部战斗堡垒作用。通过支部依靠贫农整顿提高互助组，搞好生产。当前应即时帮助支部明确中心，懂得政策和做法，发挥支部积极作用，联系扩大群众来整顿提高组。各版纳工委应召开支书支委会议，亲自收集汇报，帮助支书支委总结提高，工委亲自交代任务，放手让支部开展工作。另外是召开互助组长、记分员会议，进一步帮助总结提高，交流经验，交代政策。

（二）训练干部。我州土改刚结束，干部对改革后的变化情况认识不足，改革后的生产合作不熟悉，思想还停留在民主革命阶段，为此，现在必须训练干部，使其明确变化了的情况，懂得生产合作的政策与工作方法，要大家稳下来钻进去，加强学习党第八次代表大会决议、二中全会的文件，和党的互助合作生产政策、决议等。首先工委学好，同时组织干部学好，从而从领导到每个干部转好思想弯。这样，干部边工作边学习、训练好，组织到乡上协助支部整顿提高组，领导好生产与各项工作。

四、培养干部：目前担任干部的都是土改中发动起来的，过去只管1户的生产，现在管1个组的，任务重了，没有经验，办法少，现在干部培养工作跟不上合作化发展的需要，因此要加强培养干部。而在培养干部中，主要培养贫农担任领导，工作中要认真依靠贫农，把他们发动起来，来整顿提高组，扭转现在一部分组内贫农当组长、实际上是中农起作用的现象。据检查的情况来看，贫农担任领导的互利问题解决得好，中农当领导一般贫农吃亏，所以，在培养干部中，应培养贫农担任领导，但也不是说中农不能担任，在他们中觉悟较高、工作一贯表现好，这当然是可以的，现在担任组长的也不一定是全部去改选。

五、抓好当前生产，通过生产来整顿提高组。要巩固提高组，必须通过生产，只有搞好生产，在生产中来整顿提高，放了生产，孤立地去整顿提高那是不可能的，因此，现在要紧紧抓住备耕工作。解决上面的问题，必须是通过当前的农事活动来求得解决，为此必须是积肥、修水利、小春管理、修复茶园、采制樟脑、挖山地以及备料盖房子、砍柴等工作扎实地领导起来，把生产纳入正轨。

六、方法上，从总结1年的生产入手，总结组织起来的优越性，明确组织起来是共同富裕的道路，是社会主义的道路，从而提高思想，改进目前工作中存在的问题，找出增产的经验，在此基础上规划全年生产。

思茅地委生产合作部关于边疆已土改地区农业合作化的几点初步意见

思茅地委会

材料日期：1956年9月11日

抄录时间：1959年1月11日

抄录人：贺力

思茅地委生产合作部关于边疆已土改地区
农业合作化的几点初步意见

我区边疆已改革地区现有123个社，入社农户4330户，占总农户的5.88%。其中高级社17个，占1.03%；初级社106个，占84.85%。从已办的合作社中，可以看出，在边疆和平协商土改地区办社有着与内地不同的特点。主要是：

（一）由于这些地区土地改革是通过和平协商方式进行的，政治上、经济上，消灭地主阶级不可能做得很彻底，群众发动很充分。加之边疆地区存在着复杂的内外关系、民族关系、宗教问题、上层问题等与社会主义改造的两条道路的斗争交织在一起，这就加深了合作化运动中的复杂性。因此，在进行社会主义改造的同时，必须注意去解决民主革命中的遗留问题，一方面要大力提高群众的社会主义觉悟，进一步组织群众，警惕和打击已被消灭的阶级中的坚决反革命分子的破坏；另一方面又要加强对民族上层的团结教育改造工作和正确对待宗教问题，在社会主义改造中使阻力化为动力。

（二）在合作社内部先进与落后的矛盾显得突出。主要表现是：原始氏族公社残余、小农经济的平均主义倾向很强烈，教育他们接受社会主义按劳取酬原则十分困难；在劳动组织上，习惯于原始习作的大变工，不容易接受先进的劳动组织形式；土地肥沃生产潜力大，但生产无计划，耕作技术落后。因此，发展生产有困难的一方面；但另一方面，发展生产有着广阔的前途，只要因地制宜、实事求是地积极领导，也易于及时显示社的优越性。在社员思想上较突出的是保守，图简单，因此，在处理一切政策和进行一切工作时，都必须坚持由简到繁、由粗到细的原则；在一般的政策原则下强调灵活性，强调照顾民族特点。只要从这些原则出发，积极领导合作社是可以逐步提高的。

（三）边疆地区改革结束，是处在全国社会主义高潮当中，受内地合作化的影响很大，这对边疆社会主义改造有着极为有利的条件。干部、群众办社的积极性很高，这种积极性是可贵的，这是一方面；但另一方面，干部和群众对社会主义改造还缺乏实际经验与切身体验，领导水平与工作需要不相适应。因此，在合作化当中我们必须十分清醒地看到边疆的基础条件和主观力量，在实际工作中坚持贯彻"慎重稳进"的方针，特别是边沿一线更为重要。

鉴于上述情况，在边疆合作化中，怎样贯彻中央的方针政策和省委的指示，采取什么样的具体步骤、办法，是应该认真加以研究的。现在我们提出几点意见，供会议研究时参考。

（一）合作化的速度和规模问题。

地委要求1958年基本实现高级化。我们认为，只要办好现有社，搞好互助组和做好必要的准备工作，是可以的。具体意见是：

1956年秋，在现有123个社的基础上，发展至555个社，入社农户达土改区总农户的25%。其中高级社79个，入社农户占7%。

1957年发展至1260个社，入社农户达总农户的65%。其中高级社99个，入社农户占20%。

1958年发展至553个社，入社农户达总农户的92%。其中高级社371个，入社农户占85%（各地规划数字详附表）。

1959年并为418个，全部高级化达总农户的95%。

初级社的规模一般是20至30户左右，平坝地区如群众自愿可达50户左右。高级社的规模，西双版纳可在100户以内，江城、澜沧、孟连在80户以内。

（二）秋后办社的布局问题。

从今春已办的社来看，应该根据各个地区不同的基础和领导条件，进行布置。还未搞试点的版纳或区，开始可在一、二类型乡试点，区委和支部同时试办；三类型乡不打点，根据今春打点的情况看既吃力也被动，起不到示范作用。今后可以用一、二类型乡来带动，到一、二类型乡基本合作化时，把它带着一起基本合作化。但在一部分基础较好的县、区重点乡，经过批准，一开始就可以比其他试点走得快一点，加强领导，以便取得领导一个乡基本合作化的经验。

江城整县、澜沧北四区、西双版纳的版纳景洪已土改的8个乡，可按以下3种情况进行布局：

（1）今春合作化已发展到35%以上的乡，秋后基本合作化（达85%左右）。

（2）今春已打点的乡，做面的发展，一般不超过50%为宜。

（3）未打点的乡，乡乡打1至2个点。

（三）具体政策问题。

1. 社员成分问题：

总的应从保持社的纯洁，特别是领导集团的绝对纯洁，有利于民族团结，稳定上层，比内地从宽的精神慎重处理。具体掌握上：首先应在自愿原则下积极吸收贫农、中农及其他劳动人民入社。半农半商和转农后的小商贩可以入社。对已划为农民成分的旧头人，本人要求、群众同意可以允许入社，但不能担任社的领导，应把他们编入骨干较强的生产队，便于领导；入社初期，在劳动时间、劳动条件上不应要求过高。属劳动人民成分的自新土匪，只要本人现在不是反革命，应本既往不咎的精神，允许入社。因不明党的政策而外迁外逃人员的家属和逃后归来的人员，或历史上曾有过缺点和解放初期因觉悟低被敌人利用，或多或少有过不利于我的活动（如造谣、附匪骚乱等）的基本群众，应与反革命分子严格区别，在他们的入社问题上，应与劳动人民一视同仁，入社前后，都不得排斥和歧视。劳动人民中过去吸大烟的，应允许入社；现在还抽大烟的，也可以入社，但入社后社应帮助其逐步戒绝。以上这些人入社后，一律不要后补社员的称号。

2. 处理土地入社问题：

土地评产入社，可以土改产量为基础，参照土质、水利、阳光等条件及入社前一年的实际产量评定；在土改产量不够合理的地区，也可以入社前一年的实际产量为基础，参照土质、阳光、水利等条件评定。方法应尽量简便，不要过于复杂、烦琐，做到基本合理、群众满意即可。劳土分红比例，可以采取"干几成"的办法。至于干几成才合理，各地可视土地的多少及上公粮后应有一定剩余的原则，由社员民主协商议定。公有山地不评产分红，建社前社员私人所开的，由社补给社员开垦时所费工本，统一经营，收入归社分配。傣族社员的"私方地"，应尊重其习惯，允许保留。随着集体经营的优越性逐步显示，这种习惯是可以逐步改变的，目前社在安排活计时，应予以适当照顾。其他地区、其他民族的类似情况，亦本此精神处理。村寨公有鱼塘，本村大多数人入社后，可以转社公有，由社统一管理，对于未入社的农民和地主、富农所有部分，可以定产、定工给他们合理报酬，增产归社所有。自留地须按习惯、按需要进行处理，一般掌握在5%左右，不能抠得太死。

3. 耕牛、大农具的处理问题：

在初级社时，耕牛私有租用、公放（或私放）私养的办法处理为好，公放的放牧费，可按当地习惯合理议价由牛主负担。在牛多、社员占有比较平衡，又有利于生产、有利于保护耕畜的原则下，也可以折价入社，但应加强饲养、管理。耕牛租金应掌握：除饲料、喂草、折旧和放牧费用外稍有剩余的原则，全年租金开支占入社产量的10%左右为宜，亦可适当地参照当地习惯租额处理。耕牛折价入社时，价款应公平；分摊公有化股份基金应合理。从有利于贫中农团结出发，对贫困户应加强对他们的贷款工作。大农具（各地应按具体情况划分，不宜强求一律）可折价入社，或租用，也可采用随牛带入的办法（在耕牛租金中包括大农具租金）处理。

4. 公共积累和股份基金问题：

公共积累一般按社章规定公积金4%、公益金1%执行。但如有些社分配时，增产不多，还可适当降低。生产费股份基金，以能满足当年生产垫本需要为限，不宜多摊；公有化股份基金，在耕牛未折价入社前，可以暂时不摊。

5. 经济林木入社问题：

对成片的社员私有茶山、菠萝地、果园等，在有利增产、社有经营条件和社员自愿的原则下，确定入社或暂不入社。入社的，建社初期一般可采取评产入社、定成分红的办法；转高级社时，视条件再考虑折价入社，待有收益时在3至5年分年付清价款的办法；有的是栽培不久，社员自愿，也可以由社补给业主合理的栽培成本，归社所有，由社统一经营。对于社员房前屋后的零星果树、竹蓬和傣族砍柴的小片黑心树，肯定不入社，但社应有计划地在荒山上培植。

6. 宗教问题：

边疆现在主要的宗教是佛教、基督教、天主教。由于合作化运动的开展，对他们是有一定影响的。从允景洪来看，小和尚读书的增加了，参加劳动的时间也增加了，傣族农民赕佛的花费减少了。过去赕1元的，现在减为1角或5分了。在积极分子中，有的党员不去赕佛了，有的青年在赕佛中催促佛爷"赶快念经，不然要走了"。小和尚去化缘时，有的群众拿酸饭给吃。这样直接影响了宗教上的宗教利益和经济利益，最近有4个佛爷已经还俗，有的怕群众不信佛，怕没有人当和尚，顾虑增加了。这些情况，在合作化中应引起注意。总的说，我们应该坚决贯彻宗教信仰自由的政策，宗教信仰肯定不能作为入社与否的原则界限，对合作化中有关宗教问题，拟做如下处理：

对属于劳动人民成分的教徒，应积极发动他们入社，但不是也不可动员他们不信教。对以宗教为职业的宗教上层，在不同地区、不同情况下，分别对待。佛教中的大佛爷以上，回教的阿訇以上，以暂不入社为宜，即使他们自愿也不组织他们入社，以免引起宗教界的疑虑和敌人造谣的借口；可帮助他们在社外生产，生活困难的，国家给予补贴。佛教二佛爷、基督教撒拉、天主教修女、回教阿訇等，条件许可时，可逐步教育和组织他们自愿生产，一般不要号召，更不能强迫他们入社。对确有生产条件、愿意参加生产的，可与他们商量，根据其具体情况，试行采取独立经营的方式，从事各种可能的生产，合作社可以给予帮助。如本人自愿，又有劳动习惯，群众（包括头人）同意，大佛爷和长老赞助时，也可允许入社。

教徒宗教职业者入社后，社应当给以一定时间，适当地照顾他们的宗教生活。

对宗教的田产，各地应按地委前转发《省委关于农业合作化中处理宗教土地问题的初步意见》的指示精神执行。

在合作化运动中，对待宗教问题必须抓紧两个方面，即发动教徒与争取团结宗教上层。对宗教上层的团结争取，可通过组织座谈、学习、参观及个别的接触对他们进行教育，以消除顾虑，提高爱国觉悟。对有代表性的人物，在政治上要注意安置，并在生活上予以适当照顾。对教徒，还必须经常注意对他们进行社会主义教育、宗教政策教育和爱国主义教育，以提高其觉悟。大力培养教中的积极分子和上层中的代表人物，以达逐步控制教会的活动，但不是叫他们离教，以免脱离群众。

凡有宗教活动的地区，应认真切实地宣传贯彻保护宗教信仰自由的政策。涉及宗教的问题，必须以"慎重稳进"的工作方针处理，对反革命分子的现行破坏活动应予以必要的、适当的打击。但在处理这些问题时，必须严格划清宗教问题与政治问题的界限、正当宗教活动与非法活动的界限，并报地委批准后才得处理。

7.民族上层的问题：

对民族上层本着团结、教育、改造的精神，加强统一战线工作，以体现党长期团结合作的政策。具体意见是：

土改后划为地主、富农及其他剥削分子的，在初级合作化前暂不入社，初级合作化后可以有分别地分批吸收。对于暂不入社的地主、富农，不能对其不管，应加强对他们的教育改造，使其提高思想，认清前途，减少抵触情绪；并应根据其代表性的大小，在政治上做适当安排，也要帮助他们学会生产技术，逐步改造成为自食其力的人。

对于拟由政府包养的上层人物，若他们自己或其家属原来也附带搞些劳动生产，仍应教育他们继续搞，逐步养成劳动习惯；地富家庭中参加主要劳动的子女，不能以地主、富农论，但目前一般不宜入社。个别表现特别好的，在本人积极要求、群众同意、社的领导较强的原则下，为了分化敌人，扩大影响，应考虑作个别吸收。

不拟由政府包干生活费的民族上层，若他们生产、生活有困难，可由社会救济费和上层补贴中适当加以照顾。

8.边境合作化中涉外问题：

在办社中，可能遇到若干涉外问题，拟采取以下办法处理：

（1）境外的边民，如系跨境而居的少数民族农民，迁入我境并已定居我境的，可按中国人对待，允许入社。凡越方边民（指农民）在我境居住者，如本人自愿，应吸收入社。若系缅方的缅甸族及老方的寮族，其本人自认为外侨者，不能吸收入社。

（2）境外边民耕种我境土地者，不得入社，其耕种之土地亦暂不入社。如系租给我边民耕种者，可由社员个别继续耕种；若原主同意也可由社代耕交租，租额按现行习惯处理。我边民耕种之境外土地，不能入社。境外边民要求收回土地时，应需双方的民族上层或群众协商处理，本和平友好、公平合理的精神解决。我边民如因此而引起困难者，政府应给予帮助解决。

（3）边民在两国均有土地、来回搬家耕种的，如现在于我境，并能定居者，可允许入社；其境外耕地仍可按习惯，个别经营。

（4）境内外边民伙养耕畜，不能合伙入社。若双方同意互相找补后归我边民所有的，才可入社。

（5）处理以上问题时，应由各县（工）委亲自掌握，根据当地具体情况，从有利于边民友好、有利于民族团结、有利于国际影响出发，提出处理意见，报地委转报省委批准后才能处理。

（四）保证全面增产，巩固现有社，积极发展，提高互助组，并为秋后办社做好各项准备工作。

土改后，群众生产情绪高涨，今年生产一般比往年好，只要再继续加强领导，保证增产是可以的。其根据是：土地进行了加工，普遍增加了1次犁耙，施肥量增加了，有的地区薅也快薅通一道，未开始的也有了思想准备，预料可普遍薅通1至2道。社的经营管理通过了一个主要的栽秧季节，已基本纳入轨道，这表现在生产上有计划，劳动组织上有26个社实行了三包到队，占21.14%；有44个社实行了两包到队，占35.77%；15个社实行了季节包工，占12.19%；以上共85个社，占68.1%。其余的38个社大部分已实行了按件记分，初步克服了平均主义思想和大变工的习惯，从而提高了生产积极性和劳动效率。

但也不能忽视随着生产季节而带来的新问题。部分地区薅秧进展迟缓，自然灾害已较前一阶段较为频繁，有的合作社实行了包工包产，但有名无实，群众不承认、不执行；社的经营管理，一般重视了农业生产而忽视了多种经营，有的社只有一个空计划。因而要保证全面增产，保证90%以上的社员增加收入，还需要在现有基础上再加一把劲，加强领导，发动群众，做好如下工作：

在生产上当前主要是抓中耕夏锄抗灾工作，季节较早的地区，应积极备秧，要求完成计划，保证质量，争取超额。在发展农业生产为主的原则下，应因地制宜，积极开展多种经营，但应注意掌握先当前、适当照顾长远，同时应加强对家庭副业生产的领导，当前主要是给社员时间和具体扶持。

对现有合作，根据省委指示精神，在秋前应进行一次整顿提高工作，中心是保证社社增产，保证90%的社员增加收入。整社本身就是为秋后发展社做准备，只有这批社确实显示出它的优越性，才能有力地吸引各族农民，自觉地走向合作化道路。整社的步骤要求：总的是以生产为中心，发动群众总结检查生产，在肯定成绩的基础上，发现生产上、经营管理上和政策处理上的具体问题，以克服干部和群众中的麻痹自满或消极畏难情绪，对存在的问题，应分清主次，及时采取积极措施，逐个加以解决。要防止脱离生产关门整社和盲目地为整社而整社的偏向发生。可以分为两个步骤进行：

第一步，支部领导，发动群众，总结生产，推广先进，研究问题，逐个解决，总的是抓全面增产。生产计划过高者修订，计划不高但努力不够者，要弄清原因，实事求是地弥补；同时，应积极挖潜力、找窍门，争取超额。其中当前尤应注意抓住改进技术、多种经营、加强对家庭副业生产的领导等几个主要问题；有关生产的具体问题，如生产组织、劳动定额等，应根据实际情况和各社员的意愿，逐步提高，不能操之过急。应认真总结已有的经验，对行得通的，要加以提高，积极推广，有条件的社可实行定额管理，没有条件的可实行小包工、季节包工或常年包工，对没有条件但已实行定额管理，社员又有意见，维持下去确有困难，也可改作常年或季节包工。劳动报酬可随着组织形式的改进，由死分死记、死分活评逐步提高到个人或小组计件。土地、耕畜、农具等问题，在充分尊重民族的风俗习惯和自愿的原则下，处理不当的应及时调整。这是一个细微的思想工作和组织工作，必须做好，大体需时10天。方法上可以采取串连、酝酿、座谈等形式。

第二步，发动群众，算3笔账，进行预分，组织秋收，扩大影响，总结评比。中心是解决保证90%以上的社员增收的问题。3笔账是：（1）增产账：估产结合补漏洞、找窍门、挖潜力；（2）开支账：贯彻勤俭办社方针，结合清理工分；（3）社员收入账：以按劳取酬、少扣多分，保证90%以上的社员增收为原则，保证总收入的70%以上分给社员，对可能减产户及保产户，做出适当安排，做到增产、起码不减或少减。在此基础上，立即转入计划秋收。组织秋收，主要是合理安排劳动力，继续推广先进，提高质量，减少抛撒。要做到边收边分配，注意好坏搭配、品种搭配，照顾民族风俗习惯，适当调剂。分配结束，立即进行总结评比，以扩大社的影响，并及时转入冬耕。支部应在领导整社过程中，得到锻炼提高，中心问题是学会走群众路线、抓先进的领导方法。

对互助组当前主要是加强具体领导，摸索边疆互助组的规律，并认真培养重点互助组，创造经验，带动全面。可定期召开互助组长会议，进行政策教育，总结交流经验，提高互助组长。当前对互助组提出如下几点具体要求：

（1）认真贯彻三大原则，特别是互利政策，因有大变工的习惯，要求从换工形式逐步提高到评工记分。

（2）保证有纯洁的领导。

（3）有简单的生产计划。

（4）保证增产。

做好以上工作，就是为今秋办社打下了基础，同时还应当做好下列几项准备工作：

1. 群众思想准备：

主要是通过办好重点社的影响，使群众亲眼看到合作社的优越性，同时在互助组中，应通过其初步显示出来的组织起来的好处，宣传农民应走的方向道路，启发群众社会主义觉悟，以"办好互助组、争取办社"为所有互助组的努力方向。同时应该摸清各族群众思想感情，按边疆各地区的具体情况，适当地宣传"四十条"（不要一般化的宣传），使之深入人心，形成走社会主义道路的舆论，以此达到占领农村社会主义思想阵地。

2. 政策准备：

一是总结试办社中行得通的各项政策；二是继续调查各种地区的情况，提出适合各地具体情况的各项具体政策。

3. 干部准备：

首先，要解决各级干部的思想转弯，主要通过总结试点办社，明确边疆改革地区的变化和具体特点，从而进行从民主革命转变到社会主义革命的基本形势和任务的教育，使其充分领会走合作化道路的必然趋势、有利条件和困难条件，清醒头脑，"稳下来、钻进去"。在上述基础上，通过系统地总结试点办社的经验教训，教育干部和农村骨干、积极分子，使其领会指导思想的基本点，懂得具体政策和做法，克服对合作化的神秘观点。做法上建议边工委、县委以会议形式训练版纳工委和区委、支部领导骨干；以开训练班的形式，训练一批本民族的农村积极分子，这是边疆民族地区实现合作化的中心环节。此外，并可组织参观、访问、整社经验介绍等。其次，是要认真提高农村支部和党员。在已办社乡，要抓紧整社这一基本环节，组织全体党员，投入整社，学习领导社的经验；拟办社地区的互助组长及互助组内的党员、骨干等，支部可采取座谈会、经验交流会等形式，加强领导，具体帮助。可进行社带组的地方，要立即应用此一形式，仅有互助组的地方，也要有重点组，以点带面。总之，提高支部、党员和积极分子最基本的方法，是组织他们投入实际工作，在斗争中增长才智。

第三，外来干部，应十分明确只有通过本民族的意愿，让他们用自己的脚走路。要尊重民族干部的意见，强调细致耐心，从实际出发，具体帮助提高，防止及克服包办代替，防止硬搬内地经验。

此外，应该转社的地区，要事先做好转社规划，干部、群众的思想准备及高级社的干部准备。初级社转高级社时，应掌握几点：

（1）确实保证90%以上社员增加收入。

（2）群众自愿要求。

（3）是一、二类型社，干部较强，有一定的领导能力，社的经营管理已基本纳入轨道。

以上发言是否有当，请地委及与会同志指示。

地委生产合作部

1956年9月11日

江城县哈尼族彝族自治区土地改革方案（草案）

一、基本情况

江城县地处国防，南与越南接壤，西接西双版纳傣族自治区，东接红河哈尼族自治区，北与墨江、普洱、思茅相连接。全县共分惠民、曲水、宝藏、嘉禾、康平5个行政区，34个行政村（相当于乡），1个街，398个自然村，6268户30346人，有哈尼、彝、汉、傣、瑶、拉祜、布朗、回、民家、蒙化、僮、猛统等12种民族和民族支系。各少数民族人民都由于不堪历史上反动统治的民族压迫和残酷剥削，分别从景谷、景东、墨江、元江、石屏等地先后零星逃到此地，民族跨境而居，彼此关系密切。各民族均未形成自己独特的一套政治制度，亦未有全县性或全民族性的领袖人物。国民党反动统治阶级利用反动的保甲制度统治各族人民，在民国十八年改江城为县治，分为5个乡，以保甲长、乡民代表、参议员等作为统治各族人民的工具，乡村政权即为地主、富农所把持，并与国民党官僚分子互相勾结，向各族人民进行掠夺性的剥削，地主、富农不但为农村中政治上的压迫者，同时也是经济上的剥削者，全县社会经济基本上与内地相同。

据1949年解放初期划分阶级，全县有地主96户、富农104户，据目前初步调查，全县除宝藏区、康平区瑶家山瑶族，阶级分化尚不明显外，其他地区地主、富农霸占着大量的肥沃良田，他们凭着优等的田地、耕畜等生产资料，对农民进行残酷的高利贷租佃、雇工等剥削，迫使农民卖儿鬻女，终生劳累，不得温饱。由于民族来历与自然条件的差别，经济上发展有以下3种类型。

第一类：以宝藏一村、惠民七村、嘉禾一村、康平三村的典型调查，可代表全县25个行政村（占全县面积70%左右，全县共35个行政村）。其特点是：解放前的汉族人口虽少，而汉族统治阶级在政治上与经济上均为直接统治者，彝族、哈尼族民族内部的地主阶级，则依靠汉族统治者统治本族人民，他们利用了高利贷、租佃、买儿养女等主要方式对广大农民进行残酷的剥削。从生产资料占有情况上看，综合4个村典型调查材料，则是占人口17%左右的地主、富农，占有55%的稻田产量面积，地主每人最高达25.3石产量面积，最低也有8.2石，而富农每人平均3.9石。而占55%的贫雇农则仅占有15%左右的稻田产量面

197

积，贫农每人平均仅1石左右稻田产量面积。雇农则最高5斗，最低9升，甚至一无所有。由此看出，土地较为集中，阶级分化突出明显，而地富出租土地，90%以上为活租制对半分租，少数为定租制。

解放初期，由于一度搞过反霸减退斗争，特别是在镇反中给予地霸、反革命分子以不同程度的打击，并没收了他们的一部分财产。打击较重者，没收其土地财产达80%左右，打击较轻者也达50%左右，个别的基本未动，而以第二种较普遍。富农一般未受打击，但由于顾虑消极，生产减少达10%左右，贫雇农增加耕地面积产量200%多。

第二类：以曲水区三村为典型，可代表江城县9个行政村（占全县面积26%左右，这些村分布于全县5个区，并非集中于一片）。其特点是：哈尼族以村寨聚居，地区偏僻，并夹有汉族寨子，其土地是山多田少，自然条件贫困，土地不十分集中，但其内部阶级已有明显分化，解放后这类地区基本未动。该村地主占3%，仅占5.4%的产量面积；富农人口占5.55%，占8.3%产量面积；中农人口占24.24%，占32.39%产量面积；贫农人口占40.6%，占35.3%的产量面积；雇农人口占26.45%，占18.6%的产量面积。土地虽不太集中，但政治压迫仍是严重的。

第三类：是瑶族聚居区，仅有1个半行政村（乡），占全县面积4%左右，地处国境线上，与国外瑶族交往密切，居住于大山森林中，勤劳勇敢、流动性大，阶级分化不明确，其社会经济情况尚待进行系统的调查研究。

根据以上所述，阻碍江城各族人民向前发展的主要障碍是封建生产关系，解放后虽有削弱，但未根本改变。必须首先改变这种生产关系，解放农村生产力，以便进一步实行农业社会主义改造，才能使各族人民最后摆脱落后贫困，走上繁荣幸福之途。根据上述不同类型的社会经济和阶级构成情况，确定第一类型地区实行以土地改革为中心的民主改革。第二类型地区则以实行政治民主为主要内容，对于存在的少量封建土地剥削和苛重的高利贷剥削，即采取更缓和的办法，逐步协商废除。对于第三类地区，则肯定不实行土地改革，而以"团结、生产、进步"为长期的中心，通过直接的道路逐步过渡到社会主义。

二、解放后的变化

（1）解放5年多来，在党的正确政策指导下，坚持民族团结，进行清匪对敌斗争工作，争取了一批大小匪首匪众回国自新，1950年曾一度进行过反霸斗争，特别是1951年镇反时，逮捕了反革命分子351人，杀了100人，全县35个行政村中，已有32个村建立了联防自卫队，有2134个队员，有步马枪、火药枪共1089支，掌握在70%左右的积极可靠的队员手中。现除了逃出国外的匪霸谢朝英、陈桂春及民族上层李卜萨、普粲等及其胁从的少数匪众外，境内已无匪众，社会秩序已空前安定，特别是自越南人民军队解放越北地区和印度支那实现停战以后，更进一步促进了边境一线的安定。

（2）在民族关系方面，几年来坚持了党的民族平等团结政策，调解民族间的纠纷，大力地帮助各族人民发展生产，开展了贸易、文教、卫生、救济贷放等一系列的政治工作和经济工作，人民生活已有显著改善，增加收入2至5倍，过去民族间相互歧视、互不信任的关系开始成为团结友爱、合作互助的关系。特别是今年春成立了自治区人民政府以后，更进一步巩固了民族间的团结，广大的各族群众更热爱毛主席，信任党、政府和军队，热烈拥护党的一切政策措施。民族上层人物也在自治区政府成立时，分别做了不同的安置和照顾，对党的疑虑在逐步消除，多数都表示靠我，争取我之信任。

（3）在上述一系列工作中，干部已受到不同程度的锻炼，政策思想也有所提高，全县党政财经干部共358人，其中有相当一批已熟悉当地民族生活和风俗，能联系当地的群众，目前共有139个民族干部，其中外面派去的民族干部66人，已有本地民族干部73人（其中党员38、团员46人，民族干部中县级3人、区级11人），这一批力量，已成为我工作推向前进的宝贵力量。

（4）在几年工作的发展中，群众的觉悟在逐步提高，由于1950年到1951年，全县5个区的大多数地区（特别是宝藏、惠民两区）进行过反霸、减退、镇压反革命斗争，甚至进行过划阶级、减租减息，组织过农民协会、妇女会等群众组织，当时虽缺乏认真的领导，但群众的阶级觉悟已受到相当的启发。加之内地改革的深刻影响，特别是近一两年来内地改革以后，群众生产迅速发展，已促使当地各族群众一再向政府提出改革要求。由于一再采取说服办法，没有满足群众的要求，目前群众已普遍地对党表示埋怨情绪，说："我们和内地一样是共产党、毛主席领导的，为什么内地改我们不改？"在我发动群众生产时群众提出："政府叫我们发展生产，土地不合理又不给解决，如何发展生产？"两年来抗租的自发事件不断发生，许多群众在盼望土改无结果时，自行向地主购田购地的不少，因而田地纠纷已不断出现。今年春县首届各族各界人民代表会议上，80%的代表提出实行土改，希望在会上做出决议，农民以"干巴（干肉）在吊着，老猫在叫着"，来表述他们要求土改的迫切心情。最近土改风声传出后，群情鼓舞振奋，农民自发地站岗放哨，监视地主，甚至收缴地主枪支、抗缴地租等的斗争不断发生。这一方面须加控制，一方面表明如不有领导地满足群众的迫切要求，则将脱离群众，陷我于被动。

（5）民族上层人物，经我几年来的团结教育，特别见于群众声势，多数已表示同意改革，彝族地主罗恒中说："早不改晚要改，早改比晚改好，改了我睡觉也放心。"彝族地主兼宗教领袖普光福说："人民要改革我也同意，早分了田地免得整天担心。"但也有一部分地主还存在着顾虑，甚至以分散财产、宰杀耕牛等行为表示对抗，这说明民族上层的工作还需要进一步去做，改革的形势既已造成，只要认真地对上层进行进一步的教育改造工作，阻力是可以减少的。

根据以上所述，江城的改革条件已基本成熟，需要党积极地去领导群众，废除当前阻碍各族人民发展生产的根本障碍——封建的土地所有制，为进一步组织群众，走向互助合作发展生产的道路创造条件，以便帮助各族群众逐步发展经济、文化，过渡到社会主义社会。

三、改革的方针路线

在江城进行土地改革，还必须清醒地认识到江城的外部情况和内部情况的特点。江城地处祖国边疆，与我接壤的越南和寮国北部虽已解放，印度支那虽已停战，但这些接壤的地区解放不久，敌我斗争在边境上仍是复杂的，寮国并未完全解放，同时与江城为邻的红河、西双版纳两民族自治区尚未进行改革，这些都需要从减少对外和近邻地区的震动考虑；而江城内部民族关系也很复杂，各民族的发展都很落后，并有受帝国主义宗教影响的少数民族基督教徒2000余人，民族间的隔阂还未根本消除，加之我工作总的说还是薄弱的，干部（特别是民族干部）在质和量上都还较差，这些都是进行改革时所存在的困难。因此，必须坚持中央"慎重稳进"的方针，坚持一切有利于民族团结、对敌斗争和有利于祖国社会主义建设的指导思想，在实际工作中，应遵循团结教育民族上层，依靠少数民族群众，以和平协商的方式进行改革的原则精神，同时加强培养提高民族干部的工作。据此，提出如下的改革方针路线：

在共产党的领导下，坚决地依靠各族劳动人民（特别是雇贫农民），中立富农，团结教育与群众有联系的民族领袖人物，采取和平协商的方式，谨慎稳妥地、有分别地、有步骤地废除封建剥削制度（首先是集中解决土地问题），解放农村生产力，引导农民逐步组织起来，发展农业生产，以便提高各族人民的物质文化生活，和支援国家工业建设，保证各族人民逐步过渡到社会主义社会。

四、改革的基本政策

（一）为了进一步巩固民族团结，在改革中必须实行有利于民族团结的下列规定

（1）坚持我党既定的与民族上层长期合作的政策，在改革中对于我们已经团结的人，必须采取一律保护的政策。对某些尚未适当安置的上层分子，在改革前应即做适当安置。生活困难者应加以照顾，必要者应采养起来的办法。对一般中小头人其中影响较大者，也应将其做适当的安置。因改革而生活困难者，必须予以适当补助，给以生活出路。只有采取这一政策，才可以减少阻力，增强团结，取得他们的同意，赞助土改或中立，以达孤立敌人。

（2）在坚持自上而下和平协商改革的原则下，于做好上层工作的同时，在教育启发各族农民政治阶级觉悟时，可不采取诉苦、算剥削账的方法，而采取正面教育、回忆对比的方法，以提高农民的民主觉悟，并充分教育各族群众中的积极骨干分子，懂得正确执行和平协商进行改革的方针政策。

（3）在整个土改过程中，自始至终应对农民群众不断加强"各族农民是一家，团结起来力量大"的阶级团结教育，并教育他们警惕坏分子挑拨破坏各族人民的团结。

（4）在改革的准备阶段，应认真在各族农民中培养一批领导骨干，加强政策教育，由他们去领导本族农民通过和平协商完成改革。防止汉族干部和其他民族干部强迫命令、包办代替的有害做法，使某些落后民族上层和敌人无隙可乘。

（二）关于没收征收的几项政策

（1）凡属于地主的土地、耕牛、农具，除留给与农民同样一份外全部没收分给农民，地主的房屋和多余粮食、底财、浮财一律不动。

（2）凡地主、山主的荒山一律收归公有，若在当地已垦田地不足分配时，可以一部分分给无地和土地不足的农民，其余归公有，不予分配。

（3）凡森林除群众的龙山、风水山、柴山等，应按少数民族风俗习惯处理外，其他山林统归国家所有。如农民需要，在500亩以下的山林，可分予农民使用，由村寨管理，该村寨民应有保护和培植的义务。

（4）凡属地主、山主经营的经济作物，是否没收，应根据具体情况上报请示具体处理。若属屋边小量园圃和果园，仍予保留不动。

（5）矿产地一律收归国有，不予分配。

（6）在镇压反革命运动中，已没收反革命分子的土地、房屋、耕牛、农具重新做如下处理：

①没收的土地结合土改一起分配。

②已归群众使用的房屋、耕牛，结合土改在照顾农民的原则下适当调整分配。

③已为政府征用的房屋、驮牛、马匹，不再分给农民。

（7）地主的黄牛、马匹属于工商业性质者，不予没收分配。

（8）对于富农出租的土地、耕畜一律保留不动，不予征收，以达最大限度地中立富农、孤立地主。

（9）对工商业兼地主或地主兼工商业者，属工商业部分保留不动，其封建部分的土地、耕牛全部没收，分给农民使用。

（10）革命军人、革命烈士家属及其他因无劳动力而出租的小量土地应予照顾，不予征收。

（11）凡与少数民族宗教信仰有联系的土地，原则上坚决保留不动，如群众教徒均出于自愿要求而其直接宗教上层人物也同意时，报经省委同意后再加以处理。

（12）对半地主式富农的大量出租土地应予征收分配，耕畜不动。如征收其出租土地后其自耕和雇人耕种部分不足农民分配平均数者，得予适当补助之。

（13）分配少数民族土地时，应在原耕基础上进行调整分配，尽量先照顾本族农民，剩余的如需分配给其他民族者，必须取得本民族农民的一致。

（14）分配时每乡留机动田1部，以备调剂，但一般不得超过全乡土地总面积的1.5%。

（15）分配土地原则上以乡为单位统一分配，但土地特多的乡，可经充分协商后在有利于民族团结和发展生产的原则下，根据具体情况，做适当调剂。

（三）关于债务处理问题

债务解放几年来群众已自动废除者不少，改革中群众提出债务问题时，本下列原则处理：

（1）农民所欠地主的一切债务，不论属于解放前和解放后的，应一律废除。

（2）对富农的债务属于解放前者，应一律废除；属于解放后者，利两倍于本的本息停付，利一倍于本的停利付本，利不足一倍的可保持不动。

（3）农民之间的债务按原规定有效，如有纠纷双方协商解决，或由政府来处理。

（四）对于逃亡民族上层（包括地主）及自新匪首匪众的政策

（1）对逃亡地主回家后认真悔过，遵守人民政府政策法令，老实从事生产，停止作恶者，免予治罪，并分给与农民同样一份土地及其他生产资料，令其安分守法，从事生产。

（2）对于归国自新的匪首匪众，除进行放火、放毒、凶杀、组织暴动严重现行破坏活动者外，一律照数留给或分配一份土地和其他生产资料；除个别为群众痛恨者外，一律摘去匪帽，对作恶多端，民愤甚大，必须法办者，也应留在土改以后再行处理。

（3）对被敌特残匪威逼逃居国外或附匪的各族农民，其在国内之财产，一律不动，并照数分足一份土地和其他生产资料，告其亲属动员回家分田，就业安居。

（4）对于现尚在国外为匪的汉族地霸和民族上层人物，其家在改革地区者，可只没收其田地、耕畜，并同样留存一份；对其房屋和其他财产保留不动，以示争取。如过去政府已做叛产处理者，不再变动，以维国法尊严。

（五）改革中的宗教政策

（1）改革中对宗教一律采取保护政策，强调正面的教育，尊重教民的宗教信仰，禁止以粗暴的态度伤害教民的宗教感情。对农民中之基督教徒，应积极吸收其参加农民小组，加强爱国主义和阶级教育，不应歧视排斥，在群众觉悟提高的基础上，逐渐将宗教活动限制在教堂以内，不得在教堂以外传教，并教育群众和教徒警惕坏分子利用宗教掩护，进行破坏土改的反革命活动。

（2）对各族人民各种信神信鬼的落后迷信生活习惯，他们认为各种不吉利的禁忌，应采取尊重态度，不得以鄙视对待。在土改中的一切活动，应尽量照顾其民族习惯。

（3）对于所谓"鬼娘"采取保护政策，如遇群众斗争"鬼娘"事件，应在提高群众阶级与政治觉悟的基础上，说服制止；对操纵和挑拨的坏分子，如条件成熟应给予适当惩处。

（六）关于武装问题的处理

（1）属于汉族地主、富农所有之一切枪支，以会议协商、政府命令的方式缴出之，经登记后发给民兵使用。属于农民群众所有者，一律不动，也不登记。

（2）属于少数民族地主、富农所有的枪支，原则上也应协商说服缴出发农民使用。但禁止追逼，改革中不能解决者，可暂不追究，留待以后慢慢解决。

（3）过去为匪现已自新的人员，其枪支未缴政府者，应教育其全部缴政府。其枪支多者，可视具体情况给以适当资助，以安定本人及利于对敌人的争取瓦解。

（4）对于不纯民兵所抬枪支，在群众觉悟的基础上，以民主讨论方式转交可靠民兵掌握，不得以生硬办法收缴。

（七）关于划阶级问题

（1）划阶级一律以1950年1月为准，凡贫农、雇农解放几年来已上升为中农者，定为贫农或雇农成分；凡中农（包括富裕中农）已上升为富农者仍定为中农成分；凡地主、富农解放几年来已下降为中农或贫农者，其成分仍为地主或富农，经济上照现在的经济地位待遇。

（2）划阶级采取干部讲解，地主、农民分别讨论评定，会议通过，政府批准的办法进行。

五、土地改革的步骤和具体做法

根据以上方针政策、主客观条件，大体在明冬以前完成自治县的土地改革，先进行典型实验，取得民族地区和平协商的改革经验后，再在面上铺开，计划第一批完成惠民、宝藏、嘉禾3个区，共22个行政村（包括3个典型实验村）、247个自然寨；第二批完成曲水、康平2个区，共12个行政村、141个自然寨。

甲、具体做法

准备阶段，其主要工作：

（1）召开自治县人民政府委员会和各族各界人民代表会议、常务委员会，酝酿讨论做出土改决议。

（2）11月份抽调集训干部做典型实验，借以培养民族干部，吸取民族地区土改经验。

（3）一俟上级批准后即召开自治县各族各界人民代表会议，正式做出决议，并成立县的土地改革协商委员会。

（4）典型试验工作在惠民七村、八村，宝藏一村进行，由县委亲自领导进行。

（5）整个土地改革时间，从1954年11月开始至1955年12月结束，试点3个月，第一批3个半月，第二批3个月。

乙、土地改革的组织领导

（1）自治县人民政府应召开各族各界人民代表会议，推选适当名额的各族各界代表人物组织土地改革委员会，作为改革期间协商解决有关改革问题的协商机关。

（2）县、乡两级组织农民代表会议，为自治县土地改革的合法权力机关和执行机关。

（3）为使土地改革工作顺利进行，自治县人民政府得由各机关工作人员中抽调适当名额组织工作队，参加自治县的土地改革工作。

（4）坚持党委统一领导，县委必须自始至终掌握重点，以点带面稳步去进行土地改革。必须加强请示报告，加强干部控制，严禁无组织无纪律的行为。

丙、土地改革中的结合工作

（1）土改紧密结合改造乡村政权，建立民兵自卫队，并进行建党建团等组织工作。

（2）在土地改革的同时，强调土改生产两不误，并在土改结束的基础上紧密引导农民组织互助合作，发展生产。

江城县和平协商土改试点基本总结

中国共产党江城县委员会

主送机关：报省委、地委

          发各区委、各工作队

抄送机关：各部委

中共思茅地委办公室

1955年5月13日代印

江城县和平协商土改试点基本总结

一、基本情况

（一）改革前的情况：3个试点乡共分布为43个自然村寨，共611户，2987人，宝藏区一村是哈尼族为主聚居区，其他两个乡是彝族为主的民族杂居区。七村宗教问题突出，共有彝族、哈尼族、汉族、拉祜族、布朗族等5种民族，其中彝族303户，占49%强；哈尼族242户，占39.6%强；其他民族64户，占10.4%强。

3个乡均系半山区，地区较分散，栽种主要为稻谷和苞谷等杂粮，其他经济作物有茶（主要的）、花生、席草、菠萝等。

（二）工作情况：工作队于1954年9月间到乡，当时工作队对和平协商改革的政策不明确，曾造成一度紧张，地委发现后，即指示进行稳定并转入生产，澄清混乱局面，进行正面教育，回忆对比发动群众。

通过搞生产、交朋友，进行扎根串连，在未正式宣布改革前（2月下旬正式宣布），群众发动面达57.55%左右，有积极分子14.67%，根子、骨干95人，占总人口5.96%。上层进行了交代政策与前途教育，初步相信了我党政策，基本稳定。靠我者15人，占45.4%；不满者5人，占15.15%；中立者13人，占39.3%（此系估计数，不一定正确）。

宣布改革于2月下旬开始至4月中旬胜利结束，历时50余天，基本贯彻了和平协商改革政策，取得了一定的成绩，废除了封建剥削制度，基本满足了农民要求，发动了群众，培养了干部，并进一步团结稳定了上层。到改革结束，群众发动面共1452人，占农民成年人口1595人91%，占全村总人口48.6%。骨干有148人，占9.2%；积极分子有396人，占成年人口24.82%；参加农民小组者1377人，占成年人口86.33%；党员16人，团员40人，脱产干部25

人。上层中立者12人，靠我者19人，不满者2人（此系估计，不够正确），未发生逃跑自杀现象。3个点共划出地主27户141人、半地主式富农2户18人、富农13户83人。

除留给地主稻田产量面积244.9石，占总产量4.18%外（原占24.53%），共没收征收1673.7石，占总产量28%；没收了全部荒山和大块森林、座基、茶山，废除了债务，仅七、八村不完全统计，谷子196.5石、半开914元、人民币91元。

3点分田户共302户1395人，占总人口46.7%，平均每人最高者达3.6石，平均1.8石左右，最低5斗；占人口62%的贫雇农民，占有土地从原来的30.8%上升为52.1%，基本上满足了要求。

二、在各阶段工作中团结上层与发动群众的问题

第一，准备阶段

（一）准备阶段是改革开始前的一个重要步骤，是决定整个改革运动顺利与否的关键，在准备阶段中必须在干部、上层、群众3方面反复深入地正确地交代政策，充分做好政策思想准备和组织准备，使上层消除顾虑，进一步稳定，并从思想上、道理上认识土改的必要性与正义性，拥护赞助和平协商改革的政策，在人民代表会议上做出决议，给今后承认剥削、放弃剥削打下思想基础，组织和平协商改革委员会，给今后协商阶级、协商留田等工作打下组织基础，使群众由一般的爱国主义觉悟逐步启发提高其阶级觉悟，初步懂得土改的正义性，认识到封建剥削制度的不合理，初步懂得劳动与剥削，从而要求改革并拥护和平协商的政策，发现和培养一批积极骨干及组织农民队伍，建立农代常委会，组织农民小组，使农民认识自己的力量，认识组织团结起来力量大。

（二）3点的准备工作从2月下旬正式开始，各点先后召开了各族各界代表会议（3个点共出席代表166人，其中农民131人，大部为根子、骨干，民族上层23人，富农12人），会议上学习交代了和平协商改革的精神及其具体政策，进行了充分的酝酿讨论，上层方面进一步地相信和接受了和平协商改革的政策，基本上是拥护的。但由于其阶级本质、思想觉悟及我宣传政策的深刻程度不同，故也有不同表现：

1. 相信了政策并对剥削有一定认识，进一步稳定，表现积极拥护赞助和平协商政策，并在人代会上举手赞成改革，对和平协商改革的政策最满意的是：①他们有政治权利，可以说话，对和平协商委员会很感兴趣，"和平协商委员会是靠脑，不要不得"。②先留后分。③社会主义前途。大部分都相信了这个政策不会再变，"是几十次会议决定的"，"是经过毛主席批准了的"，"只怕人哄政策，政策不会哄人"，"打着洋伞改革了"，"共产党真聪明"。但仍有些人怕政策变，怕"群众不执行"，而强调学习政策的重要，"上下层都要学习政策"，"不以规矩不能成方圆"，"按照政策办事老实要紧"。

2. 在相信政策进一步稳定之后，除少数地主真正认识到剥削可耻，表示愿意放弃剥削外，大部分地主则进一步暴露了地主的阶级本质，钻我政策空子，与我做斗争。首先是歪

曲政策，把"先留后分"歪曲为"先检后分"，把封建剥削制度的不合理解释为"是国民党给留下来的"，把责任推在国民党身上，把改革的正义性解释为地主占有土地多，应分给农民一点，特别是对于边疆采取和平协商改革的原因解释为"边疆地主剥削少"，"是劳动地主"，"边疆地主生活苦，连内地的贫雇农也不如"，并竭力说内地错了，过去错了，来拥护现在的，"内地土改是扫地出门，是斗争诉苦的辣毒手段，边疆的和平协商政策好了"。"过去的管制伤心了，现在的政策放心了"。其次是模糊农民与地主间的阶级界限，"我们是一家人，要团结，要讲良心"。七村宗教上层普光福把宗教上的名词道理搬出来麻痹群众，拉拢教徒，有些地主竭力把富农拉在自己一边，谈话时"我们地主、富农如何如何"。第三，掩盖剥削，抵赖阶级或伪装进步，想滑过去，他们明白改革只是废除地主的土地与债务，因而就想不当地主，不承认有剥削，在讨论时只谈大道理，不接触事实，或说小的不说大的，谈远的不谈近的。"土改是正义的、合法的，但我们没有剥削"，"我爹是个地主，但我是劳动的"，"放高利贷记不得了，那是老人的事"，"解放前有剥削，现在劳动了"，"我是个富农，我们的土地要自动拿出来"，实际上他是个地主。

3. 个别的地主阶级思想原封未动地暴露出来，顽固抵赖，不认识剥削的可耻，把剥削说成是"讲良心"，是"习惯"，是"应该"，"地主剥削几千年了，习惯了，剥削点免不得"。"借钱时哭哭啼啼，今天反说我剥削"，"人死掉不借给点钱，良心上过不去"，"我是对半分吃，为什么是剥削"？有的把自己富有说成是自己勤劳，贫雇农贫困是因为不劳动，污蔑贫雇农说是懒汉二流子，是"赌钱吹烟英雄汉"，"农民是一条龙，睡到太阳红。富人一条狗，天亮不亮就走"。有的则带有威胁的口吻说："和平协商好了，就如使牛一样，如果好好使，它会顺你用，如果又打又骂它也会挣脱。"

根据地主的反映，我们反复地、正确地说明了土改的正义性，边疆和平协商改革的政策。对地主的歪曲政策则适当地予以解释批判，对其歪曲和平协商政策，说内地错了，过去错了，则着重说明地主剥削的不对与可耻，说明不论边疆地主与内地地主本质上都是一样的，"天下老鸦一般黑"，仅剥削方式上有所不同。说明对封建制度是要废除的，但对边疆民族上层解放几年来在党和人民政府教育下，对人民做了一定好事，觉悟有一定提高，愿意继续进步，党和政府对他们也必然采取长期团结教育的政策，但如不进步，政府人民也有力量、有办法来处理他们。对个别地主的原封未动的地主思想则从道理上说明改革的正义性，剥削为什么不对，讲明劳动和剥削的界限，讲解谁养活谁。但要有分寸，不能操之过急。

各点在宣传交代政策方面基本上是领会了省委指示精神，既讲劳动与剥削，劳动光荣剥削可耻，又讲和平协商，对农民既要使分清界限，又懂得政策。但也存在一些问题：

1. 宣传为什么要和平协商中，有的不分内外、不分对象地把党的策略宣传出去，"为了缩小打击面"，更有的讲是"怕地主跑了"。有的同志在地主发表落后言论时过早地批判，致使地主不再出气，不敢暴露真实思想。

2.阶级路线的宣传各点也不一致，在县人代会上并将阶级路线作了决议，后经省委指示，基本上按指示宣传"在共产党领导下，团结各族劳动人民……"，但在干部中必须明确省委批转边工委报告中规定的阶级路线，并根据情况在骨干、积极分子中、农代常委中和农民群众中灵活认真地贯彻。

以上地主的表现与反映说明了和平协商改革仍是个斗争，忽视或否认斗争是不对的。这一个斗争是按照党的政策说理说法的斗争，是更艰苦更细致的思想改造过程。

也说明了他们已经进一步稳定、相信了我党政策是一种好的现象，但是在进一步稳定并暴露其阶级本质的时候，我们的思想教育工作就必须前进一步，否则便不能达到教育改造的目的，便不能使他们放弃剥削。因此，除了继续地反复地交代政策外，还必须根据其不同的反映，不同的觉悟程度，分析其原因，从其现在觉悟程度出发步步提高，以达逐步教育、改造的目的。

在教育地主的时候不逐步提高是不对的，但急躁地过早地批判或对地主的这些反映加以训斥甚至谩骂也是不对的。这样不但解决不了问题，而且会把他的真实思想阻挡回去，不敢再讲或造成紧张。

在教育地主的方法上，除了我工作队大会、小会、个别地讲政策进行安定教育外，也有的是采取上层之间互相启发教育、进步教育落后、进步带动落后的方法，而基本问题是发动教育群众，树立群众优势，通过群众力量去团结教育地主。没有群众的优势和压力，上层是不会老实的。

（三）经过交代政策说明道理后，农民对和平协商改革大部分表示积极拥护，反映："和平协商也能废除封建"，"只要没收了土地，其他东西我们自己可以置，政府也会帮助"，"辣子盐巴不能充饥"，"不按政策办事，好像毛虫进家，还要贴双筷子"，对和平协商的政策接受很快。这说明和平协商改革政策可以基本满足农民土地要求，为广大农民所能接受，能够发动群众，同时用和平协商的方法进行改革，可以保证社会秩序的安定，安心生产，这是符合广大人民要求的。

但也有少部分群众对政策接受不下，"想出出气，斗一斗"，"分一分耕牛"，"动一动富农"，认为"和平协商好是好，但太便宜了地主"，"不斗争搞不垮他"。有的雇贫农说："共产党总是为我们，土地不够分时把富农的田拿出一点来。"大多数中农表现冷淡，认为"这次改革是为雇贫农使气，我们分不得什么，村上地主少，雇贫农多，搞场没有"，"改革意义倒有，改场不在"。宝藏区一村群众反映："我们村地主都已镇压，土地没收作叛产，现在改是改政府了。"个别中农还有怕升阶级的顾虑。

有些富农则怕划为地主，但口头上装进步，表示愿拿出土地给农民耕种以试探我态度，待我反复说明对富农不动后则表示高兴，特别积极。还有个别的农民为地主拉拢收买或与地主有亲戚朋友宗教关系，而与地主界限划不清，割不断关系，"大长老（宗教上层）的田不忍心分了"。

对于农民的教育，除讲一般性的政策外，我们又强调说明：

1. 以土改的正义性来批判地主歪曲政策的论调，教育农民与地主要分清界限，分清劳动和剥削的界限，说明和平协商改革也是个斗争，说明这个斗争是在共产党的领导下，按照和平协商的政策，三番五次地说理说法的斗争，最后说服地主、说赢地主要服从农民，说赢地主就是胜利。

2. 必须团结上层是为了减少工作中阻力，减少麻烦，政治上准许他有政治权利当代表提意见，在一起协商解决问题，大一点的还可以当委员当干部。在经济上只要他不违背人民利益应当照顾，使农民既有阶级觉悟又有策略思想。

3. 强调共产党的领导，只有在共产党的领导下农民的斗争才会取得胜利。

对于中农的教育，则用具体事实说明改革"既有意义也有改场"，而主要强调了政治意义，土改可以推翻封建剥削制度，使农民在政治上得到翻身，给发展生产开拓道路。

（四）人代会、农代会、协商委员会3种组织的性质关系问题。

省委指示边疆改革人代会是权力机关，农代会是农民的组织，是土改的执行机关，和平协商土地改革委员会是改革时农民和地主的协商机关（不是权力机关）。工作中证明这样做是正确的，这3个组织在边疆改革中缺一不可。由于我们对省委指示领会不够，对于这3种组织的性质关系不明确，在实际执行中发生一些问题。八村开始时强调了农代会是权力机关，协商会要服从农代会的领导（以后纠正），一村协商会13人中只有地主1人、富农1人（后又补了3个），使协商会起不到应有的作用。协商会主席一村和八村都是由农民担任，不如七村由工作队担任更便于工作，更能体现"在政府领导下农民与地主的协商"精神。

在组织农民小组时，有的同志机械搬用内地经验，提出了过高条件，规定要经过小组讨论审查的严格手续，形成了关门主义，有些农民不得参加而不满，影响到反封建统一战线的扩大与巩固。根据试点经验，组织农民小组的原则应是尽量扩大农民自己的力量，只要是劳动农民都可以参加（但领导骨干应为贫雇农民），参加手续亦应尽量简便，一般经过教育，本人自愿申请，农代会常委批准即可。组织生活应注意到风俗习惯与民族形式，七村老少男女分别编组很受农民欢迎。

第二，划阶级

（一）在准备阶段群众组织发动到60%以上，有了20%以上的积极骨干后即转入划阶级（面上铺开要求应低，群众发动到40%以上，有10%以上的积极骨干即可转入划阶级）。

划阶级是整个土改运动中政治斗争的高潮，是决定土改胜利与否的关键，是极其复杂细致而尖锐的政治斗争。一方面地主会采取各种各样方式或明或暗地进行抵赖与顽抗；另方面农民也极易在这个时候诉苦追逼。因此，必须严加控制，坚持和平协商、自上而下的交代政策划分阶级，坚持不斗、不诉苦、不追历史、不追政治，使地主上层进一步稳定，不波动、不惊慌。并使他由认识剥削到承认剥削、承认阶级。同时通过划阶级的生动丰富具体内容，进一步发动群众，和提高群众阶级觉悟，划清劳动与剥削的界限。

（二）3个点在3月14日前后进入划阶级阶段，25日前后基本结束。一般步骤是以居民大组为单位，由干部讲解划阶级的政策，上层与群众分开讨论，个别发动。在讨论中首先正面认识划阶级的意义，对群众要求能够划清劳动与剥削界限，对上层则要求认识剥削、承认剥削，然后结合实际进行讨论，即哪家是地主，哪几家是富农，再召开农代常委会统一农民意见，个别地多次地与上层协商，最后召开扩大协商委员会（吸收全部地主、富农参加）协商划分阶级，达成协议后在人民代表会议上审查通过，政府批准。

从宣布划阶级后，与上层的协商斗争更加尖锐复杂（七村更突出），除个别地主真正认识到自己剥削的可耻，表示承认剥削、承认阶级，并愿意老老实实遵守政府法令放弃剥削外，大多数地主则用各种方式与我斗争。有一部分口头上讲大道理说得很好，并承认自己是地主，也承认有剥削，表示愿意改革赶快过关，但实际上对其剥削的认识并不深刻。还有一部分不承认是地主或不承认有剥削，虚报劳动，少报剥削。七村地主普有珍自报自己劳动400个工，儿子劳动170个工，实际上全家没有主要劳动，只有附带劳动，儿子只60个工，每年请工200余个，而自报只请5个；全村11户地主没有一家说自己没有劳动，连70余岁的普光权（宗教上层）经常有病睡在床上，10多年来全靠剥削吃饭，也说自己是"农夫"。有的则狡辩，抵赖剥削，拉拢农民，普光权说："如果不劳动是剥削，那么县长县委不是也不劳动吗？"普有珍拉拢农民不要说出帮他的短工数目，龙其云听报告后马上买件绒衣给长工穿。八村地主高文的妈请长工硬说是招姑爷，放大烟账说是农民肚子疼向她求才借给一点"做药用的"。

（三）在与地主协商斗争中，我们采取的主要办法和体会：

1. 划阶级是与上层斗争最紧张最尖锐的时期，上层的思想变化也最大，这时我们对于上层工作就应该特别抓紧，领导干部要亲自动手，"兵对兵，将对将"，特别是对于一些主要上层分子及时掌握他们的思想变化予以教育，经济上有困难需要照顾者应适时地加以解决，应养活的养起来。七村地主普光权每年给他8石谷子、2套棉衣、2套单衣，合164元（一年4次付给），表现极其高兴，其他上层也进一步相信我对上层长期团结合作的政策，进一步稳定，减少了阻力。

2. 对上层的协商教育应是逐步前进、逐步提高，不要企图一次解决问题，开门见山地扣上地主帽子，这样不但解决不了思想问题，反而会造成紧张。这是一个很复杂细致的工作，不能怕麻烦，以简单草率的态度来对待，否则便不能给以更深刻的教育。地主普有珍协商阶级时，把全村农民发动起来算请工账，经过四五次的协商座谈，最后才承认自己没有主要劳动，承认阶级。

3. 坚决贯彻和平协商政策，充分运用斗争策略，孤立地主，缩小打击面，充分运用"联合封建反封建"的策略，扩大反封建统一战线，打击面一般控制在5%左右，在具体执行中，采取如下办法：

（1）解放前是地主，现在虽有剥削，但政治经济意义不大，劳动生产较好，可不划为地主者不划地主。采取"漏小不漏大"的方针，八村原有19户地主（连错估计的在内）

只划10户，其他划为富农或中农，被划下来的都非常高兴。

（2）出身成分分开，地主家庭中劳动成分或已变为劳动成分者，公开划为农民成分以示分化。八村地主李学超5口人，除1人不够18岁不划成分外，1个在外参加工作，1个是农民的女儿才嫁过来划农民，李学超本人亦参加数年劳动亦划为农民，结果只有李之妈划为地主。李很满意，他妈也很高兴地说："毛主席、共产党真是宽大了，要好好听共产党的话，好好劳动。"

七村地主普光福儿子普玉荣（已分家七八年）被划为中农，高兴地说："共产党的政策老实好，好处说不完。"原来他是代表上层选为协商会副主席的，现在表示"不知是代表哪一方面说话了"。

（四）各点在划阶级工作中有如下问题和体会：

1. 在第一步交代政策时各点做法不一，八村是召开扩大协商委员会交代政策，这一个办法不如在居民大组（上下都参加）上交代为好。因为在协商委员会上交代后还必须在群众会议上交代，协商委员没有向人民传达政策的职权，这会模糊了协商会的性质（开上层座谈会是可以的）。

2. 在统一交代政策后必须分别讨论，这样才可以通过划阶级达到教育上层、教育群众的目的，有时只布置群众讨论而没有掌握上层讨论，这样对上层的教育就不大。八村在群众讨论前召开农代会试划阶级向地主公布也没有这个必要，因为这样做的结果在群众中不再深入讨论上层，也不再考虑他的剥削和他的阶级，"反正我们的阶级上级已经决定了"，教育意义不大，同时还会引起上层的紧张，对团结上层有影响。

3. 协商会前的准备酝酿，个别的多次的接触协商，是划阶级中最紧张的阶段，也是开好协商会的重要步骤。这一步工作做得好，协商会议就开得好，对地主农民都有极大教育（可根据情况做些文章），如果忽视这一步或做得不好，上层与农民意见没有求得基本一致，协商会议便开不好，不是冷场流于形式，便是相持不下形成僵局，造成紧张陷我于被动。

必须充分做好会前的思想准备、组织准备和材料准备工作，必须先统一农民内部意见，而后采取小型的个别的形式进行协商，使地主与农民意见逐步一致，并符合于政策。这是一个极其复杂细致的有领导的团结斗争过程。到"饭基本煮熟后"再正式召开协商会。

4. 协商会是农民与地主集中的协商斗争场合，协商会开得好，对上层、对群众都有很大教育意义。开好协商会必须注意如下几点：

（1）坚持说理说法，不斗争、不诉苦、不追历史、不追政治。

（2）允许地主上层在会上充分发表意见，包括正面意见与反面意见。地主发表意见后，应让农民提出反驳意见，要充分表现出协商精神。有些同志害怕农民说不赢地主而不敢叫上层发表意见，或在地主发表反面意见后单枪匹马地过早地给以批判，都是不对的。

（3）充分运用斗争策略孤立分化地主，先易后难。七村协商会上把比较容易划的8户地主协商完后，使比较顽固的龙其云、普树基等3户地主孤立起来。本来企图抵赖的龙其云也规规矩矩地承认了自己的阶级。八村地主高文的妈在协商时仍抵赖剥削，引起其他地主批评："你这样顽固，不单是群众恨你，工作队恨你，连我们上层也恨你。"

（4）原则要坚持，细节可以放松，只要在是否要划地主问题上大体一致，在细节问题上可放松一些，不必斤斤计较。

凡是这样做了的对上层有极大的教育稳定作用。七村地主普树基在协商会讲结束后说："这份就叫协商，我们很满意。"其他地主也都满意，特别是对地主在协商会上可以充分发表自己的意见感到高兴。

（五）划分阶级是对群众的策略思想最好的一次考验。宣布划阶级后，一般群众觉悟进一步提高，情绪高涨，积极参加开会，要求参加农民小组。但也有少数群众想诉苦，有的说："协商中地主如不听话，要斗争一下。"有的想多划几户地主，不划时思想不通，工作消极。八村老于寨犇万有（是骨干）想多划几户地主，划不上时便睡大觉，工作消极。还有个别农民受地主小恩小惠或有亲戚关系划不清界限，不愿说出地主剥削情况。有的村寨发现存在民族问题，一村在划汉族半地主式富农时哈尼族农民不同意，要求划地主。

划阶级是发动群众、教育提高群众最有力的步骤，有最生动最丰富的内容，必须掌握时机，尽可能多做些教育工作，可以用更多的时间来讨论劳动和剥削的问题，并可有领导、有控制地讲地主的一些剥削。但另方面必须坚持党的政策，强调党的领导，灵活地、认真地教育农民接受和掌握划阶级中的策略思想。

（六）农民内部的阶级问题，3个点都在农民内部公开划分。但在具体做法上不一，有的村寨对中农思想工作做得不够，很多中农愿意当雇贫农，不承认中农；有的在农民中酝酿讨论出了些问题，造成农民内部关系不正常。为了改革中和今后互助合作运动中贯彻阶级路线，对于农民内部的阶级还是划一下好，但又应掌握以不引起农民内部阶级关系紧张为原则。一般采取干部研究（根据情况亦可吸收农代常委），个别征求意见，本人同意，在农民小组会上宣布，不作讨论（只宣布中农、小商贩、小手工业者、自由职业者等，贫雇农不须分开，只笼统宣布其余皆是贫雇农，如有中农不同意本人阶级时不勉强其承认，会上也不宣布），这样做的结果，既可使领导骨干心中有数，便于掌握，也不致引起内部关系紧张。

（七）在划阶级的时候对于富农的阶级放松了。宝藏一村应该划为富农者没有划为富农，这样会模糊了群众的界限，也给今后社会主义改造留下了麻烦。

第三，没收征收

（一）没收征收是与地主经济斗争的高潮，是使地主最后放弃剥削的阶段。3个点于3月24日左右先后结束划阶级转入没收征收阶段。在步骤上一般是在人代会上统一交代没收分配政策，分别讨论个别发动，首先酝酿没收政策，而后查田评产（主要是为了好留田而评地主的田地产量）及讨论留田，召开农代常委会统一农民内部意见，个别地多次地与上层协商，最后召开扩大的协商委员会议协商评产与留田。

工作步骤上的问题与我们的意见：

1. 没收分配是否分作两个阶段的问题。在试点计划上县委拟把没收分配作为一个步骤，但实际执行结果证明这样做法不恰当，没收是农民与地主的斗争，分配则是农民内部问题。如果合在一起会过早地转移农民组织，影响农民对地主的协商斗争，故应分作两个阶段。但在没收工作中有很多问题涉及到分配问题，在交代没收征收政策时必须同时交代分配政策，且在评产工作上是紧相连接，所以在没收征收阶段应充分照顾到分配问题。

2. 评产问题不应过于强调只是在没收分配工作中的一个附带工作。在没收之前为了贯彻先留后分的规定必须把地主产量评好，在分配之前为了分配合理必须把农民的田地产量评好。八村曾因为过于强调了评产问题而过早地转移农民视线，影响对地主的协商斗争（已及时纠正）。

（二）在划分阶级以后斗争的焦点转移到土地上，地主主要的思想想尽量保存自己的经济利益，多留田留好田，八村个别地主以躲藏不参加会议来要求留好田。在这一阶段的上层工作中，我们主要掌握如下几点：

1. 贯彻先留后分的规定，从经济上稳定地主。教育农民和地主划清界限，教育地主应按政策办事，不应多留田或留好田，说明留田是农民对他宽大而留给一份，但具体留田时可在不影响农民基本利益的原则下，适当予以照顾，并教育农民不必斤斤计较。3个点留田数字都超过预先计算的平均数字，七村平均每人只应留1石5斗，留田时达1石6斗以上；八村平均每人1石，留田时达2石2斗以上（八村留田多了一点）。

2. 在对农民基本利益影响不大的原则下，对地主要求做适当照顾。七村宗教上层普光权除政府包养起来外，又同样分给一份田。地主要求留茶树、席草田、少量柏树等，一般都同意了要求。

（三）地主留田数量在未评产前一般根据过去材料算出农民平均分田数。办法一般是：分田户（或雇贫农）之产量加地主产量（包括自耕田、出租田、叛产田、庙田等）被以上人口除。

（四）评产办法大体是以1954年评产为基础，参考1952年、1953年产量，并根据田地的坐落、土壤、阳光、水利等条件评出常年应产量。要求不要过高，能接近实产量的85%以上大体合理即可。在各村实际执行中，因为具体情况不同，在提法上与做法上也略有出入。

第四，分配

（一）分配是农民内部问题，从集中力量对地主而转入到内部关系应特别强调思想教育，强调各族农民是一家的教育，才能使分配合理不出纠纷，并通过分配增强民族团结与农民团结。

转入分配后，农民及干部中都存在很多问题。农民的思想活动也较多，有的想多分田分好田，八村农民说："多少要分一点，留个毛主席的念头。"雅口寨（山区）农民说："个人不好分也要分一点给全寨公有。"佃耕农民和种叛产田农民则舍不得抽田。工作队干部中有的存在着本位主义思想，想在自己工作的寨子多分点田好做工作。根据以上情况，各点对农民的教育一般强调如下几点：（1）坚决执行党的政策，在原耕基础上进行分配。（2）各族农民是一家，团结互让大公无私，反对自私自利。分田应首先照顾无田少地的贫苦农民，教育山区要靠山吃山，靠坝吃坝。对坝区则教育尽可能抽一点分给山区，大寨照顾小寨，先进照顾落后，有田户照顾无田户，干部要大公无私，农民要互助互让。（3）分配要有利于发展生产，反对平均主义，反对单纯经济观点。（4）提高警惕，防止坏人破坏挑拨民族团结。

八村通过分配基本上解决了民族团结问题，主要是彝族和哈尼族的团结问题。

（二）在分配中的政治教育工作一般说是比较重视的，但也有些干部对分配政策领会不全面，存在着单纯的经济观点或把分配看成单纯的技术问题，忽视政治思想教育工作，有的在工作中走了一些弯路，在分配地主田时对分配数是包括没收地主自耕田、出租田、座基、园圃等所有权不够明确，形成单纯分配地主自耕田和出租田的现象，致使农民对土改中得到的全面利益不明确，有的反映："我们分不着田了。""搞场有，分场不在。"有的分得了佃耕田或开地主的荒田、典当田还认为未分到田（这种现象以后又进行了补课）。

（三）山林的分配问题。山林多为山主所有，除园圃及可开为田者外，农民不愿评产分配，主张归全村公有。其原因：（1）怕分配后不得随意开荒。（2）山地变动大，顾虑评产后种不出来而加重负担。（3）无山地个人私有的习惯。我们认为，只要加强开荒管理，山林山地归全村所有不分给个人将有利于今后互助合作运动，经地委同意后同意了农民的意见，大部山林山地没有分配，主要是划出开垦山地和保护山林的范围，并对乱开荒乱伐山林作了教育。

（四）分配原则是在原耕基础上进行分配，在执行中有两个方法，农民的佃耕田或种叛产田八村是不超过农民平均分田数2倍以上者不调整，一村、七村是固定调整数不超过者不调整（一村1石5斗，七村1石8斗），均超过农民平均分田数1倍以上。

第五，民主建政，组织建设，庆祝胜利，转入生产

这是土改运动的最后一步，也是很重要的一步。在这阶段中，应该总结土改成绩，巩固土改胜利转入生产。通过总结土改进行回忆对比的教育，算翻身账，使农民认识到解放后特别是土改后得到的利益，分析取得胜利果实的原因，进行前途教育，把改革热情转入到生产中去。对上层仍应继续加强教育，指出前途，教育他老老实实服从政府法令，安心生产，在劳动生产中改造自己。另方面进行政权武装的整顿与建立，建党建团培养干部，成立党团支部，巩固人民民主专政，为今后领导生产和进行农业的社会主义改造奠定基础。

3个点先后在4月7日左右分配结束，10日左右召开了乡人民代表大会，及乡各族各界人民代表会议（七村），总结改革工作，成立了乡人民委员会、生产保卫委员会，并召开了民兵代表会，整顿扩大了民兵，成立了民兵中队部。10日、11日开了庆祝大会，七、八村并结合组织了物资交流会。最后召开了各种代表会及集训积极分子，进行党团基本知识的教育，春耕生产及互助合作政策的教育，发展党团员建立党团支部。

工作中碰到的问题及我们的意见：

1.政权的整顿问题根据点上的条件，在准备阶段中即予调整，采取了两种办法，一是政府委派，一是群众选举。实际工作中证明后者不如前者，因为在改革后必须重新选举，这样就显得准备阶段的选举太不严肃（在面上的政权整顿放在改革后为宜，在未整顿前除对旧有干部进行团结教育外，政权组织可暂不处理）。

2.各族各界代会议是否改为人民代表大会问题，有两种做法，一是根据宪法改为人民代表大会选举乡人民委员会，一是用人民代表会议代行人民代表大会职权选举乡人民委员会。后一种办法更好，因为召开人民代表大会就必须成立选举委员会进行选民登记，这需要更多的时间。土改后不可能进行，可留待明年召开县人民代表大会时再做。目前仍是人民代表会议，但在改革后代表可重新选举，代表名额亦应减少，每乡20到30人为宜。

3.人民委员的组织成分是否要上层参加问题，3个点亦有不同做法。我们意见根据省委要求应基本纯洁，在群众已树立优势并对团结上层无妨碍的情况下一般以不要为宜，但应从实际情况出发逐步纯洁，不能操之过急。特别对原有村干应争取教育改造逐步调整，坚持中农成分占1/3的原则。

三、培养民族干部问题

培养民族干部是巩固改革胜利和增强民族团结的保证，是给今后发展生产开辟道路和进行社会主义改造的关键问题。培养干部应贯彻在每一个工作步骤里面，但改革结束后应抽出一定干部和一定时间来加以总结训练。

在培养干部问题上应注意如下几点：

1.领导重视全党动手，观念明确经常检查。在布置工作汇报总结工作时，必须交代培养干部的意义，引起全体干部的重视，并经常检查执行情形。

2.照顾各方面（民族、村寨、年龄、成分、性别等）条件，慎重选择对象。

在培养对象上应照顾到各方面条件，应照顾到各个民族，每一个民族都应有本民族干部，特别是本地大民族中。每一个村寨都有民族干部，特别是大寨中，年纪大的也可以，但重点是年青有培养前途者。应注意那些成分好、受苦深（分田户最好）、立场坚定、能接受政策的积极分子，并要有一定数量的妇女干部。在选择第一个根子时更应特别慎重。

在实际工作中，有些干部忽视以上几点，因而发生一些问题，有的干部注意了在各民族中培养民族干部，但忽视在大民族中培养。八村老于寨将对象选择在哈尼族里面（全村只有1户），而使他不能发挥更大作用。很多对象年龄过大，40岁以上的不少，这些人好处是年老，在群众中有威望，办事稳重老练，但受旧社会熏染深，自私心重，接受新的事物不快。有些则是胆小怕事不敢斗争的"老好人"。

3.搞好感情，思想见面，大胆使用，重点加工。经过领导生产、做好事交朋友建立感情，进一步了解分析每一个对象特点予以教育培养，一般民族干部有一个共同特点：自卑心重，胆小，不敢在人面前讲话，"心上明白，口上讲不出来"。年纪较大的世故较深，接受新事物慢，但考虑问题周到稳妥，青年则积极热情敢于斗争，但经不起碰钉子。彝族、哈尼族又各有不同特点，在各阶段中必须掌握住思想变化，逐步提高、耐心培养。七村普恩典、八村蔡平安的培养过程证明了这一点，蔡平安最初不敢和上层讲话，面红耳赤，经过逐步地鼓动、培养、锻炼、提高，现在不但敢在上层会上讲话，而且可以在群众大会上讲话，且讲得很好很系统。

4.加强教育，提高思想。通过各种会议进行教育，各种会议尽可能吸收他们参加，多与他们商量研究工作，交代任务要具体，多叫他们出面工作，培养他们独立思考工作的能力，多表扬鼓励，少批评指责。防止汉族干部的不放心使用、包办代替的作风，这与骨干、积极分子的依赖思想是成反比例的，但工作队的这种作风并未很好地解决，包办代替的作风还严重存在。

5.注意解决干部思想，提高政策水平，及时发现和克服干部中的思想偏向，使干部既要有坚定的阶级立场，有明确的阶级斗争观点，又要有政策策略思想，这是正确地贯彻执行政策的关键，是领导干部的重要任务。

一般说我们是注意了这点，取得了一定成绩，工作队的干部基本上正确地执行了政策，完成了任务，而且通过改革也进一步提高。但是有些领导干部对此重视不够，没有有意识地去培养提高干部，甚至布置任务时没有向工作队交代，有的工作队员反映："群众倒比我们知道得多"，"工作队员不如群众"。有些领导干部满足于一般的会议领导，缺乏深入的个别的了解情况，因而发现不了问题，存在着官僚主义作风，影响到队员的进一步提高。

大多数队员是新参加工作的农民，政治水平不高，不会工作，起不到应起的作用。有些队员作风飘浮，不了解情况，不会发现问题；个别的闹思想问题，工作消极，这更加重了各级领导干部的责任。

四、领导问题

县委的集体领导一般说是好的，全县性的重大问题的决定和工作总结都是经过县委讨论决定的。但在试点改革期间，县委的领导基本上是分兵把口，各点发生的具体问题，基本上各点根据已确定的政策方针、工作步骤研究解决的。改革开始时建立的土改办公室，由于机构制度不健全及领导思想上的松懈和经验不足，未能起到应有的作用，致使3个点在一些具体做法上不一致，有分散主义现象。

各个点支委会的集体领导一般也是好的，但有的对集体领导重视不够，有的支委主动研究考虑问题不够，有依赖和分散的现象。

在指导思想上，总的讲是稳妥的，但"思想上是右的，做法上是左的"现象是存在着的。有些领导干部在团结上层方面迁就让步多，考虑稳的方面多，恐怕出乱子，和平协商而自己思想上也就"和平麻痹"了，放松了对于地主反动本质的警惕，放松了对反革命活动的了解，或者不踏踏实实地深入地做群众工作，不能够根据可能而使群众觉悟更提高一步。

五、几点体会

试点工作证明，边疆和平协商改革政策是完全正确的，是符合于我县情况的，是为各阶层人民所赞成拥护的，只有用和平协商的方法进行改革才能废除封建剥削制度，而有利于国防巩固，有利于民族团结，有利于祖国的社会主义建设。

试点工作证明，用和平协商改革政策可以基本满足群众要求，用和平协商的方法进行改革，可以发动群众，如果工作做得更深入仔细，则群众不但能划清劳动与剥削的界限，农民与地主的界限，而且有政策策略觉悟。

试点工作证明了和平协商的方法也是阶级斗争，是个尖锐复杂的阶级斗争，但这个斗争是在共产党领导下按照党的政策进行说理说法的斗争（当然要有一定的群众压力），是一个"更为巧妙的另外一种形式的阶级斗争"，采取这样的斗争形式，不但可以废除封建剥削制度，消灭地主阶级，并在改革中使地主阶级不波动、不惊慌、不逃跑，更加稳定，而且可以使地主本人得到教育改造，使他变为劳动者，同农民一起逐步过渡到社会主义（当然还有严重斗争存在，丝毫不能麻痹）。

试点工作也证明了要取得和平协商改革的胜利，必须掌握两点。一是抓住主要矛盾运用斗争策略，在土改时其他工作方面尽量缓和，不要四面紧张，应集中力量对付地主，尽量减少其他阶级（特别是富农）的波动。只集中解决土地债务问题，其他财产应予放宽，应缩小打击面，扩大自己力量，扩大反封建统一战线。应鼓励进步分子，教育争取中间分子，分化孤立达到教育争取顽固落后分子。二是各阶段的工作过程，也就是团结上层、发动群众、培养干部的工作过程，是一个思想教育过程，在每一阶段步骤当中，必须贯彻团结上层、发动群众、培养干部的工作，忽视或不重视思想工作都是不对的。

试点工作也证明了要取得和平协商改革的胜利，必须贯彻3点基本工作方法：

（一）先上后下，团结上层和自下而上发动群众相结合的工作方法或两头动手双管齐下的工作方法，在交代政策时要先上层后下层，必须"上层工作做一分，群众工作做一分"，或统一交代政策分别讨论。但在初步团结稳定了上层之后必须坚决地发动群众，我们团结上层的目的是为了发动群众，而且要达到真正地进一步地团结上层也必须发动群众，没有群众基础就不能更进一步地团结上层达到真正的团结。

（二）积极稳妥逐步提高。思想上应是积极热情的，要想办法动脑筋，但步骤必须稳妥，要从现实情况出发，按照规律向前发展不要超越。对于整个土改的步骤，对于上层的思想教育，对群众的思想教育都应如此。

（三）做好酝酿准备工作。不打无准备的仗，土改前有一个准备阶段，每一个阶段都要有准备。在第一步时应充分考虑到第二步的问题，第一步的工作是给第二步打好基础。

以上是我县土改试点的基本总结，当否请地委、省委指示。

中共江城县委会

1955 年 4 月 31 日①

---

① 原文如此。——编者

澜沧拉祜族自治区和平协商土地改革的基本总结

中国共产党澜沧边疆工作委员会报告

总号：118

主送：报地委、边委、省委（各2份）

抄送：孟连、西盟两工委、各区委、边工委各部委、政府党组、一一五团党委、边工委委员

中共澜沧边工委办公室

1956年12月9日印发

澜沧拉祜族自治区和平协商土地改革的
基本总结

（壹）

澜沧拉祜族自治区和平协商土地改革包括东河、谦六、大山、南岭、东朗、酒井、雅口、富邦、东回等9个整区和上允、文东、竹塘、拉巴等5个区的一部分，共计100个乡，34517户，166642人。从1955年3月上旬开始试点土改，到1956年8月5日全部结束，前后历时1年零5个月，基本上按照边工委原定计划按时完成了任务。100个乡中计试点土改9个乡，3065户，14861人；一批土改29个乡，9159户，44184人；二批土改36个乡，12893户，63716人；三批土改26个乡，9400户，43881人。

100个乡的民族构成是：拉祜族13330户，63763人，占总人口38.62%；汉族11329户，54295人，占总人口32.58%；哈尼族3243户，17382人，占总人口10.43%；彝族2335户，10712人，占总人口6.42%；佤族1653户，7752人，占总人口4.65%；傣族1358户，5875人，占总人口3.52%；老缅族352户，2069人，占总人口1.24%；布朗族315户，1425人，占总人口0.86%；其他回族、崩族①、蒙化族、景颇族等602户，3369人，占总人口2%。

100个乡的阶级构成是：地主2077户，14168人，占总户6%；富农（包括半地主式富农）1046户，7313人，占总户3%；中农9975户，54425人，占总户28.9%；贫农14233户，64872人，占总户41.2%；雇农6530户，23004人，占总户18.9%；其他阶层（包括高利贷者、小土地出租者、商人、贫民、小手工业者等等）656户，2856人，占总户1.88%。

---

① 崩族，疑为"崩龙族"之误。——编者

从社会经济发展情况看，土改前100个乡均已进入完整的封建社会，根据91个乡的统计（缺9个土改试点乡的统计材料），土改前占总户6%的地主，占有土地总产量是27.1%；占总户3%的富农和半地主式富农，占有土地总产量8.93%；而占总户91%的各族劳动人民，则只占土地总产量的63.4%。土改前解放虽已5年，但农村基层政权依然掌握在民族上层和地主阶级手中，地主阶级在政治上统治和奴役各族农民，在经济上残酷地剥削和掠夺各族农民，一碗豆豉、一双鞋子、一个土烟锅盘剥一份田的现象解放前极为普遍。

经过土地改革，100个乡共没收了地主阶级的水田籽种1712936斤，产量25350299斤（约17万亩）；山地籽种803920斤，产量11905405斤（约8万亩，缺9个乡统计）；园圃籽种53114斤，产量1639590斤（约5万亩，缺9个乡统计）；山林2578489株；竹棚、果树及其他经济作物143326株；废债半开1272747元，人民币13524元，大烟37401两，银子150两，谷子3022502斤；协商购出地主阶级的耕牛2822头；协商收缴了地主阶级的各色步枪350支，各色短枪97支，各色土枪848支，各色子弹5036发，刺刀及战马刀197把，手榴弹6枚。在100个乡的范围内根本摧毁了封建制度，解放了农村生产力。

经过土地改革，固定了国有林35万亩，乡公有林133万亩，育林区11万亩，柴山135万亩，牧场62万亩（以上数字缺土改试点和一批土改统计），为今后进一步开展护林育林工作打下了初步基础。

经过土地改革，大体满足了各族农民的土地要求。100个乡共有各族农民19816户，88330人，分到了水田产量21436101斤，园圃产量1035979斤，山地产量10012088斤（以上数字缺9个乡统计），分田面占总户57.4%；100个乡共有各族农民5946户，11424人，分到了2806头耕牛，分牛农民占总户14.2%。土地改革后，土地关系发生了根本的变化，地主占总户6%，占土地产量6.87%；富农和半地主式富农占总户3%，占有土地产量8.86%；各族劳动人民占总户91%，占有土地产量84.27%。

经过土地改革，发动了各族基本群众，培养了大批骨干和积极分子，建立了农村人民民主政权。100个乡共发动和组织了各族农民66930人（其中男30037人、女30976人，男女缺9个乡统计），占100个乡总人口40.16%；在100个乡建立和健全了基层人民民主政权，培养了小组长以上骨干、积极分子6974人，占总人口4.2%；发动和组织了民兵武装11017人，占总人口6.6%。

经过土地改革，建立了98个农村团支部，发展了青年团员1525人（其中男1029人，女496人；雇农313人，贫农966人，中农246人；拉祜族629人，汉族471人，彝族121人，哈尼族119人，佤族64人，傣族49人，其他民族72人），占100个乡总人口0.9%。经过土改，建立了75个农村党支部，发展了共产党员417人（其中男348人，女69人；雇农109人，贫农285人，中农25人；拉祜族189人，汉族88人，哈尼族50人，彝族37人，佤族21人，傣族10人，其他民族21人），占100个乡总人口0.22%。

经过土地改革，建立了100个乡的生产保卫委员会，摸出了各类反革命分子1183人，各种治安危害分子343人，反革命社会基础5506人，为今后进一步开展农村治安工作，巩固农村人民民主专政打下了初步基础。

在土改胜利的基础上，经过社会主义前途、互助合作的优越性及其方针、政策的教育，根据三大原则，100个乡已发展了1972个互助组，入组农户15623户，占总户45.2%；重点试办了29个农业生产合作社（3个高级社，26个初级社），入社农户1317户，占总户3.8%，为土改后实现农业合作化打下了政治上、思想上和组织上的初步基础。

经过土地改革，扩大了党的政治影响，孤立了民主主义分子，加强了民族团结，各族农民普遍反映"吃水不忘挖井人，翻身不忘共产党"；"民族压迫实质上是阶级压迫"；"团结反封建，团结分田，团结过渡到社会主义社会"已成为指导各族人民行动的政治纲领。

经过土地改革，不断发展壮大和提高了澜沧民族工作队，培养了大批民族干部。澜沧民族工作队从开始土改试点时的320人，到土改结束已发展到907人（其中机关干部195人，民族工作队和土改工作队员712人；汉族251人，少数民族656人，基本上实现了工作队民族化）。经过土地改革，在民族工作队员中先后发展了共产党员187人（其中男137人，女50人；汉族74人，少数民族113人），青年团员202人（其中男146人，女56人；汉族66人，少数民族136人）。已培养提拔县级干部5人（汉族4人，少数民族1人），区级干部48人（其中汉族21人，少数民族27人）；准备提拔县级干部6人（汉族2人，少数民族4人），区级干部13人（其中汉族1人，少数民族12人），一般干部数百人。

经过土地改革，出现了3种类型乡：群众政治思想上和组织上发动均较充分，领导骨干坚强，政策执行端正，对民族上层和地主阶级的团结改造工作做得扎实有力，土改后确实占领农村阵地者47个乡；群众政治思想上和组织上的发动比第一类型乡略差，领导骨干基本坚强，政策执行上没有大的问题，对民族上层和地主阶级的团结改造工作做得亦较扎实有力，土改后基本占领农村阵地者41个乡；群众政治思想上和组织上发动不够充分，领导骨干较弱，政策执行上有些缺点，对民族上层和地主阶级的团结改造工作做得较差，土改后农村阵地较难巩固者12个乡。

（贰）

澜沧拉祜族自治区的和平协商土地改革，是经过了长期的认真的准备而后开始的。

澜沧拉祜族自治区于1950年解放后，于1951年击退进犯境外蒋军，1952年肃清黑山匪患，1952年底完成了西盟地区的军事占领，至土改开始前，经过4年多的工作，消灭了蒋残匪700多名，缴获各种枪支750支，安定了社会秩序；1951年镇反以来，逮捕了一批反革命分子，极大地纯洁了县区政权机关；1953年以来，经过了3次大规模的对敌政治攻势，共争取回国自新匪646名。加以公路的修筑和大规模的军队营房及其他地方机关房屋的修建，所有这些都大大促进了边疆地区社会秩序的日益安定，为进行和平协商土地改革创造了极为重要的有利条件。

为了加强民族团结，土改开始前4年来，共产党和人民政府在澜沧地区进行了许多艰苦复杂的工作。4年来，先后召开了规模较大的头人会8次、族代会9次，参加人数共达4000多人；另调解民族纠纷488起，组织头人、群众赴京、渝、昆参观者达318人；盐巴、布匹、农具等的供应，1953年比1950年增长了17倍。4年多来，在领导各族人民开展爱国生产运动中初步发展了生产，提高了各族人民的生活水平，发放了各种贷款、救济款和山区改造款等达人民币73万元，为各族人民免费治疗疾病42600人次。经过以上一系列工作，团结了民族上层，扩大了党的政治影响，极大地改善了汉族和各兄弟民族以及各兄弟民族之间的关系，民族纠纷和民族械斗已无发生，各民族之间的关系日趋正常融洽。

1953年，澜沧拉祜族自治区正式宣告成立。在自治区人民政府委员会和协商会中，共安插了各族公众领袖人物31人；并通过实行区域自治，培养和提拔了当地民族干部174人，其中拉祜族84人，佤族23人，傣族16人，哈尼族12人，布朗族4人，其他民族23人；内党员13人，团员37人；县级5人，区级12人，一般干部152人。此外并组成了170余人的民族工作队，分批输送了各族农民积极分子60余人到民族学院学习；在外来干部中，每个区也培养了2至3个熟悉当地情况，能联系群众贯彻党的方针政策的干部。这就为开展和平协商土地改革创造了必要的干部条件。

清朝时代，澜沧曾形成了封建土司制度。由于商业资本和高利贷资本的发展，以及抗日战争时期国民党反动统治的加强，到解放前土司制度已逐渐衰落，地主经济已经形成。由于封建统治阶级对各族人民的压迫和剥削，清朝中叶以来即曾发生过无数次此起彼伏的民族反抗斗争（实质上是农民暴动），其中1918年规模最大的一次拉祜族农民暴动，参加者达数万人。解放后，因受内地减退、土改的影响，澜沧各族农民自发搞减退、废债者达八九个区之多；1953年下半年总路线的宣传广泛开展以后，各族农民受到极大的鼓舞，普遍反映："社会主义是好，但是我们没有田地，不能发展生产，请政府帮助我们分田。"在大势所趋的情况下，一般地主表示："全国的土地改革都已结束，只剩下澜沧没有改，看样子迟改早改总是要改的，还不如早改了好。"自治区人民政府的上层统战人物，经过反复教育协商后，31人中真心赞助改革者10人，表示同意中立者13人，表示赞助土改但思想上抵触顾虑者8人。

1955年，由于抗美援朝的胜利，日内瓦会议的成功，印度支那停战的实现，我国际威望大大提高，帝国主义和蒋残匪处境更加孤立，对边疆的安定和对敌斗争更加有利；加以内地土地改革早已结束，互助合作运动日益发展，土改正义性已深入人心，1955年3月澜沧第五次各族各界代表会议正式通过了澜沧实行和平协商土地改革的决议，澜沧拉祜族自治区的和平协商土地改革就开始分期分批地全面开展起来。

（叁）

深入贯彻中央"慎重稳进"方针和党的和平协商土改政策的过程，也就是不断提高干部思想，不断和党内各种"左"、右倾思想做斗争的过程。

1955年1月省委边疆6县改革工作会议以前，干部因对边疆土改的方针、政策不明确，加以工作队部分干部系从内地调来，在思想上受内地减退、土改的影响较深，对边疆民族地区的基本情况和基本特点认识不足，因此在酝酿准备土改过程中，边工委几个土改试点村在实际工作中均曾产生了若干主观急躁的做法。如拉巴村在工作方法上，曾一度颠倒了"先上层后群众"的工作方法。在串连发动群众过程中，曾过分强调了"先贫雇后中农"，过分突出了贫雇农和中农的界限；在整顿基层组织过程中，曾采取了由旧干部自我检讨、群众开展批评提意见的做法；其他如芒蚌村曾召开了群众诉苦大会，造成上层中的若干紧张空气。

1954年9月地委边疆干部会议和1955年1月省委边疆6县改革工作会议之后，主观急躁情绪受到了比较深刻的教育和批判，和平协商土改的方针、政策在党内认识上已经完全统一起来；但因干部思想水平不一，有些同志对和平协商土改的精神实质认识不全面、不深刻，对和平协商的一面领会得多了一点，对发动群众废除封建领会得少了一点，因而在土改试点中不敢发动群众和依靠群众去团结改造民族上层和地主阶级，个别干部曾提出土地改革中应使地主感到"温暖"，得到"安慰"，有的组织地主和农民喝"团结酒"，跳"团结笙"；个别乡漏划地主较多，个别乡给地主留田比农民分田超过61%，忽略了和平协商土改在方式方法上和具体做法上虽较内地温和稳妥，但毕竟是一场尖锐复杂的阶级斗争，因而干部阶级斗争观点不明确，和平麻痹思想比较普遍而突出。

一批土改开始，干部经过认真总结土改试点的经验教训，和平麻痹思想受到批判，阶级斗争观点有所加强；但对和平协商土改的精神实质领会认识依然不够全面和深刻，因而在批判了和平麻痹思想之后，在一部分干部中又产生了若干主观急躁情绪。一批土改初期，在政策宣传还欠广泛深入，群众不敢起来，上层波动还大的情况下，误认为地主阶级因土地改革而产生的若干波动为"气焰嚣张"，主张"压一下"，造成若干紧张空气；经扭转后则又缩手缩脚，不能掌握时机，在团结改造上层的前提下迅速深入发动群众；转入划阶级后，个别区又认为上层稳定了，想在群众中划阶级。南岭区委并曾布置让地主和农民面对面地清理债务和带着地主去查田等，经过土改委员会发现纠正。正因为在干部中又产生了若干急躁情绪，并助长了群众中若干自发斗争倾向，因此一批土改中南岭区芒登高乡汉族地主朱阿里因顾虑生活前途而自杀（未遂）。

二批土改开始，地区更加辽阔分散，民族性更加突出，社会经济发展落后，并因紧接边沿和卡瓦山，自新人员很多，敌特活动嚣张，土改区与落后民族地区的关系、宗教问题等均很突出。由于我们对二批土改地区更加突出的上层、宗教、自新匪等问题估计认识不足，指导不具体，二批土改开始以前的上层工作做得不够，因此工作队尚未到达二批土改地区，自治区的主要上层统战人物张石金走避茨竹河，东回区班利乡敌特分子趁工作队刚到该乡，当夜即策动教徒3户19人外逃。二批土改开始以后，我们在时间问题上催得太多、抓得太紧了一些，在工作队干部思想上造成若干压力，因此，在上层工作还未完全做透以前，即匆忙转入划阶级，以致转入划阶级后，东回、东朗、酒井等地教徒、自新匪和上层地主又先后发生外逃。二批土改结束，先后共外逃11户67人（已争取回来10人），地主自杀3人，影响了二批土改的健全发展和边疆局面的稳定，并影响到以后糯福、孟连等非土改区也先后发生外迁外逃事件。

二批土改中外迁外逃事件先后发生后，边工委土改委员会及时召开会议，认真进行了分析研究，提出了在上层问题、宗教问题及自新人员问题等方面加强工作、堵塞漏洞的具体办法，局面开始有所扭转。但由于干部对和平协商土改的精神实质依然领会不足，左右摇摆的现象依然时有发生；在工作顺利的时候，容易产生盲目自满、主观急躁情绪，看不见工作中的实际困难和问题；但在工作困难较多、产生了一些缺点和问题的时候，又容易畏首畏尾、丧失信心，对民族上层只讲团结，不敢教育改造；甚而对执行和平协商土改的阶级路线也发生动摇。

三批土改开始，根据土改试点和一、二批土改的经验教训，干部对中央"慎重稳进"的方针及和平协商土改的精神实质有了进一步的领会和认识，政策执行更加温和，步骤做法更加稳妥，因而保证了三批土改的健全发展。我们深深地体会到：深入贯彻中央"慎重稳进"方针和党的和平协商土地改革政策的过程，也就是不断提高干部思想、不断和党内外各种"左"、右倾思想做斗争的过程。土改开始，干部对中央"慎重稳进"方针和党的和平协商土改政策虽然已经有所认识，但因干部思想水平有限，对党的方针政策领会不够全面深刻，因此在实际工作中就容易产生左右摇摆现象。为此，必须结合运动，不断帮助干部正确分析情况，提高认识，在实践过程中不断总结经验教训，帮助干部更加全面深刻的领会中央"慎重稳进"方针和党的和平协商土地改革的精神实质，才能保证和平协商土改运动的健全发展。

（肆）

根据中央"慎重稳进"方针和党的和平协商土改政策，从边疆实际情况出发，适当参照内地土改经验，经过土改试点和三批土改的摸索，创造了适合于边疆特点的土改运动的方式方法。其基本的步骤、做法为：

第一步：土改准备阶段，约需时40天。这一段的主要任务是：自上而下地召开一系列会议，大张旗鼓、广泛深入地宣传目前形势、土改必要性、正义性及和平协商土改政策，造成土改声势，成立和平协商土改委员会筹委会，适当安插代表性较大的上层统战人物，认真做好上层工作；在上层稳定的前提下，通过生产联系发动各族基本群众，开展扎根串连，初步组成农民队伍，为正式开展土地改革做好准备。

第二步：划分阶级阶段，约需时半个月。其基本步骤做法是：首先召开族代会统一交代政策，会后上层、群众分头酝酿试划，再开协商会协商划阶级，最后交族代会讨论通过。

　　第三步：查田评产、清理债务、没收征收阶段，约需时半个月到20天时间。基本步骤是：首先召开族代会统一交代政策，成立查田评产没收分配委员会，在查田评产没收分配委员会统一领导下，发动群众先查田、后评产，结合清理债务，同时组织整顿民兵武装，串连发动落后层，调查地主占有耕牛和掌握武装情况；在充分做好准备工作的基础上，召开扩大协商会和地主协商留田、买牛、搞枪，最后召开群众大会进行没收征收。

　　第四步：分配土地阶段，约需时半个月。做法是首先召开农代会，进行"团结反封建、团结分田"的教育，公布分配方案，在农代会上一次分配到户；农代会后召开一系列会议传达农代会精神，做透政治思想工作；在此基础上采取水田、山地、园圃、耕牛同时进行分配，最后固定山林的办法进行分配。分配结束发动群众踩田，进行分配复查，处理分配遗留问题。

　　第五步：土改巩固阶段，约需时20天。主要是建党、建团、建政，加强社会主义前途、发展互助合作和巩固农村人民民主专政的教育，在提高群众觉悟的基础上依靠骨干、积极分子开展串连，组织一批互助组，从政治思想上和组织上为下一步的农业合作化打下初步基础。

　　根据中央"慎重稳进"方针和"先上后下"的工作方法，在整个土改过程中，必须不断加强上层工作。对若干代表性较大的上层统战人物，政治上应做适当安插，经济上应做适当的补贴和照顾；工作每前进一步，应不断给他们打招呼、做交代。为了将上层工作放在切实可靠的基础上，认真贯彻了"分类排队、分层负责"的原则；为了加强对上层的团结改造工作，必须充分发挥协商会和族代会这一团结改造上层的有效形式，跟随着运动的逐步深入，不断加强地委指示的"四比四算"这一更加温和稳妥而又极其深刻全面的教育方法。并必须充分运用斗争策略，贯彻区别对待，团结进步分子，争取中间分子，批评教育落后分子；通过团结改造上层，联系发动基本群众；在发动群众的基础上，进一步团结改造上层。

　　在团结改造上层的前提下，不断加强了各族基本群众的政治思想发动和组织发动。

　　在思想发动上，在土改准备阶段中，主要是大张旗鼓地宣传形势，打破各阶层的变天思想；通过广泛宣传土改的必要性和正义性，开展回忆对比，启发各族农民的土地要求。在划分阶级过程中，主要是通过具体揭发地主阶级的剥削性和寄生性，进一步提高群众的阶级觉悟，和地主阶级划清思想界限；并通过培养各族农民受苦的典型，揭发各族地主的剥削事实，进行民族团结和阶级团结的教育。在查田定产、清理债务过程中，主要是通过具体揭发地主阶级高租重利盘剥农民的具体事实，伸张查田、清债、购牛、搞枪的正义性，进一步提高群众的觉悟。在分配过程中，主要是进行"团结反封建、团结分田、团结向社会主义过渡"的教育，而在巩固阶段则主要是进行共产党和工人阶级的领导、社会主义前途、发展互助合作和巩固农村人民民主专政的教育。

　　根据"串连一批、组织一批、巩固一批、提高一批"的原则，在思想发动的基础上，不断加强组织发动。为了从组织上巩固民族团结，在扎根中坚持了"分头扎根、互相串连"的原则；在串连发动群众过程中，采取了"全面规划、通盘排队、会议发动与个别串连相结合"这一大刀阔斧与深入细致相结合的办法。在组织农民队伍的程序上，首先是经过深入访贫问苦，在发现一批根子的基础上，经过教育提高，将根子组成串连小组，有计划、有对象地开展串连；每个根子串连了3至5个农民即可将农民小组成立起来，有了3至5个农民小组即可组成农民大组，并即召开农代会成立农代主席团。土改中期即可成立农代常委会，结合有计划、有对象的串连发动，也串连发动落后层，至土改后期还应进一步巩固提高农代会及其常委会的组织。采取这个步骤做法，至土改后期一般可以把90%以上的农民成年人口组织到农民队伍中来。

在发动群众过程中，根据边疆各族群众民族隔阂很深，有强烈的民族感情，怀疑大、顾虑多、迷信观念突出、男尊女卑、热爱劳动、轻视剥削等特点，摸索和创造了在边疆民族地区发动群众的经验与办法，在实际工作中重视了先上后下的工作方法，充分发挥民族干部的作用；在实际工作中反复运用回忆对比、具体算账这一个办法，用具体事实来教育群众，并认真尊重各民族的风俗习惯和宗教信仰；在发动群众过程中既要坚持男女老幼一齐发动的方针，在步骤做法上又必须先男后女、先长后幼，并注意通过劳动建立感情；通过生产发动群众等，逐步克服了机械搬用内地经验的倾向。

（伍）

在整个土改过程中，始终不移地贯彻了"土改生产两不误"的方针。

为了贯彻这一指导方针，首要关键在于不断提高干部思想，切实加强对生产工作的具体领导。首先应使干部明确土改的目的就是为了解放农村生产力，发展农业生产；明确领导生产对改善群众生活、保证国家农业生产计划的完成和密切工作队与群众的联系等方面的重大意义，批判"土改工作紧张，忙不过来"的错误认识；同时强调深入群众，深入田间；通过劳动建立感情，通过生产发动群众，批判飘浮作风；在提高干部思想的基础上，规定具体任务，交代具体政策和做法，帮助具体安排时间，定期督促检查。经验证明：只有领导真正重视，不断提高干部思想，切实加强对生产工作的具体指导，才能在生产工作上确实做出成绩来。

贯彻这一指导方针的第二个关键，在于不断加强生产工作的政治思想领导，以打破群众各种生产顾虑，提高各阶层爱国增产的积极性。为此，既要结合开展解放后生产发展、生活改善的回忆对比，加强社会主义前途和几年来祖国社会主义建设的伟大成就的宣传教育，以提高群众爱国增产的积极性，更重要的是必须结合土地改革，广泛宣传地主和农民同样分一份田、富农经济不动、分配照顾原耕和找工补种、谁种谁收等具体政策，以打破各阶层的生产顾虑，使其安心生产；同时还要跟随着季节的变化，广泛宣传精耕细作、抗旱防灾的重要意义，以便在提高群众思想的基础上，指导群众具体地行动起来。

贯彻这一指导方针的第三个重要关键，在于不断加强生产工作的组织领导，做好经济工作，以支持群众生产。为此，工作队从区到乡，均须指定专人领导生产；坚持白天生产，晚上土改；坚持认真培养典型，带动一般；坚持系统地运用生产代表会这一群众路线的工作方法来交代政策、交流生产经验、布置和检查工作；提倡定期召开地主座谈会和困难户座谈会，具体检查生产情况，具体问题具体解决；根据自愿、互利的原则，提倡人牛互换和"手换手、工换工"的临时性的换工互助，以帮助群众解决人力、畜力不足的困难；同时认真进行缺粮户站队，以便有对象、有计划、有步骤地进行粮食供应，并及时开展救济、贷放、供销和医疗卫生工作，以支持群众生产。

经过以上工作，切实贯彻了"土改生产两不误"的方针，结合土改在生产工作上做出了比较显著的成绩。在一批土改过程中，领导群众进行了紧张的防洪、灭虫、打兽护秋和防治口蹄疫工作。秋收中因阴雨连绵，粮食霉坏生芽的很多，根据上级指示：决定停止土改3天，全力领导群众进行抢收，3天内发动群众12650人次，抢收粮食100多万斤。在二批土改过程中，加强了对冬耕生产的领导，开展了冬耕积肥、水利兴修及试种双季稻等工作，打破了群众历年一般不搞冬耕的历史习惯，重点试种了双季稻300多亩。在三批土改过程中，领导生产抓得更紧，工作做得更加系统深入，领导群众进行春耕播种、抢种防洪和中耕夏锄、生产度荒工作，群众耕作技术普遍有所提高，提早了栽插时间，基本上做到了满栽满插，整修和兴修了大批水沟、坝塘和堤防，及时制止了虫害的蔓延，为保证增产丰收打下良好基础。

（陆）

土改开始，在扎正一批根子的基础上，即有计划有步骤地开展了建党建团工作。首先是认真配备了建党组织员和建团组织员，经过短期学习和训练，使他们大体具备了建党建团的基本常识，而后在扎正一批根子的基础上，初步确定了一批建党建团的培养对象。在土改过程中，采取个别培养和集中教育相结合的办法，逐步提高其阶级觉悟，逐步进行共产党和青年团的基本知识的教育，启发组织要求，并注意在运动过程中锻炼他们、提高他们，认真考核其阶级觉悟和政治历史，逐步淘汰那些不够条件的培养对象。最后，通过集中训练，个人申请，群众考核，支部大会讨论通过，上级批准，正式把支部建立起来。

经验证明：结合土改建党建团是可能的。在土改过程中，群众阶级觉悟不断提高，经过开展回忆对比，分配土地，建立农村基层政权，群众在政治上、经济上翻了身，同声感谢毛主席、感谢共产党。在此基础上，结合社会主义前途、边疆民族地区建党和各民族发展进步关系的教育，即可将农村建党变成各族人民的自觉要求。从边疆民族地区的实际情况出发，在宣传党员标准8个问题时，不应机械宣传条文，应采取逐步明确、逐步提高的办法；对党员标准8个问题，既要全面系统地进行宣传，又要重点解决问题；对"共产党员必须终身为共产主义事业奋斗到底""党员个人利益必须服从党的利益"等问题，既要认真进行教育，又不可过分片面地加以强调。边疆各族人民由于长期遭受民族压迫的痛苦，因而常常以民族主义的观点来看问题；另一方面，由于各族农民又是小私有者，因而和内地农民一样，同样有自私、落后、保守等观念。因此，边疆农村建党的核心问题，在于通过共产主义和共产党的教育，树立共产主义、国际主义思想，克服地方民族主义思想；树立大公无私、全心全意为人民服务的工人阶级思想，克服自私、本位、落后、保守的农民意识。当然，在党员标准的掌握上，绝不应像汉族地区那样地去要求，应该根据中央指示：凡属"历史清楚、政治可靠、忠心拥护党并愿为党积极工作"的积极分子，即可根据入党手续接收入党。对培养对象的若干政治历史问题，应划清思想问题、生活问题和民族风俗习惯的界限，不能混为一谈。

三批土改的经验证明：采取土改中期建团、土改后建党的做法是适当的。这样做的好处是：（1）可以在分配土地和土改巩固阶段中进一步考验提高团员；（2）可以在分配土地和土改巩固阶段中更好地发挥青年团的组织保证作用；（3）可以在土改后期建党时输送优秀团员入党；（4）可以在土改结束前就把团支部的组织生活健全起来。

建团工作应该在广泛发动青年群众的基础上进行。对各族青年的政治思想教育，除了土改正义性的教育外，并须加强土改和各族青年发展进步的关系、社会主义前途、各族青年在祖国社会主义建设和边疆建设中的作用等教育，以鼓舞青年的政治热情和信心，从各族青年的实际情况出发，除了发动组织各族青年积极参加土地改革及各项生产活动外，并可适当组织一些民族形式的青年文娱体育活动；对"串小姑娘"等民族风俗习惯问题，不应随便干涉。

由于边疆各民族均已进入封建社会，因此妇女的社会地位和家庭地位一般都很低，家长、丈夫对妇女的统治很严，其中尤以哈尼族、彝族、傣族、佤族为甚。根据这一情况，在土改过程中发动妇女群众，在妇女群众中发展共产党员和青年团员的主要经验是：既要坚持男女一齐发动方针，但在具体步骤上又必须是先男后女、先长后幼，必须在做好家长及男农民的工作、提高其阶级觉悟的基础上，通过他们再去做妇女工作，发动妇女群众，培养积极分子，建党建团。

（柒）

结合土地改革，不断加强了对敌斗争。

首先是结合土地改革，不断加强国内外形势和几年来祖国社会主义建设的伟大成就的宣传，揭发匪特谣言，打破各阶层的变天思想，加强上层头人的向心倾向。澜沧地区因地处祖国边疆，境外帝国主义和美蒋特务的各种阴谋破坏活动仍在继续，境内（尤其是边沿地区）谣言很多，群众对国内外形势认识很差，上层、群众都有变天思想，土改中上层亦常用"蒋介石还要回来""我儿子在国外当大队长"等谣言来唬吓群众。因此，结合土地改革，不断加强国内外形势和几年来祖国建设的伟大成就的宣传，以打破各阶层的变天思想，就变成了一项重要的政治任务。经验证明：这样做的结果不仅极大地提高了各族人民的政治认识，提高了爱国主义思想，同时也揭穿了匪特谣言，加强了上层头人的向心倾向，保证了土地改革的顺利进行。

其次是认真做好自新人员和外逃人员家属的工作，争取外逃人员来归。澜沧地区自新人员很多，外逃人员家属亦不少，做好这些人的工作，对争取外逃人员有很大作用。自新人员中有些是解放初期因受敌人的欺骗恐吓逃亡境外的劳动人民，回来后经过教育，一般顾虑不大；有些是从匪后或多或少做了一些对不起人民的事，因受我政策感召自动来归的，思想上对共产党和人民政府或多或少仍有一些顾虑；另有极个别的假自新分子，表面伪装守法，实际上对我戒备很深。在外逃人员家属中也有各种不同的情况：解放初期因受敌人欺骗恐吓而逃亡境外的各族劳动人民，其家属大部"盼子心切"，迫切希望自己的家人回来，但现在不知逃亡何方；从匪后作了一些恶的，经教育后其家属大部表示愿意争取家人回来；少数作恶很多、民愤很大的逃亡地霸家属，对我争取外逃政策表现怀疑很大，顾虑很多；另有部分外逃人员家属因丈夫长期在外，生产生活上有困难，因此要求改嫁。根据以上情况，土改中反复召开了自新人员和外逃人员家属座谈会，加强形势教育，打破变天思想；反复交代政策，解除思想顾虑，在此基础上动员自新人员订"生产进步计划"，动员外逃人员家属设法争取家人来归。土改中不论自新人员和外逃人员，一律按照政策同样分给一份土地，政治上既要一视同仁，又要区别对待。经过以上工作，从土改开始到结束，全区共争取回归169人（包括土改中土改区和非土改区外逃争取回归的65人）。

再次是结合土地改革，做好五方面反革命分子和反革命社会基础的调查摸底工作，和各种现行反革命分子和治安危害分子作斗争。并在土改胜利的基础上，建立了100个乡的生产保卫委员会，为强化农村治安保卫工作打下了初步基础。为完成这一任务，曾在土改工作队中组织了专门力量，加强统一领导和具体指导，结合土改侦破现行反革命案件和刑事案件18起，逮捕了有严重反革命行为的地霸分子4人，残存的五方面反革命分子和反革命社会基础的情况基本弄清，选出了100个乡的生产保卫委员会正副主任和委员635人，保卫了土地改革的胜利进行，并为强化农村治安保卫工作打下了初步基础。

（捌）

经过土地改革，发展壮大了澜沧民族工作队，培养提拔了一批民族干部。

土改开始前，澜沧民族工作队共有干部、队员320人，当地少数民族虽占干部队员总数的53.3%，但领导干部均系汉族；土改结束前，澜沧民族工作队已发展到907人，当地少数民族干部占干部、队员总数的72.3%，领导干部基本上已做到以少数民族为主，汉族干部为辅。经过土地改革，在澜沧民族工作队中共发展了当地少数民族的共产党员113人，青年团员136人；已提拔或即将提拔当地少数民族出身的县级干部5人、区级干部39人，一般干部约可提拔数百人，在培养提拔民族干部方面取得了一定的成绩。

基本上实现澜沧民族工作队的民族化。培养提拔少数民族干部的过程，是不断和汉族干部的大民族主义思想做斗争的过程。

大民族主义在培养民族干部问题上的第一个思想障碍是歧视民族干部，不懂得培养民族干部在边疆土改和社会主义建设中的伟大作用，认为民族干部觉悟低、能力弱、思想落后、不起作用，表示"愿意用10个民族干部换1个汉族干部"，对民族干部表示歧视、排斥、侮辱和打击。针对这个情况，首先是正面教育，让汉族干部明确帮助各民族自己起来解放自己的道理，明确培养民族干部对边疆土改和社会主义建设的重大意义，分析批判对民族干部歧视、排斥、侮辱和打击的错误行为，工作队各中队从上到下一律以民族干部为领导，汉族干部当参谋。

以上问题基本得到解决后，跟着来的第二个思想障碍是不信任民族干部。民族干部虽然担任了领导，但是有名无实，民族干部当家，汉族干部做主，不敢或不愿放手让民族干部去进行工作，怕他们搞不来，怕他们把事情弄坏掉，有的则把民族干部捧起来装门面、摆样子。针对这个情况，这一时期反对大民族主义思想的中心，主要是分析不信任民族干部的思想实质，批判包办代替，把民族干部捧起来装门面、摆样子的错误做法；提出必须在热情帮助的基础上，放手让民族干部去进行工作。

大民族主义在培养民族干部问题上的第三个思想障碍是对培养民族干部缺乏热情和耐心。在进一步批判了大民族主义思想，纠正了包办代替作风后，在一部分汉族干部中开始出现了某些消极情绪，认为汉族干部吃不开了，让民族干部去干吧！因此凡事袖手旁观，甚而有意为难民族干部。在一部分汉族干部中，虽然也懂得对民族干部光是放手让他们工作是不行的，还必须是热情耐心地帮助教育，但对培养民族干部缺乏热情和耐心，缺乏如上级所指示的"要培养出自己的上级来"这样一种伟大的共产主义胸怀。针对这个情况，这一阶段反对大民族主义思想的中心，主要是指出热情耐心地培养民族干部的重要性，指出认真帮助民族干部、培养民族干部是汉族干部的光荣职责；一方面继续强调培养民族干部在边疆土改和社会主义建设中的作用，另一方面也肯定了先进民族的帮助对各民族发展进步的重要意义，适当地批判在培养民族干部问题上的消极情绪，提倡热情耐心地帮助民族干部，培养民族干部的国际主义精神。

除了根据每一时期大民族主义思想的具体表现，不断加强对汉族干部的政治思想教育、深入开展反对大民族主义思想的斗争外，并在实际工作中采取了一些具体措施来培养民族干部。首先是从土改试点开始，工作队从上到下，逐步由民族干部担任领导，汉族干部当参谋；其次是尊重民族干部的职权，收集汇报，研究工作，召开各种代表会议，一律由民族干部出面主持；第三是在实际工作中不断加强具体帮助和教育，不断帮助总结提高，每一项工作由汉族干部帮助他们分析情况，发现问题，提出解决问题的办法，而后放手让民族干部去做；第四是由民族干部中的优秀分子任民族干部指导员，定期召开民族干部座谈会，了解民族干部的思想情况帮助解决实际困难；第五是不断加强过渡时期党在民族问题方面的总任务的教育，不断提高其阶级觉悟；不断指出各民族的发展和进步，除了共产党的领导和先进民族的帮助外，更重要的是各民族优秀分子要提高觉悟，自己起来解放自己，以提高民族自尊心；第六是多表扬、少批评，正面帮助民族干部不断提高；在实际工作中既要尊重其民族感情，保护其工作积极性，又要不断加强国际主义和密切联系群众的教育，以便逐步克服其地方民族主义思想，防止其脱离群众；第七是除民族干部担任领导，汉族干部当参谋外，并可多设副职，采取师傅带徒弟的办法，成批地培养民族干部。

澜沧民族工作队在反对大民族主义思想、培养民族干部方面虽已取得一定成绩，但是应当看到大民族主义思想在汉族干部中仍有其根深蒂固的影响，培养民族干部的工作目前也还只能算是一个开端。土改结束提拔了一批民族干部后，有的汉族干部即讽刺民族干部说："你真是一步登天啦！"可见继续教育提高汉族干部，深入开展反对大民族主义思想的斗争，今后仍然还有一个长期艰苦的过程，是绝不能估计过高的。

（玖）

根据上级"两个革命（即民主革命和社会主义革命）既要区别开来，又要紧密衔接"的指示，100个乡在土改胜利的基础上普遍大量地发展了一批互助组，重点试办了29个农业生产合作社。土改全面结束前，100个乡参加互助组、合作社的农民已占土改区总农户的49%（参加合作社的占总农户的3.8%）。

首先通过总结土改，算翻身账，找翻身原因，扩大党的政治影响，加强民族团结，巩固工农联盟和农村人民民主专政的教育；在提高阶级觉悟的基础上，结合社会主义前途和两条道路的教育，具体地宣传互助合作的优越性和组织互助合作的三大原则，提高群众组织起来的积极性；而后依靠骨干、积极分子开展串连，召开组员大会民主选举组长，重点帮助几个组制订计划，建立制度，学习评工记分办法，具体安排活路，组织生产；而后召开互助组长联席会，总结交流经验，全面推开，在生产过程中具体地显示互助合作的优越性。

由于边疆各族人民特殊的贫困和落后，土改后各族农民生产、生活上的困难仍然很多，组织起来发展生产、改善生活，党的这一政策主张，是完全符合各族农民的实际要求的，因此具体宣传互助合作的优越性后，各族农民要求组织起来的积极性很高，纷纷表示"要听毛主席的话，要走社会主义的光明大道，不走资本主义的黑暗道路"。但也由于解放后盲目组织大变工的影响，不少农民对组织起来也有许多思想顾虑，如"怕吃亏"，怕参加互助组"不得自由""不得卖帮工"，怕"苦不赢"等。针对这些思想情况，必须对比大变工的不合理，具体宣传三大原则，说明互助组不同于变工队，要实行评工记分，定期清工结账，谁也不会吃亏；说明互助组在搞好生产之后，仍有充分时间安排自己的私事，绝不会"不得自由"；说明互助组在搞好生产的基础上，还可以集体力量组织副业生产，增加收入；口粮不足等可能也可以依靠集体力量和国家的扶持帮助得到适当的解决。

土改后期发展互助组的经验证明：发展互助组后必须加强领导，继续巩固提高，否则就会产生某些涣散现象。事实说明澜沧土改后期发展的互助组大多数是好的，提高了劳动效率，改进了耕作技术，并帮助群众初步解决了一些劳动力和生产资料不足的实际困难，初步显示了互助合作的优越性；但也有些互助组土改以后因工作队调离，领导跟不上，加上粮荒和个别组长选择不当，三大原则贯彻不够等原因而涣散。这个教训是值得记取的。

（拾）

几个具体问题的检查：

一、澜沧拉祜族自治区的和平协商土地改革：由于坚决贯彻了中央"慎重稳进"方针，端正执行了"和平协商"土改政策，因此在土改试点和一批土改、三批土改过程中，运动发展基本健康正常，较充分地发动了各族基本群众，也认真团结改造了民族上层，地主阶级无一逃跑自杀。但在二批土改过程中，地主先后自杀3人，上层、群众先后外逃11户67人（多数是教徒，已争取回来10人），影响到二批土改的健全发展。二批土改中上层、群众外逃和自杀的根本原因，主要是二批土改地区更加靠近边缘，群众基础更加薄弱，敌特活动嚣张。东回区班利乡教徒外逃事件，主要是敌特策反的结果。当然从主观上来检查，我们在实际工作中也存在着许多缺点。

1. 二批土改开始以前，边工委对二批土改地区的实际情况也做了分析研究，对二批土改地区特点的分析基本上也是正确的，但因缺乏深入的调查研究，因此对二批土改地区的复杂情况缺乏实际的体验和深刻的认识，对二批土改地区更加突出的上层、宗教和自新匪问题估计认识不足，同时也缺乏足够的经验与办法，因此事前缺乏周密的布置和切实有效的具体措施，问题发生后工作陷于被动。

2. 经过土改试点和一批土改，由于运动发展基本健康正常，我们在指导思想上产生了若干麻痹自满情绪，认为问题大不了，因此在二批土改开始以前，对自治区若干上层统战人物，也未认真进行工作，以致工作队尚未到达二批土改地区，自治区协商会副主席张石金即走避茨竹河；东回区班利乡敌特分子趁工作队刚到该乡，当夜即策动教徒3户19人外逃。

3. 二批土改和1955年粮食征购工作是结合进行的，而我们在粮食政策的执行上，在个别问题上确是超越了上级规定的政策范围。当时省委指示边疆土改地区应抓紧搞土改，在粮食问题上则可有意识地放宽一些，地委也指示地富购粮比例最高不得超过余粮总数的70%，但因我们指导思想上唯恐完不成任务，粮食拿不起来，造成今后工作被动，因此曾在边工委土改委员会上指示工作队可以根据不同地区和不同对象，个别地主、富农仍可购其余粮总数的80%至90%。加以干部在执行政策上的某些偏差（如不分对象、强迫命令等），因而造成两户地主自杀；以后东回区的教徒外逃事件，虽然主要原因是敌特策反，但和粮食问题也不是没有关系的。

4. 二批土改在时间问题上，我们也确是催得太多，抓得太紧了一些，因而在干部思想上造成若干压力，在实际工作中也就不可避免地产生了若干赶时间、赶任务倾向，以致二批土改在准备还欠充分、上层工作还未做透的情况下匆忙转入划阶级，而二批土改中上层群众外逃外迁事件即大半于此时发生，这和我们在时间问题上催得太多、抓得太紧是有关系的。

二、关于划分阶级问题：土改试点时政策执行不一，有的以1954年为准划分阶级（谦六区和平、歌萨等3个乡），有的以1954年为准上推3年划分阶级（南岭区赛罕、芒弄两乡），有的以1950年为准上推3年，并适当参照解放后的变化情况划阶级（东河区拉巴、谦六区大桥头等4个乡）。由于政策执行不一，而总的看来都较中央划分阶级的决定要宽得多，漏划地主的情况即在所难免，仅谦六区和平等3个乡即漏划地主11户，9个土改试点乡地主仅占总户的2.85%。根据以上情况，地委在边疆和平协商土改试点总结会议上曾明确规定："有关划分阶级问题……澜沧应以1950年为准上推3年（推至1947年连续过地主剥削生活3年者即划为地主），下推5年（推至1955年连续劳动5年者依其目前情况划分阶级）。"省委8月4日在批复地委《关于北四区全面开展土地改革的初步意见》的电报中，指出"下推5年"可以不提，免于被动，解放后阶级情况有变化者，仍掌握"对未放弃剥削之地主可稍严，对已放弃剥削之地主可稍宽，对大、中地主可稍严，对小地主可稍宽"之原则处理。但因我们对省委指示精神领会不足，政策水平低，在严、宽尺度的掌握上没有准则，因此，一批土改中划分阶级基本上是按地委指示执行的，结果地主比例即上升到占总户6.7%，地委认为比例太高，要我们做检查。经土改委员会检查结果，一批土改中除将6户应划为小土地出租者的划为地主，另有5户可划可不划的亦划为地主外，其他错划地主的情况未发现，因此二批土改地主比例仍占总户6.6%。地委感到仍有问题，要我们再研究。后经边工委土改委员会提出"小地主每人平均占有水田籽种1斗，产量千斤以下，解放后放弃剥削连续劳动满3年者即可不划地主"，经地委批准执行后，地主比例即下降至占总户5.5%。当然，从澜沧实际情况看，地主比例较高也有其客观情况，主要是边疆土地分散，小地主多。根据一批土改调查：613户地主中占有水田籽种10石以上20石以下者6户，占地主总户0.9%；占有水田籽种10石以下5石以上者51户，占地主总户8.3%；其他556户均系占有水田籽种5石以下的中小地主，占地主总户90%强。另外，解放后地主为了分散土地，实行假分家者极为普遍，这也是地主比例较高的原因之一。

三、土改评产问题：根据上级指示，一般以1954年或1955年实产量为基础，参照土质、坐落、水利、阳光及历史上最高最低年产量调整评定；对地主土地应逐块认真查评，对农民的土地采取自报公议办法，求得大体合理即可，不必斤斤计较。在整个土改过程中，我们是执行了上级这一指示的。

根据二批土改统计（一批土改籽种数字没有统计得起来）：二批土改地区共有水田籽种584102斤，产量17271236斤，每斤籽种平均产量29.5斤。其中地主共有水田籽种183585斤，产量7454891斤，平均产量40斤；富农共有水田籽种39409斤，产量1416646斤，平均产量35.9斤；中农共有水田籽种228206斤，产量4920013斤，平均产量22斤；贫农共有水田籽种113324斤，产量2829114斤，平均产量24.9斤；雇农共有水田籽种14257斤，产量315813斤，平均产量22.1斤。

三批土改地区共有水田籽种589657斤，产量19784696斤，每斤籽种平均产量33.5斤。其中：地主共有水田籽种180562斤，产量6387203斤，平均产量35斤；富农共有水田籽种57428斤，产量2048792斤，平均产量35.6斤；中农共有水田籽种214921斤，产量7296674斤，平均产量33.9斤；贫农共有水田籽种109670斤，产量3260569斤，平均产量29.7斤；雇农共有水田籽种15052斤，产量253798斤，平均产量16.8斤。

山地评产，二批土改每斤籽种平均产量是11.9斤，三批土改每斤籽种平均产量是11.6斤。

根据以上情况，从澜沧现有生产水平出发，我们认为二批土改地区水田每斤籽种平均产量29.5斤，三批土改地区每斤籽种平均产量33.5斤是不算高的，各阶层之间平均产量的悬殊既符合客观情况，也符合上级指示精神。三批土改地区水田平均产量比二批土改地区略高，也反映了三批土改地区汉族比重大、生产水平较高这一客观事实。当然，根据以上材料也可以看出：二批土改地区各阶层之间平均产量悬殊，三批土改地区比较接近平衡，这一事实说明二批土改时对地主阶级的评产问题是太严了一些。至于评产中的个别偏高偏低现象事实证明是存在的，但不是普遍的；个别确实太不合理的，可在今后粮食工作中做些适当调整。

现在看来，评产中规定对地主土地要"逐块认真查评"，农民的土地"大体合理即可"，这一规定本身是有缺点的。由于对地主的土地和农民的土地在土改评产中严宽尺度不同，因此评产结果就势必产生产量悬殊的情况。而地主的土地在评产没收之后是要分给农民的，这就是土改以后部分农民叫喊分得的土地评产较高的来源。但我们在执行过程中始终没有发觉上级这一指示是什么问题，这也说明我们政策水平太低，是有缺点的。

四、购牛问题：一、二、三批土改，共买耕牛3081头，用款175527元，平均每头56.9元。其中：一批土改购牛936头，用款57694元，每头平均61.8元；二批土改购牛1223头，用款72356元，平均每头59.1元；三批土改购牛922头，用款45470元，平均每头49.3元。至于牛价的掌握问题，一批土改中地委指示不得低于市价80%，二、三批土改中经请示地委批准，边缘地区不得低于市价80%，腹心地区不得低于市价70%。以上数字说明：工作队在购牛中基本执行了地委指示精神。根据澜沧情况，上等牛市价一般为80元至100元，中等牛60元至80元，下等牛40元至60元。土改中协商购牛的平均价格是56.9元，这个价格应该说不能算是很低的。当然在协商购牛中个别偏低现象也是有的，但不是普遍现象。

五、时间问题：澜沧土改前后共花了1年零5个月，其中整训了3次工作队，共花去3个月时间。因此，实际上用在土地改革上的时间是1年零2个月，每批土改平均105天。总的看来，基本上执行了地委要求在1年半左右的时间内完成澜沧土改的指示。土改开始前地委估计一个乡从土改开始到结束约需时90天，实际结果我们感到孤立地搞一个乡90天的时间是可以的，但如果搞一批90天的时间就感到有些不够，这一方面由于运动发展不平衡，另一方面由于边疆地区辽阔分散，来往开会和走路也需要花费许多时间。同时边疆土改开始时虽然全国土改早已结束，土改正义性早已深入人心，但由于边疆地区特殊的落后和闭塞，要想真正发动群众，团结改造上层，确实也需要一个过程，需要进行许多艰苦细致的工作。从每批土改的规模来看，土改试点将近15000人，一批土改44000人，二批土改64000人，三批土改加直接过渡将近110000人。从工作队的实际情况出发，把每批土改的规模再扩大一些，在主观力量的布置上也确实有困难。一批土改开始前，地委并曾指示如果铺4个区有困难，可以先铺3个区。我们认为：贯彻中央"慎重稳进"方针和时间问题，从某种意义上讲是有些矛盾的。

　　以上当否，请示。

澜沧边工委
10月20日

孟连傣族拉祜族佤族自治县第一届第六次人民代表会议关于实行和平协商土改的决议（草案）

（1957年3月22日通过）

孟连自治县各族人民，在中国共产党和人民政府领导下，在中国人民解放军和汉族人民兄弟般的保卫帮助下，经过六年来的奋斗，已彻底摆脱了国民党的反动统治，实现了民族的解放、团结和平等。肃清了境内的残余土匪，安定了社会秩序，增强了祖国边防，建立了民族的区域自治，使境内各民族获得了当家做主的权利。培养了民族干部，提高了各族人民的爱国主义觉悟，发展了生产、贸易、文教卫生等建设事业，使各族人民生活已有了显著的改善。以上这些重大成就，为今后自治县继续发展民族的政治、经济、文化的建设事业奠定了良好的基础。

目前，全国已处在社会主义革命的全面高潮中，我们自治县各族人民为了能与全国人民一道很快过渡到社会主义社会，就应当首先经过和平协商土改的方式，将严重阻碍着各族人民政治、经济、文化的发展，阻碍着各族人民迅速向繁荣富强幸福的社会主义社会前进的封建剥削制度予以废除。因此，在自治县境内已经进入封建社会的傣族地区，必须进行适当的社会民主改革，才能促进民族的发展进步，逐步达到先进民族水平。这是过渡到社会主义社会必须经历的过程，正如刘少奇委员长在《关于中华人民共和国宪法草案（报告）》中指出："现在还没有完成民主改革的少数民族地区，今后也可以用某种和缓的方式完成民主改革，然后逐步过渡到社会主义。"对此，当前我县各民族各阶层人民的绝大多数，不仅认识到实行和平协商土改、废除封建剥削制度的必要性，而且已在积极要求立即实行这一改革。有鉴于此，本会议特根据上级指示和我县当前这种实际情况，一致决议应即根据中央"慎重稳进"方针，采取自上而下的和平协商方法，首先在傣族地区有步骤、有区别地实行社会民主改革，以废除封建剥削制度。在土改中应根据以下基本政策进行：

一、在中国共产党的领导下，依靠各族劳动人民及其他各阶层人民，团结教育与群众有联系的民族领袖人物，采取自上而下的和平协商方式，有步骤、有分别地废除封建剥削制度，解放农村生产力，逐步地组织起来，发展生产，提高各族人民的物质、文化生活水平，支援国家工业建设，保证各族人民逐步过渡到社会主义社会。

二、对与各族人民有联系的领袖人物，应本长期团结合作的方针，人民政府应采取必要措施，给予适当的安置和生活的照顾。

三、没收领主、地主的土地分配给无地少地的各族人民，并分给地主、领主与农民同样的一份土地，其他财产一律不动。土改中除有现行重大反革命活动罪行而依法剥夺公民权利者以外，其政治权利一律保留。

四、无论解放前后农民所欠领主、地主一切债务全部废除，但属于各族农民内部的各种租佃、借贷、典当等关系，一律按原约继续有效。若有纠纷，应由政府合理协商解决。

五、对富农的土地、耕畜及其他财产，一律保留不动。

六、烈士家属、革命军人、人民政府和人民团体的工作人员、自由职业者、小商小贩，以及因从事其他职业或因缺乏劳动力而出租小量土地者，均不得以地主论。

七、对各族人民的宗教信仰采取保护的政策，"佛寺田""竜田"及佛寺之债务一律保留不动。

八、因被敌特残匪胁迫逃亡在外的各族劳动人民，其在家内之财产一律不动，对其中无田、少田者，并照数分给一份土地，欢迎他们早日回家生产，安居乐业。

九、对逃亡回家的地主，只要诚心认罪悔过，遵守政府法令，停止作恶者，可同样分给一份土地，免于治罪，令其劳动生产，安分守法。对目前尚逃亡在外之地主，也留给或分给同样一份土地，希望他们早日回国与家人团聚，就业安居。对其生活困难者，政府并可适当给予照顾。

十、为保证和平协商土改政策的正确贯彻执行，土改期中组织人民法庭，采取巡回审判方法，对破坏土改的反革命分子和一切破坏土改的现行犯依法予以惩处。

十一、凡领主、地主之武器、弹药，经过充分协商交出，由自治县人民委员会统一处理。对以往国民党军政机关人员遗留或隐藏之武器、弹药、电台，应一律交出，政府不予追究，并酌情予以奖励。

十二、从1953年起，凡领主、地主以变卖、赠送等方式分散之土地，一律无效。

十三、根据以上基本政策，在土改中授权自治县人民委员会可制定若干具体政策，以利改革进行。

至于佤族地区，因为社会经济情况与傣族不同，土地占有不甚集中，生产落后，生活贫困，因而这类地区不再进行土改，将根据"团结、生产、进步"的方针，在党的领导下，依靠劳动人民，团结教育一切与群众有联系的民族公众领袖人物，在国家大力支持下，开展爱国生产运动以及加强文教、卫生、贸易等项工作，通过互助合作，逐步过渡到社会主义社会。

拉祜族地区是否需要进行土地改革，尚需根据这些地区的社会经济情况进一步的了解，和当地广大人民的意志，和与群众有联系的民族公众领袖人物的意愿，再做研究决定。

云南省孟连自治县傣族地区土地改革条例（草案）

（孟连自治县人民政府第六次全体会议3月20日通过）

第一章　总则

第一条　根据《中华人民共和国宪法》第七条[①]制定本条例。

第二条　废除领主、地主阶级封建剥削的土地所有制，实行农民的土地所有制，借以解放农村生产力，发展农业生产，逐步发展各族的政治、经济和文化事业，以消灭历史上遗留下来的事实上的不平等，使各族人民逐步过渡到社会主义社会。

土地改革是在中国共产党领导之下，团结各族劳动人民及其他各阶层人民，团结教育与群众有联系的民族领袖人物，采取自上而下的和平协商的办法，有步骤有分别地废除封建剥削制度，逐渐地组织起来，发展生产。

第二章　土地的没收和征收及债务特权剥削的处理

第三条　没收封建领主、地主的土地，废除领主、地主的各种地租特权剥削和高利贷，其他财产不予没收。在没收分配土地时，先留给领主、地主与农民同样的一份土地。如缺乏或者丧失劳动力，可允许其雇工耕种或出租。

领主、地主在解放后直接劳动开垦的土地，一律不动。领主、地主直接经营的小块茶园、菜园、鱼塘、小块林园及其他经济林木等，一律不动。但大块林园，雇人经营或派劳役（白工）经营者，仍应没收一部或全部。

1953年以后，领主、地主以夺占、换佃、换田、偷卖、赠送等方式转移分散的土地一律无效。

----

① 查阅1954年宪法，当为"第七十条"。——编者

大块的山林、荒地、大鱼塘等一律没收归公有。已由农民耕种或使用者，继续由农民耕种或使用，必要时可适当调整。

第四条　对领主、地主一般不剥夺其政治权利。

第五条　富农自耕或雇种的"私田"和"寨田"不予征收，但富农耕种领主的"私庄田""波朗田""头人田"以及利用政治特权占用的土地和地主的土地应予征收。

在个别地区没收领主、地主的土地，不能满足贫雇农民土地之要求时，可经县人民政府批准征收富农出租和以高利贷抵进的土地，但必须留给相当于当地中农水平的一份土地。

农民所欠富农之债务，属于解放前者，一律废除；属于解放后无纠纷者不予过问，如有纠纷可按政务院颁布的《新区农村债务纠纷处理办法》处理之。如农民确因贫困无力偿还者，可由政府召集双方协商处理之（分别采取缓期、减轻或免还等办法处理之）。

第六条　保护宗教信仰自由，对宗教土地的"佛寺田"及债务一律不动。对于各种群众性的宗教负担不予干涉，但利用政治特权进行强迫摊派的宗教性剥削，在群众提出反对的要求时，可由政府调处协商予以解决。

第七条　小土地出租者的土地保留不动。

第八条　保护农民自耕土地及其他财产不得侵犯。农民内部的债务按原约有效，若有纠纷，由双方协商解决。

第九条　在废除领主、地主对傣族地区的土地所有制的同时，废除傣族领主、地主对山区各民族的土地、山林的所有制和各种封建劳役、贡赋、特权、债务以及山区农民在解放前所欠傣族富农的债务。

第三章　土地的分配与调整

第十条　所有没收和征收的土地应在原耕基础上进行分配。分配土地时，以寨为分配单位，以乡或数寨为调剂单位。

第十一条　"寨田"在原耕基础上进行分配。有些村寨为了转嫁封建地租，把多余的"寨田"（或官田）以集体或单户形式出租与外寨耕种者，一律留给租入寨原耕农民分配。在改革前已由出租寨收回以致原租入寨无田少田者，应由乡人民委员会召集双方协商，本团结互让精神交回原租入寨分配。但个别农户在解放前由于无力出国民党和领主负担而将占地（份地）出租，现在反而缺田少田者，应根据实际情况由租佃双方协商进行适当抽补调整。

第十二条　原耕农民所种领主、地主之土地，必须互相调整时，应坚持互让原则并经县人民委员会批准。一般在满足贫雇农土地要求的原则下，应使其保留之部分，稍多或稍好于当地农民分配土地的平均数。

没收领主、地主之土地，以及在村寨间进行调整尚不能满足当地贫雇农土地要求时，可由政府帮助其开荒或协助迁往外寨分地。

第十三条　下列人员必须分给土地：

（1）现在领主、地主家内的奴隶、长工，必须分给一份土地。

（2）农村中的手工业工人、小贩、自由职业者及其家属，应酌情分给土地。但其职业收入足以维持其家庭生活者，可不分给。

（3）烈士家属（烈士本人得计算在家庭人口之内）、革命军人、人民政府和人民团体的工作人员及其家属，均应分与农民同等的一份土地。

（4）老、弱、孤、寡应分给一份土地，如不能自己经营者，可允许其出租。

（5）外出或外逃人员一律留给一份土地，由其家属代管。外逃为匪首也应留给一份土地，由乡人民委员会代管，并争取其悔过自新。

（6）在分配土地时，对于只有一口或两口人而劳动力较强的农民，在本乡土地条件允许时，得分配稍多于一口或两口人的土地。

（7）二佛爷及和尚应计入家庭成员之内，分给一份土地。

（8）凡居住在傣族地区的其他各族农民，在土改中均应分给同等的一份土地。

（9）凡全家居住外国的华侨，要求回国分田者，应分别情况处理。如在外国有固定职业，一般应予以劝阻；如无固定职业，生活确有困难者，应分给一份土地。

（10）凡以从事于农业生产为主要生活来源的外国侨民，在土改中要求分田者，应分给一份土地，有使用权无所有权。但土改中欲迁居我国的外国侨民要求分田者应予以劝阻。

第十四条　分配土地时根据实际需要酌留部分机动田。

第十五条　傣族农民与不进行土改或暂不进行土改的山区民族间的租佃、典当、借贷关系继续有效。但山区农民租种傣族领主、地主土地者，没收后分给原耕农民。

第十六条　凡牵涉国外租佃、借贷关系及山林、水利等问题，一律不做处理，发生纠纷时按历史习惯解决。

第四章　土地改革的执行机关

第十七条　自治县、乡人民代表会议、人民委员会是土改的法定执行机关。在自治县、乡人民委员会领导下，设立和平协商土地改革委员会，作为农民与领主、地主的协商机关，由农民、上层并有政府（或土改队）干部参加组成。

乡成立农民代表会议及农代会常务委员会为土地改革的合法执行机关。上述两种机构均无最后决定权，有关土改中的重大问题，均由上级人民委员会或人民代表会议决定。

第十八条　关于农村阶级的年限，以1953年为准，连续上推三年，并适当注意1953年以后变化情况（如1953年为地主或富农，继续上推三年仍为地主或富农者，即确定其地主或富农成分。如1953年已不是地主或富农，即不划为地主或富农）。

划分阶级的标准：依据《中央人民政府政务院关于划分农村阶级成分的决定》进行划分。

第十九条　在土改期间，严禁乱捕、乱杀、乱打。但为了保证土地改革之顺利实行，在改革期间，各乡应组织人民法庭，用巡回审判的方法，对破坏土地改革的反革命分子及一切违抗土改的现行犯，依法予以惩处。

第二十条　领主、地主、富农所藏武器、弹药，在土地改革中经过协商上缴区政府，由人民武装部发给民兵使用。蒋匪军埋藏的各种武器、弹药，凡向政府密告者酌予奖励。农民群众自有的猎枪，一律不动。

孟连和平协商土地改革宣传提纲

一、为什么在孟连地区有些地方要实行和平协商改革？

1.解放几年来共产党人民政府为各族人民做了许多事。

我县地处边境，民族复杂。解放几年来，在中国共产党和人民政府的领导和关怀下，在中国人民解放军的支持下，边疆各族人民的觉悟有了很大的提高。在毛主席民族政策的光辉照耀下，1954年元月成立了孟连自治县人民政府，各民族在平等的基础上，实现了多年来的愿望，获得了当家做主的权利，因而各民族之间和民族内部已越来越团结了。由于人民政府领导搞生产，各族人民的生产得到了很快的发展，生活正逐步地改善着，贸易、文教、卫生等工作也迅速地发展了起来。但这只是各族人民摆脱贫困落后的开端，只有努力实现过渡时期国家在民族问题方面的总任务，各民族才能摆脱贫困和落后，和国家的各民族共同过渡到富裕幸福的社会主义社会。

2.什么东西阻碍着边疆各民族人民前进呢？

孟连自治县是祖国领土的一个组成部分。孟连各族人民是祖国大家庭中的一个成员，从我们的老祖辈起，就开辟居住在这块气候温和、土地肥美的土地上。但是，由于长期受着帝国主义侵略、封建制度及国民党反动派政府统治压迫的结果，使得各族人民至今仍处于贫困落后的境地。解放以来，消灭了国民党的统治压迫，但目前阻碍着边疆各民族进步的主要因素，就是封建土地所有制。这种封建土地所有制是极不合理的，占90%以上的农民自己没有土地，为了生活下去不得不向领主"分地"、向地主租地耕种。如景亨私田只有18%，芒竜占16%，而私田又大多数为头人所有，有不少寨子就连私田也没有，完全种负担田。如芒竜"贺纳"（官地）125挑半种，负担田占98挑种，共达全寨耕种面积的63.1%，除私田外其余是自别寨租入的。因为广大农民没有土地所有权，因而受封建劳役、官租、地租、高利贷及其他各种特权达数十种之多的剥削。由于存在着这种不合理的封建剥削制度，农民终年劳动不得温饱，卖儿卖女，影响到发展生产的积极性，更没有力量扩大再生产。这就是各族人民长期贫困落后的根源，也是各族人民发展生产、改善物质和文化生活、逐步过渡到社会主义的基本障碍。

3. 怎样实行和平协商的土地改革？

几年来，各族人民（包括进步头人）深深体会到，不废除这种不合理的封建剥削制度，就不可能过渡到社会主义。有的农民说："只解放了一半，土地改革了，才是全部解放。"各族人民纷纷要求人民政府实行土地改革，而各民族中与群众有联系进步的公众领袖人物也表示赞成改革，来共同发展各族人民的政治、经济、文化等，使落后民族得以跃入先进民族的行列。因此，按照各族人民的要求，在中国共产党的领导下，团结各族劳动人民及其他各阶层人民，团结教育与群众有联系的领袖人物，采取自上而下的和平协商的方法，有步骤有分别地废除封建土地所有制，逐步组织起来发展生产，首先使各族人民摆脱封建压迫获得解放，然后才有可能发展生产合作化运动。逐步发展各族人民的政治、经济、文化，逐步地消灭历史上遗留下来的各民族间事实上的不平等，并进一步巩固祖国的统一，巩固各民族之间和民族内部的团结，这不仅符合边疆各族农民的利益，而且也符合边疆其他各阶层人民的利益。

二、和平协商改革的政策和办法

在孟连实行和平协商改革的地区，究竟要改革些什么？用什么方法改革？这是人们最关心的问题。

由于我们边疆是少数民族地区，社会经济比较落后，和内地情况也有所不同，因此，进行土地改革是采取和平协商的方法，废除不合理的封建土地所有制，把地主阶级的土地没收分给无地、少地的农民，使农民有土地发展生产，改善生活。土改后组织生产合作社，逐步过渡到社会主义社会。

和平协商的具体政策是：

1. 没收封建领主和地主阶级的土地（解放后，地主自己劳动所开之荒田不予没收）及废除农民及其他劳动人民所欠地主的债务。封建领主的牲畜、房屋、农具等其他财产一律不动。

2. 分配土地时，先留给领主、地主和农民同等的一份土地。如缺乏或丧失劳动力时，允许其雇工耕种或出租。

3. 贫雇农和缺田中农，一律按在原耕基础上分给或补足一份土地。

4. 在改革中坚持和平协商方式进行，除现行反革命外，对封建领主、地主都不关、不斗、不打、不杀。

5. 对地主一般不剥夺政治权利。

6. 富农自耕的"私田""负担田"一律不动。至于半地主式的富农出租之土地，及头人田和当头人而占用的土地，必须抽出统一分配。小土地出租者的土地坚决不动。

7. 农民所欠富农的债务，属于解放前者，一律废除；属于解放后者，如有纠纷，可按国务院颁布的《新区债务解决办法》。

8. 对宗教寺院的土地，如"佛寺田""竜田"债务及习惯负担，一律不动。

9. 农民内部典当、租佃、债务关系，不论解放前后，一律有效。若有纠纷，本团结互让和尊重当地习惯的原则协商处理。

10. 领主家内的奴隶、地主的长工，都应分给一份土地。凡外出外逃人员，分给一份土地，由其家属代管。外逃为匪首，均应分给一份土地，由乡人委代管。

孟连 3 个土改试点乡协商阶级的初步总结报告

一、基本情况

1. 孟连3个土改试点乡协商阶级的工作，于5月5日由工委直接掌握，以保护过关方式协商划分刀秉团、刀秉乾、刀焕贞、向钦中4户阶级为先导；5月8日，孟连乡以协商召罕保、刀世荣、召允3户为实验，继即3个乡全面开展协商阶级。于12日基本结束后，继续弄清少数怀疑户，共协商划出地主67户，占总户数6.15%；高利贷××户，占总户数×%；富农45户，占总户数4.13%；小土地出租者××户，占总户数×%；商人及商兼手工业××户，占总户数×%。

地主、高利贷、富农共112户，占总户数12.75%。

2. 经审查批准定案者，计地主51户，占总户数4.6%；高利贷××户，占总户数×%；富农38户，占总户数3.4%；其他阶级××户，占总户数×%。

地主、富农、高利贷共89户，合占总户数×%。

3. 3个乡各级大小头人共××人，其中×级×人、×级×人、宣抚1户3人、召梗6户29人、召梗盲1户8人、法永聋1户2人、召朗5户28人、召7户40人、季理猛1户5人、布借11户41人、法3户9人、法借1户3人、布先2户5人、借乍1户71人、洗烧9户46人、布法5户16人、火头5户30人、召罕1户2人、向聋1户5人、甲长4户14人、法干贺1户5人（注：以上农民成分不包括在内）。划为地主者44户、高利贷者××户、富农20户、小土地出租者2户，划为农民成分者30户。

二、步骤、做法及其发展过程

3个乡协商阶级的步骤、做法大体分为5个小步、3种做法，相应进行，起伏发展。

1.5个小步：

（1）统一交代政策、标准、做法，成立协商会。

（2）分头酝酿，群众凑材料，地富自划互评。

（3）重点试划，总结经验。

（4）全面协商，稳定重点。

（5）扫清尾巴，传达讨论，批准阶级。

2.3种做法：

（1）保护过关。

（2）重点打击。

（3）一般批判。

3.相应进行，起伏发展：

（1）酝酿、稳定阶段，是在经过了1个多月的工作，上层有了基本稳定的情况下开始的。5月4日至5月7日，召开联耕人代会、农代会，讲划阶级的标准，强调以劳动、占有、剥削3把尺子衡量，明确交代以和平协商会议形式进行划阶级。会议期间，对以往团结了的民族公众领袖人物刀秉团、刀秉乾、刀焕贞、向钦中等4户，由工委掌握，在八佰傣族政府委员会上（4个在职干部）教育其自划阶级的，不面对面交锋，保护过关，并在人代会上宣布了他们的阶级，以实际事例来体现协商政策，予上层有效的麻痹稳定。有的地主反映"他们都才划地主，我们怕达不到地主了"。有的说："政府的政策老实宽大了，要求在协商会上自己坦白了。"在这一基础上，组织上层根据标准进行酝酿，自划互评，进一步准备和创造协商条件。

基本群众的政策策略思想，经过农代会的教育和提高，认识到只要把地主的土地拿出来，"就像把石脚挖掉，房子就会垮下来"。原来对协商阶级抱着"说了几次不听就送去劳改"的急躁态度，以及认为协商阶级是"一个对一个地打一台，揉搓一台"，经过教育提高后，体会到和平协商是"棉花包铁帽，外软里硬"，"像鱼炮一样，放下去香香的，鱼都围拢来，一炮就炸光了"。

干部的政策思想也不统一，各有各的想法。参加过德宏土改的，想着"让地主坐矮板凳，农民坐高板凳"；参加过澜沧土改的，又认为是"大地主开刀，小地主收场"；参加过景洪土改的，又认为是"让地主站在中间，农民围起来"。从内地来的，或没有参加过土改的，对以协商方式划阶级没有谱气，或认为"只是不把唾沫吐在脸上，不指手画脚，其他都和内地一样"。而一个共同的想法是："总是狠狠地整一台。"经工委反复强调，必须从孟连地区的特点出发，坚持会议形式，主要依据3把尺子，说理说法，通过座谈讨论，干部政策思想初步得到统一。

经过以保护过关的4户为先导，交代了政策、标准和做法，上层进一步稳定，干部和群众的政策思想有了提高。地主、富农的材料，在经过调查研究、内部先批等一系列的准备工作安排妥当的基础上，正式开始协商阶级。

（2）重点试验，打开局面，造成高潮。在面临协商阶级之前，干部和农民骨干、积极分子兴奋积极，但如何具体进行还是把握不大，准备着"拿糖去哄他们，他软我们就软，他硬我们就硬，他压我们就压"。为了取得具体经验，5月8日由孟连乡试验试划3户，先走一步，为各乡全面协商阶级提供了范例。重点试验取得的主要经验是：

①既要坚持会议形式，坐下来协商，地主有发言权；又要严肃尖锐，对地主企图使协商会陷于松懈瘫痪、拖时间、嬉皮笑脸、给农民上和平协商课等手段必须及时揭露，在坚持会议形式的原则下，一开始就必须把地主置于农民的正义威慑之下。保持划阶级的严肃气氛，保持阶级斗争的强烈气氛，大胆开展思想交锋，才能使全体农民代表思想集中、政治感觉敏锐，及时识破地主花样，给予有效的打击，迫使地主老老实实、承认阶级、承认剥削。

②协商会主席与全体农民代表的配合要协调。协商会主席要善于起舵手作用，善于及时地把锋芒指引到关键问题上，发挥集体力量，力戒单枪匹马、孤军作战、包办代替。

③利用会议间歇，进行整顿积极力量，总结经验，检查缺点，分析敌情，干部帮助分析提高，通过具体事例，来提高农民骨干的政策水平、策略水平，帮助他们学会以和平协商方式进行阶级斗争的本领。

④揭发批判的内容，集中于3把尺子，即不劳动、占有土地多、剥削大。不过多揭发恶行，严格控制不公开揭发杀人、通匪、搞反革命等罪行。

⑤从始至终坚持会议形式和民主手续，充分说理说法，依靠事实和政策迫使地主低头认错。

⑥坚持区别对待，重点打击对象，会后及时拉他一把。

这次试验协商，各乡工作队干部和部分农民骨干列席参观，共同进行总结，从而在斗争策略和协商方式上武装了全体干部，通过实践具体地提高和统一了干部的政策思想。

（3）5月9日至12日，3个乡开始全面协商，形成高潮。运动发展基本正常、稳妥，没有超越和平协商方针政策。

在全面协商过程中，根据不同的对象，大体分为两种做法：

①对剥削大的地主，由乡协商会议协商阶级。由其自报，协商会揭发批判，时间每人1小时左右。对其中剥削严重突出、当权作恶、民愤大以及造谣破坏的顽固地主，进行重点打击，打击面占地主阶级户数的10%左右，揭发批判时间约两个小时，如孟连乡的召罕保、刀凤品。对重点分子会后由负责干部亲自做稳定工作，端正态度，讲前途。

②对一般地主、富农、小土地出租者，由扩大协商会分组协商，在自报阶级、自报剥削符合事实、标准后，对小地主、富农做一般的批评教育，批评时间一般是10分钟。对小

土地出租者不做批评。

综上所述，整个过程的发展情况是：以保护过关到集中揭发，从集中揭发到分散协商。由松到紧，由紧到松。对代表性大、剥削较轻的放缓，对剥削严重、民愤大的抓紧。在麻痹稳定的基础上揭发批判，揭发批判后又立即麻痹稳定。

三、主要收获与缺点

1. 通过划阶级，农村阶级力量对比从根本上发生了变化，以贫雇农为主体的群众优势，大大树立，基本上打垮了地主阶级的政治威风，使之处处受到孤立。这一情况的变化，正如地主召叭撒说的"葫芦落下去，石头漂上来"。在会上地主破天荒地称农民为"召"，会后见着农民骨干低头避开。地主布法去请农民帮工，农民说："今年我们要分得土地，要自己种田，不给剥削两回了。"过去地主召孟君生小娃以打机枪当爆竹，现在升小和尚农民不去凑热闹，雇农也不去捧场，只去了几个地主，冷冷落落，急得号啕大哭。

2. 地主阶级卸下了怕打、怕斗、怕杀、怕算老账的顾虑，划阶级怕这怕那的，各种叫唤业已销声匿迹。大地主召罕保说："这回心落下来了。"从而，上层进一步有了稳定。目前存在的怕孤立、担心生活前途等，已经是属于前进中的新问题。

3. 上层受到了一次切实有效的教育改造。由于在协商阶级中突出地划劳动和剥削的界限，有劳动力的地主纷纷下田耕作。新城地主17户，14户已下田劳动生产，连从来没有下过田，认为一下田脚就发肿，剥削极端严重的大地主召罕保，也把裤脚卷得高高的去找犁找耙，准备劳动生产。

在土改中造谣破坏的刀凤品等人，也受到了应有的教训，不少地主在划阶级后反映"洗了一次澡"，"照了一回镜子"。

4. 基本群众受到了一次深刻的阶级教育，吐气扬眉，表示了当家做主的气概。农民队伍组织面达到农民成年人口的60%，积极分子波觉像说："这两天所提的这些，如在旧社会，不晓得要着地主拿枪打死多少、杀多少，恐怕还要活埋。"

5. 农民骨干受到了一次生动的尖锐的阶级斗争的实际教育、锻炼，提高了领导能力和政治水平，在群众中树立了威信，促进了基本群众骨干核心的巩固和成长。

6. 给工作队干部提供了具体实际的组织和平协商划阶级的经验，在政策思想的提高和统一上具有显著效果。

总的说：这次协商阶级基本上是成功的，收效也是显著的。但也存在着若干缺点：

首先，由于干部思想不够明确，在协商阶级的前后，虽也在群众中作过酝酿传达，但搞得不认真，没有抓紧协商阶级的有利时机，在群众中认真开展深入的、反复的阶级教育，存在着重会内、轻会外的现象，以致有的群众在划阶级后，还认为"死牛肉不甜，穷人说话不听"，不相信自己的力量。有的顾虑"说了他们不好找他们"，个别积极分子还怕地主放鬼不敢提意见。

其次，在保护刀秉团等4户过关中没有吸收农民代表来参加，给予必要的批评，束缚了群众的手脚，反映"太松了，太宽大了"。而刀秉团等由于既没有参加过土改学习，又没有受到必要的批评教育，以致在划阶级后竟敢向农民收回土地。

在分组协商中，个别组工作干部有包办现象，以及批评软弱无力、过于和平等现象。

最后，有些地主的材料准备不充分，以致地主不承认抵赖协商，协商不下来，又重新调查再次协商。个别农民骨干遇到地主抵赖，产生急躁情绪、拍桌子等现象。

四、认识和体会

1. 划阶级是整个土改过程中阶级斗争最集中、最尖锐、最突出的环节，它把前一阶段处于酝酿状态的背对背的斗争带上高潮，变为面对面的交锋，从政治上和思想上摧毁地主阶级，为进一步从经济上摧毁地主阶级扫清道路，是促进农村阶级力量对比从根本上发生变化的转折点。

2. 孟连地处边沿，阶级关系与内外关系和民族关系直接相连，进行协商阶级的工作，必须有利于对外影响，有利于对山区落后民族的稳定。从这一前提出发，在协商阶级中存在着两个矛盾：

第一，干部的经验主义和基本群众的报复思想，与党的和平协商方针政策的矛盾。

第二，地主阶级与基本群众的阶级矛盾，是对抗性的矛盾。

通过教育提高的办法，解决第一个矛盾是保证能够正确地通过思想交锋解决第二个矛盾的前提。

3. 在坚持和平协商、坚持会议形式的前提下，必须大胆开展思想交锋，坚持区别对待、重点打击、拉住多数、打击少数、先拉后打、打了又拉，以促进地主阶级的分化、瓦解，从政治上和思想上摧毁地主阶级。

4. 协商阶级中，集中地从占有、劳动、剥削3个方面进行揭发、进行对比（农民劳动，地主不劳动；地主占有大量土地，农民没有或仅有少量土地；地主剥削，农民被剥削）批判，既利于教育稳定上层，也利于从根本问题上提高群众觉悟，在劳动与剥削间、地主与农民间划出一条明显的界限。特别抓紧劳动、什么是主要劳动、怎样才有劳动这一条，地主阶级就无空可钻，滑不过去。

5. 要抓紧会前酝酿，会后传达，协商会与农民小组密切联系，相互呼应，农民小组支援协商会，协商会鼓舞农民小组，只抓骨干、积极分子而放松广大群众的做法，必然使群众的发动受到很大的局限。

6. 充分做好地、富材料的调查研究，先批（内部）后划，划了又批（宣布）。

统一交代政策标准，分头酝酿准备，组织地富自划互评，先进带动落后，促进分化，摸清上层思想底子，统一农民内部思想认识，以使锋芒集中。做到上层思想准备充分，农民材料准备充分，才能减少协商时的阻力，既准又稳。

以上当否，请指示。

孟连工委土改办公室

1956年5月15日

中共孟连工委会关于孟连傣族拉祜族佤族自治县孟连、新城、芒竜 3 乡实行和平协商土改试点工作的初步总结（报告）

1956年8月31日印发

　　今年4月开始，根据省委和平协商土地改革的方针政策，在我县3个工作基础较好的傣族聚居乡1169户4501人的地区，实行了土地改革的试点工作。在地委、边工委的领导下，依靠全体同志的努力，到6月底止，历时将近100天，工作发展基本上是正常的、健康的。

第一部分：土改的基本成绩

　　经济上废除了封建剥削土地制度，实现了农民土地所有制；政治思想上摧毁了地主阶级的政治威风和统治制度，建立了人民民主专政的基层政权。

　　3个乡土改前各阶层土地占有情况是：

　　地主53户231人，占有私田1260798斤、头人田213791斤、负担田171271斤，共1645860斤，每人平均产量7125斤。

　　富农38户207人，占有私田415323斤、头人田48558斤、负担田122160斤，共586033斤，每人平均产量2841斤。

　　中农388户1761人，占有私田1898782斤、头人田58650斤、负担田878352斤，共2835784斤，每人平均产量1610斤。

　　贫农346户1373人，占有私田883702斤、头人田1200斤、负担田537480斤，共1422382斤，每人平均产量1036斤。

　　雇农251户644人，占有私田123150斤、负担田19820斤，共142970斤，每人平均产量222斤。

　　小商19户71人，占有私田75950斤，每人平均产量1070斤。

小贩20户62人，占有私田23800斤，每人产量236斤。

手工业者12户27人，占有私田16875斤，每人平均产量351斤。

贫民22户70人，占有私田16500斤，每人平均产量236斤。

其他11户20人，占有私田1525斤，每人平均产量76斤。

废除了份田制度、各种官租杂派和劳役等剥削。

协商出长短枪76支、各种弹药847发、耕牛120头。

3个乡土改前共有各级大小头人95人（地主成分26人、富农成分6人），他们几百年来统治着傣族人民，并对山区落后民族进行了压迫和剥削，经过土改，已从基层政权中取消了他们的统治地位，劳动的农民成了农村中的统治阶级，实现了几百年来的政治愿望。

二、由于我们坚持了党在农村中的阶级政策，有领导、有步骤、有系统地向农民进行了阶级教育，揭发了地主阶级在政治上、经济上的剥削、压迫的罪恶行为，认识到封建土地制度的不合理和土改的正义性，因而使这一运动成为群众性的行动。3个乡共发动2440人，达到成年人口的80%以上；组织了3个农民小组，涌现出积极分子201人（中农4人、贫农48人、雇农19人，孟连乡缺成分），在此基础上建立了3个乡的基层政权。

随着基层政权的建立，各乡还建立了民兵联防武装，共计244人（中农107人、贫农92人、雇农45人）和3个乡的生产保卫委员会。

3个乡在优秀的骨干、积极分子中发展了20个共产党员（贫农12人、雇农8人；男15人、女5人），建立了3个党支部；发展团员64人（中农15人、贫农34人、雇农15人），成立了3个团支部。这是我们党在农村中的基石，是各种组织中的核心领导力量，是加强民族团结、改变民族关系的实质问题。

三、在广大群众觉悟的基础上，进一步地团结、教育、改造了上层，并加强了宗教上层的统战工作。土改开始，上层一般抵触，思想紧张，顾虑重重，说"孟连地区农民都有田种"，"土司制度不能改"，"怕小孩子不当和尚"，"怕睡着醒来人都跑光了"。待我们把政策进行了充分广泛的宣传教育后，这种顾虑紧张情绪才逐步得到解决，在群众的声势下，被迫赞同土改，愿意放弃剥削。

随着运动的开展，土改声势不断扩大，上层中亦不断产生新的顾虑和怀疑，时起时伏，但只要认真地贯彻党的政策，及时地对他们进行生动的、切实的、有效的教育，他们是会靠拢党和人民的。土改后，3个乡共安置了12人，其中县政协5人、乡人民委员会3人、乡代表4人，使上层有了极大的分化瓦解，有效地打击了敌人的破坏，灭了敌人的口，扩大了党的民族上层统战工作的影响，使我们有可能通过党的教育、群众的推动，将他们改变为自食其力的公民。土改后地主参加劳动生产的，占地主中有劳动生产力的90%以上。

四、锻炼了干部，取得和平协商的直接经验，扩大了干部队伍。参加这次土改共101人，其中县级干部2人、区级干部8人、一般干部91人，本地民族干部71人、外来干部30人，参加过和平协商13人、内地改革151人（以上数字新城乡缺）。虽然有些干部已参加过德宏、西双版纳、澜沧等地区和平协商改革或内地改革，但都缺乏本地区的实际经验，一般是带来了不同程度的困难，在要求或方式方法上，思想不划一，有的要求过高过急，想搞大会斗争，地主坐矮板凳、农民坐高板凳才过瘾，大部分是心中无底。从领导上讲，也缺乏这场斗争的实际经验和对地区的深刻认识。几个月来，经过不断的实践和总结，证明了和平协商改革的方针政策是边疆实行改革的锐利武器，只要思想划清界限，坚持了党的立场原则，又讲究了斗争的方式、方法，就可消灭地主阶级，只讲团结，不有进攻，是不能达到目的的。不少人忽左忽右，左右摇摆，这就是政策思想界限不清（当然政策水平低也是主要原因之一），看不到上层有动摇一面和稳定一面，一旦出了问题，慌张失措，束手无策。实践同时证明，如果生搬硬套外区经验是有害处的。既要防止硬搬外地经验，又要防止不愿吸入外地宝贵经验，要做到这点，就要深刻认识地区情况和理解党的政策。对于一般干部，不但提高了他们的阶级觉悟，锻炼了群众观点，还提高了政策、策略思想水平，摸索到一些可贵的经验。土改结束可担任乡一级领导的共培养出××人，小组一级的××人，为下批改革提供了干部条件。

土改中还吸收了82个成分好、觉悟高的青年参加了工作，为今后自治机关民族化创造了有利的干部条件。

第二部分：几个缺点和毛病

虽说土改成绩是主要的、基本的，但也产生了一些缺点乃至错误。这除了我们政策水平低，缺乏和平协商的直接经验和对孟连地区情况认识估计不足外，还与我们兢兢业业、深入踏实密切联系群众、督促检查不够分不开的。这些缺点和毛病是：

一、指导思想上的急躁情绪，是造成土改后期农民逃跑的主要原因之一。这种情绪在贯彻执行政策中，要求过高过急，不从当前情况出发，表现在：

1.整顿民兵工作：土改过程中，虽做了调查摸底，研究了地委的指示，并作了学习布置，但领会不深不透，片面急躁，企图通过土改，就把民兵组织纯洁起来，加之整顿时缺乏方式方法，造成土改中大批清洗民兵的做法。3个乡改革前有民兵282人，土改中清洗了22人，其中地主1人、富农12人、旧军人8人、缅军1兵；退队97人，其中大部分虽属年纪大、身体差或政治历史不清，可有不少人是目前可清洗可不清洗的，但都清洗了，或以年龄、健康等动员退队了，造成部分被清洗或退队者思想不满，形成与我对立，甚至逃跑。

2.对旧有不纯村组干部有一脚踢开的过急做法：解放初期，民族上层为了巩固其土司制度，把村寨头人一律改为大、小组长，或由不纯分子掌握了，真正为我培养的骨干、积极分子很少，造成工作开展的极大困难。土改中应改变这种情况，使基层政权掌握在劳动人民手中。但有的同志对此认识不足，改革初期就发现了不少干部有一脚踢开旧有骨干的危险，经发现纠正了。但到土改后期，各种组织建设中，个别村寨的同志又把这些人（农民成分）不加区别地、不适当地清洗了，造成旧干部中有些人不满。

3. 评产问题：我们要求以1955年收成为准，并参照历年产量情况，评产达到实产量的80%至90%，但有个别寨子，却以历史上最高年产量定产，以致评产偏高，造成群众顾虑，只好重作了调整纠正。

二、政策策略思想低，敌情观念不强，造成了土改后期工作被动，拖长了时间。

1. 抽佃问题：只看到贫雇农无田少田的土地要求，看不到土改后即将到来的合作化。另外，看到边疆的农民内部情况，抽前虽进行了较耐心的、细致的思想工作，但毕竟是抽多了一点，损害了中农的实际收入，妨害了对中农的团结（事实上少抽一点也可满足贫雇农的要求）。比较突出的寨子，如芒竜乡怕当寨，中农23户90人，自耕田总产量146745斤，佃耕地主田55150斤，共201895斤，每人平均产量2243斤，抽佃中抽出41150斤，占其佃耕数的74.5%。土改后每人平均产量1786斤，比土改前降低20.4%，如交租13%，收入实际减少7.4%。

对中农的头人田与封建地主土地剥削性质不同看不清，因而一个乡把头人田当作抽佃问题处理了。这样就使头人成分的农民无意地划到地主阶级那边去了。

2. 对待地主阶级，我们既要讲和平协商的精神，执行和平协商的各项政策，但地主阶级中的某些嚣张敌视群众、破坏土改行为，应予以适当的和必要的反驳和打击。我们有的同志害怕出问题，不敢严正地批评教育他们，而表现了软弱无力，致使个别地主到处活动、造谣、挑拨、拉拢，甚至串连逃跑；有的地主分配中完全想拣好田，在达不到目的时公开漫骂。

有的乡支部书记，把对民族上层的绝密调查登记表，不加思考地拿去找民族上层询问填表，表现了不讲方式方法的幼稚行动。

个别同志划阶级中包办代替，不相信群众，在顽固地主面前不放手让群众适当地批评、教育，而生怕出问题，致使农民感到不够满意。有的同志怕出问题，向农民及干部说："出了问题由你们自己负责。"这既束缚了群众，也限制了干部的手脚，教育不了地主，提不高干部。这是错误的。

三、对干部中组织性、纪律性教育不强，控制不严。有少数干部自作主张地在下面召开了几个寨子的群众大会，揭发富农，引起逃跑；有的私自在下面收枪；有的支持贫雇农向地主清算几年的旧账；有的不讲方式乱批评农民，引起农民十分不满，甚至打算逃走；有的向富农借钱，或吃了农民的饭不开钱；更严重的是汇报情况问题，孟连乡灯盏寨工作组报告生产早已搞完了，秧已栽完了，乡上并进行表扬，过1个月后发现该寨还有1/3的秧禾未栽下；有的同志不经请示就把小偷拴了起来；甚至还有支持农民斗争不纯分子的事情。这些事实虽属个别的，但却是极严重的行为，给工作带来了极大的危险。这与领导上的官僚主义和控制不严是分不开的。

在个别乡的领导干部间闹不团结，互相不服气，叫叫嚷嚷；对民族干部缺乏耐心的教育和帮助；有的汉族干部怕批评大汉族主义，见了民族干部的缺点干脆不提，影响了工作的进展，妨碍了干部互助互励、合作共事的精神。上述种种现象虽是个别的，有的发现即已纠正，进行了教育，但也造成了工作中的一定损失。

四、领导缺乏具体的及时检查督促，存在一般化的作风。开始县上还抓了一个重点乡，摸了一些经验，指导面上，慢慢地却放松了重点，形成各乡齐头并进，有时虽先走一步，但不能认真及时总结指导面上。由于作风不深入，嗅觉不高，不是发现不了问题，就是有了经验使用不上，指导思想跟不上运动的发展，乡上的重点寨子，亦起不了推动作用。这种一般化的领导方法，尤其在改革结束的一段时期更为突出，因而造成有的寨子发生了荒田。

由于不了解下情，有时布置工作贯彻不下去，原因不明或不问情况、分清是非，就予以批评，造成有些同志反映情况不真实，或是因为批评不适当背上包袱，挫败了工作的积极性。

第三部分：对几个问题的认识

一、发动群众与教育改造上层相结合。

1. 和平协商改革，既要发动群众消灭封建，又要教育改造上层。做好上层的团结、教育、改造工作，有以下几点：

孟连由于紧靠边沿，地区落后，工作基础差，对敌斗争突出，民族关系复杂，因此，和平协商土改虽有邻区的良好影响，但上层顾虑特别多，处处担心提防。土改中上层的思想变化规律是：

（1）改革开始和划阶级前焦点是：怀疑和平协商改革政策，怕打、怕斗、怕劳改……这阶段思想最乱，动荡最大，执行政策上稍有不慎，就会引起逃跑。

（2）划了阶级到土改结束，看到群众发动起来，处处"丢人"、孤立……"农民的鸡都不进地主的门了"。

（3）土改后焦心前途出路，是否还有政治地位？今后的生活怎样过？对来日充满了焦虑不安。

根据上层的思想变化，需进行以下几方面的工作：

（1）土改开始前和土改第一步中须认真广泛由上而下地宣传土改的正义性、必要性，特别强调和改的方针、政策、做法，充分发挥政策威力，鼓舞群众，镇压敌特的挑拨破坏，以稳定上层。宣传土改的正义性时，要强调以下3点：①封建制度的不合理是民族落后的根源，封建制度的存在障碍着各族人民过渡到社会主义；②土改是在党的领导下，依靠各族劳动人民，团结教育与群众有联系的领袖人物共同进行；③土改的好处，结合目前利益与长远利益教育。

（2）和平协商的方针是积极的，不能作为消极的来理解，宣传中要从积极方面出发，要进行正面教育。上层中怀疑和平协商，我们就进行：①祖国力量强大，社会主义建设正在全面高涨中。②国际和平民主阵营力量强大，有社会主义阵营和爱好和平的中立地区的力量，可击败帝国主义；结合边疆秩序稳定工作发展教育。③几年来党在民族地区实行了区域自治，民族上层获得了不同程度的教育改造。④边疆改革在地区上与时间上都与内地不同，因而可以采取适合时间、地点、条件的和平协商土改政策，完成边疆的土改。这样，既有理又有力地教育上层，同时又可从正面提高群众的策略思想，农民说："和平协商像棉花包铁帽，皮软心中硬。"

2.坚决地执行和平协商的政策。从交代政策到执行政策，都必须认真地贯彻，每步中要坚持乡人代会、协商会、民族上层会、宗教上层会、地富家属会及上层子女的教育会，一方面充分地广泛地宣传政策，另一方面做好事先打好招呼，让他们思想明确摸到底，懂得政策，与此同时，要加强检查干部是否认真严肃地执行政策。这次个别寨子由于执行政策不坚决，引起富农逃跑。

3.坚持贯彻区别对待的方针，有意识地培养几个上层中的"先进"分子，作为开展工作的另一力量，这是个十分重要的策略问题。

上层政治上、经济上有大、小、高、低，有进步、中间、落后之分，民愤有大、中、小之分，就必须找到他们的共同点与区别点，加以进攻。改革中前段时间，我们对培养进步力量认识不足，不注意这个工作，直到划阶级开始后，有意识地注意了这个工作，效果很好，使上层讲"谁听政策的话，谁就进步"（意思是政府看得起），利用积极的带动落后的。对已安置的应保护过关，不与群众见面；对民愤大、一贯表现不好的应予以重点打击；对一般的只做批判教育。这样，不但地主讲"政府有眼睛，哪个人怎样看得清楚"，农民也说"这样做很合适"。土改后期，在县、乡安置了一批较大的有代表性的上层（乡上不任主要职务，起不了左右基层政权的作用），同时对改革后生活上需要照顾的也作了补贴，这样达到了"内紧外松"，改革后，地主表示不满的也少。

对于非地主成分的头人，要认真地教育，既经划为农民，在政治上就要与农民一样看待，把他从地富中分划出来。这次改革中对此重视不够，致有的虽划为农民却发生逃跑。

4.发动群众，执行教育改造上层的政策。

若果只有我们干部的教育，没有群众的压力，教育改造上层就显得不够，他们就会干硬干硬的；若果有了来自群众方面的力量，加上党的教育，上层就会进步得快些。要使群众也能执行党的统战政策，主要的又在于教育在农村中的骨干，让他们懂得党对上层的政策，并学会做上层工作，应在每个步骤中有意识地进步，不能老是干部单独去做，让农民干部在与上层打交道中去提高他们的策略思想。开始地主很不习惯听农民的话，他们不相信或看不起农民，农民干部也有些勇气不足，慢慢地就转变了这种情形。目前各个乡的主要骨干也开始做上层工作。

5.加强对上层的远景教育，不断进行国内外形势宣传，这也是对待民族上层统战工作中的一个经常的重要的思想教育。

这次改革中也结合了进行，这不但可以消除上层中的某些离心思想，还可以指出其前途，使他们感到土改后不但农民要过社会主义，地主只要劳动守法，也可过社会主义。在这个问题上干部容易产生厌倦心理，认为讲得多了，其实则不然，只要不是天天背诵旧的一套，上层是很喜欢听讲前途政策的。

二、发动群众、组织农民队伍的问题。通过土改，把群众发动组织起来，这是改革的目的之一。土改开始，由于政策尚未大力宣传贯彻，谣言多，各阶层思想震动大，这是必然的。有的同志对此认识不足，说"发动群众过猛力"，"应以生产为中心，结合推改革"（当时生产不是中心工作），实际上是一种取消发动群众的错误说法，问题是如何把政策全面广泛地宣传下去，以掌握各阶层的思想，做法上更稳当，头脑更冷静清醒。事实证明这样做对了。

发动群众有以下几个问题：

1. 扎根子："根子是发动群众的关键"，和平协商改革扎根子具有更特殊的意义，土改中注意了根子的培养教育、审查工作，绝大部分是好的。曾出现的问题是：根子的历史情况不清，阶级出身如何确定？开始扎根中出现了摇摆不定的现象，什么是真正的贫雇农呢？1954年（即划地主阶级的标准年限）以前为贫雇农，以后上升为中农的，是否可做主要根子？新城、芒竜二乡划阶级时乡的主要骨干尚未确定。我们认为，阶级出身以1954年为准划定，只要其他方面都合条件仍可作为根子，一般仍以目前贫雇农的人做乡的主要领导较好，这样就解决了问题。其次，对旧有根子如何对待的问题。有的同志缺乏分析批判观点，看不到几年来的工作变化，对我们过去几年培养起来的骨干也产生了怀疑，曾经发生一脚踢开的做法。有的在群众中审查根子的政治历史，引起他们的怀疑，这都是不对的。只有抱着实事求是的态度，有分析有批判地从实际情况出发，才能扎好根子，又争取团结了旧有骨干。

2. 对历史上有缺点的农民要不要发动串连，应采取什么方式教育？芒竜乡1050人中，当过小偷、抢匪、二流子、兵痞的23人，新城乡30多人，吸食大烟的农民就更多了。土改中农民对这些人看不起，痛恨不想串连他们，他们因自己有污点，害怕镇压，因此，发动这些人必须进行耐心的教育。除阶级教育外，还得交代土改中不咎既往的政策，以安定争取他们。对其生活、生产上有困难者，给予适当照顾，同时教育群众不要歧视他们，在土改中并把他们吸收到农民小组中来，以免地主对他们的争取利用。

3. 正确对待上层中分化出来的农民：这些人经济上一般是富裕的，历史上多少有些作恶，土改中只要划成非农民后，干部就容易忽视了对他们的工作。但他们当过头人，还有怀疑和顾虑，芒羊布格原任大组长，土改中为农民，但民愤大，农民中则以地主对待，土改后期才让其参加农民小组，使其摸不到底，加上其他原因造成逃跑。这对分化瓦解民族上层是不利的。

三、对于两个改革的衔接问题。土改是为解放农村生产力，为互助合作打下基础。土改后党必须引导农民走互助合作的道路，但思想上必须明确土地改革是民主主义革命阶段的任务，互助合作则是社会主义革命，因此，在完成土地改革的基础上来进行，这是不可逾越的。出于内地合作化高潮的影响，及对土改中群众觉悟估计过高，只看到某些农民对互助合作的愿望，不看主客观条件，简单从事地号召组织起来，形成两个革命界限不清。组织前未充分宣传教育，组织起来后，不能贯彻自愿互利原则，形成普遍编组、全部组织，实际上是强迫命令的做法。组织以后，干部忙于改革，不加领导，结果除少数个别基础好的组能换工、找工补价外，一般都是记工不补工，或是不记工，亦不还工，造成组内窝工、怠工，少数人占便宜，多数人吃亏，影响了农民内部的团结。更主要的是使农民对互助合作造成误解："不参加互助组秧早栽了"，"互助组是吵架组"，"不参加互助组"，"天不亮有人下田"，形成土改后不能很快地栽完秧，甚至造成某些田荒芜了。同时亦是造成敌人破坏合作化，形成某些落后农民逃跑的主要原因之一。因此，坝区办互助组，必须在土改结束的基础上，有步骤、有计划、有领导地进行，不能盲目、粗制滥造。对于目前组织起来的，经过宣传教育、交代政策后，在群众自愿原则下，由其自行组织，我们只要加以领导，亦不必解散。

四、正确对待旧有不纯村组干，是这次改革中突出的一个问题。几年来，我们在这些地区进行了工作，通过生产、粮食、民族政策的宣传教育，培养了一批干部，但由于过去的斗争不够土改集中激烈，好的干部不易生长。土改是选拔培养干部的良好时机，土改中既要培养提拔成分好、历史清楚、作风正派、社会关系不复杂、生产劳动好的骨干，另方面对于过去曾做过一定工作，多少有点贡献的不纯干部，也必须采取争取团结、分别不同情况加以对待，只要不是反革命分子，不担任主要的领导干部，一般仍可以适当使用。清一色是不对的，即使群众意见大，各方面都不能使用时，亦必须充分做好政治思想工作，讲明道理，使其诚服，逐步分别情况，以免形成对立。土改中我们有些同志企图一次纯洁基层政权、民兵武装，事先既缺乏具体周密的讨论研究，清洗时又不讲明道理，不要也不知道，或说："土改前土改中我站岗放哨、工作积极，为什么不要我了？"个别抵触大的，竟因此准备逃跑。说明这是老问题，但都是个新生力量与旧力量的尖锐的斗争。

五、结合土改开展对敌进攻。边疆每项工作的前进，都会引起敌人的仇视和破坏，因而必须紧密结合中心开展对敌斗争。土改中我们做了一些工作，进行了一些宣传教育，对暗藏的敌人摸了一下，但由于认识不深，思想麻痹，听了谣言发现不了，一旦发现了某些破坏，又产生了片面急躁情绪，张皇失措，缺乏对策，形成工作一度波动。

土改中敌人曾对我进行了有计划的破坏活动。土改初期，乘我政策未认真地宣传下去，各阶层思想动荡之时，敌人说土改要打、吊、斗、劳改，要改风俗，到处制造混乱，耸人听闻。土改后期，趁我安置某些民族上层和宗教上层，又进行破坏说："和平协商搞了土地，现在发补贴是为了拉着头人，将来好在合作化中打整。"破坏我统一战线政策，与我争夺民族上层。土改后，抓着我土改中某些缺点、毛病，制造一些易于模糊群众思想界限的谣言，造成逃跑人事件。如说："组织合作社要盖大房子，睡大被窝。""生产、做活、吃饭、睡觉都得吹哨子。""办合作社房屋、田地、牛马、粮食全部都要归公。""每人800斤以外的粮食要交公家。""国外生活好，买卖自由，跑到国外的人缅甸政府给住，用汽车拉米来救济。"同时发现潜入境内进行策反活动数起。敌人这些造谣惑众活动，是造成土改后期跑人的原因之一，这是个严重的政治教训，必须吸取。

关于孟连自治县傣族地区实行
和平协商土地改革的总结

我县坝区10个傣族乡共2523户11137人的和平协商土地改革，于4月至11月连试点先后分两批全部结束。

第一，实行和平协商土地改革改变了农村面貌

一、孟连傣族地区是个封建社会，实行土地改革根本上消灭了封建领主制度，解放了农业生产力，为开展农业互助合作、大力发展生产、支援国家建设创造了前提和条件。土改中废除了领主地租94961斤，高利贷折合稻谷36121斤（欠一批数字），及各种政治特权。土改前后各阶级土地占有如下（附表）：共没收领主、地主2068868斤产量土地，分给895户3391个无田和少田农民；没收领主6139028斤产量的"份田"，分给原耕农民。农民每人分得460—1200斤（一般是800斤）粮食的土地。孟连、新城、芒弄3乡协商购买了80条耕牛，分给93户缺牛农民；协商出各种枪支224支、子弹2839发。由于这个胜利，农民欢天喜地地说："解放几年来，大石头推翻了，小石头还压着，土地改革才真正地得到了翻身。"

二、发动了群众，提高觉悟，划清了阶级界限，夺取了农村领导权。改革中由于有领导、有分别、有步骤地揭露了领主制度的罪恶，劳动光荣剥削可耻已成为广大的社会舆论，群众对党和政府的认识更加清楚了，"毛主席领导才分得了田，共产党领导才得翻身"。

10个乡共培养了312个农民骨干、388个积极分子，发动组织面一般达到成年人口的70%。共发展党员36人、团员127人，建立8个党支部、9个团支部。这批积极分子是党在边疆工作的根脉，是党领导农民走互助合作的依托。

土改前全是地主、富农、头人分子把持的乡、组、上层政府，土改后根本转到农民手中，建立了基层政府（为了稳定上层，各乡人民委员中安置个别有代表性、较进步的上层），并建立了民兵、生产、保卫等组织，这样在发动群众的基础上巩固了农村中的人民民主专政。

三、通过土改，上层的政治思想得到教育和一定程度的思想改造，并迫使他们由不应放债剥削到接受改革，有的并表示拥护，同时上层内部也起了分化瓦解，多数靠拢了政府，个别的受到了孤立。土改结束后，地主普遍参加了劳动生产。土改初期，地主有的不满，个别的还造谣破坏，有的准备外逃（试点中更突出），或与我争夺群众，看不起农民，待我充分宣传了政策、土改的正义性和必要性，尤其是土改政策、做法，揭发谣言，群众有了初步发动，上层被孤立起来，赞同改革。但另方面却挑拨党与农民的关系，如说："共产党政策好，农民不执行。"直到政策变成家喻户晓，地主被陷于完全孤立时，他们被迫之下承认剥削，表示放弃剥削，有的假装说："以前不知道剥削，要请农民原谅。"表示"要听共产党的话，跟农民走"。

大多数地主被迫放弃了剥削，表示靠拢农民，积极参加劳动生产，已认为这是唯一的出路，这说明和平协商同样是巧妙、尖锐、复杂的阶级斗争。为了今后继续团结、教育、改造上层，土改后适当有代表性地补贴了25人，另外做了安置17人，这就使他们进一步地靠拢了党，扩大了统战政策的影响。

四、锻炼提高了干部，民族干部迅速成长起来。孟连实行改革前，曾有一批干部参加过外区和平协商土地改革或内地改革，对土改有一定的经验，但如何从孟连的实际情况出发，掌握好分寸，做到恰如其分，就成为问题了。经过试点工作的实践，从上到下已学得了一些东西，得到了教训。试点工作中，我们往往以外区的尺子来量自己的工作，一时说："上层工作做得不够，群众工作做多了。"一时又说："上层工作抓着了，忘记了群众工作。"一下子又说："群众工作发动声势过猛。"出了问题就急躁起来，如问正确执行政策，做到什么是"稳"，什么叫"不稳"，很难分辨。有的同志说："这灶火色真不好拿了。"这样一个摇来摇去的思想，在于对情况的分析估计不够，对和平协商改革的目的要求不大清醒，缺乏实际斗争的经验，经过不断地学习摸索和总结，才逐步地得到了解决。对于上层工作的要求，和具体的工作方法，在多数的同志中也曾有过争论，开始只注意方式方法，要求协商阶级时，人多一点，声势大些，怕坐下来与地主协商，打不垮地主威风。见农民对地主有了仇恨，就认为群众起来了，地主低头了；见了地主不会生产，说成是地主的花样（有的是真正愿意劳动）；见到地主拉拢农民，打击积极分子，不敢批评斗争。说明一方面干部政策水平低，对上层从团结出发到斗争、从斗争又到团结的精神理解不够，说明干部对和平协商土改本身是个极犀利的武器，不会掌握，策略水平低。

土改要充分依靠民族干部的积极作用，但在干部执行时会出现此矛盾心情。有的干部提出"让民族干部充分发挥作用我不反对，但出了问题我不负责任"，把完成任务与使用民族干部对立起来。有的同志说："完成任务取得成绩是依靠民族干部，出了问题是大汉族主义。"个别外来干部因此表现消极，个别甚至和民族干部争吵起来。经过不断地耐心对汉族干部进行总结工作，及分析民族干部的成长，他们进步很快，与本民族的血缘关系教育提高后，批判错误思想，才把培养民族干部从理论到实践逐步结合起来。但大民族主义看不起民族干部，又嫉妒民族干部的思想，普遍还埋在思想深处，个别的仍然突出，反大汉族主义应是长期的阶级斗争。改革结束后，明显地看到了民族干部的迅速成长，此外还吸收了143个青年积极分子参加了工作，这是实现社会主义建设的重要力量。

五、随着改革后，继续领导了农民进行了第二个革命，组织了互助组76个，其中常年性的15个，季节性的35个，临时性的26个，个别乡已达农户的70%左右。这样，将广大劳动群众组织起来，走向了大家共同富裕的道路，为以后合作化打下了良好的基础。

六、由于改革解放了农业生产劳动力，改变了生产关系，进而加强了民族团结。几年来，经过生产、建政等各项工作，民族关系有了改变，但经过改革后，人民更进一步体会到了共产党真正是一切为了各族人民的，增强了对党的信任。有的说："共产党说到哪里做到哪里，甚至有的不说就做到了。"有的说："共产党好处说不完，胜过我们亲爹娘。"尤其是建立了党支部，培养了自己民族的干部，基层政权掌握在农民手中，这样就更密切了党群关系。

第二，和平协商改革中的几个特点

一、封建领主所有制下，土地是高度地集中，总的属于大领主——土司所有，小的领主又以领地——"份田"或地租的方式，分配和租给农民使用。改革区"份田"孟连占了31%，朗能、孟阿等乡竟达90%—94%之多，这也说明了土地关系各地并不一样。农民向领主承担各种苛杂和劳役，解放后各种特权剥削虽已逐渐削弱，这一特殊情况，土改中干部和农民容易被"份田"表现所迷惑，对"份田"实质上属于封建所占有的认识不清，说"土改是固定一下土地而已"，或说"土改一场，只没收得一斗种的田"。地主以"份田"为幌子麻痹污蔑农民："土地家家有，不有的是懒汉。""改不改一样，傣族地区土地占有不像汉人地方。"农民反映说："改改头人制度就行了，土改把'份田'重分一下即可。"（是习惯调整一下的意思）这一根本的认识假若不解决，就不能显示出土改的正义性和必要性来，启发群众的阶级觉悟，发动农民进行反封建斗争，只有通过揭发领主制度下"份田"的实质就是封建领主、地主用以奴役农民的各种政治特权的基础。事实证明，有些地区虽然揭发了一下，但群众没有适当地发动，只由工作队讲了一番道理，没有启发提高农民的觉悟，以致土改结束后群众说："土改一场白白辛苦，没有分到一点地。"有少数寨子，由于封建统治势大，地主不多，群众就没有发动起来。

二、孟连土地是直接与缅甸接壤，境内外民族是同族同宗教，互相来往极频繁，思想感情有着千丝万缕的联系，我们实行土地改革，对外有着直接的严重影响和作用。在全县和平协商土地改革中，照地委指示越边沿越更加缓和的政策是完全正确的。工委又接受了孟连试点的经验，决定在孟马和腊垒两区的改革不论政策（协商耕牛、搞枪）、群众发动、运动的声势上都适当地做了约束，较其他地区更缓和。如不协商耕牛，只组织农民小组，以骨干为中心进行串连活动；不搞揭发诉苦，只作一般的回忆对比，群众的发动亦次于孟连的试点要求；协商阶级中，较孟连要更加缓和，武器愿交多少就交多少。改革结束后证明上述措施是对的，虽然不彻底，但基本上达到消灭了封建，又发动了群众40%—60%。因此，境外邦散的农民说："我们改革了，要求回来。"相反地，若果不从这一复杂的特点出发，硬要搬内地一套，就会造成外部的震动。

三、关于土改中团结、教育、改造上层问题，民族上对农民有着历史上、制度上、民族感情等方面的密切联系，和少数雇农农民经济上对地主的依赖性，采取和平协商方式废除封建剥削制度，既要打它，又要拉它，干部和农民确实容易模糊，要求过分点，上层很可能外逃，或煽动群众起来对抗。芒杏转阶级关系为民族关系，对境外影响也不好。试点末期发生跑人后，干部虽稳了些，但大家都害怕再跑人。干部反映说"很难搞"，不发动群众地主的政治威风又打不垮，个别的还很嚣张，"整一下又怕他逃跑"。

第三，对土改中几个问题的认识

一、认真做好土改前的准备工作，是顺利完成改革的首要条件。孟连土改已是澜沧、西双版纳改革已完成和正在完成的时候，客观上造成了对孟连土改良好的影响。县上1954年以来工作较复杂，工委在孟连坝区通过生产粮食、建设政权等较系统地开展了群众工作，对情况做调查研究。土改在头人、群众中酝酿较久，改革前抽了一批干部参加坝区改革，这是改革中主要的一面。但对孟连傣族的社会经济情况详细的调查研究理解不够，对工作基础估计不足，加之地区比较边沿，如何根据孟连的情况提出一些问题，事先都准备不足，因而改革中产生把外地的经验不分时间、地点和条件地搬用于这个地区，盲目性大，经试点实践后，才逐步地把干部的思想认识和工作步调统一起来，二批改革时从客观方面的准备条件较试点进了一步，就不再像试点那样吃力了。因此，认真地对情况做好熟悉了解，制定切合实际的政策，训练好干部，是有把握地进行工作的首要条件。

二、坚持以民族干部为主，充分发挥民族干部的作用。改革中民族干部起什么作用呢？这点不易为外来干部所清楚，一般只会从一些重大问题的处理上去理解"作用"，不能从一些具体工作中来看民族干部。因此，往往不是包办代替、"补充几句"就是轻视民族干部，甚至排斥民族干部，见了民族的缺点不是与人为善，而是抓着不放。在某些同志中，还产生放任自流现象，认为"既要发挥民族干部的作用，我就少说少做点"。这种思想严重地障碍了民族干部的使用，束缚了民族干部的手脚。为了坚持以民族干部为主地去完成改革任务，只有经过不断的实践教育，提高汉族干部的认识，才能逐步地克服汉族干部的大汉族主义情绪，同时大胆地使用民族干部。土改中除个别的乡外，一般大组组长均为民族干部担任，90%以上的小组长和队员几乎是民族干部了。事实证明，他们除少数做法恶劣不能很好地工作外，群众都很满意，认为是自己人，而且完成任务也是很好的，敢发表自己的意见和处理问题、了解情况。改革结束已成长出一批骨干、积极分子，这说明民族干部在改革中确实起了汉族干部不能代替的作用。

三、坚决执行政策是取得胜利的保证。党的政策是正确的，是一切工作的生命线，离开了它的指导，就会犯错误，这点一般说来是清楚的，但在执行中曾产生了一些超乎政策范围的情形。如有在下面启发农民算地主的旧账，联村控诉地主，追缴枪支，给地主少留田（已做纠正），抽佃时侵犯中农利益，整民兵时大量清洗民兵，提出"打倒地主"的口号等，这些做法曾使工作造成损失，引起坏的影响，但一经纠正后情况就不同了，工作就好开展了。这与我们的某些自满情绪、作风不深入、对下面同志教育控制不严是分不开的，因而工作中产生了某些自觉的或不自觉的违反政策的情形。这种情况在试点中比较突出，因而造成试点后期农民逃跑和荒田等。这是一个严重的教训，必须记取。

四、在坚持团结上层的前提下，有分别地对待上层。和平协商改革是联合封建反刈封建的斗争，土改中除了坚决地依靠群众外，还必须认真地团结好上层，为此才能保证土改的顺利完成。开始我们对这个策略理解不清，因而出现了抓住了群众的发动放松了上层的争取教育，或者是一般化地进行了上层工作，对一些开始就应积极争取的未积极争取，对个别顽固反抗的未即时孤立，对少数积极靠我的未抓紧作为上层工作的"核心力量"，这样上层工作就落后于群众工作，造成了阻力过大的情形。整个改革证明，只有坚决地依靠群众，又积极主动地加强上层工作，才能保证工作的顺利完成。

第四，和平协商改革中存在的缺点和错误

一、领导方法的问题。认真掌握重点、以点带面的群众路线的工作方法，是最根本的领导方法，但我们没有很好地掌握典型来指导一般。一批改革中曾确定孟连乡为重点乡指导其他，在第一、二步抓了一下，起了一定的作用，以后由于决心不大，没有很好地做工作，形成各乡齐头并进，这样不是发现不了问题，就是发现问题已形成被动。如分田、评产、抽田等，第二批改革中也没有一个重点，而是随意到处听汇报、发通报指示，同样这也不是从群众中来到群众中去的领导方法，主要是我们对点面结合的工作方法认识不足，决心不大，结果还是一般化地领导。

二、改革没和生产紧密地结合起来。主要是两个试点乡，虽然地委屡次指示，工委强调并发出指示，必须认真贯彻地委土改生产两不误的指示，但是在执行中没有很好地结合起来，使3个试点乡荒芜大片土地，仅孟连、新城两个乡即达200多箩种的面积，以致造成今年两个乡减产10%左右的后果。这是一个严重的错误。

三、试点改革中，因思想麻痹，群众外逃外迁一批。由于改革中政策执行上的偏差影响造成的，主要有以下几方面：

1. 征收分配中侵犯了中农利益。如芒弄13户中农，租入产量86760斤，抽了37680斤

（地委批准），占租入的43%，占其产量的20%。部分村寨中富农头人田亦抽出分配。

2. 评产上也有错误。有的一驮评80斤或100斤，以籽种算20斤到30斤1箩，都一律以50斤计算；有的以历史上最高产量计，有3/4的产量评高（已纠正）。群众反映：这样做怕种不得吃，还要上公粮、卖余粮，种不种算了。

3. 对旧乡干有的采取一脚踢开不要的办法。城子和芒弄有两个民兵分队长被清洗后抵触很大，反映说："我站过岗，斗争过地主，领导过农民。我又不犯错误，现在不要我了。"孟连乡文书工作表现一般好，中农成分也清洗，在互助合作中起了一些副作用。

以上当否，请指示。

孟连工委

2月8日

土地改革前后各阶层土地占有情况比较表

阶级\项目	总户口	总人口	土改前土地占有情况		土改后土地占有情况	
			合计产量	每人平均	合计产量	每人平均
地主	91	450	2068868	4957	349122	776
富农	69	440	897641	2040	834468	1896
小土地出租	11	33	76638	2322	76638	2322
中农	985	5122	6070647	1164	6446911	1258
贫农	855	3642	3305591	908	3953316	1085
雇农	418	1153	247453	214	1024912	889
小商小贩	39	133	99750	750	723350	927
手工业	12	37	12987	351	14718	383
贫民	37	107	16500	154	57003	533
其他	11	20	1525	76	1525	76
合计	2528	11137	12797591	1149	12881415	1156

双江县委土地改革计划

一、基本情况

我县地处边疆，西南靠耿马，东南靠沧源、澜沧，东靠景谷，北靠临沧。全县共40个乡3525户60264人，包括汉族、拉祜族、濮满族、佤佤族、傣族、蒙化族等6种民族，系一多种民族的杂居县。

全县有汉族7028户，31764人，占总人口51.8%；拉祜族3064户，13105人，占总人口21.8%；佤佤族1248户，6292人，占总人口10.4%；濮满族1137户，4923人，占总人口8.2%；傣族941户，3358人，占总人口5.5%；蒙化族167户，822人，占总人口1.3%。

此次我县计划土改的除勐峨、南协弄2个佤佤聚居乡暂不考虑改革外，其他38个乡于今天分两批进行。第一批于春季进行的共23个乡（一区全部16个乡，二区那赛、东来、童外、富王、箐门口5个乡，三区大吉、蒙化2个乡），其余15个乡于秋后进行。

二、对土改条件的估计

（一）经过几年来的工作，特别是贯彻执行了中央所指示的"慎重稳进"的方针，通过对敌斗争、民族团结、生产、贸易、卫生等工作，各族群众有了一定的发动，觉悟逐步提高，加上部队营建逐步完成，及临沧改革的影响，为我县改革创造了条件。

1.经过军事进剿，开展了政治攻势，以及于1952年在部分地区结合开展了镇反运动，镇压了一批匪首，并争取了外逃人员约40人回县。自1952年底以来，我县社会秩序基本安定，各族群众逐步靠我和有了胜利信心。

2.各族群众对党的民族政策有很大信任，党和政府在群众中的威信日益增长。几年来没有发生过民族械斗，民族纠纷越来越少，各兄弟民族人民对汉族的认识有了很大的转变，各民族间的隔阂有了显著的消除，民族关系日益和谐正常。

3.各族广大群众对土改有迫切要求，阶级矛盾日益突出。如拉祜族群众反映："内

地汉族土改翻身了，我们民族不搞土改，难道不是毛主席领导？……""毛主席的政策
是不是两个？为什么别个地方土改，我们这个地方不改？"在去年粮食工作中，各族群
众普遍要求土改，共同提出了这一要求。

4. 民族上层基本靠我。经过几年来的宣传教育，在民族的感召和胜利的影响下，以
及广大群众觉悟日益提高、对土改要求迫切等情况，上层中绝大部分处在大势所趋、势
在必行之下，放下包袱，很快土改，早日过关，同意土改已是基本态度。

5. 经过几年工作，特别是反霸，进行了关于边疆民族地区"慎重稳进"的方针及和
平协商改革精神的学习，广大干部政策水平有了一定的提高，同时也培养了一定数量和
质量的民族干部。

（二）根据以上情况，我县是基本具备了改革条件，但不能否认目前存在一些问
题，主要是：

1. 我县地处边疆，民族复杂，宗教影响深刻，特别是紧靠民族聚居地区沧源、耿
马……拉祜族中之基督教徒占其民族80%，这些问题都是极其复杂的。和平协商改革方
针政策执行的好坏，不仅关系到我县民族团结、对敌斗争等方面，同时也直接关系到沧
源、耿马两县今后工作是否能顺利开展。

2. 当前我县上层虽已基本同意土改，但由于改革是一剧烈的阶级斗争，是改变社
会制度的问题，虽然采取和平协商改革的方针，但其目的仍要达到废除封建地主土地所
有制，变为农民土地所有制，解放农村生产力，发展生产，因此，在此接触其根本利益
时，必然会产生不同程度的紧张情绪，在执行政策上稍一不慎，将有前功尽弃之可能。
特别是目前在不少干部中对边疆民族地区的特点、对和平协商改革的方针、对长期团
结民族上层的重要意义等方面认识不足，因而伴随着改革的热情而滋长起来的急躁情
绪。……

3. 虽经过几年来的工作群众有了一定的发动，觉悟逐步提高，普遍要求改革，但由
于民族传统的影响、宗教影响广而深，正如省委指出的"群众觉悟尚在启蒙阶段"。群
众基础仍是薄弱的，基层政权相当不纯，思想界限、阶级界限很难划清，这是改革中的
一个十分艰巨的工作。

三、改革的方针和目的

基于我县地处边疆、情况复杂，为了有利于民族团结，有利于对敌斗争，有利于发
展生产，因此必须坚决抛开从下而上发动群众诉苦斗争的改革方式，坚决执行自上而下
和平协商解决土地问题的改革方式。据此，土地改革的主要任务是：

（一）主要地解决土地及债务问题，废除封建地主的土地所有制和废除封建领主残
存的土地所有制，变为农民的土地所有制，适当地满足农民的土地要求，使生产力前进
一步。

（二）在土改的过程中，乡村政权和武装应争取在群众中基本上占优势，即把地主阶级掌握的乡村政权及武装基本上为农民所掌握。如条件不成熟的个别地区，可在解决土地问题的基础上逐步创造条件，逐步求得解决。

四、改革的路线问题

在共产党的领导下，坚决依靠贫雇农，团结中农，中立富农，团结与教育改造与群众有联系的民族领袖人物及爱国民主人士，采取和平协商的方式，谨慎稳妥、有分别、有步骤地废除封建剥削制度，解放农村生产力，引导农民逐步组织起来，发展农业生产。

五、关于发动群众、团结民族上层及划分农村阶级问题

（一）发动群众问题上，虽采取和平协商的改革方式，但是提高群众阶级觉悟，并给予适当的组织和发动，则是改革的基本依靠，但必须善于提高群众政策策略思想，使之既能划清阶级界限，又能团结民族上层。因此，必须强调正面教育，逐步发动、逐步提高的方针，采取有领导、有控制、有分寸地进行回忆对比，不搞诉苦斗争，也不搞小组诉苦；不搞面对面的诉苦斗争，也不搞背靠背或地主缺席等诉苦斗争。

在对群众的教育内容上，主要应从以下3个方面：一是形势教育，以树立其胜利信心；二是新旧社会对比教育，使之认识新社会新制度的优越，结合认识旧社会旧制度的不合理，在此基础上使之认识改革的正义性、必要性、合理性，初步划清阶级界限、思想界限；三是团结、教育、改造民族领袖人物及爱国民主人士的意义、政策，以认真提高其政策策略思想。通过改革，群众发动面要达到成年人口的60%至70%，组织面达到成年人口的50%左右。骨干每乡10人左右，积极分子能占人口的3%至4%。通过改革，群众的觉悟程度应该是：基本上能够接受和执行和平协商改革的方针政策，初步划清阶级界限、思想界限，树立劳动光荣和爱国增产的积极性。只要我们能深入细致地积极地进行正面教育，群众得到基本发动，逐步提高觉悟，是完全可能的。

（二）在改革中对待上层，必须自始至终坚持从上而下和平协商的精神，通过上层座谈会进行充分的酝酿协商，必须认真进行国内外胜利形势教育，特别是边疆建设发展的教育，认识祖国的伟大，同时亦必须使之明确土地制度的不合理，束缚生产力的发展，致使边疆尚处于落后状态，以及阻碍建设边疆、巩固国防及支援国家工业建设的一面，使其认识到改革的正义性、必要性、合理性，在此基础上，认真交代和平协商改革的方针政策、团结民族上层的政策，稳定其情绪，拥护赞助土改。总的是通过改革对团结上层应达到同意赞助土地改革，政治上进一步靠拢我们，爱国及遵守政府政策法令，不逃跑，没有大的破坏，经济上基本愿意放弃剥削，拿出土地，从事劳动生产。

（三）划分阶级必须采取多方面的协商，不能因划分阶级而造成紧张情绪，因此，

在改革准备阶段，必须摸清情况，做到心中有数。在划分阶级时，采取地主、富农与农民统一交代政策，有领导地进行分别学习酝酿，提出初步意见，再召开乡协商会议进行协商，初步确定后将材料报县审查，经县土改协商委员会协商。如协商中发生争执，由政府仲裁决定。划分地主、富农时，只计算劳动时间、剥削分量，不追其发家史。农民内部之阶级不再划分，主要是划清地主、富农与农民的界限。根据尽量缩小打击面的原则，计算时间以1950年情况划分，如有的过去是地主，但已参加劳动，土地又不多，即不再划为地主。

不搞反违法、反破坏的宣传和声势浩大的游行示威，通过人民代表会议制定出规章约束地主遵守。属于一般性的造谣、抗拒、违法、破坏，由干部适当教育、批评，必要时适当制止和监督，不作逮捕、扣押和管制。

不搞反分散斗争，但地主分散的土地（如出典、送人、退还、分家等）必须处理，以免成为遗留问题。

不搞清匪反霸斗争，地主的罪恶不再清算，霸占亦不追究。该没收者作为没收处理，匪赃不再追赔。

六、组织形式问题

（一）从县到乡成立土地改革协商委员会，为统一战线的组织，协商拿出土地，废除封建剥削。人员组织一般13人至17人，主任委员由工作干部、农民、地主分别担任。

（二）从县到乡成立农民代表大会，作为土改分配土地的合法权利执行机关。农民代表大会下编设农民小组。

（三）改革中不设人民法庭。为解决农民与地主之间的问题，由人民法院组织流动小组下乡巡回进行仲裁，解决改革中不能解决的问题。

七、具体政策

（一）对待地主：凡属地主的土地一律没收，但应先留给与农民同样数量的一份土地。逃亡境外的地主的土地一律没收，但仍留相当于农民平均数的土地。解放初期没收地主或反革命的土地，原则上仍应分配给农民耕种。

地主之耕牛、农具、水碾、多余粮食、房屋、浮财底财不予没收，但多余耕畜在农民确实缺乏耕牛的情况下，可动员协商照市价卖给农民。

（二）坚决不动富农出租土地部分，不予征收；半地主式富农出租土地经过请示批准可以没收，但须加以控制。小土地出租者的土地不动，在改革中富农、小土地出租者或教会寺院自动交出者不予接受。

（三）我县与未改革县（如沧源、耿马）农民之间互相交换租种之田地，按历史习惯处理。

（四）农民及其他劳动人民所欠地主及半地主式富农的债务一律废除，但不追算剥削。

农民及其他劳动人民所欠债利生活者，富农的债务按政务院《新区农村债务纠纷处理办法》（二）条甲款处理，即"利倍于本者（例如借本百元已付利息百元者）停利还本；利2倍于本者（例如借本百元已付利息200元者）本利停付；付利不足本之1倍者，应承认富农的债权，继续有效；付利已达本之1倍以上而不达2倍者，得于付利满两倍后解除债务关系；付利已达两倍以上者，其超过部分亦不再退回"。

农民所欠小土地出租（经营）者及农民内部的债务应继续有效，发生纠纷时双方协商调解。

农民之间因债务关系而相抵押之土地，不应干涉。如有争议，根据自愿与习惯相结合的原则协商处理。

（五）凡解放后地主无偿分散之土地，仍应没收分配，但分配时应首先照顾原耕农民。若系有偿分散，如以土地换牲畜者，可将牲畜还给农民。若系低价出卖者，可由没收土地中调整，或由政府酌情偿价将其土地没收统一分配。

凡过去数年内半地主式富农、小土地出租（经营）者、寺院教会田地自动分散无偿交农民耕种者，不再退还。

凡减退时所处理的地主、富农之房屋、耕畜、债务、水碾等，原则上应予承认（如耕牛正式没收和交由农民保管者），但若个别问题不加处理影响甚大者，可作特殊问题个别处理。涉及农民者应慎重妥善处理。

（六）凡较大之山林应一律收归国有，不予分配，其他荒山、荒地没收后分给农民。坝区荒田荒地一律收归国有。分配田地时，如尚不足贫雇农最低土地，需要可酌情分配给一部分，但以不超过耕种能力为限。

学校公田、公地一律没收分配。

（七）凡地主的茶树、果园仍应没收分配给农民，但需根据其劳力采取先留后没收。

（八）对少数民族宗教信仰所使用之土地，如缅寺田、蛇林、龙树田及其他有关田地、山林，不予没收分配。缅寺所放之高利贷基本不动，如有争议，双方协商解决。

属于伙头田仍应没收，但须根据具体情况处理。如系原来无田或少田之伙头所种伙头田并不多者，即确定给他不再没收；若系原来田多之伙头，可先留后再没收。

改革中对教会寺院人员应强调正面教育，使之不干涉土改。

（九）政治权利问题：改革中将地主掌握的乡村政权，基本上变为农民的政权。个别条件不成熟的民族聚居乡政权的建立，可留待改革后继续解决。已建立政权的乡，对原有乡村干部不能一脚踢开，其中个别不纯分子在调整时也应特别慎重。对系农民及其他劳动人民属于思想作风问题者，均应采取教育，绝不搞民主运动。

（十）对于地主阶级手中的枪支，土改中一律不动。

（十一）对于反革命分子及逃亡之人民的处理：在改革中除现行反革命分子（如放火、放毒、杀人、暴动等）应即时逮捕打击外，对一般造谣、破坏、分散、捣乱应分别予以教育，不应逮捕，并应分清本人与家属的界限，不得牵涉其家属。

在境外的反革命分子及匪众，或者在国外当雇佣兵分子，应给一份土地。

外地回国自新匪众及匪首无家可归愿留当地者，应分给一份土地，不得歧视。

八、时间步骤

全县40个乡，除佤族聚居乡勐峨、南协弄两乡外，其余38个乡计划分两批进行。第一批于春天先搞23个乡，第二批15个乡秋后再进行。

时间安排上，计划2月份完成训练干部、召开民族上层座谈会、协商会、县人民代表大会、农民代表会等思想准备工作，安定各阶层情绪，3月开始改革，5月中旬结束。并事先于大坟山、太平、谦信3乡先进行土改典型试验，在典型乡走了一段后，全县再行铺开。

在改革开始前，通过座谈会等方式宣传政策，稳定情绪，争取他们接受和拥护土改外，同时对应该安置的头人，都应大体安置妥善后，再召开县的代表会。

力量的安排，第一批23个乡分为5片进行，每片由1个县委委员掌握，另有区级干部×人，正副点长×人，一般干部及农民积极分子约×人，参加改革。

在一个乡的改革步骤，可大体分为4个阶段，第一是准备阶段，第二是协商划阶级，第三是没收、征收，第四是进行分配。

（一）关于准备阶段：

1.目的要求：通过全面地、广泛地、大力地宣传土改的正义性、合理性、必要性与和平协商改革的方针及具体政策，达到对上层、地主解除顾虑、稳定情绪、同意土改，形成拥护土改的空气，对劳动群众应达到使其既有土改要求又有和平协商的政策觉悟，既认识土改的正义性，又认识对敌斗争、团结民族上层的道理，及当前利益与长远利益的一致性。在组上应建立好农民代表会并选好代表主席，组织农民小组，初步形成和平协商改革的农民队伍，同时建立土改协商委员会。并深入调查研究，做到基本上掌握阶级情况（主要是地主、富农）。

2.具体做法：

（1）根据先上层后群众的原则，应从稳定上层入手，首先召开上层座谈会，并建立协商委员会，召开各种会议宣传当前国内外胜利形势，土改的正义性、合理性、必要性及和平协商改革的具体政策。

（2）通过串连发动选好代表，保证领导核心基本纯洁。随着代表会的建立，即时以代表为核心，编设农民小组。代表的条件应该是：常年劳动、政治可靠、成分好、历史清楚、能联系群众的劳动农民。代表会应设代表委员会，以便进行日常工作。委员条件应增加有培养前途（内部掌握），主席、副主席必须是贫雇农（内部掌握），代表委员会应按贫雇农2/3、中农1/3掌握组成，并注意适当安排青年、妇女及各民族的比例。

关于协商委员会人员的组成：13人至17人，其中地主、富农与群众各占一半，并有工作队两人参加委员会。可设主任1人，副主任2人；主任由工作组长担任，副主任由农民和地主分别担任，以扩大政治影响。

对原有组织，总的是不提整顿组织的口号，但应分类型对待。即对第一类政治可靠、思想作风问题不大或没有问题且有培养前途的，应继续依靠，作为农民代表会的核心骨干；第二类政治可靠、思想作风不纯者，其有工作岗位不加变动，但应加强正面教育，使其克服缺点；对第三类不纯分子，则应摸清情况排好队，采取多次整顿的做法，不搞揭发斗争，个别可以利用的亦可吸收到土地改革协商委员会，以减少阻力。

3.宣传教育具体内容：

（1）宣传国内外胜利形势，特别是边疆建设发展情况，以增强其信心。

（2）宣传土地改革的正义性、合理性、必要性，其中应强调宣传封建土地制度的不合理（不强调地主），应使各阶层（包括地主）特别是农民认识到，封建土地制度不合理的中心问题在于阻碍生产的发展，从而影响国家社会主义工业化的建设，也从而影响农民从根本上改善生产和生活，并影响国防的巩固等方面的重要性。必须十分注意诱导群众，多从正面讨论认识，绝对不能诱导群众追根诉苦。

（3）宣传和平协商改革的具体政策，应从启发群众自己总结4年来由于执行中央"慎重稳进"的方针及各种缓和措施所取得的胜利，以及这些胜利对农民的好处，从而树立群众为了进一步取得胜利（不是为了害怕敌人）而积极起来执行这一方针的思想。

（4）在选举代表时进行当家做主的教育，应着重从正面启发群众总结在共产党领导下，自己起来当家做主的好处，通过表扬好人好事树立群众当家做主的思想，树立为人民服务是光荣的观念。

第一阶段大约需要20天。

（二）关于协商划阶级阶段：

1.目的要求：通过划分阶级，正面讨论划分阶级的标准，应使农民在思想上划清劳动与剥削的界限，认识劳动制造一切，树立劳动光荣；对上层、地主、富农应达到使其既能自己承认所划阶级，又要情绪稳定。这一阶段应普遍开展小组活动，并培养一批骨干、积极分子。

2.具体做法：

（1）首先召开各种代表会议，从上而下地宣传划分阶级的政策。农民与地主分别酝酿讨论，干部应对农民与地主分别做好思想教育工作（特别是做好地主的工作），并掌握好材料，在思想工作与材料掌握均已有充分准备的基础上，即可召开土改协商委员会正式进行协商，要做到农民划好，地主酝酿好，领导审查好。

（2）对地主、富农除反复交代划分阶级的政策外，应强调宣传党的长期团结教育的政策，在政治上、经济上、生活上等方面的照顾后，指出只要能好好从事生产，几年后即可改定成分（照土改会上宣传）等前途教育，使其消除顾虑，拥护土改，安心生产。对农民应强调从正面讨论，树立劳动光荣，充分认识劳动创造一切，划清思想界限，划阶级中不追发家史，不算剥削账（但根据标准所提出的事实，不应视为算剥削账）。

第二阶段的时间大约需要10天。

（三）关于征收没收阶段：

1.目的要求：通过征收、没收，应对农民进一步进行封建土地制度的不合理、束缚农村生产力的教育，使之明确解放农村生产力、发展生产，不仅能改善农民的生产、生活，而且有利于巩固国防、支援国家社会主义建设。征收的政策，对地主则应结合进行前途教育与各项具体政策的宣传教育，以进一步稳定情绪，拥护没收、征收。

2.具体做法：

（1）首先召开各种代表会议，自上而下地统一交代政策，农民与地主分别酝酿与讨论，在掌握了双方没收、征收的意见，并分别做好了思想教育工作的情况，即可召开协商委员会正式进行协商。协商后应报县委审查批准。

（2）对地主、农民除应认真进行没收、征收各项具体政策的教育外，并应充分交代先留后没、好坏搭配、不得留少留坏等原则的教育外，对农民应认真提高其政策策略思想，特别是对佃中农应着重进行天下农民是一家，只有在共产党的领导下，才能分得土地，树立其系分田户（不是抽田户）的教育（抽田时应首先照顾原耕农民，但佃耕户所得土地应最多不超过农民平均分配数的20%）。

第三阶段的时间约需10天。

（四）关于分配阶段：

1.目的要求：通过分配将农民特别是积极分子从土改的觉悟初步提高为社会主义的觉悟，进一步加强农民内部的团结及民族团结，并进行长期当家的教育，进行民主建政保证乡村领导核心的纯洁，并为互助合作打下基础，适当地满足无田少地农民的土地要求，做到大体公平合理。

2.具体做法：

（1）从建政入手深入进行长期当家的教育，建立政权，并在此基础上从群众现有水平出发，进行社会主义前途教育。通过回忆对比明确两条道路，认识资本主义自发势力的道路是少数人，是多数人贫困破产的道路，互助合作是大家共同富裕的道路。一切内部团结、民族团结问题，应从提高此一觉悟去加以解决。

（2）交代分配政策，从生产出发，照顾原耕，教育农民团结互助，教育乡村干部、积极分子应与农民一样不多分也不少分，并要对田少的少数民族给予应有的照顾。分配中应该要充分发扬民主，使分配尽量做到公平合理。

第四阶段大约需时15天。

（五）在整个运动过程中应结合进行的几个问题：

1. 与生产的结合问题：首先是干部思想，必须明确改革的基本目的，是在于废除封建剥削制度、发展生产，在改革中绝对不能单搞土改而放松生产，必须是通过领导生产宣传有关改革的各项政策及进行了解情况、培养积极分子等具体工作。再者从工作作风上说，一定要改变成天开大会、小会的做法，而应该是除了一定要在白天召开的协商会、代表会等会议外，一般会议应在晚上召开，且时间不宜过长。至于白天，应深入田间、深入生产，结合进行改革工作，否则不但不能保证增产，而改革工作也搞不好，更重要的是将会严重地脱离群众。在改革的每一阶段，必须认真了解与分析当时的生产情况，并与改革同时进行具体安排，对生产绝不能有所偏废。

为稳定各阶层的生产情绪，在改革开始时，应大力宣传今年大春生产，执行"谁种谁收并向新得户交租"的政策，租额可定为××粮。

2. 争取外逃人员问题：改革中对逃亡在外人员，应积极争取回家生产。已经回家的，应安定情绪，安排于劳动生产中。这不仅不会造成紧张局势，且能有利于对敌斗争。

3. 建团工作：在改革过程中，必须注意青年的教育工作，培养建团对象。在没收、征收阶段结束后，应首先在试点乡（大坟山、谦信、太平）及各重点乡共建立起青年团支部7个，每个支部应发展团员10人至15人。在各个建团的重点乡，必须在工作队中由1人专门负责建团组织员，以便于开展此一工作。

4. 妇女工作：为保证贯彻男女一齐发动的方针，在改革中每一阶段的农代会后必须召开妇代会，在各种会议中都应照顾到有一定数量的妇女参加。在日常工作中，应加强妇女活动，便于广泛发动妇女参加到改革中来。在妇女工作中，必须根据和平协商改革的精神进行，坚决抛开内地做法。在配备干部时，应适当调配妇女干部专门负责妇女工作。

5. 武装工作：在改革中对原有民兵武装原则上均不整顿，但通过改革要求做到：

（1）对民兵中的情况应基本掌握好，为今后的工作打下基础。

（2）民兵中、小队长以上的骨干应求得基本纯洁。

（3）原在民兵手中较好的枪支，应逐步地掌握在可靠的骨干手里。

同时在大坟山、谦信二乡要求通过改革建立起民兵基干队。至于对民兵的教育工作，除与其他农民进行同样内容的教育外，还必须加强保卫生产、维持治安、保护仓库、防火、防特、防空等具体任务的教育。

6. 培养干部问题：在改革过程中，必须十分注意培养干部，特别是培养民族干部的工作。通过第一批改革，在农民工作队中民族干部的比例应保证60%，要培养兄弟民族的副区级干部1人、副点长5人，组长、副组长10人。对民族干部除应认真进行政治前途的教育外，应在平常的工作及生活中热情地、耐心地进行帮助，使其感到革命队伍的温暖及为人民服务的光荣感。在工作方法上，应给予点滴的具体的帮助，使其逐步提高，不能过高地要求。

7. 干部纪律问题：

（1）坚决执行自上而下和平协商的改革方针及各项具体政策，凡事要反复协商，不怕麻烦，不准强迫。

（2）严格执行请示报告制度，反对虚报情况、阳奉阴违等无组织、无纪律现象。

（3）尊重各民族的风俗习惯和宗教信仰。

（4）发扬深入踏实、严肃正派的工作作风及生活作风，反对各种不良倾向。

（3）不贪污，不敲诈，不打人，不骂人，不调戏妇女。

双江县和平协商土地改革 15 个乡工作总结

一、基本情况

我县第二批15个乡的改革开始于9月1日到11月30日全部结束，历时3个月，经过了准备、划分阶级、征收没收、建政分配4个阶段。此批改革的开始是在第一批土改结束，由上而下地进一步学习了省委、地委关于和平协商改革的斗争目的、斗争性质、斗争策略的全面精神，认真检查批判了第一批改革中的有关指导思想上、执行方针政策上的右或左的倾向，并总结经验教训，以及正确地估计了此批改革的基础、有利的和不利的条件，从县委到广大工作队政策思想水平有了进一步提高的基础上进行的。整个运动因为在地委密切正确的指导下及全体干部的努力，运动是坚持了省、地委的指示：不论在哪种地区，都应该更多地做些群众工作，把群众发动得更深入、更充分些。在工作基础比较薄弱的地区，仅是在斗争方式上有所区别，更要缓和、更要控制和更要策略些，不能放松群众工作的要求。从运动结束来看，群众的发动是比较充分，民族的关系亦为明显，并培养了既有一定数量又有质量的较好的各族骨干、积极分子；农村政权武装基本纯洁，为我掌握；在6个乡建立了党支部，15个乡建立了团支部。由于正确地贯彻了政策，充分地发动群众，对上层地主分子的团结、教育、改造上是较前批更为深入、扎实，他们得到了一定的提高，情绪基本稳定；废除了封建剥削制度，适当地满足了各族农民的土地要求。总的是：农村阶级关系及阶级力量起了根本的变化，党在农村占领了阵地，给今后各项工作打下了坚强有力的阶级基础及有利条件。具体反映如下：

（一）群众的发动是较为充分、踏实

群众的发动是更深入、更充分、更踏实，除个别乡外，农村组织基本纯洁，贫雇优势已树立，领导核心基本形成。15个乡共有5575户23503人，其中汉族2556户11586人，拉祜族1227户4866人，傣族867户3191人，濮满族339户1446人，蒙化族37户114人，佤佤族545户2285人，民家族4户15人。农民5068户20481人，男4450人，女4471人；农民成年人口

12311人，男5746人，女6565人，通过土改发动起来了共计8766人，占农民成年总人口的71.2%（领袖、骨干、积极分子不在内）。阶级觉悟比较踏实、政策觉悟比较全面、社会主义的互助合作有迫切要求的有2292人（男1471人、女826人①），占发动面的18.61%；有阶级觉悟，比较踏实，策略思想也比较全面，但对社会主义互助合作劲头不大或不迫切要求的2975人（男1534人，女2441人），占发动面的24.16%；有阶级觉悟，策略觉悟不够全面，社会主义互助合作觉悟不有的3499人（男1345人，女2154人），占发动面的28.42%；未发动起来的有2450人（男795人，女1655人），包括根本不能发动的残疾人及非属农民的敌特分子232人，占农民成年人口的1.8%；空白人75人（男53人，女22人）。

组织了农民小组389个，参加的组员共计8133人，占农民成年人口的71.5%。培养了领袖25人，其中汉族10人、拉祜族5人、傣族6人、濮满族1人、佤族3人；骨干163人，其中汉族61人、拉祜族30人、傣族29人、濮满族15人、佤族26人、蒙化族2人。

积极分子832人，其中汉族366人、拉祜族191人、傣族116人、濮满族69人、佤族88人、蒙化族2人，占全乡总人口的3.1%。

建立了6个党支部，发展共产党员51人（男45人，女6人），其中汉族13人、傣族14人、拉祜族14人、濮满族5人、佤族5人。建立了15个团支部，发展了团员281人（男210人、女71人），其中汉族141人、拉祜族59人、傣族41人、濮满族25人、佤族16人。建立了7个民兵基干队289人，民兵15队1222人。发展供销合作社社员1853人，共2056股。

从乡的类型来看，15个乡分为3种类型：

第一类型乡有6个，占15个乡的40%。它的特点是：群众思想发动比较充分，发动面占农民成年人口80%以上，组织面占70%以上，有80%的小组基本健全；树立了贫雇优势，形成了以贫雇农为主的核心领导；加强了农民内部团结和民族之间的团结；培养了一批既有民主改革觉悟又有社会主义互助合作要求的各族积极分子，占总人口的4%以上；组织基本纯洁，有两个以上的群众领袖，有10个到15个的骨干；上层地主受到应有的改造，情绪稳定，地主阶级在各族劳动人民中基本上没有活动余地。如邦睦乡：有416户1831人，农民成年人口1053人。通过改革培了群众领袖3人、骨干14人、积极分子84人，占总人口的5.5%；群众发动面885人，占农民成年人口的84.2%；后进层有168人（其中有空白人84人）。组织面835人，占农民成年人口的79.2%。健全小组有28个，占31个小组的90.3%，组织基本纯洁，领导核心已形成。加强了民族内部的团结，并解除了一些民族内部及民族之间的隔阂。上层已得到一定的教育改造，而且情绪基本稳定。在108个上层成年人口中，有基本守法而且有靠我表现者18人、基本守法的43人，尚有些思想顾虑或抵触的36人，一贯违法破坏的有10人，顾虑甚大有逃亡可能的有1人。

第二类型乡5个，占15个乡的33.3%。它的特点是：群众发动比较充分，发动面占农

---

① 本文多处数字存疑。原文如此。——编者

民成年人口的70%以上；组织面占60%以上，有65%的小组活动基本健全；树立了贫雇农优势，领导核心基本形成；加强了农民内部的团结及民族内部、民族之间的团结；培养了一批既有改革觉悟又有社会主义互助合作要求的各族积极分子，占总人口的3%左右。组织基本纯洁，有1—2个群众领袖，8—10个骨干；上层地主受到应有的教育改造，情绪稳定，地主阶级在各族劳动人民中基本上没有活动地盘。如坝糯乡：共计有663户2823人，农民成年人口1120人。改革后有领袖3人，骨干10人，积极分子64人，占全乡总人口的2.25%（比较强，能够领导1个组）。群众发动面是811人，占农民成年人口的72%；后进层309人。健全小组有17个，占26个小组的65.3%，组织纯洁，树立了贫雇优势，形成了领导核心。加强了农民内部团结，解除了一些民族隔阂，加强了民族之间的团结。上层地主受到应有的教育与改造，基本上没有地主阶级活动的余地，情绪稳定。在全乡151个上层成年人口中，有基本守法的、靠我表现的6人，基本守法的45人，尚有些顾虑或抵触情绪的75人，一贯违法、破坏的7人，掌握不住情况的18人（家庭妇女为多数）。

第三类型乡有4个，占15个乡的27%。它的问题是：群众思想发动不充分，发动面只占60%以上，组织面只占50%以上，只有50%的小组活动基本健全。贫雇农核心在3个乡中已形成，组织较差。总的是专不了政，没有领袖，骨干少，积极分子只占总人口的2%以上。上层地主没有得到应有的改造，情绪不正常，地主阶级在各族劳动人民中还有活动地盘、藏身之所。如公弄乡：全乡有403户1728人，农民成年人口897人。没有群众路线，有骨干8人，积极分子54人，占总人口的3.1%（但比较弱是第二类型的）。发动面674人，占农民成年人口的75%（标准较低）；后进层178人。健全小组15个，占29个小组的51%。该乡由于扎根不慎重，而且扎下根子不能得到系统的提高、培养，加之大部分不纯，因此，在乡一级的领导干部多数是在建政阶段新培养起来（有的是没有培养才凑上的），缺少了实际锻炼，一般的是怕当干部，因此在改革后专政就困难。又如邦改是领导不纯，乡长是1952年毕业的小学生，本质好，有培养前途，但群众威信低，年纪小；乡委员兼文书是旧保长之子，本身参加过剥削，实质是地主（但未将群众发动起来，不有划出）；副乡长是过去不劳动的一个给地主赶马做生意的长工；委员还有头人的儿子，过去吊过人、打过人的2人。乡的主要领导极为不纯，政权尚不为我掌握。

但从总的来看，基本上从政治上摧垮了地主阶级的统治威风，政权基本为我掌握，劳动农民特别是贫雇农占了绝对优势，形成了一批坚强的阶级力量。消灭了封建剥削制度，占领了农村阵地。

经济上废除了封建地主阶级及封建领主所有的土地所有制，变为农民的土地所有制，并废除了地主阶级的债利剥削，乡政权基本为农民掌握，组织基本健全纯洁。

15个乡土改前有地主45户357人，富农113户663人；土改后有地主288户1802人，富农134户845人，小土地出租10户35人，债利生活5户13人，小土地经营17户101人，半地主式富农5户31人，共计54户2747人，占总户数的11.7%弱。①

15个乡共没收了田8178亩，产量3070679斤；地35167亩，产量129988斤。征收田7755亩，产量227602斤；地215.9亩，产量1465斤。有2954户9983人（农民）分到了田7976.56亩，产量2543135斤；地3078.7亩，产量189520斤；每人平均分到土地1.1亩、产量274斤。废除了债务半开85951元，分了1952年减租遗留果实，以及政府无偿补助耕牛款988户1043人，分得牛696.5头、马13匹、骡子17匹、人民币16753元。在分配中执行了省、地委的指示，基本上做到了大体公平合理，适当地满足了贫雇农民的要求，群众一般都满意，并保证投入了生产，全部买上了耕牛，对今后组织互助合作发展生产打下了物质基础的有利条件。

15个乡通过改革培养了大批各族干部，共计有乡一级的干部202人，其中有汉族98人、拉祜族39人、傣族33人、濮满族10人、佤佤族20人、蒙化族2人。在民族聚居乡村均有本民族干部，有雇农67人、贫农100人、中农23人（新中农）；党员51人，团员281人，不仅有一定的数量，而且质量基本合格。

（二）团结、教育、改造了上层

政治上通过发动群众，彻底揭发了封建剥削制度的危害，各族群众看到了封建剥削阶级的真相，使地主阶级在各族群众中陷于孤立。同时由于认真地贯彻了团结、教育、改造上层的政策，使上层地主分子看到在共产党领导下的唯一出路是劳动守法生产，故此对上层地主进行了一次更为深刻踏实的改造。由于政策的威力，群众的发动，迫使上层、地主各寻出路，内部分化。15个乡共有上层454户2747人，其中男1283人、女1446人（外逃未在内）；成年人口是1419人，男639人、女780人。到改革结束，从思想表现上有基本守法而且有靠我表现者174人（男114人、女60人），基本守法者595人（男262人、女332人），尚有思想顾虑或抵触情绪者388人（男126人、女262人），一贯违法、破坏者219人（男113人、女106人），顾虑甚大有逃亡可能的14人（男13人、女1人），其他耳聋眼瞎残疾者29人（男11人、女18人）。总的来看：改造比较踏实的（前二类）占54%，有改造但不踏实的（有第三类）占27.3%，没有改造教育的（第四、五类）占17.6%。

迫使上层、地主阶级内部分化，争取大部靠我，基本做到拥护土改，使得土改顺利进行。并且有的因为和平协商影响曾写信给外逃的丈夫、父亲、母亲叫回来生产，宣传了我党政策的英明，对对敌斗争起到了一定的作用。

（三）改善了民族关系

此批15个乡的民族隔阂，历史以来是严重的。历史上曾有过数次民族械斗，特别是傣族与拉祜族、佤佤族、汉族有着深厚的历史隔阂。解放前，拉祜族不敢下坝，傣族不敢

---

① 此处数字存疑，但原文如此。——编者

上山，解放后，在党和政府的领导下，虽进行了一些工作，有了一定的改善，但未根本改变。1952年、1953年尚有土地纠纷引起准备持枪械斗的事件，经解决调整未遂。民族之间的咒骂怀恨仍然严重存在。由于此批改革县委指导思想对加强民族团结问题始终是清醒的，从扎根开始就明确提出必须扎下各族贫雇劳动农民的根子，每个阶段都坚持贯彻了民族团结的精神，因而随着阶级关系的改变，群众阶级觉悟的提高，对上层、地主的教育、改造，民族关系的改善就更为明显突出，各族农民都提到了不团结的根源是在于存在着封建地主阶级剥削制度，各族劳动农民是一家的道理，深入到各族群众的思想行动中，所有比较明显的历史隔阂，都得到了根本的改变。通过土改，基本做到了团结友爱、互相让步、互相信任、共同团结在党和政府的领导下，具体地反映在土改分配当中，如景亢佤族和南宋汉族、拉祜族，过去曾因地主阶级争夺土地发生过械斗，至1953年连续几次准备械斗（解决未行动），经过土改共同诉苦一并提高，找到了过去不团结的根源，双方作了认识，将全部仇恨集中于地主阶级，认识了天下农民是一家。这是有史以来第一次相亲热爱，景亢主动将土地送给了南宋汉族、拉祜族农民，因为景亢土地多，解除了百年以来的历史隔阂，对今后根本解决民族问题有了重要的阶级基础。

二、完成此批改革，达到发动群众、培养干部、加强民族团结、有利于对敌斗争的目的

根据经验，是经过4个阶段：

第一阶段主要是宣布改革，广泛全面地交代政策，初步发动群众，组织起农民队伍，对原有乡村干部做好思想安排工作。对上层、地主既要稳定，又要提高，使其拥护土改，在社会上造成势必改革的社会舆论。

此批15个改革乡，因为多是民族聚居乡，解放后乡村政权多数为上层、地主所掌握，历史上存在着民族传统的影响，又没有经过减退，没有划分阶级，加之第一批和改的影响，农民主要是看不到民族内部的阶级剥削。傣族说："我们傣族的土地已是公有，人人有种的。傣族无剥削。"拉祜族说："拉祜族是穷拉祜，剥削是汉家。"汉族说："汉族地主多是彭家，已逃亡了。土改不消搞了，只要政府给开荒就可以了。"虽有个别汉族因受地主压迫蹂躏较深，以及那些伪装积极的勇敢分子要求斗争出气，及在生产上确实有困难，农具缺乏，对不分底财、不分浮财、不分耕牛、不动房屋的政策有不同程度的抵触，如有的说"有田无牛白起早，单分得田翻不起身"，而多数农民是对地主阶级反攻复辟害怕的变天思想。如坝糯贫农王士发说："嘴说土改好，还是积极不得，怕二天吃亏。"该乡忙蚌村群众说："我们坝糯工作不比别乡，地主多。我们这些人不会说，干不起事。土改不土改也没了，怕二天出事。"景亢工作队下去，群众拒绝进家，不给饭吃，怕接近工作队，二天牵涉他们。

上层、地主经过第一批改革，他们已摸到我们的底子（真的不杀不斗），主要已

不是怕杀、怕打、怕斗、怕关的顾虑，但基于地主阶级的本质，此批改革上层、地主不是紧张害怕，而主要是嚣张、对抗、破坏、散布谣言、压制拉拢群众，他们强调和平协商要上层同意的事才办。勐勐地主公开议论："和平协商要上层同意，我们上层组织起来不同意，政府就不有办法了。"他们总的是抵制土改，竭力维护他们阶级的政治、经济、统治地位。

县委对15个乡的情况做了全面分析，掌握了各阶级的思想，提出了全面交代政策的同时，必须认真系统地贯彻土改的正义性及合理合法性，要艰苦深入、踏踏实实地通过回忆对比，揭发地主阶级及封建领主残余的剥削制度的危害，联系本身的痛苦，启发农民的觉悟，扎下根子，以苦引苦，层层发动。在上层里面，引导他们批判封建剥削制度的不合理，听取群众意见，认识自己的剥削罪恶，迫使他们拥护土改，所以运动是有声有色，步步深入。如南宋乡（是基础较为落后的乡）：宣布土改后，地主在会上公开威胁群众说："和平协商就是给地主撑腰，你们不执行，政府要治你们农民。"王光发地主得意地说："我们地主、富农这几年来吃你们农民的亏，就像你们把我们按在泥坑里。这回和平协商政府要来救我们，要好好缓口气。"农民害怕，不敢接近工作队，雇农李四妹说："我们执行和平协商，不敢打、不敢斗。"有的强调地主劳动，积极给地主说话。工作队采取了措施，召开了各种会议（代表会、青年会、妇女会、老年会），全面交代政策，解除顾虑，通过彻底揭发封建剥削制度，每个农民都联系自己亲身遭受的痛苦，看到了过去穷就是由于地主阶级掌握了土地对农民进行残酷剥削的结果的具体事实，激起了农民对消灭阶级的要求，并组织农民和上层地主在一起讨论为什么土改的道理，以农民面对面的、以身受地主阶级封建剥削的痛苦事实对地主进行一次有力有理的教育，给农民撑了腰，迫使地主阶级拥护土改，大大提高了农民的阶级觉悟。雇农唐时科说："我家15口人，解放前死得只剩我1个，就是因为地主阶级剥削了我的土地，才到处搬家，不解放我也不会活了。不消灭封建地主阶级我们是不会活的。"有50%的农民得到发动，有70%的上层地主受到教育。地主唐有富在群众力量迫使及政策威力下，不得不承认自己的剥削罪过，他说："我过去剥削农民起了家。我家请了3个长工，有一个还叫群众给开工资。地主阶级本是不合理，应该消灭。我坚决拥护政府的政策，我愿意土改，我要重新做人，学习劳动。"地主也逐步老实。但有个别的乡看不到上层地主的变化，静心地讲政策，稳定情绪，不敢贯彻土改的正义性、合理合法性，这样压制了群众，助长了上层地主的嚣张，运动陷于被动。

在准备阶段应做好3方面的准备：

1.农民阶级觉悟要提高，废除封建土地制度要求要迫切正确，农民内部要解除各种顾虑，把斗争目标全部集中于地主身上，积极层必须具备有废除封建制度的觉悟。

2.组织起队伍来，并以扎下根子为核心，通过串连发动，组织农民小组及农民代表会，要组成一支贫雇农核心领导的各族农民队伍，并组织协商委员会。

3.上层地主要使他看到群众对土改的迫切要求及坚决意志，同时看到自己的剥削事实，政府政策对他的宽大，做到基本拥护土改，情绪上稳定。

　　第二划分阶级阶段，全面地提高农民阶级觉悟，划清劳动与剥削的界限，团结起劳动者，划出剥削阶级。这个阶段的斗争更为尖锐、复杂，农民思想较前混乱，地主花样百出，如果思想准备得不好，会严重地混乱内部（特别是有点轻微剥削的农民容易动荡），转移了斗争目标。所以划阶级是一场激烈复杂的阶级斗争，对地主进行一次活人活事的教育及较为深刻的思想改造。

　　农民在划阶级阶段是：有少数较为富裕或有轻微剥削的中农怕升阶级，但绝大多数是对劳动与剥削的界限划不清，只看见政治罪恶，只看到直接剥削他的地主，也有的是想多分土地，想多划几户地主。从上层地主来看：地主主要是强调劳动，谬论是劳动地主；富农强调只有轻微剥削，请工出工钱，放债利高是农民来找上门借。

　　由于较为认真地进行劳动光荣、劳动创造一切的教育，通过劳动过程（开田、盖房子、穿衣服等）和地主阶级对比哪个劳动，又算了剥削账，通过翻地主剥削发家史、农民的穷根，在划清劳动与剥削的基础上，充分掌握了地主阶级不劳动的具体事实及剥削发家的具体材料，最后协商阶级，进行交锋，揭发批判一二个顽固分子（由地主做检讨，农民揭发批判），主席讲解政策，组织地主上层讨论表示态度，这样干部得到锻炼，群众有了提高，地主得到改造。如勐勐乡，通过大会揭发地主俸金侯（傣族）后，傣族群众反映说："地主就是白虱子，又吃人又羞人。"有的说："过去他们说本家好（本民族），就是他们地主坏了，放债、请工、收租、压迫人、打人，什么都是他们地主做。"迫使地主交出了土司制裁人民的脚镣罪证。过去农民一见土司后代就磕头、叫老爷，今天见了叫他"某某地主，你劳动了没有"？有的嫁到地主家的姑娘回了娘家，有讨了地主姑娘的离了婚，在农民眼中已轻视地主阶级，基本划清了敌我界限。从上层地主来看亦受到了教育改造，俸传芳老婆（地主）划阶级后骂俸说："过去叫你劳动你不听，就是想做官。"但在个别乡，由于群众阶级觉悟提不高，地主花样多，顽固抵赖，阶级划不下去，如坝糯二户地主包干一小组17户农民的生产生活（不准反映材料），在协商会上，地主叫长工来报阶级。甚至有的地主叫中农来当地主协商委员和农民协商，共计45户地主才划出39户（到第三批才划出来），并将中农划成富农，原富农划成中农，群众混乱，地主嚣张。

　　划阶级的成功主要是抓住了以下3个关键：

　　1. 依靠群众，全面贯彻政策，制服地主阶级。上层地主阶级在第一阶段经过批评教育后，虽然有了变化，但在斗争上是更狡猾了。虽有个别是不公开提出意见，或者伪装积极进步，他们主要是为取得群众的好感，在群众中找藏身之处，请农民作证明，在群众中制造混乱，人人有剥削（煮酒剥削、做生意剥削，贫雇农也有剥削，地主要升阶级，贫农升中农，中农升富农，富农升地主），就必须是大力充分发动群众，彻底揭发地主阶级的剥削发家史，算透剥削账，理透穷根，解决农民命穷八字丑命运的模糊观念，结合批判地主阶级的所谓"养活农民""升阶级"等各种谬论，然后进行追根，将全部力量集中于封建制度上，进行政策教育，充分让群众把政策掌握起来，向地主开展面对面的说理说法斗争（特别是后进层）。这样就给地主阶级以严重的教育，如有的地主划阶级时说："我想不到这么多人给我提意见。"看看情况说不过了，只有快点承认。

2. 充分掌握了材料。划阶级除了依靠群众，第二个关键是充分掌握材料。由于在第一阶段就注意了收集确实可靠的材料，在协商会时不会被地主阶级的扯谎所迷糊，做到心中有数，不致错划，在协商起来就能保证有理有据，群众的说理就更为有力，地主阶级才无法抵赖，迫使上层地主阶级承认阶级。如有的地主说："1952 年工作队、群众来斗我，一点也不怕他们抖吓我，我屁事也没有，搞到底连老子的肚皮油也刮不去一点。这回不同，怎么也说不过，我想都想不起的事都问起我来了。我怕越翻越多，只得承认。"每家地主都有他的剥削具体材料，如有的请了一个短工都有人证物证。每个地主都有他不劳动的具体事实，如勐勐地主宋秉孝他妈强调劳动，就揭发了他放田水把田都认错了等事实。有的地主说："要划阶级就划，要分田就分，不要翻我们的底子，不好听。"

3. 充分地运用策略，做到内部分化。首先是在上层地主里面，对靠拢我的先进分子加以教育、提高，由他们在上层地主里进行些活动（用自己的进步说服别人），把他们培养成左派分子，利用其进步的一面批判其反动的一面。在揭发批判时注意了缩小打击面，并在批评前首先和受批评者打招呼，指出他们的反动事实、群众意见，在上层里酝酿，后由群众批判揭发；或采取必要的说理斗争，再由上层地主讨论，组织他们自己来批判，一般做到打击的对象人人痛恨，都承认应该，如有的批判了丈夫以后，妻子来感谢群众（感谢对他的教育）。就是他自己也感到孤立，如地主俸金侯被批判后说："我想不到连自己人也批判我。"并且在打击程度上也要注意，只要有好转就立即收兵，转变地做好善后工作，指出进步是对的，批评是应该的。

第三阶段没收阶段：征收、没收是从政治上、经济上彻底摧垮地主阶级的统治基础，达到真正占领农村阵地，这是一个培养干部、发动群众、消灭地主阶级的最高潮。

组织高潮：一般是组织了两次，从第一次看，组织检查地主的土地，首先农民在政治上产生了松劲麻痹。有的由于几千年来没有土地，这回没收了地主土地，满足于现状，但更多的主要是对不没收耕牛及不动摇富农的政策，产生了不同程度的抵触情绪。有的说："有田无牛，手抓还搞什么生产？"总的是看不到地主阶级的临时挣扎，斗争目标开始转变，麻痹思想开始产生。上层瞒土地，强调先留、后没收、要好田，要求给出路、多留土地，同时在后进层大肆进行拉拢收买，找藏身之所，企图维持反攻复辟（用姑娘收买干部，请吃饭、酒，伪装积极），所以高潮是本着更充分地发动群众，认真抓住诉丧失土地之苦，及算地主阶级夺了农民土地后的残酷剥削。诱导认识根本消灭地主阶级是废除土地制度，耕牛只要有土地发展生产就可以买，生产的本钱是土地，地主最怕的是没收土地，我们没收，他就隐瞒，因为他藏 1 斗，就要多剥削农民 1 斗，农民就少分得 1 斗。并组织群众具体揭发地主的瞒田事实，发动群众性的查田，同时揭发地主瞒田的企图。引导揭发了地主在解放以来的各种破坏活动，特别是土改以来各种收买拉拢、企图复辟、软的、硬的手段，全力以赴地发动后进层，大力揭发地主违法破坏，进一步发动群众，逐步缩小了地主阶级在劳动人民中间的活动地盘，就是比较后进的最底层也起来消灭地主阶级（地主瞒了2分园圃都查出来了）。

第二次是协商土改，主要是贯彻先留后没收的政策，批判了地主多留、留好的思想及苦喊恳求的麻痹行为，使地主老老实实地交出契约、木刻，对顽抗分子采取批评教育及必要的斗争。

由于坚持了培养干部，全力以赴地发动后进层，发动群众是更充分，基本上消灭了地主阶级在各族劳动人民中的活动地盘，废除了封建土地制度，运动是有骨气、有内容。但因为县委充分发动群众，对不能超过和平协商方针政策的预计不够，强调了发动群众，缺乏具体帮助后进乡的领导，曾发生地主自杀1人，农民打地主3人，引起一段的紧张，后经地委指示纠正。

对上层着重进行爱国、守法、争取改变成分的前途教育（具体和农民进行对比家庭生活）。

第四建政分配、组织建社阶段：征收、没收后主要问题是转入农民内部，突出地反映在团结问题（民族间、农民内部、村与村之间）及干部的换班思想、打算（自己分好、分坏、分多、分少），所以教育目的、内容都根本改变。对农民主要是进行团结教育及社会主义互助合作前途教育，并进行专政教育。在干部群众觉悟有了进一步提高的基础上，同时搞好组织建设工作。

互助合作前途教育主要是从互助合作的根本作用是阻住第一个穷根，阻住农村阶级分化，看到农民的彻底解放，过好日子。只有通过互助合作的道路，克服4亿个体生产的弱点，由于个体生产力量单薄，就有地主、富农剥削阶级的残酷剥削（不提小农经济自发势力，不搞农民的自发思想），正面贯彻互助合作组织起来的优越性，及社会主义的美好，激起互助合作的要求，给分配做好思想准备。具体解决长期建设社会主义的思想，给建政建党做好思想教育，鼓起生产劲头，中心转入生产。

团结教育：是通过分配中团结互让的教育，目的是解决其民族的、农民内部的隔阂，做好搭配。具体分析了过去不团结的根源，看到不团结是地主阶级为了争夺土地统治地盘而造成，进行天下各族劳动人民是一家的教育，进一步分析了我们不团结就会着地主阶级创造复辟活动的空子（具体分析当时当地地主在挑拨的事实后，对谁有利，对谁有害）。这样解决了互让，并解决了民族历史隔阂，如坝糯乡2户农民一二年不有说过话，通过分配来往了。差过与坝卡2乡过去争夺土地曾有过械斗，通过分配互相做了检讨，将土地给了坝卡乡（坝卡土地少），现有隔阂基本上全部解决。分配达到了团结互让，从行动上加强了团结。

专政教育主要是通过分析地主阶级的复辟活动及建设社会主义的伟大任务，掌握政权的重要，提高警惕，同时选举乡委员、乡长、副乡长及大组长，分头建立农民小组。

在分配后，专门抽二三天的建党建团时间，主要是进行群众性的党的光荣伟大的教育（至于培养党团员，是结合每一阶段限期准备），扎根开始就排好队，工作队党组分工包干负责。此次建的党团员基本是合标准，并且保证了任务的完成。

土改结束后，召开了全乡胜利大会，组织群众回顾土改的优越性。对上层专门进行了爱国守法、劳动生产的前途教育。曾有地主自杀1人，着打3人，造成一度紧张，给上层地主对党的政策有不同程度的怀疑、动荡。

三、存在问题

1. 在第三阶段由于县委对情况分析预计不够，产生过急。

2. 在部分乡由于组织不纯或领导核心弱，对今后互助合作运动仍不能适应，地主阶级仍有活动地盘。

3. 在土改紧密结合镇反不够，在改革乡镇反摸底赶不上，有的乡落了空。

中共双江县委

1955年12月21日

1960年7月30日抄

镇康县耿西区大寨和平协商土改
第一阶段工作综合报告

我乡改革是在县委的改革计划及区的指示下来进行工作。

1. 工作做法：召开村、里长及各种会议。关于村、里长会议，是总结上段工作，说明下一段工作。

2. 教育内容：形势教育，进行两大阵营的对比，说明和平民主阵营的力量日益强大，帝国主义侵略阵营的穷途末日及死亡，及外交政策在各方面取得的胜利，中缅、中印的会谈，五项原则，祖国解放5年来的伟大成就，特别是国防巩固对民族的发展生产、改善生活的影响。

3. 宣传党在过渡时期在民族问题方面的总任务，主要是说明民族得到一切平等、先进的民族帮助落后的、争取各民族一律平等的教育，同时指出障碍着边疆各族人民进步的主要因素，即是封建土地存在着。

4. 贯彻和平协商土改对各族人民的具体政策。

通过以上的公布，干部、群众经过讨论，有以下几方面的转变及认识：

1. 通过学习了形势、边疆情况以后有认识的，如二里王三，男，崩龙族，他说："共产党及政府是帮助我们生产的，给我们农民改善生活，对我们发展生产，对国家也发展了。1951年我不够吃，去帮工搞得一点钱，买了一口锅，生产没有籽种，结果卖了，买了一冬五谷种。1952年增加了四五斗，1953年增加了50斗，1954年卖了500斤余粮。"他还说："共产党、毛主席领导，对国家也好，我们民族也发展了。我们发展了生产，生活也得到改善提高。"又如一里列六塔，崩龙族，他说："我家被土匪抢5次，一家一当都抢去了，若不解放在都在不成啰！在以前还不得好好生产，直到解放后才得好好地安心生产，不得吃穿也得到啰！"又如三里门外老三说："以前看不见中国是怎样建设，在这5年一样也认不得，但通过学习我认识一点啰！彭木山过去土匪在，现在盖起了营房。同时过去吃穿都是到外国买，但现在甘圹已经有了贸易公司。"

2. 通过学习，对边疆落后的情况有所认识。如二里左二，斥族，他说："不土改是不行的，要发展生产也不可能。因为蒋介石匪帮的根子还拔不掉，所以我们必须把蒋介石的根子挖垮，要把封建制度摧垮，通过土改才会有土地种。"根据以上的认识，在这样的基础上又召开了各种会议，首先谈我乡上次工作，通过宣传国内外形势及改革的具体政策，通过了宣传教育，我们认为上次的思想基本上得到安定。安定的表现：（1）赞成土改、拥护土改；（2）对生产同样积极。如一里姚老大，他自开会下去以后，生产情绪不低，也开了荒地1.5冬，他对工作同样积极，评山时他都带头去做。还能暴露自己的思想，如王二，他说："改革要从门板横改过来，但是田又得有，只是些荒山荒地，没有什么搞场。"现在他同样是赞成土改。

群众工作分两部分谈：

1.土改反映情况。如半坡寨乡汉族要搞土改，又要搞好生产，必须做到四早（出工早、回工早、开会早、散会早）。他们还回忆了旧社会的痛苦，如黄小花说："在旧社会买得一点米吃，还得人望着，人来就要跑开，吃的也不得吃。只有今天毛主席、共产党领导，才得安心生产。我们要发展生产，只有经过土改。"又如王二，他说："我从王二（上层）家出来，一样都没有。"他认识封建土地的不合理，痛恨旧制度。他说："土改好！"一里新板横村姚老四说："老龙寨来抢我们的土地，争去争来地争，这回土改土地才固定，不会争吵了。今后我们才会搞好团结。"

2.发动群众的办法：

（1）多多发动。如华保恩去苦劝王小秀，说给她土改的意义，她从来没有开过会，现在已来开会了，也会发言了："只有毛主席的领导，才会得过这样的好日子，不是共产党的那些领导，再受国民党的那些压迫，死也不能闭眼。"

（2）以人到户的发动，先培养启发典型。如王三、金大组长、金里长，他们一起谈。金里长说：过去种得的还分还人家一半，根本不够吃，还说要发展生产，一定要土改，不土改是不会发展生产的。他去发动了两个小姑娘。

（3）分工进行串连。如金四，他开会回去以后，去发动李老文（17岁）参加民兵，他说："旧社会的枪杆今天到我们劳动人民手上掌握，民兵武装是我们自己的，参加民兵是光荣的。"又如一里姚阿甲（根子），他去发动了7个人，这7个人每晚都到会。他是这样去发动："今天我们得到开会，要好好去开会。我们各民族要团结。过去土匪来抢我们，今天我们还要土改。"刘六塔，他开会回去发动他的老婆，说3点：①煮饭要煮得早点，得同别人一齐去做活；②要好好地搞生产，才能多打粮食；③和平协商土改。

（4）互教语言、歌曲，发动群众。如三里召开里会，妇女没有参加过，但是通过宣传土改政策，教了歌，学了语言，发动有所转变，妇女也来参加开会了。以前开会人很少，现在每晚上都是16人了。这样互教互学，杨小三选上了妇女代表，回去以后，她还交代了政策。又如门外老三之母，60余岁，工作队去她就跑了。但通过宣传政策以后，她敢来见工作队了。她说："国民党时养一只鸡也养不住，着老黄兵拿去吃掉，现在共产党还救济我，贷款真是好。"

（5）召开妇女代表会，发动妇女。从工作队到后，妇女只有1人（汉族）来开会，其他的都不来，后召开了一次代表会，发展起一些。如一里金小三，女，19岁，她从来没开过会，现在已去开会了。又如下寨的妇女，也发动起了共8户，男23人、女33人，共56人成立农民小组，时已转合的有32人，男16人、女16人。现开会不到的只有2人，因为要去守地。连老人都要参加开会，如曹小六，女，67岁，她说："我要去听毛主席的政策，我要去开会。"她已参加了农民小组，共有男13人、女10人参加。

一、干部转变情况

通过第一阶段15天的工作，干部得到了提高和锻炼。如二里金里长，他说："我搞了五年的里长，如果没有共产党、毛主席的领导，我怎么会得当干部？在过去拿钱买也买不得。我们少数民族今天会得到办事情，干到哪天我都要干的。"又如　里姚老人说："我通过几天的开会，我已会用两种话交代政策啰！"新板横老村长罗四说："今年59岁啰！我回到村上还是要好好地搞，同时乡上我也可以来的。"类似的情况很多。

二、各种组织情况

1.农民代表：崩龙族男21人、女6人，佧佤族男4人、女1人，斤族男6人、女1人，傈僳族男1人。共男32人、女8人，合40人。

2.农民委员：崩龙族男4人，佧佤族男2人，斤族男2人、女1人。共9人，男8人、女1人。

3.协商委员：上层崩龙族男2人，群众汉族男3人，崩龙族3人，民家族1人。

4.妇女代表：崩龙族、佧佤族、汉族共30人。

5.民兵：共有29人，崩龙族、汉族、佧佤族××人，新发展崩龙族、汉族、佧佤族××人。

6.农民小组：共13组，男127人、女49人，合176人。听过政策男50人、女35人，合85人。共男177人、女84人，合261人。

农民小组是在生产的基础上发展起来的。如一里下寨，共8户（现是生产小组），是在生产小组上成立，男23人、女33人，合56人。男的参加13人、女的参加10人，合23人；应参加不参加的女2人。王老二说："毛主席我不会得见，得见你就同见毛主席一样啰！我要来开会，过去东歇一夜，西歇一夜。"该组全劳动男12人、女11人；半劳动男1人、女3人；水牛全劳4条、黄牛全劳1条、半劳2条、不劳2条。共撒旱谷258冬，合129斗；已薅的218冬，未薅的40冬；受灾的5冬、落秧7冬。玉麦共撒12冬，合6斗，受灾4.5冬。计划新开荒地108冬，现开得38冬、未开70冬。棉花撒了挺好的10斤，死的20斤。花生2斤。做活分工：大的2人、小的2人去守三培玉麦。他们同样提出要搞好土改，也要搞好生产。

提出四早(即出工早、回工早、开会早、散会早),这样生产不误、土改不误。

7. 积极分子:崩龙族男14人、女1人,佧佤族男4人、女1人,汉族男4人、女1人。

三、通过15天的工作,在工作中摸到一些经验

由于我们的工作同志共同的努力,按计划去做,取得经验如下:

1. 互教、互学语言、歌曲,做好启发教育、串连工作,贯彻和平协商土改政策,使工作队不但深入了工作,同时给群众也敢接近工作队,而且认识拥护共产党、毛主席、人民政府的好处,从而在民族地区树立了威信。

2. 在召开各种会议中,运用代表实际体会政策的一点,结合当地代表的亲身经过来交代启发教育。

3. 个别发动,与两个人打成一片,辅导他们认识划清了新旧社会的界限,通过教育带头在会上发言,以本乡的实例来划清界限,提高群众的阶级觉悟,如大寨村被土匪抢去水牛30条、黄牛36条、骡子15匹、马2匹。

4. 工作队先开好村、里的大小干部会议,随时帮助他们总结点滴经验,多表扬,少批评,在交代后让本民族干部进行翻译交代。在工作中耐心地反复地用通俗的句语,多讲解,多宣传。

5. 以形势教育民族工作的发展,指出落后的一面,鼓起群众代表的劲头来。交代登记土地的意义及土地固定的好处,土地固定了,才能发展生产,搞好民族团结,鼓起群众土改要求。

6. 深入田间与群众拔草。如与黄小花去拔草,谈出过去她受的苦,这样既能搞好生产,又能反映情况。

四、工作中的教训及存在的问题

1. 青年工作做得不够,认为贯彻团的3个条件接受不下去。

2. 群众接受政策困难,表现在农民成立小组以来,今天参加,明天又忘记。

3. 对上层工作教育办法少,总的是对上层教育改造认识不足。

4. 对培养干部停留在现有的水平上。

5. 对登记土地的思想工作做得不够,表现在评出的产量与去年不符合。

6. 对依靠根子了解情况摸阶级底子做得不够全面深入掌握。

五、工作中的体会

1. 对过去内地改革工作作风有所转变,进一步认识边疆民族落后,树立了艰苦朴素

作风。

2. 做好事交朋友，向民族学习语言，与民族打成一片，我们认为这是接近民族的主要因素。

3. 工作认真钻研党的政策，帮助干部要虚心、耐心，贯彻党的政策。

4. 统一思想，清醒头脑。

5. 工作深入细致不够，培养干部不够虚心，有急躁情绪。

六、生产土改的结合

我乡改革是在以生产出面的基础上进行的，根据我乡的具体情况，薅、铲、打数是较其别乡严重的，所以在每一个会上都注意宣传生产与土改是一致性的。现未薅的谷子157.5冬、受灾68.5冬、落秧95冬；玉麦受灾4.5冬；开得的荒地57冬，未薅的田10.5亩。据不完全统计，抓猴子2只、老鼠6只、豪猪1头。

七、改革区人口（河外未改区不在内）

125户，男291人、女337人，合628人。汉族21户，男52人、女51人，合103人。佧佤族18户，男23人、女47人，合70人。傈僳族1户，男3人、女3人，合6人。崩龙族85户，男213人、女236人，合449人。青年男55人、女53人，合108人。成年男158人、女177人，合335人。老年男8人、女9人，合17人。

1958年9月录于镇康县委材料

耿西区大寨乡和平协商土改总结报告

甲、基本情况

该乡为少数民族杂居的山区乡，共有5种民族，计150户，男336人、女396人，共732人，其中崩龙族81户453人、傈僳族1户6人、佧佤族45户170人、汉族22户49人，以崩龙族为较多，几户汉族分散杂居于民族村寨。政治、经济、文化各方面极为落后，5年来尚未成长出本民族乡一级的干部。没有民族文字，也无识汉字的人，仅有少数当过乡爷、和尚的识傣文。生产仍采用刀耕火种的方式，从现在来看阶级分化仍不明显，全乡进行雇工（不给工资，相似奴隶）和少量债务（放谷债）由剥削而构成相当于富农成分的只有2户，但此种剥削在本民族的剥削者与被剥削者均还认为是"行阴功""做好事"，还未觉悟为剥削。土地部分已有个人所有权，部分为村公地，但在村寨内不十分严格地区别，可互相借种，而村与村则有严格的界线划分，不许互相插种；不得全村同意，业主也不得将土地借与别村。土地尚未形成商品化，也没有租佃关系，可是占有不平衡，其耕种习惯亦非常在自己占有的土地上耕作。为了抵抗兽灾和适应一种九荒的轮歇习惯，所以生产季节集体于一个方向耕作若干季（约3年）后，又集体转移到另外一个方向。在耕作地区号土地的农民，可与有土地者无偿借种。

乡内地面广阔，约1200平方公里。气候较热，粮食作物以旱谷为主，少量种植玉麦；经济作物可产甘蔗、棉花、花生等，但无种植。境内除少数陡坡悬崖外，均能种植旱谷。全乡可耕地有13578.87亩，可产1813569斤，每人平均有21.62亩、2887斤。可耕土地中固定地权的有741649亩，其他为村公地。土地虽多，但非常年种植，而为轮歇耕种，每年耕种的仅占可耕面积的16%。各族生活方式也很落后，大多数不通汉语，现在能全懂汉语的人，崩龙族中仅有五六人，能说一二百句的约有5%—6%。宗教信仰很深，全乡有7个缅寺。该乡解放前属耿马土司统治的直属甲，由一个伙头管辖。头人在各民族中威信甚高，最大的为王二，而且因其粮食收入很多，每年均借出或无偿地赠送给贫苦农民，因此更促成与本族群众的关系。如有的说："我们这里没有王二，我们恐怕在不成了。"解放后，我们在那里同样开展各样措施，但头人工作做得多，群众工作做得少，因而群众基础极为薄弱。

乙、工作的进行情况

该乡与第一批土改地区同时进行工作，但由于经济结构尚未形成完整的地主经济，各方面均趋于落后，因此工作是采取逐步深入、逐步摸索的方式进行，改革中仍坚持团结上层、发动群众的方针，土地问题是采用调整的方式解决。

壹、准备阶段

1.上层工作：工作组到乡后，首先与本民族中的头人取得联系，说明来意，头人表示非常热情，赞成土改。如乡内最大头人王二，表面上看来对土改很积极，但对于自己的剥削事实却一概不承认。另外还有些头人害怕孤立，思想有顾虑。开始对上层的这些表现，采取逐步提高的办法，并在某些方面利用他们的作用进行工作，与此同时深入发动群众。

2.群众工作：从略。

贰、划分阶级

1.首先统一干部的思想，肯定情况，清醒头脑。

2.上层工作：召开头人会议，进行座谈。首先对他们进行封建剥削制度不合理的教育，说明封建剥削制度存在造成民族落后、民族不团结、人民穷苦，废除剥削国家才能发展，各民族才能进步和改善生活，从而使头人能够按政策报出自己的阶级，使头人对剥削制度的危害有所认识。

3.群众工作：在干部会议后召开了农民代表会。会议目的是提高农民代表的阶级觉悟，启发其仇恨封建剥削制度，划清阶级界限，从而澄清混乱思想，解决民族矛盾，学习政策，划出阶级。

4.划阶级的具体步骤：代表评定，具体协商。基于上层酝酿成熟，群众广泛地有了发动，即进行上层与农民见面划分阶级，召开农代会及上层会，分别进一步交代政策、肯定阶级。

叁、调整土地

通过划分阶级，各族人民基本上划清了劳动与剥削的界限，从而也找到了民族不团结及民族落后的根源，进一步启发了仇恨封建剥削制度的思想，树立了要求进步、争取平等的信心及发展生产的要求，在此基础上进行了土地调整。

首先是召开代表会，进行合理使用土地、发展生产的教育，联系实际说明原有的土地制度存在对发展生产、改善生活的障碍，对各族人民要求进步、求得团结的影响，使各族代表认识调整土地的好处。经过充分的讨论，代表们一致表示同意调整。如王三说，现在这个土地是不合理的，土地多得种不完，把持起来生草养老母熊。在各族代表认识了改变土地制度的好处和提高要求的基础上，共同讨论了调整的原则。根据该乡情况，村公地很多，处理此项即能满足无地和少地的农民要求，因此确定原则上以未固定地权的村公地为主，以乡为单位调整。但由于村公地分散，受自然条件限制，不便于生产的情况下，将劳力少、占有土地多的私人土地通过协商适当地抽出一部分，调整给应得土地的农民。具体办法是：在各村原有村公地的基础上，调整给本村缺少土地的农民，若本村公地不够抽补时，由土地多的村本着有利于生产的原则互相调整。同时有附近外乡的汉族农民土地不够种，每年要到该乡地面种植一部分，因而经常发生纠纷，造成民族之间的隔阂，故确定抽出一部分土地调整给外乡农民。通过调整土地，进一步加强了民族团结，改善了民族关系。在代表会上确定了调整土地的原则后，随即成立乡的土地调整委员会，进行村与村、乡与乡的土地调整。全乡共选出委员13人，并吸收头人参加。同时成立了村的调整小组，进行户的具体搭配。

在调整土地中群众的思想反映：

1.害怕把土地分了以后没有开处，反映说："种3年，荒10年，现在一家一点分掉，二天要到哪里开？"

2.不想调整外村。如大寨村的群众说："我们土地多是人户多占得的，不是霸得，给别人不合。"单弄村应调整出400多亩，不愿调出，说"没有了"。

肆、民主建政建团

一、建政紧接着调整土地结束召开了原有干部会，宣传建政的意义

一般的劲头表现很大，但有少数的产生了消极情绪：

（1）认为干长了，有告老思想。如刘村长说："我也当了好几年了，这回小的也这般得力了，给他们出来得了。"

（2）怕干不了。如门外老三说："我们汉话不懂，且不通洞，怕干不下来。"

（3）有的又是焦急着怕选不上。如刘光砒说："自从8个工作队来后，我也天天干的，怕群众不喜欢。"

根据群众思想情况，从总结工作、肯定成绩入手，使其看到成绩，在党的领导下自己在工作中得到了锻炼和提高。鼓起劲头宣传建政的重要和党的奋斗史，使之感到各族人民掌握政权之来得不易和为人民服务的光荣，激发起当家做主为人民服务的思想，提高了干部的认识。如刘光砒说："几百年来，我们不得掌握政权，今天毛主席给我们一个政权，我们不掌握，少数人掌握，我们还是要受压迫。这样给毛主席白白苦了。"一般干部均纷纷表示继续为人民服务的决心，如金六塔说："当了几年干部，政策也学会了，汉语也会说了一些了。过去出100两大烟也不会给我们当，只要群众要我，我会干一辈子。"广泛

地向群众进行了建政的教育，并酝酿选出了各族的代表30人（其中男24人、女6人），成立了人民代表会，宣传了宪法及人民民主专政制度的教育，在代表会上产生了乡政委员会共9人及各种委员37人。

二、建团工作

在整个运动中注意了对青年的培养教育。通过青年代表座谈会、个别教育及团的基本知识教育，一般青年都得到了一定的发动和提高。全乡共有143个青年，土改受教育的有62人，并培养和涌现青年积极分子14人、骨干3人。结合建政发展了青年中较优秀和先进的13人参加了青年团，其中男8人、女5人；崩龙族6人，汉族5人，佤佤族2人。并建立了团的支部。

土改前土地分布情况表（土地产量以斤为单位）

村别	户数	人数	固定地权占有		每人平均数		未固定村公地		合计	
			亩积	产量	亩积	产量	亩积	产量	亩积	产量
大寨	44	230	4138.7	708457	18	30825	2083.58	268915	622228	977407
朗板橙	19	81	444.8	60407	544	746	2030	191950	2474.8	252357
火石山	28	172	1852.7	267015	12	155	384	47400	22367	314415
半坡寨	11	49	228.25	40260	4.75	838			228.25	40260
均弄	14	58	683.49	119890	11.95	2076	1044.8	156165	172829	276055
恶歹	9	38	68.55	15880	1.93	418	620	109200	688.55	125080
阿怕寨	25	99					998.78	156465	998.78	156465
合计	150	724	7416.49	1219909	11.81	1934	7162.16	758125	1457865	2142038

土改前统计人户占有土地比例情况表

每人平均			以每户平均占有比例		
比例	户数	人数	比例	户数	人数
占1亩以下	58	223	2亩以下	47	175
1亩以上到10亩	49	253	20亩—50亩	68	300
10亩—20亩	19	122	50亩—100亩	13	58
20亩—30亩	11	56	100亩—200亩	12	92
30亩—50亩	12	68	200亩—300亩	5	47
50亩以上	1	5	300亩以上	5	45

土改后土地占有情况表（土地产量以斤为单位）

村别	户数	人数	固定地权后土地占有		每人平均数	
			亩积	产量	亩积	产量
朗板橙	20	85	1940.9	224160	22.83	2637
火石山	28	179	3749.11	509280	20.94	2845
半坡寨	12	50	991.11	174579	19.82	3492
均弄	16	60	1182.13	220015	19.7	3666
恶歹	10	39	839.84	178637	21.53	4581
阿怕寨	25	99	998.78	156465	10.9	1580
大寨	39	220	6136.58	878530	27.99	3993
合计	150	732	15838.45	2341666	2163	3198

土改后统计人户占有土地比例情况表

以每人占有平均比例			以每户占有平均比例			附注
比例	户数	人数	比例	户数	人数	
10亩以下	13	58	50亩以下	29	78	表内有阿怕寨25户99人，因土改中仅按原耕种面积上固定地权，未按分配数计算，故占有数较少
10—20亩	39	218	50—100亩	53	208	
20—30亩	74	344	100—200亩	49	304	
30—35亩	10	49	200—300亩	6	55	
35亩以上	14	63	300亩以上	13	78	300亩以上户数比土改前多，是在调整时将未登记之土地加上，故此比前多

镇康县和平协商土改各阶层人口人户土地面积产量统计表

单位：耿西区大寨乡   1955年11月3日填

类别 \ 阶级			农民	债利生活者	富农	半地主式富农	地主
户数			148		2		
总人口	在家	男	325		9		
		女	383		13		
		合计	708		22		
	在外	男	2				
		女					
		合计	2				

续表

类别	阶级	农民	债利生活者	富农	半地主式富农	地主
稻田	亩积	49.9		—		
	产量	11176		—		
固定地	亩积	130.68		6		
	产量	15360		500		
轮歇地	亩积	6273.22		135.75		
	产量	948891		215500		
荒地	亩积	8595.87		614.15		
	产量	1249209		95250		
合计	亩积	1504955		755.9		
	产量	2155782		121300		
每人平均	亩积	19		34.36		
	产量	3044		5513		
茶地	亩积					
	产量					
荒地	亩积					
森林	亩积	33				
青年	男	68		2		
	女	75				
成年	男	184		5		
	女	185		6		
老年	男	17		1		
	女	22		1		
水牛	劳动	53		6		
	不劳动	37		2		
黄牛	劳动	10		5		
	不劳动	14		2		
马	劳动					
	不劳动					
骡	劳动			1		
	不劳动					

组长：李富章（盖章）　　　统计：赵锡之（盖章）

耿马县委关于和平协商地区和直接过渡地区农业生产互助合作需要国家扶持的初步意见

全县54个乡，15715户，721517人，13种民族，根据社会经济发展的不同，分为经过和平协商土改和直接过渡两种类型区。这两种类型地区通过解放几年来的民族工作，在政治、经济、文化上都有一定的发展，人民的生活在不断地改善，党和人民政府在群众中已经获得了崇高的威信，各族人民都怀着充分的信心，愿意在党的领导下，创造自己幸福的生活。和平协商改革已经结束的地区较为突出，但由于长期的民族压迫和封建统治，国民党的残酷掠夺与宗教束缚，使生产遭到严重的破坏，虽然解放以来得到不断发展，生活水平在不断提高，在土改中农民分得了部分土地，但家底太薄，农具不全，耕畜不足，在今后发展生产上仍有很大困难。为了帮助这一地区的兄弟民族跻于先进民族行列，过渡到社会主义，一方面要加派干部，巩固改革的成果和加强非改革区工作，提高各族群众的政治觉悟，不断改进耕作技术，提高单位面积产量，挖掘生产潜力，还需要政府给予大力扶持，因此提出以下补助意见：

和平协商地区41个乡，12395户，57257人，需要补助（色树坝、大水井、糯峨3乡计入直接过渡区）：

1. 生产资料：耕牛60条，每条100元，计共需人民币6000元；农具3000件，每件以3元计，共需人民币9000元；经济作物籽种10000斤，每斤1元，共需人民币10000元。以上3项共计人民币25000元。

2. 农田水利基本建设10000元。

3. 民校100所，平均每校30人，共3000人，以6个月计，需人民币18000元。

4. 社干训练400人，每人每月20元，两月共需16000元。

5. 会计训练班二期300人，每人每月20元，半年共需36000元。

6. 建立农业生产合作社300个，每社以400元计，共需120000元。

7. 常年互助组200个，每个100元，共需20000元。

8. 积极分子训练班300人，按两个月算，每人每月20元，共需12000元。

9. 地方小型工业需5000元。

10. 民族工作队，按3‰算，需190名，以25级计，每人每月51元，合计每月9690元，全年共需116280元。

11. 口粮补助250000斤，每斤以0.9元计，共需22500元。

直接过渡地区10个乡，加上孟定河外大水井、色树坝两乡和糯峨计13个乡，3260户16258人需帮助。

1. 生产资料：耕牛50头，每头100元，共需5000元；农具2000件，每件以3元计，共需6000元；经济作物籽种5000斤，每斤1元，共需5000元。以上3项共计16000元。

2. 农田水利土地基本建设5000元。

3. 民校20所，平均每校30人，共600人，以6个月计，共需3600元。

4. 社干训练60人，每人每月20元，每月共需2400元。

5. 会计训练60人，每人每月20元，半年共需7200元。

6. 建社3个，每个1000元，共需3000元。

7. 常年互助组20个，每个200元，共需4000元。

8. 积极分子训练班100人，按两月算，每人每月20元，共需4000元。

9. 工作队按5‰算，需81名，以25级计，每人每月51元，合计每月4131元，每年共需49527元。

10. 口粮补助150000斤，每斤以0.9元计算，共需13500元。

综合上述，共需补助401052元。土改区292780元，每人平均5.11元；直接过渡区108272元，每人平均6.65元。

以上当否，请指示。

耿马县委

1957年4月2日

民调组耿马调查分组抄

1958年11月17日

耿马土改后的一些变化情况

省委边委一处根据耿马材料整理

省委边委办公室印

1957年11月25日

耿马土改后的一些变化情况

　　耿马县土改后，遵循着省委的方针，进行全力全面的领导生产，在生产的过程中发展了大量的互助组，在条件较好的地区，陆续进行了重点试办农业生产合作社。在全国开展社会主义教育的同时，在全县范围进行了社会主义教育运动。经过1年的工作，使我县的情况发生了很大的变化，同时也出了一些新的问题，主要有如下几方面：

一、生产有了相当的发展，各族人民生活有显著的提高

　　坝区以贺派大组为例：全组共有88户360人（傣族），其中地主6户，占总户数的6.82%；富农4户，占4.55%；中农23户，占26.14%；贫农55户，占62.5%。1957年全组的生产比1956年增加17.06%，每人平均收入比1956年增加15.78元，增加了17.16%。以阶层分：贫农增产29.60%，收入由1956年78.30元增至101.28元，增加29.35%；中农增产17.24%，收入由1956年的103.46元增至117.85元，增加13.91%；富农增产13.44%，收入由1956年的100元增至132.26元，增加32.21%；地主由1956年的143.3元减至96.55元，减少46.75%。山区以安丫乡为例：共196户895人，其中地主7户，占3.47%；富农3户，占1.58%；小土地出租5户，占2.53%；中农30户，占15.31%；贫农151户，占77.04%。全乡1957年预计比1956年增产24.08%，每人平均增加了7.69元，增加23.04%；贫农增产37.49%，收入由1956年的26元增至35.48元，增加36.4%；中农增产20.68%，收入由1956年的36.82元增至43.79元，增加20.68%；富农增产23.54%，收入由1956年的54.34元增至67.13元，增加了23.54%；地主收入由93.94元减至59.64元。与此同时，农村的阶级有了一定的上升，资本主义经济因素稍有了发展，但总的说来，社会主义经济因素的增长，逐步占领了阵地。

（一）阶级上升情况

贺派大组贫农上升为中农11户（多数是下中农），由原占62.5%，降低为50%；中农由原占的26.12%，增为38.61%；富农除有意识地放下两户外，没有上升。安丫：贫农上升为中农9户，由原占农民阶层的77.04%，降低为72.45%；中农由原占15.3%，增至19.38%；富农除3户有意识放过或漏划外没有上升。

（二）雇人工借贷，较土改前减少很大

贺派长工由15个减至2个，减少86.69%；短工减少70%左右，安丫乡的短工由1200个减至300个，减少了75%。账务大为下降，贺派1957年农民向地主借款70元，占总账数的24.82%；富农借出202元，占账务数的71.62%；长老借出10元，占3.55%。其用途：盖房子142元，赊佛100元，讨媳妇30元，其余10元不明。利息经了解尚未发现。安丫的账务更少。

租佃关系，在坝区有极少数农民因为土地分得过多，无力经营（过去雇工经营，而现在无法雇用），或者吸食烟毒懒惰，将部分土地送给其他农民耕种，其条件只交公粮，不要租子，但要时有权利收回。此外一部分富农和富裕农民，过去依靠雇工经营的土地，现在无法雇到更多的工，因此将此部分土地出租，租额一般占25%至30%左右。

（三）商业方面的发展

分为两种，一种是城镇、集市和交通线的商业确有一定的发展，经商的有上层头人或宗教上层外，农民经商的比例略有增加。耿马城：农民经商的占经商户的60%，比1956年增加16.19%，资金增长了31.62%，但多数是经营食品、屠宰、土杂等；少数搞手表、烟毒，增加的主要原因是社会购买力增加。地富宗教上层经商的略有减少，但资金增大，他们的资金约占整个商业资金的69.17%，占其总资金的82.16%，他们贩烟毒、黄金白银、手表等违法走私活动。由于对走私违法的打击不力，和我们国营某些商品供应不足和某些价格上的问题，大肆违法投机。另一种是在农村的商业活动，户数略有增加，资金亦有增加，但占农村总收入中比例很少，以贺派为例，只占收入的1.15%。

粮食、红糖的黑市是有，但主要是汉族奸商和傣族在搞，少数卡瓦族富农和富裕农民也有搞的。

二、互助合作方面

土改后发展了各种类型互助组901个，入组农户8346户，占总农户的54.7%，其中长年互助组378个3355户。试办了41个合作社（傣族社12个、汉族社14个、卡瓦族社3个、拉祜族社8个、民族联合社4个），入社农户803户，占总农户的5.26%。秋前试办的15个社中，增产14个，92.4%的社员增加了收入；减产1个。合作社在这段生产活动中，在解决贫农和

一些鳏、寡、老、弱户的困难上起了很大的作用，初步显示了优越性，群众反映说："参加合作社又不受气又不忙，又不背账，又增产，入社本是'利得得'（好得很）。"

各阶层农民对互助合作抱有不同的态度：

1. 约占农民阶层60%左右的农民（占贫农阶层的70%，其中最坚定的占50%，占中农的35%），由于他们入了组或社，通过实际生产活动得到了好处，对互助合作的优越性有一定程度的体会，或由于解放后生产得到相当的发展，生活得到了不同程度的改善，从而相信党指给的道路是正确的。"跟共产党走没有走错"，对互助合作是抱"坚决走共产党指的大路"，"死也要入合作社"。

2. 占农民阶层的25%左右的农民（占贫农阶层的20%，占中农的45%），对互助合作有一定的要求，但存在着许多误解和顾虑，抱"等等瞧"的观望态度。如说"要走合作社的路，是不消说了，反正都要入合作社"，"不过嘛再看看瞧"，"我们觉悟不高，我们还是搞搞互助组好了"。

3. 占农民阶层的15%左右的农民（占贫农阶层的10%、占中农的20%），由于他们生产资料齐全，生活富裕，或者是受地富的影响以及敌人的造谣破坏的影响，他们对互助合作是不拥护甚至是反对。如说："田有、牛有、劳动力有……余粮也有卖的。何必入合作社呢？""合作社好什么，还不是'拿富添贫嘛'！""入合作社就是'老鼠领儿白帮老猫搞'。""一个人还是会发展。"

三、民族干部的成长

在295个民族干部中，党员48个，占16.41%；团员61个，占20.7%。县级4个，占县级的23.53%；区级13个，占区级的12.26%。

农村党的基层组织。全县建立了40个支部，有党员289人。其中民族党员191人，占66.09%。这批党员一般说来，土改中受到了一定的锻炼，并在入党时受到了一定的党员标准八项条件的教育，对党和为什么做一个党员有一定的认识，他们入党后工作一般表现是积极的，能执行党的政策，联系群众，为各族人民所爱戴。但因和平协商土改存在有一定的不彻底性，对党员的锻炼尚差，加之在发展工作上的某些粗糙，以及建党后具体的帮助支部、教育党员不够，因而反映在这些党员的思想上，觉悟较低，对党的性质缺乏具体的理解，阶级界限、是非界限模糊。具体表现在：共产党员、人民干部和土司头人的界限不清，劳动与剥削的界限不清，认为"当党员不如过去的头人"。工作上和生活上有的效仿头人，甚至收群众的礼，派白工，个别的说"如果地主能买，我愿出50元钱买来当"。有的请了长工，有的想买青苗进行剥削；把党的宗教信仰自由的政策错误地理解为是要发展宗教，认为当干部应该办宗教的事。有的党员不同意反映宗教和上层的情况，阶级斗争观念不强。一般地认为"土改后样样都是人民掌握了，当了家"，"地主乖乖的了"，因此对敌人失去应有的阶级警惕性，普遍地表现思想麻痹。而地主阶级和富农中的不法分子，在土改后进行反攻倒算，企图复辟，破坏农村党的基层组织和基层政权上，用软硬兼施的办法，使某些支部瘫痪无力，一部分党员思想动摇，积极性减退，使工作受到了一定的损失。

通过社会主义教育运动，反击了不法地富的破坏活动，进行了社会主义教育，80%以上的党员受到了教育和锻炼，思想上进一步划清了劳动与剥削的界限，提高了阶级觉悟和阶级警惕性，树立了前进的决心和信心，支部的战斗力亦有了显著的提高，从而密切了党与群众的联系。从目前的情况看，党员对方向道路的认识上有3种态度：一种是方向道路明确，坚决走社会主义道路，约占党员的55%左右；另一种是懂得了一般道理，但认识不深刻、不具体，对社会主义道路是犹豫或者是组织上服从，思想上不通，约占30%；三种是对社会主义道路怀疑，顾虑较多，表现不关心甚至是抵触的。

云南省红河哈尼族自治区采取和平协商方式进行土地改革条例（草案）
1956年2月26日

云南省红河哈尼族自治区采取
和平协商方式进行土地改革条例（草案）

第一条　根据《中华人民共和国宪法》第二章第五节第七十条和《中华人民共和国土地改革法》的规定，结合我区情况制定本条例。

第二条　本团结各族劳动人民及其他各阶层人民，团结教育与群众有联系的民族公众领袖的精神，采取自上而下和平协商的方式，有步骤、有分别地废除封建领主和地主的土地所有制，实行农民的土地所有制，解放农村生产力，发展生产，为过渡到社会主义创造条件。

第三条　没收领主、地主的土地、山林，并废除其特权、官租、地租、杂派和高利贷，征购其多余的耕畜（耕牛、骡马）、碾房，其他财产（房屋、农具、底财、浮财、粮食）一律不动。分配土地时，先留与农民同样一份土地，土地改革后，无劳动力者允许雇工或出租。

解放后，领主、地主所出卖、赠送、转佃、诱赎或用其他方式转移、分散之土地一律无效，其所得款项应予退出。

领主、地主解放后自己劳动开垦之少量荒地不动，并不计入其应分土地数目内。

附属官，大、中队长及农村之里长、保长，一律按其阶级成分待遇，所有为农村头人把持的公田、公地、学田应一律收回分配。

凡依靠官租、地租维持生活的领主、属官或其他头人，土改后生活确有困难者，由自治机关酌情给予补助。

领主、地主的政治权利一般不予剥夺。

第四条　小土地出租

小土地出租者的土地一般不动，但其每人平均所有土地数量超过当地每人平均土地百

304

分之二百者（例如当地每人平均土地为二亩，而本户每人平均土地超过四亩者），得酌情征收其超过部分的一部或全部。

第五条　富农所有自耕和雇人耕种的土地及其他财产一律不动。其出租之土地也一般不动，但有的地区没收地主的土地不能解决农民对土地的基本要求时，经自治区人民政府批准，得征收其出租土地的一部或全部。解放后由于群众自行抗租，土地实际已为农民占有者，不得收回。

农民和其他劳动人民解放前所欠富农之债务一律废除，解放后的债务按前政务院颁布的《新区农村债务纠纷处理办法》处理，但已自身废除者，承认有效。征收半地主式富农的出租土地，其他财产一律不动。

第六条　保护中农（包括富裕中农）的自耕土地和其他财产不得侵犯，农民内部租佃、债务、抵押、典当关系继续有效，发生纠纷时，本团结精神双方商量解决。

第七条　公田、学田、会馆田、族田等一律予以征收分配。

第八条　境内大块荒山、荒地除酌量分配一部分给无田少田的农民耕种外，一律收归公有。

大片山林不分给私人所有，但过去为农民所有或公共固定保护使用的小块山林，仍归农民所有，或公共管理使用。

第九条　凡公路、河道、护路、护堤等使用的土地不得分配。

第十条　所有没收之土地，均由乡农民代表大会统一合理地分配给无田少田的农民所有。

所有没收、征收之堰塘等水利，可分配者随田分配。不宜分配者，得由乡人民委员会根据原有习惯，予以民主管理。

乡与乡之间的土地调剂，由县人民委员会决定。乡与乡之间的交错土地，原属何乡农民耕种，即由该乡农民分配。

分配土地中，应根据需要和可能留出部分机动田。

第十一条　在原耕基础上分配土地时，原耕农民自耕土地不得抽出分配。农民佃耕土地需抽出分配时，一般应保持略高于解放前交租后的收入水平。但少数农民自耕部分已超过当地分配平均数，需将佃耕抽出分配时，也应适当照顾。

第十二条　在分配土地时，对于只有一口人或两口人而有劳动力的无田少田的贫苦农民，在当地土地条件许可时，得分给多于一口人或两口人的土地。

第十三条　农村中的手工业工人、小贩、自由职业者及其家属，如职业收入不足以维持经常生活者，得酌情分给部分土地。

第十四条　家居本区农村的烈士家属（烈士本人得计入家庭人口之内）、现役革命军人、荣誉军人、复员军人、国家机关和人民团体的工作人员及其家属（包括随军家属在内），均应分配给与农民同等的一份土地。

第十五条　外出和外逃人员，一般应分给与农民同等的一份土地，由其家属或由乡人民委员会代管。外出为匪者，原则上也分给一份土地，由乡人民委员会代管，并争取其悔过自新。

第十六条　分配耕牛、骡马时，凡缺乏耕畜的贫苦农民，应尽可能予以照顾。

第十七条　对人口较少的民族（如苦聪、曼大等），由自治机关扶持就地发展生产，逐步定居下来。如附近土地较多，在分配土地时，则应适当照顾，分给部分土地，组织他们定居生产。

第十八条　全区所有的武器，统由自治机关登记管理后使用。具体办法另定之。

第十九条　为保证本自治地方和平协商土地改革的顺利实行，在土地改革期间，各县应组织人民法庭，对破坏土地改革、妨碍民族团结等行为，应以反革命分子论罪，但严禁乱捕、乱打等现象。对杀人、纵火、投毒、暴乱现行罪犯，应立即逮捕，依法惩办。

第二十条　划分阶级的标准，应根据前政务院所颁布的《关于划分农村阶级成分的决定》进行划分。划分阶级的实际一般以1950年为标准，向上推三年，并适当参照解放后的变化情况，划定阶级成分。

第二十一条　在土地改革期间，各县、乡成立土地改革和平协商委员会，协商土改中的各项事宜。乡成立农民代表会及常委会，执行土地改革的各项事宜。

上述两种机构均在人民政府领导下进行工作。土地改革工作统一由县以上国家机关派干部领导进行，不得自行改革。

第二十二条　为保证和平协商土地改革一切措施符合大多数人民的利益和意志，各级人民政府必须切实保障人民的民主权利。农民及其他代表在各种会议上，有自由批评、检举一切工作人员的权利。

第二十三条　土地改革完成后，由县人民政府颁发土地所有证，原有土地契约一律作废。

第二十四条　本条例经自治区人民代表会议通过，报省人民委员会核转全国人民代表大会常务委员会批准施行。

中共元阳县委对第一批 39 个乡和平协商土地改革的总结报告

中共元阳县委土改办公室总结报告

主送：报地委、边委、边委土改办公室

　　　　发各乡工作组

抄送：金平、红河县委土改办公室、云南日报社

元阳县委土改办公室

1956年8月2日印发

中共元阳县委对第一批 39 个乡和平协商土地改革的总结报告

第一部分：情况部分

一、遵照省委及地委指示，要求我县必须今年秋前完成改革工作。几年来，通过团结、对敌的工作，全县社会秩序已安定，民族关系正常，培养了一批当地民族干部，特别是内外的胜利形势给各族人民很大鼓舞。群众迫切要求土改，民族上层亦于大势所趋，人心所向，不得不表示同意改革。这就为我们开展土地改革创造了有利条件。

根据我县情况，县委作了规划，整个改革工作共分两批进行。第一批即一、三、四区共40个乡（留下1个苗族乡外，实际开展39个乡），占全县75个乡的52%，面积计2200余平方公里，位于县之东部，呈长方形，大小453个自然村，共19465户89649人，占全县总人口的55.72%，为哈尼、彝、汉等民族的杂居区。其中哈尼族7864户35660人，占一批改革区总户的40.04%、总人口的39.78%。彝族3580户15728人，占总户的18.39%、总人口的17.54%。汉族4589户21103人，占总户的23.58%、总人口的23.54%。傣族914户4282人，占总户的4.5%、总人口的4.78%。苗族468户2499人，占总户的2.4%、总人口的2.73%。瑶族611户3664人，占总户的1.6%、总人口的4.09%。卜拉族391户1779人，占总户的2.01%、总人口的1.77%。老乌族757户3750人，占总户的3.89%、总人口的4.18%。土老族153户582人，占总户的0.79%、总人口的0.65%。姆机族94户414人，占总户的0.48%、总人口的0.46%。沙族45户233人，占总户的0.23%、总人口的0.26%。越南族1户2人，占总户的

0.01%、总人口的0.002%。回族1户4人，占总户的0.01%、总人口的0.004%。

划阶级后，3个区共划地主741户5381人，占户口的3.81%、占人口的6%；富农579户4266人，占户口的2.97%、占人口的4.76%；中农5432户28718人，占户口的27.9%、占人口的32.03%；贫农7962户35201人，占户口的40.9%、占人口的39.72%；雇农3898户12836人，占户口的20.03%、占人口的14.32%；小土地出租223户859人，占户口的1.15%、占人口的0.96%；贫民148户456人，占户口的0.76%、占人口的0.51%；小贩35户107人，占户口的0.18%、占人口的0.25%；小商42户225人，占户口的0.22%、占人口的0.25%；其他（手工业、游民等）408户1601人，占户口的2.09%、占人口的1.78%。

为保证第一批改革的顺利进行，县委分别于1月下旬及2月中旬集训二批土改工作队。参加第一批改革的干部共计576人，当中包括地委党校来的计112人、民族工作队225人、小学教师55人、县属各机关158人；区以上干部88人（县级6人、区级82人）；党员129人、团员125人，党、团员占干部总数44%。本地民族干部253人，占干部总数43.92%；外地民族干部90人，占15.63%；参加过土改的76人，占13.19%。干部的摆布按乡的情况，大乡在20人以上，一般是15至20人。

工作的进展上，县委为取得经验，指导第一批的改革工作，选择了一区基础较好的团结、水普龙两乡重点先走一步，两个重点是2月5日开始到5月10日止，共历时96天，随后即铺开一区14个乡，是2月29日开始到5月20日结束，共历时82天，县委直接掌握到乡。三、四两区由于地区辽阔、路途较远、交通不便（距县指挥部270余华里），为便于领导，县委分别组成两个领导小组，以区设片领导两个区的改革工作。两个区25个乡，是从4月5日正式铺开到6月25日结束，历时82天（尚留下一个苗族乡未改革）。

二、在上级党的领导及边委的亲切指导下，县委并较正确地贯彻执行了"慎重稳进"的方针及和平协商土地改革的政策与做法，因而保证了工作的顺利开展。运动一般是稳健的，基本上达到了和平协商土地改革的目的和要求。

1. 从经济上消灭了封建地主阶级的剥削制度，改变了地主的土地所有制为农民土地所有制，解放了农村生产力，农民获得了发展生产的条件。3个区39乡共没收了地主的土地16120613斤，征收了富农的2704531斤，小土地出租392263斤，公、学田等共806939斤。没收地主的大片的森林4564亩、768片、36325棵，竹棚3392棚，其他经济作物草果33亩，茶果19亩、225片、32512棵，其他924亩、25164棵。征购耕牛1150条、马849匹半、碾房117张，付出人民币24039元。废除地主及富农解放前的债务人民币33420.19元、谷子1226429斤、半开260525元。地主退出了解放后（1950年起）非法出卖土地、诱骗农民取赎田地所得款项人民币95599.61元，占应退出款数219579元的43.54%，摧毁了封建地主阶级的经济基础。分配结果：河坝区（万汉等乡）每人分得900斤到1400斤产量的土地；半山区除新街、石头寨等乡系由外乡抽出支援，分配数为250斤到380斤外，最低是450斤

（个别村），高的到900斤，一般是500斤到700斤，已基本满足了贫雇农民的土地要求。

土改前后各阶层土地占有情况是：地主土改前占有土地19465500斤，占田地总数的31.23%，每人平均3617斤，土改后占有3301728斤，占总数的5.13%，每人平均614斤；富农土改前占有土地6115432斤，占9.81%，每人平均1434斤，土改后占有3735403斤，占5.8%，每人平均876斤；中农土改前占有土地19706721斤，占31.62%，每人平均686斤，土改后占23193739斤，占36.02%，每人平均为808斤；贫农土改前占有土地13079464斤，占20.99%，每人平均372斤，土改后占土地24610695斤，占38.23%，每人平均699斤；雇农土改前占2338932斤，占3.75%，每人平均182斤，土改后占8240249斤，占土地12.8%，每人平均642斤；小土地出租土改前占833662斤，占1.34%，每人平均971斤，土改后占527933斤，占0.82%，每人平均615斤；其他土改前占635908斤，占1.02%，每人平均397斤，土改后789232斤，占1.23%，每人平均为493斤。公田土改前占148074斤。并从地主退出的款中抽出一部购买耕牛、锄头、犁铧、镰刀等农具分给缺乏农具的农民，牛马一般3户分到1头，农具看其主要缺乏哪样分给一件，其余款分给贫困农民作生活垫扎，基本解决了一大部农民的畜力及农具问题。改革后，农民生产情绪很高，农村出现了新的气象，普遍组织起来进行团结生产，一般提前了10天左右的栽插时间，为今年增产打下基础。

2. 通过改革比较充分的发动了群众，群众发动组织面已达90.59%以上（成年人口为45109人，发动数43404人）。如芭蕉岭乡发动数为1839人（男934人、女905人），占农民成年人口（2085人）的88.2%。在改革的每一阶段中，都反复地贯彻了群众的政治思想发动工作，经宣传教育后，农民阶级觉悟有显著提高，划清了阶级界限。认识到"过去生活不好的穷根不是命不好，是地主阶级的压迫剥削"，普遍认识到"不土地改革，不消灭地主阶级，不能过到社会主义社会"。划阶级后，农民自觉地不与地主说话来往，如多依树小土司李如芝（地主）解放前农民叫她"阿皮索马"（阿奶母官），1953年当了联防主席（统战），叫她"阿皮李主席"，现在农民叫她"地主李如芝"了，明确地分清了敌与我。划阶级中有的姑爷告发老丈人，放下情面，有的农民说："只认阶级，不认亲戚"，有的老长工已离开地主家自己居住了。在农村树立了贫雇农的优势，从政治上打垮了地主阶级威风。过去在路上是农民让地主先走，今天是地主让农民先走。政权武装已进一步纯洁，已掌握在农民手中，建政后农民体会到"真正是贫雇农当家作主了"，如一个农民（白里科）检讨了他在划阶级中，因为他认为"今天协商一下（指地主）以后还是要选他们当干部"，所以在协商地主后到地主家去说："不要认真，本来我不想提意见，是工作同志叫提。"他说："过去这样做不对啦。"

在群众发动的基础上，39个乡共缴出各种长短枪353支、子弹7662发、手榴弹250枚、炮弹22枚。

3. 在改革中培养和锻炼了一批乡村干部和积极分子，并发展了党、团员，建立了党、团支部，疏通了党和群众的关系，建立农村政权和民兵武装。39个乡共培养正副乡长、文书118人，乡人民委员及各种委员以上干部2702人，其中贫农1426人，占52.78%；雇农693人，占25.65%；中农583人，占21.58%。现共有积极分子5013人（男3523人、女1490人），其中雇农1349人，占26.91%；贫农2802人，占55.89%；中农856人，占17.08%；其他6人，占0.12%。建立了民兵武装，吸收民兵3897人，编为39中队140分队382小队，其中贫农1970人，占50.55%；雇农800人，占20.55%；中农1127人，占28.98%。

39个乡发展党员462人，男405人、女57人；雇农118人，占25.54%；贫农241人，占52.16%；中农40人，占8.66%。建立39个党支部，发展团员906人，男650人、女256人；贫农479人，占52.9%；雇农302人，占33.3%；中农121人，占13.3%；贫民3人；小贩1人。新建青年团农村支部41个。

并吸收了一批成分好、政治历史清楚、觉悟较高、作风正派、工作积极、有培养前途的积极分子240人参加土改工作队，准备参加第二批的改革工作，再通过第二批改革工作的锻炼和考验，即可将他们吸收为正式干部。这不仅使工作队增加了大批的民族干部，有利联系各族群众以及发动各族农民，而且亦是培养民族干部的重要方法，也为培养提拔一批民族干部打下良好基础。

4.改革后，增强了各民族之间和民族内部的团结。由于农民提高了阶级觉悟，认识到了"天下农民是一家"的真理，过去很多不团结的事，自然得到解决。各乡都召开了团结会，一区14个乡召开了近万人的团结大会，进行互相赠送田地、牛马及款项、锦旗等，对农民是一次活生生的阶级团结教育。特别是赠送田地、牛马等给高寒山区的苗、瑶少数民族，他们感动很大，如尼姑铺的哈尼族赠送10余万斤田给毛草坡的苗族，全村男女老少都穿上新衣，还跳着芦笙舞来欢迎哈尼族农民，他们感动地说："苗族过去吃苞谷、荞子，吃米是过年过节或者老人病了煮点稀饭吃，不是毛主席、共产党哪里有这样的日子？苗家今后有田种了。"并认识到过去的不团结"是剥削阶级压迫挑拨的"。

由于我基本上正确地执行了和平协商改革的政策与做法，也进一步地团结与教育改造了民族上层，顾虑相当久的土改关已过了，通过改革体现了党的政策，他们感到共产党的政策是宽大，有的反映说："照我们的罪，杀也是应该，就是政策宽大。"改革后表现更加靠我，这说明了只有在充分发动群众的基础上，才能做好统战工作，进一步稳定上层。39个乡的改革工作是稳定的，始终未发生严重的乱子，也未引起非改革区的震动和恐慌，这是良好的。

三、但是，由于我们政治觉悟不高，政策思想水平低，表现在新的工作面前又无经验，仍存在着一些问题：

1.在执行"依靠贫雇农、团结中农、中立富农，有步骤、有区别地消灭封建剥削制度"的农村阶级路线上，依靠贫雇农的思想是较明确的，但我们思想上仍存在着较朴素的阶级观点，表现在坚决地团结中农上是个问题，有的乡在运动一开始的扎根串连中，就表现了对中农的排斥、关门的倾向。我们对贫雇农民也教育不够，他们认为中农"是够吃的"，所以在某一段时间中把中农关在外面，不串连，以致如芭蕉岭乡的计且村出现中农写申请要求参加农民小组，有的主动找农民或工作队坦白交代历史，到建政阶段对安置中农的干部一般都感到不好安插，如团结乡在农代常委会中就没有一个中农参加，建政后，9个委员只有1个是中农，中农应占1/3的原则是照顾不够的。一区退款中，对中农利益多少照顾不够，这给我们在今后的互助合作中团结中农上将带来一些困难。

2. 正确无误地贯彻执行和平协商改革的政策上仍是不够的。在执行中左右摇摆性很大。一方面表现在划阶级中，有的乡没有严格地遵守控制在协商小组上，较朴素的阶级觉悟，任之农民出气，这主要还是干部思想上的急躁情绪所支持，普遍过急，如洛铺乡把45个人的第一次族代会，扩大到1700多人的群众大会。石头寨、大坪把协商会扩大300多人及120多人的群众会，若果把握不好，容易出现问题，敌人也容易钻空子，出了乱子，影响那就难说了，干部反认为"这样做对群众教育大"，这是对党的政策没有足够领会。有的对群众发动不够，材料掌握不充分，协商中大轰大雷，吓唬一下叫"不老实""不坦白"等。有的重于揭发政治罪恶，算经济剥削账不够，农民气愤，有用刀、枪、绳、石头子威吓的，有的叫地主跪下等失策现象。更严重的是有的乡我们的干部不去好好发动群众，群众不敢揭发，干部就跳出来把枪指到地主头上，出头露面，包办代替群众去斗争，这是既不策略，而是严重失策的笨办法。在执行征购耕牛等的价格上，单纯的经济观点，不考虑影响，执行结果一般只是10%，有的是5角买1条小牛，总想整一下的左的急躁情绪。

另一方面是对和平协商改革本身仍是一场尖锐、复杂的阶级斗争认识不足，干部思想麻痹，对敌人的现行破坏打击不力，以致造成了人民生命财产的严重损失，计敌人暗害死3人、伤1人，这是右的倾向。从一区改革结束后，出现有的地主反攻破坏，气焰仍较嚣张，有的打击农民小娃，有的向农民要田，有的拔掉农民种的庄稼等等事实，正说明了如省委指出的"由于和平协商土改本身的特点，不能不存在一些遗留问题"，也说明了阶级斗争的尖锐。这些问题，还需要我们在今后的互助合作等工作中进一步求得解决。

3. 在统战工作上，一般都由于急躁思想的支持，对民族上层与地主、少数民族地主与汉族地主，策略的区别对待不够，认为"反正都是地主"，所以都挨协商，没有很好地做好对敌对阶级的分化瓦解工作，以达改变某些阻力为助力，缺乏和平协商改革的高度策略思想。

4. 在整个改革工作中，绝大部分同志是在积极地，艰苦踏实地完成党所交给的任务，但仍有一些同志对工作不够安心，闹个人问题。严重的是在这样紧张繁忙的改革工作中，有的竟丧失了社会主义的积极性，不考虑党的工作，斤斤计较个人得失，违法乱纪，发生不正常的男女关系，有的与自新匪之女人发生卑鄙的通奸行为。这不仅不能搞好党的工作，而且造成党的威信和事业的严重损失，为教育全体同志，已分别作了处理，给应得的处分。

第二部分：各阶段的做法和教训

甲、第一阶段

这一阶段主要是广泛宣传土改的意义与政策，深入扎根串连，初步组成农民队伍（除个别乡串连农民只占农民成年人口的20%多到30%外，一般已串连到40%），教育与稳定上层地主。历时15天。其主要的工作与教训是：

一、广泛深入地宣传土改的合理性、正义性、必要性与和平协商改革的积极意义

在运动开始时，由于领导思想对一切必须服从以土改为中心的这一指导思想不明，干部初下去，布置一区的工作提出"以生产为中心，土改为动力"的精神，对第一步工作布置不够具体。因此，工作队缩手缩脚，只敢宣传生产，不敢大胆地宣传土地改革，工作进展不大（拖延时间将近1月），而群众是迫切要求土改，农民产生怀疑，使我们了解不到真实情况，接近不了群众。如有的群众反映说："这批工作队不是搞土改的，是搞生产的。土改的人还在县上（县上在集训第二批干部）没有下来，等土改队来再反映情况。"懂汉语的农民由于不了解工作队的来意，问到什么，只回答"麻血仰"（不知道的意思）。三、四区也是如此，到自治区及县以上开会的代表，返回作了一些宣传，而干部不敢宣传，所以宣传工作搞得不深不透，各阶级思想较为混乱。县委发现后即召开了一区组长会，同时布置三、四区，立即作了扭转，展开大力的宣传教育工作，以发动群众。

大力地展开宣传土改后，贫雇农民欢欣鼓舞，有的反映说："心肠也等冷了，今天好生实现。"情绪很高，说"等几年啦！今年实现了"。同时并宣传搞好团结，搞好生产，创造条件迎接土改。有的农民如团结乡提出保证3天把所有的田犁耙好，迎接土改，街子也不赶。有的问工作队："同志，我们哪条还不够，告诉我们还差多点，好努力。"但仍存在很多思想，贫雇农民有打乱平分的思想，说："好坏一个分点。"中农怕把自己的分出去，情绪低落，反映说："搞哪样生产，田还不知分给谁呢？等土改弄清后，再好好生产。"怕打乱平分或划成地主、富农。

根据以上情况，各乡分别召开了族代会、积极分子、青年、妇女等各种会议，通过揭发地主阶级剥削农民，造成生产落后、生活极端贫困的罪恶，说明土改的合理性、正义性，应全面地交代和平协商改革的政策，以稳定各阶级情绪和鼓舞农民的积极性，将群众思想引导到对地主阶级的仇恨上，为组织广泛的反封建统一战线做好思想动员工作。在宣传工作上，应具体宣传：

在宣传土改的正义性与合理性时，必须说明土改的必要性。有的农民因解放后抗租、购田、匀田，现在都有点田种，如说："现在家家都有点，改不改都得。"特别是上升较快的农民（相当中农），自然感到"没有改场"，所以必须说明抗租、匀田等，土地占有仍是不合理，许多贫困农民仍缺乏土地或没有土地，而地主仍占有较多的土地，说明虽抗了租，土地所有权还是地主的，地主还未交出田纸契，土地还未固定下来，大家还不安心生产，特别是强调土改的政治意义，说明土改不仅是分田，还要发动群众当家作主、掌握政权武装等。

要宣传交代和平协商改革的方式，就是向地主阶级进行说理说法的斗争，地主服从政策法令，交出土地，就"不关、不打、不杀"，假如进行破坏就要揭发、批评、监督、制止，严重的反革命现行破坏活动（纵火、凶杀、放毒、暴乱等）就要依法惩办（按法律手续与法律程序交公安和法院机关给以应得惩罚），让农民充分掌握党的政策，如有的农民认识到"和平协商改革是不关、不打、不杀，若果不听话，就要斗争，用政策斗"。在宣传为什么采取和平协商方式进行改革时，说明由于国内外的胜利形势、祖国的强大与群众的拥护，可以采取和平协商的方式制服地主，完成土改的任务，说明有利民族团结，有利对敌斗争，有利分化瓦解地主阶级，是符合农民的目前与长远利益的，不然有些出气思想，说："不杀两个，出不了气。"宣传后，有的农民自动起来站岗放哨，监视地主的破坏。

要具体地宣传和平协商改革的政策。在宣传后，一般还是认识到"要坚决执行党的政策"，但接触到具体问题时，仍有一定的抵触情绪，表现在不挖底财、不分浮财、征购耕牛等具体政策上。有的说"我不同意"，提出"房子要分、布要分"，有的说"不分底财，二日地主还会剥削我们"，有的说"改革不但分田，还要分牛马财产"，等等，所以在解决农民思想问题时，应珍贵这种群众朴素的阶级觉悟，避免打击其积极性，应先肯定农民的要求是十分合理的，说明这些东西是他们剥削去的，按理应退还农民，然后再引导农民从大处看，说明这样做的目的是为了民族团结、对农民发展生产有好处的道理，把党的政策和农民长远的利益结合起来，这样才能解决他们的思想。如团结、水普龙两个重点的农民，经教育后，认识到"我们要按党的政策办事，如果做不好，会影响其他的乡"。这些具体政策开始时只能求得初步解决即可，因为只有逐步地提高群众觉悟，提高骨干的政策策略水平，才能逐步解决，过多地涉及到农民内部、分配等具体问题，不仅不能解决，而且纠缠不清，还会影响骨干情绪。

在贯彻政策中，要有意识地在群众中，尤其是骨干和积极分子中进行策略的教育，交代他们如何协商，如何区别对待，将其朴素的阶级觉悟启发提高到掌握党的政策的策略水平上。这样做是有利分化瓦解敌人，减少改革阻力，是为了群众利益，并且在实际工作中，坚持"事先和骨干商量，事后总结提高"，这样收效就大。有的在宣传政策时，交代不清，所以出现在协商会议上不够策略，如说"地主、富农、中农剥削我们"，阶级界限还划不清，所以还必须进行劳动与剥削的界限教育，打铁、打银子及农民内部的互通有无、换工互助等不应视为剥削。

二、显示农民力量，贯彻和平协商改革的政策与做法，教育与稳定上层地主。宣布土改以后，上层、地主表面赞同土改，内心顾虑重重，有的拉拢农民，送地、送东西，或叫到他家喝酒吃饭，有的分散藏东西，普遍地不搞田地。个别顽固的还有破坏，如三区龙绍和（地主）把秧田中的水完全放干，破坏生产；一区白继光（小土司、地主）工作队初下去，还放我工作队的哨，打听我之消息。有的睡不着，一夜吃大烟筒；有的怕斗，装好大烟，万一农民斗，吃了自杀。过去政治罪恶较多的自新匪等，惶恐不安，有的拉拢地富和落后群众密会，散布谣言，曲解政策，威胁群众，破坏改革，如四区庞大（瑶族公敌）煽动群众大砍森林，威胁不准接近我工作队（群众自行捕起，送交政府）。

因此，在广泛宣传土改意义与政策的基础上和深入扎根串连发动群众的同时，要做好上层、地主的教育与稳定工作。我们的具体做法是，除了召开上层、地主座谈会，根据其思想顾虑，讲土改的正义性、合理性，交代政策指明前途，并做适当的批评教育外，还召开族代会，成立土改协商委员会，把有代表性的上层、地主安为副主席及协商委员，以达稳定。在族代会与协商会上，事前做好农民代表与靠我上层的工作，在会议上组织发言，先让农民代表理直气壮地揭发地主阶级的剥削罪恶，说明改革的正义性、合理性，并交代政策，指明前途，后由靠我上层、地主检讨剥削不对，批判顽固地主，表示赞同改革，遵守政策法令。这样做群众发动起来，敢监督地主其嚣张气焰和顾虑，在群众的压力下，才较为安定，看到了党的政策。团结、水普龙两个重点是先召开农代会，成立农代常委会，第二次族代会再成立协商委员会，第一次族代会只作决议，宣布改革，走的方法不当。

有的乡在这一工作上，事先没准备好农民与地主的工作，就召开族代会，所以农民有失策的现象，当场轰叫起来，使地主慌张。有的地主在会上洗清卖白，没有起到发言的作用。有的乡干部生怕农民走火，农民发言中一揭发到地主的政治罪恶，即加以制止，影响群众情绪。更多的是干部思想上的急躁情绪，如洛铺乡原计划召开45人的第一次族代会，扩大到1700多人的群众，无控制地就这样开了，在会上地主顽固，农民就揭发，喊起口号来（工作队布置的），形成斗争，致使会后，地富恐慌，有的把金子、半开拿来交。第二天阿俄村的农民回去说："我们没有地主，拉个富农来协商。"当晚就叫了两个富农、一个中农来坦白，群众作了揭发（主要是政治罪恶）。县委发现后，立即发出通报，制止了这种左的急躁情绪。

另外，在开乡的族代会时，只宜大会发言，不宜把地主、农民编成小组讨论，结果会出两种偏向，一种是群众纷纷发言，地主低头不说话，容易走火；一种是地主洗清卖白、诉苦，群众情绪低。因此，在第一阶段农民与地主碰头的场合下，不搞小组讨论，而以大会发言为宜。

三、扎根串连发动群众。扎正根子是开展串连、组织农民队伍的基础。干部初下去时，由于思想不够明确，宣传工作亦是一般化，作风深入不下去，飘在头上。已建过政的乡，认为基础较好，扎根问题不大，跳不出旧干部的圈子，水普龙把干好几年背马的乡长一直不放。或者有的是只看表面，有的乡把表面上会说会讲的招霸儿子扎成根子；有的乡我工作队住处不当，如多依树，干部下不去，仍住在土司的大瓦房中，每天出去了解情况，一样也了解不到，群众顾虑，明明懂汉话，但是干部问什么，都说"麻血仰"，不敢接近工作队。

县委指出，作了检查扭转，住房不当的，要掉换，作风不深入的要深入下去，强调与群众共甘苦，同吃、同住、同劳动，建立感情，发现苦人，扎正根子，稳妥地开展串连工作。此后干部作风有些扭转，有的亲自深入田间与群众共同劳动，深入访贫问苦，慢慢地各乡都先后扎正根子，开展串连。

在扎根串连中，几个问题的教训是：

1. 在串连中应本"先严后宽""先积极而后落后"的原则。有的乡对这一精神领会不足，把"先严后宽"领会成先少串几个，后再多串几个，或者先贫雇（这是对的）后中农，这样就把下中农的先进分子也不串连，这是不对的。结果缩手缩脚，农民队伍得不到扩大，发展缓慢。

2. 对旧有的干部和积极分子，我们认为在解放几年来，在团结生产、对敌斗争中已培养了一批成分好、历史清楚、作风正派、忠心拥护党的干部。这是一批可依靠的力量，但仍有一大部分不纯，所以在扎根串连中必须正确地处理好。在宣传教育的工作中，就应结合翻查历史、成分、社会关系、群众反映等，可以依靠的应依靠，同时又要跳出旧干部的圈子，培养新的骨干。如水普龙乡的乡长干好几年背马，在群众中才了解出来，先是一直认为出身好（贫农）舍不得放，群众不敢反映什么，以阻碍着新的骨干的生长（后作扭转）。

3. 串连中的一些问题。如对中农的串连问题，农民认为"他们是够吃的"，所以在某一段时间内，有对中农的关门、保守倾向，少串或不串中农，以致形成中农写申请向农民及工作队坦白历史等现象。另外，对有一些小缺点的人不串，认为这些人不好，不从阶级本质上看问题。麻栗寨乡出现四不串的现象，即同姓不串，怕别人说包庇；妇女不串，认为妇女落后；历史上有问题的不串，这些人不好；有缺点的不串。所以他们在只串连到占农民成年人口的20%左右时，就叫串连不下去了。只有很好地解决了这些问题，才能壮大农民队伍。

4. 必须认真地教育发动妇女。我们必须认识作为占人口一半以上的妇女，这是土改中不可缺少的一部力量。在整个改革中坚持男女一起发动，同时因妇女受苦较深，所以必须再加一把油才能把妇女发动起来，积极参加反封建的斗争。

5. 在串连的方法上，应坚持思想发动、以贫串贫、以苦引苦的方法，做到一批一批地发动，串连一批，巩固一批，保证串连的质量。有的乡有些走过场，串连形成约来开会，以后觉悟不高，有被地主拉拢的。

6. 串连后的教育问题。不要只单纯搞诉苦教育，结果有些农民感到"说完了"，没有诉场；有的就不严肃，别人诉苦，有人在旁边笑。启发了阶级觉悟后，应紧接着进行党的政策教育，特别是骨干要把觉悟提高到策略水平上。

7. 串连后，组织工作要跟上去，进行适当的编组，同时要注意到父亲与儿子、公婆与媳妇不要编在一处，不致互相拘束，影响发言；夫妻考虑如小孩多，一个背一个来开会，可编在一组。另外编的组不宜太大（有的到30人一组），人数多难以活动，以8人至15人为宜。

在串连占农民成年人口的40%左右时，即应召开农代会，成立农代常委会，组成反封建斗争的指挥部，以领导好反封建斗争的队伍，准备转入二阶段的战斗。

乙、第二阶段

这一阶段主要是分清敌我，扩大队伍，有领导、有控制地展开划阶级斗争。历时16天。

其做法步骤是：先划地主，后划富农，再划农民内部。划地主的办法是做好两头工作，充分掌握材料，排好队，根据先易后难的原则，在村的协商小组会和乡的协商会上划定。划富农的办法与划地主有所区别，在农民与富农中分别酝酿好后，经过村的协商小组会划定即可。划农民内部的办法是先交代政策、标准，讲划阶级意义，充分酝酿，开好家庭会，然后在农民小组中自报公议，农民小组评定（地富都不参加）。其主要的经验教训是：

一、进一步提高阶级觉悟，扩大农民队伍。划阶级是个深入发动群众的过程，是整个土改中最尖锐、复杂和有决定意义的一场战斗。只有进一步发动群众与地主阶级划清界限，壮大农民队伍，孤立地主，才能保证划阶级工作的顺利完成。这一步的工作是：首先召开农代、族代、青、妇代等一系列的会议，广泛深入地宣传划阶级的意义、标准、政策，应做到家喻户晓，以进一步提高群众觉悟。在划阶级前，3个区以片分别召开农代会，在会上总结一阶段工作，肯定成绩，进一步学习和平协商改革的政策，交代划阶级的意义、标准、政策等，并统一布置，扩大农民队伍与划阶级的工作。紧接着宣传教育工作，为纯洁农民队伍，县委布置了"四查"工作（查觉悟，与地主划清界限没有；查队伍，有无坏人混入；查对和平协商改革政策的认识；查队伍壮大没有）。各乡查队伍的结果，农民队伍中有觉悟不高，被地主拉拢收买，还没有与地主划清界限的"上当户"。有的如百胜寨陈安村小寨，因工作粗糙，才开始划阶级，农民就串连达到占农民成年人口的95.9%，发现有不纯分子、土匪，扛过好几年枪的，有血债，也有富农混入农民队伍，有的根子还有问题等都串连进来。通过四查后，农民提高了觉悟，说"过去觉悟不高，现在知道这些人是坏人"，检查后根据情况都分别作了处理，属于觉悟不高的作教育，有问题的都作了清洗，进一步纯洁农民队伍，为划阶级的战斗做好准备。在农民觉悟进一步提高的基础上，然后各乡以农民小组为核心，广泛吸收未被串连的农民参加（只要不是反革命）酝酿划地主，通过摆材料，讲事实，全面地揭发了地主阶级的罪恶，使广大群众又一次受到较深的阶级教育，对未串连的落后农民也是一个很大的启发。通过上述一系列的工作，以提高未串连农民的阶级觉悟，并经过农民小组审查，吸收一批参加农民队伍。

二、有领导、有控制地展开面对面的说理斗争。划地主阶级，实质上就是有领导、有控制地向地主阶级进行面对面的说理斗争。经过交代政策、指出前途、酝酿试划后，大部地主表面承认剥削，承认阶级，但不说其具体剥削事实。有的儿子推给父亲，妻子推给丈夫，活人推给死人，或推给国民党政府，说："因为老蒋不好，我们也剥削。"或者说记不清了，东拉西扯，不承认自己的剥削罪行。有的笼统地说"不要说三把尺，四把尺都够了（敲磕群众）"。有的事先工作做不够，问他是什么阶级，他胡说："我是剥削人民的阶级，向人民低头的阶级。"部分地主强调有劳动，只承认"富农"或"劳动地主"。个别地主划阶级后还说"我的不合"，顽固不承认。因此，没有群众一定的压力，放手让农民代表和地主面对面地开展说理斗争，就不可能划倒地主，打垮地主政治威风。但是，既然要采取和平协商的办法划阶级，这就不能采取大规模的群众性的斗争形式，这就必须有领导、有控制地进行说理斗争，而且要讲求斗争策略。划地主的办法与体会是：

1.事先召集骨干、积极分子会议充分酝酿，收集与掌握地主的材料，并同时分别在地主与农民中酝酿试划。有的乡由于作风粗糙，对收集掌握地主的材料不够，揭发时大轰大雷，和平协商的气氛不足，只是叫"不老实""不坦白"；有的乡有错划现象，应该用真凭实据的材料划倒地主，口服心服。

2.把协商划阶级向地主进行面对面的说理斗争约束在村的协商小组与乡的协商会议上（村的协商小组，地主全部参加和相应的农民代表参加，并吸收熟悉地主情况的老长工、农民参加），并可采取重点先行，带动全面。有的乡由于干部思想的急躁情绪所支持，没有严格地遵守控制在协商小组上，石头寨乡扩大到300多人的群众大会，大坪乡扩大到120多人，形成大会斗争，干部认为怕划不倒地主，也对群众教育，若果掌握不好，容易出乱子，但是，如石头寨乡的地主有这样的说法："上吃窝尼、下吃摆依，若嫌不够还有傈僳居（家）。"佃户都在上半山，和河底傣族、本村的农民对其具体的剥削事实不了解，一揭发就追到政治罪恶，研究决定把洛铺、五邦两乡的佃户叫来组织"联合协商"，事先做好教育布置工作，其效果还好，地主划垮了，也加强了哈尼、傣、卜拉等族农民内部的团结。

3.坚持不关、不打、不杀、不揭发反革命组织。讲道理、摆材料，使地主在事实与法理面前理屈词穷，不敢不承认剥削，承认阶级。同时，对地主坚持"事先打招呼，事后教育"的办法，以免揭发到政治罪恶时，恐慌害怕，波动太多。有的乡农民策略水平不高，揭发到罪恶时，气愤，地主顽固，产生有的乡叫地主跪，有的用枪、刀、绳子、石头子威吓，有的把拳头夺在头上，有的群众发动不好，不敢说理斗争，干部出头露面的或把枪拔出来，指在地主头上，代替群众斗争，普遍过急，出现失策现象。

4.注意讲求策略，区别对待。划前将地主排一下队，对表现好的小地主，有意放过，对顽固的较大地主在其孤立后就集中揭发其罪恶，而且做好靠我上层、地主工作及地主子女工作，使他们亦起来揭发批判顽固地主。这一点做得好的乡，在协商小组会上，坐一棵板凳的地主也互相揭发。

5.一般都注意了民族团结。本民族农民主要揭发本民族地主，不要提到民族间互相歧视的言语，如"死窝尼、死苗子等"，如发现偏差，及时在骨干与群众中进行教育。这样做的结果，一般偏差不大，进展还顺利，不仅教育了地主，通过划阶级，有的说："按我的罪，杀也是应该，就是政策宽大。""农民说两句，我们压迫他们多少年。"使他们看到和平协商的政策，打垮了地主的政治威风，而且锻炼了骨干。

划富农是分别在农民与富农中交代富农政策标准，酝酿成熟后，召开村协商小组会，协商划定。应与地主区别对待，不揭发，少揭发，个别顽固的经反复协商（用事实算倒），承认阶级即可。大部分乡在转入划富农时，因刚划完地主，交代政策不够，还是很不够策略。如万漠乡热水塘村一天之内中午划完4个地主，又接着划5个富农，所以仍用划地主的办法对待富农，还是叫"低下头来""挨轰"。

划农民内部的问题：应首先进行劳动光荣、贫雇中农是一家的教育，批判穷光荣和怕当中农的思想，然后召开家庭会议，普遍酝酿，并注意做好个别怕当中农户的工作，培养好典型，开始自报，若果不合的，农民提出意见，应划什么。由于酝酿较成熟，划时进展顺利，无甚偏差。有的也出现将解放后上升的划为中农，发现后已作了纠正。

三、划阶级中的几个问题：

1.有的乡出现地富面划的大。如胜村乡地富占9.69%，万漠乡的富农就占6.3%，布置作了检查，已作纠正。

2.已出现了错划阶级的现象。一种是界限不清，不认真学习关于划分农村阶级的政治标准，有的把雇工剥削分量算多，有的是劳动与附带劳动的界限不清；另一种是干部作风不深入，材料掌握不好，如大坪乡把一个苗族，生活较好，拉来划地主，划不下去又去划富农，富农亦划不下去，实际只能划成中农。有的是临时要划，还提着算盘在打剥削分量够不够；有的把富裕中农拉来划富农，划不下去，只有宣布散会。再一种是干部、群众思想都想"多划几家地主，多分田"，有的把小土地出租划成地主，有的想搞耕牛，把富农划成半地主式富农。还有一种是有一些政治罪恶的，就是剥削分量不到的亦划成地主或富农。

3. 关于划小土地出租的标准。原边委指示是按每户12000斤产量计算，省委批复后，又以每人800斤计，若超过此数者，参照其解放前后的情况划为其他阶级。

4. 解放后已被迫放弃剥削，参加劳动，土地占有不多，政治罪恶不大的小地主，应参酌解放后的情况，本"宁宽无窄"的精神，从宽划为其他阶级，以划为小土地出租为宜。

丙、第三阶段

是征收、没收，这是进一步深入发动群众，具体体验和平协商改革政策，从经济上消灭地主阶级的另一场尖锐的斗争。历时8天。

其主要工作是：没收地主全部土地，占留给其相当农民分得的一份土地；废除各阶层劳动人民欠地主的债务；征收富农出租土地；征购地主和半地主式富农多余耕牛、骡、马和碾房；地主和半地主式富农解放后诱骗农民赎田赎地宣布无效，动员其退出所得款项款。具体应做以下工作和注意的问题是：

一、具体的做法是：首先召开干部、农代会等一系列的会，宣传征收、没收的意义，交代征收、没收的政策，进一步地发动群众，在农村中造成一个征收、没收的高潮。对地主、富农分别开会，交代政策，指明前途及中立富农的政策，嘱地主报实产量，开列田地、牛、马、债务的清单，并组成查田小组（农民）进行调查，发动群众反复审查核对，然后找重点先行，续后即以村或数村为单位组织协商。在搞的秩序上，首先协商没收地主的田地、森林、竹子、荒山、荒地、果木等，暂留给地主每人一份田地（各乡不一），若农民分配平均数为700斤，先暂留给600斤左右，以后到分配时再补足；同时协商征收富农出租的土地，结合废除地主债务和富农解放前债务。其次是协商征购地主碾房、多余牛马（留给1条），价格县委布置20%至30%（内部掌握），然后协商退款。地主阶级解放后（1950年起，后省委批示从1953年起）卖田、卖地、赎田地所得款项，原则上应退还给农民，根据其经济情况或者上层，采取"坚决退、少退、不退"3种办法灵活处理。

二、必须充分地做好准备工作，就是做好两项工作及材料的准备工作。农民在划阶级后，普遍产生松劲思想，对地主阶级的破坏及还必须从经济上消灭地主阶级这一场战斗认识不足，盘算着分好田、牛、马。如有的说："别样我不要，给我一条好牛就得啦！"有的说："田够种了，要一块园子栽菜吃。"另外，对征收、没收的政策上也有些抵触，普遍要求征购富农的牛、马，说"富农亦是剥削来的"。对地主的其他财产要分，说"不分其他东西，他还是多啦"！有的怕打乱平分，思想较混乱。所以只有解决群众的这些思想，目标对准地主阶级，才能取得征收、没收工作的胜利。结合思想召开了骨干、农民等各种会议进行教育，说明首先要查实地主的田地，才能公平合理地分配，少查出1丘，农民少分1丘。经教育后，农民对党的政策也有所认识，鼓舞了情绪，并积极到外村、外处查实地主田地、森林等，掌握好材料。调查掌握地主材料的办法是：组织查田小组（农民），并先嘱地主开列清单，然后把调查材料及地主清单再在干部（农代常委及老长工等）会议上，最后审查定案。

地主阶级思想，普遍怕不分田地，怕退不出款，群众说不老实，又挨协商。如有的说："田分不分不要紧，怕退不出钱，又挨协商。"结合思想，交代了政策，说明只要老实，人民会宽大。所以真的退不出的，农民掌握情况，不要硬追，同时，也做好地主青年子女的工作，指明前途，动员家庭交出土地等。

另外，富农及小土地出租，因地主造谣说"整了我们，要整你们了"，对政策不清，也有些恐慌。根据情况，对地主的挑拨破坏作了批评揭发，分别向他们交代了政策，才安定了思想。

所以，掌握各阶级思想，分别不同地交代政策，以解除思想顾虑，减少阻力，保证了征收、没收工作的胜利完成。

通过征收、没收工作，进一步地提高了农民觉悟，对征购来的耕牛等很爱护。农民感动地说："毛主席的政策真伟大，用和平协商，不打、不关、不杀都能使地主交出土地、契纸来。"地主在农民的声势下被迫交出契约、木刻，征购中普遍不敢要高价，退出款子，协商较顺利。由于比较充分地贯彻执行了政策，过去政治罪恶大，如俅铺乡地主杨正明，划阶级后，对政策仍半信半疑，并想吃药死掉，经过征收、没收，留给了田地及耕牛，感动地说："政府和平协商、不杀、不打的政策是真实的。"发挥了政策的威力。在这一阶段，有的还交出一些枪支，地主是进一步地稳定下来，真正看到了和平协商的政策。但是，存在一些问题，突出的在执行征购耕牛、马的价格上，普遍过低，执行结果一般只占10%左右，不超过20%，只从农民经济利益上看问题，不考虑到对第二批改革的影响。有的是把原价格定低了，所以给的价就太少；有的乡不该搞的，如割草刀、掌锤等也搞了。另外，在退款中有个别乡不掌握情况，追得太紧，如石头寨地主萧金凯本人也较顽固，农民叫他回去拿钱，吃大烟死了；有的对执行政策上动摇，想搞富农的耕牛，说"是自愿，给可以搞"，实际富农是有顾虑。

三、几个具体问题的处理：

1. 处理退款的时间是执行自治区条例规定，从解放后1950年起，后省委已批示（4月×日）应从1952年后，1953年算起。

2. 地主所退出款项在一区14个乡是当作果实统一分配，并酌情买一部耕牛和农具分给农民，其他一部作生活辅助之用。5月19日，省委电示"地主卖给中农的田地退款，已全部当斗争果实分给贫雇农，这样做法有损中农利益，对团结中农不利。中、贫农买田的退款原则上应全部或大部退还原主，退款后，如有必要抽出中农所买地主田地进行分配时，也应本有利团结中农的原则，予以适当照顾。至于地主所卖给富农的田地退款，则可当作果实分给贫雇农民。"三、四两区已照省委指示执行。

3. 富农解放前出租的土地，解放后夺回自耕或出卖，无效，应征收和退款。省委5月5日电示："至于富农之出租土地与变卖者，可不再追查。惟宣布土改后仍变卖其出租土地者，无效。"

4. 宣布改革后（1956年2月20日）地主出卖或宰杀之耕牛、骡马应退出所得款项。

5. 没收地主的成块集中的果木（芒果、荔枝、茶叶），富农的大块森林即被征收，零星小块不过问。

6. 在留田问题上，先留给地主直接暂有1份，若当地农民每人平均为700斤，暂留给600斤左右，不足的分配时再补足。如系地主全部出租，无直接暂有土地，暂也不留给，等分配时与农民一齐分配。

7. 地主给农民养的牛或在外乡外村已实为农民占有，就不再拉回征购，归原农民占有。

丁、第四阶段

分配土地阶段，主要是在做好政治思想工作、提高农民社会主义思想觉悟、树立大公无私的思想基础上，以搞好民族之间、村寨之间与农民内部的团结为原则，心平气和地评好产量，不争、不吵，公平合理地分好田地。历时22天。具体的工作分为3步走：

一、做好政治思想教育工作（需要8天至9天的时间）。这是四阶段的主要要求，只有在充分做好政治思想教育工作的基础上，才能搞好评产及分配工作。在征收、没收后，农民普遍产生松一口气的思想，盘算着分好田，农民的自私自利思想较为突出，种干田的想着分水田、好田，说"要分就抖散分，好坏一个分点裁裁"。有的说："我几十年没有养过牛，这回我要1条牛了。"对评产也存有顾虑，有的怕报实产量，多出公粮，贫农一般认为报实产量少分得田，想少报多分；中农怕抽田，有的顾虑说："我的田多，抽点给贫雇农才好过社会主义。"牛多的怕抽掉，提出要卖耕牛等。

针对以上各种思想，各乡组织了到过昆明、北京等地参观过的农民深入到各村，召开各种农代、青年、妇女、老人、群众等会，广泛地宣传祖国伟大社会主义的远景，国家社会主义工业化对各族人民的好处，互助合作、共同富裕的道路，先进民族帮助落后民族，如修公路、征购牛马的款是内地农民支援我们的，采取由近到远、由浅到深、回忆对比、通俗易懂的方式教育群众。为配合社会主义教育，还组织了收音机下乡流动收听。靠近公路的芭蕉岭乡与工人联系，组织宣传互助合作的好处，群众反映很好。经过教育后，农民普遍地提高了觉悟，认识到土地得来的不容易及社会主义的前途，内地农民还帮助我们初步树立了大公无私的思想，对自私自利、到此止步的思想得到新的认识，所以很多都表示"要评好产""团结分好田"，有的坚决表示"争吵着，劳改也得，不然给地主笑话"。但是，宣传中我们的干部本钱不多，宣传一般化，讲社会主义前途过分强调穿吃好，劳动创造一切讲得不够。有的乡做得粗糙，团结乡一个村子，找不到宣传的人，去叫一个过去当过国民党的兵，到过南京的人来宣传祖国的伟大，这是不恰当的。

二、评产（约需3天时间）。在充分做好政治思想工作，农民初步树立大公无私的基础上，即召开农代会进行评产的政策教育。首先结合解决对评产的一些思想顾虑，如怕上公粮，就交代公粮负担的政策，然后进行评产意义的教育，强调只有大公无私地报实自己的产量，评好别人的，才能进行公平合理的分配，指出田多的评少了，反而多分得，就不合理。因此，农民认识了"不报实，分不好"，有的感到不报实"不但对不起毛主席、共产党，连来修公路的都对不起"。很多骨干表示"评好产，争取入党入团"。在此基础上，根据常年产量，进行评产，一般较顺利。主要经验是：

1.结合宣传教育工作，调整好农民小组，保证贫雇农领导和贫雇农的优势。中农在贫雇农的推动和影响下，才能报实产量，如水普龙李白氏一个小组12人，中农8人、贫雇农4人，评产时李白氏原产28石，只报18石，结果无人敢提意见。又团结乡一个小组，也是中农多，马九发自报8石（实际产量）只评6石，倒反评少。这样产量就评不实。

2.教育好干部、积极分子培养典型，带头报实产量，以资带动。如芭蕉岭乡群众思想教育工作也做得较好，并将评的小组四方如何坐安排好。开始评，首先骨干带头，以坐的方位比给农民看，哪边是东、南、西、北，连报带评，填好四至等都搞完，一个钟头可评4户。全乡854户，两天两晚就搞完，又快又好。

3.开好家庭会议，统一思想认识。个别的做不好也有争吵的。

4.分别做好个别思想不通的工作，并耐心提出意见帮助。经反复教育后，原来报不实的已转变了，另报。有的不好意思地说"我忘记了"，有的说"过去还有点顾虑"，有的说"我家还没有商量合，另报"。

5.坚持以点带面。以一个重点组先评，取得经验再推广，避免走弯路。

6.干部、骨干应心中有数，事先掌握一个底，然后采取自报公议、民主评定的办法，报的结果一般与掌握的大体悬殊不大即可。新城乡在这一点上做得不够好，内部掌握是叫农民先报一次，结果到第二次报实，农民因第一次已报出去，第二次要更改，就有些困难。

瓦灰城乡由于思想工作没有做好，就评产，发现集体瞒产的现象，结果又另做工作，走了3天的弯路，吃回头草（第一次评819708斤，第二次评922292斤）。有的乡四至弄不清，准备不好，一点钟两家还评不好，拖长了时间。

三、分配（需要10天左右时间）。紧接着在评实产量的基础上，就要算出全乡的自然平均数（全乡总人口除全乡产量的商数），从全乡的总产量中再算出农民平均数，再在农民平均数与自然平均数之间确定一个分配数。分配数确定后，就以户计算，哪些是抽田户，哪些是分田户，抽补多少都应仔细地算出。然后召开全乡农代会，提出初步分配方案，充分让大家反复讨论，并说明以乡为分配单位，以村为调剂单位。这是做好分配的政治思想与技术工作（需4天至5天时间）。

这一步仍应反复地贯彻思想教育，充分发扬民主，结合思想，交代"人多多分，人少少分""有劳动力的单身汉一人分两份""青、壮年两人分3份""肥搭瘦""远搭近""好坏搭配，公平合理"的分配政策，并先留给地主与农民同样的一份土地。方式上并应坚持教育好骨干，培养好典型，骨干心中有数，哪家分哪块，采取自报公议的办法。教育后，如有的骨干说："不要点秧田，我又没有，要吗，我又是骨干。"表示还是要大公无私地带头分好田地。另外，是要做好抽田户的工作，讲清不是共产党领导，地主不会卖田或叫我们赎田，并坚持照顾略高于解放前交租的水平。经教育后，抽田户也认识到"我们都是农民，应抽出，并要抽好的"，分田户也表示"分哪块要哪块"。有的认识说"田好不如人好"，这样就为保证分配工作的顺利进行打下良好的思想基础。

分配的步骤上是："先分田地，后分牛马、农具、款"。分配工作中的几点体会是：

1. 要做好评产分配工作，必须充分地结合思想，做好政治思想教育工作，只有提高了农民的社会主义觉悟，才能评好、分好。瓦灰城乡这点是做得不够好，所以走了弯路。

2. 要相信群众，充分发扬民主，就能顺利地评好产，分好田。团结乡的金竹寨干部思想认为怕群众分不好，存在有包办代替的思想，分配田地时，自己决定一个数字，不交群众讨论，就召开会议宣布，因为不合，所以群众不要，以致分不下去。坏人钻空子，干部又不了解情况，如两个人分3份，结果有一家两个人分了3份，但有一个是跛脚，分后提出说"我栽不完"。

3. 必须精确的作风深入踏实的计算好数字。如倮铺乡高城村由于前几阶段干部工作作风不深入，产量没报实，农民把地主的佃耕田报成自耕的，分配后又发现200多石的产量评落，又重新登记另搞。

4. 各乡都召开团结会，一区14个乡召开了万余人的团结会，进行互相赠送田地、牛、马、织锦等，显示了农民的力量，对农民是一次活生生的阶级团结教育，不仅增强了各族农民内部团结，对落后乡村也是一个很大的启示。

四、几个具体问题的处理：

1. 农民出租在外乡的田，本人提出调整或放弃，即由外乡处理，本人在本乡分给土地。如团结乡金竹寨的陆光明（雇农）有1200斤在麻栗寨，路太远，愿放弃，在团结乡分给1300斤，反映很好。

2. 没收地主集中的果木，如五邦的麻么①、荔枝，分配时与农民商量，划为集体所有，并找可靠农民代管。

3. 公田上的庄稼，谁种谁收。征收、没收的田地中种有庄稼者，若系开荒者，归原耕种户，其他分给哪个，算哪个得，也不找补。如石头寨的甘蔗没收后归农民所有。

4. 干地评产。无论种棉花、黄豆，一律以苞谷计算；田种经济作物，如甘蔗、席子草等，以谷子计算，不能以所得作物收获折谷计算。

5. 轮歇地的评产。群众要哪块，评哪块，评产不计入分配。少数的几斗收入就不再评。

6. 开荒的列入评产。生荒3年、熟荒2年者计入分配。

7. 地主与农民分养的牛，分配时照顾分给原养农民。

8. 碾房不分给私人，由村共有，雇人管理。

9. 耕牛、马的分配。不应区分劳力强弱，一般3或4户分1头。

戊、第五阶段

这一阶段是组织建设，巩固胜利。主要工作是建立政权武装、妇女会和建立党团委（根据情况，将一区五邦、石头寨两乡合并为石头寨乡）。历时12天。具体的做法与经验教训是：

一、进一步发动群众，广泛深入地进行巩固胜利与人民民主专政的教育（结合处理四阶段的遗留问题）（需3天）。分配结束后，干部和群众都产生了松劲思想，对建政缺乏认识，大部农民只想着去生产，连开会的人也有些减少。已建过政的水普龙等乡的群众，有的认为过去已建过，建不建都一样了；其他有的认为"已经有了农代会，还建哪样政？"根据这些思想，展开了新旧政权的教育，通过回忆对比，算翻身账，说明要巩固胜利，只有建立政权，对比教育过去反动政权是"鸭子的巴掌"，有的农民说"上至老蒋，下至招霸、甲长都是吃人民的，没有跟人民做一点事"。如哨普乡白招力（贫农）家，解放前一家4个人只有两套衣裳，现在一个人有两套，土改中分到18石田。经教育后，普遍对人民政府的好处，如历年的救济、贷款、扶助各族人民发展生产等都有较深的体会。同时进行了新的政权组织机构（7种委员会）任务、职务的教育，着重讲明今天劳动人民当家作主，以启发农民参政的积极性，又用地主阶级的破坏事实说明保卫胜利果实以及掌握印把子、刀把子、枪杆子和实行人民民主专政的重要。经教育后，群众对建政有了一定认识，进一步提高了觉悟，并表示要选好心爱的人。

二、在结合教育群众提高觉悟的基础上，认真地自上而下、自下而上地通过各种会

---

① 麻么，应为傣语，意为"杧果"。——编者

议，充分发扬民主，做好干部的反复排队和在群众中的公开鉴别工作，这是搞好建政的首要工作（需4天）。

在进行宣传工作的同时，就必须进行干部的第一次排队工作，从农代常委中找出正副乡长、文书及乡人民委员7人至11人，同时并排出其他民政、文教卫生、财粮、调解、武装、治保、生产合作等7种委员（根据乡的大小排出5人至9人），随后即召开农代常委会和农代会进行对所排干部的讨论，提意见、酝酿，一般还是提出了很多意见。在农代常委和农代审查讨论后，收集意见，又进行第二次排队研究工作，已经查出有问题的，不能胜任工作者，就作调整。这时并同时结合酝酿选举乡的人民代表与各种委员一切交给各村群众作普遍的酝酿讨论，经群众鉴别后，再做第三次排队，也就是最后确定，准备提交人代会议选举通过。在安排干部中，必须注意：

1.贯彻依靠贫农、团结中农的阶级政策，在各种委员会中，贫雇农占2/3，中农占1/3，并保证主要领导以贫雇农为主。

2.适当照顾青年、妇女，做到主要职务由主要民族担任，并照顾到各民族相当的名额。

3.本省委指示的做到"不伤感情，不为敌人所利用，并鼓励其争取个人进步"的方针，安排好旧干部，具体作如下处理：一种是地主、富农阶级敌对分子坚决清洗，属于实际已经淘汰了的就不加过问；二种是政治上没有什么问题，属于一般思想作风问题的应作安排；三种是原有的群众团体不再另开会，由新建组织取而代之。

这样在群众中公开鉴别干部的结果，群众、干部普遍受到教育，群众感到"真正是贫雇农当家作主"，选心里喜欢的人。有的说："过去三伙头都不能说，今年干部自己选，我们提意见。"有的说："这次选举像洗皮菜样，漂两三道，漂得干净啦！"选上的干部经群众提了意见，有的他们也感到"当一个干部不简单"，并表示一定要克服缺点，很好为各族人民服务。但是有的如新寨乡，不是先排队，层层审查，而是首先开一次人代会，干部提出候选人再交群众讨论，审查后大部有问题，又重新另来，走了弯路。有的对干部教育不够，群众提意见，接受不了，有垮了的。（下缺）

中共元阳县委关于和平协商土地改革工作的总结报告

——请代 1956 年工作总结

1956年12月21日

中国共产党元阳县委会报告

总号：（57）002号

主送：蒙自地委、红河边委

　　　各区委、各部委、妇联、青年团

　　　政法、财经党组、县委委员

中共元阳县委秘书科

1957年1月18日印发

中共元阳县委关于
和平协商土地改革工作的总结报告
——请代 1956 年工作总结

第一部分：情况部分

解放6年以来，在上级党的正确领导下，我县民族工作得以稳步开展，通过民族团结、对敌斗争的工作，全县社会秩序已安定，民族关系正常，培养了一批当地民族干部。特别是内外的胜利形势给各族人民很大鼓舞，群众迫切要求土改，民族上层亦由于大势所趋，人心所向，不得不表示同意改革。几年来的工作，为我们开展土地改革创造了有利条件。

遵照省委和地、边委指示，要求我县在今年秋前完成改革工作。根据我县情况，县委作了规划，整个改革工作共分两批进行。全县7个区，计75个乡（其中1个是直接过渡乡），第一批即一、三、四区共40个乡（留下采桑平直接过渡，实际开展39个乡），共19465户89649人，占全县总人口的53.9%；第二批即二、五、六、七区共36个乡（包括采桑平在内），共15275户76399人，占全县总人口的46.1%。

元阳位于红河自治区中部，呈弯尺形，东西与金平、红河两县接壤，长约350华里

327

（由四区枯岔河到永乐阿八寨）；南接六村、三猛，北以红河为界，面对个旧、建水，宽约195华里（由一区阿邦到黄草岭阿东）。全县面积4000余平方公里，大小842个自然村。全县共35740户166048人。聚居和杂居着哈尼、彝、汉等15种民族，其中哈尼族（包括堕尼族）18014户83662人，占总户口的50.4%、总人口的49.78%；彝族（包括卜拉、姆机、邬、阿鲁族）8872户40208人，占总户口的24.83%、总人口的24.21%；汉族5277户24223人，占总户口的14.7%、总人口的14.59%；僮族（包括土老、沙族）382户1558人，占总户口的1.07%、总人口的0.94%；傣族1578户7324人，占总户口的4.42%、总人口的4.41%；苗族803户4237人，占总户口的2.25%、总人口的2.55%；瑶族812户4830人，占总户口的2.27%、总人口的2.01%；越南族1户3人，占总户口的0.002%、总人口的0.001%；回族1户4人，占总户口的0.002%、总人口的0.002%。

划阶级后，全县共划出地主1394户10021人，占总户口的3.9%、总人口的6.04%；富农1104户8050人，占总户口的3.09%、总人口的4.85%；中农9751户52910人，占总户口的27.28%、总人口的31.86%；贫农14710户65372人，占总户口的41.16%、总人口的69.37%；雇农7644户25532人，占总户口的21.39%、总人口的15.38%；小土地出租324户1148人，占总户口的0.91%、总人口的0.69%；贫民198户617人，占总户口的0.77%、总人口的0.37%；小商贩130户560人，占总户口的0.54%、总人口的0.34%；其他476户1838人，占总户口的1.85%、总人口的1.11%。

为了保证改革工作的顺利进行，边委指示，首先必须训练好干部，这是完成任务的重要保证。因此，县委曾在1月初抽调一批干部到建水进行和平协商改革政策、方针的学习，然后在县上分别于1月下旬及2月中旬集训了两批土改工作队。6月底，第一批改革结束后，又吸收了本地民族干部116人，又以1月的时间集训第一批土改工作队。通过系统地总结第一批改革工作的经验，干部的政策策略思想水平得到进一步提高，并进行评ви选模，鼓舞了全体干部信心，再接再厉为继续完成第二批地区的改革工作而努力。参加整个改革工作的干部共计692人，当中包括地委党校来支援我们的112人，民族工作队225人，小学教师55人，县属各机关158人。第一批改革结束后，新吸收的积极分子116人（全系民族干部），区以上干部88人（县级6人、区级82人）；党员140人，团员216人，党团员占干部总数的51%；本地民族干部368人，占干部总数的53%；外地民族干部90人，占15.63%；参加过土改的76人，占13.19%。干部的摆布是按乡的情况，大乡（800户以上）20人以上，一般是15—20人。在县委的统一领导下，县设指挥部——县土改办公室，下面分设秘书组、组织组、青工组、妇工组、对敌斗争组、后勤组，并抽相当大组长级干部8—10人组成联络组，分头负责贯彻县委指示。

为保证运动的稳健开展，取得经验，在工作方法上，仍采取"重点先行，以点带面，指导全盘"的方法，下面以区设片，按边委指示：县委亲自上山，分头指导运动。工作的进展上，第一批改革工作一区14个乡，是从2月29日开始到5月20日结束，三、四两区25个乡，是从4月5日开始到6月25日结束，历时82天。第二批4个区是从8月1日正式开始，先后在10月20日左右结束，历时80余天的时间。这批地区由于工作基础较薄弱，运动进入后期，干部产生松劲、急于收兵的思想，因此，工作出现赶时间、草率、粗糙的现象，特别是在群众的发动上，各片都有相当数量的（约占户口的15%—30%）落后乡村、落后层。边委再次作了指示，因此，又于10月20日到11月5日半月的时间进行复查补课工作。补课后，情况已有很大变化，同时紧密结合粮食工作，土改的一些遗留问题也得到进一步的解决。

进入1956年以后，可以说一年内我们都在进行以和平协商土地改革为中心的工作。

第二部分

在上级党的领导及边委的亲切指导下，由于县委较正确地贯彻执行了"慎重稳进"的方针及和平协商土地改革的政策与做法，全体干部的积极努力工作，各族人民的热烈赞助，因而保证了改革工作运动的顺利和稳健地开展，获得了很大的成绩，基本上达到了和平协商土地改革的目的和要求。

一、从经济上消灭了地主阶级的剥削制度，改变了地主的土地所有制为农民的土地所有制，解放了农村生产力，农民获得了发展生产的条件。全县共没收了地主的土地30213829斤，征收了富农的4110291斤，小土地出租575293斤，公、学田等共973083斤。全县总共征收、没收土地35872598斤，没收地主的大片森林7106.71亩1099片1006棚36556棵；2.24石籽种面积的森林、竹棚3亩8834棚870棵；其他经济作物草果90.2亩557片1726棵10560斤，茶果19亩300片37171棵，其他935.24亩17棚35796棵，鱼塘13个。征购耕牛2476又1/6头，计人民币17984.85元；马1454匹，计13315.8元；碾房148又25/28张，计2270.7元。废除地主及富农解放前的债务人民币51194.51元，谷子1643483.4斤，半开340374.8元。地主退出了解放后非法出卖土地、诱骗农民赎取田地计8237623斤，所得款项人民币160660.68元，占应退出款数383460.62元的42%，已摧毁了封建地主阶级的经济基础。

随之改革运动，禁银工作也取得了很大的成绩。地主阶级纷纷挖出银圆来兑换，计全县共收兑伪半开415115.5元、白银12135两、黄金163两，反动货币已基本根除。分配结果，河坝区（如万莫、邬湾）每人分得900—1500斤产量的土地；半山区一般分得400—700斤，高的分到800斤左右；较边远贫瘠的六区，地广人稀，一般只250—450斤；最低的（个别村寨）还有只分得150斤左右的。另外，有极个别小村子尚未分得土地，土改后，这些地区可以大力扶持开荒，逐步地得到解决。总的来说已基本满足了贫雇农民的土地要求。

土改前后，各阶层土地占有情况是：地主土改前占有土地29473807斤，占田地总数的26.53%，每人平均2959斤；土改后占有5231180斤，占总数的4.6%，每人平均525斤。富农土改前占有土地11461718斤，占田地总数的10.32%，每人平均1424斤；土改后占有

6970009.7斤，占总数的6.12%，每人平均866斤。中农土改前占有土地38405329.4斤，占田地总数的34.56%，每人平均718斤；土改后占有土地42822206.4斤，占田地总数的37.62%，每人平均800斤。贫农土改前占有24897239斤，占田地总数的22.41%，每人平均384斤；土改后占有土地41448871.8斤，占田地总数的36.41%，每人平均640斤。雇农土改前占有4391094.5斤，占田地总数的3.95%，每人平均172斤；土改后占有14922378.5斤，占田地总数的13.11%，每人平均585斤。小土地出租，土改前占有土地1273079斤，占田地总数的1.15%，每人平均1091斤；土改后占有土地821220斤，占田地总数的0.72%，每人平均704斤。贫民土改前占有土地19602斤，占田地总数的0.02%，每人平均32斤；土改后占有56404斤，占田地总数的0.05%，每人平均93斤。手工业土改前占有土地12713.5斤，占田地总数的0.01%，每人平均85斤；土改后占有土地41703.5斤，占田地总数的0.04%，每人平均279斤。小商贩土改前占有土地22624.5斤，占田地总数的0.02%，每人平均40斤；土改后占有土地55906.61斤，占田地总数的0.05%，每人平均99斤。其他阶层土改前占有土地1177780斤，占田地总数的1.06%，每人平均641斤；土改后占有土地909489斤，占田地总数的0.85%，每人平均528斤。全县土改前计111114986.9斤，每人平均669斤；土改后计113839469斤，每人平均686斤。并从地主退出的款中抽出一部购买耕牛、锄头、犁铧、镰刀等农具，分给缺乏农具的农民。牛马一般是3户分到1头，农具看其主要缺哪样分给1件，其余款分给贫困农民做生活垫扎，基本上解决了一大部农民的畜力及农具问题。改革后，农民生产情绪很高，农村出现了新的气象，普遍组织起来进行团结生产。第一批改革地区，改革开始正逢栽插，一般提前了10天左右的栽插时间，为今年增产打下基础。第二批地区的改革，正遇上秋收，在土改工作中不但没有影响生产，而且还保证了今年增产。据了解团结乡尼耳合作社今年增产17%。

二、通过改革，比较充分地发动了群众，从政治上打垮了地主阶级的威风，在农村中树立了贫雇农民的优势，群众组织发动面已达93%（全县成年人口82813人，发动数为77068人）。改革前群众虽迫切要求改革，但各阶层思想是较混乱的，加之敌对阶级的造谣破坏，歪曲党的政策，说"土改什么都要分，共产党以后会杀人、吃人"，有的用送东西、请吃饭、喝酒拉拢利诱或威胁农民不准跟工作队接近，反映他们的情况，因此，群众对我工作队是存有一定的怀疑和顾虑，怕以后工作队走吃亏，不敢接近工作队。第二批改革地区出现的突出情况是上层、地、富和旧干部的包围问题。黄草岭区的一些招坝、里老带领群众迎接工作队，铺好床，要工作队到他们家中住，有的帮工作队借锅、借碗，有的还介绍他们的心腹人给工作队，说是"积极分子"。以我了解之情况，在这样的情况下，我们只有头脑清醒地、稳步地开展工作，通过广泛地宣传交代和平协商土地改革的合理性、正义性、必要性与土改的各项政策来安定各阶层的思想情绪，争取群众，同时并深入踏实地进行访贫问苦的工作，找依靠人，扎正根子。全县共扎根子2046人，然后开展串连工作，经过诉苦教育启发阶级觉悟，不断组织扩大农民队伍后，在农村中组成了一支强大的以贫雇农为核心、团结中农的队伍，向地主阶级理直气壮地展开面对面的说理说法的斗争。

在改革的每一阶段中，都反复地贯彻了群众的政治思想发动工作，经过宣传教育，特别是划阶级后，农民阶级觉悟有了显著提高，划清了阶级界限，认识到"过去生活不好的穷根，不是命不好，是地主阶级的压迫剥削"，普遍认识到"不土地改革，不消灭地主阶级，不能过渡到社会主义社会"。划阶级中有的姑爷揭发老丈人，放下情面。有的农民说："只认阶级，不认亲戚。"划阶级后，农民自觉地不与地主说话来往，过去叫地主"阿波""阿皮"的，现在不叫了。有的老长工，已离开地主家，自己居住了；被强迫去的小老婆离婚了。通过全面地揭发地主阶级的剥削罪恶，不但地主的政治威风被打垮了，地主的嚣张气焰已压下，在农村中树立了贫雇农民的优势，建立了农村人民民主专政，纯洁了政权武装。建政后，农民体会到"真正是贫雇农民当家作主"，而且广大群众深深地受到了"劳动光荣、剥削可耻"的教育，在农村中大大小小都咒骂剥削，热爱劳动。地主阶级也感到只有很好地遵守政府的政策法令，接受人民群众的监督，在劳动生产中改造自己成为自食其力的新人，才有出路。很多地主协商后，已开始他一生中的第一次劳动，下田生产了。

三、在改革中培养和锻炼了一批乡村干部和积极分子，同时也锻炼考验了我们自己的干部，使之在政治、思想、立场、观点、工作方法上学会了走群众路线，依靠群众进行工作。并发展了党、团员，建立了党支部，疏通了党与群众的关系，建立农村政权和民兵武装。全县75个乡，共培养了党支部书记74人，正副乡长162人，文书50人。乡人民委员及各种委员以上干部5131人，其中贫农2523人，占50%；雇农1346人，占27%；中农1143人，占23%。现有积极分子9271人（男6405人、女2866人），其中雇农2637人，占28%；贫农4829人，占53%；中农1727人，占19%；其他15人，占0.01%。全县建民兵武装7912人，编为74中队、257分队、719小队，其中贫农3772人，占48%；雇农1761人，占22%；中农2379人，占30%。

75个乡共发展党员866人，男751人、女115人；雇农341人，贫农450人，中农75人。建立74个党支部，经过土改的锻炼，机关和工作队中共发展99人。共发展团员1687人，男1227人，女460人。其中雇农577人，占34%；贫农857人，占51%；中农251人，占15%；其他2人。新建立青年团支部74个，在农村中扎下了少数民族的共产主义根子。

经过两批改革工作的锻炼，吸收了一批成分好、政治历史清楚、觉悟较高、作风正派、工作积极、有培养前途的积极分子116人参加工作。这不仅是扩大了干部队伍，还为我们实现民族化，以带领边疆各族人民过渡到社会主义社会打下了良好的基础。

四、改革后，增强了民族之间和民族内部的团结，消除了历史上所遗留下来的各民族之间和民族内部的一些隔阂，建立了各民族间友爱互助的新关系。在改革中，我们一直注意了民族团结的教育，特别是阶级团结的教育。由于各族农民提高了阶级觉悟，认识到了"天下农民是一家"的真理，并认识到过去的不团结是剥削阶级压迫挑拨所造成的，因此，过去很多不团结的事自然得到解决。改革结束后，各区各乡都召开了几千达万人的团结大会，进行互相赠送田地、牛、马、款项、锦旗等，对各族农民是一次活生生的阶级团结的教育。很多农民感动地说："上千上万的农民在一处开会，这是自古以来都没有的事。""今天共产党、毛主席领导，当真是民族团结，好啦！"二区坡头小窝中的一个农民，过去与新安所的打架，他的眼睛被打瞎了，两个乡一直都不团结。土改中，新安所的农民送给坡头乡25000斤田、水牛3条、人民币300元。买农具发放时，他感动地说："现在我知道了，过去我们打架，我的眼睛被打瞎，闹事的是地主，我们农民是一家。只有今天毛主席、共产党领导，才有这样的团结。今后我们要搞好团结，搞好生产。"特别是赠送牛、马、田地给高寒山区的苗族，他们很受感动，苗族男女老少都穿上新衣，跳着芦笙舞来欢迎哈尼族的农民。

改革中，由于我们贯彻执行了和平协商改革的政策与做法，坚持了对民族上层人物的照顾，该安置的做了安置，并反复交代政策，指明前途，进一步地团结与教育改造了他们。有的保护过关，协商中，坚持事前打招呼，事后教育稳定，减少了他们的顾虑，改革结束后，顾虑相当久的土改关已过了。通过改革，体现了党对他们长期团结、教育、改造的政策，他们深深地感到共产党的政策真是宽大，有的感激地说："照我的罪，杀也是应该，就是政策宽大。"改革后，表现更加靠我，这说明了只有在充分发动群众的基础上，才能做好统战工作，进一步稳定上层。两批改革工作是稳健的，始终未发生严重的乱子，这情况是良好的。

五、在对敌斗争工作上，我们认识和平协商本身乃是一场尖锐复杂、曲折迂回的另一种阶级斗争的形式，我们必须保持经常的、高度的阶级警惕性，严防来自敌对阶级的任何破坏，不致造成人民生命财产的严重损失。改革开始，反革命和敌对阶级的破坏是嚣张的，敌人的破坏表现在如下几个方面：一种是造谣中伤，歪曲我之政策，说什么"改革完全要分，今后十家人只得一把菜刀。"另外是拉拢利诱和打击威胁农民，不准跟工作队反映情况。有的公开不满，破坏生产，砍伤牛、放干水田、砍伐森林等，边远地区的甚至还有企图想策反外逃，个别顽固不化、坚决与人民为敌的分子，在运动中已出现杀害我贫雇群众的（计属敌人暗害死3人）。对这一情况，我们在改革前已有充分的估计，敌对阶级是不甘心死亡的，特别是在第二批改革的边境地区，进行武装保卫改革，有其重要的意义。我们的改革工作，在强大的边防军驻守和全部土改工作队配上武装的优势下，对稳定各阶层、镇压敌焰起着保证的作用。同时跟随着运动的开展，及时地分区分片地进行了自新匪的训练工作。全县在土改中共集训自新匪302人，其中匪团长2人、匪大队长11人、匪中队长36人、匪分队长27人、匪小队长11人、匪班长7人、惯匪51人、匪文书3人、匪首141人、特务5人、特嫌4人、其他3人。在群众中展开了政治攻势的宣传教育工作，向他们全面地广泛地宣传交代了土改政策，国内外的形势及"坦白从宽、抗拒从严，过去从宽、今后从严"打击现行反革命和《农业发展纲要》四、五两条等政策，给他们指明了前途，在发动群众的基础上揭穿各种谣言，稳定各阶层思想，使敌人的嚣张气焰得到及时的制止，并对属农民一类的自新人员进行教育，争取了大批的自新匪安分守己，把斗争的锋芒对准地主阶级，以从内部分化瓦解敌人。据统计，自新人员中向我投案坦白的共416人。结合工作的开展，深入地进行调查摸底工作，经过土改运动，社会情况已基本掌握起来。

在广泛交代政策、发动群众的基础上，适当施加压力，全县共缴出各种长短枪827支、子弹9520发、手榴弹307枚、炮弹22枚、刺刀28把、土炮1门、枪榴弹1个。有的还交出了很多反动证件，如图章、模子、委任状等暗藏物资，对敌人的暗藏势力是个很大的削弱。

六、1年来，我们不仅顺利地完成了改革工作，而且紧密结合土改，还领导群众搞好了生产，大家认识到生产工作是群众的切身利益问题，若只搞土改，丢了生产，我们将脱离群众，所以大家都重视了领导。第一批改革开始，正遇上栽插季节，第二批改革工作开始正是秋收时候，除了针对各阶层思想，具体地交代有关生产的"谁种谁收""找补工资"等政策，解除各阶层的顾虑外，各乡都做了具体的领导，在农代常委和农民小组中设专人负责领导生产，并注意了解决群众生产生活上的困难问题，结合土改，发放了救济款57338.96元（还有18000元待发），投放贷款97050元，同时积极地领导开展劳动互助的互通有无，有力地鼓舞和支持了群众的生产积极性。在工作中一般都坚持了"白天搞生产，晚上开会搞土改"，基本上按照边委的指示做到了"改革、生产两不误"，而且保证了今年不但没有减产，还增了产，据了解很多地方增产都在一成以上。

总之，整个改革工作是取得了很大的成绩，各族人民莫不欢欣鼓舞，唱歌、跳舞、耍狮子，庆祝土改的胜利，庆贺各族农民的翻身。农村中起了根本的变化，出现了欣欣向荣的新气象，生产的潜力将得到充分的发挥。

第三部分：对土改后情况的变化和当前存在主要问题的认识

随着土地改革的完成，边疆情况发生了很大的变化，出现了许多新的问题和新的情况，我们必须充分地估计和认识这些情况和当前存在的主要问题。省委在指示中指出：切勿因我们的工作有了前进，而产生骄傲自满，一骄傲自满，工作就要主观，主观就犯错误。对这些新的情况和问题，在省委召开的边疆土改区农业合作化会议上，作了充分的分析和估计，主要表现在如下方面：

一、土改的确解放了农业生产力，但鉴于历史上遗留下来的边疆民族经济、文化落后状态，群众至今仍然很贫困，发展生产还有许多的困难。土改中农民虽然分得了400斤至900斤产量的土地和1/3左右的耕牛，但仍缺乏农具、口粮和生产垫扎。土改结束后，我们重点地调查了几个地方，如一区多依树乡，共456户2328人，土改中，贫雇农民平均每人分得513斤产量的土地、耕牛34条、马38匹半、农具211件，解决了一部分耕畜、农具的困难，还分得用以解决生产困难的人民币24元多。但是，群众生产、生活的困难仍是大的，缺口粮是个主要问题，重的村缺粮面达80%，轻的70%左右。如大鱼塘村49户，仅12户有吃的，缺粮户占75.5%。又如牛龙全村27户，除3户富农、1户中农外，缺粮24户，占85%

以上，其中有11户（占户口的40.7%）在秋收结束后就开始缺粮。因口粮问题，群众生活很不安定，贱卖鸡猪很多，有的拉狗到河底（傣族）换粮食，一部分农民到观音山找野生植物（山药、野菜）充饥。由于缺粮，也影响着农民对土地进行加工，对增产影响很大。另外，农具问题仍感缺乏。全乡土改后有各种农具3131件，每户平均6.64件，每个全劳动平均1.64件，各种农具拉扯下来，一般需每个全劳动平均3件够用，差775件左右。以锄头看，全乡共有896把，每个全劳动平均仅0.65把，按每人1把计，约差411把。犁耙大农具则更感缺乏，全乡仅有犁108张、耙161张，约差178张左右。又如登云乡一个小组11户，仅有犁1张，其他农具仍差。这个组缺口粮7户，占63.6%。从8月（秋收后）算起，够吃3个月的2户，还缺9个月的口粮；够吃5个月的3户，还缺7个月的口粮；够吃7个月的2户，还缺5个月的口粮；其他4户中农可以够得吃。又如五区锡欧乡石门村，由于这样一些实际困难，农民要发展生产是个问题，随着旧的生产关系的改变，农民要求解决这一困难更加突出迫切。因此，解决解放了的生产力与当前农民生活、生产困难的矛盾，就成为今后边疆工作的中心问题之一。

二、通过改革，农民的阶级觉悟是有了显著的提高，对社会主义的前途也有一定认识，但是土改后，边疆人民在发展生产中和汉族地区一样，一开始就显示了两条道路的分歧，这是很自然的。但由于边疆民族的经济基础和民族生产力的落后，这就使得边疆两条道路的斗争确与内地不同。至今六区等地仍很落后，没有自己的城市，除个别地区外，严格说来，还没有什么资本主义的经济。尽管边疆自然条件确实优越，潜力很大，但在一个相当时期内民族自己还无力加以利用和发掘，不论生产发展和资本主义自发趋势的发展，都不是那么迅速和顺利。因而在对待这个问题上，必须采取不同的做法，不能与内地等量齐观，搬内地的一套办法。

三、在民族关系上，随着土改运动，各族人民阶级觉悟的提高，增强了民族之间和民族内部的团结，起了很大变化，但是民族问题仍然存在，我们仍然面对着复杂的民族关系，民族间事实上的不平等，尤其是土改区与直接过渡区、先进与落后的矛盾也很突出。加上各个民族工作基础很不平衡，各个民族各有自己不同的特点，我们还未来得及全面了解和加强工作，解决他们的困难，今后如不认真注意这些特点，麻痹大意，就必然会为反革命所乘，仍然会挑起新的纠纷和问题。

以上3个问题，正是省委给我们指出的边疆在改革后的3个主要矛盾。总之，在土改后我们虽然取得了前进的基础和阵地，边疆民族问题仍然十分复杂，并不比土改以前简单，各种复杂的矛盾关系，包括民族矛盾和阶级矛盾交织在一起，而最本质、最主要的矛盾是生产的落后和生活的贫困，各族人民最迫切也是最本质的要求是发展生产、改善生活，逐步改变民族的落后面貌。

四、通过改革，比较充分地发动了群众，但由于工作发展的不平衡，在一些边远分散的村寨，背马、宗法等关系较深，加之我工作队的立场观点差，政策思想不明确，如有的包庇地主、漏网地主；有的违法乱纪，在群众中造成不良影响；还有的不愿做艰苦细致的群众工作，用简单的方式抽签搞分配，用这种听天由命封建迷信的做法，最后脱离了群众。工作基础薄弱，不平衡在改革结束后仍有相当数量的落后村、落后层，如七区属三类型的计16个村781户，占全区户口的30.11%。特别是第二批改革进入四、五阶段后，干部思想普遍产生松劲自满思想，工作出现赶时间、赶任务、粗糙的现象，放松了对群众的政治思想教育工作。这些落后层往往是界限不清、觉悟不高，或者有些问题，但教育不够，其中又是妇女的数量占得较多，占落后层的2/3以上。如坡头乡，改革结束后还有落后层148人，占农民成年人口1540人的10%，虽经过半个月的复查补课工作，在一些点上，群众发动仍是不够的。

从组织上来看，我们在农村中建立了政权武装，培养了一大批乡村干部，并发展了党团员，对巩固农村人民民主专政，为边疆的前进打下了良好的基础。改革结束后，绝大部分的乡村干部是很好的，他们密切地联系着群众，在贯彻党的政策指示，但是由于我们教育不够，有的是运动后期生长的，所以当前的主要问题是普遍感到能力较弱、办法少的问题，工作队走后怎样带领群众前进，感到有些不足。有一部分觉悟不高，乱搞男女关系，脱离群众，如麻力寨乡乡长陆永康，改革结束后，先后与两个女人乱搞男女关系，工作不负责，界限不清，叫地主"阿波"把一个已嫁地主的女人叫到乡政府来睡，群众反映不好。又如哈播乡的党支部书记张夫则，发了供给后，买袜子、衣服、鞋子，吃大重九，工作很不关心，还与几个二流二流的人凑钱杀牛到街上卖，分找得的钱和吃剩下的牛肉；现在还想讨小老婆，群众反映说："不是以前（土改时）的张夫则，变了。"不能胜任工作，三区同春山乡的3个主要干部有问题，党支书为解决工资找补问题，群众有意见，不听，他就用刀威胁群众，群众很反对。乡长是20多岁的年轻人，不会关心群众疾苦，群众批评说："下次还批评我，就要用枪干。"文书是当了10余年的背马，要领导好这个乡的工作，就是个问题。另外，由于我们作风不够深入，或者包办代替，虚心听取群众意见不够，发现有个别的乡，苗子不正，如多依树乡乡长，历史有问题，作风很恶劣，抢一个富农儿子的三弦，人家不给，就打，还用枪剁，把衣服已剁烂。有一晚去吓文书，制造有土匪，一夜晚上乱打枪。强奸一个女党员。群众根本不承认他是乡长，有事只找副乡长，现在28岁，还是个团员。在发展的党团员中也有一部分觉悟不高，有的要求退党、退团，如保铺乡一个党员，把机动田出卖余粮的钱，拿去与地富合伙做生意。如何巩固和提高已建立的农村中的各种组织机构，发挥它的作用，就成为我们今后的工作任务之一。

五、由于和平协商土地改革本身的不彻底性，所以给我们遗留下来了很多的问题，给今后工作增加了许多困难，这些问题还待我们在今后的工作中进一步地求得解决。普遍存在的较大的一个问题是产量不实的问题，其中一个又主要是偏高的现象，在粮食工作中，遇到群众的切身利益才把这个问题较真实地反映出来，群众反映"我们想土改的时候评高一点，整地主，多没收一点，谁知现在是我们吃亏"。过高过低都是不对的，如登云乡岩际的俄母猪村等，甚至影响了粮食工作，闹意见说"产评高了，我们出不起"，实际上也不是完全不合，有些稍高，群众就不满意。另外，有个问题是错划阶级的问题，复查中有漏网的地主，主要是扩大了中农面，人为地缩小了对贫雇农的依靠。如木疏假乡的阿八寨49户，划中农30户，占61%还强，复查后已作纠正，改了10户，仍占40%还强，按照标准及划阶级的年限是不能划为中农的。对中农的团结上，除在乡的人民委员会中坚持照顾1/3外，其他各种委员会中1/3的比例都不够，改革工作中，对中农的工作也做得较差，这对在今后的互助合作运动中，团结中农的问题就有很大影响。总之，改革还是遗留很多问题，我们必须重视解决，如产量不实，不但对生产没有好处，还会影响生产的发展。

第四部分：经过改革，在以下几个问题上我们摸到了一些经验教训

一、在贯彻群众路线上，我们认为思想明确，充分发动和依靠群众，是贯彻阶级政策、土改成败所系的中心环节，应坚持以下几点：

1.扎正根子是发动群众的主要关键。根子扎不正的乡，群众难发动，工作很吃力，但是，扎根子的关键又在于思想明确，依靠谁、团结谁，作风要踏实深入地进行访贫问苦，和群众同吃、同住、同劳动，但又必须与广泛宣传政策、打破各阶层的思想顾虑相结合，其中在扎根中要宽一些，可以从中取优。再次是本着串连一批，巩固一批，有骨干（有新兵、有老兵），保证贫雇农占优势和先严后宽的原则。

2.阶级教育与政策教育要紧密结合。阶级教育的主要内容、方法是回忆对比、诉苦追根、算剥削账，做到万箭归一，追到地主阶级的身上。诉苦追根又在于培养好典型，然后在阶级觉悟提高的基础上，就要针对群众觉悟思想进行政策教育，将其觉悟提高到政策策略水平上，不然就会感到教育内容贫乏，或出现急躁、乱干等问题。

3.要关心群众利益，把长远利益和当前利益结合起来。如改革中，我们关心了群众生产生活上的困难，领导搞互通有无等，群众反映很好，说"共产党领导我们搞土改，又帮助我们搞生产，真是太好了"，推动了中心工作任务的完成。

二、在培养、依靠民族干部上，在整个改革运动中，干部思想是重视的。应注意以下几点：

1.在扎根串连、发动群众的基础上，结合每一阶段，做好"选苗子"排队的工作。排队的好坏，又在于充分掌握材料，所以对每一个苗子都要进行全面的熟悉了解，决定取舍。

2.要放手地在实际工作中锻炼考验和提高他们，在方法上坚持"事前商量，事中帮助，事后总结提高"，这样就必须反对包办代替、放手不放心的做法，并可进行分工，包干培养。

3.教育要全面，主要是进行阶级教育、社会主义前途教育，然后为人民服务，教会他们走群众路线，联系群众，有事和群众商量，并且要接受人民群众的监督，学会批评与自我批评。

4.要关心他们的生活疾苦、婚姻、家庭、风俗习惯等切身问题。改革中，我们有的干部看到他们有困难，把自己的包干拿出来买米等，帮助他们解决困难，对他们的教育感动很大。

三、在执行和平协商改革的政策上，我们认为要能端正地执行政策，要做到以下几点：

1.干部首先必须认真地学习好党的政策及各地经验，从思想上明确认识执行政策与完成任务的一致性，并根据当地情况作充分的分析认识后，具体地加以贯彻执行。反对死搬硬套，在运动中随时注意每阶段的经验，及时纠正错误，吸取教训，改善工作，并开展反对左右摇摆的倾向，以保证政策的端正执行。

2.应大胆放手地在群众中广泛深入地进行政策的宣传教育，发动群众，把党的政策交给群众，最后为群众所接受，变为群众的力量，自己行动起来，这样才能发挥政策的威力。只有充分发动、依靠群众，才能保证运动稳健开展。

3.和平协商改革的政策是具有高度的策略水平，因此，只有深入地发动群众，排好队，有意放过哪些？争取哪些？重点孤立、打击哪些？具体地加以区别对待，争取多数，减少运动的阻力。

4.在充分做好两头（地主、群众）工作的基础上，开展有领导、有控制的，面对面的说理说法的斗争，这样地主阶级的威风也才能打垮。改革中，我们做好了上层、地主子女的工作，对孤立、分化、瓦解地主阶级是起了很大作用。

四、上层统战工作上，我们坚持了政策。

第一，我们不动摇地执行了对各民族上层头目及领袖人物的长期团结、教育、改造的方针，进行安排与教育相结合的工作。土改开始，全县安排在县土改协商委员会中的共20人，其他一般的在乡的协商委员会中已做了安排。并经常地召开座谈会，向他们交代政策，指明前途，解除顾虑。

第二，从改革中我们体会到，要团结、教育、改造好民族上层，只有很好地发动群众，坚持团结上层与发动群众相结合，在群众发动的基础上，教育、改造他们成为自食其力的新人。改革后的变化情况是：靠我的由29人变为36人，中间的由23人变为11人，反我的由7人变为12人。

第三，在运动中，逐级地保护他们过关，调往昆明民族学院学习的15人，调往昆明的1人，调离原地区到县上5人。从这些事实教育了他们，使他们真正地感到共产党对他们的宽大，有的表示要坚决跟共产党走，听人民群众的话。

第四，对上层的子女作了教育，使他们看到前途，并积极地动员家庭向农民承认阶级，退出非法出卖田地的款等。

五、关于对敌斗争工作。

第一，对敌斗争必须大家重视，全体动手，应高度地提高阶级警惕性。

第二，大力开展政攻，分化瓦解敌人。改革开始，各区分别集训了自新匪，并在群众中广泛进行目前形势、对反革命分子的政策等的宣传教育，这样做的结果，争取了一部分人向我投降坦白。

第三，在开展政攻的同时，必须重视对群众的发动，并很好依靠群众，发动依靠骨干，揭发、检举和监督反革命的破坏活动，这样也才能制止反革命的破坏。

第四，对现行反革命分子侦察属实，必须进行严厉的、及时的打击，以保卫各族人民生命财产的安全，保卫改革的顺利进行，镇压敌人。对专案必须专人负责，同时对有问题的社会危险分子也必须作严格的监视，充分掌握情况，有问题，争取主动。

关于收缴武器问题。我们在改革中，曾做了一些工作，已取得了一定成绩。当中还是坚持了首先充分交代政策，强调自觉，避免由于任何强迫命令而发生问题。另外，也要发动群众，在发动群众的压力下调查检举黑枪。如七区邬湾就交出了刺刀20多把、枪10余支。有的片还专门召开了一些座谈会，进行政策的交代。

1956年12月21日

关于第二批土地改革及直接过渡地区当前工作的指示

红河边工委土改办公室指示

总号：001

主送：报省边委、地委

      发各县（工）委

边委土改办公室

1956年8月8日印发

关于第二批土地改革及直接过渡地区
当前工作的指示

  我区第二批土改的乡共92个（金平7个、红河21个、元阳35个、六村29个），计有人口179662人，占全区人口总数40.44%。元、金、红3县已于8月初铺开，预计10月中旬可以结束。六村已开始集训干部，并自元、金、红3县抽调干部300人支援，8月中旬可以全面铺开，预计11月底可以结束。另外还有以苗、瑶族为主所聚居与杂居的28个乡（金平19个、六村3个、元阳1个）4万多人口的地区以及苦冲民族聚居地区，由于阶级分化不太明显，拟不进行土地改革，而采取直接过渡的办法进入社会主义社会。

  第二批土改的地区，紧靠国境边沿，内外关系、民族关系与阶级关系交错复杂，工作基础很差，敌情较严重，群众觉悟较低，联防组织严重不纯，有些地区甚至还残留着封建土司的统治制度。因此，要求我们在指导思想上要十分慎重稳进，注意防止与克服干部中存在着的急躁冒进情绪，正确地贯彻执行政策。除采取第一批土改的经验，认真发动群众和做好上层统战工作外，边委认为应注意做好以下各项具体工作：

一、坚持执行和平协商的方针与做法

  根据第一批改革的经验，干部中的急躁情绪，摆不脱内地斗争地主的经验，走火失策的现象比较普遍和突出。因此，在第二批改革中就要更加注意防止和克服它，端正地执行和平协商的方针与做法。但是也要注意防止和纠正由于整训土改工作队批判了集中冒进情绪以后，又可能倒向另一个极端，出现束手束脚、不认真发动群众和不敢开展必要的说理斗争。

根据经验，正确执行和平协商土改的方针与做法，主要是解决干部思想问题，使他们明确和平协商改革的精神实质和正确做法。另外是认真发动群众，特别是要把乡村干部与积极分子的朴素的阶级觉悟提高到党的政策策略思想水平。

在具体做法上，首先，坚持"不关、不打、不杀""除现行犯外不捕"的政策，和组成乡的协商委员会，把一些需要协商的问题都拿在协商会上充分进行协商。

其次，和平协商主要体现在划阶级与征收、没收的斗争上。因此，在划阶级与征收、没收中进行和平协商就显得十分重要了。根据经验，主要应坚持做好以下几项工作：

1. 事前充分做好准备工作。一方面要掌握好武器（即在群众中，主要是在乡村干部、积极分子中学好政策策略，把政策策略变为他们的思想与行动）与子弹（即掌握地主材料）；另一方面充分做好上层地主的工作（主要是交代政策，讲清道理，指出其前途，争取他们低头认罪，减少协商中的阻力）。这样才能有准备、有把握地开展面对面的说理斗争。

2. 既然是和平协商，就要有和平协商的气氛，应该让地主坐下来谈，允许地主讲话，坚持说理斗争，使地主在事实与道理面前理屈词穷，不敢不低头认罪。如果像第一批改革时有些地区叫地主站起来、头低下来、吐口水、辱骂、威吓，甚至罚跪、拳打脚踢等，这就不像和平协商的样子了，显然是搬用内地斗争地主的经验，应该加以批判与克服。这样才能有理有据地驳斥地主，打垮其政治威风。

3. 把协商划阶级、协商征收、没收与征购等约束在乡的协商委员会或村的协商小组会上，不能太扩大，而形成群众性的斗争。因为这样不好控制，容易走火失策。

4. 为了做到区别对待，事前就要排好队，区别上层地主与一般地主、大地主与中小地主、汉族地主与民族地主、经济上剥削的地主与当权的地主或有政治罪恶的地主；同时也要做好地主子女工作，把地主子女与地主本人区别对待。这样才能有意识地做到区别对待，才能避免个个揭发、个个批判、个个打击的不策略的现象出现，以减少改革的阻力，有利于分化瓦解地主阶级。

二、加强对敌斗争的工作

首先要不断教育干部与群众提高阶级斗争的警惕性，克服和平麻痹思想，认真发动群众与正确执行政策；同时严密防范可能产生的骚动与暴乱事件，坚决打击现行反革命的破坏活动。为此，必须做好以下工作：

1. 实行武装保卫改革。在工作基础十分薄弱、联防不纯、地富武器较多、敌情严重的地区，必须派部队驻扎。六村部分地区，由驻该地公安团负责。红河九冲进驻1个排，元阳猛弄哈播进驻1个排，猛弄外三里规洞进驻1个连，是为全区机动部队。此外，各县还要根据需要，组织武工队进入一些工作基础比较薄弱的边沿地区开展工作。

2. 大力开展政治攻势。结合土改，广泛宣传"坦白从宽、抗拒从严、立功折罪、立大功受奖"的政策，和《农业发展纲要》四、五两条，只要他们真诚悔悟，就"不咎既往"，以及宣传欢迎外逃人员回家生产。同时训练自新匪，对他们进行教育与控制，并达到分化的目的，并且做好自新人员与外逃人员家属工作。一切回归人员均应妥善安置，帮助他们解决生产、生活的困难，使他们感到祖国的温暖。各地外逃人员，应组织其亲友写信争取他们返回祖国。

3. 一方面要坚持"不关、不打、不杀""除现行犯外不捕"的政策，而且不能扩大现行犯范围，借口现行活动而捕错了人，必须坚持法律手续与法律程序。对一般的破坏活动（如砍伐森林、宰杀耕牛、造谣破坏、挑拨民族团结等）应给予揭发批评劝告或警告，除非屡教不改，才依法给以惩办。至于严重的反革命现行破坏活动（凶杀、暗杀、纵火、组织暴乱等）则必须坚决给以打击，及时破案，及时处理，以镇压敌焰。

4. 慎重处理搜缴武装的问题：在这个问题上，容易产生急躁情绪，稍一不慎容易发生偏差或乱子。因此，（首先）必须坚持随着群众的发动，在整个土改过程中，采取登记、借用、调配的方式和零敲碎打的办法，逐步地收缴武器，直至最后基本上把地富武器收缴或转移到农民的手里。其次，要严格控制，凡登记、借用、调配武器均由片上掌握控制，下面不可乱提借枪支。第三，坚持说服教育的办法，不可硬追硬逼，只要发动了群众，掌握了材料，经过群众的揭发与个别的动员，就可以把它搞出来。第四，对个别的交出武器较多、表现较好的，可以给以适当的奖励。

三、照顾民族特点与注意民族团结

第二批土改地区，民族关系较复杂，而且部分地区还是苗、瑶等较落后民族聚居的高寒山区，因而照顾民族特点，注意民族团结就显得十分重要了。在改革中一切工作都要本着从民族团结出发、达到民族团结的目的的原则为准绳。首先，就要宣传各民族的团结与劳动人民的团结，响亮地提出"各民族农民是一家"的口号，提倡先进帮助落后，多数照顾少数，互相尊重生活风俗习惯。其次，在工作中就要大胆放手地依靠民族干部去领导群众进行工作，切不可包办代替；在各族会议上就要尊重各民族的语言，不能强求使用所谓的"大众话"（汉语）或一种民族的话；在各种活动中就要尊重各民族的生产、生活风俗习惯；在调整土地、分配耕牛、骡马等时，采取行之有效的各民族互送的办法，特别是先进的或富裕的民族要主动照顾落后的或比较困难的民族；在建立农村各种组织时要照顾各民族干部都有适当的比例，特别是要照顾少数民族；各民族间的一切山林、土地与水利的纠纷，应在土改中本着团结互让、互相尊重、互相照顾的原则加以合理地解决；在苗、瑶等落后民族杂居与聚居的高寒山区，就要在对待地主的政策上更加宽大些，在面对面地与地主进行说理斗争时，就要以本民族的群众为主。只有从以上这些方面去照顾民族特点与注意民族团结，才能经过土改进一步改善与加强民族之间的团结与各族劳动人民之间的团结。

四、搞好生产工作

在第二批土改地区的生产活动是：在半山区是中耕夏锄及秋收工作；河坝区头季稻已经收上，正准备栽种二季稻。因此，当前半山区主要应领导群众进行薅锄工作，抗击自然灾害；河坝区在于领导收割及栽插。要做好这些生产工作，根据第一批的经验，主要在于干部思想明确和重视，具体地加以领导。结合土改的每一具体步骤，交代有关生产政策，解除生产上的顾虑，并让农民有生产时间，具体安排农事活动。对现有土地上农作物的处理，半山区一般采取谁种谁收的办法，河坝区种植双季稻的地区，头季稻谁种谁收，二季稻采取"换工找补"或"按工分成"的办法均可。

为了推动生产，也为了土改后办社打下互助合作的基础，在土改中也要结合整顿提高现有的劳动互助组织。一部分原有大换工组织的地区，应结合土改及农事活动进行必要的整顿提高，把地主、富农清洗出去。遵照自愿互利的原则，普遍地发展临时性、季节性的互助组，也可重点建立常年互助组。对于原来没有换工互助组织的地区，秋收时可组织临时性的亲邻相帮、手换手、工换工的劳动互助，进行收割。

特别在边沿落后民族地区，群众生产十分落后，生活极端贫困，就应该结合土改解决他们生产上与生活上的困难，如发放农贷、救济款、收购土特产等。同时，我们已请示省边委拨给款项，各县可暂从已分拨之征购耕牛中剩余款项内调剂使用。无偿地送给农具、耕牛等，以扶持他们搞好生产，并有利于发动群众与民族团结。

五、关于领导问题

今年全区的中心任务在于完成土地改革，各县委应继续集中主要力量，保证中心工作的胜利完成，一切可缓做的就缓做，可以不做的就不做，不要分散力量，平均使力。同时，为了加强边远山区土改工作的领导，"县委要上山""指挥官要上前线"，以便根据各地情况具体指导工作，及时发现问题、解决问题，端正地执行政策。但也要保证县委的集体领导，定期召开会议，分析当前情况，提出问题，研究解决办法，不可分兵把口、各行其是。各片在领导方法上仍然采取重点先行、点面结合的办法。

各县干部力量仍然主要集中使用于改革，目前已经调回或配备在机关的干部（尤其是骨干），根据需要，仍要抽调投入中心工作。对各县土改工作队，应加强政治思想领导，不断总结提高，经常坚持学习，严格组织生活，严肃干部法纪。这是顺利完成土改工作的一个重要保证。

六、关于直接过渡地区的工作

按省委指示，这些地区工作的方针是："在一定的工作基础和前提下，采取'坚决依靠贫苦农民，团结一切劳动人民，团结和改造一切与群众有联系的民族公众领袖人物，在国家大力扶持和帮助下，通过互助合作发展生产，以及加强与生产有关的各方面的工作，逐步提高人民的生活水平和政治觉悟，逐步克服不利生产和民族发展的不利因素，逐步过渡到社会主义'。"根据这一指示精神，结合当前我区工作实际情况，目前拟组织工作组（每乡7—10人）进入这些地区工作。县委应有一委员专门负责这一具体工作。

这些地区当前的主要工作是：

1.宣传直接过渡的道路，稳定各阶层情绪，同时领导搞好生产，认真解决群众当前生产、生活上的困难，无偿地送给农具、耕牛，帮助兴修水利，抗御自然灾害，并开展农贷、发放救济款（我们已经请示省委下拨专款使用，现暂出自治区拨给部分款项调剂使用。至于帮助苦冲民族安家生产的款项，已经发给群众）。

2.通过领导生产及开办训练班等培养一批积极分子与乡干部，并在基础较好的地区建团。

3.有重点的而又全面地系统地开展调查研究工作，把这一地区的情况进一步摸清楚，并于9月内做出3—4年的工作规划报边委转省委。规划内容包括生产改造、互助合作、文教、卫生、交通、贸易、区域自治、建党、建团、培养干部等方面。边委和自治区政府直属机关各有关部门应抽调干部，统一组织工作组，前往金平协助县委开展调研工作。

中共六村工委和平协商土地改革总结

我处于8月23日开始在25个乡52344人口的地区进行和平协商土地改革工作，历时100天的时间，于12月3日全部乡开完土改胜利大会，宣布土改结束。参加这次改革的干部共525人（六村各部门抽调163人），其中党员121人、团员160人，党团员占干部总数的55.4%；初中文化程度以上的86人、小学和初识文字的210人、文盲229人；哈尼族184人、汉族230人、彝族38人、其他少数民族干部73人，哈尼族占全体干部的35%。在土改中又吸收了131个乡村的积极分子协助土地改革的工作。

一、改革前的自然情况和社会情况

1.解放前全部是土司统治地盘，土司头人在少数民族中享有一定威信，民族关系及内外关系复杂，生产落后，历年来反动统治时的械斗摧残，田地荒芜，生活极为贫困。解放后，土司制度已残缺不全，有50个乡建立了联防，20个乡仍保持封建土司的"改土归流"的保甲制度。农村基层政权仍掌握在上层地富手中，土改前我们直接和群众见面的乡村占少数，多数乡都是通过上层去做工作。解放以来，开展对敌斗争、民族团结、发展生产以及贷款、救济等项工作中，涌现了一批积极分子，对完成边疆各项工作任务，起了一定的作用。但其中极为不纯，据25个乡的统计：委员、大组长级干部110人中，就有地富及不纯分子59人，占53%；联防武装51人中，地富及不纯分子就有35人，占68%。反革命有一定的社会基础。

1953年至1955年，靠近墨江及受内地改革影响的乡，一部分勇敢分子号召部分群众自发地减租及进行"小土改"，称有钱人家为"大户婆"。因受内地斗争方式的影响，也发生了吊打的现象，而地主也怕农民斗争，预分出了一部分田地。由于执行民族政策和团结、教育、改造上层人物的结果，上层及地主也愿意进行减租，使租佃关系有了改变，由四六成分降为三七成分，贫苦农民得到了利益。虽然如此，大部分的田地及生产资料仍然掌握在地富手中。据25个土改乡的统计，田地共30238008斤，地主占5069470斤，占田地总数的16.8%；富农占3443826斤，占11.4%；中农占11689651斤，占38.7%；雇贫农占8660803斤，占28.6%。从人口比例上看，25个乡的人口52344人，地主3298人，占总人口的6.4%；富农3110人，占5.9%；中农15385人，占29.4%；雇贫农29689人，占56.7%。这种不合理的封建制度，是边疆少数民族前进的障碍，束缚着农村生产力不能向前发展，所以边疆人民要跻于先进民族的行列，进入社会主义，必须改变这一种状况，进行土地改革。

2.25个土改乡中，23个半山区乡、2个高寒山区乡；22个民族聚居乡、3个杂居乡。3个杂居乡居住着哈尼族43133人，占人口总数的82.4%；彝族4031人，占6.7%；汉族1150人，占2.2%；傣族778人，占1.4%；苦聪族438人，占0.9%；瑶族1190人，占2.3%；哈欧族549人，占1.1%；碧约①族210人，占0.44%；白孔族362人，占0.7%；相堂族301人，占0.6%；卡堕族3人；西摩洛族4人。共562个自然村，计9958户，村子最大的150多户，最小的独户。村落分散，交通不便。国防线约200华里。

在改革中是执行了政策，没有发生骚动暴乱及死亡事件，团结、教育、改造了民族上层人物，又发动了群众，解放了农业生产力，使农民得到了发展生产的基本条件。废除了债务人民币107311.5元，谷子196675斤，半开44565元；没收地富出租土地5403833斤，征收小土地出租68740斤，学田325620斤；没收各种树木6278棵，竹棚3064棚，森林440片；征购耕牛1121.75头，骡马629.75匹；退出款项18368.45元。改变了不合理的封建土地所有制，使田地占有情况起了变化，贫雇农占13744298斤，占总产量的45.4%；中农占11637603斤，占38.5%；地主占1383313斤，占4.6%；富农占3073999斤，占10.2%；使农民分到了186斤（纯是固定耕地的产量）至650斤的产量。约34%缺牛或少牛的农户分到了耕牛、骡马的1/2至1/4。如略卡乡耕牛共156头，占户口8.7%的地富就占有耕牛总数的31.4%，占户口91.3%的农民才占有耕牛、骡马的68.6%；改革后农民占有耕牛总数的80%，地富为20%。再如巴德乡缺牛户239户，分到牛马120头，平均每两户可分到1头。

发放了救济款43126元；发给耕牛征购款34600元，除征购耕牛、骡马16688.65元，还购买了耕牛5头。据牛孔区统计，征购款及救济款共15800元，除征购耕牛、骡马4139元外，购买了各种农具约601件、布8629尺、衣服434件；发放了各种贷款17878元，购买农具1842件、耕牛7.5头、小猪594口、各种籽种2740斤，基本上在经济上支持了土改，满足了贫雇农的要求，减少了农民分到田地后对生产资料非常缺乏的情况。如四大寨乡雇农包里保计4口人，原来有山地120斤，土改中分得田2040斤、耕牛半头、锄头1把、人民币17元、布7尺，大大地解决了生产资料和生活必需品的困难。

建立了25个乡的党团支部和民兵武装，发展了党员318人，男260人、女58人；团员528人，男354人、女174人。

结合土改收兑银圆半开56610元，收回到期贷款13021元。截至12月15日止，完成征粮1117615斤，收购2298448斤，完成任务107%。

---

① 碧约，本文又作"必约"。——编者

二、发动群众问题

整个土改完结，成年农民的串连面绝大多数均达90以上，有竟达97%的，而个别乡仅达84%。名副其实地从思想上发动起来的达79.7%至87%，主要是：

1. 提高阶级觉悟。土改由始至终贯彻了阶级教育，通过扎根串连，以苦引苦，激发了阶级觉悟："当了千年的牛马，才认得有地主经济的压迫。并不是命不好，进而形成了'狼羊两边分，清水浑水顺边流'。"同时，明确了谁养活谁、不合理的"田是农民挖，谷子地主得"。从政治上、经济上以及思想上划清了劳动与剥削、地主与农民的界限。青年农民放弃了与地主子女的恋爱关系；雇工女仆脱离了地主家庭，另求谋生，除去地主套给的丫头姓名，自取本姓的名字，得到了人身的自由；年老农民回溯祖辈流尽血汗不得温饱死去，他们盼土改、分田地，终于等着遇着了，万分高兴。

2. 执行政策和进行政策思想的教育。和平协商的方针、政策，除少数的由于客观影响，或是个别的受苦深要出气报复、要打要斗，削弱地主经济的某些具体政策稍微有分歧意见外，均为广大群众所赞成拥护。事实上，和平协商政策的实践，从政治上、经济上消灭了地主阶级，生动地教育发动了群众、组织了群众，农民执政当家作主，获得了发展生产的基本条件。贫农成了农村的领导阶级，树立了领导优势，尽先分给生产资料。除了执行既定的团结中农、不侵犯中农的利益的具体政策外，坚定不移地把中农买田的约占地主退款的30%至50%大部分归还中农。如迷克乡地主实退款1205元，退给中农16户合449元，占退款的37.2%。曼洛乡地主退110元，全部退给中农。经过划阶级的复查，把不该划中农者降为贫农159户。由于贯彻了对待农民的各项政策，实际有力地发动了群众。

3. 进行社会主义的前途和增强民族团结的教育。在进行阶级教育的同时，进行社会主义的前途教育，促进了组织起来、发展生产而必须进行土地改革的迫切要求，反映"不土改，怎样过社会主义？"在处理农民内部的具体政策时，本着社会主义的原则，加以教育和处理，不仅工作顺利且群众满意，加强了农民内部的团结。由于大多数乡地区辽阔，自然条件的限制，在一个乡内土地有过于集中或分散，或者中农自耕产量每人达1500斤，而从地主没收的土地，不足以满足缺地或无地农民的要求，每人只分得固定耕地产量的186斤（解放后，政府扶持开荒的半耕地未计入）；有的村甚至没有田分。类似情况，一面从耕牛生产资料和寒衣等生活资料上给予照顾，一面进行社会主义的前途远景教育，认为"毛主席领导，土改过了，还要过社会主义"。乡与乡、村与村均以实物互相赠送，并举行隆重仪式。东斯乡南通村先赠送哈德乡与他们生产、居住相连的一个村子产量2000斤，留下500斤自行调整，但外乡送东斯乡16条牛马后，激动得连500斤也全部送给了哈德乡。牛孔区共82户苦冲族，分给39户17条牛马，57户分到产量44380斤，并发放救济款和衣服裤子。路卡乡哈尼族送21户瑶族寨子产量23600斤、耕牛2条，并欢迎他们下半山栽田，要教会栽田技术。瑶族情不自禁地喊"哈尼族大哥！"，显然增强了民族内部和民族与民族之间的团结。

但是，在发动群众上，我们错误地理解边工委"宁愿这些地区的改革不彻底，切勿因冒进失策而引起波动暴乱"，怕失策出乱子而消极地少做了群众工作。因此，有些乡正值阶级斗争激烈的时候，地主阶级的政治威风打得不透；在削弱地主经济的部分，抵赖叫喊，反之群众的发动程度，后阶段不如前阶段那么艰苦和深入。边工委发动落后层的指示下达后，正值哈德乡二阶段结束，32个自然村，竟有10个村子还是落后村（土改结束只有1个了）。进度较快的乡，普遍是对落后不摸底，甚至个别乡不愿检查自己工作落后的事实。1月余以来，都坚持发动落后村、落后层的工作，加派力量，包干发动，就地培养出自己的干部等办法，已至土改结束，工作队还在乡村的半月时间，继续发动群众仍为一项重要工作，取得了一定的成绩。工作较好的9个乡，落后村基本上不存在了；工作一般乡11个，其中各乡仅有1至2个落后的小村子；落后乡5个，如略卡29个自然村，尚有5个落后村56户。落后层亦相对地减少到占成年人口的5%至8%左右，不少地方的落后层，经过深入细致的发动之后，成为乡村的领导干部。工作队深入"穷乡僻壤"，发现和解决工作问题后，群众反映"解放到现在，只有一次打马鹿的工作同志，因口渴进村子见过面"，此次土改将结束前到他们村子工作，感到高兴。

三、团结和教育上层工作

我处上层共24人，在自治区机关工作的2人、土改开始送昆学习的3人、在家的19人，受到过不同程度的教育。土改前这19人的政治态度是：

一类型（左）的6人，二类型（中）的4人，三类型（右）的9人。经过土改的变化鉴定，原一类型的6人有1人变为二类型，原三类型9人有1人变为一类型、5人变为二类型。这样，土改后一类型的6人，二类型的10人，三类型的只有3人了。在土改中大多数给予保护"过关"，少数的虽进行协商，但斗争方式从宽区别于一般地主外，在办事处集中他们3次教育，两次经济上的照顾。

1. 在族代会和上层座谈会上进行政策和前途的教育。那时，他们集中反映的问题是：共产党要不要他们和担心政策与农民群众的行动是否一致。土改中结合粮食工作任务下达时，召集上层座谈，那时，怕斗怕杀的顾虑事实上消除，而在应退款和留牛马、留田地上想多保留点封建剥削经济。土改结束时又召集他们座谈，绝大多数心悦诚服地对土改表示满意，少数的仍留恋在地主经济利益上纠缠（有些确是我们执行政策的偏差，加之收缴火药枪），个别的对农民进攻和心怀不满。此外，就是表现无畏的要钱和要位，如马归泽公开说："老了，生产不能干。"要求继续参加工作。陶章清叙述自己在土改中遵守政策法令后说："我有困难，政府会照顾。"上述情况和问题，均本着再三地讲清政策、指明前途和解释说明以及必要的批评。

2. 我处全部上层人物，除2人无固定供给外，其余均以15元、19元的按月供给。在土改铺开和土改完结的两次座谈会上，对具有较大代表性或生活确有困难的上层人物，又在经济上给予照顾。第一次发给5人，第二次发给13人，多者100元，少者30元，共发出900元。

通过上述工作和民族政策的感召以及群众对他们的教育，基本上达到了团结改造上层人物的目的。

四、生产工作

8月下旬，随着土改的铺开，秋收也跟随季节的早迟到来。在各种会议及各阶层群众中大力宣传"谁种谁收"的生产政策，从思想上重视和组织整顿换工互助以及物资准备，因此，政策是既定"谁种谁收"和群众对"谷黄如抱宝"的认识。加之提出"土改要搞好生产"的政治鼓励，于是今年的秋收特点是：不误农时的收得快、收得好。这是必然的结果。但是，在秋种和冬耕问题上，出现了两个问题：

1. 群众顾及眼前利益，及时地完成秋收，这是好的。但对今后利益：秋收结合秋种、搞好冬耕是明年增产这一意义认识不清，干部对生产关系的改革必然影响生产估计不足，采取必要的措施做得不够，因而地主打谷入仓丢下谷茬田不犁不蓄水，地里不下种；富农观望等待；中农怕打乱平分而不在自耕土地上加工；贫农等分到土地再干，也少对已有土地的管理和扩大经营秋种。工委鉴于这种情况，指示各乡加以解决和扭转，而少数乡如哈德乡，土改生产结合不紧，干部放松了对生产的领导，土改结束检查，冬耕生产节令迟了1个月。

2. 秋种作物对群众的宣传教育和技术指导不够，籽种的供应也不及时，缺乏调查研究，任务分配也不实际。因此，低产作物的荞子广种薄收。牛孔区计划种植麦子任务200亩，只种下643斤种子，约80.4亩；蚕豆任务65亩，只种下120.6斤种子，约合8.6亩；洋芋种植任务85亩，完成38亩；油菜撒下160.5斤籽种。该区豌豆合种任务是274亩，种下籽种5390.5斤，约合449亩。两年来，除瑶族还种大烟，其他民族没有种大烟以后，群众改烟地为荞地。据了解，今年荞地有所增加和扩大，乡乡超额完成种荞任务。为符合国家需要，又使群众得到更多利益，以高产作物逐步代替低产作物的生产矛盾，乃是一个相当艰苦而又迫切的工作。

互助组织：土改前较为普遍是不分阶级、民族、村寨的团结大生产，随着土改的深入与群众的发动后，不要地富参加，也不计工的插起红旗的团结生产。经过不断地组织和整顿，逐步贯彻自愿互利政策，结合土改，各乡重点取得经验的组织和整顿互助组。组织面较大的乡占总农户的33.3%，组织面小的达5.9%，一般均在10%以上。试建了一个乡的信用合作社，入社农户达该乡总农户的94%，入股农民达87.4%，并贷了161元的小猪贷款。群众也体会到信用合作社是农民的"小银行"，愿意与合作社来往。割断了农村高利贷的剥削，为土改后全力全面发展生产、稳步地发展互助合作创造了初步条件。

五、瑶族工作

土改乡瑶族共213户1190人，占土改乡总户口的2.13%、总人口的2.3%。雇农71户356人，贫农138户806人，中农4户28人。分布在三猛区的略卡乡（一村21户）及牛孔区的曼洛、依期、阿东、平掌街及坝哈等乡的14个自然村，居住高寒山区，靠山地为生，耕地不固定，都是刀耕火种，生产落后。解放前家家种大烟，吸食者亦甚众，生活贫困，社会经济落后。阶级分化不明显，虽有少数富裕户间或放大烟债、请短工，但无一户达地富标准，故开始时对土改要求不迫切，甚至表示冷淡，反映："瑶族没有地主，不消搞土改了。""在惯高山，分给我们田也不会种。"唯要求政府救济，让其继续砍老林，准许种大烟。此外，由于统治阶级长期民族压迫的结果，瑶族与其他民族来往较少，与哈尼族隔阂较深。解放后，情况有所改变，可是目前对其他民族和政府仍抱有戒备和疑惧态度。其民族内部则表现固步自封，工作较难开展。

根据红河边工委的屡次指示，瑶族中的改革工作必须照顾其社会经济情况和民族特点，反对强求一致，硬搬经验；坚持阶级教育、团结教育和爱国主义教育，以提高觉悟，加强民族团结，疏通党与瑶族群众的关系。并结合各地实际情况及本民族自愿，可分田者分田，不愿分田或无田可分者，政府给予扶助，就地发展。分配结果，计分田58户，70040斤；分牛马84户、35头；政府拨扶助款购置各种农具和当前生活困难的接济4700元，解决了大部分农民生产、生活的困难。瑶族感到满意，反映说："我们瑶家从来没有一张纸，现在毛主席分给田，又发给土地证了。"曼洛乡瑶族，当哈尼族送他们26280斤好田时，感动地说："哈尼族大公无私，把好田送给我们，真是我们的老大哥。"表示要向哈尼族学习种田，搞好生产，争取向国家交纳爱国公粮。在今年交粮中，全村人马出动帮助哈尼族运粮，出现空前的团结现象。同时，通过改革的锻炼，培养了一批瑶族积极分子，其中担任乡人民委员会委员的8人、各种委员会委员31人，发展了党员3人、团员4人，并吸收5人参加土改工作，为今后瑶族工作准备了有利条件。

但由于历史上留下来的种种原因，造成瑶族比较落后，工作不易开展。加以我们对此工作重视不够，领导一般化，甚至过去和改革中，有的干部以强迫命令威吓手段对待瑶族，对于瑶族中有影响的上层人物采取敌视打击，造成瑶族对党不满。改革结束，一部分乡的瑶族工作还存在着较多的问题。如依期乡瑶族不愿分田，分给的马又退回，不愿选干部参加乡政权，反映说："瑶族人少，分了田和牛马，二天哈尼族又来整我们。"（均初步解决）对哈尼族的疑惧仍未消除。同时对政府也仍表示疏远，反映："共产党不消派工作队来，我们自己也能过社会主义。"土改中仍公开或暗藏的种植大烟，现在发现略卡、依期、阿东3个乡共种植大烟57块，经教育说服，在其自愿的情况下，自动铲除了34块，其余的有的不承认，有的不愿铲。略卡李老大表示："死也要跟大烟一齐死。"依期持械守护。哈尼族农民及本民族积极分子则深表不满，要求硬性铲除。为了有利于民族团结，有利于加强党与瑶族的关系，各乡都坚持了说服教育，有困难政府帮助解决，尽量做到本人自愿自动铲除，力避其他民族或积极分子强迫铲除而产生意外问题。目前，重新调干部继续工作，从疏通党与瑶族关系入手，待工作成熟才能铲除大烟。此外，瑶族干部的培养还少而弱，尚不能适应瑶族工作的需要，今后还应热情积极地培养瑶族干部。瑶族的生产技术比较落后，许多还不会种田，还须教育哈尼族农民主动帮助他们学会种田技术发展生产，才能逐步改变其落后状况。

六、对敌斗争工作

首先，在办事处、区组成对敌斗争组织，乡设保卫员，并在情况复杂、反革命社会基础较大、群众基础薄弱的7个土改乡，配发了长短枪67支。并在干部中提出"既是土改队又是武工队"的口号，实行武装保卫土改。改革开始后，随着工作的发展，适时地加强了敌情较严重地区的保卫工作。如三猛区的东斯乡、通俗乡，牛孔区的坝哈乡、洒马乡及三楞区的骑马坝乡等地，均强调了专职保卫干事及公安干部。另为保证土改的顺利进行，改革初期又由公安局统一集训了全处历史上作恶大、自新后表现不好和历史作恶虽不大但自新后仍有活动的自新匪分子83名（因在确定集训对象时，摸底工作没有做好，对部分人员的材料掌握不够确切，故集训了已判明性质不属自新匪，或因材料不足未能判明性质的约20名），并在改革过程中，各地均普遍召开了自新匪分子等座谈会。通过集训和各地座谈会的教育，安定了他们的思想情绪，解除了各种不同的顾虑，使他们在改革过程中拥护土改，靠拢政府，服从政府的政策法令。至于因生活逼迫或对我政策误解，被敌人威逼利诱偶尔误入歧途、没有重大罪恶者，按其阶级成分待遇，进一步地分化、瓦解、孤立敌人。这样大大地减少了改革中的阻力。

其次，在改革过程中，我们除正确地执行不打、不杀、除现行犯外不捕的政策外，还经常召开地富、反革命分子等各种不同的会议，给他们安定思想、指出前途。发动群众经常对他们的思想和行动，做了必要的掌握控制，监视坏分子活动，缩小了敌人的活动市场。在改革的每一阶段中，又随时注意揭发他们的各种谣言等破坏活动。由于采取以上措施，加之与驻军3981部队的密切配合，就保证了改革的顺利进行，始终未发生骚动、暴乱、凶杀等严重事件。另外，结合土改，在各乡大力开展了调查摸底及政治攻势，在25个土改乡共摸出反革命分子和刑事犯××名，并向我交出长短枪××支，各种子弹××发，从而进一步分化了敌人内部，孤立了其中极少数坚决顽抗的分子。

在改革过程中，改革地区曾先后发生逃跑事件4起（已回2人），其中因为顾虑改革而引起逃跑的3起。如六村区许红周（已捕）之大老婆（地主），于工作队下乡头天因怕改革斗争逃到红河躲避，于9月16日才回。回来后仍是顾虑，怕斗争、怕逮捕，又于9月30日带上大烟逃跑，现下落不明。牛孔区坝哈乡之仓文星，亦在划阶级当天早上，到村外大森林内躲避，到下晚才回。又骑马坝乡的段三（雇农），因有历史罪恶的追究，并和老婆吵架后，于10月16日早逃跑，现下落不明。

七、培养干部

由于各级领导不断强调培养村干部的重要意义，干部又接受了第一批改革的经验教训，各乡改革一开始，即注意了培养干部的工作。通过比较认真地挑选对象、不断排队及各项工作的锻炼，培养起来的一批干部，大部分是历史清楚、政治可靠、与各族群众有密切联系的劳动农民。计有乡一级干部96人、乡委员及大组长374人、村一级委员1169人、小组长1097人，合计2733人，占农村人口的5.4%。其中：男1855人，女980人；哈尼族2280人，彝族193人，瑶族56人，苦冲族36人，白孔族12人，相堂族14人，布都族19人，汉族35人，西摩洛族2人，必约族10人，哈欧族26人，傣族50人。土改开始，还吸收了131个青年积极分子参加工作，通过师傅带徒弟，建政时被选为乡干××人。这些人中大部分是有决心为人民服务的。从牛孔片602个大小干部情况来看，觉悟较高、有一定领导能力和政策思想的255人，占42.3%；虽有一定领导能力、较差的249人，占41.3%；觉悟较低、工作能力较弱的98人，占16.2%。同时，还注意了对人数较少民族的干部的培养，做到人数最少的民族也有代表参加政权。牛孔区有两个瑶族担任副乡长，各族群众都很满意。

在培养干部上存在的问题主要是，干部还较软弱，缺乏工作信心。原因一方面是工作队在工作中的包办代替，没有认真带领他们工作。有的甚至不敢当干部，如四大寨白阿才（党员）被选为乡长，表示坚决不敢干，不得不另选。依期一个妇女被选为人民委员后，害怕不会工作而哭起来。另一方面是在挑选对象时不深入细致，后来发现问题临时另抓。嘉梅乡三阶段结束才排一次队，建政前才确定乡的主要干部对象，虽然保证了纯洁可靠，但因培养的时间短，缺乏工作能力和信心，反映说："工作队走了，坏分子我们管不下来。"阿迭乡原来的正副乡长对象，一是十年的职业背马，一是地主狗腿；四大寨农代常委会主席现在还抽大烟，买不到大烟对党不满。这些问题有的中途发现，有的建政时才发现，结果都不得不舍弃。其次在培养干部中，对中农成分的干部和妇女干部重视不够，因而这类干部显得更为软弱。目前各种组织虽然成立，能够活动起来的却较少，因此，今后必须继续加强教育培养，使其在农业社会主义改造中，确实起到农村基层领导作用。

1960年6月28日抄于绿春县委会

云南省宁蒗彝族自治县和平协商民主改革
实施办法（草案）（第一件）

为发展生产，巩固民族团结，进一步发展彝族地区的政治、经济、文化事业，改善人民生活，逐步过渡到社会主义，特根据中华人民共和国宪法的精神，结合小凉山的具体情况，制定本办法。

第一章　总则

第一条　废除奴隶制度，解放奴隶、半奴隶及广大劳动人民，实行人民的人身自由和政治平等，借以解放农村生产力，逐步改善人民生活，为发展互助合作、逐步过渡到社会主义创造条件。坚持自上而下的和平协商方式，执行不打、不斗、不杀、非现行犯不捕的政策。

第二章　解放奴隶、安置各阶层生产

第二条　废除奴隶制度，解放奴隶，实行人民的人身自由和政治平等，废除奴隶主的土地所有制为劳动人民的土地所有制，改革前欠租一律免交；废除奴隶制度的一切特权及奴隶主的高利贷。

第三条　未改革地区严禁残杀、虐待、抓抢、买卖、陪嫁奴隶等违法行为。

第四条　改革中奴隶主的房屋、牲畜、农具、粮食、白银等浮财底财给予保留不动。奴隶主因改革而生活困难者，政府采取适当措施给予补助。

第五条　对于占总户30%左右的蓄养奴隶的劳动人民，若因解放奴隶而缺乏劳动力

者，给予适当安置，使不致降低原有生活水平。

第六条　由于解放出来之奴隶生产生活能力很低，故在安置生产生活工作中，必须耐心教育、细致安排、长期扶持。

（1）解放之奴隶、半奴隶，生产有困难者，政府给予适当帮助。

（2）解放家内奴隶时，除奴隶本人私房外，从主人家一律不带任何东西。所需生产生活资料，根据生产得起来生活比过去好的原则，一律由政府进行安置。

（3）安置家内奴隶的生产生活时，应照顾到：有家可归的帮助其归家；有父母、夫妻、兄弟、姊妹等亲属关系的帮助其团圆成家；无家可归、无亲属可团圆者，应本着自愿结合的原则，安置生产生活。

第七条　安置各阶层时，对于丧失劳动力的老人、幼小、残废者，应多加照顾，使其都有归落。

第三章　划分阶级

第八条　改革中划分阶级时，只划分奴隶主和劳动人民两个阶级。劳动人民内部不再划分奴隶、半奴隶、劳动人民等阶级。

第九条　划分奴隶主时，根据中央人民政府政务院《关于划分农村阶级成分的决定》之精神，结合我县具体情况，应从占有奴隶、土地之多少、劳动与否、剥削分量大小等方面进行实事求是的分析，在有利于划清思想界限、基本满足人民土地要求的情况下，奴隶主户的划分不得超过总户数的5%。

第十条　划分阶级时，应认真搜集材料，充分进行协商，将协商结果提交乡人民代表大会审议通过后，向群众进行传达讨论，并报县批准。若乡上协商不好者，报县解决。

第四章　土地的没收及分配

第十一条　没收奴隶主的土地，分配给劳动人民，奴隶主同样分给一份。叛乱未归者同样分一份。

第十二条　分配土地的原则
（1）以乡为单位，按评定产量，并适当照顾面积及每年实耕数进行分配。
（2）劳动人民原使用的佃权，在基本满足无地少地人民之土地要求的情况下一般不动。如必须抽动时，应在不减少原佃户收入的原则下，经报县批准，方可抽动。

（3）分配土地时，应分给个人。照顾独人户分二份，二人户分三份。

（4）革命烈士、革命军人及工人、职员等，应列入分配人口，同样分得一份土地。

（5）山林、牧场没收后，归公共使用，不得分配或开荒。

（6）尊重民族风俗习惯及宗教信仰，保护火葬场、坟地、神林等，不得破坏。

（7）地方工业建设用地，分配中应予保留，未使用前可交农民使用。

第十三条　分配中牵涉奴隶主之下列问题，作如下处理：

（1）协商征购奴隶主多余的耕牛时，价钱必须公平合理。

（2）保护、鼓励发展畜牧业，分养牲畜，原约有效。保护成群牛羊，不得分散。改革前奴隶主的放牧娃子，根据解放奴隶、自愿平等的原则，改变为雇工关系，继续放牧，或协商其他办法解决。

（3）奴隶主的枪支，公开参加叛乱者，一律收缴政府。未参加叛乱者的枪支，由县指定专人进行协商交政府，给予奖励。

（4）奴隶主因改革而劳动力不足的特殊户，允许在自愿原则下雇工。

第十四条　分配中牵涉劳动人民内部问题，作如下处理：

（1）劳动人民内部之租佃关系，原约有效。如有纠纷，本团结互利原则协商解决。分配土地时不能提倡赠送。

（2）劳动人民内部之债务关系，原约有效。

（3）劳动人民的枪支，公开参加叛乱者，说服教育交政府。未参加叛乱者之枪支，作组织联防保卫之用。

（4）劳动人民因改革而缺乏劳动力者，允许雇工或吸收有劳动力的人员同做同食，平等相待。

第十五条　鼓励、提倡马帮运输业和发展手工业。有骡马而无人赶者，许可雇工。宜于从事铁、竹、木、石、泥等手工业而有困难者，政府给予扶持。

第十六条　名胜古迹、历史文物，应妥善保护。

第五章　民主改革的组织领导机构

第十七条　县、乡人民代表大会或县、乡人民委员会为民主改革的合法执行机关。

第十八条　为团结一切力量搞好民主改革工作，县、区、乡分别成立改革委员会，由县人民代表大会推选或上级人民委员会派出适当人员组成，负责协商处理执行有关政策之各项事宜。

第十九条　劳动人民协会是共产党领导下的劳动人民自愿结合的群众组织，其主要任务是在改革中组织和教育广大劳动人民，贯彻和平协商民主改革。

第六章　附则

第二十条　本办法适用于本县奴隶制地区。

第二十一条　本办法经宁蒗彝族自治县第一届第一次人民代表大会讨论通过，报上级政府批准公布施行。

云南省宁蒗彝族自治县和平协商民主改革
实施办法（草案）（第二件）

为了发展生产，巩固民族团结，进一步发展宁蒗地区各民族的政治、经济、文化事业，改善人民生活，逐步过渡到社会主义，特根据中华人民共和国宪法之精神，结合本县宁蒗地区的具体情况，制定本办法。

第一章　总则

第一条　和平协商民主改革是各族各阶层人民的利益。劳动人民必须团结所有的公众领袖和上层人物，坚持自上而下的和平协商方式，执行不打、不斗、不杀、非现行犯不捕的政策，动员一切力量，为完成民主改革，废除封建领主制度及一切特权，解放奴隶，改变封建领主的土地所有制为农民的土地所有制，借以解放农村生产力，发展农业生产，为发展互助合作、逐步过渡到社会主义创造条件。

第二章　解放奴隶、安置各阶层

第二条　解放奴隶、半奴隶及广大劳动人民。根据宪法保障人民的人身自由和各种政治权利。

第三条　没收领主的土地所有权和地主的土地占有权，分配给无地少地的劳动人民。改革前欠租一律免交。

第四条　废除官租及一切婚、丧、年节及其他借口加于劳动人民的特权剥削。废除各种无偿劳役。

第五条 废除领主、地主阶级的高利贷剥削，但出租耕牛、分养牲畜、无利息贷款不属此例，原约有效。

第六条 领主、地主阶级的房屋、牲畜、农具、粮食及其他浮财、底财，给予保留不动。

领主、地主因改革而致生活困难者，政府采取适当措施，给予补助。个别劳力不足的特殊户，在自愿原则下允许雇工。

第七条 解放奴隶及长工时，除本人私房外，从主人家一律不带出任何东西。出来后所需生产生活资料，根据生产得起来生活比过去好的原则，一律由政府进行安置。在安置这些人时应照顾到：有家可归的帮助其归家；有父母、夫妻、兄弟、姊妹等家属关系者帮助其团圆成家；无家可归者根据自愿结合的原则安置生产生活。对于老幼、残废者，由政府进行长期救济照顾，但应注意适当的安插，使之各得其所。半奴隶及十分贫困的困难者，应根据生产得起来、生活得下去的原则，分别给予适当的帮助。

第八条 未改革地区，严禁虐待、打杀、买卖奴隶及长工。

第九条 领主、地主阶级参加叛乱的枪支，一律收缴政府。未参加叛乱的枪支，由县指定专人进行协商交政府，给予奖励。

第十条 劳动人民参加叛乱的枪支，说服教育交政府。未参加叛乱者之枪支，作为乡组织联防自卫武装之用。

第三章 划分阶级

第十一条 改革中划分阶级时，只划分地主（包括领主）、富农、劳动人民三个阶级。劳动人民内部不再划中、贫、雇农及奴隶、半奴隶。

第十二条 划分阶级时，按照县人民委员会根据中央的决定，结合我县具体情况制定之《划分阶级补充办法》进行实事求是地分析，在有利于划清思想界限和满足农民基本的土地要求的前提下，地主、富农阶级的划分不得超过总户数的5%。

第十三条 划分阶级应认真搜集材料，普遍反复地交代划阶级的年限、原则和标准，充分进行协商，将协商结果提交乡人民代表会审议通过，向群众传达讨论，报县批准。若乡上协商不好者，报县解决。

第四章　土地的没收、征收和分配

第十四条　没收领主的土地所有权及地主的土地占有权。

第十五条　征收富农的出租土地及雇工耕种部分的土地。富农的高利贷，利不过本者，继续有效；利已超过100%，停息还本；利已超过200%者，停息不还本。

第十六条　所应没收、征收的土地，自1956年1月1日起，如以出卖、出典、赠送或以其他方式转移分散者，一律无效。但农民如因承典承买，蒙受较大损失时，应在分配时给予适当的补偿，或没收后仍分给他。

第十七条　解放后政府领导的调整佃权等农民既得利益，承认有效。劳动人民内部的租佃、债务关系，原约有效。分配土地时，不能提倡赠送。

第十八条　尊重宗教信仰自由，喇嘛寺的土地一律暂时不动。债务不废除，其农民愿意偿还又无力偿还者，由政府适当救济。服劳役只能自愿，不能强迫。

第十九条　佃耕奴隶制地区之土地，俟奴隶制地区改革划阶级后，再作处理。

第二十条　分配土地以乡为单位，按人口分配产量基础数，适当照顾面积及每年可耕数。

第二十一条　为有利于发展生产和加强民族团结，应在原耕基础上分配土地。其主要原则办法是：

1.没收、征收地主、富农土地后，将地主直接经营部分和富农雇工耕种部分分给无地少地的农民。若能满足基本要求，则劳动人民原耕地主、富农之土地一般不抽动。如果不能满足必须抽动时，应在不减少原耕户收入（即抽出之产量与原上租数相抵）的情况下，经报县批准，方可抽动。

2.劳动人民世袭的"百姓田地"和以重押金典来之红照地，应以劳动人民的所有权看待，不得抽动。

3.对于全部租种喇嘛寺土地和劳动人民土地的佃农，在分配、没收、征收土地时，若有要求可适当照顾分给部分土地。若该占有之佃权已超过一般分配数，可说服不分给或分进后让出部分佃权。

4.没收、征收本族地主、富农之土地，优先分配给本民族无地少地的劳动人民。

5.村之公田公地，采取以下办法处理：优先分给原占有村的农民。如占有村农民已多余而又自愿时，可由占有者村赠送给佃耕者村分配。如占有者村不愿献出，可说服作为乡的机动田地。

6.过去地主、富农阶级或劳动人民出租、转让土地收受押金者，一律不退押金。劳动人民承典并耕种之土地，应视为所有权，不得抽动。

第二十二条　分配中具体问题处理

1.为了照顾独人户，一人分给二人的土地，二人分给三人的土地。

2.革命烈士、革命军人、工人及职员等，应列入家庭人口，同样分一份土地。

3.分给喇嘛与农民同样一份土地，计入其家庭人口内。

4.以母系为主的地区分配土地，计算人口时，男子愿在哪家就分在哪家。男子愿自己土户者，可分给本人。

5.没收土地时，先留给地主与农民同样一份土地。

6.叛乱未归人员，同样留予一份。

7.山林、湖沼、牧场没收后，归公共使用，不得分配或开荒。

8.解放后各阶层自己开荒的土地，应属开荒者所有，不得抽动。

9.交通建设用地，分配中应予保留。未使用前可由乡交农民耕种。

10.区乡之间插花土地，属于地主的由土地所在乡没收后优先分给原佃户，属于劳动人民的不动。

11.尊重各民族宗教信仰与风俗习惯，保护火葬场罐罐山、坟地神树、风水树、喇嘛堆等，不得侵犯。

第二十三条　保护、鼓励发展畜牧业，分养牲畜，原约有效。保护成群牛羊，不得分散。若因解放奴隶、长工，牧主放牧有困难者，可根据平等、自愿、开工资的原则，说服原放牧人员继续放牧。若主方付工资有困难者，政府可予帮助。

第二十四条　鼓励提倡马帮运输业和发展手工业。有骡马而无人赶者允许雇工。从事或包干从事铁、竹、木、石、泥等手工业而有困难者，政府给予扶持。

第二十五条　改革中征购地主、富农多余之耕牛，价钱要公平合理，不得压低。

第二十六条　名胜古迹、历史文物，应妥善保护，不得损坏。

第五章 民主改革的组织领导机构

第二十七条 县、乡人民代表大会及县、乡人民委员会或改革委员会为民主改革的合法执行机关。

第二十八条 为团结一切力量搞好民主改革工作，县、区、乡分别成立改革委员会，由县人民代表大会推选或县、乡人民委员会派出适当人员组成，负责执行协商，处理有关改革之各项事宜。

第二十九条 劳动人民协会是共产党领导下的劳动人民自愿结合的群众组织。其主要任务是在民主改革中组织和教育广大劳动人民，贯彻和平协商民主改革政策。

第六章 附则

第三十条 本办法适用于宁蒗封建领主制社会地区。

第三十一条 本办法经宁蒗彝族自治县第一届第一次人民代表大会讨论通过，报上级政府批准公布施行。

云南省丽江专区宁蒗彝族自治县民主改革实施办法（草案）（第三件^①）

为发展生产，巩固民族团结，进一步发展彝族地区的政治、经济、文化，改善人民生活，使彝族人民为主的各民族逐步发展成为社会主义的民族，特根据中华人民共和国宪法的精神和本自治县的具体情况，制定本办法。

第一章　总则

第一条　废除奴隶制度，解放奴隶，实行人民的人身自由和政治平等，废除奴隶主阶级的土地所有制，实行劳动人民的土地所有制，借以解放农村的生产力，发展农业生产，逐步改善人民生活，为实行农业社会主义创造、开展互助合作运动创造条件。

第二章　解放奴隶

第二条　废除特权，解放奴隶，依照《中华人民共和国宪法》，保护奴隶、半奴隶及其他劳动人民的人身自由和各种权利。

严禁抓、抢、买卖、虐待及残杀娃子、婢子（即奴隶）和以娃子陪嫁等制度。

废除一切加于奴隶、半奴隶及其他劳动人民的各种无偿劳役制度。

废除一切以婚、丧、年节及其他各种借口加于劳动人民的敲诈、勒索等制度特权剥削。

严禁冤家械斗，并废除冤家械斗中加于劳动人民的各种杂派。

第三条　废除奴隶主高利贷剥削，但出租耕牛、分养牲畜，不属于高利贷。

---

① 为与前两件《云南省宁蒗彝族自治县和平协商民主改革实施办法（草案）》相区分，"第三件"字样为编者所加。——编者

第四条　劳动人民对奴隶主的欠租、欠款，一律免交。

第五条　帮助解放了的奴隶安家立业。根据各人情况，本着自愿互助、归宗政府帮助等精神，分别处理安置：

（1）劳动人民占有之家内奴隶，本着劳动人民是一家人的精神，给予分家立业，所需由政府酌情帮助。

（2）解放出来的家内奴隶，在分配土地时，除按奴隶主粮食收入情况，先留足奴隶主口粮、籽种，再带出其口粮、籽种（多有多带，少有少带，无有不带）外，不够者由政府救济。

（3）解放出来的家内奴隶，在分配土地时，得将在奴隶主家内自己使用的生产生活用具及衣物（私房）等带出，不够者由政府酌情救济。

（4）解放出来的家内奴隶，除将征收或征购之耕牛公平合理地分配外，尚缺者由政府酌情救济。

（5）解放出来之家内奴隶所需房屋，由各村劳动人民协会组织领导，互助修建；必须购买材料之款，由政府酌情救济。

（6）解放出来之家内奴隶，得将随身衣物带出，尚有困难者由政府救济。如系老、弱、孤、寡、残废无法独立生活者，由政府给予安插。

（7）为了发展生产，在尚未没收分配土地前，奴隶主无力耕种之多余土地，应调整给奴隶和无地少地的半奴隶耕种。奴隶主自有之荒地，得由奴隶及其他劳动人民按原有开荒习惯，自由开垦。所有调剂之土地及开荒之土地一律免交地租，实行谁种谁收。

第六条　凡参加叛乱者的枪支，一律收缴。未参加叛乱者的上层枪支，由自治县人民委员会召集上层协商交政府，表现好者给予奖励。劳动人民的枪支，用作组织地方联防武装。

第三章　土地的没收

第七条　没收奴隶主的土地，征收或征购多余的耕牛，其他财产依法保留。

第八条　喇嘛寺的土地，按其实际需要予以保留。

第九条　占有九个奴隶以下（相当于二个家内奴隶、二户分居奴隶），平均每人占有可耕地30架以下（包括自耕、出租、常耕和轮耕），参加主要劳动，其剥削量（包括特权剥削）不超过其一年总收入70%左右者，除解放其奴隶外，以劳动人民对待。

第十条　保护并鼓励马帮运输业。

第十一条　保护和发展畜牧业。原分养之牲畜继续提倡。奴隶主兼营的成群牛羊及牦牛群，坚决予以保护。如奴隶主无力照管者，以自愿、互利原则，可采取分养、组织合作社或公私合营等办法解决。

第十二条　革命烈士、烈士家属、工人、职员、自由职业者以及其他劳动人民，因缺乏劳动力出租土地者，其每人所有土地数量不超过当地劳动人民每人所有土地最高标准200%者，保留不动。若有其他特殊原因者，虽超过200%，亦得酌情照顾，不予征收。

第十三条　对劳动人民除动员其奴隶分家外，所有土地及生产资料和生活资料依法加以保护，任何人不得侵犯。劳动人民的租佃、债务等关系，维持原约定。如发生纠纷时，应本团结、友爱原则，协商处理之。

第十四条　本办法涉及的一切，自1956年1月1日起，如以出卖、出典、赠送或其他方式转移分散者，一律无效。但劳动人民如以受骗蒙受较大损失时，应设法给以适当的补偿。

第四章　土地的分配

第十五条　所有没收、征收的可耕地、草场、林山，征收或征购之耕牛，均由乡人民代表会统一地、公平合理地分给无地、少地及缺乏耕牛的奴隶、半奴隶及劳动人民所有。对于奴隶主先分给其与劳动人民同样一份土地，但不得荒芜。

第十六条　分配土地以乡或乡以下适当居民区为单位，在原耕基础上根据数量、肥、瘦、远、近，用抽、补、调整的办法，按人口统一分配。但区或乡的人民代表会议得在各乡或适当居民区之间作某些必要的调剂。乡与乡的交错土地，原属何地劳动人民耕种，原则上仍划归何地劳动人民分配。

分配土地和耕牛时，应根据有利于发展生产的需要。

第十七条　原耕基础上分配土地时，劳动人民自耕的土地（包括解放前所开垦的土地在内）不得抽出分配。原耕劳动人民租入的土地抽出分配时，应首先给原耕者以适当的照顾。

第十八条　在分配土地时，对于以下特殊户照顾处理如下：

（1）对于有一口人或两口人的奴隶及半奴隶或其他劳动人民，得分给多于一口人或两口人的土地。

（2）兼营农业的手工业工人，应酌情分给部分土地。

（3）烈士（烈士本人计入家庭人口内）及人民解放军、荣誉军人、复员军人、人民政府工作人员及其家属（包括随军家属在内），均应分配给与劳动人民同样的一份土地。但人民解放军的军官、人民政府及人民团体的工作人员，得按其薪资及其他收入，酌情少分或不分。

（4）宗教职业者，分给与劳动人民同样一份土地，计入其家庭人口分配内。

（5）奴隶的家属来凉山安家者，分给与当地劳动人民同样一份土地。

（6）叛乱未归者，仍分给与劳动人民同样一份土地。

（7）没有夫妻制，以母系为主的地区，家庭人口的计算办法：在改革登记时，男性愿在哪家，即立为该户人口。

第十九条　分配土地时得以乡为单位。根据本乡土地情况，酌情留出小量土地，以备本乡外出户回乡耕种或作本乡土地调剂之用。此项土地由乡人民委员会管理，租给劳动人民耕种，但所留土地不得超过该乡耕地总数2%。

第二十条　分配土地时，县以上人民委员会得根据当地土地情况，酌情划出一部分土地，作为国营农场或县的农业试验场。此项土地未举办农业场之前，可租给劳动人民耕种。

第五章　特殊土地的处理

第二十一条　原有牧场或适合发展牧畜的草场不当耕地分配，应作牧场用。宜耕者可作耕地分配。

第二十二条　没收的山林、荒地、湖沼等，应按适当比例由区统一分配给各乡村所有。

第二十三条　大森林、大荒山、大荒地、矿山由国家经营管理。

第二十四条　各族各村劳动人民使用的木材山、柴山、坟山，及风水林、神树、火葬地予以保护。

第二十五条　各种古迹、历史文物应妥善保护，不得破坏。

第二十六条　已划定路线，准备修建城镇、市场、兵营、机关、学校之土地，经专区以上人民委员会批准保留。

第六章　民主改革的执行机关和执行方法

第二十七条　为加强民主改革工作的领导，县区由县人民代表会推选或上级人民委员会和县协商会派出适当数量人员组成改革委员会，负责指导和处理有关民主改革的各项事宜。

第二十八条　改革期间，县、区、乡人民代表会议、人民委员会是改革的法定执行机关。县和区设立和平协商改革委员会，作为奴隶、半奴隶、劳动人民与奴隶主的协商机关。组成成分中上层与奴隶、半奴隶、劳动人民各半（或上层略少于奴隶、半奴隶、劳动人民），并有党政干部参加。另外，乡成立劳动人民协会，是农民自己的组织，以便有领导地发动群众。

第二十九条　采取自上而下的和平协商，实行民主改革；不打、不斗、不杀、非现行犯不捕。

第三十条　民主改革中，严格遵守宗教信仰自由的政策，不得违反。

第三十一条　对于支持群众要求，赞成民主改革，拥护党和政府政策的民族上层公众领袖，在改革中、改革后均不得降低其政治地位。在自治机关和协商机关中逐步吸收参加工作。

对守法之奴隶主，保留其政治权利，并先留给与劳动人民同样一份土地。对他们的粮食、农具、房屋、浮财和底财等其他财物不没收。

参加叛乱自耕者，分配酌情给予以上待遇。

因改革而生活有困难者，政府酌情给予补助。

第三十二条　划定阶级成分时，在乡人民代表会上划，经群众酝酿后，在乡人民代表会上，自报公议，民主评定。奴隶主本人邀集到会参加，并允许其申辩（与劳动人民有联系的公众领袖人物，可采取缺席评定），报区批准，予以公布。本人不服者，得在公布后十五日内向县人民委员会申诉，经县人民委员会同意由法院判决执行。

第三十三条　在民主改革完成后，由县人民委员会发给土地所有证。民主改革以前的土地契约，一律作废。

第七章　附则

第三十四条　本办法适用于丽江专区宁蒗彝族地区。散居在本区的其他民族，以本办法同等待遇。

第三十五条　领主、地主阶级分子，按本办法第七条规定对待之。所有应没收和征收之土地，自1950年1月1日起，如以出卖、出典、赠送或其他方式转移分散者，一律无效。此项土地应计入分配土地之数目之内，但农民如因典地蒙受较大损失时，应设法给予适当补偿。

第三十六条　本办法经宁蒗彝族自治县人民代表大会第一届第一次会议讨论通过，报省人民委员会批准公布施行。

［注：

（一）奴隶的称谓在凉山地区有三种：

1. 家内娃子，又称锅庄娃子。

2. 分居娃子。

3. 婢子：又分为白、花、黑三种婢子。

（二）半奴隶：俗称穷百姓。

（三）劳动人民：包括俗称黑彝的一小部分，百姓的大部分。］

中共宁蒗工委会关于和平协商民主改革

——解放奴隶和土地改革的总结

第一部分　消灭奴隶制度和封建领主制度，解放奴隶、半奴隶，实行人民的人身自由、政治平等。废除奴隶主、领主、地主的土地所有制为农民的土地所有制，废除了奴隶主、领主、地主的特权、高利贷剥削，借以解放农村生产力，为农业、畜牧业社会主义改造和社会主义建设打下了牢靠的基础

全县9个区77个乡20027户95675人（解放出来之奴隶、政府帮助其归宗外县者2488人未计在内）。其中奴隶制地区12981户58289人；封建领主制地区6900户36413人；直接过渡地区146户657人。奴隶制地区和封建领主制地区的改革同时进行，于1956年10月10日起先后进行试点改革，至1958年2月底全县改革结束，历时17个月。

运动自始至终在党的领导下，分别坚决贯彻了"依靠奴隶、半奴隶，团结所有劳动人民，团结、教育、改造与群众有联系的民族公众领袖人物，有计划、有步骤、有分别地消灭奴隶制度"，及"依靠贫雇农，团结中农，团结、教育、改造与群众有联系的民族公众领袖人物，孤立富农，有计划、有步骤、有分别地消灭领主制度"的阶级路线。从运动的结果来看，运动的发展是正常的、健康的，达到了改革的目的要求。表现在：

（一）废除奴隶制度、封建领主制度，解放奴隶，实行人民的人身自由、政治平等。

在奴隶制地区，计解放了家内奴隶9199人，分居奴3885户17154人，半奴隶（俗称"穷老百姓"，相当于贫农和雇农）3163户15358人。以上计解放奴隶、半奴隶41711人，占奴隶制地区人口60874人（归宗于外县2488人在内）的68.6%。

在封建领主制地区，计解放婢子（摩梭族统称"俄"，奴隶的意思）1255人，佃贫农（其等级大部分是奴隶）4217户20359人，佃中农（其等级大部分是奴隶）1883户12265人。以上计33879人，占封建领主制地区人口（36413人）的93.1%。

废除奴隶主、领主的土地所有制为农民的土地所有制：

没收、征收了奴隶主、领主、地主及半地主式富农出租的土地，计田14112亩，地247255亩（包括荒地、轮歇地），田和地计261267亩，产量30370000斤，分配给无地、少地之奴隶、半奴隶及雇农、贫农，以及一切无土地所有权的阶层。直接分入土地者17455户（无地、少地、奴隶、半奴隶及佃中农均在内）75645人，占改革区户数（19881户）的87.8%，占人口（95018人，归宗2488人未计在内）的78.2%。

废除了奴隶制（即黑彝制）和封建领主制（土司制）的特权（包括苛捐杂税）共计309732元，受益面19124户90475人，占改革区户数（19881户）的96.2%，占人口（95018人）的95.2%，每人平均受益3.4元（改革前全县农副业收入每人平均4元）。

废除了奴隶主、领主、地主的高利贷共计233315元，受益面15453户73734人（包括中等农民以下的各阶层），占改革区户数（19881户）的77.8%，占人口（95018人）的78.7%。

（二）发动群众，组织群众，扎正根子，实现基层组织中的人民民主专政。

改革过程是发动群众和组织群众的过程，教育面达成年人口（52621人）的96%（因4%的成年人口参加叛武），如以户计则教育面达100%，做到了家喻户晓。组织面（劳协会）在奴隶制地区达户数的95.3%，在领主制地区达91%（地富占总户数9%），发动面全县平均达总户数的90.7%（因奴隶制地区奴隶主虽只达户数的4.7%，但富裕农民相当于富农的占户数5%，解放奴隶思想有抵触，不易发动）。

培养了以奴隶、半奴隶或雇贫农为主的基层骨干770人，占成年人口（52621人）的1.5%，为改革前（221人）的3.49倍。

培养了积极分子2996人，占成年人口（52621人）的5.7%，为改革前999人的2.9倍。

发展了联防武装6054人，枪2500余支，占成年人口（52621人）的11.5%（其中正规装备的2个民兵连，170人；脱产联防284人，枪284支；不脱产联防5600人，各种枪200余支）。

以上骨干、积极分子、联防武装共计9820人，占全县成年人口（52621人）的18.7%。

不仅数量上的壮大，而且质量上也分清了敌我界限和阶级界限，并且也有了政策思想水平，特别值得赞扬歌颂的是，这一批力量是严重的阶级斗争中成长的，在武装斗争的发生发展过程中成长的，有相当部分（特别是骨干）经过艰苦复杂的考验。

在以奴隶、半奴隶及雇贫农为核心的反奴隶制、领主制的人民民主统一战线无比（与当地队伍力量对比而言）壮阔的同时，为了彻底地消灭旧制度，在群众的激烈要求下，进行建政，几千年的"一山一虎、一村一头人"各自为政的奴隶制、封建制彻底推翻，建立起统一的、新的、在共产党领导下的乡人民政府，把民族领袖为自封的大小剥削阶级从乡政权中清除出去，实现了"人民当家作主"。当改革初期或改革过程中，剥削阶级企图最后保持剥削制度，说什么"娃子啥也不懂，咋个当得起来、做得起主，还是我们头人来当乡长才行"的谬论，也就烟消云散了。

在改革胜利的同时，条件成熟的乡，为了保证党在农村改革后的领导，保证党在农村的阵地，先后建立了党团的组织，发展农村党员101人，12个支部；发展农村团员430人，42个支部。建党建团后效果很好，保证了党的领导，都起了战斗堡垒作用。

（三）团结改造分化了上层。改革初期，全县大小上层××人，分4个类型：

1.积极靠我表示进步者××人，占××%；

2.表面靠我实际反我者××人，占××%；

3.公开思想抵触者××人，占××%；

4.坚决与我为敌（叛武）××人，占××%。

基本情况说明，绝大部分是团结争取过来了，除叛武外分别在政府机关或协商机关中适当安置，但团结的基础十分薄弱，经不起风吹雨打，根本原因是没有群众基础。

改革后有变化，基本上分两个类型：

1.承认剥削，放弃剥削，以实际行动靠我者××人，占××%；争取叛首××人，其中经教育后能以实际行动改正前非，重新做人，积极靠我者××人，占××%。

2.在改革中进行破坏活动，经群众揭发应捕而捕者××人，占××%（原社会主义改造中已捕）。

3.在武装斗争中消灭××人，占上层××%。

总之，在改革过程中，上层在群众中全部孤立，经群众教育和党的感召之下，大部分上层进一步地靠我，并有实际行动的表现，少部分坚持顽抗者予以坚决消灭（叛武）或打击（逮捕），这更有利于最大限度地团结和分化上层，也有利于发动群众。我们已这样做了。

（四）彻底消灭民族反动派（叛武），建立了坚强的人民武装。我县于1956年4月6日夜发生叛乱，到1958年6月平息，延时26个月。

叛乱本质是"阶级斗争"，剥削阶级企图阻挡改革，然而叛首谓为民族问题，以民族旗帜被骗被迫参加者先后8400余人，枪200余支。经过军事打击、政治瓦解，争取绝大部分善良群众，及较明理头人先后争取回来，恢复生产。

但顽固分子继续以民族旗帜，与我顽抗到底。客观情况是：如果我们能战胜这股反动势力，改革就能顺利进行；如果不能战胜，改革是不可能的，即是改革掉也不能巩固——能否消灭叛乱武装成了能否改革、劳动人民能否翻身的决定因素。为此，党的领导下定决心在改革的同时，采取了彻底消灭叛武的措施，即坚持"政治为主、军事为后盾"的方针，坚决发动群众，坚决武装奴隶、半奴隶，坚决实行移民并村，坚决消灭落后乡村，进行大规模政治攻势，和群众性的搜山进剿，使叛武失掉其所倚恃的群众，促其上天无路、入地无门，无空可钻，疲于奔命。随着改革的完成，叛武也先后消灭，叛首和叛众先后伏法，其中投诚者1442人、俘虏443人、打死969人、打伤被俘303人、争取瓦解消灭即3417人；各种枪支3953支（其中轻机枪5挺、子弹9468发）。现我拥有联防武装6054人、各种枪2500余支，是战斗中成长的。这一支战斗队伍在党的领导下，不仅是改革中消灭叛武的主要力量，而且也将是社会主义改造和社会主义建设中的武装保卫力量。任何残余的反动势力，在这支群众性的武装面前，都要发抖，都要伏法。

（五）为了深入发动群众，为了进一步团结民族上层，为了着眼于生产，为了体现和平协商改革政策，为了体现党和毛主席对边疆少数民族的关怀与汉族老大哥的帮助，在改革的同时安置了各阶层的生产生活，使各得其所。

1. 对家内奴隶，根据生活得下去、生产得起来的原则，在组织生产的基础上，解放后一年内的口粮以及生产生活必需品由政府妥为安置。

2. 分居奴和穷苦百姓，根据生活得下去、生产得起来的原则，进行救济，并组织生产自救，自力更生。

3. 劳动人民因改革生产生活有困难者，如鳏、寡、孤、独、残废者，分别允许雇工；或与奴隶平等关系做一家，生前由奴隶奉养，死后其财产奴隶继承；或由政府救济等办法安置。

4. 对改革对象，有代表性者分别安置在政府机关或协商机关中。有劳动力者，使之学习劳动，帮助其成为自食其力的劳动者；无劳动力者，允许雇工；无劳动力、生产生活不有困难者，根据不低于当地生活水平的原则，由政府生活补助。

经过以上的安置后，各阶层都说："毛主席像爹娘。"

在省委、地委的直接领导下，取得了以上主要的成绩，完成了改革。但由于我们对政策的领会不足，在运动中执行政策上有过若干的偏差：

1. 在改革初期关于"关于和平协商改革本身有一定局限"的片面了解，认为"和平协商土地改革的本身就有不彻底性，还得社会主义革命解决"。基于此，我们对主要问题上也发生一段时间的疏忽，产生打击面越少越好、对改革对象越宽越好的右倾情绪。据6个试点乡的总结：

羊坪、木尔坪、石福山3乡，只划奴隶主占总户数（654户）的2.75%（实际有4.7%）；忠实、开坪、八耳桥3个乡，只划地主、富农计占总户数（1091户）的1.67%（实际有5%）。没收分配土地上的"先留后分"变成"留好、留多、留近"。如忠实乡地主每人平均分得土地2200斤，贫农分得417斤，雇农分得576斤，结果满足不了农民的土地要求。在协商问题上，个别地方由于对和平协商是阶级斗争的特殊形式认识不足，不相信群众，包办代替，成了工作队主要负责人与上层协商，而骨干、积极分子不能在与上层的政策思想斗争中得到提高锻炼，对上层的教育改造还做不到应有的效果。结果群众说："干部包办。"上层说："改革将我管制得不得出门。"不给他与群众协商（干部防止群众打斗）。

但有的地方，如石福山乡因彻底解放奴隶后，未予奴隶主解决畜牧问题，损失了一部分牲畜等"左"的情绪。

（以上发现后纠正）

2. "武装斗争是阶级斗争的最高形式"，一切工作必须环绕这个中心的思想观点不够深入。表现在：对改革乡的干部对武装斗争的严重意义教育不足，对干部、积极分子、骨干和联防武装的审查和教育也不够严，因此在严重的阶级斗争中有惊慌失措的（如马金子工作队×人牺牲），也有投敌叛变的（如工作组长、预备党员、当地干部阿鲁认妈），也有麻痹大意的（从内部偷去武器×支枪弹）。个别的乡如木尔坪先后被叛武将家奴房子烧光3次，被杀害干部1人（工作组长）、乡长1人、积极分子2人（家奴成分），从内部偷去步枪4支等，造成了很大的损失。当然，应该肯定绝大部分的干部、联防武装、骨干、积极分子是好的，也出现了很多可歌可泣的事迹。

（以上对武装斗争的观念问题，在运动发展过程中逐步解决）

第二部分　主要经验

（一）党的领导和高举毛主席的旗帜，这是运动胜利的根本保证。解放后（1950年解放），在党的领导下，6年来的"团结、生产、进步"的工作，几千年的民族冤家械斗结束，实现民族团结，使各族人民生产有相当发展，生活有相当改善，培养了相当数量和质量的民族干部和积极分子，进一步地接近了群众和团结了上层，建立了民族自治县，实现了以彝族为主的各民族"当家作主"。党和毛主席的威信在各族人民群众中不断地增长，这说明党领导的正确，只有党的领导才能解决民族的根本问题，这是各族各阶层人民深深体会到的。因此，和平协商改革必须有党的领导才能实现，这是客观的需要的要求，这是客观规定了的，因此我们一开始就抓死党的绝对领导的问题。主要措施是：

1. 加强各级党委领导，加强党委对改革的绝对领导。

2. 任何工作必须环绕"改革中心"进行，必须统一在党的领导下进行。

3. 加强各级党委的会议汇报工作，及时总结交流经验，并及时向省委、地委请示报告。

4. 党对发动群众、培养骨干、积极分子等工作的具体领导掌握。

5. 党对联防武装的绝对领导。

6. 党对民族上层的热情帮助——团结教育。

以上党、政、军、民统一在党委的统一领导下进行，统一在党委的政策思想领导下进行，改革工作更得在思想上、行动上、步调上统一，使运动稳步前进。

从结果上看，这是改革胜利的保证。

（二）全面交代政策，安定各阶层人心，这是改革工作的基础。

在奴隶制地区，黑彝占总户数（12981户）的2.5%，其中奴隶主占总户数的2.1%，从等级上说这是奴隶制的统治者，从阶级上说还有0.4%的劳动者。

在奴隶制整个社会中，占有奴隶者占总户数的37.9%，但其中奴隶主只有4.7%。

在封建领主制地区，除领主外均无土地所有权，均受地主官租的特权等剥削（当然封建领主制地区约有3%的二地主、5%的富农，加上领主，计地主、富农9%）。

以上情况说明，和平协商改革政策，在奴隶制地区，可以发动90%以上，可以团结95.3%；如果政策交代不好，就会混乱37.9%的户数。

在封建领主制地区，可以发动91%，可以团结95%以上。

和平协商改革政策尚未和群众见面前，各阶层的思想顾虑是：

1. 黑彝都认为自己是改革对象。

2. 凡占有奴隶者都怕划为奴隶主。

3. 认为对奴隶主"要打、要斗、要杀、要没收五大财产"。

4. 奴隶、半奴隶则怕：解放军打不过叛武，解放后怕主子杀、叛武杀，生活、生产没办法。

总的说来，就是"怕"。针对这一思想，对不同对象进行了不同的教育。

重点说明改革的正义性、必要性，改革对各阶层都有利。如对黑彝制度说，是压迫剥削制度，劳动人民必以同样办法来推翻，但是毛主席关心边疆少数民族，用和平的办法来帮助他过关，因此对黑彝有利。并且黑彝中也有劳动者，对奴隶主在改革中，只要劳动守法，"不斗、不打、不杀、不没收五大财产，政治地位不降低，生活水平不降低"。

对百姓阶层，强调黑彝制度的压迫剥削，人身不自由，政治不平等，百姓的姑娘也要陪嫁，冤家械斗中的人力、物力要百姓负担等。

占有奴隶者，虽然解放了奴隶，但得失相比，得失多少，个别占有奴隶较多、剥削量较大应划为奴隶主者，只要劳动守法，政策完全保护过关。

百姓未占有奴隶者，事实上就是半奴隶。

奴隶阶级主要算力量对比账，解除恐敌思想，建立胜利信心，并交代安置原则。

对领主社会亦以改革对各阶层的迫切利益和政策安定。

政策与群众全面见面的同时，安定了各阶层的人心，怕改革而外逃者，逐步减少，逃出去的也逐步回来了，做到了争取大多数，首次显示了协商改革的无限威力。

（三）斗争锋芒自始至终必须集中在旧制度。奴隶社会的主要矛盾是奴隶主与奴隶的矛盾，封建社会的主要矛盾是领主与农奴（或农民）的矛盾。要消灭奴隶主与领主的中心问题是消灭旧制度，建立新制度，和平协商改革就是为了这个目的。因此，斗争锋芒必须集中在旧制度上，这样既能争取大多数，也容易提高群众思想水平。但在执行中必须具体化、行动化，否则就会流于形式，因为群众不是改革一开始就懂得旧制度是啥，而是斗争过程中逐步深入和提高的。在发动群众过程中，会前、会中、会后都与改革对象打招呼，就是为了这个道理。

如奴隶、半奴隶经过"五怕"（怕主子杀、怕叛武杀、怕解放出来后饿肚子、怕受冻等）以后，看见了自己的力量，就敢说敢做。在回忆对比中，一开头就各诉其主子之苦，而占有奴隶但非奴隶主者，占户数的33.1%，就会阶级界限不清，造成混乱；如不各说其主子，就没有话讲。打开这个僵局的办法是典型带动，选择受苦最深、其主子又是典型的奴隶主的奴隶典型发言、小组酝酿体会的办法进行，强调劳动人民团结成一家反对旧制度。

俟奴隶主的罪恶揭发到一定程度后，激起了奴隶、半奴隶的阶级仇恨，要求"要斗、要打、要杀、没收五大财产"，至此就着手于诱导追根——奴隶主的政治组织、武装、土地、奴隶，以及与之相适应的宗教迷信思想，具体地懂得压迫剥削他们的就是这些东西，这些就是旧制度，仇恨旧制度，要求彻底打倒。

劳动人民的斗争规律也是如此。首先仇恨其所属黑彝或压迫过他们的黑彝，后才懂黑彝所凭借压迫剥削的工具。

封建领主地区的阶级斗争规律亦然。

这样做是否会减弱群众对奴隶主阶级的仇恨呢？对改造奴隶主受到限制呢？从效果证明，更加强了群众的阶级仇恨。因奴隶主所凭借压迫剥削的工具，从奴隶主手中经过一系列的说理斗争一件一件地夺过来的，更进一步地了解剥削阶级的阶级本质。

奴隶主企图滑过改造，一切罪恶归之于旧制度，这是事实，但旧制度具体什么人掌握？什么人享受呢？群众看得很清楚，在协商中有理有利有节的一系列的团结教育，使之承认剥削、放弃剥削，懂得劳动光荣、剥削可耻，并以实际行动，学习劳动，参加劳动，这说明有一定程度的改造。

（四）发动群众和团结上层是统一体。改革的顺利进行，是发动群众来实现的。团结上层的目的是为了发动群众，因为在这里，改革前或改革中，上层的政治、经济、武装的完整存在，而奴隶、半奴隶，分属于各家支系和家庭，特别是家内奴隶，分属于各阶层的各家庭，居民十分分散的情况下，各个革命阶级还未意识到全部无产者或半无产者（奴隶、半奴隶）联合起来，自己解放自己，甚至同一家庭内的奴隶，由于奴隶主的严格控制，不敢相互谈心。当然，"盼毛主席、共产党早日来解放"，这是不约而同的共同的愿望。个别先进者为了早日挣脱奴隶主的锁链，也有逃跑者，也有被残害者，解放后6年中先后残杀逃跑者千余人，因此奴隶主对奴隶的戒备极严。我们接近奴隶、半奴隶，甚至劳动人民，只有通过各民族的上层来实现。通过上层发动群众，发动群众团结上层，这是规律。

具体情况是：在改革过程中上层的顾虑是不断的，解除一个又来一个，大体有四个害怕关：

1.怕打、怕斗、怕杀、怕没收五大财产。

2.群众发动起来后怕孤立。

3.承认剥削又怕放弃剥削。

4.改革后怕政府不要。

提高群众觉悟也有4个关：

1."五怕"关，即怕主子杀、叛武杀，怕共产党打不赢叛武，怕工作队走，解放出来后怕生活不下去，生产起不来，怕冻死饿死。

2.阶级觉悟关。

3.政策思想关。

4.不断革命关。

掌握这些规律后，首先全面交代改革的正义性和必要性，以及大势所趋、人心所向的内外形势，并全面交代和平协商改革的各项具体政策，着重指出上层只要遵守政策，改革中和改革后为政府所保障、有出路，借以团结分化上层。这样提供了发动群众的有利条件，针对当时的群众思想，系统地进行了五笔账的算账教育，并贯彻扎根串连。

1.敌我力量对比账（共产党和美帝国主义在朝鲜的胜败，共产党打垮国民党的800万军队，解放军和叛武力量对比，联防武装和叛武力量对比，群众力量和叛武力量对比，只要在党的领导下，全体劳动人民团结起来，完全有力量消灭叛武，克服恐敌思想，树立胜利信心）。

2.叛武损失账（烧、杀、抢，本质是维护旧制度，不让群众翻身）。

3.政府关怀账（解放6年来，党和毛主席的救济贷款、财经、贸易、卫生、文教等各项工作。对被迫受骗参加叛乱者，既往不咎，一律宽大。生活、生产有困难者，予以救济扶持；受叛乱灾害者，以不冻死、饿死一人的原则一律救济；等等，与国民党统治时代相比）。

4.民族团结账（国民党时代民族不团结，连年备战和械斗，人财两空；共产党、毛主席搞民族团结，发展生产，人财两旺）。

5.改革翻身账（人身自由，政治平等，废除特权，废除土地、高利贷等）。

解除了恐敌思想，树立了胜利信心，划清了敌我界限、新旧界限，形成了以奴隶、半奴隶为核心的群众队伍，并激起了阶级仇恨，要斗、要杀、要打的劲头就要接踵而来。这时一方面对群众进行政策教育，另一方面也对上层说清楚，这是群众运动的必然结果，一旦群众懂得了具体政策，这一种"呀"声就没有了。至此，上层要求从速向群众交代具体政策，这又提供了我们联系群众、提高群众的机会。当群众一旦掌握了政策精神后，就选派代表与上层进行各方面的协商。上层在协商过程中反抗是免不了的，因此骨干、积极分子在协商斗争中，得到不断的锻炼和提高，对上层的改造教育，也收到了应有的效果。上层往往将一切罪恶推到旧制度，企图滑过去，但是在骨干、积极分子提高政策水平的条件下，只好承认是旧制度的执行者，承认自己的剥削、放弃剥削，并立志改造成为自食其力的劳动者。但这种斗争必须限于有理、有利、有节的原则下进行。

为了巩固胜利果实，不致中断群众运动，加强人民民主专政，建立乡政权，整顿联防武装，进行社会主义前途教育，建立党团，清除上层在基层政权中的统治影响，群众运动不断前进和深入，而上层感到孤立、悲观失望，担心着政府还要不要他，我们进一步地交代"只要遵守政府法令，长期团结"的真诚关怀，他们极为感动，说"党对他们的关心无微不至"，也做到了极大地分化上层，孤立极少数的顽固派（叛武），真正做到"团结上层"的目的，"民族问题"也就迎刃而解了。

（五）不断整顿干部队伍，总结推广经验，稳步前进。

运动能否顺利进行，决定于政策能否正确贯彻执行，执行贯彻政策决定于干部。

因为和平协商改革对我们来说是一件新的工作，因此客观要求我们边学边做、边做边学。这是二。

第三，因为这里是边疆民族地区，大部分干部特别是本地干部未经土地改革、三反、五反、肃反等运动，质量上有一定的限制，严重的阶级斗争中（特别是武装斗争）不可避免的内部有所反映。基于以上，领导思想上采取"逐步铺开、吸取经验、稳步前进"的方针。

第一批试点改革，在改革前，首先进行全县干部训练，全面学习和平协商改革各项政策，取得政策思想上的统一后，党的领导干部亲自上前线掌握进行，吸取经验，并及时交流。试点结束，又进行全县干部整训，总结经验，改修改革方案，统一政策思想，并调整一部分不适合参加改革工作的干部，再铺开第二批。第二批领导方法上采取县有典型、区有典型、乡有典型，以典型带动全面，结束后乡有总结、区有总结、县有总结，群众性地进行总结，比第一批改革更为稳妥。在运动过程中不断出现好人好事，分别进行表扬，树立正面；坏人坏事，分别进行处理，因此对干部提高很大，干部的成长也很快。但处于严重的阶级斗争（武装）中，不少的阶级矛盾因素反映到内部来，如阶级异己分子混入内部，也产生过若干的投敌叛变分子，随着运动的发展予以清除。

在吸取以上经验、提高干部质量，以及提高政策思想水平的基础上，才进行第三批改革，因此改革质量比第二批又进了一步。

最后才集中力量进行落后区乡的改革和进行扫尾工作。

有人会问：改革速度为什么会这样迟缓呢？这是武装斗争的客观环境决定的，必须改完一个乡、巩固一个乡，来支援正改乡、影响未改乡，必须压缩土匪活动的阵地。那么，是不是我们力量不足，为什么不多增加一些力量呢？也不是。因为改革是实现各民族劳动人民的愿望，有许多人还分不清敌我，有许多还受匪特的操纵，还需要耐心等待，还需要培养当地各该民族一定数量的骨干、积极分子。总起来说，我们为了争取民族大多数。

以上根据和平协商改革的原则、目的、要求，又根据民族地区的实际出发，曲折迂回地稳步前进，达到争取民族大多数，达到解决民族根本问题"阶级问题"，我们认为是稳妥的。

（六）解放出来之家内奴隶10464人（包括长工、婢子1265人），有家可归者2488人，帮助其回家团圆；与劳动人民同吃、同住、成家者71人，允许与奴隶主发生雇佣关系的26人。其余7879人，占奴隶制地区总人口（58289人）的13.5%，根据自愿以各乡为单位，或以数乡为单位（如跑马坪区西甫河农场），以社会主义原则安置成家共4302户（一部分家奴与其他阶层结婚后与家奴同住），再吸收上一部分全无产或半无产的分居奴和穷苦百姓，建立了51个农场，在生产大跃进中实现了全面跃进，在农业社会主义改造中起了旗帜作用、示范作用。10个月来的苦战，社会主义大协作后，全部居民以农场为核心纳入了人民公社。所以我们说，凉山人民公社的前身是农场。

建立农场的初期，有不同的意见，理由是：

1. 家内奴隶是最受压迫、最受苦的阶层，是全无产阶级，是依靠对象中的依靠对象，如果全部集中起来，那么各乡奴隶主（或领主）谁人管制？就会减弱在基层政权中的人民民主专政。

2. 家内奴隶集中起来后，农业社会主义改造谁带头？谁起示范作用？

3. 集中起来不适合于高寒山区的地理条件。

以上意见是说家奴应就地解放、就地安置，奴隶主也同样要求，落后的奴隶也同样要求。改革初期，我们也曾走这一条路，其结果是：表面解放、安置成户，实则安置物资全被主子夺去，同样在主子家吃饭劳动。因为家奴老、小、残、弱不一，尚未学会管理家庭，加上主子拉，必然返回主子家去。已真正觉悟者，则跑来工作队住处或其他安全地带，否则免不了主子杀害、叛武杀害。并且无家可归者，或无父母可据者，在凉山是被歧视的，就地安置后立即形成群众领袖，或起核心作用也是困难的，管制奴隶主更不可能了。因此，我们及时地放弃了这个办法，选择了农场这条道路，国家派得力干部一人做领导工作。从结果上看，10个月来做到了人人有饭吃，而且吃饱，有衣穿（增加了副业收入），有房子住（一部分由政府安置，一部分组织起来后自建），人人有事做（按各人劳动所长分工），实现了人人皆兵（因家奴是奴隶主和叛武的眼中钉，及时地武装在叛武的杀害和反杀害中、党的领导和干部的帮助下锻炼出来了）。1958年10个月来的大跃进中，无论从农业、畜牧业、副业各方面的生产，实现了全面地比当地优先地跃进了。从1958年6月起，完全自力更生，秋收后带头向国家交公粮，并卖了余粮。

在不断的杀害与反杀害中，形成了一支坚强的武装力量，对奴隶主的专政完全实现了。由于生产、生活的组织社会主义化，对当地各阶层的社会主义改造起了旗帜作用，人人都说"农场好"，都愿走这一条路。由于农场的带动，全县超越了互助组、初级社、高级社的阶段，10天内一跃而为公社化了。

以上当否，请指示。

［附：

1. 宁蒗县和平协商改革的意见

2. 宁蒗县奴隶制地区和平协商改革办法（草案）

3. 宁蒗县封建制地区和平协商改革办法（草案）

4. 划分阶级补充办法

5. 和平协商改革步骤和做法］

中共宁蒗县工委会
1958年11月

丽江地委转报省委边委刘树生、张皓同志关于维西五区和平改革情况汇报

中国共产党丽江地方委员会转报

丽江地委

1957年4月17日

主送：报省委、省委边委

　　　　发维、中县委，维西四区、五区区委，中甸金江区区委，并徐康、张高林同志

抄送：宁蒗自治县工委、地委各部委

中共丽江地委办公室

1957年4月18日印发

丽江地委转报省委边委刘树生、张皓同志关于维西五区和平改革情况汇报

地委同意省委边委刘树生、张皓两同志检查维西县五区改革所提出的问题及解决办法，兹转报省委、省边委并发中甸、维西县委研究执行。并抄宁蒗工委参考。

地委认为，目前几个区的改革工作，需要继续努力做好下面几件工作：

一、继续教育干部和积极分子，深刻领会和平协商改革的方针政策。我改革区的干部对和平协商改革方针政策虽已基本上懂得和接受了，也在行动中贯彻执行，但是领会还是极不深刻和片面的，把贯彻和平协商方针政策理解为是怕非改革区闹事。因而遇到本区局部情况和具体问题时，执行和平协商改革政策便发生动摇。干部领会和平协商改革不深刻的原因，在于未了解和平协商改革是符合改革区情况的。即：（1）民族特点。解放前长期反动统治下的民族歧视，造成了本地区本民族的统治阶级既是民族内部的统治阶级，又往往是反抗别族压迫的首领，这就决定了对他们的斗争必须考虑到民族特点，不斗争、不杀头，还享有人民权利。（2）宗教特点。宗教信仰是群众性的，而且宗教上层的家庭又多是地主，这就是我们保护宗教信仰自由政策及具体安排宗教上层等措施的出发点。（3）生产落后的特点。改革地区是封建制度，实行改革改变所有制是为了解放生产力。这里地主占有的统治人民的生产资料主要是土地、高利贷和其他特权。只要改变了地主土地所有制，废除了高利贷和特权，就可改变所有制，解放生产力。至于地主的其他财产即使全部没收，平均分掉对改变落后并无多大作用。这就是制定改革政策，没收什么不没

收什么的实际依据。（4）与非改革的藏区相联系，是一个民族一个社会制度的特点。因此，必须把藏区局部地区的改革与整个藏区工作统一起来考虑。要局部利益服从整体的需要。这是决定本区改革政策、策略、做法的重要因素之一。

二、关于发动群众，组成群众队伍。（1）地委原先强调了认真发动群众，提高群众觉悟，组织群众的阶级队伍，这在基本方面是对的。但由于没有经验，缺乏适合当地情况的发动群众的办法，因而发动群众的方法实质上采取了诉苦的办法。现在实践证明，诉苦算账办法容易发生一些不好的影响，应该加以改变。发动群众的方法应采取自上而下进行教育，发动群众讨论，讨论中联系实际，随着改革各阶段的发展，逐步提高的办法，达到使群众了解改革的必要性、正义性，划清劳动与剥削的界限，改变地主土地所有制，解放生产力的道理。（2）团结中农。组织群众阶级队伍，巩固地团结中农是重要的战略任务，绝不应有丝毫忽视。但巩固地团结中农有赖于坚决地依靠贫农。几个改革区经过了前一段的工作，培养了一批贫农骨干，出现了一批贫农积极分子，广大贫农有了初步发动。在这一基础上必须强调团结中农：第一，教育干部和积极分子要懂得团结中农的意义，并积极发动中农，培养中农积极分子；第二，乡劳协、政权等组织中要有1/3的中农参加；第三，过去工作中有侵犯中农利益的情况，这在原则上是不对的，应纠正。但如算老账势必引起一定混乱，因此处理中应掌握以下原则。即：首先做政治工作，承认过去领导缺乏具体指导，产生了下面界限不清，侵犯了一些中农的利益，产生了错误。但现在反过来算老账，使农民内部发生问题也是不对的。这样做既可承认错误，团结中农，又可不重新引起风波。其次，在上述政治工作基础上，经济利益受侵犯的中农要求赔偿，而又必须赔偿者，酌情由政府在改革费中赔偿。（3）发动群众的程度，不可能要求过高，而且必须自觉地在改革中少做些，而后在领导生产中继续提高群众觉悟。

三、鉴于生产季节很迫近，改革应尽早在栽种前结束，以利生产。在没有土地调整的村寨，应在提高群众觉悟的同时，宣布哪里不调整，并应迅速用主要精力领导生产，扶植生产，在领导生产中发动群众。

丽江地委
1957年4月17日

附省委边委刘树生、张皓同志关于维西五区和平改革情况汇报

关于维西五区和平改革情况汇报

五区共9个行政村，10083人，藏族占51%。按目前土地占有关系讲，有40%左右的地区（即村寨）无地主、富农，有30%左右的地区，只需要在农民内部调整一下佃耕地；另有30%的地区，地富较集中，须很好地做些工作。江外五境，即9村暂不进行改革，如此，全区改革地区的人口是7600余人。

几天中，经过和各方面的接触，总的印象是这里的改革准备工作比较成熟，宣布土改以来情况仍较稳定。

现在分几个问题汇报下如下：

（一）干部的政策思想问题

全区参加土改工作的干部共61人，基本上都是当地民族干部，其中藏族干部有27人。这些干部虽然大部分都没有参加过土改工作，新成分多（刚吸收者有28人），政策水平低，但都熟悉当地情况，和群众有密切的联系。大多数外来干部也大部分已民族化（有不少人会说民族语言）。经过学习和训练，干部对和平协商改革的政策、做法已基本接受，但从指导思想上看，和省委的五点指示和要求还有一定的距离。首先是对于省委所指出的"在这里实行改革的目的，是为了把这里的头人和宗教上层的动荡情绪稳定下来，使各阶层人民安下心来，发展生产，弄给藏区一个良好的影响"的积极精神领会不够，总想多做点"文章"。追其思想根源主要是：一方面在大道理上承认这里是藏区的一部分，搞好搞坏对藏区影响很大，但在具体方面又往往自觉或不自觉地强调这个地区的特殊性，即"这里和一般藏区不同"，所谓"条件好"。

其次是对待宗教上层的政策问题，以及不搞诉苦运动等。有些同志实际上还未弄清，有的同志甚至认为"上层过去是剥削分散的农民，而现在是剥削社会主义的国家"，对那些在本地群众中确已孤立的上层，就不愿再去进行工作，更不肯给予生产生活安排，只强调他在这里垮台的事实，而看不到他和中甸及维西五区等地上层的联系（他们很多都是亲友）和从而发生的影响。在发动群众的方法上仍然摆脱不了搞诉苦运动的影响和经验。因此，提高干部的政策思想工作还必须继续进行。鉴于省委五点指示还未在工作队中普遍进行传达学习的情况，建议工作队，通过汇报机会认真地学习一下。并且建议在整个改革过程中，不断地提高干部的政策策略水平。整个改革过程，应该是提高干部的过程，以便为将来整个藏区的改革打下组织基础。

（二）关于依靠贫雇农发动群众问题

过去几年，五区做了不少群众工作，群众基础较好，土改前已训练了约占成年人口2.5%的骨干、积极分子，村政权基本上已为贫雇农所掌握。目前骨干、积极分子已达到成年人口的5%左右（200以上），除个别者外，根子扎得都比较正，目前劳协会已普遍组织起来。据二、四、八村检查，目前贫雇农形成队伍已占优势村寨，约占30%—40%。按群众觉悟说：已划清界限，认清旧制度的群众约占30%以上；有觉悟、恨地主、拥护改革但认识不高的约占40%—50%；虽也拥护改革，但觉悟低，所谓落后层约占20%—30%。这就是说，70%—80%的群众已有了初步的发动，90%左右的农民已初步组织起来。目前看，不依靠贫雇农或搞成假土改的危险基本上是不存在的。

他们所采取的办法是：普遍地进行算账对比教育。区党组提出的要求是："户户进行算账，人人懂得土改道理。"10天来，实践的结果证明，这种方法在发动贫雇农方面，确乎较深入，而且也正如这里干部所说的一样："在这个地区这样做，地富上层也不至于造反。"但这种做法是有问题的。

（1）经验证明，算账就是诉苦，而事实上算账是诉苦逻辑的发展。干部一开始就把它唤成"诉苦算账"的口号，同时，群众基于以往的经验认为算账也就是诉苦，因此已发现个别村子，通过典型诉苦算账，到会群众号啕大哭的情况。受苦深的人开始是不愿意诉（算），说"诉苦又不给斗争，算账又拿不回来"，"诉过多少次，算过多少回了，还不是这样"。但一旦诉了苦之后，又非常气愤，于是就埋怨我们不给斗，不给杀，说诉了苦"白伤心、白流泪了"，"白误生产，白得罪人"。

（2）算的对象不集中，这是普遍现象。不仅算了地主、富农的，也算了中农的（算账有算贫农的）；有的红教算黄教的，有这民族算那民族的，牵涉面很大。因此，有些中农算不下去；有些富裕户和历史上与土司有过联系的人或有过错的人则表现顾虑；有些地方已发现农民因互相算账吵嘴。特别由于这个地区过去有过斗争中农的情况，这种做法就更值得注意，否则，就会引起阶级阵营的混乱。

（3）户户算账的做法进度很慢，并且有静止地算和算给干部听的现象，因此，有些人虽然经过算账诉苦，但仍认识不到改革的对象和目的，划不清界限。如四村一组23户，7个干部经过7天的工作才算了13户；英都湾村成年人口53人，经过算账已划清界限者仅11人，虽然经过算账（诉苦）仍找不到地主阶级和旧制度者即25人；因为有过剥削和污点而对算账表示顾虑者即有14人。看来，如户户算账，时间定会拖长，群众情绪动荡，对生产不利。

经与徐振康等同志研究，我们认为在第一阶段工作中，可不必再继续进行挨户算账。这不仅基于上述情况，同时考虑到如下几点：

（1）该区过去虽没正式宣布进行改革，但从1951年以来，事实上年年都在进行改革。1951年即有4个乡进行了反霸减租斗争；经过1952年的酝酿，1953年即有搞了5个乡的"活租变死租"运动；1954年宣传总路线之后，又进行了一次土地调整（全区调整田地共近300亩），并且搞了地富和部分富裕中农的部分浮财、粮食和耕牛（全区共搞了145户，弄出粮食176石、牛12头、羊子300多只，还有钱等）。1955年地富的特权剥削基本已全部废除，并整顿了基层组织。从1956年6月至今年3月份以前，通过训练班积极分子的带动，又较普遍地系统地进行了一次串连诉苦。尽管有些做法是和党的当时的现行方针和基本政策（如对中农政策）是不吻合的，但从今天的结果来看，封建制度确实受到了很大的打击，有些土司、地主的政治威信甚至干脆已被打垮（如顾光元、李明勋等），因而群众也确已得到很大利益，觉悟有所提高，受到了不少斗争锻炼。这就使我们今天在发动群众的工作方面，有可能少费一些力气，也更证明省委指示是正确的，可以缩短一些时间。

（2）从各方面来看，这里和整个藏区的联系确很密切，有些消息不仅很快可以传遍中、德、维，而且也很容易地传达到康南和拉萨（来往人经常不断）。因此，虽然从这个局部地区来说，似乎使我们不必要更多地再去计较方式方法问题，但从整个藏区问题来考虑，则应特别慎重。我们认为，宁肯把发动群众的工作放长些，放宽些，群众的觉悟程度暂时低一些，但应尽量争取给广大藏区一个良好影响。这从当前藏区情况来看，其意义尤其重要。

（3）再过1个半月，这里就是农忙季节，目前广大群众都要求尽快结束土改，以便好安置生产，我们也应该争取时间不误农时才好。

当然，群众的思想发动工作仍不能放松，在整个改革过程中，都必须认真地进行，但主要应以教育为主，并且应树立长期进行群众思想工作的观点，不能企图在一个阶段中解决所有群众的思想觉悟问题。因此，考虑在开始这一阶段中，应把问题集中在为什么进行改革、怎样进行改革的宣传教育工作上来，从而将群众的注意力引向地主、领主阶级和旧制度，提高其对改革必要性和正义性的认识，解除其对和平改革认识的各种误解。为此，考虑在方式上，可分别多召开各种会议，广泛地进行宣传教育，并附之以小组座谈和个别发动帮助相结合。这样做，可能较挨户算账诉苦提高群众觉悟差些，但考虑在目前情况下好处还是较多，而且群众觉悟暂时低些，这也合乎规律，并不可怕，此后还可以通过划分阶级、没收分配等工作，再进一步加以提高的。

（三）关于中农问题

过去几年中，这里侵犯中农利益的情况较严重。在历年的减租废债的改革中基本上是没有分阶级进行的，有些地方虽分了阶级，但地富面划得宽，有不少中农划为地主、富农。如过去全区划为地富者145户，而现在就照其当时的经济情况认真地按标准划下来，全区地主、富农才仅有50多户，有近百户中农被损害着利益。1953年宣传总路线之后，在共同富裕的口号下搞过评卖余粮，当中有不少强迫命令，有的中农甚至因此挨过斗争（去年全区发生 13 台吊打人事，就包括部分中农）。有的村子积极分子打着火把到中农家翻粮食。为了解决贫困户的困难，又曾发动过一次全区性的借粮运动（全区借出粮食有 174 石，其中很大部分是中农的）。在 1956 年以前农村基层组织中，中农成分的骨干很少，并且有些地方不让他们和贫农在一起开会。加之，在防洪、土地加工等生产工作中，也曾有过强迫命令的现象，所以中农的情绪不太稳定。到 1956 年的下半年，他们还反映"死也死不了，活也活不成"的悲观消极情绪。当时中农为了表现进步，曾出现过一些献田赠地、给村干部送粮送礼等现象。

上述情况，目前已有转变，领导上已注意了这个问题，农村中已注意发动中农和培养中农积极分子的工作；同时由于已摸清了底，地主、富农对象内部已心中有数，今后估计一般不会再有侵犯中农的危险。但是由于历史的影响，目前中农还有顾虑，有些人不撒秧或少撒秧，不少人还想献田赠地。说："从前生产没人管，现在加工不起。"而事实上则是怕以后再改，怕派工生产，怕卖余粮和借余粮，认为防洪多出工，无工花钱雇，打下的粮食又被人借去，借去又不还，"地多划不来"。同时，有些人也已看到"反正改革后就得入社"，因此，不少中农都表示愿意将田地拿出来平分。

根据以上情况，我们认为在这里强调巩固和团结中农的意义更大。当然，为了很好地团结中农，就必须坚决地依靠贫雇农，认真地提高贫雇农的觉悟，以便使之懂得团结中农的重要性，从而自觉地去团结中农。这是一方面。另一方面，也必须认真地进行中农的工作，使之懂得农民团结的道理和对自己的利益，从而消除其与贫雇农之间的隔阂。应该看到，这里土改中的团结发动中农的工作，不仅需要和一般土改区同样地进行，坚持对中农的基本政策，而且由于过去有侵犯中农利益的情况，就还必须做一些特殊的工作，规定一些适应这里具体情况的具体政策（如对借粮、赠地，自发斗争中弄出的耕牛、羊子和其他东西如何处理等），以便纠正过去发生的偏差。但在纠偏时，必须防偏，绝不能因为弥补中农利益而又去损害贫雇农的积极性。因此，在处理具体问题时，应本互相照顾、有利团结的原则出发。为此，考虑对中农利益的补偿虽然是必要的，但不得采取追退的办法。对于那些确实需要经过赔偿处理的问题，可在一定工作的前提下，由政府负责赔偿其一部或全部；但经过工作，在群众觉悟提高的基础上，贫农确乎自愿将过去分到中农的部分小东西或牲畜退还者，或中农确乎自愿不要者，均可允许。但对于农民内部的债务（不管新债旧债），必须坚持原约有效，尤其解放后，由政府领导着借的粮款更不能废除（当然，也不一定立即就还）。如贫农在归还这些债务有困难时，政府可予以帮助。当前在继续树立贫雇农领导优势中，也必须认真地培养中农积极分子，在农村基层组织领导成分中，中农的干部应不少于 30% 的比例。关于抽中农佃耕土地问题，应坚持省委指示的精神，至于抽动的控制数，完全照省委指示执行，确有困难时，建议区委研究后，提出方案，报地委考虑。

（四）关于宗教问题

全区有二大寺，即大摩寺、来源寺。大寺下又分有分寺。大摩寺现有喇嘛105人，来源寺现有喇嘛205人，加东竹林分寺在该区喇嘛有近400人。大摩寺在解放前，每年共收租248石（1石250斤），来源寺每年收租××石，二寺共放债可折人民币1000多元。寺庙土地的来源有三：一是土司给的，这占多数；二是群众为了请和尚念经送的或许愿的，这部分占全部土地10%以上；三是寺庙买的，也不多。其债务形成也有三：一部分是大寺放出的，一部分是集股办会（即念经）的会底子，一部分则是群众许下的愿。活佛拉拢的收入，基本上是用于拉拢开支（一个拉拢19人到二十几人不定），用于宗教很少。大寺的收入则是部分分给喇嘛个人拿回家去，部分用于住寺喇嘛的口粮，大部分则是用于1年6次（2次为人民祝寿、2次哭坏人、1次敬佛、1次求丰收）宗教活动。

解放后，由于历次减租废债，1954年以来其租佃债务已基本废除，寺内主要依靠国家补助维持其局面。来源寺土改前每年国家补助22000斤，约等于解放前收租数的2/3不到；大摩寺土改前每年补助17500斤，约等于其过去收租数的1/3不到。经与各寺领袖协商后，又增加了部分补助，决定从1957年起，每年给来源寺38500斤元粮补助，给大摩寺26250斤元粮补助。宗教界和群众都比较满意，反映良好，说"政府太好了"。因此，目前宗教界情绪较前稳定，但不少人也还在叫苦叫难，说现在的补助仍不够大寺开支（如按过去1年念上6次大经开支标准计算，来源寺是2032.11元，大摩寺是2555.25元，仅靠现有的补助当然不够）；同时，由于我们过去在执行宗教问题上的某些缺点和错误影响还未消除，并鉴于大势所趋，他们对宗教前途普遍表示悲观。他们说："现在宗教是放在太阳下的酥油了，早晚是要化的。"其根据是：

（1）收入减少了，当然就念不起经了。

（2）因为收入减少，喇嘛已有减少趋势，大摩寺比解放前已减少喇嘛30余人；送小喇嘛者也甚少。

（3）看到丽江的形势，他们说："丽江就是一例。"解放前，五大寺共有喇嘛390人，现在仅还有73人；过去有4个活佛，现在1人未有（1个参了军、1个进入西康、1个到处编竹篮卖、1个死掉）。

（4）解放以后，就没人当得起会首了，因此，念经必会减少。

（5）由于废除债务，过去的会底子都垮台了。

（6）过去收了粮食，还可以变钱，还可以做生意，现在生意也没法做了。

（7）虽然政府尊重宗教信仰自由，但做会时又不供应（即卖）粮食、盐、茶、油，到村上买又不行，要叫群众交合作社。

（8）将来称着吃（即统购统销），哪个还请得起人念经呢？

因此，他们都还存在着顾虑，从而也积极地向我提出进一步的要求，这就是：

（1）要求长期补助大寺供养活佛。他们说："现在活佛能工作，当然有供给，将来老了如何办？""老活佛死了，得去拉萨打卦，找小活佛，也得花许多钱，又如何办？"因此希望政府长期包养。

（2）大寺做斋、念经时，请政府合作社供应油、盐、茶、粮，给予照顾。这一点希望说死（答应的意思），免得以后说晚了。

（3）请求政府教育干部和群众以后不要歧视喇嘛，喇嘛个人生活困难时请给予救济，并要求给予参加社会活动。他们说："人死了，不念经又不行。我们念经回来时，有的干部就问：'你们可把死人念活了没有？'我们去买香油时，有人骂我们是特务剥削。"

（4）要求解决分寺问题。他们说："毛主席政策好，大寺包了，分寺也给包一下。"

（5）要求尊重寺庙内部的制度和藏族风俗习惯。

宗教界的这些反映和要求，也反映了相当部分群众的情绪。据我们和19个贫、中农老人和中年人座谈结果来看，和他们反映的意见，大体是一致的。普遍的反映是："怕以后没人念经了，无人料理后事。"他们说："出家人不同一般人，无儿无女，希望政府多多照顾他们。""他们念经为了免除人民的病痛，为了生产。"有的人说："不生产不行，不念经也不行。""不念经生产就不会好。"不少人并对我们过去违反宗教习惯的情况表示不满。如塔城村从去年冬天到现在因流行病死了20多人，群众则认为区政府砍了白板子和防洪时动了神山造成的结果。也有人认为是喝了死人灰水的原因（为了施肥，将藏人多少代烧死人的灰坟扒了去肥秧田，造成群众十分不满）。有人说："撒了死人骨灰，秧倒不见多好，可是人倒死了不少。"广大群众对我们照顾寺庙生活非常满意，他们说："如政府不照顾喇嘛，老的不能劳动，没办法，小的也会还俗。这样，就没人念经了，地方就会乱。"有的人也提出要集股做会的要求，和请求政府供应做会的茶、油的意见。

总的印象是：这里群众接受宗教的影响深，很多问题都和宗教联系到一起，许多问题（包括改革）都用宗教观点去理解，因此，必须给予足够重视。过去这里在执行宗教政策上有过一些毛病，有过自觉和不自觉的反宗教情况，目前虽已有转变，但宗教界和群众仍有顾虑和怀疑。还必须认真地加强宗教工作，尤其应积极加强对一般喇嘛的政治思想教育工作，因为他们是宗教界的群众。当然，对活佛工作也不能放松。

目前看来，改革条例中对宗教规定的八条政策，除有些措词尚需修改外，其基本精神都是符合实际情况的。但从以上所反映的情况来看，似乎还有在八条的基础上，通过实践再加以充实的必要。同时，有些问题，目前就似乎可以肯定下来。其具体意见，有如下考虑：

（1）关于分寺的包租问题，我们认为可以答应，因为数目不大，包了影响还不小。

（2）关于喇嘛在家庭中生活发生困难时，可以从社会救济中予以照顾。至于大寺在做会时，除现在包租数外，如临时发生困难时，也可酌情给予一定的临时补助。

（3）关于大寺在过宗教节日时所需要之盐、茶、油、粮，在供应条件准许的情况下，应尽量供应，满足其要求。

（4）应该肯定地尊重寺内原有制度和宗教清规，及活佛在宗教方面的政治权利，因此，在处理有关喇嘛和寺内问题时，应与大寺协商，取得协议后处理。

（5）鉴于改革后，由于其经济基础被搞垮，势必影响到宗教内部制度的某些改革，因此，建议地县委考虑似乎应该在一定的时机内相应的建立一个宗教团体为宜，以便加强对宗教工作的领导，否则，必然引起某些混乱，对我不利。

（五）关于地、富、上层问题

全区共15个地主，6个小土司，30多户富农。正如前述，几年来，由于不断地在进行改革，他们的特权和剥削早已基本废除，政治威风也基本打倒。但这几年来对主要的上层人物（如王浩、独戛等）的团结改造工作还是做了不少，因而，他们还都比较稳定。改革前，通过协商对7个上层又做了进一步的安排。现在的问题是：已安置的上层，有的人似乎还须提高一点，才比较合适（如王浩活佛25级，待遇可能低了），但可以在以后自治州成立时再作全区性的平衡。此外，对于那些未安置的上层中的某些人，似乎还须作进一步的考虑。因为，他们虽然在本地已垮台，但和中甸及六区的上层都有联系和裙带关系，对他们态度如何，会直接影响到周围的上层。因此，从长远利益计，还是对他们做些安置好。

以上所反映的情况和意见，难免有片面和不对之处，仅供参考。

维西四、五区及中甸金江区
和平协商土地改革总结报告

代表们！

维西四区、五区，中甸金江区和平协商土地改革，于今年4月正式开始，历经两个月，5月底胜利完成了。

过去，封建制度是不合理的。3个区共有9230户46829人，田地164551亩。占总户数2.2%的土司、地主占有44%的土地，占总农户96.55%的农民只占42%的土地，就是说206户土司、地主所有的田地比8903户农民还多3000多亩。土司、地主每户平均有田地344亩，而且是好田好地；农民每户平均只有7.5亩，而且多是瘦田山地。维西四区3户土司的田地比全区2966户农民的田地还多。广大农民因为缺乏土地和其他生产资料，不得不忍受地租、高利贷和长短工的残酷剥削。3个区农民每年给土司、地主交租403万多斤粮食，负各种高利贷合粮200多万斤。此外，在土司制度下，农民还要负担各种繁重的劳役杂派。维西四区山租马料杂派每年要交82万多斤，再加上国民党反动派大民族主义的野蛮统治，我们目所共睹，各族劳动人民的生活是多么痛苦！尤其是毫无人身自由的奴隶，他们过的不是人的生活，他们只是可以买卖的会说话的工具。在这种制度下，各族劳动人民没有兴趣也没有能力扩大生产，各民族的经济发展受到严重阻碍，因而政治和文化也不能顺利发展。这是我们少数民族落后的原因所在。

解放以来，一方面在共产党和人民政府的领导和关怀下，推翻了大民族主义的压迫，贯彻了团结、生产、进步的方针，加强了民族之间的团结，发放了大量的救济、贷款，实现了许多增产措施，开展了民族贸易和文教卫生工作。一方面，受内地改革的影响，各族农民自发起来抗租抗债，废除各种特权杂派，解放了许多奴隶；土司制度陷于瘫痪，地主、富农的剥削大大削减。以上这些使各族劳动人民生产有所发展，生活有所改善，觉悟有所提高，上层也受到一定程度的教育和改造，给改革打下了基础。这是好的一方面，应该肯定的。但由于还没有经过有领导的系统的民主改革，群众的政治觉悟、政策水平提高不够，对上层的教育团结做得不够，地权没有肯定下来，不但不能从根本上扫除封建制度对发展生产的障碍，而且造成了各阶层生产情绪动荡不安。这是对发展生产、对民族团结不利的方面，必须加以解决。因此，迅速满足各阶层人民的要求，实行土地改革是完全必要的。

这批改革因为是藏、彝等少数民族杂居的地区，情况特殊，内部有深固的宗教信仰，历史上民族隔阂很深，民族上层和群众有很大的阶级矛盾，又有一定的民族和宗教上的关系；对外又紧接未改革的藏族聚居区，与周围藏区在经济上、宗教上、民族上有不可分割的联系，而周围藏区有些上层人士还有很大怀疑顾虑。因此，中央和省委指示的和平协商土地改革的方针是完全适合我们的具体情况的。

为了正确贯彻党的政策，在改革前进行了多次调查研究，召开有民族上层人士、宗教界人士和农民群众参加的各种座谈会，听取他们的意见，在此基础上制定改革实施条例。经过州筹委协商，县人代会讨论通过，省人委批准；又几次训练了干部、积极分子，提高思想，学习政策。做了充分准备之后，开始了改革。

由于上级党和政府的正确领导，各族劳动人民和干部的积极努力，民族公众领袖的拥护支持，这批改革是胜利的、健康的，虽然遗留下来需要继续解决的问题还很多，不能有丝毫满足，但基本上已达到预期的要求。

这批改革的主要情况和经验是什么呢？

（一）关于团结上层

既要认真听取他们的意见，充分地和他们协商，安排与群众有关系的上层代表人物工作职位，具体利益上说服群众做必要的让步；又要依靠群众，耐心地、深刻地对上层进行思想教育工作，适当地批评他们错误的思想和行动，帮助他们在改革中得到改造和提高。只有批评教育，没有必要的照顾让步，上层不易接受改革，不能达到团结；只有照顾让步，没有适当的批评教育，上层得不到改造提高，也是不能达到更好的团结。二者缺一不可。

3个区改革开始就对与群众有联系的上层做了安排。现在由国家发供给的县协委以上的9人，组织了县、区、乡和平协商土地改革委员会，有劳动人民代表参加，也吸收上层人士、宗教界人士参加。每一个步骤、每一个重大问题都经过从容考虑，充分协商，大家意见基本一致后才做。认真与上层协商的好处是能提高上层的认识和责任心，发挥他们的积极性；也能帮助领导上了解土司、地主的思想和要求，了解执行政策上和干部工作上的缺点。有些情况和问题是我们从干部和群众中不易发现和了解的。

在具体政策上做了必要的让步。划分阶级采取较宽的原则，3个区土司、地主209户，富农118户，共只占总户数的3.45%；维西四、五区土司、地主共51户，只占总人口的1.04%，改革在对土司、地主只没收土地，废除高利贷，解放奴隶，取消特权杂派。在藏族土司、地主中，商业资本大，马帮牲畜多，这些都不没收，其他如房屋、粮食、农具、家具、佛品等财产都不没收。坟地或解放后自己开垦的荒地也不没收。分配土地时分给与农民同样的一份土地。维西五区土司、地主每人平均2亩，产量2.49石；农民分田户每人平均3亩，产量1.75石。他们很多分配后不是怕不够种，而是怕种不了。对住房附近的小块园地及经济林木，也对土司、地主作了照顾。目前因老、弱、病缺乏劳动力生活困难的土司、地主5户给了500多元救济，3人终身由政府养活。

富农的土地及其他财产不没收征收。

由于劳动人民在政治上、经济上都做了很大的照顾和让步，又看到改革是大势所趋、人人所向，土司、地主中大多数人是积极拥护改革的，但也还有部分人对改革思想上有怀疑和顾虑，甚至还有错误认识。

有人说："发动群众是干部烧火，使群众仇恨上层。"封建社会土司、地主压迫剥削劳动人民，这是事实摆在那里，这些压迫剥削给群众带来了莫大的痛苦，过去群众不是不仇恨，只是不敢说。群众对这些压迫剥削的仇恨迟早总要爆发出来的，历史上农民是起来革命过的，而且干得很猛烈，以暴力对付暴力；这个火不需要干部现在去烧，这个火是封建制度土司、地主多少年就烧下了的。现在干部只不过是领导群众起来执行党的和平协商的政策，避免将来群众自发的暴力的斗争来完成改革，这样做对各阶层都是有好处的。

有人说："群众发动起来，影响上层威信，这叫什么团结？"诚然，我们是主张少数民族内部上层与群众团结，对真心为各族人民服务的上层人士在群众中希望他们有威信，希望群众信任他们，支持他们，这样对今后工作是有好处的。但在旧社会中靠压力支持的所谓团结和威信是虚伪的、不巩固的。依靠阻止群众提说过去压迫剥削的事实，是不能加强团结和建立威信的。正是相反，只有自己支持发动群众，真心给群众办事，才能取得群众谅解，才能真正加强团结和建立威信。我区很多民族上层人士几年来给人民办了很多事，取得了群众的拥护和尊敬，这就是证明。

有人说："群众组织起来、武装起来，将来上层会像糌粑一样任群众揉。"这种顾虑显然是多余的。群众组织起来、武装起来，是保护本民族的利益，反对破坏改革的坏人（事实上已有这样的人武装破坏改革），大家既是拥护改革，反对破坏改革，就应该赞成群众组织起来、武装起来，保证改革的胜利完成。任何拥护改革的人，群众在党的领导下不但不斗他们、杀他们，而且还要保护他们。

有人说："土改是土司、地主可怜农民，给农民土地。"耕种的土地是劳动人民开垦的。社会上的一切财富都是劳动人民创造的，土司、地主不劳动，靠剥削为生，靠劳动人民养活，哪里来的东西给农民呢？在没收政策上比内地放宽，这是农民的让步，农民拿回土地是合理的。

为什么会有这些思想言论呢？这是不奇怪的。尽管改革是采取和平协商的方式，尽管农民做了这样大的照顾和让步，但改革毕竟是社会性质的根本改变，对土司、地主来说，要放弃旧社会的生活适应新社会的生活，这是过一个"关"，必须要耐心地、认真地对他们做教育工作，适当地进行批评，使他们的旧思想得到改造，才能消除他们的顾虑和抵触。改革中经过群众、干部的教育和进步上层的教育和带动，他们的思想都得到不同程度的改造和提高。

改革结果证明：土司、地主的很多顾虑和抵触都是不应该的。第一，群众发动起来、组织起来、武装起来，但对所有爱国守法的土司、地主没有杀一个、关一个、斗一个。群众是拥护党的政策的，改革过程中真正做到采用和平的办法说服剥削者放弃剥削，没有采用暴力的办法强迫剥削者放弃剥削。第二，改革后土司、地主的生活还是好的，与群众有联系的上层代表人物的政治地位、生活水平不低于解放前；所有土司、地主的生活水平不低于农民，实际上他们中绝大部分人的生活水平现在还大大高于农民。第三，改革后土司、地主政治上还得到了些什么好处呢？通过改革基本上消除了上层与群众之间的阶级矛盾，在新的基础上加强了民族内部的团结，积极拥护改革的上层人士求得了群众对他们的谅解，在群众中开始树立了新的威信，所有土司、地主都有了新的生活出路和光明的前途。所以，他们说："这样好的政策燃起火把也找不到。""和平协商改革是无痛分娩法。""早知改革的道理早就该改了，先过水的腿子先干。""反对改革的甲巴（叛乱分子）不同群众一路上西天，要叛变群众自己下地狱。"

（二）关于宗教问题

这些区藏族和其他民族的许多人民，对佛教有长期的深固的信仰和感情。改革中严格贯彻尊重宗教信仰自由的政策；把寺庙经济与土司、地主的经济分别对待，不予没收废除；加强宗教领袖、喇嘛群众与人民政府、劳动人民之间的团结，是顺利完成改革、巩固民族团结的重要保证。

有些人被谣言所骗，对党的宗教政策确乎有过怀疑。他们问："共产党不信宗教，是否真心尊重宗教信仰自由？"共产党是唯物主义者，不信宗教，但共产党是历史唯物主义者，他懂得宗教是人民心里的信仰，不应该用行政命令的办法去限制，也不可能用行政命令的办法限制得了。全国各民族有几千万人信仰各种教，只有尊重宗教信仰自由才能更好地团结这几千万人起来，保卫和建设我们的国家。所以，共产党尊重宗教信仰自由是真心的，而且是长期的。

这些区几年来基本上是贯彻了党的宗教政策的，但由于我们领导上对干部政策教育做得不够，个别人有过一些不合政策的言论行动，发现后逐步做了纠正。这些现象虽然逐步减少，但以后还是可能发生一些的，因为干部的认识水平不是一下子就完全可以提高的。所以，今后还需要加强对干部群众的政策教育。

这批改革中，依靠干部、积极分子和几位活佛喇嘛代表的帮助下，普遍宣传了宗教政策，执行不够的地方请群众提了批评，群众很感动。维西五村格里着村老年人流着泪说："毛主席多关心我们啊！我们活着死后都关心到了。"群众的顾虑解除后，对改革的政治情绪更加饱满。

3个区大寺喇嘛占有田地16175.04亩，改革中不没收，只作必要的匀佃。农民上租后有困难，政府做适当的救济。维西四、五区寺庙收租困难，1954年起由政府代农民统一交租。这次改革中寺庙仍请求政府继续代交。政府为照顾寺庙困难，同意继续由政府统一代农民上租，而且比1954年增加。五区1954年给大寺喇笼47418斤，现在给82586斤，增加35150斤；大寺、喇笼、喇嘛个人的债务不废除。群众对寺庙的劳役负担不加干涉，群众愿出者继续，不愿出者寺庙也不得强迫。此外，对各分寺、各村的奔都会、十五会等宗教集会的经济收入也不予干涉。总之，对宗教的经济与封建土司、地主的经济分别对待，改革中不没收、不废除、不干涉。这样处理当然有些农民是有意见的。他们说："寺庙收地租、放高利贷、派劳役，这是不合理的事，不改革叫我们农民怎样过好日子？""宗教与剥削要分开，释迦牟尼经典上没有这一套。这是向封建社会学来的。"群众的这些不满，我们进行了解释：当寺庙提不出其他更满意、更合理的办法解决寺庙办会和其他开支时，征收寺庙、喇笼土地，废除其债务是不适当的，农民有困难可以直接与寺庙协商解决。当然，寺庙今后收租收债中也不能强迫威逼，更不得捆人、打人、杀人，以减轻群众的不满，改进宗教与群众的关系。

很多喇嘛由于过去与劳动人民接触较少，了解实际情况与政策较少，容易受坏人欺骗，产生很多不必要的顾虑和抵触，与干部和群众有些疏远。这批改革中，安排了与群众有联系的宗教领袖参加各级政权和协商机关工作；发动各村干部、喇嘛家属热情地接近喇嘛，通过各种家庭亲戚关系向他们宣传改革和宗教政策；各乡人代会和协商会吸收喇嘛代表参加，尊重他们的政治权利和工作意见。维西五区各乡还用了300元买粮食、僧衣等救济了约140多个生活困难的喇嘛。经过上述努力，喇嘛、群众认识都有提高，加强了喇嘛与劳动人民和人民政府的团结。有些喇嘛说："改革解除人民的痛苦，和我们的经典一致，我们拥护改革。""水涨船高，改革后我们家属生活提高，我们的生活也提高，改革对喇嘛有好处。""共产党关心俗人，也关心寺庙和喇嘛。要永远听共产党的话。"

事实证明正是如此。改革中党的政策是尊重宗教信仰自由和不动宗教的经济利益；改革后信仰宗教的各族人民生产发展了，生活提高了，对宗教还有许多好处。活佛和喇嘛们拥护改革是完全合乎各族人民的利益，也完全合乎宗教界的利益的。

经过改革也给我们指出一点——今后宗教界应该怎样做才有前途。有些人担忧说："宗教像太阳底下的酥油，很快就要化完了。"其实不是很快就要化完了，国家是保护宗教信仰自由的，各族人民特别是藏族人民对宗教是有很深的信仰和感情的。只要我们大家热爱祖国，拥护政府，支持各族人民的要求，国家富强了，人民生活提高了，宗教界在经济上就会得到更多的益处。只要我们大家关心人民疾苦，不脱离群众，人民对宗教的信仰敬爱就会更深。这样做宗教是有前途的。当然，如果反对政府、反对改革、参加叛乱，违反了国家法律，给国家和各族人民造成损失，造成了各族人民的不满，自己破坏了宗教的清规，怎样会使群众更深地信仰和敬爱宗教呢？政府又怎能放纵这些贻害各族人民利益和宗教利益的坏分子呢？他们这样做当然对宗教的前途带来了严重的不利的影响。所以，今后我们希望大家共同努力加强教育，使所有的宗教界人士热爱祖国，拥护政府，关心人民，联系群众，关心宗教的发展前途。

（三）关于分配问题

土地改革的主要目的是改变土司、地主的土地所有制为农民的土地所有制，解决农民生产资料的困难，为发展农业生产打好基础。分配正是实现农民土地所有制、解决农民生产资料困难的重要工作。

3个区共没收土司、地主田地52183.02亩，是在原耕基础上分配。金江区得田农民2694户，占总农户的64%；维西五区得田农民681户，占总农户的48%；一般分足了产400斤至800斤的土地。分配中遇到的几个问题：

第一，解放后多年不上租，地权已相对固定，分配时抽动过多将会影响农民内部团结。但过去使用不平均、困难小的佃耕土地多，困难大的佃耕土地少。很多没有佃耕土地的奴隶解放出来后没有土地耕种，所以又必须在承认现状的原则下作适当的抽补，以解决这些农民的土地困难。分配中尽量缩小抽动面，照顾耕种土地较多的农民的利益，抽出佃地的农民只有273户，占总农户的3.17%；补入土地的农民3159户。维西五区抽动后所留土地的产量每人平均还有887.5斤，补旧户每人平均505斤。土地上作了照顾和思想上做了教育后佃中农是满意的，贫农和奴隶的土地困难也得到适当解决，巩固了中贫农之间的团结。

第二，在江边河谷地区经济发展较快，藏族、纳西族、汉族中出现地主、土司也用一般地主的方式出租土地。但山区经济发展较慢，有几点不同之处：

（1）大部土地虽属土司管辖，但没有直接的租佃关系。农民多是按门户负担山租、马料、特权、杂派等剥削。

（2）多是傈僳族聚居区，普遍贫困，阶级分化不明显，只有大贫、小贫之别。

（3）采用刀耕火种，可耕之地很多。

牲畜多的产量高，牲畜少的产量低，一般只有质量差别，没有数量差别。土改中这类山区废除土司特权杂派，没收土司土地，在原耕基础上分给农民，但不进行抽补。困难农民由国家扶持发展牧业，提高土地质量。个别耕地不足的由国家救济集体帮助开荒。维西五区有820户人的地区进行抽补，649户人的山区没有进行抽补。该区四村山区共用1400元帮助发展牲畜，以345元帮助18户开荒23架。全区帮助63户开荒113.8架，改革结束已开出60架。

第三，民族之间土地的占有和使用上有矛盾。傈僳族多在山区，山地质量差，生产生活困难多，一部分地区还有先来的藏族、纳西族全村集体出几架山给傈僳族，形成民族与民族之间的租佃关系。如果山区傈僳族普遍下坝分田，会影响河谷地区各族农民可分的土地数量，山区傈僳族初来在生产技术上、生活习惯上也难适应，故采由国家重点扶持山区傈僳族就地发展多种经营，个别确无发展前途者才帮助搬家。民族间的租佃关系，在民族团结互相关心的教育下自愿赠送解决，这样做对民族团结和发展生产都是有利的。

第四，由于对土司、地主照顾让步，土改后贫困农民耕畜、农具、口粮等困难很大，尤其是奴隶房屋、家具也没有，目前就没法生产过活。这些都必须国家扶持，也就是由内地支援。3个区改革中共拨款11万元，给2504户农民买了农具、牲畜、粮食、家具等，解决生产生活困难，帮助奴隶69户安家立业。维西五区政府扶持557户，买牛83条、羊970只、猪840头、农具1666件以上。这点，各族人民十分感谢，他们说："这回土改土司、地主手上拿回来的不多，政府给我们这样多。""各民族互相帮助的事，共产党领导下才会有。"

分配后，改变了千百年不合理的土地所有制，各族劳动人民兴奋和感激的心情用言语是难以形容的。有个老头一天几次地去看所分得的土地，对儿子说："我家几代人没有土地，帮工、借债、当奴隶，这块地过去值500半开。毛主席关心我们，生活有路了。"各阶层生产情绪大大安定了，有些农民说："过去不上租，但地权不定，心也不定，办肥了怕分不着自己。现在知道哪块是自己的，3年要增产1倍。"土司、地主、富农天天等改革，自营土地产量年年降低，分配后有些人的生产情绪也提高了。

（四）关于发动群众

和平协商土地改革是否需要发动群众呢？改革是各民族群众自己的要求，自己的事，谁也不应该包办代替。通过回忆对比，使群众认识封建社会压迫剥削的不合理，认识改革的必要性、正义性，依靠各民族群众自己起来进行改革是完全必要的。群众充分发动，觉悟提高，现在才能搞好改革，将来也才会用自己的脚走社会主义的路，这对各民族将来的发展是有好处的。为了减少上层的震动，减少群众的冲动，发动群众不搞诉苦运动，但回忆对比中，群众诉到被压迫的苦，算些被剥削的账是不能避免的，上层也应从中得到教育，提高自己。不让提到这些封建社会中不合理的事实，群众不见得会真心愿意和平协商，上层不见得会真心拥护土地改革。

和平协商土地改革能否发动群众呢？不搞斗争团结上层对群众是有一定的限制，但在和平协商的政策范围内，对群众进行思想教育的办法还是很多的。准备改革时：讨论为什么要改，如何改，群众回忆压迫剥削的痛苦，要求改革，分析压迫剥削产生的根源，明确如何改变旧制度。划分阶级时：群众搜集讨论土司、地主占有大量土地，自己不劳动，靠剥削农民过着奢侈的生活的材料，认识剥削可耻劳动光荣，谁养活谁，有些土司、地主抵赖剥削也能激发农民的阶级觉悟。没收时：插1块没收牌、1张土地执照、1张卖身契约、1枚土司的大印，农民都会得到教育。分配时：讨论团结互让，国家关怀扶持，农民对党和国家的性质、民族关系和中贫农关系都会有新的认识。建政时：对比新旧政权，认识巩固人民民主专政的重要。改革结束后还进行系统的总结，进行社会主义前途教育。当然，每一个阶段群众觉悟提高一步，同时每一个阶段对上层的思想教育也要深入一步，求得群众工作与上层工作大体平衡。

群众初起来时，由于仇恨旧社会的压迫剥削，有些对和平协商政策不满，个别的说些超乎政策的话，"他们压迫剥削人，为什么要团结？""不杀、不斗、不清算，过去的事就这样算了么？"这是可以理解的。但必须认真交代政策，为什么要和平协商？为什么要团结上层呢？不是害怕他们，不是他们没有压迫剥削，但因为历史上民族隔阂深，很多上层人士在民族关系、宗教关系上与群众有一定的联系。解放后愿意爱国，拥护政府，在党的领导下做了很多有益人民的工作，从而有一定进步和提高，做必要的照顾与让步有利于帮助他们继续进步，发挥他们为国家为人民服务的积极性，这对加强民族团结、胜利完成改革和今后社会主义建设都有好处的。这样做不但有利于上层人士，也是有利于劳动人民的。由于各族劳动人民对党的信任，由于上层有好的实际表现，经过教育说服后群众是接受政策的，整个改革过程中群众没有发生超乎政策的行动。可以看出，发动群众并不有害，正是只有发动群众起来自己团结上层，这个团结才是牢固的。

发动群众是广泛的，除了土司、地主、富农外，95%以上的人户都进行了发动。劳动人民内部有这样两种人对改革有过顾虑和误解，一种是生活比较富裕有些剥削行为的，一种是当过老民、伙头、百长、保长、念娃对群众做过一些坏事的。这两种人他们在封建社会中应该认识过去对农民是有一些压迫和剥削，但他也受到一定程度的压迫和剥削的，改革也是合乎他们的利益的。经过教育他们提高了认识，解除了顾虑，绝大部分都自愿加入劳动人民队伍，参加各族劳动人民协会，与群众消除了隔阂，团结一致进行改革。

3个区有藏、汉、傈僳、纳西、彝、马里马沙等民族杂居，历史关系上，长期有着生产生活上的团结互助，共同反对国民党反动派统治，共同反对帝国主义侵略的方面，但也有互相歧视、隔阂的方面，这是剥削阶级主要是大民族主义长期压迫造成的。各项工作都必须从这个实际情况出发。土地改革中除各项政策都照顾各民族的特点和意愿外，还需对各民族加强民族团结的思想教育。当然，各民族人民共同在土改的实践中觉悟大大提高，不难懂得民族隔阂的根源和加强民族团结的重要。整个改革过程都注意贯穿着民族团结的教育，维西五区群众自己还召开了6次民族团结会。改革后，各族人民有了新的感情，民族之间的团结比过去巩固了。

改革的具体领导工作，主要是依靠本民族的干部和积极分子去做。他们土生土长，熟悉情况，了解本民族的要求，关心本民族的发展前途，绝大多数工作是好的，在改革的过程中也提高了自己的政治觉悟、政策水平和工作能力，现在3个区共提拔区、乡干部100多人。在发动群众的基础上，包括土司、地主在内的各阶层人民共同参加选举了乡人民代表大会及其委员会。农村第一次建立了各民族劳动人民自己的基层政权组织。大部分乡还建立了联防武装自卫队，保卫胜利果实，保卫生产，维持治安。

这里必须指出：土地改革中，我们做了许多发动群众、培养干部、组织群众的工作，但是，和平协商改革有某些限制，我们思想不够明确，发动群众是不够充分的，民族干部在数量上、质量上还是不能适应今后工作需要的，各种基层组织是不健全的，这些问题都必须在今后的工作中逐步解决。

以上便是这批土改的主要经验。

现在3个区改革已经结束了。由于生产关系的改变，各阶层生产积极性提高了，几年堆在厕里的肥料也挖出来放田了，改水田、防洪更积极了。由于群众觉悟提高，上层有所改造，民族内部、民族之间的团结也在新的基础上加强了，农村出现了新的面貌，给各民族今后过渡到社会主义和发展自己的经济、政治、文化打下了基础。现在3个区的工作任务是：贯彻积极慎重的方针，大力发展互助组，重点试办生产合作社；响应党的号召，想尽一切办法争取农业大丰收。

代表们！从维西四区、五区及中甸金江区的实际经验中我们可以看出，用和平协商的方式完成土地改革，对劳动人民，对上层人士，对宗教都有好处，是完全合乎我们少数民族各阶层利益的。全国千千万万少数民族都采用这种方式完成了土地改革，向社会主义社会过渡，所以大家要求在今明两年内基本完成我州的土地改革是正确的。今后和平协商土地改革中，我们应该：

（1）继续贯彻坚决发动群众、坚决团结上层、坚决尊重信仰自由，以和平协商方式完成土地改革的方针。

（2）各县应根据自己的经济情况和工作基础，经过调查研究，充分协商和典型试验，定出切合实际的改革计划和改革实施办法，请上级批准而后实行。

（3）为了保证和平协商土地改革的顺利进行，必须迅速平息叛乱，依法惩办破坏改革的现行犯罪分子。

最后，我要说明：搞和平协商改革我们没有直接的经验，这3个区的工作缺点是很多的，请大家审查批评，并希望在今后和平协商改革中，大家团结一致，为更好地完成我州今后和平协商土地改革的任务而努力。

关于三坝和平协商改革的意见（草案）

中共中甸县工委

1957年8月

中国共产党中甸县工作委员会报告

主送：报地委

　　　　发工委委员、三坝区工委

中共中甸县工委秘书处

1957年8月12日印

关于三坝和平协商改革的意见（草案）

一、基本情况

（一）

三坝是一个山区民族杂居地区，共8个行政村，据过去初步调查，有1763户，9100人。其中纳西族955户（占56%），4923人（占54.5%）；汉族449户（占26.5%），2383人（占26.4%）；彝族146户（占8.6%），753人（占8.2%）；回族56户（占3.3%），373人（占4.1%）；藏族50户（占3%），338人（占3.8%）；余为傈僳族44户（占2.5%），136人（占3%）；及苗族、西蕃族10余人。

从代表各类型5个行政村的初步调查，说明这里的社会经济系明显的封建地主经济，土地占有极不平衡。5个村1039户5860人，有耕地面积共23770.5亩，而占总户数的4.05%的地主、富农，即占有34.6%的土地面积；而占总户口95.5%的农民，则仅有占总面积58.92%的土地。若平均每人应占土地4.05亩，而地主解放前平均每人占16.2亩，解放后占10.7亩；富农解放前平均每人占9.7亩，解放后占9.6亩；而贫农解放前平均每人占1.36亩，解放后每人占1.78亩。虽然解放后土地使用已有了不少的变化，但这一极不合理的占有关系严重地阻碍着生产力的发展。

由于地主富农经济的发展，透过高利贷伴随民族压迫而产生的债利剥削是十分严重的，不仅形成普遍复杂的典当关系而导致贫苦农民丧失土地，而且往往还表现在沉重的债务束缚着濒于破产的农民经济。例如安南村116户，即有67户负担着10303.1银圆的各项债务；67户中农民占97%，贫农32户即占债务数的49%。

8个行政村共杂居着彝族146户753人，他们从黑彝到奴隶，几乎完全没有占有土地，而753人中即有245个失去人身自由的奴隶（其中分居奴183人、在家奴61人）。这一制度的存在，更严重地阻碍着整个民族的进步与发展。

这里复杂的民族关系表现在以藏族领主、地主作为后台，勾结晚近几十年作为当权派的回族地主阶级与部分纳西族地主阶级，对其他各民族的残酷压迫与剥削。如东坝村385户，共有土地面积9626.64亩，其中佃耕户农民占80%，佃耕土地约占总耕地的50%，出租土地中有43.48%系藏区地主阶级的。调查的5个行政村中有213户（占19.4%）农民1117人（占19%）没有占有土地，他们全系彝族、傈僳族及少数汉族。安南农民所负担的高利贷全系藏区地主及回族地主的。所以，复杂的民族关系正是源出于残酷的土地、债务等剥削关系中。

1951年，这里的统治阶级主要当权派回族地主杨振华（为乡长）曾借金江反霸的影响，以对各族农民进行血腥的阶级镇压，而掀起了武装暴乱，使这里的民族关系、阶级关系更行恶化。随着军事进剿与政治瓦解，平息了叛乱，经过定租、团结、生产等工作，地主阶级在政治上与经济上受到不同程度的削弱，平乱本身即大力支持了人民，安定了历来民族间不断的纷争，在党领导下，几年来各族人民生产生活都有一定的提高与改善，中心地区群众也有一定的基础，当然边远薄弱的藏族、彝族地带，迄至现在仍是较为复杂的。

（二）

自1956年秋县工委派来工作队加强了该区工作，先后两次在8个行政村均进行过调查研究工作，基本上掌握了各村各族土地占有使用情况及主要的生产关系等情况。随着半年多的实际工作，无论对各族群众的发动及民族上层统战工作方面都有不同程度的进展，党在民族地区和平协商改革的政策，亦为各族更多的人所接受。虽然今年初由于整个藏、彝区的暴乱影响及我们工作发展的不平衡，边远薄弱的藏族、彝族、回族地区在上四境藏族叛众的支持下，使洛吉全村、安南村一半、东坝村一部分卷入了叛乱，四五个月来由于逐步执行了上级平乱的指示，在邻近地区军事驻剿，支持了政治争取瓦解工作。目前除藏族、回族、彝族为首的10余个叛乱头目在外顽抗未归外，其他均已投降归回，自5月中旬以来全部恢复了叛乱前的工作地区。在整个平乱过程中，我方面虽受了一定的损失，使工作增加了不少困难，但从工作干部到民兵与广大群众都收到了教训，得到了实际锻炼。

从目前的群众基础看，1951年叛乱平息后建立了新政权多数村子为农民掌握，300多民兵绝大多数是纯洁的。1956年训练了积极分子240多人。今年6月初步检查，全区8个行政区村共65个自然村，有21个自然村595户中有两个以上骨干，10至20个积极分子，群众发动靠我占成年人口40%至50%；有24个自然村661户有1个以上骨干、5至13个积极分子，群众发动面占30%左右；另有20个自然村457户，虽做了些工作，但仍是为统治阶级所掌握，群众没有优势，这些地区由于边远复杂，工作不多，没有骨干，积极分子也是个别的。除此而外，上述一、二类共45个自然村1256户地区，基本上群众占优势或逐步形成优势，各项政策也有条件贯彻。据不完全统计，8个行政村共有骨干89人、积极分子338人，共427人，占总人口4.7%（实际已超过5%）。这些已发动骨干、积极分子与广大群众，正是我们各项任务赖以前进的基础。在整个群众工作中，对于依靠贫苦农民，联系广大群众，同时要做上层工作逐步有所明确，但对中农的团结发动认识较差，说明我们在执行既要"依靠贫农，又要巩固地团结中农"，扩大反封建统一战线，团结各民族95%以上的力量这一战略任务认识不足，也限制了进一步发动群众。

民族上层统一战线工作，几年来亦有一些开展。虽然原有大小头人在1951年平乱后都做乡、村一级，政府和协商机关的委员，但实际工作少，没有得到应有的提高与改造，所以对各项政策顾虑仍大。自去年以来，一部分各族主要上层头人都得到实际安置，计州协委中安置纳西族、彝族上层各1，县协委中安置了纳西族头人1、回族1、彝族2、汉族1，共5人。1年来随着各族群众的发动，他们得到了不同程度的教育改造，从原来顾虑改革时清算、杀头到准备丢包袱"过关"，其中还有一部分现在逐步看到自己的前途与民族的前途，较相信党的政策，在宣传政策、发动群众、平息叛乱、生产、支前等方面尚能减少阻力，调动积极因素，除少数（彝族1、藏族1、回族1）头人工作不够、叛乱上山未归外，一般都有转变及不同程度的提高。如白上、联合等5个行政村大小头人共约50人，顾虑少，态度靠我，进一步明了政策且有大部分能发挥积极作用的约有28人，12人顾虑较大，消极因素较多，但他们中多未参加叛乱，即如前一段较抵触的彝族头人副乡长米恩达也逐步有进步表现。当前应进一步巩固提高，安定他们，并通过他们孤立争取在外叛乱头目，争取叛乱的平息，利用他们的积极因素，对改革表示赞助，从民族的历史的特点出发继续团结改造他们，对进一步发动群众具有很高的策略意义，进一步使阻力化为助力是改革的重要条件之一。

从干部的情况看，去年调此工作队干部共约40人，半年多在工作中吸收了各族工作队共27人，再加上金江及机关最近调此的干部共约120人。其中党团员占半数以上，能说民族语言的占2/3以上，也有一定数量的骨干。从干部的政策思想看，通过半年多工作亦有不同程度的提高，但问题仍是不少。往往是道理上接受了，实际中又动摇，甲项工作中接受了，乙项工作中又不通。有的曾把团结上层的政策当成是可有可无的手段，由于多接近群众，看到群众受苦、受残酷压迫剥削的事实多，而对民族特点、历史特点等方面认识不深刻，所以思想方法上有某些内地先入为主的观念，想以单纯地发动群众制服上层。甚至个别工作队暴露出把党的政策同群众利益对立起来，在发动群众中不说和平协商政策，怕说早了群众不诉苦，发动不起来；或有少数干部在叛乱发生以后埋怨平反政策，支持群众蛮干报复，吊打上层，诱杀一般叛乱回归的人，看不到因而产生的民族关系的恶化。金江调来的虽通过改革有提高，但对三坝复杂的民族关系与受叛乱影响的新情况不熟，也认识不足，不习惯在发动群众的同时做好上层工作。通过最近的整训学习，从总结半年工作，学习上级指示，又通过平乱的实际锻炼，接受了各处的经验教训，大家开始进一步认识民族特点与历史特点，觉得和平协商政策的出发点即是各族群众的最高利益，从思想上开始接受下来，对整个工作中如何注意掌握发动群众与团结改造上层的关系规律也有一些明确，并有了更多的实际体验，简单生硬不执行政策的危险倾向有所减少。只要在目前准备工作、训练积极分子及改革政策的普通学习中，深入领会省委、地委指示精神，干部的政策思想也必然在不断的实践中逐步提高。

二、任务与要求

从调查研究所掌握的材料，说明三坝是较明显的封建地主经济。虽然解放以来土司及当权的统治阶级的各种特权、杂派已完全废除，除藏族少数地主在边远地区仍收债利外，其他地富债务剥削几乎完全收不到手，土地使用关系变化亦大。彝族奴主对奴隶的剥削亦有变化，但贫雇农民无地少地，奴隶得不到人身自由，各阶层各民族动荡情绪仍严重地影响着生产的发展。特别是这一地区历来民族矛盾较为尖锐，各族人民生产生活更为落后与困苦，几次叛乱都是尖锐的阶级斗争与民族关系交织在一起。所以要改变这里的落后状态，就必须改变封建地主的土地制度。要解决这一根本问题，必须进一步贯彻中央"充分发动群众，认真提高群众的阶级觉悟，树立群众的优势"的指示精神；必须深刻地明确省委的指示"这里改革的目的是为了把这里的民族头人和宗教上层的动荡情绪稳定下来，使各族人民安心下来发展生产，并给藏族一个良好的影响，解除他们对和平协商的各种顾虑"的深远意义。所以只能采取和平协商改革这一特殊的斗争形式，才能达到发动群众、团结上层、改变制度、社会进步、民族发展的目的，从而才能为实现各族人民社会主义的前途铺平道路。

由于中央已确定了藏区坚决改革的方针，巩固地主阶级以反改革掀起的叛乱已受到严重打击，且叛众在逐步瓦解的形势下，当前在与藏区联系更为密切的三坝进行改革，不论从分化削弱叛乱武装的基础，稳定这里上层，从而给与藏区良好影响，减少对和平协商的顾虑、造谣、中伤的目的是更有直接意义。正因为如此，这里改革时，某些不甘心的叛匪，在边远薄弱地区造成一些麻烦，或小的威胁的可能性仍然存在，因为更应引起我们的警惕，使工作做得更慎重、更踏实。只要周围藏区工作的加强配合，武装力量在周围要害地带作支持，从这里群众有所发动半数以上，并树立了一定的群众优势，上层大部较稳定，干部在实践中对党的政策有了进一步认识，只要我们坚决执行党的政策，提高警惕，作风深入踏实，充分做好准备，三坝的改革不只是需要，而且是可能的。

从这里的准备工作所需的时间及群众的生产季节不致误时，拟从9月18日起（自治州代表大会后）至10月底或11月初结束（阴历九月初至九月半间这里才是收获开始），40余天估计可以基本完成改革工作，接着组织群众投入紧张的收获季节，使改革、生产两不误。

在整个改革过程中，必须贯彻既要充分发动群众，树立群众优势，要团结、教育、稳定、改造上层，化阻力为助力，把他们的积极因素调动起来，在每一个步骤上争取主动，保持群众工作与上层工作的适当平衡。

为了做好农民的思想发动，保证团结农民大多数，在发动群众中要坚决执行"依靠农民，巩固的团结中农"的阶级路线，既要坚持自上而下的教育发动，又要与艰苦细致的深入个别串连相结合，即不能大轰大擂地搞诉苦运动，又要坚持在各个步骤各项工作中，回忆对比，提高思想，划清思想界限与政策界限。在改革前或改革初成立劳协会，可考虑采取先宣传组织、后分批发动的办法，以免引起一些不必要的波动。

在彝族地区，由于这里的生产关系更为落后，民族关系更为复杂，三坝的彝族全无自耕土地，所以在改革中应根据这些特点做得更慎重一些。对奴隶的解放，要坚持提高思想、划清界限，方式更要策略，事前做好了解，逐步安置，扶持奴隶的工作要充分做好准备。对于其他族的奴隶安置及各族贫困农民，应通过改革给予必要的扶持，既提高思想觉悟，又要适当地给予物质的照应，以达到生产得起来、生活比原来为好的基本要求。

三、关于基本政策

由于三坝内部民族关系极为复杂，在野蛮残酷的封建剥削下，各族人民生产生活更为落后，再加邻接复杂的藏、彝地区，他们的统治力量仍可以左右某些薄弱地区，一般地区受影响亦较深，表现在几次的叛乱中，上层的密切联系相互支持，迄今叛乱仍未最后平息。这一现实情况要求我们认真体会上级指示精神，为了完成各民族改革的重大任务，必须有更高的策略思想与更宽的具体政策。只有坚决贯彻和平协商政策，才能最大限度地减少波动面，（体现）团结95%以上的绝大多数农民的最大战略意义。

1.改革中既要明确地依靠与发动各族劳动人民，通过和平协商的途径，达到改变封建的土地所有制、解放奴隶、废除残酷的特权剥削的基本目的，又要达到长期团结、稳定、教育、改造民族公众领袖及宗教上层。（完成）这一重要任务，要妥善安置有代表性的民族、宗教上层，采取"赎买"的办法换得他们的某些积极因素，使看到民族与个人的共同前途，在改革中减少阻力。所以，在改革中不剥夺奴主、地主、富农的政治权利；如因改革而使生活下降者考虑给予某些补助；有实际进步表现者，还要给予为人民服务的机会。

2.对地主只没收其应分得同农民一份土地以外的多余土地，废除一切债利，其他生产资料、底财一律不动。如需购买多余耕牛，只能协商同意照市价办理。枪支没收亦采多种形式处理，如参加叛乱者的枪支应照平反七条协议原则处理。

对奴主只解放其在家及分居奴隶。土地因全系佃耕，广种薄收，奴主过多的佃权，通过协商后只作某些抽动翻整。

在家奴隶解放时，除应带自己的原有私房财产外，主方经济上如有条件还应协商带出适当数目的口粮和耕畜，以便成家立业，其他困难由政府适当照顾。对工商业、牧畜业、富农经济予以不动。仅富农的出租地，既不明文规定征收，但又要承认现状，适当地保护农民既得利益，应根据不同情况，提倡从有利生产发展，有利民族团结，双方协商解决。富农的债务，在条例中也规定处理原则，以便中立富农。

对非改革区出租的土地采取暂时不动，地主的可在必要时协商匀佃，待将来改革再处理。

总之，上述改革主要内容有关各项政策界限，既可缩小打击波动面，又符合民族地区穷困落后的实际情况。

3. 和平协商改革政策的主要特点之一，是对宗教的保护与中立。这不仅是为了团结宗教，而更深远的目的是为了争取整个民族，所以条例中对直接牵涉宗教的问题，都是尊重各族人民习惯做某些保留与自觉的适当的让步。如对喇嘛土地、债务、生活的照顾，对正常宗教活动的保护，对有关宗教信仰的土地、禁物、习惯都做了适当规定。

4. 关系农民内部抽补分配问题，更应明确划定界限，慎重地处理，否则就不能团结农民绝大多数，孤立少数统治阶级，并有将斗争矛头引入阶级内部的危险。从三坝当前的土地情况看，解放以来，土地使用情况变化更为特殊，现3个重点村进一步调查，土地占有极不合理，但使用情况变化大，在中、贫农中使用佃权面积产量超过全村平均数2倍以上的没有（地富除外），而3个村超过全村平均数70%佃权面积的，抽户面都未超过10%的控制数。所以，条例中并规定超过应分数1倍左右即70%的才抽，中心村佃权使用数较平均抽动不多，边远贫瘠村，地广、人稀、物薄，抽的必要更少。所以，为了有利于生产发展与团结农民大多数，同时也要解决无地少地农民一些要求，在抽补分配时，既要贯彻省委的抽补面不超过10%的严格规定，又不能平均主义，"满足"农民土地要求，而是"适当解决"无地少地农民的要求，民族与民族间的抽补问题更应慎重。只有将这一精神结合三坝当前实际，才能达到上述目的。

（5）关于划分阶级，三坝自1951年底叛乱平息后，土地关系开始起了很大变化，所以划分阶级应自1952年以前，即1951年、1950年、1949年连续3年内的情况确定其阶级。划分时只划地主、奴主、富农，农民内部不再划分阶级。

地主条件主要是每人平均占有全村平均数3倍以上土地，有劳力而不劳动，或只有附带劳动，主要靠剥削为生，其收租、放债、雇长短工应超过5个长工。

富农条件主要是占有全村平均数2倍以上土地，有劳动，长短工、收租等剥削量相当于3个长工以上者。

奴隶主条件是有劳动力不劳动，或只有附带劳动，每人占有全村平均数3倍以上佃权，占有分居及在家内（成年）奴隶10人以上，专靠剥削为生者。

按上述条件，根据第一次调查5个村材料看，划出地主20户、奴主4户、富农24户、债利剥削者2户，共48户①，占全村总人口1039户的4.81%。在第二次中心地区统治较集中3个村进一步调研后，地主11户、奴主3户、富农15户、债利者3户，共32户，占

---

① 地主、奴主等户数相加实际为50户。原文如此。——编者

5.9%。一般说来，地富户数占全村户口的面在5%以内的精神是符合的，利于缩小打击面，团结95%的农民。

在折算长短工剥削量时，若以（坝区）收租千斤、山区800斤折算问题，这里由于剥削残酷，租额多系对半分苗，上述折算数字可能低了些。但由于各村不平衡，仍以1000斤及800斤折算，对边远多数村子较为适合，详如条例及划分阶级补充办法。

四、改革的具体步骤

（一）准备工作

这里虽从1956年9月开始调查研究以来，在群众、上层工作方面都做了一些工作，半年多摸索到不少的情况，但由于今年叛乱的影响，全区集中主要力量在叛区工作，对一般的全面准备工作已告中断。目前工作虽已恢复，但仍有不少复杂的问题。这里工作基础不算好，领导无经验，干部水平不高，要顺利完成改革任务，必须兢兢业业地做好一切准备工作。

首先在去年初步调研的基础上，今年7月中又进行了各村进一步的调查。除目前3个重点村已完成，并据此做出方案与条例上报外，其他各村在8月初应完成进一步的调研工作，基本上能掌握各村土地占有关系及使用情况，为划分阶级、没收、分配、抽补、安置奴隶、扶持贫困农民提出计划，大体使今后各项工作心中有数，使政策能进一步密切结合各村实际。

其次是待方案、条例通过上报批准后，应抓紧时间在党内外干部当中进一步学习贯彻，在整训提高思想的基础上进一步体会政策精神实质及做法，以提高干部政策思想水平。

1.紧接县人代会结束代表返区，于8月16日至20日召开区各族人代会，做出改革决议，成立区和平协商改革委员会机构，安定各个方面，明确交代政策。会后展开在各村中传达县、区改革决议，以鼓起群众改革的要求。

2.同时在重点村成立劳协筹委会，试行成立劳动人民协会，使目前所发动的群众从思想上提高一步，组织上巩固起来。

3.区人代会后，8月下旬分批训练500名农村各族积极分子，提高觉悟，学习政策与和平协商改革的做法，使原积极分子提高一步，统一思想，统一行动。

再次是训练积极分子后，拟先于9月初在两个村提前试点。于9月10日召开全区地富会议，及青年、妇女各类代表会，统一政策行动，最后自治州代表会后，全区和平协商会议进一步研究，按区代会决议于9月18日在重点3个村开始改革，先后5天铺开全区改革。

（二）改革的主要步骤

第一阶段：广泛宣传政策，组织发动群众

时间10至14天，要求通过自上而下地交代政策与自下而上地对比讨论，使各族各阶层进一步了解和平协商改革的必要性与正义性，及改革的大体步骤，在原有基础上把群众进一步发动组织起来，提高阶级觉悟，划清思想界限，认识和平协商的策略意义，从做法上首先应召开村人代会，宣传改革政策，传达县区决议，做出各村改革计划，成立村的和平协商机构，消除顾虑，安排稳定各个方面，巩固与扩大村劳协会。

其次是通过劳协组织，宣传交代和平协商的改革政策与做法，让大家行动起来，并逐步巩固扩大劳协组织，要求在这一阶段将成年人口一般发动到60%至70%以上。

要善于通过各种不同的形式发动各个方面，如劳协之外还可辅以青年会、妇女会、老人会、地富会、头人会等，以利于各个方面都受到教育，解除顾虑，调动积极因素，并在教育发动中培养青年、妇女根子。既要求自上而下地普遍交代，又要结合进行艰苦深入的串连发动；既要从思想上认真发动群众，又不能形成诉苦运动及面对面的斗争；更要防止一般化、走过场，不能把群众认真提高一步。对奴隶的发动、安置，必须注意从改革一开始即做逐步考虑。

第二阶段：划分阶级

时间5至7天，要求通过划分阶级的政策学习进一步发动群众，既要进一步提高群众的思想觉悟，划清阶级界限，树立劳动光荣、剥削可耻，同时又要实事求是，要做到不漏划、不多划，将95%左右的农民大多数团结起来，贯彻和平协商的精神，从思想上与5%的地富阶级划清界限。这一阶段要求发动面占成年人口的80%至90%左右。

做法上应通过群众大会、协商会、老协会、青年、妇女、老人、地富等交代懂得划阶级的政策、条件及方法，并学习本村阶级的划分实例。

然后由村统一布置，自然村劳协小组发动群众，了解材料提名试划，再由劳协委员会集中统一研究商得共同意见后，由村政府、工作干部与村协商会初步协商确定阶级，并可征求地富本人意见，如有更动仍要反复在小组讨论一致，最后由村人代会正式通过，公布阶级，再报区协商会协商最后定案。

第三阶段：没收分配土地，安置奴隶

时间10天左右，在广泛学习政策的基础上，应通过协商依法没收地主多余的土地，废除债务。协商交出一切纸约、执照、刑具，既不能追逼，又要强调政治意义，引导农民回忆认识对比新旧制度，进一步提高觉悟，划清界限。

在分配时，由于联系到每一个群众的实际利益，应强调深入细致的思想工作，加强民族团结的教育与农民内部阶级团结的教育，严防统治阶级钻空子，抓落后层把斗争矛头转入农民内部。要求深入发动5%至10%的落后层，将大多数农民教育团结在社会主义前途、民族团结、有利生产的总目标下。在做法上应事前掌握材料，提出内部抽补方案，反复进行有利团结、有利生产的正面教育，防止平均主义思想，帮助群众算政治翻身账、共产党关怀账、民族发展账，对分地户、抽地户、不抽不补户分别进行不同的深入工作，通过群众对无地少地的站队分配，使达到进一步地提高思想、民族团结。必须认真安置奴隶，扶持贫困农户。彝族地区逐步解放出来的家内奴隶，应在这一阶段补给土地，有亲归亲，有家归家，无家可归自愿结合，互助成家。整个改革过程要从扶持生产出发，逐步安排生活上的问题，事前要提出奴隶安置计划，做好物资准备，逐步安置，使其生产得起来、生活得下去。其他各族贫困户也要求做出计划、做好准备，在这一阶段要求大体做完扶持工作。

第四阶段：处理遗留问题，民主建政，结束改革，转入生产

时间10天左右，要求广泛进行民族团结、积极生产、社会主义前途的教育，将改革中涌现的骨干适当地充实在乡政权，原有骨干要从改革考验中提高一步，除个别的调换外，应一般提高思想觉悟，发扬民主精神，最后应新选乡人民代表、建乡，选人委、乡长，从实际出发照顾民族团结，依靠贫农又要有一定的中农成分参加政权（人委），使政权在新的基础上巩固提高一步。

民兵应提高思想觉悟，做必要的适当的整顿，使枪杆子完全掌握在可靠的各族人民手中。

青年、妇女应在提高的基础上安排一些骨干在政权组织中，同时通过他们以一些必要的形式如妇女联合会等团结、教育青年、妇女群众。

这一阶段可在干部集中整训以前将平常做了工作、具有入团条件的青年男女吸收入团，建立起青年团支部。

最后要做出生产计划，广泛进行社会主义前途教育，组织庆祝土改胜利大会，宣布结束改革，转入生产，各族团结巩固胜利。

以上意见当否，请批示。

中共中甸县工委
1957年8月

中共中甸县工委关于藏区和平协商土地改革试点工作总结报告

壹、一般情况

根据上级"平息叛乱、发动群众过程即是改革准备过程"的正确指示，经过半年多的反叛乱斗争，工作得以前进一步，为土改创造了条件。因此，从去冬11月初开始，至今年元月初旬止，为时两个多月，在我县大中甸三村、城区、小中甸鲁基、格咱区格咱村3个乡1个镇共980户5464人的藏族地区进行了试点和平协商土地改革。由于坚决执行了党的阶级路线及政策策略，较充分地发动了群众，并贯彻了和平协商土地改革的各项具体政策，因此运动的发展基本是正常的。基于藏区实际情况，运动自始至终贯彻了"本依靠劳动人民，团结其他各阶层人民和与群众有联系的民族公众领袖、宗教领袖"的精神，采取自上而下和平协商和自下而上发动群众相结合的方式，有步骤有分别地进行。从效果看：

（一）废除了土司、属卡、地主的封建剥削土地所有制

3个乡1个镇共没收、征收了土地1939.3架（熟地968架，年产31122.75斗；丢荒地643.8架，蓄草场132架，牧场175.5架，茨场20架），其中：土司土地178架，占9.2%；地主土地1192.25架，占61.6%；属卡及村公地511.9架，占26.3%；富农使用绝户地57.15架，占2.9%。此外，极少数农民因占有土地过多自愿放弃71.35架。这就适当解决了无地和少地农民的土地要求：占农民总户数45%的406户（无地户142户、少地户264户）、占总人口41.5%的1872人（分地388人、补地1484人），分补到土地1210.71架。改革后，农民每人平均已占有1.3架土地、20.9斗的产量（每架约合3市亩，折合3.9市亩），从而改变了改革前占户口总数6%的土司、地主并包括属卡在内占有土地总数30.5%的不合理占有关系。土司、属卡、地主加诸于农民头上严重的高利贷和一切特权摊派也跟随而永远废除，据不完全统计：债务粮食27672.6斗，甸洋307058元，人民

币7459元，酥油10342两；特权杂派粮食1858.4斗，酥油2069两，木柴872驮，及其他奶渣、草、茶等数种。同时使219个无人身自由受残酷虐待的奴隶解放了出来，并从奴隶主家协商分出牛、马182头（其中耕牛38头），猪、羊81头，粮食1479斗，各种家具和农具185件。加之政府的扶持，已安置成72户，一般能生产得起来。改革中，土司、地主和富农依法交出轻机枪1支、冲锋枪2支及其他大小枪143支、子弹6161发（奴隶分出实物、交出枪支两种数目等，鲁基尚未统计在内）。

（二）组织和发动了群众，取消属卡制度，建立和巩固了人民民主专政

根据改革中第三阶段统计，占90.3%的农民成年人口已组织到劳协会中，发动面从改革前的占45%左右的农民成年人口扩大为占79.4%。其中骨干173人，占成年人口的6.5%；积极分子298人，占成年人口的7.5%；骨干、积极分子一般较改革前增加1/2，不仅数量增加，认识和质量亦有所提高。一般群众原来把改革当成是工作队的事，转变为认识到就是自己的事，有了自觉行动。一般骨干、积极分子基本上能划清敌我界限，能按政策办事。在土改群众政治觉悟的基础上，于土改末期建立了乡（镇）人民政权，正式成立了乡（镇）人民委员会和劳协委员会。人委共54人，劳委64人，人委、劳委118人中，包括有贫农65人、中农23人、雇农8人、奴隶18人、小手工业者3人、小商8人；其中并有妇女15人、青年23人，使改革前为土司、地主、富农所掌握的属卡旧制度，变成了奴隶、雇贫农为领导核心的人民民主专政新政权，千百年来受苦的劳动人民从思想上接受了党的领导，起来当家作主。建政中自卫队亦做了适当的审查和整顿，从原有278名提炼为246名（其中格咱村尚待整顿）。3个乡1个镇并从培养青年骨干对象中发展了团员××名，建立了共青团在农村中的基层组织。

（三）团结、改造、分化了上层

改革中由于群众有了较充分的发动，绝大部分上层都受到不同程度的改造，整个统治阶级在广大群众中臭了，搞垮封建威风，向人民低头认罪，并经过分化，靠我的增多，落后者减少，少数顽固者处于孤立。

从事实透彻地显示了废除土司、属卡、地主的封建剥削土地所有制的必要性，在消灭其经济剥削的基础上，摧毁属卡旧制度，夺取占领农村阵地，建立和巩固人民民主专政，证明了中央"从民族团结出发，通过改革，达到新的基础上进一步巩固民族团结"政策方针的正确。

贰、改革进行中的发展过程和规律

整个运动在一个乡大体分为4个具体步骤，但步与步之间是相结合的，前步给后步准备条件，后步则是前步的继续发展。

（一）第一步

主要的任务和内容是：通过广泛深入宣传和平协商土地改革的正义性和必要性，以激发群众反封建的自觉性，进一步扩大与巩固农民组织面和发动面。要求在这阶段发动成年人口到70%以上，召开人民代表会，做出具体计划，贯彻和平协商土地改革的各项具体政策，达到稳定各个方面。并通过人代会适当安排进行说理教育，使农民初步划清思想界限，优势树立起来，但又要掌握在政策原则以内。结合人代会的贯彻召开老人、妇女、青年、上层等各种类型会，使各个方面都受到教育。同时应注意奴隶的发动与安置。时间大体需要半个月。

但开始时存在的情况是：

1. 一般骨干、积极分子情绪很高，工作基础好的地区，奴隶、雇贫农和部分中农都表示要求改革，而一般缺乏自觉行动，认为改革是政府工作队的事，这一下政府工作队来改革了，如何改帮改一下。部分骨干、积极分子盲目性大，想杀想打来制服上层。有些是目标不够明确，把斗争锋芒主要集中在一般属卡头人上。由于看到奴隶分东西，有些雇贫农，尤其是当过长工的要去算工资，不仅分土地，还要分耗牛和房屋。

2. 较长时间谣言的影响，对政策又不了解，部分中农、工作基础差的地区甚至部分贫农顾虑波动大，认为改革是全盘改，所有的人都是改革对象。

3. 有些地富及属卡头人，由于把握我和平协商改革政策没有斗争、清算，表现出满不在乎，少数则十分嚣张，进行造谣、拉拢，甚至在暗中打冷枪、打面头，企图阻碍我改革进行。这种情况在地富集中或工作薄弱地区较突兀。因此必须做好：

（1）要强调深入反复地贯彻政策，要求做到家喻户晓。交代政策应结合具体情况，讲条文要讲清道理，并紧密结合思想，对不同对象根据不同的特点强调不同的内容，旧制度下奴隶、雇贫农受苦最深，所以要带头起来干。对中农也要着重说明，实行和平协商改革不唯应保护中农利益，同时给中农带来很大的好处，因此也是自己的事。总之，要把政策和各个不同对象的切身利益结合起来，才能达到提高觉悟。做法上应该是召开大小不同类型与深入个别相结合进行，使政策能够迅速广泛地与各阶层见面，从而端正对实行和平协商土地改革的正确认识。

（2）要开好人代会议。代表要包括各阶层以及老年、青年、妇女等各方面的人物，应有适量的骨干、积极分子参加。这样既有广泛的代表性，又有整齐的阶级队伍，会议才有依靠力量。试点改革时间，由于干部思想不明确，部分地区把人代会当成是训练班，偏重把落后层选去当代表，属卡头人也占去过多的名额。这种不对的做法虽然做了纠正，但这个教训应该吸取。把斗争目标应集中在封建制度上，具体内容应该是土司、属卡、地主在政治上对农民的压迫和经济上对农民的剥削，以及思想上的统治，应运用典型启发，即本乡本村活人活事的生动事例进行教育，从认识旧制度的不合理，也就进一步明确到改革的正义性和必要性。同时做好组织准备，区别对待，坚持说理斗争，打击少数顽固分子，使农民撕破脸皮敢于起来斗争，划清思想界限，从而初步搞垮封建威风，树立群众优势。在群众思想提高的基础上，应全面交代政策，并说明制定政策的意义是群众的现实利益和长远利益，是农民翻身的武器，必须按政策办事。对上层在接受教育改造的基础上，亦须指明和平协商改革给他们的照顾和将来的前途，并根据影响及代表性大小分别吸收他们参加协商委员会。

如何把人代会的精神贯彻到群众中去，首先应在工作队、委员、组长会上进行分析研究，求得思想的明确，步调一致，然后深入下去。在苦已诉开的情况下，应具体帮助追根并解决存在的问题，结合思想发动，又须注意组织的巩固，逐步培养和发现骨干、积极分子，逐步树立劳协小组领导核心。由于划清政策界限，便于初步地解除了因不了解政策而引起的各种顾虑和不安，某些"左"的情绪也有所克服，这就为我们深入发动群众创造了条件。深入诉苦追根，由于觉悟提高，斗争目标明确，并有了阶级的自觉行动，这就为转入下一步创造了条件。

（二）第二步

工作任务的内容是：通过划分阶级，划清农村敌我界限，明确地提高广大群众的阶级觉悟，并树立劳动光荣、剥削可耻的观点，进一步扩大和巩固劳协组织，充分发动群众。要求发动面达成年的80%以上，使剥削阶级在群众中进一步孤立，有利于进一步教育改造上层，进一步搞垮土司、地主封建威风，确立农民优势。具体做法是交代划分阶级政策、统一布置，劳协小组或大组在群众中面对面地诉苦试划，劳协委员会集中意见，通过协商会与地、富本人协商，由村人代会通过公布阶级，同时报区定案。时间大体是10至15天。

这步是相继前阶段在群众组织有了巩固、思想觉悟提高的基础上进行的。如打仗须整顿好队伍，首先通过干部会的分析研究，当时存在的情况是：

（1）部分地区苦虽已诉开，由于没有具体帮助追根，牵涉内部问题多，矛头尚未集中在土司、地主阶级上，虽追到根而仇恨仅局限在个别的直接剥削对象上。有些是对本村地主撕不下面皮，也就是阶级觉悟提不高，未能从思想上划清敌我界限，尚有一定数量的空白户、落后层。同时，在一般群众思想中存在着划分阶级是工作队及少数骨干的事，已经调查过了，我们是眼不识字、口不念书，如何能划得出来？主要是对划分阶级的政策不易掌握，条文多记不清楚。由于对划分阶级成分的标准不明确，或是单纯地从某些角度考虑，也表现了有偏高多划的思想。有些甚至想把凡是有过剥削的中农都划为地富，因此一般富裕中农及有过轻微剥削的中农波动大，顾虑划为地主、富农。

2.少数顽固分子在群众中散布空气，强调自己没有剥削，并进行拉拢收买活动。

3.工作队、委员、组长一般对做法较生疏，结合划分阶级如何使群众工作深入一步，缺乏办法。

因此，针对这些情况，首先使干部在总结前步、明确下步的基础上，下去贯彻：

1.把政策条文具体化，概括为土地、劳动、剥削三把尺子，这是农民受苦的根子，也正是划出阶级敌人的武器，容易为农民所掌握和接受。由于政策已为农民掌握，就能克服偏差，澄清混乱思想。

2.结合学习政策，收集材料，在深入展开回忆诉苦的基础上还应善导启发，进一步激发农民反封建的自觉性，防止为诉苦而诉苦，为算账而算账。应该继续挖掘封建制度下土司、地主给每一个农民带来的灾难，把农民受压迫剥削的惨痛事实用算账办法集中起来、概括起来，即使农民对土司、地主、属卡制度的罪恶有较清楚的认识，也认清正因为他们的存在是造成民族隔阂仇杀的根子，只有团结起来把它消灭掉，农民才能翻身，也才能获得民族的真正团结，从而把斗争矛头集中在整个土司、地主阶级上。并找出典型发家史，通过揭发进而解决土地是谁的、谁养活谁、是福气是剥削、命穷还是被剥削穷的等基本问题，就会找到自己的穷根。同时也就是最具体最生动地交代说明改革的正义性和必要性，从思想上划清劳动与剥削的界限，造成劳动光荣、剥削可耻的社会舆论。

3.在提高农民阶级觉悟的同时，应提高农民的组织觉悟，懂得自己解放自己，懂得团结中农及农民绝大多数的道理。要注意深入落后层，把他们都发动起来。

4.必须充分认识划分阶级是一场尖锐的阶级斗争，关乎整个土改，应如何通过这场斗争进一步搞垮农村封建威风，并借以启发教育群众。应在分片试划和协商阶级中配备力量，以本村为主面对面对本村地富说理，揭发他们的各种收买、拉拢、破坏行为；别村支援，充分准备材料，避免追逼形成僵局，并以易难搭配排定秩序后，放宽争取多数，集中火力打击孤立少数。对少数顽固分子，不单承认通过阶级，如鞣皮子越鞣越好，但应掌握"有理、有利、有节"的原则，坚持说理斗争，真正做到以理服人，协商后既要承认阶级，同时必须对地富指明前途，使其中大部分看到大势分化出来，有利于孤立改造最顽固者。

划分结束，3个乡1个镇共划出74户（其中土司15户、地主41户、富农18户），占户口总数的7.55%。划分阶级后，从农民纷纷起来揭发和监视地、富阴谋活动的许多实际行动中看到，一般农民已进一步从思想上与地、富割断关系，划清敌我界限。特别有些中农通过划分阶级以后才真正发动起来，有的痛哭流涕在叛乱中上地主的当，表示与地主势不两立，从而安定和团结了农民绝大多数，少数顽固分子处于孤立，同时也整顿纯洁了劳协组织，把个别不纯分子从劳协中清洗了出去。事实证明，只要正确贯彻各项具体政策和"坚决依靠贫农、巩固地团结中农"的阶级路线，让群众自己行动起来，就能达到目的，在此基础上转入了第三步。

（三）第三步

主要工作任务和内容是：在对农民进行阶级团结教育和算翻身账的基础上做好土地的没收、征收、分配工作，并废除各种封建特权和剥削，从主要经济上彻底消灭土司、属卡、地主阶级。在原来安置奴隶的基础上深入检查，认真安置奴隶，扶持贫困，使生产得起来、生活得下去。时间大致是15天。

这步工作包括两种不同性质的问题，既有尖锐的阶级斗争，又有较突出的农民内部关系问题。前者表现在"没收"工作上，后者表现在土地的分配和安置扶持工作上，但两者又是密切相连，是一项重要的而又艰巨复杂的任务。因此，应着重做好思想工作，深入普遍开展算团结账和翻身账，通过回忆对比，从实际来体会经过改革得来的收获是有了共产党的领导，以及有农民的阶级团结力量，因此没收、分配必须按照党的政策办事。同时相互间应发挥互让友爱，进行"团结分配"，一切应从团结出发，一切应从有利于生产出发，通过反复算翻身账，明确改革给每一个人都带来好处，虽分不到土地，因废除债务、特权摊派的实惠是更大的，从而解除某些消极松劲思想，也可以防止阶级敌人乘机挑拨和煽动。提高觉悟，确立党的领导，进一步加强和巩固农民的阶级团结，是使没收、分配工作顺利进行的先决条件。

在具体做法上，一般是结合学的政策、算好团结账和翻身账的同时：

1. 应了解和摸清土司、属卡、地主和富农一切封建特权剥削的契约、工具和枪支等，做到心中有数。分别对土司、属卡（当权头人）、地主及富农进行教育，封建根子要挖掉，尾巴要割掉，必须老实彻底向人民做交代，并服从政府法令，劳动守法。

2. 应把没收、征收大会内容变成为富有深刻阶级教育意义的展览会。3村在召开没收、征收大会时，陈列着各种封建特权、剥削的契约和工具，并有交出的机枪、冲锋枪、步枪等各种武器，从契约中拣出奴隶卖身纸8张，"世界不灭，永远当奴隶"，一般农民在这些生动实际教育下，受到莫大的鼓舞。

3. 登记掌握土地情况，拟出分配方案，结合学习分配原则，进行实际分配。应掌握首先满足无地奴隶、雇农的土地要求，防止绝对平均主义和本位主义。应从有利于团结、生产考虑，发扬民主，不可包办代替，反复在群众中酝酿排队，让群众来做。同时应做好动面户（没收、征收与分配户）的查田地评产工作，以便使分配趋于合理。

4. 应做好奴隶的安置和贫困扶持，以"生活得下去、生产得起来"为要求，不应也不可能过高要求"百病俱愈，困难一下解决"。

（四）第四步

工作内容和任务是：在进行专政教育和社会主义前途教育的基础上，建立乡（镇）政权，整顿提高自卫队，成立青年和妇女等组织，发展青年团，建立团的支部，从思想上、组织上巩固反封建胜利成果。同时处理遗留问题，填发土地证，召开庆祝胜利大会，布置和组织生产工作。时间约10天。

应该注意：

1. 进行思想教育，在总结工作的基础上，通过回忆对比，不仅认识过去政权武装为土司、地主、属卡掌握给人民带来的灾难痛苦，今天要起来当家做主的重要，更主要的应从思想上明确党的领导作用和社会主义前途，进一步热爱党、拥护党，坚决走社会主义的路。懂得土地改革是小翻身，发展生产过渡到社会主义才是大翻身，以保持饱满的政治热情，克服"改革一完万事大吉"的松劲麻痹思想。

2. 建立乡政权，一般可吸收1/3的中农参加，但应该是贫苦农民占绝对优势，树立坚强的贫苦农民领导核心。这样既有利于发动群众，也有利于团结绝大多数的农民。选举代表应发扬民主，在代表及委员中进行一次较深刻的批评与自我批评教育，在群众中反复进行酝酿、讨论，既能保证人民按自己的意志选出优秀的为人民办事的人，通过选举对被选出的人是一个教育提高，认识担任乡（镇）干部和人民代表是光荣的，要认真为人民办事，做好人民的勤务员，从而树立新的领导作风，既要联系群众取得人民支持，又要接受群众监督。

3. 用事实教育人民，提高警惕，防止一切敌对分子在改革后的阴谋破坏活动，保卫胜利果实，巩固人民民主专政。

4. 会后要在群众中认真地进行一次两条道路的教育，把改革所提高的政治积极性引导到搞大生产的劲头。要求乡干全力以赴，把生产逐步领导起来。

叁、改革中的几点体会

1. 试点改革是在叛乱情况下进行的，应如何结合平息叛乱，发动群众，为改革准备条件，在指导思想上开始是不够明确的，只有在上级党委的不断指导下，才逐步得到解决。由于遵循上级指示，坚决贯彻"发动群众""平息叛乱"及"和平协商改革"相结合的方针，就能进一步发动群众、平息叛乱，并使改革获得顺利进行。事实证明，在叛乱开始时，叛匪不唯强派门户兵，派粮食派款，大寺则粮食颗粒不放出，甚至逼债、催收酥油粮。群众处此水深火热中，我大力予以支持，贷粮及扶持救济，得解决生产生活困难，从而转变认识，并掀起反派门户兵及杂摊、特权等的经济及政治为中心的斗争，使群众的发动在斗争中大大跃进一步。部分边远工作薄弱地区，一般群众在叛匪的势力压迫下，看不到自己的力量、党的力量，或多或少尚存在着变天思想，因此在结合发动群众、争取政治为解的同时，在军事上应给予叛匪坚决的打击。基于藏区旧统治阶级基础深厚，宗教、民族等遗留问题较多的这一现实情况，党的政策要为群众所接受，必须经过一段较长时间的准备工作，也就是必须通过团结、生产、进步的实际工作过程，一方面疏通民族关系，宣传民族政策，使民族干部及农村的骨干、积极分子逐步成长起来，同时应坚决贯彻党的和平协商改革的政策、任务，急躁、简单、生硬的做法都是不现实的。事实证明，只有采用和平协商改革这一特殊的斗争形式，才能达到发动群众、团结改造上层、改变制度、社会进步的目的，才能为实现各族人民社会主义的前途铺平道路。

2. 发动群众的充分与否是能否顺利完成改革、占领农村阵地的重要关键，因此在做法上应明确坚持思想发动，通过回忆对比算账的方法提高群众阶级觉悟，大会号召与深入个别发动相结合，同时干部思想必须明确"坚决依靠贫雇农，巩固地团结中农"的阶级路线，克服对贫苦农民的各种错误认识。应有高度的阶级同情心，与他们打成一片，才能取得他们的信任，只有发动和依靠了贫苦农民，才能扎正根子，巩固中农的团结，只有把农民从思想上发动起来，转变认识改革是自己的事，才能获得反封建的阶级自觉行动。同时应注意农民反封建队伍的组织，以保证发动的巩固，它既是农民阶级的组织形式，又是工作进行的方法，应积极培育骨干、积极分子，树立领导核心。试点改革中，由于贯彻上级"先组织后发动"的指示方针，从执行情况看，效果是好的，既可安定和巩固农民大多数，又利于农民觉悟的迅速成长。

3.在发动和组织的同时，应做好上层的统战工作。统治阶级是不会自动退出历史舞台的，只有群众真正发动起来，他们看到大势才不自觉地逐步接受改造，而群众的发动与上层的统战工作的关系规律又是很复杂的，只要指导思想明确，抓住已经叛乱这一个时机，在于我有利时，大力发动群众一步，但同时不能忽视对他们的稳定分化、团结改造，在改革中每一步只有发动了群众，又给他们指出出路，让他们有一些必要的思想斗争，在他们中的一些分化出来的分子做适当的工作及影响下，除极少数的顽固分了外，多数仍可以得到不同程度的改造，从而有利于群众的发动。如格咱村在划阶级中个别地主的自杀造成不良影响，应引为上层工作的教训。

4.经过准备，深入调查研究，作为制定政策的依据，并通过训练班培养大批民族干部以为改革的依靠力量是必要的。试点改革中，由于对奴隶的协商分家和扶持贫困等具体问题事前物资准备不够，致成为遗留问题。

路南永乐片土改第一阶段工作总结

全片改革分6个乡进行,共有自然村77个2605户,人口10958人,男5302人,女5656人。有7种民族,哈尼族1307户5334人,尼苏族421户1841人,卜族86户369人,土老族1户2人。

6个乡有干部98人,其中民族干部71人(新干28人),党员18人,团员32人。7月28日到乡工作。

工作队下乡之前,各乡都知道要来改革了。由于一、三、四区改革的影响较好,各族农民都以愉快的心情等待着改革和土改队的到来。上层地主富农基本上是稳定的,反映和平协商改革好啦!但是多数不懂和平协商改革政策,各阶层仍存在不同怀疑和顾虑,中农怕打乱平分,贫雇农怕不够分;上层地主怕斗争,怕群众发动起来后政策不是和平协商,担心以后没出路,分给田地栽不够吃;保长、召霸、自新匪、1950年参加暴动和历史上有血债的反革命分子,主要是怕暴露自己的罪恶,政策不宽大,不许群众向工作队汇报,乘机拉群众,威胁、诱骗、造谣的现象很多。兹将工作情况和转变综合如下:

工作队来了以后,交代来意,召开一系列的会议,大张旗鼓地宣传土改的正义性、合理性、必要性,交代土改的基本政策,深入做访贫问苦交朋友,以根子串连为中心。重点乡在8月5号确定了根子串一批,面上8月8号片上集中大组长审查根子,全区确定根子160人,9号铺开串连。扎根工作历时10天,到族代会时一般都串起了二、三批,发动面达到25%左右,开农代会时发动面达到37.4%,涌现积极分子295人。8月26日统计,全片成年人口5561人,组织与发动2070人;青年2210人,发动782人,占青年人口的35.4%。

8月13日,重点乡召开族代会,16日面上铺开。会议一般是开得成功的,农民能通过亲身所受剥削的苦、封建制度压迫的苦,理直气壮地要求不改革不行。乌弯乡马杨氏说:"我借地主两块钱,帮地主干了1年,现在只需4天就干得两块钱了,大家说说被剥削多少?没有地主剥削我家不会变成这样。"地主看在政策、群众压力下,想到不承认剥削得不到群众原谅,多数地主都检讨自己的剥削罪恶,承认农民说得有道理,表示拥护和平协商改革。如乌弯乡一个地主发言说:"农民主人说的是事实外,我也来说说我们地主剥削的罪过和腐化生活。"张应昌地主承认解放后还诱骗农民赎田、买土地是一种新的剥削方式，表示要将所得的款数如数退还农民，以实际行动来拥护改革。

8月23日，重点召开农代会，8月25日面上召开。各乡向农代会代表做发动群众、扎根串连的总结报告和划阶级的政策报告，代表检查（四查），农民队伍汇报大多数是贫苦农民，终年劳动不得温饱、历史清楚、政治可靠的人，只有少数的坏分子和有历史问题的审查不慎而混进来。如登云乡白哈热帮地主时偷牛打死人，瑶人寨王文发勾结兄嫂嫂用毒药毒死他的哥哥，木梳贾李起书是个师娘，马街乡准备把一个劳改犯的父亲串连进来。大家反映这些要不得，今后串连要慎重，要认真审查，不放进坏人来捣乱经堂。

8月19日，召开上层有代表性的地富、保长、召霸座谈会，到会人数29名，土司2人、保长6人、地主召霸21人，历时2天。会议先采取漫谈方式，收集他们的思想顾虑，针对实际反复交代政策，指出前途，讲国内外形势，指出政府对待你们宽大的一面和严肃的一面，最后纷纷表示要遵守政府的政策法令，打破顾虑，拥护土改。如乌弯乡陶正方反映："我认识过去两千多年来土地被我们地主霸占着，封建土地所有制不合理，这次改革我愿老老实实、规规矩矩将土地归还农民，今后在劳动中改造自己重新做人。"登云乡郭吾俅用哈尼话说："经过学习我认识到土地是劳动人民的，这次改革别人不交，我要先交还劳动人民。"座谈会达到了"稳定"的目的。

对敌斗争工作：工作队到乡后，摸了一下情况，认识到永乐情况不如一批改革地区好，敌情比较严重，过去为匪为盗的坏分子和反革命分子很多，工作基础很差，群众觉悟低，敌人还顽固，给改革工作带来了很大的困难和艰苦，实际教育必须提高警惕，加强敌情观念。因此，同志们在各种会上交代政策时都全面地讲对敌斗争的政策，重视敌人的思想行动。如发现乌弯乡造谣"土改什么都要"，木梳贾乡谣言"红河那里分土地连谷子都拿光掉"，就及时揭穿、打击，反复交代政策，响亮地对敌提出"坦白从宽、抗拒从严、立功折罪、立大功受奖"的政策，和《农业发展纲要》四、五两条，指出前途，动员所有武器统统登记，交给政府合理使用，说明是为了保卫土改、保卫生产、保护人民生命财产的安全，交枪多者有奖。集训自新匪骨干时（13至18日），针对他们的思想顾虑，宣传目前国内外形势和边疆和平协商改革政策、剿匪政策，进行中注意不追不逼，坚持动员说服、自觉自愿坦白交代，结果在政策威力下和发动了的群众压力下，打下敌人嚣张的气焰。到8月27日止，全片交出大小枪支92支、手榴弹38个、子弹499发、刺刀2把。乌弯乡有50多个妇女自动地来登记一贯道，登云乡何光黑坦白杀过两个人，过去不敢说，"你们交代政策后我不怕了"。

在生产上：各乡都宣传今年大春作物谁种谁收，提出防洪防灾、做好秋收准备的意见。另外宣传用实际行动响应县委白天生产、晚上开会搞土改、做好改革与生产两不误的号召。

在群众生活方面：除乌弯乡割了早稻生活不困难外，丫多、瑶人寨、马街、木梳贾等5个乡属半山区与高寒山区，生活处在青黄不接的时候，很多人反映没有吃的，我们联系银行及时发放生产、生活贷款。

另外，提倡互相借贷，秋后赔还。8月23日，整个片又发出救济款1000元，这样帮助不少农民解决了秋收前的困难，并为秋收生产做好物资准备，群众反映很好，同时给发动群众带来有利的作用。

通过做上述这些工作后，整个永乐地区情况比起改革前有了很大的变化。扎正了根子，初步发动了群众，旧干部、旧保长、召霸、寨长、小组长、政权逐步被新干部（根子、积极分子）、新组织的农代筹委会、农民小组所代替了；上层地主、富农受到很深刻的团结、改造和教育，压倒了他们的政治威风；严重地打击了阶级敌对分子、反革命分子的气焰，树立了农民在农村的政治优势，为下一步改革工作打下了良好的基础。

直接过渡

关于直接过渡地区工作的发言

壹、对直接过渡地区工作的认识

关于直接过渡地区的情况、方针、道路、政策与步骤，这次会议根据八大二中全会与省委边疆工作会议的精神，在地委9月会议的基础上进行了讨论。我们认为，地委9月边疆会议对这些地区的情况分析与所提出的贯彻省委指示的方针道路的具体政策、步骤、做法，基本上是正确的，其中有的问题（例如直接过渡地区的主要矛盾以及爱国生产运动中的一些具体问题）解决不够明确具体，还需要在今后实践中进一步调查和研究。

9月边疆工作会议以来的这一段时期当中，工作有了较大的进展，主要是大力领导了秋收与小春种植，从秋收的结果来看，凡是认真做了工作的地方，都增了产，澜沧由于全面开展了爱国卫生运动，增产比较显著。秋收中在生产技术上有所改进，小春种植面积大大增加。试办的17个社，社社增加了生产，初步显示了优越性。我们领导的互助组也普遍增了产。部分地区并得到了初步的巩固与发展，重点办社中都总结了一些经验。

在生产过程中，上层的种种顾虑、怀疑和反抗经过说服教育，经过政治上的安排与经济上的补贴帮助，初步得到了一定的团结和改造，趋向更为稳定靠我。各族群众通过党领导发展了生产的事实，增强了对党与政府的信任。有的对互助合作开始有所认识，骨干、积极分子的数量增加了，有的开始有了某些民主觉悟。

由于在生产有所发展的基础上联系了各族群众，民族隔阂得到了进一步的消除，合作社互助组与社外组外的关系渐趋正常，过去拒绝我们去帮助的村寨也欢迎我们去帮助生产了。在西盟地区，经过撤出41年线的宣传教育，发放救济，大大地密切了民族关系。

半年多的工作，我们的主要体会是：

（1）生产是爱国生产运动的中心，是各族人民的要求和一切工作的基础。而在直接过渡地区，解决饥饿是广大群众的迫切要求和发展生产的重要环节，也是联系各族人民的关键所在。

（2）由于直接过渡地区社会特别落后，历史上遗留的民族隔阂较深，通过爱国生产运动消除民族隔阂与初步缓和与消除某些不利生产的因素，也是一个很大的变革。因此必

417

须充分准备，组织一支强大的工作队伍，使"团结、生产、进步"形成一个运动，才能取得成绩和达到目的。零敲碎打孤立搞点效果不大，并有危险性。

（3）半年多的实践证明，只要我们认真领导了生产，在生产发展的过程中，经济上的某些剥削因素完全可以逐步消除，政治上的力量对比也会逐步变化。因为广大群众在生产生活上的困难是剥削得以产生的基础，我们正面克服了困难，发展了生产，就必然减少了群众对剥削上层的经济依赖，从而削弱了经济上的剥削和政治上的人格依附。在无产阶级专政和社会主义经济绝对优势的条件下，我们完全可以以渐变的正面代替的方法解决这些问题，并不必也不能采取叫喊"禁止""废除"的方式。

从重点试办的农业生产合作社来看，合作社改变了生产关系，发展了生产，必然引起经济关系、阶级关系与民族关系的一系列变化。如果我们面上的群众队伍的组织，对上层的安排教育，以及我们主观上政策做法的准备不能和这些变化相适应，也就必然引起紧张和混乱。这也是必须要加以注意的一个方面。

在工作有了很大发展的同时，仍然存在许多问题和出现了一些新的问题。

在生产上，主要是对面上生产领导不够。此外，对粮食生产比较重视，这是对的，但对副业、手工业、经济作物的领导不够。许多剥削上层减产的问题需要加以研究解决。在修水利开水田时出现了一些纠纷和问题。

合作社虽然都增了产，但不能保证90%以上的社员增加收入，17个社平均只有88.5%的社员增加收入。一些社中发现社干不纯，社员思想不安定，有的要退社，有的临到秋收要各收各的庄稼，有的请假外出帮工。在债利问题突出的地方，剥削上层来向社员逼债的事情不断出现。扩社当中新老社员间有意见。明年生产一般尚未很好计划。

互助组和生产小组中普遍存在不同程度的混乱现象，"自发"组不断出现，有的全为剥削上层掌握，有不分活计多少、不换工记工的"大变工"，也有不互助的互助组。不少地方与组外形成对立，领导对互助合作的情况不摸底，干部不懂得如何领导互助合作。

在重点试办合作社与互助组的地方，许多头人因为雇工、债利等剥削少，产量和收入也减少了。面上的许多剥削上层也意识到我们领导生产搞互助合作触动他的实际利益，而我们的工作又跟不上，阶级关系有某些紧张的现象。而我们的上层工作又做得不经常、不深入、不全面，有的干部反映，上层没有什么问题，感到"也安排了，也补贴了，要说的说完了，上层基本稳定了"。

在培养骨干、积极分子中也有新的问题。一些地方积极分子"垮"了，有的团员搬出外国去了，一些积极分子感到苦于"父母骂、丈夫打、婆娘吵、工作队批评"，有的积极分子成为新头人。群众觉悟虽一般有所提高，但还很有限。历史上遗留较深的民族隔阂，不是短期所能彻底解决。有的对扶持救济认为"过去汉人吃多了，理应还给我们"；积极分子还不敢当生产小组长，说"有头人领导了"；对互助合作多数是感到参加了政府会给牛、给粮食。还有群众反映："征粮再像过去一样要搬出外国了。"

有的地方宗教上层因宗教收入受影响而讨饭维持生活，有的地方对民族群众迷信风俗急于加以改变。

这些问题是在前进中随着成绩而产生的问题。生产的发展必然会引起一系列的变化，产生一些新的问题，我们将在解决这些问题当中前进。从我们对运动的领导来看，主要的问题是普遍抓了重点，放松了面上的生产领导。除澜沧以外，其他直接过渡地区的爱国生产运动都没有全面开展。对面上的生产，我们的领导落后于群众发展生产的要求，往往不加领导或停留于一般化的号召布置，产生了点面不相适应的现象。但另一方面，对合作化的发展，对某些落后因素和民主问题的解决，又往往存在急躁情绪，总是想多搞一点，早搞一点，忽视了全面的复杂情况和实际条件。

因此，今后必须继续贯彻执行地委9月边疆工作会议的精神，坚持全力开展爱国生产运动，普遍建立爱国生产委员会和生产大小组，大力地全面地领导各族人民发展生产解决饥饿。在生产中团结教育上层，初步联系发动群众，密切党和各族人民的联系，并根据生产发展的需要、上层团结教育程度和群众觉悟，办好试点合作社，办好一批互助组性质的生产小组，争取为明年秋后逐步开展互助合作运动创造前提条件。

贰、如何全面开展爱国生产运动

（一）根据落后民族山区特点全面领导生产

首先，要及早领导各族人民，生产自救防灾度荒，这是落后山区领导生产的关键问题。目前要认真领导小春生产，同时立即着手准备早熟作物的种植。根据各地自然条件、种植习惯和人民的觉悟，尽量多种各种早熟作物。此外，应教育各族人民节约粮食准备度荒，但不要提出反对迷信风俗习惯。现在少数地区已有缺粮现象发生，要立即帮助他们克服困难，生产度荒。这样，我们就可以在明年的粮荒时节，更有准备地更好地领导各族人民在政府大力扶持下生产自救，战胜粮荒，也就为明年生产中解决口粮垫扎问题准备了有利条件。

第二，这些地区主要是山地生产，要认真研究总结当地山地增产的经验和主要措施，要把长远的增产方向和当前的主要措施结合考虑。目前要逐步推广犁地施肥，固定耕地，逐步改变粗放耕作，也要适当注意扩大耕地面积，研究合理轮种，准备好籽种，保证及时下种。在薅铲时大力领导和帮助克服困难和组织劳动力，在收割时逐步推广先进生产工具，教育农民减少抛撒。

第三，研究和逐步确定一套适合直接过渡地区特点的生产政策。初步考虑有如下几个方面：

（1）不进行改革运动，在党领导下发展生产，逐步通过互助合作，直接过渡到社会主义社会。

（2）民族团结，互助互让，协商调解，发展生产。

（3）政府大力扶持和帮助各族人民，克服生产生活中的困难，发展生产，改善生活。

（4）奖励生产中的先进人物和先进措施，提倡交流经验，互相参观学习，奖励劳动英雄和模范。

（5）大力总结推广当地的先进生产经验，积极慎重地通过示范和重点试验逐步推广外地的先进经验。特别重视生产工具的改进和推广。

（6）过去不征粮的地区，仍然免征。过去征粮地区，政策适当放宽，宣传稳定在今年基础上。

（7）互助借贷，利息自议。如有纠纷，协商解决。贫苦农民有困难者，可由政府适当贷放帮助解决。

（8）允许雇工，工资双方自议。

（9）尊重民族风俗习惯，对迷信落后的风俗习惯，勿加干涉反对，有的在生产中还应适当照顾。

（10）大烟不提倡也不禁止，主要正面领导发展生产。

（11）鼓励爱护和繁殖耕畜。

（12）全面发展生产，以粮食作物为主，同时重视发展手工业、副业、经济作物和畜牧。目前以领导山地生产为主，逐步大力修水利开水田。对合作社、生产小组和个人经营的生产，对群众和上层的生产，都采取全面领导，重点帮助。加强与生产有关的财经、贸易、文教、卫生等工作，使这些工作充分发挥作用，帮助各族人民克服生产生活中的困难。

要加强生产中的思想领导，经常研究各族群众在生产中的思想变化、顾虑和怀疑，正确地进行解释和教育。明年一、二月普遍召开一次生产代表会，从上而下和从下而上地总结今年生产。总结国家所给的扶持和好处，总结当地生产经验，奖励模范，表扬先进。进行回忆对比，提高各族人民对党的信任。启发各族人民的生产积极性，形成生产热潮。

（二）爱国生产运动的组织形式问题

在区、乡爱国生产委员会领导下，以生产小组为主要形式，把一批重点生产小组逐步提高，使具有互助组性质，重点试办农业生产合作社，大力发展农业生产。

区、乡爱国生产委员会尚未建立的要迅速建立起来。事前把人选研究好，经过和主要上层酝酿协商，即可在生产代表会上选举成立。主要是安排上层，并有一部分群众参加。主任委员可视情况由上层、工作队和群众积极分子分别担任。成立前后要充分宣传酝酿，启发各族头群初步认识区域自治的精神，认识这是本民族的人民在党领导下办自己的事，领导群众搞生产，成立后要定期开会，把全面生产领导起来，使之逐步成为过渡性质的政权。

成立了爱国生产委员会之后，就可以经过委员会酝酿协商，根据各族人民自愿，普遍组织成生产大、小组。这是领导生产的行政组织，不是普遍搞换工互助的生产组织。以此为当前领导生产的主要组织形式，因为各族头群较易接受，也便于我们全面领导生产。其作用仍按9月边疆会议规定。生产大组正副组长仍可安排些上层，生产小组长则应由群众担任。即使这样的生产小组，也初步改变了一套旧的组织形式，把它放在我们领导之下，所以，组织时要根据自愿，照顾原有关系，不要要求高了。

成立了生产大、小组之后，就可以充分运用生产代表会、生产小组长联席会等形式来领导全面生产。

在疏通了关系、全面领导了生产的基础上，就可以选择一批重点的生产小组，根据生产发展的需要和头群意愿，逐步提高，使实际上具有互助组性质，仍叫生产小组，这样利于减少思想波动和阻力。这批生产小组，今冬明春一般不超过户口的20%，否则也会引起紧张混乱。已办了互助组的，也不必再改回来。已有相当数量互助组的地区，主要是巩固提高已办的互助组。工作刚开展的地区，重点搞几个即可。这批重点生产小组提高的具体要求是：

（1）认真进行思想教育，提高组员觉悟。结合生产，回忆对比，在提高对党的信任的基础上，从克服当前生产困难入手，启发他们换工互助，提高生产小组的要求，并且要深入串连酝酿，逐步形成以贫苦农民为主的劳动人民领导核心。

（2）逐步地实行换工互助、评工记分，从民族实际出发，贯彻互利原则，勿要求过高过急，生搬硬套。

（3）逐步贯彻民主管理的原则，有事大家商量。逐步提高贫苦农民当家做主的觉悟和能力。

（4）生产有显著提高和发展。

（5）搞好和一般生产小组的关系，勿形成孤立甚至敌对。

（6）如组内有剥削上层，仍可继续留在组内，从生产中加以团结改造。对有较大的剥削上层的生产小组，可以不选为重点。

对已出现的"自发"互助组，尽量加强领导，逐步掌握领导权，加以整顿。已参加的剥削上层，也不要清洗。没有力量去加强领导的地区可暂不干涉。

对"自发"搞起来的"大变工"，须加研究。虽不合理，但似又有一定作用。一般不要简单硬性禁止，主要是正面教育，逐步贯彻互利原则。

关于农业生产合作社，今冬明春主要是巩固已试办的17个社。9月会议确定再试办的11到14个社，不再增加，如有困难，也可少办，以便把主要精力放在领导全面生产，办好重点生产小组，为办社准备良好条件。

（三）爱国生产运动中要认真贯彻执行党在直接过渡地区的阶级路线——依靠贫苦农民，团结一切劳动人民，团结和教育与各族群众有联系的公共领袖

爱国生产运动中也要坚决依靠贫苦农民，因为他们最迫切要求解决生产生活中的困难，最易从切身利益来理解党、相信党。同时对一切劳动人民（包括有轻微剥削的在内）都要巩固地加以团结，不能歧视排斥，孤立自己。在爱国生产运动中，特别突出的问题是对上层的团结教育，我们只能随着上层团结教育的程度，逐步开展群众工作。

在爱国生产运动中如何联系发动群众呢？

（1）联系发动群众的目的和要求：从思想发动的要求来说，应明确主要是对党信任、民族团结的问题，并适当启发初步的民主觉悟。具体的要求是：热爱祖国，相信共产党，懂得民族团结的道理，积极劳动生产，要求进步（"进步"也主要是要求懂得什么有利于团结爱国生产和什么不利于团结爱国生产）。现在不能急于去进行认识上层剥削等等阶级教育。至于社会主义教育，也不能要求高了，主要是切合各族人民认识水平来进行社会主义幸福美好前途的教育，不要去划社会主义与资本主义、劳动与剥削的界限，即使在骨干、积极分子中也不要这样做。

在思想发动的基础上，发动各族人民参加党领导的以生产为中心的各项活动，逐步通过各种生产组织，把各族人民组织起来。

（2）用什么方法来联系发动群众？

第一，应把做好事、交朋友不仅当作一般疏通关系的方法，也要作为直接过渡地区深入联系发动群众的经常的主要的方法。只有在生产中做好事、交朋友，与各族人民同甘苦、共呼吸，了解、热爱他们，体贴他们的困苦，诚恳热情地切切实实帮助他们解决困难，发展生产，解决饥饿，才能实现民族间的阶级团结，取得信任，在生产中逐步启发其觉悟。应在直接过渡地区的干部中开展做好事、交朋友的运动。

第二，启发思想觉悟的主要方法，是随时灵活地结合生产生活中的具体事件，进行生动实际的回忆对比算账，通过他们自己的实际教育自己。但回忆对比的内容限于团结爱国生产，不得比阶级算剥削。

第三，组织参观、学习、参加各种生产会议，也是教育各族群众的有效和重要方法。

在普遍做好事、交朋友中，要培养一批劳动人民成分、能联系群众、有一定觉悟（团结爱国生产进步的觉悟）的骨干、积极分子。

（3）在联系发动群众的过程中，任何时候也不能抛开上层工作去孤立进行。先要教育上层取得赞助，去帮助群众生产，教育群众。做好事也要适当照顾上层。在帮助群众解决困难时，如触及上层利益，要善于做必要的照顾让步和等待，长远着想，逐步解决，不要急躁从事。遇到上层对积极分子的打击拉拢，要耐心教育，解除顾虑，不要形成紧张对立。并且要教育群众，有事好好商量，懂得团结上层。只有这样才能减少阻力，逐步把群众发动起来。

在爱国生产运动中如何团结教育上层呢？

从半年多的工作来看，在开始阶段，上层主要是顾虑改革，害怕我们触动他的地位和经济利益，因而产生种种的明争暗斗。我们主要是从思想上加强教育，针对顾虑，交代政策，再加以政治上的安排和经济上的补贴照顾，在此条件下坚持领导群众克服困难发展生产。经过这些工作，上层渐趋稳定靠我。

目前在一些工作有所开展的地区，情况有了变化。群众生产的发展不同程度上影响了上层的剥削，减少了他们的收入，他们又不能参加互助合作，于是产生了新的波动。往往在稳定靠我甚至更为恭顺的另一方面，也隐藏着顾虑、抵触和更为潜伏的活动。这个时候，就需要在过去教育安排补贴的基础上，注意处理好雇工、债务等关系，并且也要领导上层搞好生产，从生产中来进一步团结上层。

（四）重点工作问题

1. 重点工作的目的和要求：重点工作总的目的，是树立旗帜扩大影响，创造经验训练干部，以便具体深入地指导面上工作；重点工作应该看作是直接过渡地区创造前提条件的工作内容之一。由于直接过渡地区的社会经济情况更加落后，内外关系复杂，民族间的隔阂还很深，重点地区的工作往往都是一些新的工作，因此就要更加慎重，确实做出好的榜样。具体要求是：

（1）在重点办社地区，要求合作社有显著增产，在不过分加强劳动强度的情况下，保证90%以上的社员的农业总收入（除去雇工、债利剥削，包括大烟及各种家庭副业收入在内）有所增加；初步贯彻按劳取酬的原则，在生产上摸出一些当地生产的特点，推广先进生产技术的经验。

（2）社内外、组内外和点面关系正常，取得民族的信任，并培养一批当地的骨干和积极分子，培养民族上层进步靠我，对面上的上层、群众都要起好影响。

（3）使干部懂得直接过渡地区开展爱国生产运动，办互助组和合作社的方针、政策、策略和具体做法。

因此，工委应直接抓住两个重点，一是办社的重点，一是在一个村寨开展爱国生产运动和办互助组的重点。

2. 办社中的一些具体政策问题：

（1）社员成分问题：在公开宣传时，可以提出"人人可以入社"，但是在内部掌握上，应认真贯彻阶级路线，首先吸收贫苦农民入社，剥削上层在试点办社时不宜吸收。对于已经入社的剥削上层，除了坚决要求退社者外，不要把他们清洗出社。对于入社后收入减少的，要设法组织他们劳动，增加收入；对于因入社后减少收入很多，生活有困难的，可从上层补贴款中予以适当补贴，并尽可能把他们安置在区乡爱国生产委员会里。

（2）生产资料的处理：在土地已经私有的地区一般都应有土地分红；在土地仍具有公有性质的地区，如群众无土地分红要求，也不要勉强分红（如入社时地已开好，可给予适当的开垦费，或折算劳动工分）；因水田都已固定私有且价较高，一般都应分红（可采取定成分红的办法，且不要太低，这样也利于鼓励开水田）。自留地可不规定百分比，从实际情况出发，从宽处理。

耕牛采取私有、私养、租用，或私有公放、租用等办法为宜；小农具自带、自用、自修为好，大农具可由合作社租用。

3. 合作社的巩固和发展必须处理好以下几个问题：

（1）正确处理社内外的关系，以及社员和驻社干部的关系。不要过早地去触及剥削上层的利益，经常通过爱国生产委员会、生产大组小组会或各种生产座谈会，加强对上层和面上群众的政治教育工作，交流生产经验。搞好社员和驻社干部团结的关键在于驻社干部充分尊重社员的意愿，树立团结和民主商量气氛和群众路线的工作作风，不要包办代替，强加于人。

（2）合作社的经营管理，必须从民族特点出发，由简到繁，由粗到细，由不合理到比较合理、到合理。由于社的规模不大（一般15至20户），社管会一般5至7人即可。社管会直接领导生产小组，在必要时又可编临时的生产小组，从评工记分推行工票制到实行小包工。生产计划既要有一个大的远景规划，又要有5至7天的短安排。在劳动力的使用等方面，必须充分照顾到原有的风俗习惯和生产特点。

（3）合作社的生产以发展粮食作物为主，并提倡因地制宜的多种经营，根据劳动力的情况来安排水田与山地、粮食作物与经济作物、副业及畜牧业的生产，特别要注意帮助社员发展家庭副业。推广先进经验要采取慎重态度，由干部做出样子，积极分子带头示范，再逐步推广。

（4）认真在合作社内培养干部、发动群众和逐步准备建立党团组织。

（五）加强党的领导

在边沿落后民族地区的工作中，贯彻八大和二中全会精神，加强党的政治思想工作，特别重要。

要教育干部认真调查研究民族特点，从民族的实际出发，反对主观主义强加于人。

汉族干部要熟悉民族情况，学习民族语言，耐心帮助民族干部，倾听民族干部的意见。兄弟民族干部要虚心努力学习，密切联系本民族的群众。

在爱国生产运动中，要发扬关心各族人民的疾苦，向各族人民学习，相信和依靠各族人民的群众路线的作风。

要教育干部认识直接过渡地区工作的重大意义，提高积极性，稳下来，钻进去。

直接过渡地区多接近边沿，是我区与缅、老直接接触的地区。这就要经常教育干部和群众，防止和克服任何大国主义的思想行动。工作中要处处考虑有利于和平共处的原则。

此外，明确了方针、政策、做法，还必须好好组织力量，开展工作，否则一切都会落空。在工作力量薄弱的地区，土改结束以后，应抽调一些力量加强直接过渡地区。所有直接过渡地区的干部都要认真加以训练，通过贯彻省委和地委边疆工作会议的精神，务使他们懂得直接过渡和爱国生产运动的方针、政策、做法，以总结今年生产，提高思想，总结经验教训，结合当地民族特点，研究具体工作。主观上的充分准备，全党思想一致，这是明年爱国生产运动的根本保证。

为了切实加强党对直接过渡地区工作的领导，边工委、县委书记中，应有一人分工领导直接过渡地区的工作，并成立直接过渡地区办公室，起好党委的助手作用。

　　由于直接过渡地区的工作都是一些新问题，如果没有深入具体的领导，就必然工作迟滞，干部苦闷。所以，领导同志必须重点深入，老老实实地向各族人民学习，调查研究，帮助干部具体地总结经验，解决问题。同时要改善领导方法，加强对全面工作的检查和帮助，发挥全体干部的积极性和创造性。只有这样，才能使爱国生产运动稳步前进。

　　以上发言，地委仅经初步讨论，望会议再加研究，如有不当，提出修正。

郑刚同志对景颇族地区直接过渡工作的意见（摘要）

一、基本情况

1. 土地占有制度基本上是私有制，并已产生了地主、富农和个别商业资本，但土地不集中，很分散，同时虽有地主、富农但不多，土地少，条件不好。

2. 原始氏族残余：

（1）山区土地归氏族和公社所有，这种土地只要是本族的人都可以开垦。

（2）伙干的习惯是原始的集体劳动的习惯，实际上是不等价的共耕残余。这些都是在原始的非常落后的生产基础上和生产困难条件下，不得不伙干来克服困难，解决生产生活。

（3）原始的群婚。

3. 山官制度……

基于以上政治、经济的特点，反映在思想上是：

1. 严重的平均主义，这是基于原始的公有制和共同劳动基础上的一种原始的分配习惯。

2. 缺乏积累思想，生产生活缺乏计划性，其生产力就不可能有积累，由于生产的落后和生活的饥迫，也就不可能有计划性。

3. 迷信思想严重。

二、直接过渡的可能性和条件

1. 党的领导、国家的帮助、国家社会主义建设的胜利、先进民族特别是汉族对他们的帮助，这是景颇族直接过渡的决定意义的条件。

2. 内在的条件是：土地基本分散，同时还有山地、荒地的公有。

---

① 本文中的部分标题和标题序号为编者所加，并且全文标题序号进行了重新编排。——编者

3.数年来民族工作的结果，民族政策的贯彻，社会秩序基本安定，对敌斗争的胜利，拉事的减少，上层基本靠拢我党，群众听党的话，特别是涌现了一批贫困的有觉悟的积极分子，和一定民族化的汉族干部，以及有了一定觉悟的本民族干部。

三、几条特殊规律

1.由小到大，由少到多，一般的速度是慢的（这是由前述特点决定的），各县明年新建社不应超过现有数的1倍，原社扩大不应超过原户数的1倍。

2.强调示范作用，其好处是：（1）扩大影响；（2）创造经验；（3）培养干部。宁可少些，但要好些。

3.坚持长期团结上层、改造上层的方针，这是我们阶级斗争的特殊性。

四、直接过渡的主要环节

1.互助合作。

2.经济上的帮助。

3.文化上的帮助，主要是办学校。

4.卫生上的帮助，加强医务工作。

5.技术上的帮助，改良农具，提高农业生产技术。

6.发展社会主义商业。

7.培养本民族的干部和汉族干部的民族化。

7个环节中最主要的是互助合作。

五、政策

1.对地主、富农暂不让其参加互助合作社，但不公开说，即对一般干部也不要讲。

2.对"官工"不必发动群众不出"官工"。

3.对山官、寨头及各种头人必须一律坚持团结，政治上给以地位，经济上不损伤其利益，若将来必须损伤其某些利益而影响其生活困难者，由政府给予适当的生活照顾。加强政治教育（有的东西不要讲得太清楚，如阶级剥削等，讲了引起他们的顾虑，对我们工作不利），主要是爱国主义、社会主义等远景前途教育。

4.对伙干的态度，基本上是采取合理的按劳取酬的制度来改变和代替这种伙干制度，否则会被剥削分子所利用。

5.对迷信祭鬼的风俗，只有开展文化、医药、卫生工作，提高群众觉悟，逐步来代替、改变它。

6. 对串姑娘的习惯，也同样是通过提高文化觉悟来树立新的道德观念，不能硬性禁止。

7. 对高利贷主要是做好贷款工作，不要正面打击。

8. 对平均主义的分配，采取逐步提高觉悟慢慢改变，在某种时候还要适当照顾。

9. 暂不划阶级，但干部心中要有底。

德宏地委关于直接过渡地区试办农业生产合作社的初步总结

中国共产党德宏地方委员会总结

主送：省委、省委边委、农村工作部、各县委、各生产文化站

抄送：地委各部委、州直属机关、团结报社

中共德宏地委办公室

1956年8月17日印发

德宏地委关于直接过渡地区
试办农业生产合作社的初步总结

（一）

我州直接过渡的景颇族、傈僳族、崩龙族和部分杂居汉族地区的农业生产合作社，现在仍处于试办阶段。1954年春，在总路线的光辉照耀下，我们选择3个下坝寨和1个工作开辟较早的山寨，建立了4个合作社。由于国家的扶持，除1个下坝社办得不好外，其他3个社都连年不断地增产，在群众中树立了旗帜。同时在这两年的过程中，我们继续坚决贯彻了党的民族政策和"慎重稳进"的方针，进行了团结生产工作，加上总路线的宣传和坝区土改完成的胜利影响，群众产生了强烈的发展生产得吃得穿的要求，民族干部亦大批生长，上层逐步靠我和放弃剥削。我们并在中央民委、省边委的协助下做了很多调查研究工作，进一步摸清了景颇等民族的社会情况。经过反复研究，确定景颇族、傈僳族和社会经济与此相同的其他落后民族在党的领导下，加上国家在各方面的大力支持，可以不经过民主改革运动阶段，而是通过合作化的道路，加强各方面的工作，逐步提高人民的生产生活水平和政治觉悟，并逐步地进行一些必要的民主改革，直接过渡到社会主义社会。1955年底，傣族地区完成和平协商土地改革后，我们便抽调了干部加强直接过渡地区的工作，今春遂在文化站所在乡和面上工作基础较好的乡重点建成了115个社，入社农户2896户，占总农户的9.7%，每社平均25户。其中腾冲、龙陵40个社，入社农户1540户，每社平均38户；边六县75个社，入社农户1350户，每社平均18户，最大的社有28户，最小的社只有6户。有的地区结合建社建了党，对提高骨干、积极分子，巩固合作社造成了更为有利的条件。半年多来，这批社生产情况是好的，一般新开了田、地，扩大了耕地面积；在水田和

旱地上推广了若干先进经验；种植了咖啡、木棉、蓖麻等经济作物；有的还开展了副业经营；杀牛祭鬼、平均主义、伙干等落后习俗都有了大大的改变，除个别社因领导不纯、经营管理不善可能减产外，估计90%以上的社一般可增产50%至100%以上，吸引了广大农民，带动了直接过渡地区的生产和互助组的发展，实践又一次证明了直接过渡道路的正确性和优越性。

（二）

在建社的具体步骤上，有的分3步，有的是4步，但一般是包括以下内容和过程：

1.训练干部，认识直接过渡地区的社会基础和工作基础，明确直接过渡的道路和方针政策，充分估计有利和不利条件，统一和提高干部思想。

2.从总结互助组的优越性入手，并组织参观，宣传合作社的好处，使群众从实际体验、从看旁人的、从道理上认识合作社的好处，懂得只有走合作化的道路才能迅速摆脱贫困，得吃得穿。同时并物色和审查干部和积极分子。

3.建立筹委员，分户串连，进一步交代合作社的自愿原则和具体政策，深入思想发动，具体地消除各种顾虑和误解，报名申请。

4.具体贯彻互利原则，民主讨论和处理具体政策，使大家满意。

5.正式建立，选举社干，定出制度，迅速安排和转入生产活动。

根据今春建社情况，我们认为在建社中必须正确解决下面几个问题：

1.建社的条件和基础：由于今明仍是重点试办，所以一般都是在开辟工作较早、有一定工作基础、上层靠我、群众对党有充分信任并积极要求、生长了一些骨干和积极分子的重点地区。在发展时又有几种情况：一是在常年互助组的基础上转社；二是在一个或几个临时互助组的基础上办社；三是直接办社，而且都是一窝一窝地发展，即在一个乡办几个社，便于造成声势，互相推动和集中领导。从建社的结果看来，一、二两种是多的，三是少数。经验证明，凡是经过较长期互助组的锻炼，在骨干上、思想上、经营管理、劳动习惯等方面都为转社准备了较好的条件，如盈江拱腊、陇川邦瓦、潞西遮放东西山等地区的社建成后，生产、经营管理都容易循序渐进地走上正轨。但事实也证明，只要群众要求，有一定骨干，上层靠我，在临时互助组的基础上或个体农民自愿结合的基础上办社也是可以的。

2.物色和培养骨干：在直接过渡地区办社，当然离不了外来干部的帮助，但这并不意味着不需要依靠和发动群众，不需要培养骨干，相反地正由于景颇族等比较落后，更应该切实地培养本民族的骨干，依靠群众来建社。所以选择和培养骨干是在直过区建社的一项重要工作，必须选择群众中历史清楚、劳动好、有一定觉悟、能联系群众的积极分子加以训练提高。盈江用训练班的办法培养骨干，三台山组织了到坝区合作社去参观，陇川邦瓦在建社中通过联席会议和工作队具体帮助提高的办法都很有效，但人数不可太少，一社至少5至7人，回去才能形成力量。鉴于景颇族一般是女多男少，在劳动上妇女不仅每年较男人劳动时间长，而且工种也较多，因此要注意吸收一定数量的妇女加以培养和提高。莲山部分地区对依靠贫苦的劳动群众的观点不明确，不仅过早过多地吸收了地富上层分子入社，而且让他们掌握了领导。如札弄社、先锋社均是由富农（一个又是等撒）担任社主任，结果使党的政策不能贯彻，造成生产混乱，社会动荡不安。

3. 思想发动：整个建社过程就是深入思想发动的过程，开始群众均存在不同程度的顾虑和错误认识，怕入社后不得献鬼、不得吃新、不得赶街、不得自由、劳动太累等。贫雇农表现积极，但顾虑"田少人多不够吃"，想"和有田的人在一起分着点吃"。中农怕吃亏，认为"田是阿公阿祖留下的，不能给人白吃"。妇女一般受苦深，对生活的体验多，积极坚定。青年自尊心、上进心强，积极热情，但盲目性大。中年以上的男人保守一些，接受问题也较迟钝。这就必须根据他们的特点，深入进行社会主义前途、劳动生产和合作社的政策教育。在做法上，一般采取了各种会议动员、个别访问、座谈、亲串亲、邻串邻，总结互助组的优越性、对比算账、组织参观等。但无论采取什么方法，重要的是必须把道理和具体事例、具体思想结合起来，如不这样，由于他们的接受水平有限，便会事倍功半，甚至劳而无功，收不到实际的效果。

4. 正确处理具体政策：虽然景颇族等私有制度还不完整，但私有观念仍然是强烈的，因此，在处理土地、耕畜、农具、籽种等具体政策时，不能因为他们占有很少而马虎了事。必须慎重，因为这些问题关系社内社外，关系个人与集体，关系能否顺利建成社和顺利进行生产的问题。必须民主讨论，做到互不吃亏，人人满意。各地在处理这些具体问题时一般的是：

（1）水田评产和分红比例：直过区水田少，耕作较细，靠得住收，因而他们对水田较重视，评产时也容易发生争执。又由于山区土地面积很不准确，产量不够稳定，发生争执很难解决。因此，在评时必须摸清底子，培养典型，消除顾虑，通过典型带动，成熟一户解决一户。至于评产的标准，一般以头一年实产量照顾土地潜力和是否发生自然灾害即可，如果按常年产量定，由于群众都不会算账，便无法评定。部分社或部分社员的田，由于去年产量记不清，至今仍未评产，只得定今年收后按实收定产，结果形成社员只愿在自己田里劳动、施肥，对别的田则粗糙从事，有的甚至怀疑少收入提出退社。因此只要能够评定的便应尽可能评定产量，以便统一经营和安定社员思想。

确定土地分红的比例。原来的指导思想是山区不负担公粮，经济上加上政府大力扶持，景颇族私有观念薄弱，依此便于转高级社，因此一般是偏低，在评产的15%至20%，有田户便有意见，有的甚至水田不入社。现在看来，以评产的20%左右为宜，既有利于团结有田户，又可刺激面上群众开田的积极性。至于有的采取按实产比例分红的水涨船高的办法，应该纠正。

（2）旱地：旱地不固定，有的种三四年，有的种五六年即丢荒。在处理旱地时，有四种办法：一是无偿归社所有；二是按实产付给10%的报酬，几年后不付；三是折价入社，新开地每箩给谷3箩，种了1年的每箩给2箩，种两年的每箩给1箩，种了3年的无偿归社所有；四是按开地时用工数评给工分，折成工分入社。实践证明，最后一种办法较好，前3种失之过低，形成自留地过多。从直过区土地占有情况来看，旱地一般多为贫苦农民占有，有旱地的多无水田，如果低了便会使贫农吃亏，以采取最后一种办法为宜。

（3）耕畜：一般是私有，由社租用和统一放牧。租额亦偏低。如潞西直接过渡社，一般是每年租额稻谷8至12箩（社会租额一般是20至30箩），陇川一般是8—15箩，均比社会租额低得多，致有个别社员便把牛租与社外，甚至退社。直过区耕畜一般很缺，低了更会损伤农民饲养耕畜的积极性。一般应使之略低于社会牛租，相当于牛价的1/4至1/3。

（4）农具：小农具如锄、镰、长刀一般都有，只是修理问题。大农具如犁、耙则很少，主要靠政府贷款购置或无偿补助。所以建社时一般规定小农具自带、自用、自修，大农具随牛走，坏了由社修理。

（5）籽种：根据入社土地产量自带。但景颇族缺粮面达户口的65%左右，因此也多无种子，主要的是靠政府帮助。

（6）肥料：一般是按质量、远近评给工分，不过肥料一般都很少。

5.建社紧密结合生产问题：建社时必须做到建社、生产两不误。开始时很多地区注意不够，以后强调了这个问题，便使合作社对群众有更大更现实的吸引力。如陇川邦瓦在建社扩社时，即组织生产，中寨社3天种了6箩（种）洋芋，挖好了育咖啡苗的地。农民木札说"我们跟不上了"，并自愿地入了社。不仅这样，由于景颇族地区田地都很少（每户平均不足1箩种田，旱地亦少），如能在栽秧后组织男劳动力集体开田开地，对转社和巩固社是很有利的。

（三）

社建成后，如何根据群众可能接受的程度逐步搞好经营管理，使生产逐步走上正轨，便成了突出的问题。半年以来，我们做了下面几方面的工作，也摸索了一些初步的经验。

1.如何制订生产计划？由于景颇族缺乏数字概念，不会计划，因此如何订计划，如何使社员从思想上接受并积极为实现计划而努力，是在很多地区均未得到解决的问题。一般的是过多地看到他们不会计划、不会算账的一面，不去发动群众、依靠群众，而是由干部与社干研究提出，在社员大会上通过。这实际上是干部的计划，社员的看法是："何消定，我们做就是了。""头都痛完了。"再不然是："答应下来，工作同志好回去汇报。"这样的计划起不了指导生产的作用。部分社更由于干部包办，订不下去，至今仍没有全年的生产计划。目前在这方面做得较好的是陇川邦瓦中寨并辉合作社，干部明确了依靠群众和从实际出发。首先发动社员算开支账，全年要吃多少米、穿多少布，吃多少油、盐、草烟、沙基、芦子，用多少棉花、羊毛（织裙子用），然后再提出要生产些什么、生产多少才能达到够吃够穿、如何才能增产等，让社干、社员讨论，最后由社干、干部加以归纳。这样把订计划和社员争取够吃够穿的切身要求密切地而又具体地结合了起来，充分发动了群众，发扬了民主。社员虽然记不住数字，但他们思想上有了明确的奋斗目标，从而能关心社的生产和积极劳动。再加上10天1次短安排，便保证了计划的贯彻。这一办法值得各地推行。

除了订出计划和短安排以外，还要定期进行检查，才能保证计划的实现。一般有两种检查方法：一种召开会议，汇报生产，发现问题和解决问题；一种是由专人深入田间检查，如邦瓦中寨并辉社主任每街抽出1至2天深入田里、地里检查。不少社缺乏检查制度，以致问题不能及时发现解决，影响了生产，使计划落空，均须改正。

2. 劳动力的组织和推行包工：由于景颇族存在原始的伙干习惯和许多民族风俗习惯和迷信落后的特点，要使他们根据按劳取酬的原则组织起来，有计划地进行劳动生产，不仅需要做很多艰苦的工作，而且要根据他们的水平循序渐进。开始有的同志对这个问题认识不足，要求过急过高，碰了钉子后又灰心丧气，不积极进行工作，逐步改变那些原始落后的习俗，使得劳动力窝工浪费，生产混乱，一直走不上正轨。根据已有的经验，20户左右的小社的劳动组织，一般是经过了3个过程：首先是不分小组，集体伙干，只要出工，不分劳动力强弱，劳动时间长短，做的多少，质量如何，均记1个工，窝工浪费很大，效率也最低。在社员认识到伙干的办法不好后，再划分劳动小组，实行按大人、小孩、出工迟早评分，这又进了一步。最后是在评工记分的基础上实行按件包工。这每前进一步，都是使社员认识按劳取酬的原则和与原始的平均主义思想和伙干习惯做斗争。干部的责任就是引导社员具体地认识前两个办法不好，而努力缩短这个过程。

陇川邦瓦中寨并辉社去年量出同样的若干地块，每一个劳动同时耕作一块，结果做的有多有少，质量有好有坏，收割时以同时割的多少、抛撒多少等具体事例来对比，突破了平均主义思想。今年扩社后，又推行了包工，办法是自由结合小组，自认该段农作时间的耕作区，根据社管会对增产措施的要求自定需工数、质量规格和完成时间，然后由社管会加以必要的调整和核定后按件包与小组。由于劳动小组划得小，多的六七人，少的2人，并按景颇族男女分工严格的习惯，男女分开编组，适合山区耕地分散和民族特点，也适合当前组长的管理水平。在做法上又采取了领导与群众相结合的群众路线的工作方法，加上社管会经常地短安排，灵活地调配劳动力，和严格的检查制度，包工后社员劲头大，信心足，责任心强，出勤率达到92.5%，并自动延长了劳动时间，提高了劳动效率，规格、质量也有了保证，效果很好。

盈江拱腊社根据生产需要划分劳动小组，俟社员习惯分组干活后，再推行按件包工。包件不仅安排公活，而且还具体帮助社员安排私活，帮助社员算油、盐、柴、米、酒够不够，具体帮助解决和安排他们找街活，便保证了包工的顺利进行，社员的具体困难也得到恰当解决。这都是很好的经验。但山区实行按件包工的主要问题是因土地面积很不准确，致定额常常定不恰当，有的经过试工也难估出正确的需工数，所以还应按包工后的实际用工数酌予调整，以免因完不成而吃亏，甚至不愿再包。

3. 会计问题：由于景颇族一般不识字和不会算账，合作社会计便成了突出问题。现在担任会计的多是民干班和县上的短期训练班训练出来的，粗识景颇文或汉文，账目也只有工分账，且记得不清楚，常常算错。一般是会计记一本账，办社干部也有目录一本账，有的甚至就由办社干部记账。但这不是长远的办法。除需要大力训练会计外，有的采取每5天组织会计学习一次，同时检查账簿；有的通过夜校来提高他们的文化，都是较好的办法。至于开支，现一般都由干部掌握，应逐步交社管会管理，定出简单可行的制度，并发扬民主，定期公布账目。

4. 牲畜和大农具的饲养和管理：景颇族、傈僳族对牲畜都有统一放牧的习惯，且合作社的耕畜多属贷款和无偿补助，一般由专人放牧，并固定工资。农忙时耕畜由各组负责使用和放牧，亦应固定专人饲养，评给工分。有的社农忙时无专人负责，只管使用，不管放牧，不仅因牲畜无人管而损坏庄稼，个别甚至造成耕牛死亡，需要纠正。大农具一般是使用的人保管，因多为木质，坏了自己便可修理。

5. 适当安排农、林、牧、副业，推广先进措施，保证增产。合作社建起来后，如何根据自然条件、民族历史的生产生活习惯来发展生产，推广一些先进的但又是简单易行、见效快、群众易于接受的增产措施，便成了经营管理的中心问题。从他们原有的生产水平看来，一般是水田耕作较认真，估计是由于收成比较可靠的原因。对旱地一般是刀耕火种，也不施肥，随开随丢，费工多，产量低。有的地区原来即有种植经济作物的习惯，如咖啡、紫胶、麻等。从农业和副业的比重来看，副业约占到总收入50%至60%，根据这一情况和景颇族地区自然条件优越，气候温暖，可开荒地很多，适宜发展粮食作物、经济作物和开展各种副业经营潜在力很大的良好条件，山区发展生产的方向应是"农、林、牧相结合"，在发展副业、增产粮食的基础上，大力发展经济作物和经济林木，因地制宜地发展牧畜业。因此，除在水田做必要的加工外（有条件的地区还可开田），应逐步固定耕地，改进技术和工具，以充分发挥土地潜力，增产粮食等作物，同时大力发展各种经济作物、牧畜业和开展副业经营，以改造山区生产，改善山区各族人民的生活。

在农业生产上，水田一般推行了多犁多耙（邦瓦社已做到4犁3耙，丰产田达到5犁3耙）、选种、换种、提前栽秧、合理密植、薅秧等增产措施。存在的主要问题：一是施肥，特别是新开田，由于土壤缺乏有机质，更需多施绿肥、堆肥等有机肥料，以改良土壤；其次是培育壮秧，虽然实行了合理密植，但秧苗细小，长得不壮，影响产量的提高；再是管理灌溉，雨后山洪暴发，常常携带泥沙冲毁稻和禾苗，有时又冲毁水源影响灌溉。至于原来田地少又有条件的地区可以开田。一般每个男劳动力在栽秧后到秋收前可抽出两个月到两个半月的时间开田（山田开一箩要70至90个工，下坝开田不要此数），在旱地一般是种植旱谷、苞谷、黄豆、小豆、花生、洋芋（干部教会种的）、棉花、苏子、向日葵、荞、草烟等作物。主要的问题是费工多，产量低。据陇川邦瓦社调查，种1箩旱谷需人工55.5个、牛工27架（第一年需工数，以后不要这样），产10至25箩；种1箩苞谷需人工366至426个、牛工60架，产70箩；种1箩黄豆需人工165至185个、牛工20至40架，产

25箩；种1箩洋芋需人工31个、牛工6架，产10箩；种1箩花生需人工48个、牛工8架，产20至30箩。为什么费工多而产量低呢？除了由于山区坡度陡、耕地分散、草长得快等自然原因外，主要是耕地不固定，大量劳动力消耗在开地上，技术低，不施肥，撒播（旱谷、棉花），或虽是点播，但窝距宽，每窝苗数过多（如苞谷每窝距离3至5尺，每窝四五株，黄豆每窝六七株至10多株），又只种1季，地力未能发挥，加上工具落后（拔草用手，黄豆用人打，苞谷脱粒用双手），运输用人背，人陷于带原始性的劳动中，既繁重，效率又低。因此，要提高旱地的耕作技术，多打粮食，必须从这几方面入手：

（1）逐步固定耕地，主要是解决肥料问题，而山上肥源很多，树叶、野草、腐殖土、牲畜粪都是很好的肥料；再是要实行轮作和间种，群众在旱地上已有种6年（一般是3年）的原因，就是实行了轮作和间种。

（2）改进技术，改撒播为点播，推行合理密植，改种双季（苞谷、黄豆），增种小春，增施肥料，增除草1次（一般是2次）等。至于旱谷则应逐步由其他作物代替，以保持水土，保护森林。

（3）改良工具，推广山地犁、步犁、苞谷脱粒机、打谷机等。

（4）饲养牲畜，发展畜牧业，如黄牛、马、骡等，一则富裕农民生活，二则用畜力代替人力，把群众从带原始性的劳动中解放出来。

对经济作物，如咖啡、木棉、蓖麻、龙舌兰、麻、茶、紫胶，一般都种植了不少，但主要的问题是如何管好。由于种经济作物，一般要几年后才能收成，因此干部、群众种后都管得很少，以致生长不好，有的年年种茶，但到现在仍没有茶。因此，还要继续教育干部懂得种经济作物是山区生产改造的主要措施，也是今后山区生产的主要方面，使之从思想上重视起来。再是在合作社有专人负责和及时的技术指导，才能保证种好、管好、成长得好。

在山区开展副业经营条件较好，适合民族的传统习惯，也容易见效，可以解决群众眼前的困难，但是现在除少数社经营了少量副业外，一般都未经营。这是与干部开展多种经营的思想不明确，在口粮补助上存在包干思想分不开的。如不改变，便会重蹈邦瓦社去年农业增产但社员总收入减少的教训。山区可经营的副业项目是很多的，如砍柴、养猪、养羊、养牛、养鸡、刨竹笋、找野菜野果、挖药材、制造竹木农具、酿酒、编席子、编棕衣、打草鞋、烧石灰、打猎、煮硝、伐木、剥龙舌兰、剥麻、养蓖麻蚕、制绳、制燃料、拾菌子等，都容易进行。因此，要把经营副业放在适当的比重，积极加以领导，同时还需要银行、贸易、合作社等部门在资金上、收购产品上、技术上予以大力支持。

6.如何照顾民族特点和逐步改变迷信落后。景颇族、傈僳族等民族由于文化落后，处在对自然不可理解的状态，加上帝国主义宗教势力的侵入，致造成迷信落后，杀牲祭鬼。不仅如此，还有若干原始民族残余的风俗习惯，如不逐步加以改变，便会阻碍合作化和发展生产。所以过分迁就，把它神秘化，一点不敢动，一筹莫展，是不对的，但是如不从民族的实际出发，企图一下改掉，或在短期改掉，也是错误的。而是应该在经营管理中适当加以照顾，这种照顾实际上是为了等待群众的觉悟，使我们能从各方面加强工作，逐步地去代替和改变半年来我们在经营管理中主要碰到的下面一些问题：

（1）杀牲祭鬼：只要组织起来后，总的趋势是减少。如陇川邦瓦乡7个社（入社农户占全乡总户数的42%），今年上半年只杀了1头牛（全乡杀57头牛）。邦瓦寨几个社一般种合作社公有田不献鬼，种旱地也不献，有的积极分子也不献鬼。种私有入社田时，只杀个小鸡献鬼，同劳动小组内的几个人早早吃了就出工，这与他们过去种田种地时，杀猪杀鸡，请魔头念鬼，邀集亲邻吃酒耽误一天也不能出工比较起来，变化是很大的。少数积极分子的思想观念也有了变化，说："生产要靠劳动，不能靠鬼。"莲山一个魔头当了副乡长，别人请他念鬼他不念，最后念了，牛、猪、鸡都不杀，只杀了个小鱼。说明只要我们善于等待群众的觉悟，另方面积极加强卫生工作和团结教育魔头的工作，杀牲祭鬼是会随着群众觉悟和生产的提高逐步地而又大大地减少。

对基督教徒和天主教徒，不应该讨厌和排斥，因为他们也是群众，如果讨厌和排斥便会妨碍我们对他们进行教育。应该一视同仁，体贴宗教感情，有困难要帮助，并照顾他们参加宗教活动的时间，逐步等待他们的觉悟。

（2）串姑娘和婚姻问题：景颇族青年男女一般不在家庭睡觉，而是到公房里或大树下去串，因此性的关系很乱，不仅使劳动力受到摧残，女的常因此有孕后，如果男方不娶，便再找不到适合的对象，往往造成家庭悲剧。寡妇也特别多，据邦瓦寨调查，134户中即有寡妇55人，要他们在生产上积极是困难的。同时由于婚姻不自由（一般是由父母包办、长统包办或抢婚），引起家庭纠纷。加上婚礼重，一般是几头牛，还有长刀、矛、铓、袍、布、酒等，农民入社后要付出这笔婚礼是困难的（过去帮几年工得头牛，可以先拿牛后做工），有的因讨不着媳妇就说："媳妇讨不上，退社了。"看来这个问题也逐渐突出起来，应在群众自愿自觉的基础上，根据婚姻法的精神，做些适当的规定，以逐步加以改革。同时青年团应把青年的文化娱乐活动领导起来，使他们身心向健康方面发展。

（3）少数游杂分子问题：由于景颇族历史和社会原因，每寨都有少数游杂，他们不务生产，吸大烟，献鬼去吃肉或当刀手，有纠纷积极参加或出头，生活困难时随便偷一点或抢一点，对生产破坏很大，群众也害怕他们。因此，如何教育他们劳动生产，也是需要解决的问题。

（4）妇女织桶裙问题：据估计，平均每个妇女每年在织桶裙的时间，在1个半月以上，需要在安排活路时加以适当照顾，更积极的办法是由贸易部门加工一些质量厚、耐穿、景颇族又喜欢的图案的花布来逐步代替。

（5）吸大烟问题：占到劳动力的20%左右，其他男人普遍都吸一点，但没有瘾。邦瓦上寨一个社员因无大烟抽，只好去帮富农做工。这个问题需要随着禁种大烟逐步解决。

（6）其他：如生日不出门，死日不拿东西出去（他们是以街几算，每5天便有1次），太阳落后不汲水，房子未盖完、官庙未献不能撒秧，撒秧在街几，街几便不能拔秧，谷子成熟要先吃新等，都需要在经营管理、安排生产中予以适当照顾。

（四）

景颇族由一个生产、文化落后的水平参加到半社会主义性质的合作社来，政治思想工作显得特别重要。如邦瓦中寨并辉社是个办了两年多的社，而且年年增产，今年扩社后，还有部分新社员存在观望态度，"不相信合作社能增产"。有的强迫女儿不在社内出工，要种自留地，在社出工不给饭吃；有的干私活吃自己的粮食，在合作社干活吃补助粮。而我们的情况是在建社中一般做了充分的政治动员，启发了群众的积极性，掀起了入社的热潮。但社建成后，除部分社继续坚持了思想工作外，多数是埋头生产，解决问题就事论事，因而不能很好地激起社员的劳动积极性和生产热情。当然政治思想工作也要结合生产具体地进行，根据以往的摸索，在合作社的政治思想工作上主要应抓住以下几方面的教育：

1.经常地不断地总结合作社的优越性，结合进行对比（入社前后）、算账（生产生活的提高），使社员具体地认识社会主义的前途，坚定他们走合作化道路的信心，以克服动摇、观望情绪。

2.用具体事例进行劳动光荣、多劳多得的按劳取酬的原则的教育，用有效的办法总结、公布工分账、进行预分、奖励先进等。凡是这样做了，都能起到克服平均主义、提高经营管理、发挥社员劳动积极性、推动生产的作用。

3.个人与集体关系的教育：一方面要从正面教育，即合作社增产多少，自己收入增加多少，并表扬爱护社、关心社、爱护公共财产的先进人物和先进事迹；另一方面要通过检查生产，发现和解决生产中的问题，并提高到个人和集体的关系上进行教育。邦瓦中寨社通过检查生产，发现坏了谷种、死了秧苗，社干、社员都受到很大教育，并形成爱护社、关心社的空气。

4.如何过日子的教育：通过帮助他们安排公活、私活，算油、盐、柴、米账，教会他们生活过得有条理一些。通过治病、组织农忙托儿组进行卫生常识的教育，逐步改变他们盲无计划的生活方式。

5.生产知识的教育：景颇族原来技术落后，一般容易接受先进经验，只要改变学会技术，通过田间的具体生产活动和夜校传授起来是快的。

6.形势教育：经常主动地通俗地给他们讲形势，增加抗毒素，这样谣言便不会起作用。否则景颇族辨别能力低，也是最容易接受谣言的。

7.开展批评与自我批评，对景颇族、傈僳族来说不是能不能够、需不需要的问题，而是采取什么样的方式进行的问题。他们一般是自尊心很强，荣誉心理很重，只要是与人为善的，具有充分说服力的，而不是粗暴的，使人难堪的批评，他们是能够接受的。只要他们一旦从思想上接受了以后，改正起来也很快。这就要求我们在进行批评自我批评的态度上、方式上，分出什么场合、什么时间、接受程度等方面掌握得好而适当。

加强对党的基层组织的领导和帮助，积极在直接过渡地区随着合作化的发展开展建党工作，是做好政治思想工作、培养干部的关键。陇川在建社中即结合建党，对培养骨干、带动群众、巩固合作社，均起到良好的作用。从我们已建立的几个支部看来，情况一般是良好的，也证明景颇族地区建党的条件是具备的。因此，只要我们从实际出发，耐心地帮助和教育提高他们当中的骨干和积极分子，使他们在几个基本方面符合党员条件即可以发展。从成分上看，他们都是贫农或中农，重要的是要把历史审查清楚，以免不纯分子混进党内，使我们陷于被动。只要有党的组织，有骨干，并经常加强了对他们的教育和帮助，使每个社能形成一个有一定觉悟、积极肯干、作风民主、能联系群众的领导集团，这对带动群众保持饱满政治热情、搞好生产、巩固社都有了保证。

（五）

1. 在指导思想上仍然要坚持"慎重稳进"的方针。前进时不可盲目乐观，要充分估计有利的和不利的条件，特别是不利的条件，才能使头脑保持冷静，才有可能细致地周密地考虑问题，把工作做得踏实妥帖。遇到困难时不可灰心丧气，要深入研究分析情况，从实际出发，甚至必要的等待也是允许的。目前我们在山区工作的同志常常在这两方面反其道而行，因此容易思想苦闷，看不见前途。在作风上也还有简单从事的毛病，对把景颇族等这样落后的民族要变成先进的社会主义民族这样艰巨的事业一般化了，还需要学会应付这种复杂情况的本领，对具体事物进行具体分析具体对待。只要我们这批社能办好，并且能利用秋前集训和提高干部做好准备，今冬明春办到490个社，入社农户达到9851户，占总农户的33%是有根据的。为此，明冬后春争取合作化到70%，1958年冬、1959年春，即可完全实现半社会主义的合作化。

2. 为了集中力量办社，绝不能放松对互助组的领导，相反地是要加强对互助组的领导，才能为办社打下更好的基础。目前互助组有几种形式，第一种是工换工，这又有3种：一是每户劳动力、土地都相差不多，组织在一起挨户轮流干活，不找补工资；二是先各干各，最后互相帮助，帮两三天不记工，4天以上就记了；三是轮流干活，工换工或找补工资。第二种是种植单一经济作物的互助组，如种茶、咖啡、开荒组等。第三种是评工记分，这种也较为高级。不管哪种形式，只要群众喜闻乐见，基本上能贯彻互利，能增产就应当提倡，并具体加以领导组织。群众事先有这些形式集体生产的锻炼，通过这些互助形式也能培养出骨干和积极分子，将来转社，按合作社的方式经营管理都较容易，群众不会觉得弯子转得太陡。另外是对银行、贸易、文化、卫生、技术等部门在山区进行工作开展业务也要加以领导，才能保证互相支持和推动。

3. 团结教育和改造上层人物是在直接过渡地区坚持不渝的政策。几年来正因为我们对上层做了很多工作，给他们安了位置，给予补助，组织他们学习、参观，特别在群众觉悟不断提高的情况下，才使得上层靠我，同时他们本身也有了若干进步，我们也才有在直过区实行合作化的条件。因此，对上层的工作必须坚持下去，并且面要放得宽些，应该安置的仍要安置，生活困难的主动给以不定期、不定额的补助，并组织他们学习和参观。至于他们是地主、富农成分的雇不着工可以由合作社帮工（工资合理），或由合作社租种他们的土地，付给一定报酬。他们当中原来就是农民成分，剥削量小且已放弃，劳动一贯又好的可以吸收在合作社参加劳动。如果虽是农民，剥削量小虽已放弃，但劳动不好的可以入社当社员。从我们已办的社中就已经吸收了些山官、寨头，有的还当了副主任，一般表现还好，看来这样是行得通的。在大势所趋的情况下，他们也愿意这样。只要我们加强对他们的工作，量体裁衣，使他们各得其所，这一工作是可以做好的，从而也就能保证合作化的顺利发展。有的同志对上层单纯讨厌，不去进行工作，有的又把上层作为依靠的对象，都是错误的，应该纠正。

4. 国家大力扶持是在直过区办社的重要条件之一。过去我们扶持得不少，但主要是缺乏计划，加上方式不善，一方面造成群众的依赖思想，如认为入社就该给口粮，有的给少了还不满；另方面也滋长了干部的恩赐观点和作风简单化，把给口粮作为要社员出工的条件，说"你不出工就不给"，变成变相的强迫命令。因此今后应有计划地补助，社建成后即应做出生产规划和补助计划，经批准后，分期拨与合作社生产生活资料或现金，由社管会与办社干部共同掌握使用，并定期进行检查总结。同时不断向社干进行劳动生产、勤俭办社自力更生的教育，保证把补助使用到最紧迫的需要上去，以克服干部包下来和群众的依赖思想。

5. 健全和建立生产文化站，以实现统一领导。有的生产文化站已建立但不健全，有的尚未建立，应迅速建立。站长、副站长应配备相当区长、副区长一级的干部，并视情况安插上层人物。在站务管理委员会中，要安排上层人物和吸收有关干部参加。党的组织是支部，支部书记应配备区委正副书记一般的干部担任。其余贸易、粮食、银行、卫生、学校、技术干部、会计辅导均应继续充实，并统一由文化站和支部领导。县直接领导生产文化站，经常要他们汇报工作，并进行检查。文化站对所辖乡要经常掌握情况，集中经验，培养典型和巡回指导，并建立必要的会议汇报制度。特别是要掌握支部和社主任的思想情况，必要时建立他们的档案，经常考核鉴别和帮助教育提高他们，以树立积极、带动群众前进。

德宏地委

1956年8月17日

如何做好直接过渡农业合作社的经营管理

中国共产党德宏地方委员会通报

总号（57）003

主送：省边委、各县委、各生产文化站

抄送：地委各部委、各党组、州直属机关、民干校、《团结报》

中共德宏地委办公室

1957年1月17日印发

如何做好直接过渡农业合作社的经营管理

直接过渡地区的农业生产合作社建立起来后，中心的问题是发动和依靠群众逐步搞好经营管理，使生产逐步走上正轨，以争取合作社的全面增产，增加社员收入和改善社员生活。过去有的同志在合作社的经营管理、发展生产中过分强调了外力的作用，因而忽视发动和依靠群众，遇事包办，这显然是不对的；但在批判了包办代替和主观主义以后，有的同志又因怕包办而减低了工作热情，不积极对群众进行艰苦的工作，帮助群众和依靠群众逐步改变贫困落后的面貌，这也是不对的。所以既要看到外力的帮助是直接过渡地区办社和发展生产不可缺乏的重要条件，而更重要的是通过外力的帮助发动群众，发挥本民族的积极因素。只有把民族内在的积极因素调动起来，搞好社的经营管理和发展生产才有保证。因此，在直接过渡地区工作的同志，不仅要树立为景颇族及其他少数民族人民长期艰苦奋斗的信心和决心，同时还要在工作中坚持贯彻群众路线的工作方法，一步一步地、实事求是地帮助群众办社，帮助群众发展生产。现根据我们1年来在合作社的经营管理中和发展生产中已有的经验和遇到的问题综合起来，供办社的同志在实际工作中研究参考。

一、制订生产计划和开展多种经营

景颇族虽已进入私有社会，其社会的组成又是典型的小家庭；但由于其生产生活方式仍带有原始残余，如生产力低下不易积累起来，很多时间过着带原始采集性的生活（虽然这种采集不完全为了自己消费，而部分作为商品出售），找一天吃一天等，这就使得他们不善于计划和缺乏数字观念。因此，合作社经营管理中首先遇到的问题便是如何订生产计划，如何使社员从思想上接受并积极为实现计划而努力。这个问题，很多地区均未得到妥善解决。一般是过多地看到群众不会计划的一面，不去发动和依靠群众，而是由干部代定或在社员大会把计划形式上通过一下，这当然激不起社员对计划的关心，这样的计划也起不了指导生产的作用。部分社更因干部包办订不下去，生产1年仍没个全年的大体计划。至于较好的做法，是首先把订生产计划的重要意义在社员中进行教育，使社员认识到为什么要有生产计划的道理，然后发动社员算开支账，全年要吃多少米，穿多少布，多少棉花、羊毛，吃多少油、盐、酒、沙基、芦子、草烟、石灰等，再提出要生产些什么，生产多少，才能达到够吃够穿，让社员、社干讨论，并注意发掘群众中已有的生产经验、先进措施，和研究切实可行的外来的先进经验，让群众反复讨论，最后由社干、干部加以归纳。这样把订生产计划和社员争取够吃够穿的切身要求密切地而又具体地结合了起来。充分发扬了民主，发动了群众，社员虽然记不住数字，但他们思想上有了明确的奋斗目标，从而能关心和爱护社的生产并积极劳动，再加上经常的短安排，便可以保证计划的贯彻。

生产计划还必须建立在可靠的劳动规划的基础上。据调查，个别社去年农业上平均每个劳动力出勤96.5个劳动日，约150天，凡是田多、经营项目多、口粮解决好的社出勤率就高，反之出勤率就低（当然还有其他的原因，如劳动组织、政治工作等）。这样看来，只要注意适当扩大耕地面积，开展多种经营，并不断及时帮助他们解决口粮困难，劳动出勤率是容易获得提高的。

适当安排农、林、牧、副业，推广一些基本的先进措施，才能保证全面发展生产和增加社员收入，减少国家财政开支。从直接过渡地区原有生产水平看来，一般是对水田耕作较认真，估计是由于收成比较可靠，且受田力和受外族影响的原因。对旱地一般是刀耕火种，也不施肥，随开随丢，费工很多，产量很低。部分地区原来即有种植经济作物的习惯，如咖啡、紫胶、麻等。从农业和副业的比重看，副业约占总收入的30%至40%，少数还有高到50%至60%的，根据这一情况和直接过渡地区自然条件优越，气候温暖，潜在力大，可开荒地很多，适宜发展粮食作物、经济作物和开展各种副业经营，因此，山区发展生产总的方向是"农、林、牧相结合"。但问题是必须因地制宜安排得恰当，使农、林、牧、副业保持适当比例，否则，便会形成抓了农业、丢了副业，种了咖啡、忘了紫梗，群众要养牛、我们只贷放养猪的片面观点和主观主义。所以，必须因地制宜地除在水田做必要的加工或在有条件的地区开田开地外，应逐步固定耕地，改进技术和工具，以充分发挥土地潜力，增产粮食作物，同时大力发展各种经济作物、畜牧业和开展副业经营，以改造山区生产，改善山区各族人民的生活。

据此和根据1年来的摸索，在发展山区农业生产中必须抓住以下几项基本措施：

1.开田开地，扩大耕地面积。直接过渡地区平均每户不到1箩田，必须以适当劳动力用于开荒，以扩大耕地面积，才能保证增产，但开荒必须在不妨害护林和保持水土的原则下进行。

2.提倡施肥和逐步固定耕地。山区由于旱地随开随丢，即使年年大量劳动力耗费在开地上，无力在土地上加工，致产量很低，又不利于护林和水土保持，因此必须逐步固定耕地，这就需要解决肥料问题。山上肥源很多，树叶、杂草、腐殖土性面粪都是易得而又很好的肥料；水田在推行合理密植时亦须施。再是要提倡轮作和间种，一般旱地种3年后即丢荒，但也有种6年的，便是因为实行了轮作。

3. 改进技术，改良工具，用畜力代替人力。如改撒播为条播或点播、推行合理密植（如稻谷的少秧密植、苞谷的双株密植等）、改种双季（苞谷、黄豆等）、增种小春、中耕除草等，以保证增产。并推广山地犁、打谷机、苞谷脱粒机、切片机、水碓、水磨等，以提高劳动效率，饲养黄牛、马、骡等，用畜力代替人力，把群众从原始性的劳动中解放出来。

4. 防治各种自然灾害，特别是鸟、兽、牲畜危害，要组织群众打猎队，既可增加收入，又可减少对农作物的危害，提倡集体放牧，以免牲畜危害庄稼。

有些山区自然条件差，而坝区又有土地可以开垦者，可组织下坝建寨，开荒生产。

对咖啡、紫梗、麻、茶、木棉、龙舌兰、蓖麻、向日葵、臭油果、核桃等经济作物，适宜种植的，应大力推广，已经种下的要组织群众管理好。必须教育干部和群众懂得种植经济作物是改造山区生产、富裕山区人民生活、支援国家建设的主要措施，使之从思想上重视起来，并应在社内固定专人负责，和加强技术指导，才能保证种好、管好、成长得好和收好。

山区牧场很多，饲料丰富，对发展畜牧业应予适当注意，如养牛、马、骡、羊（景颇族不养羊）等。这既可以解决耕作和运输畜力不足的问题，且繁殖也快，群众有"三年五头牛"的说法（即养1头母牛，3年可达到5头），对供应肉食、增加农民收入都将起到重大的作用。

在山区开展副业经营的条件很好，且适合民族传统的习惯，也容易见效，可以不断地及时解决社员眼前的困难。过去，一般合作社都经营得不多，有的农业增产副业减产，如果社员收入不能增加，国家负担很重，因此必须改变。据各地了解，可经营的项目是很多的，如砍柴、养猪、羊、鸡、鸭等，刨竹笋、找野菜野果、挖药材、拾菌子、制造竹木农具、酿酒、编席子、棕衣、制绳、打草鞋、烧石灰、煮硝、打猎、伐木、剥龙舌兰、榨油、天然染料、摘芦子、采茶等，都容易进行。因此，要把副业的经营放在适当比重，积极加以领导，每个文化站要兴办一个当地需要的手工业作坊，银行、贸易、合作等部门在资金上、产品收购上、技术上应予以大力扶持和帮助。

二、劳动力的组织和逐步体现按劳取酬

由于景颇族人民存在着原始的伙干习惯和绝对平均主义思想，这与合作社必须根据按劳取酬的原则，有组织有计划地劳动生产有根本的矛盾。这个问题解决得好，便能使合作社不断巩固，社员劳动热情和政治觉悟不断提高，否则，便会引起社内外思想混乱和社的

生产混乱。因此，必须从民族特点出发，经过很多艰苦工作达到循序渐进，任何要求过急过高，企图一蹴而就或采取消极态度放任自流都是不对的。根据1年来的经验，十多二十户的小社的劳动组织必须经过下列过程：

1.开始是不分小组，不分大人小孩，集体伙干，只要出工，不分做的多少，质量如何，均一样发给工分。当然这种办法窝工浪费大、效率低，在群众未觉悟到以前，不可急于改变，因为他们认为："你有小人，我也有小人；你有老人，我也有老人；小人会长大，大人会长老；现在是大人吃亏，以后是小人吃亏。"否则，特别是他们有小孩、老人的就会"不给工分算了，不干了"，要求退社，骨干、积极分子明知平均得工分不合理，但怕把社闹垮，也不敢说。但也不能让其自流下去，而是要积极创造条件去改变这种落后的协作方式，如可以强调一齐出工，但实际是必然有先后；可以深入群众了解他们的思想情况，肯定他们正确的意见，同时也使群众肯定这种办法的不合理，并进行分工负责、按劳取酬、集体和个人的关系教育，让矛盾很自然地突出起来，在群众酝酿成熟、绝大多数人有了要求的时候，再提出改变。实际上这个过程是比较短的，因为协作和平均主义与合作社的性质是有尖锐的矛盾的。

2.在社员有了改变伙干的要求的时候，仍然不可要求过高和过细，只能根据群众可以接受的"大换大、小换小"和上午、下午的区别，实行按大人、小孩、时间长短评工记分。在这个过程中，要对社员进行按劳取酬的教育，提互不吃亏和男女同工同酬，使社员认识多劳多得是合理的，大家多劳动就可以增加生产改善生活。还应有意识地分别划片试工，看谁的劳动强，做得又快、又多、又好，并三番五次地试和奖励先进，使他们从实际的生产活动中来进一步认识按劳取酬的道理，以便改按大人、小孩、时间长短、评分为死分活评，改死分活评为活分活评。

3.在社员感到评工记分麻烦、开会多、组与组之间有不够合理时，进一步提高劳动效率、发挥劳动积极性的办法是推行按件包工，或小段包工。做法是干部首先必须深入生产，摸清活路的种类、不同耕作地段的难易、需要劳动力的强弱，即进行活路排队，并对每个劳动力也摸清楚，做到心中有底，然后，打通社员思想，依靠社干对社员进行包工的好处和做法的教育，并针对群众可能产生的顾虑如怕吃亏、怕并着懒人、怕自己劳动力弱得分少、怕扣分、怕不自由、干部怕我们懒想出办法来整我们、劳动太累等进行解释和说服，并进行社员与社的利益一致的教育，在思想充分酝酿成熟的基础上依靠积极分子试包。由社管会确定耕作地段，民主评定工数、质量、完成时间及工分，不过开始定额低些，使其能超额或提前完成，做到试包的人满意。然后召开社员大会，总结包工的好处，让社员讨论，最后在社员都赞成包工的基础上由社管会提出包工的工种，让社员自动结合小组，自认耕作地段，自报数量、质量、时间、工分，再由社管会加以必要的调整后，核定包与各个小组，完成后，由社管会验收，看是否合格。开始应在数量和按时间完成上要求，然后再要求质量，但还须注意劳动小组不要过大，一般三四人、五六人即可，以适应景颇族群众的管理水平。山区土地面积不准确，致定额有时不恰当，有的试工后仍然估不准需工数，所以必要时还应根据实际用工数酌予调整。

现在看来，社建立起来的头一年，在劳动组织上可以走完这3个过程。当然，这个步骤也不是机械的，如有较长时期互助组的锻炼建立起来的社，便不须经过第一个过程，问题是要从实际出发，循序渐进。

合作社在安排活路的同时，不仅安排社内活路，对私活也要有所安排，什么时候干社内活路、什么时候干私活都要具体。还要对社员的生活具体帮助安排，帮助他们算油、盐、柴、米、酒等够几天消费，不够如何办，社能预分多少，找街活搞副业解决多少，国家扶持多少，使社员的困难能得到恰当解决，才能保证出勤率高和顺利进行社的生产。

在组织劳动力进行生产中，对民族原有的风俗习惯和宗教迷信应有适当的照顾。由于景颇、傈僳等民族文化落后，尚处在对自然不可理解的状态，加上帝国主义宗教势力的侵入，加上原始残余的风俗习惯、迷信落后，如病了杀牲祭鬼，官庙未献、房子未盖完不撒秧，生日不出远门，死日不拿东西出去，谷子熟了要先吃新，妇女要织桶裙，青年彻夜地串姑娘，有的礼拜不干活等，如不逐步改变，势必影响生产的发展，因此过分迁就、把它神秘化、一点儿不敢动是不对的，但如不从实际出发，企图一下改变或在短期内改变，必然脱离群众。因此，要加以必要的照顾，如主动给教徒做礼拜的时间，给妇女织桶裙的时间，不违反其风俗习惯；不干涉串姑娘，但可开办夜校或提倡文化娱乐活动吸引青年参加；谷子熟了先分给社员吃新；等等。这种照顾不能理解为迁就，实际是为了等待群众觉悟，并使我们赢得时间，有可能加强文教、卫生等各方面的工作去逐步加以代替和改变。

三、财会制度和公有生产资料的管理

由于景颇等各族人民不识字和不会算账，合作社会计便成了突出的问题。现有会计多是民族干部学校和县上短期训练班训练出来的，初识景颇文或汉文，账目也只有工分账，而且记不清楚；有的是会计一本账，办社干部另有一本账，有的甚至就由办社干部记账，常常混乱不清。要解决这个问题，根本的办法是选择优秀的劳动农民到民干校或县的训练班学习，但由于不识文字，一般是从扫盲开始，需时较多，因此有必要吸收一些景颇族的青年知识分子加以训练。这每县都有一些，他们在缅甸教会学校念过书，有一定文化，只要我们吸收训练，进行爱国主义和社会主义教育，使其学习当前政策和合作社会计知识，从这里培养出一批会计来是可行的。鉴于每个生产文化站社数的增加，因此，每个文化站应配备1至2个会计辅导员，定期辅导，传授业务，并深入到社巡回检查账簿，帮助建立制度，帮助提高社的会计业务能力，才能保证账目清楚。

社的开支现在一般都由干部掌握，应视条件逐步地而又积极地交社管会管理，或由社管会与办社干部共管，并定出一些简单可行的制度，定期公布账目，发扬民主，这既可培养社干管理财会的能力，还可鼓励社干独立负责管理好社的信心。

合作社的生产资料，如耕畜、农具、种子等，多属国家无偿补助或贷款购买，且为社

公有，因此应有专人负责，并建立一定制度。如耕牛可专人放牧，并固定报酬，管得好的还可奖励，农忙时由各组使用，但仍应有专人负责，并评给工分，否则，便会造成耕牛死亡或掉膘；农具可由使用的人保管，有的坏了还可自己修理，年终分配时，还应根据增产情况酌摊折旧费，以免坏了又要国家补助，增加国家负担。其他如种子、农药械等均应有专人负责保管，并经常检查，以免损坏或变质。

四、分配问题

分配工作的好坏关系到社的巩固、经营管理和生产的改造、社员觉悟的提高、劳动积极性的发挥等，因此，必须根据按劳取酬的原则进行分配，又由于景颇族等存在平均主义思想和不善于积累和计划生活，因此做好分配工作，在直接过渡社便有其更为重要的意义。根据1年来的体验，我们认为在分配中应抓住以下几个基本环节：

1. 充分做好思想教育工作是首要的一环。虽然有的已经过预分和分配，但他们对分配仍怀疑，如按人分、按户分、种什么分什么、样样都要分一点、各户分各户田里的，公积金政府收，公益金是干部要，行政管理费社干得，分不好我就抢等，所以事前必须进行统一分配，按劳取酬，好坏兼搭，团结互利地教育和交代政策，以克服各种各样的平均主义思想和消除顾虑，树立按劳取酬、团结互利的氛围，从而社员也心里有底。如果思想工作做得不好，必然会造成互不信任和思想混乱，结果达不到分配工作预期的目的。

2. 坚持经常收、经常分、有收入就分配的办法。由于景颇族人民常年缺粮，过去他们靠找街活，找一天吃一天，入社后如不经常预分，便不能解决他们的口粮困难，便将影响出勤；年终一次分配得太多，由于他们不善于积累和计划生活，又会造成浪费，仍然缺粮。因此，有的社不预分，也不预支，要等年终一次分配，好实现合作社的"优越性"的办法是行不通的，必须经常预支或预分，而这在合作社开展了多种经营有收入的前提下是办得到的。好处是适合民族原有习惯，可以不断地解决他们的口粮困难，减少国家负担。每次分得不多，他们只有把劳动所得用到最需要的地方去，可以避免浪费。通过预支或预分总结了劳动出勤，可以鼓励社员的劳动积极性，所以必须坚持有收入就及时分配的办法。

3. 在分配中必须正确贯彻政策和清理好账务。由于各地情况不一样，在分配中如何处理具体政策问题很难做出统一的规定。这里要说明的是，在贯彻少留多分的原则时，必须把国家、集体、个人的利益，现实和长远的利益，有田户和无田户、有牛户和无牛户的利益统一起来。去年有的社增产很多，但留得很少，也不打算部分偿还国家贷款；有的把种子分了，又要国家给种子；有的粮食收在家里还要补助口粮；有的把牛租或土地报酬压得过低；有的不根据按劳取酬的原则，而是对贫困户采取单纯照顾的办法；这些都是带有片面性的，必须实事求是。至于账目是分配的依据，应结算清楚，有混乱的要与群众研究，妥善办法补救，不可草率从事。

4. 做好预分或分配的后期工作。预分或分配实际是对整个社经营管理的各个方面一次总的检查，因此不仅把社的收入分到社员手里即算完事，实际上通过预分或分配会暴露出许多问题需要处理，因此要抓住时机做好以下几项工作，以改进经营管理，推动生产：

（1）总结合作社的优越性，总结生产，并进行回忆对比，使社员明确过去（旧社会、旧制度）和现在（新社会、新制度）的不同，明确集体（国家、合作社）和个人的关系，从而爱护和关心集体，坚定走社会主义道路的信心和决心，增长劳动热情和发挥积极性。

（2）根据预分或分配中暴露出来的问题采取改进的措施，如建立或健全一些必要的制度、修订生产计划、改进劳动组织、改进生产等。

（3）教育和提高社干，适当开展批评和自我批评，改进领导，提倡民主作风的联系群众。

（4）对收入少或减少收入的社员单独进行教育，鼓励他们积极劳动，并安排给他们容易见效的生产项目，使他们也能增加收入。

（5）帮助社员计划和安排生活，以免浪费，当然也不能过多地干涉，以免引起反感。

五、正确使用国家在经济上的扶持

国家在经济上的扶持是在直接过渡地区办社的重要条件之一，也是我们去年办的一批社，由于生产资料、口粮得到帮助，是能获得增产的重要原因。但主要的问题是用得不完全恰当和方式不善，生产资料在其他方面划得少，过多地解决了口粮，这一方面造成了群众的依赖思想，认为入社就该给口粮，有的给了还不满；另一方面也滋长了办社干部的恩赐观点和作风简单化，说"不出工就不给口粮"。因此，要把补助款使用得恰当必须要有计划，社建成后即应做出生产计划，并在生产计划的基础上做出补助计划，经过一定批准手续分期拨给现金或实物，并定期检查总结，同时向社员进行劳动生产、勤俭办社、自力更生的教育，使补助用到最需要的地方去，并通过国家扶持能把生产很好地开展起来。根据1年来的经验，国家对合作社扶持的无偿补助款应按下列顺序使用在这几方面：

1. 购置生产资料，如耕牛、农具、籽种等（耕牛需贷款解决一部分）。

2. 推广先进技术，如新式农具、农药械，培养训练技术人员等。

3. 就地开荒或下坝开荒需要，如兴修水利、搭窝棚、工具及少数口粮等。

4. 发展副业及手工业、畜牧业需要资金（或用贷款解决）。

5. 农忙时社尚无收入，社员自己又缺口粮的情况的口粮补助。但不能由干部直接发给，应由社掌握，采取预支办法处理。

6. 其他开支：新办的社平均每社（15户左右）无偿补助1年不能超过500元，老社每社1年不能超过300元。

六、政治工作和培养干部

政治工作的加强才能使景颇等各族人民从思想意识上逐步适应生产关系的跃进。现在的情况一般多是埋头生产，解决问题也多是就事论事，致使工作中缺乏思想性和政治性。据实践来看，景颇族人民思想发展的规律，是在亲身体验到新社会新制度的好处以后，才开始逐渐认识到旧社会和山官制度的不合理，从而要求摆脱旧制度的束缚和原始残余的风俗习惯和贫穷落后。因此，我们必须根据这一总的规律结合他们思想上的特点，如对具体事例有深刻印象、难以理解概念和道理、自尊心强、荣誉心理重、民族情绪浓厚等进行教育。要通过回忆对比和不断总结合作社的优越性，使社员具体认识到社会主义的前途，坚定走合作化道路的信心。要进行劳动光荣、多劳多得、按劳取酬的原则的教育，以克服平均主义思想和正确处理个人和集体的关系。进行爱国主义和形势教育，以抵制谣言。当然，这些教育不能够脱离各个时期的生产活动孤立进行，而是要贯穿在合作社各个时期的各种活动中，即是说我们要善于抓住社的各种活动和各种典型人、事，有意识地进行上述内容的教育，以加强我们工作中的政治性、思想性，以提高群众觉悟，树立积极劳动、关心集体、团结互助、善于创造、争取进步的空气。

开展劳动竞赛是进行政治思想教育、树立旗帜、鼓励社员劳动热情、推动生产最好的办法，也适合景颇族自尊心强、迫切要求进步这一特点。去年有的地区做得颇有成效，今年仍继续推行，竞赛可分两种，一是社与社之间，可以生产文化站为单位组织红旗竞赛，规定简单和容易检查的条件，定期总结评比，交流经验，优胜者奖与流动红旗，到一定时期得红旗次数多者可给予其他物质奖励。一是社内的劳动竞赛，因小组不固定，所以不宜以小组为竞赛单位，而应提出简单明确的个人条件，鼓励竞赛，定期检查评比，1次够条件为小好，3次小好为大好，3次大好评为模范。评着大好或模范时应酌给物质奖励，这样可使竞赛经常化，保证社员劳动热情不断增长。

十分重视培养社干和民族干部，对景颇族这样一个社会发展阶段较落后的民族来说有特殊的重要意义。外来干部的帮助应主要表现在培养社干和民族干部上，通过培养社干和民族干部成长得怎样，他们的思想觉悟提高得如何，工作能力提高得如何，积极性发挥得如何，是衡量外来干部大民族主义残余克服得如何，是帮助或包办的主要依据，因此，必须通过师傅带徒弟、总结工作、开会、轮训、个别谈话等方式大力培养，使他们经过1年的时间基本可以独立工作。在培养民族干部中要注意对人口较少民族干部的培养，当地汉族干部的培养也应适当注意。要重视提高民族干部文化的工作，因为这是学习一切知识的基础；要在民族干部中和群众中选择优秀的分子吸收入党入团，以培养民族自己的社会主义领导力量。已建立的农村党支部虽然很少，但要帮助他们进行工作，使之逐步发挥战斗堡垒的作用，并摸索出一套经验。

外来干部在当前来说是我们赖以在直接过渡地区办社的骨干力量，直接过渡地区每一工作的成就都包含着他们的努力。因此，为了加强对直过区工作的领导，要求外来干部不断克服大民族主义残余和主观主义、骄傲自满情绪，进一步树立长期为景颇族人民服务的信心和决心，学习党的理论、政策，学习农业等各方面的技术知识，熟练地掌握民族语言，把直过区各族人民社会主义的事业办好。

盈江直接过渡地区办社中解决土地问题

边疆会议参考文件之十二

省委边委办公室

1958年4月19日

盈江直接过渡地区办社中解决土地问题

由于没有经过土地改革，加上过去民族隔阂、种植大烟等历史及习惯，使得直过区土地（主要是水田），在办社过程中，是必须要求得解决的重要问题之一。

据在秉蝉乡拱借寨调查，各阶级按人口计算，每人平均面积和产量是：地主4.2亩，产58箩；迷信职业0.8亩，产10箩；中农2.2亩，产31箩；贫农1亩，产14箩。这个比例各阶级间悬殊不是太大的。但土地问题确实是牵涉面广、比较复杂的一个封建遗留问题，群众反映："合作化道路我们是坚决要求走，就是帮助找点土地。"特别是在盏西一带山区，缺少水田情况更为突出，仅大莫文化站调查，全站仅有水田5719.8亩，每人平均只有水田1.07亩，真是"开田没荒，喂猪没糠"。

直过区土地不仅有租佃、典当、霸占情况，更复杂的是有些纠纷年代过久，涉及面亦广。有个别地区（盏西大莫文化站）山官（如排启仁）还霸占大片荒田不准别人开垦。

几年来也摸到了一些解决土地问题的有效办法，其中主要是：

第一是开荒。由于边疆地广人稀，开荒确是解决直过区缺土地（主要是水田）最有效的办法。如拱横1955年成立互助组后，开荒田达70多箩，使社与单干农民（主要是地富及中农）占有土地比重发生了很大变化。现在社员每人平均已有2.07亩水田，而单干农民每人平均只有1.92亩，占有土地已接近上中农水平。与地主比较，社员土地平均占有数已相当于地富平均数50%多，使得上层所占土地已不占绝对优势。

到现在为止，全县山区土地已基本满足农民要求。仅1956年至1957年两年就开了水田9575亩，占到现有农田的23.12%。1958年山区还计划开荒7000亩左右。盏西山区，经过今年大力兴修水利以后，把部分旱地、坡地改田后，土地问题亦得到基本解决。如崩东文化站崩东、丙外两乡，原有水田仅4488亩，今年修通"团结大沟"后，就可增灌水田5000亩，等于原有水田1倍还多。

但是在组织开荒中，要解决许多具体问题，如山坝区之间团结互让、口粮、农具和领导开荒组织机构等问题。在处理政策上，除过去按自治州15项生产政策办理外，今年县委又做了如下规定：坝区与山区之间零星小块土地，土改后3年（熟荒）、5年（生荒）不种，公粮照纳。荒田2箩以下小块土地归个人和村寨处理，2箩以上至5箩，由乡统一调整，5箩以上大片荒田由县统一调整。山区开展不准霸占荒田荒地宣传和开荒自由。为了认真执行这一决定，促进山区开荒，县委又调干部5人，组织开荒委员会，统一处理荒田和纠纷。这一措施收效是大的，如开荒委员会二区工作组即先后找出荒田达5524箩，解决了山坝区之间在开荒中大小纠纷20余起。各站、乡开荒农田，亦由工作组统一分配给。这样避免了群众丢下生产找荒田现象，及时处理了开荒中的纠纷，满足了群众开荒的要求。在口粮、农具等方面，即通过互相借贷、银行贷款及国家补助办法解决。

第二是结合宣传不准霸占荒田荒地，实行自由开荒，适当限制上层扩大耕地。向群众讲清：开荒要先由无田少地户先开。在群众已经发动起来的地方，霸田占地情况则日益减少。在个别落后地区，至今反动山官排启仁还不准群众开荒。

第三是在建社过程中，依据合理政策，正确处理山官、群众之间的租佃关系，禁止抢租夺佃。

办社后，涉及山官和群众租佃关系是这样处理的：社员入社时向外租土地带入社时，按初级社土地报酬给租，一般不准夺佃。个别真需抽回自种者，经调查后可以退还。

农民之间关于有证据典当土地，一般还本后即钱到田归。农民欠上层债务而典当给土地，如田仍在农民手中，采取缓还办法处理。

盈江县委办公室

1958年4月7日

陇川县委对直接过渡地区新建 15 个社的工作总结

中国共产党陇川县委员会

主送：地委、区委、生产文化站、山区工作组

抄送：省边委、《云南日报》、德宏《团结报》、边五县委、县人委、公安局、县委各部、委

中共陇川县委秘书科

1956年11月14日印发

陇川县委对直接过渡地区新建 15 个社的工作总结

根据我县直接过渡区今冬明春发展合作社的规划，全面准备的实际情况，及我县生产季节迟，干部量少质弱，一批不能完成占直过区40%合作化的任务，必须分几批进行，在此情况下，于10月中到10月尾在11个乡，在基础较好的互助组和群众有进一步组织起来的要求的基础上新建了15个社，扩建了1个，共计318户1532人（汉族2个社，58户306人），加原有社共计599户，占直过区总户数的13.3%。建社的具体步骤，主要是根据今春建社的四步紧密结合生产进行，特别强调深入细致的思想发动和从实际出发的处理具体政策两个中心环节，依靠党的政治教育及政策教育，启发贫苦农民内在的走社会主义道路的积极因素。由于农民由个体到集体是新旧的变革，不仅是经济基础的变革，而且也是思想意识的变革，这种变革是十分艰苦的斗争，这种斗争又是内因通过外因推动而发生变化，从而自觉地真正地行动起来，这是我们的要求和目的。

鉴于上述的基本情况及要求，我们建社的整个过程掌握了以下的几个基本环节。

一、调动一切积极因素，依靠农村党团支部及骨干、积极分子、老社社员、进步上层等组成声势浩大的宣传大军进行宣传，主要又是联系实际培养典型（有互助组，有合作社，也有单干户）进行现身说法。主要又是贯穿由下到上、由上到下，由小到大、由大到小，由一般到典型、由典型到一般相结合地回忆过去、看看现在、想想将来的对比教育，目的达到划清社会主义与资本主义的阶级界限，逐步提高"单干不及互助好，互助不及合作社强"的认识，启发入社要求，坚定入社信心。

在思想工作基本达到既广又深的前提下，工作组与建社骨干共同研究进行阶级排队、思想排队。采取先贫雇农后中农、先互助组组员后单干户，先骨干、积极分子后群众地分

批串连，分别发展，用亲串亲邻串邻、老串老小串小、男串男女串女，并结合小会座谈、大会报名等方法，互相带动，这是切合民族怕孤立看亲戚、看中心人物的特点的。

其次，认真地适时地做好依靠力量的思想工作，解除顾虑，帮助解决生活困难，才能发挥积极性。如"所这"社办社的7个骨干、积极分子中，4个因解决口粮后一直积极，3个是对政策不明确有顾虑，主要是"怕分今年各种自种的谷子""怕人少吃亏""怕人多对生产不利""怕新社员占原来组员开田的便宜"。通过反复教育，说明今年谁种谁收、谁收谁得，及平等互利、人多力量大、算细账等教育后，由消极变为积极。同时，他们的思想问题解决了，他们在群众中进行了广泛的宣传，解除了群众的思想顾虑。

二、认真做好各个阶层的发动，根据各种类型人不同的社会地位思想顾虑及特点，针对进行生动易受的教育，解除顾虑，逐步提高其觉悟。

1. 政治地位属上层者：怕管不着老百姓，怕挖墙脚。经济上属地富、政治上属上层者：怕找不着雇工，怕不能继续剥削。魔头怕群众不信鬼，统一的怕受孤立。

针对其顾虑，进行民族利益、个人利益、群众利益一致性的教育，特别是涉及到民族的习惯问题不加以干涉并加以保护尊重，正面进行人人劳动、人人有吃有穿是光荣的，百人劳动一人享受是可耻的；提名提事表扬进步的，树立旗帜，反复教育顾虑的及落后的；提事不提名的批评破坏的，用进步的教育中间的。通过中间的带动落后的、一拉一打、一打一拉的工作，一有进步就进行表扬，使其靠拢我们或围绕在我们的周围。

2. 妇女：妇女的社会地位低，受苦深，有孩子拖拉，（汉族）不轻易来开会，懂的道理不多，有自卑感，顾虑多，怕做不得主，怕讲的话不算数，一提就推到男人身上；（景颇族）怕不得赶街，怕不得献鬼，怕不得吃新。她们对几年来生活有所改变而十分留恋，怕一经变革就会失去依靠，但她们又是劳动力的绝大多数，如"毛波"社、"黎明"社35个劳动力中，22个是妇女，17个富家人中11个是主妇（寡居），因此，认真地做好她们的工作是十分重要的。对景颇族妇女按以上特点，用回忆对比过去受歧视、受压迫，忍饥挨饿、迎着风雨背柴上街找口粮的情景，对比现在参加互助组后生产的发展、生活的改善，指出将来的前途远景，男女平等等政策教育，启发她们的阶级觉悟，树立当家作主的思想，讲解可以统一吃新，可以赶街、献鬼等习惯问题不加干涉。通过小会及个别访问解除顾虑，坚定走社会主义的信心，发挥积极作用。

3. 青年：青年是景颇族中的主要劳动力（一般40岁左右的男人吸食鸦片，他们的子女长大了就不从事劳动），如黎明社35个劳动力中，17个是青年。其特点是：经历少，热情积极好劳动，接受新事物快，但总的是对过去认识不足、对现在不满足、对将来非常向往。但他们受苦不深，经历不多，易受感动，也容易动摇，就是说有他一定的盲目性；在家庭中虽有一定程度的地位，但做不得主。因而对青年的发动必须是根据其特点，一般是通过文娱活动去接近他们，用他们父母受的苦去启发他们的阶级觉悟，奠定其思想基础，再说明对当前生活不能很快得到改善的根源是小农经济的不稳定，单人独手，互助组虽然比单干强，但不能生产大发展，生活不能更好更快地改善，同时指出要扩大生产、彻底摆脱贫困落后的唯一道路，只有走合作社的道路，启发憎恨过去、创造现在、努力实现将来。这样由远到近、由近到远地进行教育，鼓起劲头，再教育其发动家庭，指出其家庭工作的艰苦性，打好预防针，避免碰壁、泄气。

4. 壮年和老年：一般吸大烟的多，在家庭中是家长，其特点是经历多、世故深，不轻易接受新事物，保守，眼见才算真，耳听不是实，也就是说他们有一套处事经验。吸大烟的怕入了合作社不准种大烟，更怕不准吹。基本的是怕吃亏，他们在旧社会里吃了苦头，走过了艰难的道路，他们有苦，而且苦根很深，一次或两次是挖不完的。要反复教育、耐心等待、多方启发，指出为了子孙将来的幸福，也是为了自己，种树人要种永远富足的树，不要种一代富一代穷、三穷三富不到老的坏根。通过用合作社内同等劳力土地的人的收入进行比较，说明入社不吃亏，结合宣传大烟的坏处及现在并不禁吸，不管是禁种或禁吸的问题，不单是入社的人的问题，而是整个的问题。

以上主要是以思想教育为主、政策教育为辅的一方面，在提高觉悟的基础上转入深入解除中贫农的思想顾虑。

首先是中农。中农是站在社会主义与资本主义道路上的阶段，他们比上不足比下有余，对社会主义既向往又顾虑，主要是"怕吃亏"，这是中农思想斗争的焦点。特别是汉族，更会精打细算，怕贫农分自己的粮食，怕不够吃，抬高土地分红为自己打算，但只要不吃亏，社会主义他们是积极参加的。因此，主要是贯彻自愿互利的政策，使他们相信真正不会吃亏，解除思想顾虑，就能倾向于合作社。

其次是贫雇农（下中农、新中农）。由于生活及生产资料不足，对进一步组织起来很积极，是我主要依靠对象及社员泉源，但由于穷，加上我工作的缺点，有依赖思想及存在着"和有田人分着吃些"，过分压低土地报酬，反映说："没有劳动，谷子长不出来。"有些侵犯中农利益，因而政策必须反复交代，正确掌握稳而准，及进行打铁要靠本身硬、单纯依赖分着吃点的思想都是不对的。

三、紧密结合生产进行建社工作，做到建社、生产两不误，打下建社后及时转入生产的基础。

这次各社在建立过程中都种了3箩以上的小春，有的社还开了7箩到10箩以上的荒田荒地，巩固了社员本身，吸引了一批单干。如汤掌寨木毛说："组织起来就像坐汽车赶路一样，不组织的人就像骑水牛上坡。"最后要求参加合作社。

正确地处理具体政策，反复和群众商量，达到公平合理户户满意，是吸引单干农民、保证中贫农的团结、全面转入生产、巩固提高社的关键，关系到个人利益与集体利益一致性的问题。因此，一开始就宣传，第二步又认真地学习，第三步定出方案，经反复研究征求意见，干部做到心中有底，以典型带动、自报公议、民主评定的方法来处理具体政策。

1. 水田：按常年实产量评产入社15%至18%的土地分红，适当照顾土地潜在力。集体开地按实出工数评给工分，作为折价归社。

2. 旱地：每箩种第一年的评5箩，第二年的评4箩，第三年的评1箩，三年以后的无价归社。新开旱地按实出工数评给工分，每个劳动力8分。

3. 园地：大块园地以常年产量评产入社，每季分红为10%，个别社到15%。但因这些地过去都种大烟，求不出实产量，待今年收1季后履行手续，作为今后的土地分红。小块园地作为自留地。

4. 籽种：按各户入社面积投资有几箩，投几箩，只投1年，秋收后由社统一保管，集体开荒的籽种由社统一向银行贷，统一还。旱谷到丢荒年限由社归还籽种。

5. 肥料：肥料处理有3种办法。第一是按劳动力投资，每个全劳动力10背到15背，半劳动力5背至7背。第二是集体积肥，按肥料的数量及质量及时评定工分。第三种是分等论价，鸡猪粪每背1分，牛马粪每背2分，草木灰每2背1分。

6. 耕牛：私养私有公用，统一劳动规划，采用两种办法：一种是定分定酬活评，每个工（每两架）5分至9分，每分为半升谷子；另一种是适当照顾母畜，每条总的定酬，死分活评，每个工（两架）3分至5分，全年应分红多少按工分决定。耕畜所需农具自带，用烂社修社制。缺牛由银行统一贷给社集体所有，统一归还，并参加评工分，工资所得付看牛工资及还贷款。

7. 小农具：自有、自用、自修、自保管，政府贷的贷到个人。

8. 黄牛：主要是母畜。为解决看管问题，采用私有公养，由社付看牛工资，小牛平均分配。另一种是私有公养，每户按头数付给看牛工资。

9. 马：私有私养，按件计酬，工资参考原有习惯秋后付酬。

这次的建社工作一般的比较顺利，主要是：

1. 指导思想上对依靠对象比较明确，思想发动与政策宣传得比较好。工作作风上，对过去单纯依靠大会轰开只求广不求深的作风有所克服，较深入细致，个别、小会地进行了思想发动、政策处理。

2. 由于全国社会主义改造的决定性的胜利，我县春季建立的合作社大部分增产在望，这就解除了群众怕不能增产增加收入的思想顾虑。

3. 建社对象都有1到2年至少是半年的互助基础，不仅生产上有了发展，生活有了改善，而且进行了评工记分等价，基本上达到合理，特别是集体生产的结果，思想上、组织上都有了不同程度的提高，并涌现了一批大公无私的骨干、积极分子，形成了领导核心。

4. 一开始就注意做统战工作，加上他们亲眼看到听到已组织的合作社，并没有挖谁的墙脚，因而比较放心。他们听到建社，表示拥护及赞助，甚至有的还迫切要求参加合作社。

总起来说：由于正确地执行了党的"全面规划，加强领导""重点建立合作社，普遍大量发展互助组，发展农业生产"的方针，这次的建社工作基本上达到水到渠成。但我们在工作中也存在缺点，就是对后期比较放松，生产计划订得仍比较粗糙，个别社仍然是由上到下地提出，没有进行由下到上的充分讨论来制订。这种主观主义、包办代替的思想作风是不符合群众路线的工作方法，对计划的贯彻完成有很大影响，必须在今后的生产过程中，进行群众性的修订，切实有效地保证计划的完成。

以上当否，请示。

中共陇川县委

瑞丽县直过区半年来的工作综合报告

中国共产党瑞丽县委会报告

主送：地委

抄送：省边委、各文化站、各工作组、政府、政法、财政党组、县委各部（委）、
　　　瑞丽团党委、《团结报》、《云南日报》

中共瑞丽县委会办公室

1957年7月23日印发

瑞丽县直过区半年来的工作综合报告

一

今年直过区的工作从安排上看，我们首先是抓了一些主要的会议。在3月以前召开了全县包括山官、头人、洞沙等100余人的上层会议和110余人的互助合作训练班（即骨干、积极分子训练班），既安定了上层又发动了群众，减少了上层在互助合作和生产中的阻力，同时增加了一批领导农民走互助合作道路的骨干力量。在此基础上进行了整顿老社、发展新社及备耕工作。随后又召开县人代会、汉族代表会议、社干联席会等，来贯彻"想尽一切办法，争取今年农业大丰收"这个口号。

直过区的干部也先后集中了3次，来研究整社、建社以及社的经营管理的做法、生产工作等；并贯彻了省委召开直过区座谈会的精神。通过以上会议，干部有了一个比较清醒的头脑，明确了今年的工作任务，各乡都制订出全年的生产计划。根据各乡的计划制订出全县的生产计划（已上报地委）。

在上层和群众方面，由于对上层交代了互助合作的政策，使上层摸到我们的底，而基本稳定下来；又向群众响亮地提出"想尽一切办法，争取今年农业大丰收"这个口号，使群众了解到我们大力支持他们生产，生产劲头大了。总的说来，我们今年直过区的工作是主动的，比往年有了很大加强。当然，这不等于工作中就没有困难和问题了，而问题和困难还是多着的，都有待我们刻苦钻研、深入摸索地去完成。

（一）整顿老社

去年春试办的6个社、88户社员，有5个社增了产，77户社员增加了收入，占入社农

户的85.7%；减产的11户，占入社农户的12.5%。增产最高的社是户兰乡影干社，增产了128.4%；一般的增产50%左右，最低增产13.5%。户育乡的崩龙族社因社员对入社意义不明确，对政策有顾虑，生产落后于单干之后，而减产了26.2%。减产户大致有以下几个原因：

1.土地多，过去靠伙干剥削别人的劳动力，入社后出工少。

2.过去是小土地出租，租额比社的土地报酬高。

3.因生病或死亡而影响了出勤。

4.好吃懒做的闲游乱逛分子。

这6个试办社一般来说是正常的，通过1年的生产锻炼，初步显示出互助合作的优越性，对景颇族原始落后的伙干习惯、平均主义思想、无计划观念等都有所改变，起到旗帜作用，吸引着社外的单干农民，因而在去年秋收分配结束又新建立了9个社。但由于初办社没有经验，民族特点摸得少，所以在经营管理方面仍存在很多问题，如在制订生产计划上，干部主观把增产指标定得过高，而没有完成。如猛秀乡的苗绿社仅蓖麻一项，就计划可收入人民币675元（折谷子500箩），而结果蓖麻这项收入全部落空，这样就严重地挫折了社员的生产积极性。又如劳动组织不善，60多个劳动力的社，只分成两个小组，干起活来窝工甚大。由于安排不善，反过来又形成劳动力的紧张，南京里社员拉则反映说："合作社干起活来不如单干。闲时过闲，忙起来连解手、抓头的时间都没有。"在分配问题上，干部没有从景颇族的数字观念薄弱这方面去考虑，把牛租、土地报酬、劳动报酬加在一起分，没有做到分一笔讲清一笔。结果这个社员说："我的牛租没有分着。"那个社员说："我的土地报酬没分着。"在政策处理上，有的社土地报酬偏低，有的社耕牛使用不合，社员要求把土地退回、把耕牛出卖、闹退社等情况仍是存在。社管会也未很好地形成核心领导，社员、社干之间也有意见，加之我们的政治思想工作跟不上，虽然大部分的社员增了产，但由于对他们的民族特点照顾得不够，加之由个体分散的小农经济第一年走上集体生产，对这种改造会感到不习惯，因此，增了产不一定精神上都愉快。在分配结束就有社员提出说："参加合作社不如单干自由。"产生了一些混乱思想，提出要退社。根据上述情况，按照地委的指示，我们进行了整社工作。

整社是从总结1年生产入手，来找出合作社的优越性，肯定办社1年的成绩，然后发扬民主启发社员对社提意见。在肯定成绩的同时，并注意肯定社干的成绩，有意识地树立社干的信心，使社管会今后能形成领导核心，对个别坏的社干，也只做了耐心的说服教育或进行了改进，总的以不伤其民族自尊心、不伤感情、不伤其积极性为原则。关于社员对社提出的意见，做了认真的研究处理。对干部在某些问题上犯主观主义也做了检查，并反复地说明初办社没有经验，但决心帮助他们把社办好，有决心领导景颇族人民直接过渡到社会主义。通过整社对社员的混乱思想肃清了，在一些具体问题上做了解决，使6个社的88户社员，除坚决要退社的5户外，都得到了巩固。对秋后新建的9个社，因当时尚未转入生产，只做了一般的政治思想工作，使其进一步认识到互助合作的政策和社的前途，没有进行整顿工作。

（二）建立新社

今年春建立的7个新社92户社员，其中景颇族社6个85户，崩龙族社1个7户。在建社的步骤与方法大致和去年相同，所不同的一点，也是有利的一点，去年建的6个社大部分都增了产，在办社中摸索到一些门路，用这些具体事例作材料，来教育新社员最能为他们所接受。建社中虽然碰到一些问题，集中表现在土地上，如猛点乡的山官争着要种该乡广片社已犁出来的外迁户的田；猛秀乡崩龙族社多向外租田种，上层公开提出，如果谁入社就收回谁的田，来阻挠他们入社。但总的是稳定的，对合作社的谣言也很少听到，这种稳定是与我们加强了"中缅友好"的宣传，和召开了一系列的会议、加强了统战工作、向上层交代了政策所分不开的，因而这批新社的社员生产劲头大，生产搞得好。

（三）发展互助组问题

原有的52个互助组375户，占总户数的15.4%，其中有常年组14个91户、季节组32个222户、经济作物组6个62户。这批老组通过整顿工作已巩固下来，并转入了生产，但从前一段时间来看，今年的互助组还没有得到发展。其原因有二：一方面是群众的互助一般多在栽秧时开始，犁田、耙田这段很少进行互助；另一方面今年干部一直忙于整社、建社、整组和发展领导生产小组等工作，对互助组的发展有所放松。为此，我们必须在栽插期间认真地组织互助组以推动栽插的进度。同时我们还要注意组织单一的互助组（种经济作物、开荒等），这种互助组对生产是极为有利的，如户瓦乡新寨全寨27户，组织起来在两三天内就种了15000多株茶。像这样单一的互助组我们应给予足够的重视，在经济上和生产技术上都应给予支持。

二

我县直过区共试办了22个农业社，原入社农户302户，退了29户，又扩进了4户，现实有22个社（其中景颇族社18个、崩龙族社2个、汉族社2个），277户社员（其中景颇族248户、崩龙族15户、汉族14户），占总农户11.4%。从时间上分：第一批6个社于1956年春建立，第二批9个社在1956年秋建立，第三批7个社在1957年春建立。

当前这3批社大部分订了生产计划，生产基本走上了正轨。但也有个别的社由于工作基础差，勉强建起来，加之上层的压力和社的领导骨干弱，而使生产搞不起来，落后于单干农民。如猛点乡的班达社，原工作基础较差，勉强把社建起（原11户，已退了1户），劳动好的社员与劳动差的社员，闹不拢一块分成两伙，从犁板田到撒秧都是各干各的，直到目前栽秧做些政治思想工作，才走上集体生产。班令乡8户的班令社，建立在一个57户的大寨子里，该寨又有七八户上层，社干反映说："最好上层也参加进来。如果他们不进来，社搞垮了害羞。"由于这样，社主任已退了社。吕弄乡的吕弄社，在该乡山官早仁由昆明学习回来后，到处扬言山区不进行土改，但是要搞互助合作，合作社比土改厉害。还造谣说："入社土地样样归政府，他有两个老婆也要分出去一个。"影响社员思想混乱，由16户退到8户。

从6个老社来看，也有4个社的生产劲头比不上新建的社，如影干社撒秧落在单干后面，南京里社在6月下旬才撒完旱谷地的秧。我们分析有两方面的原因：一方面是正如前面说过的，由于去年在办社中照顾民族特点不够，加之个体分散的小农经济第一年走上集体生产，对这种改造感到不习惯；而另一方面是我们对社员进行计划生活的教育不够，因去年增了产而造成社员思想滋长着满足情绪，形成今年"四多"现象（盖房多、祭鬼多、婚事多、闲逛多）。而反过来户育乡的崩龙族社，因为去年减产，通过总结去年的经验、教训，加强政治思想工作，改选了社干后，今年社员信心十足，表示今年绝不落后，要争取当模范社（因为去年影干社被评为全县直过区的模范社，崩龙族社的社干也参加了这次会议，有所刺激）。该社在去年5月底才犁完板田，而今年3月就全部犁完，撒秧等农活都先于单干。从当前看这些社大致可分为以下3种类型：

第一类型：社员信心足，思想问题少，生产劲头大，犁田、撒秧等农活走在单干前面。这类社有7个。

第二类型：社员有信心，也有思想问题，但不甚严重，生产处于被动，犁田、撒秧勉强先于单干（有的与单干差不多）。只要加强教育，抓紧生产，是会由二类社变为一类社的。这类社有12个。

第三类型：社员信心不大，思想问题多，生产不但被动而且推也推不动。犁田、撒秧等农活落后于单干，名义上是社，实际上是单干（指犁板田到撒秧这一段，现已转入集体生产）。如不及时地、认真地加强政治思想工作，有垮台的危险。这类社有3个。

对第二、三类型的社，我们的意见要做好以下几方面的工作：

1. 要求各社进行1次对前段生产情况检查和总结。通过检查总结，使社员看到前段生产完成得如何，今年的增产有多大把握。用算账方法来说服社员克服松劲麻痹思想。

2. 在检查总结后，接着趁社员新的劲头起来时，即迅速地转入栽插。只有转入生产越快，思想问题就越少。事实也是这样：生产越搞得好的社，社员思想问题越少，生产搞得不好的社，社员的思想问题越多。

3. 注意定期、及时地清工结账，认真地发好工分票，以鼓励社员出勤。

4. 加强政治思想工作，随时注意教育社员爱社观念和计划生活观念。

社的经营管理水平比去年有了提高，在劳动报酬方面，随着社员的思想觉悟的提高，改变了去年大小不分、强弱不分、按出工人头记分的伙干习惯。现22个社采取5种计酬办法：

1. 按件包工的有3个社。

2. 活分活评的有3个社。

3.死分活评的有2个社。

4.先分出劳动强弱，评出个人的底分，再按每日出工时间进行记分（一般是每日记3段工，分上午、中午、下午）的有5个社。

5.不分劳动强弱（大人、小人是分的），没评出个人的底分，只按每日出工时间进行记工（一般是每日记3段工，分上午、中午、下午）的有9个社。

我们认为这5种计酬办法，活分活评虽好，但景颇族重情面，不容易进行，也不容易掌握。死分活评也是如此，如果社员不敢提意见，就变成死分死记，长期下去又不能鼓励社员的生产积极性。而先分出劳动强弱评出个人的底分，再按每日出工时间进行评工记分的办法较好，既简单易行又基本合理，把这种计酬办法搞好，逐步教育社员向按件包工努力是较为容易的。只按出工时间记分，不分劳动强弱评出个人的底分的计酬办法，只做到简单易行的一面，还需做到基本合理这一面，因此要逐步改变。这不是叫每个社马上改变原来的计酬办法，来接受第四种办法，而须随着我们的工作进度和社员的思想觉悟提高来逐步改变，并要在工作中不断摸索，创造出更好更能按劳取酬的计酬办法来。

其次是在财会制度、耕牛使用等问题上都有了改进。耕牛使用采取两种办法，一种是以牛的强弱分等固定死的报酬，用这种办法的有10个社；另一种是除以牛的强弱来分等固定牛租外，还按社内土地情况求出每条牛应负担数，按出工多少来增减牛租的有12个社。这两种办法与去年有的社所采取不分强弱一律固定多少牛租有了改进，但第一种办法仍欠合理，根据群众现有的水平，来采取第二种办法比较合理。财会问题上，各社都建了简单的工分账、收支账，建立了定期公布账目、定期发工分的制度。但由于文化水平的限制，社员中真正能搞会计的没有几人，一般只能记分，或挂些收支流水账，目前可说基本上是干部当会计。因此，社内的账目混乱还不是突出的问题，有时没有定期公布账目，按时发工分票，而影响社员出勤终有之，会计问题是个较大的问题，必须认真培养出会计来。

三

"想尽一切办法，争取今年农业大丰收"这个号召，在开始时未被干部接受。有的认为"内地好搞，边疆难搞"，景颇族的觉悟水平低，不容易搞起来，又认为"和改区好搞，直过区难搞"，因此使这个号召停留在干部的认识上，或仅仅贯彻到社里，而广大面上却迟迟未进行宣传贯彻。通过3月的直过区干部会议，从制订各乡1957年发展生产的计划着手，来进行教育干部，要求各乡按当地具体和实际情况，制订出全年各项作物的增产指标。在订农业增产指标时，主要是抓住3个关键：扩大耕地面积；抓节令；抓增产措施。根据这个情况，有的乡订出增产10%，有的乡订出增产百分之十几的增产指标，最后综合订出全县直过区的农业增产指标，在1956年增产10.1%的基础上，今年增产12.9%。通过订出具体的增产指标后，干部都觉得这个指标比较切实可靠，从而信心更大，都感到今年搞生产有奔头，不像往年那样盲目，没有一个奋斗目标。随着干部的思想转变，"想尽一切办法，争取今年农业大丰收"这个号召，就提得更响亮了，在广大的面上都宣传贯彻开了。

备耕工作是结合整社、建社进行，由于三者紧密地结合，基本上是做到整社、建社、备耕三不误。从山区今年农民的生产劲头看，是比往年大的，一般在4月底已基本结束备耕工作，板田犁了90%以上，修了大小水利160多条，保证了今年的灌溉；育下了20多万株咖啡苗；开出了荒田91.7箩、旱地303箩。今年盖房特别多，据不完全的统计为400余户。盖房一般延至5月中旬才结束。

随着备耕结束即转入春耕生产。撒秧在5月中旬就开始，6月初普遍撒，6月中旬基本撒完。在撒秧中我们普遍抓了扩大秧地面积，培育了壮秧，在社里抓了12.5箩温汤浸种，和72.5箩泥水选种，面上没有推广。从群众来看对温汤浸种难接受，泥水选种受欢迎，为明年广泛的推广打下基础。从前段生产情况看，有的社是能按生产计划进行，并重视了多种经营，如户育乡忙海社按计划完成了开荒田10箩，育咖啡苗6000多株，点播茶果4箩，种下黄豆0.8箩，挖了一个鱼塘准备养鱼，还围出了一块近4箩面积的草地（盖房用的草），对社员的私活做了适当安排。但目前有的社还未很好制订出生产计划，对多种经营重视也不够，这样就会影响社的增产。

在撒秧结束，县委集中直过区干部学习毛主席《关于正确处理人民内部矛盾的问题》的报告，同时对当前的生产做了研究。在会上反映出：有部分干部和群众又产生情绪低落，认为今年节令迟了（主要是雨水下迟的关系），增产指标怕完不成。会上分析了节令迟早的问题，大家认为今年的节令的确比去年迟，但以往年的节令与今年比是不算迟的。而问题的关键，是干部在栽插过程中如何做到心中有数，抓好两个比较主要的问题：

1.缩短栽插时间，把秧提早栽下；

2.认真地、大力地推广合理密植。

为了贯彻好以上两个问题，又必须做好以下几个方面的工作：

1.普遍检查一次生产情况，抓紧犁二道田、耙头道田。根据二道田的进度和秧苗成长情况，来进行排队，分出哪天栽多少？哪天栽完？必须做到只能田等秧，不能秧等田，以免耽误节令。栽秧工作要求在7月底基本结束。

2.加强政治思想教育工作，继续向广大群众宣传"想尽一切办法，争取今年农业大丰收"这个号召，大力推广合理密植。具体要求合作社贯彻100%，互助组60%至70%，单干户40%至50%。

3.个别社尚未订生产计划的应从速制订，使社员有奋斗目标。在订计划时要因社制宜地开展多种经营。

4.在栽插时期内，要求干部发扬艰苦作风，深入田间，与农民同吃、同住、同劳动。发现问题，解决问题，使栽插工作按时完成。

开展多种经营问题：在山区搞生产，除抓好农业以外，对如何开展多种经营的确是个突出的问题，也必须腾出一只手来抓这个问题。往年我们是注意不够的，今年虽注意了，但也是十分不够的，还得在今后不断地摸索和总结这方面的经验。以前一段时间来说，我们主要抓了咖啡定植、种茶、放紫梗、养猪等几项。截至目前，全县直过区有6万多株咖啡，已定植下4万多株；育下茶果7箩多，种下茶苗2万多株；养猪也有了发展，增加了1100多头；放紫梗问题已责成有关部门做了准备，等旱谷收割则可放了。对零星的又不易领导和不易集体经营的，如山货、药材、皮毛等等，贸易部门在收购范围做了扩大，仅1月至6月就收购了45000元以上，有力地支持了生产。

贷款、救济款如何支持生产的问题：这个问题我们做了较周密的研究，对各种款的使用范围、对象、发放时间都定出具体的使用部分。如直过费（民族特补费）指定应用在耕牛、农具、籽种、口粮等范围，对象主要以社、组为主，适当地照顾单干农户。银行贷款的对象主要是有还款能力的范围，主要解决副业、口粮和农具。救济款的发放对象主要是单干农民，适当地照顾互助组，以口粮、寒衣为主，以实物发放。在发放时间上：第一季度不发放，第二季度发放耕牛25头（每头80元），共2000元；农具1300元，口粮1500元（以上是直过费），同时还发放了救济款2120元，折实物大米159000斤。第三季度计划发放直过费9000元，以解决口粮为主，适当解决一些农具；救济款3500元，折实物大米262500斤。上半年银行共发放了314元，主要是副业和口粮。由于各种款项的发放范围、对象明确，所以在发放时间上就较为及时，对生产的支持就显得更有力了。

加强面上的工作问题：我们采取组织领导生产小组的办法解决。领导生产小组是一统战形式的组织，其任务是领导好该寨的生产工作，在基本上参加了合作社或互助组的村寨不再组织。以村寨的户数多寡来决定领导生产小组的成员，一般是3至7人组成，设组长1人，必要时增设副组长1人，其余为组员。小组成员有代表上层的，有代表基本群众或青年、妇女的。这些小组由乡人委直接领导，乡干定期或不定期到各小组布置各当前应抓的生产工作，召开组长联席会议交流总结生产工作经验等。全县应组织的领导小组77个，现已组织起68个。从已组织起来的这批组来看，起到的作用是大的，它能带动生产，也能正确地反映群众生活的困难情况。有很多组经常主动地到乡人委找乡干，或工作组反映群众的生产生活情况，请乡干给他们布置工作等。但也有个别乡虽组织起来，也成了形式；有的乡由于对这个小组的任务不明确，只在每个寨选了1个组长，因此还必须重新组织。根据以上存在情况，我们认为仍需做好以下几点工作：

1. 明确地向领导生产小组的成员与群众，交代清楚领导生产小组的任务和权利。其任务、权利是：领导好全寨群众搞好生产，定期向乡人委或工作组反映群众的生产、生活情况，提出群众的要求。

2. 根据生产节令和中心工作，定期（农忙时1月1次，农闲时半月1次为宜）向他们布置和总结交流生产工作。

3. 要注意在群众中树立他们的威信，在成员中物色培养我们的骨干和积极分子，使面上的生产更好地进行。

四

我县直过区共有山官63人，其中较大的9人、中等的19人、小的35人。有头人137人（包括汉族头人17人），其中较大的头人有32人、小的105人。洞沙72人，其中较大的13人、中小的59人（山官兼洞沙的不在内）。专靠拉事为生的有4人（上层中兼拉事头的不在内）。另外还有宗教上层20人。以上5种人物，共计296人，其中已安置的有73人（安置在州里2人、县里6人、文化站和乡里65人），其余尚未安置的一般多为农民成分。社会地位较低的上层，在生产生活上都做了必要的照顾，但也有个别的由于安置不当，引起上层之间有意见，对我们不满。还有的上层应安置的尚未安置，今后还须安置，以利于今后工作进展和更好地对上层进行团结、教育、改造这个目的。

从上半年的统战工作看，我们是及时主动的，使我们体会到在某些涉及到上层利益的问题，事先与其协商并交代好政策，是很重要的。如今年召开100多人的上层会议，占到上层人数的40%，主要的上层都参加了。会上交代了互助合作的政策，和生产上的有关问题，取得大部分上层的赞同，使上半年的工作开展得较顺利。如去年的二三月正是我县谣言最多、跑人最多的时候，而今年的二三月我们进行着紧张的整社、建社工作，农民的备耕工作搞得比往年好，盖房也比去年多。群众反映说："今年哪里都不想去了，要好好盖房子，好好搞生产。"使今年有一个稳定的局面，对今年争取农业大丰收是有利的。当然这个稳定是与芒市的中缅边民联欢大会，和我们加强中缅友好的宣传有着极大的关系。目前上层工作中存在的主要问题，是缺乏对他们进行经常的系统的教育，教育内容存在一般化。甚至有的干部认为上层安置了，问题解决了，以致有个别上层对我仍十分抵触，煽动群众退社，说什么互助合作比土改还厉害，将来什么都是公家的。

在政权改造方面，今年做了计划，直过区有11个乡，3个乡是清一色的、3个乡基本为我掌握，另5个乡虽然有农民成分参加领导，但实际上仍为上层把持领导。除清一色的乡外，有大小上层12人是乡干。12人中有3人为上层的左派，今年不进行改选，以堵塞上层的借口；其余9人原计划在上半年、下半年分两批改选。从上半年看只改选了1人，8人尚未动，必须在下半年进行改选。改选中要本着慎重稳进、不伤感情的原则进行。具体的方法、步骤，县委还得做一次讨论研究。

以上当否？请地委指示。

1957年7月17日

瑞丽县直接过渡区预分试算的情况

中国共产党瑞丽县县委会报告

主送：德宏地委、各区、文化站、工作组

抄送：县委各部、县人委、边五县、《云南日报》、《团结报》

中共瑞丽县委会

1956年10月9日印发

瑞丽县直接过渡区预分试算的情况

根据地委关于在合作社开展预分试算的指示，我们在山区以南京里社为重点进行预分试算，然后召开山区扩干会，推动全面。从各社进行的情况来看，都紧密地结合生产进行，从总结优越性和检查生产入手。首先肯定成绩，找出存在的问题，以群众路线的工作方法，耐心启发社员提出改进意见，来修订生产计划，弥补漏洞，来提高社干、社员的积极性，推动生产，来达到90%的社增加生产、90%的社员增加收入的要求。

通过总结社的优越性，巩固了社员办社信心，对单干农民进行了1次深刻生动的教育，给互助组树立了榜样，进一步增强了他们走合作化道路的信心，为今冬明春我县合作化高潮打下良好的基础。

兹将预分试算前后总结如下：

（一）建社以来的情况

自上级党肯定了景颇族地区向社会主义直接过渡的方针政策后，我们山区在今春通过文化站的领导形式试办了6个初级农业生产合作社，入社农户86户，占山区总农户的3.23%（其中景颇族社5个、崩龙族社1个）。建社后都相继投入了紧张的春耕生产，从这段生产看来，是比互助组和单干户搞得出色，显示了合作社的优越性。6个社都制订出生产计划，虽有些社的计划订得不够切合实际，但总的是能按计划生产的，使生产搞得比较有条理，改变了景颇族过去"今天做了摸不着明天做什么"的落后经营管理习惯，并进行了评工记分，在某些活路上个别社实行了小包工，为今后贯彻实行小包工创造了条件。在生产技术方面有了一些改进，一般都做到3犁2耙、秧田施肥、培育壮秧，提前20天（个别社提前1个月）下坝生产，田埂做到3面光，并全部做到了合理密植。对旱地的经营，有的社由于施了肥种上苞谷、蓖麻、咖啡、茶叶作物，而改变了景颇族原有的原始落后的刀耕火种习惯，固定了耕地面积。但由于是试办社，干部缺乏办社经验，加之对民族特点掌握和了解得不够，所以还存在一些缺点，没有从生产上找出更多的门路，来增加社员的收入，因而社员虽90%的增加收入，但数字不大，对社员生活水平的改变仍是有限的。加之栽秧结束社员认为可以松一口气，女社员多去赶街，男社员有个别的还装病不出工，眼看水田的秧要薅了，咖啡、蓖麻的草长得1尺多高也无人管。在这种情况下来进行1次预分试算来整顿社内存在的问题，使社员看到社的前途，澄清混乱思想，加强办社信心，鼓起生产劲头，积极投入中耕锄草和晚秋作物栽种，更显得迫切和必要。

（二）步骤与做法

第一步：总结检查生产。

这一步在社员明确预分试算的目的与意义后，即从总结生产入手，找出合作社的优越性，肯定成绩，检查存在的主要问题，要做到使社员明确合作社是否能够增产及能够增产的原因。做法上是先社干后社员，做透思想发动工作，使层层通、个个明白，由社员自己说出亲身对社好处的体会和对社的意义。时间5天。通过讨论社员认识到：

1. 合作社人多、力量大：每个社员都能看到这一点，如南京里社员对修水利的回忆说：“我们在犁板田时，修了一条长700排、宽4尺、深5尺的水沟，可以灌溉50箩面积。全社出劳动力64个，两天就干完了。如果给单干户去搞，半年也搞不出来。”

2. 耕作技术的改进：合作社今年都做到3犁2耙、秧田施肥栽壮秧外，还全部进行合理密植。苗绿社社员说：“过去我们栽秧，秧放得多多，栽得稀稀的，牛都可以在中间打滚。这样秧苗发不好，谷子打不多，入了合作社今年可做对了，谷子可以比去年多打得三至四成。”

3. 合作社是一个学生产技术、学社会主义道理、学文化的学校：入社后各个社都采取了在晚间或休息时间对社员进行讲道理和学文化活动，这对提高社干办社能力、帮助社员学文化起了很大作用。如南京里社原来有一个会计，账目搞得很乱，经过学习，账目搞得比以前清楚了，同时还培养出5个记分员。苗绿、户兰两社的社长原来是文盲，现在已会记工了。现在南京里社有14个青年学会了景颇文拼音法，如再继续努力学习1年就可以担任扫盲工作，将来成为既是生产能手又是学习模范。该社年老人也参加学习，如社员王姐腊已56岁了，也参加青年班学习文化。社员们说：“参加合作社不但能学到生产技术，学到社会主义道理，还能学到文化。”

4. 发展了经济作物：山区6个社共育咖啡苗67500株，茶叶76950株，并种植了一批蓖麻。3年后这些作物将给社员们的生活带来根本的变化。

5. 合作社分工好，节令也提早。如南京里社员说：“过去犁田没人看牛，自己去煮饭，饭煮好了牛又跑掉，牛找得来已过了半天，犁了田又没人铲埂子，单干时总是顾得这头顾不得那头，做了这样漏了那样。参加了合作社就不一样了，工分得很好，看牛是看牛的，犁田是犁田的，谁铲埂子谁煮饭都分得很合理，不误时间搞好生产。"今年合作社各种农活都提前了，如班养社社员说："过去傣族栽秧我们才下坝，傣族薅秧我们才栽秧，今年入了合作社，可追上傣族了。"

几个主要缺点：

1. 社管会没有形成领导核心，有时行动不一致，因此影响生产计划的完成和放松了对社员进行思想教育工作。

2. 计划生产做得差。由于在订计划时，缺乏全面考虑，没有走好群众路线，因而引起有些农活没有按计划完成。

第二步：通过检查计划执行情况和估产来修订生产计划。

在第一步总结生产、肯定成绩的基础上，对已订的生产计划做一次全面检查。通过检查来找出计划上哪些活路的措施没有完成，及完成哪些的同时深入到田间进行估产工作，使社员大体明确今年能够增产多少，从而使社干、社员更进一步地看到社的前途，进一步找出增产的办法和增加收入的门路，来采取措施弥补漏洞，制订新的计划，这样才能使计划订得可靠切实。这一步时间3天。

通过这一步，各社都较全面地检查了已订的生产计划，根据检查出来的问题修改了原订计划。如苗绿社通过估产今年的分配试算结果，全社收入为人民币1046.65元。全社11户48人，每户平均收入95.6元，折谷78.19箩；每人平均收入21.8元，折谷16.7箩。加上社员家庭副业（包括养猪、鹅，手工业、赶街等）收入共688.55元（占社的收入58.6%）。全社公私总收入为人民币1735.2元，平均每户收入157.74元，折谷121.3箩；每人平均收入人民币36.5元，折谷27.8箩。1955年11户的全年总收入为人民币1283.49元，平均每户收入116.68元，折谷89.75箩；每人收入26.73元，折谷20.56箩。以全社来说，1956年比1955年增加了人民币451.71元的收入，每户平均增加了41.06元的收入。从增产户来说，有10户增产，1户只减少小量收入，但以全社11户全年的开支来算，即需人民币3120.31元，平均每户需人民币283.66元，每人平均人民币65元。以今年全社收入包括社员的家庭副业在内共为人民币1735.2元，仍不敷人民币1385.11元，每户不敷人民币125.92元。从全年的总收入和总付出相比，就能说明入社和收入虽有增加，但仍是很有限和极不显著的，还不能很好地改善和提高社员的生活水平。根据这些情况，结合劳动力和可能的条件，因地因社制宜地采取了新的增产措施，修订了原订计划，增订种植豌豆6箩、洋芋2箩、大蒜0.2箩、蚕豆2箩。

以上几项收入为人民币1745.12元，平均每户可增加收入158.64元。同时还制订出向银行贷款人民币600元，买马4匹，一方面用畜力代替人力，解决劳动力不足，另一方面能替粮局或贸易公司驮运货物增加社的收入，计划每天可收入驮运费4.8元，1年驮200天，净收入786元。如按以上计划完成，明年社员的生活水平就能得到大大的改善和提高了。

第三步：具体地试算社员个人的收入账。

这一步主要是算3笔账：（1）算1956年与1955年的收入对比账。（2）算今年生活总付出账。（3）算如何保证下半年增加收入的计划账。

通过试算进行预支（由直接过渡费预支已出工的10%），预支中进行按劳取酬教育，使社员都懂得多劳多得、少劳少得、不劳不得的道理，以巩固社员信心，进一步鼓起他们的积极性，推动当前中耕除草等工作。时间3天。

通过这一步，社员认识了劳动光荣，明确了按劳取酬的分配原则，推动了当前生产。如南京里社过去有90%以上的社员是不明确合作社将来是怎样分配的，所以顾虑很大。他们认为是平均分配，有的说去年自己种田还不够吃，今年那么多人来分更不够吃了，因而对办好社的信心是不大的。大部分社员存在着观望态度，表示今年如果不增产，明年无论如何都要退社。通过预分试算使他们亲眼看到，有的社员因劳动好出工多，预支到人民币9元多，有的社员因出工少而只预支到三几角，实际而生动地教育了广大社员，澄清了平均分配的糊涂思想，明确了按劳取酬的分配原则，因而鼓舞了生产积极性，提高了出勤率，推动了中耕。预分后全社水田的秧普遍薅了一道，山地的谷子薅了二道，给来年进一步改进技术打下了基础。

第四步：进行下段生产的劳动规划，健全制度，组织生产。

这一步是前几步的归纳。通过以上几步工作，必须进行1次对劳动力的规划、活路安排和编组等调整工作，建立和健全各种制度，主要是财会制度和检查制度，充实与加强社管会的领导，最后把社员的思想引向转入中耕、秋种生产工作中去。在进行这些工作的同时，召开扩大的单干户会议，以求得扩大影响，使单干农民受1次实际的教育，树立走合作化道路的信心。这一步时间3天。

如苗绿社通过这一步，按活路的轻重，进行了劳动规划，以10天为一小段地安排了农活，如在预分后的10天中完成了薅2.1笼的秧，收苞谷7笼（包括砍苞谷秆及杂草），组织了1组女社员薅黄豆地草，安排了4个男社员每街放田水1次。另外，还组织了1个组进行砍和犁种植大蒜、豌豆、蚕豆、洋芋的地。

南京里社经过召开单干户会后，影响很好。他们看到合作社的好处，90%的单干户都表示明年一定要入社。如有1户叫孔龙的，在办社时他有顾虑不敢入社，后来看到合作社的谷子和其他庄稼都种得很好，又受到这次预分的教育，当天就检讨了自己过去对合作社不正确的看法，并主动要求参加社。还未取得社员们的同意，他第二天就把妻子领到合作社的田里薅起秧来。

（三）点滴体会

1.由于景颇族的文化落后，数字观念薄弱，思想比较单纯，因而在预分试算中，必须紧密地结合生产，进行耐心的反复的算细账教育，不能简单从事，想1个早上或1个晚上就要把他们弄通。这样才能使预分工作做得深入。

2.景颇族的家庭副业收入一项是占主要收入很大的一部分，如苗绿社的家庭副业收入就占全社总收入的58.6%，因而在进行社的主要农活的同时，如何安排好社员的私活及如何发展山区的多种经营，是增加社员收入、提高社员生活水平的关键。

3.在经营管理方面，山区6个社都没有实行小包工，也没有采取积极的态度，因而多少会使社提高得迟缓。我们认为，办社中考虑民族特点，宜稳不宜急是必要的，但小包工的贯彻景颇族是能接受的，应该是积极地贯彻推行，来推动生产。

1956年9月20日

瑞丽县直接过渡区农业社预分试算统计表（1956年9月20日）①

社名 项目	苗绿 谷子	%	南京里 谷子	%	班养 谷子	%	伊岗 谷子	%	雷弄 谷子	%	户育 谷子	%
总收入	580	100	4528	100	2277	100	927	100	851.2	100	1295	100
农业	700	82	4528	100	2277	100	927	100	851.2	100	1295	100
小春												
副业	150	18										
土地报酬	99.6	19	763	17.8	265	11.6	47.3	5.07	115	13.5	233	18
耕牛报酬	60	7	246	5.35	67	2.94	46	5.05	34	6.34	140	10.8
公积公益金	35	4	135	3	68	3	36.8	4	38.4	4	51.8	4
行政管理费		10	0.2	5	0.2	4	0.43					
生产垫本	16	1.86	348	7.6	82	3.6	62	6.68			83.5	6.4
劳动分红	637.4	68.14	3026	66.1	1790	78.6	730.3					
每个劳动日报酬	0.34		0.44		0.54		0.44		0.10		1.1	
增产户	10	91	31	88.5	15	100	10	100	6	75	8	100
减产户	1	9	4	11.5		53.5			2	25		
比去年增产%		25		42.5				54		15		11
说明	1. 苗绿社补种豌豆等一项收入人民币1745元，算明年收入。 2. 南京里社土地报酬内有220箩系田租，垫本内有130箩系开荒报酬。 3. 户育社垫本一项全系雇工栽秧支出。 4. 全县山入社农户87户，增产户80户，占总农户92%；减产户7户，占总农户8%。 5. 各社都种植一些豌豆，但数字不大，均算作明年收入。											

---

① 本表"劳动分红"一栏后5列数字模糊，无法分辨，故未列出。——编者

直接过渡地区组长会议的总结

中国共产党潞西县委员会文件

总号：（56）字第28号

主送机关：报地委

         发县委各部、各区委、各文化站

抄送机关：边各县

中共潞西县委办公室

1956年4月10日印

直接过渡地区组长会议的总结

这次会议解决了很多问题，交流了经验，总结了前段工作，使我们在思想上又明确了不少问题。

直接过渡地区已建立了18个合作社，入社农户为300户，占直接过渡地区总户数的5.1%。现在正建立的有13个社，估计入社农户数170户。加上原来的18个社，共31个社470户，占直过区总农户的9.1%。今年春天直过区的合作社不再新建，主要集中精力办好31个社。

从直接过渡地区建社来看，总的情况是：上层顾虑多，有抵触，甚至个别的还有破坏；贫苦农民是积极要办社，意志坚决；中间的是犹豫观望态度。从这个地区来看，不仅可以办社，而且很需要办社，但办社中困难确实很多，而这些困难也是可以克服的。从这段办社来看，有下面几个问题：

（一）我们更进一步地明确了在这个地区办社很需要而且有可能。虽然有阶级分化、有封建经济，但我们直接办社是可以的。只要讲清道理，交代清楚政策，广大农民特别是占该区50%左右的贫苦农民要求组织起来是迫切的、积极的，是坚决要求办社的，这是我们在直接过渡地区一切工作的依靠力量。同时也看出，只有组织互助合作，才能逐步提高人民的生活水平和政治觉悟，逐步地进行一些必要的民主改革。

（二）从已建的16个社来看（另有2个社没有材料），发展生产条件是良好的。①全劳动力占总人口的44.31%，半劳动力占总人口的13.45%。②水田208.1箩，每箩种以4亩半计，共956.45亩，每户平均3.69亩，每人平均0.819亩。③旱地524.7箩，每箩以4亩计，共2098.8亩，每户平均占有8.1亩，每人平均1.8亩。④从三台山、东山的11个合作社来看，有水田151.1笋（折688.95亩），产量8134笋（折244020斤），每亩平均产量354斤。⑤有水牛244条半，其中能耕的有116条半。从以上看出，劳动力是不算少，水田虽数量少，但产量不低于坝区，是有一定的耕作技术，耕牛还不算缺乏，还有可开垦的水田。这些基本生产资料是好的，这是我们办好合作社、发展生产的基本有利条件。

（三）已建起的社都转入生产。尽管在建社中存在的困难很多，但在生产中也显示了比单干农民所不及的生产优越性，从生产计划来看，所有的社今年的生产都可达到够吃。现根据几个社不完全的统计，已种下273笋洋芋种，开荒263笋种，开水田18.6笋种。今年整个直过区咖啡育苗91万株，其中合作社占347000株，其余都是互助组种。兴修与补修小型水利，有的社开始积肥了。

从6个合作社的计划材料看，今年新开水田65笋种，占原有水田的62.5%；水田比去年增产114.92%。旱谷地新开占原有的47.8%，增产61.23%。其他经济作物与副业收入也不少。总的来看，生产情绪是比往年高的。主要是我们抓了两条，一条是贯彻了多种经营的方法，另一条是提高单位面积产量和扩大水田种植面积。

（四）更明确了只有组织起来才能逐步地改变他们的那些旧的东西、落后的习惯和不良的嗜好。如现在入合作社的户，都表示不种大烟了。还有吸大烟的人，入了合作社，正在想法戒烟。我们只有通过互助合作，才能缩小大烟种植面积，逐步达到最后禁种。杀牛祭鬼等旧习惯也一样。

（五）干部在这段工作中摸索了一些东西，一般的摸得不错。今后还要继续深入。

当前合作社存在的问题

（一）合作社生产计划都已制订，现在看来一般的还有些缺点。有的光是空洞的指标，具体措施少；有的是干部制订，既没有总结群众的生产经验，又没有经过群众讨论；有的计划虽订得较具体，也总结了群众的一些生产经验，并经过了群众的反复讨论，但注意民族特点很不够，我们在新的工作中往往忘记了这些特点。但所有的计划保证完成碰到新的问题是不会少的。

（二）劳动组织一般的出工率很低，出工不齐，生产积极性不很高。有的社还没有组织生产队、生产组，有的社虽然建立了生产组、生产队，实际还没有动起来。劳动组织基本上是混乱的，一般的只有长计划没有短安排。对公私活路的统一安排做得不够，窝工现象严重。

（三）建社对上层震动是大的。他们顾虑很多，既怕将来在生活上困难，又怕没有政治地位，如有的问："到底将来我们的前途大不大？"农民成分的上层有的已参加了社，但在社内经常表现了在不同程度上的动摇，还不放心，如说"过河丢拐棍"，"用着了团结，用不着丢了"。这种动摇在一般情况下不会起大的作用，但在某种特定情况下，就起作用。总的看主要是对我政策不摸底，因此有的抵触很大，甚至有的进行破坏，如威胁、利诱、讽刺、打击，因此也引起群众的阶级仇恨。在办社乡阶级关系较为紧张，如让其继续发展下去，是十分危险的，会发生外逃甚至暗杀等严重案件。

（四）干部对当地生产知识、生产经验钻研不够，总结也不够，有些主观地硬搬外地的东西，思想上低估了景颇族，错误地以为人家落后，没有什么生产经验，因此就不能向群众学习，结果是生产搞不下去，就悲观失望。有的连计划也不敢再修订了，工作情绪低落，工作迟缓不前。

当然我们应该看到，由于他们落后的风俗习惯，如杀牛祭鬼、串姑娘、织桶裙，和男女的分工："男子田犁不完，女的不上山"，"田垺子不干，女的不上山"。正月间串、二月间盖房子、三月打山、四月生产等旧的习惯，以及不良的嗜好，如种大烟、吸大烟等，这些对发展生产的直接影响是很大，给劳动组织增加了很多困难，因而生产积极性不高，出工不齐，这些困难是很多的，也是肯定的，也是一下所不能解决了的。但尽管任务是艰巨的，阻力是大的，困难是多的，只要是我们虚心地学习，深入实际，依靠群众，发动群众，不断地经常总结群众自己的经验，紧紧抓好增加生产、增加社员收入这一根本目的，以及和生产有关的其他工作（如卫生、贸易、文教等），逐步提高人民生活，这些问题是可以逐步解决的。

今后如何办

（一）如何制订和修订生产计划，如何领导生产，总的说来要依靠群众，发动群众，因地制宜，注意民族特点，贯彻多种经营的方针。

合作社的生产：

对农业生产的要求，今年争取做到：

（1）水田，每户平均1箩种，每人平均达到1亩，能超过者更好；

（2）旱地，每户平均2箩种，每人1亩半至2亩，不必勉强，因开旱地多，破坏森林大；

（3）产量，水田每亩平均产到600斤，每箩3000斤，条件好的可争取超过。旱地每亩200斤，每箩种产1000斤；

（4）粮食收入，每人平均达到800斤；

（5）每个社都应培养丰产田和丰产地。

技术作物的要求：

（1）咖啡，成活率每人平均100株；

（2）木棉，每人平均100株；

（3）每人种山药豆100株；

（4）关于天麻子、向日葵，应每人平均百株以上；

（5）紫梗有胶虫就可多放；

（6）每个社种5至10亩火麻。

1.要制订既是先进的又建立在可靠基础上的增产计划，就必须发动群众，总结当地群众自己的生产经验。我们虽学习了保山二区的先进经验，但不能硬搬用，要把人家的经验变为我们的，更重要的是变为当地群众的东西，就只有通过总结景颇族自己的生产经验，再加工提高教育，他们易接受。我们往往低估了景颇族的生产经验，是不对的。有些社虽制订了生产计划，但还要继续深入下去。

2.计划要经群众充分讨论修订，群众讨论计划的过程，就是教育群众、发动群众的过程，也是总结群众经验的过程。计划一定要使群众从思想上接受，因为生产计划，主要是社员用劳动去实现它。一个计划不是一提出群众就能从思想上完全能接受，同时一下也不可能订出一个较先进的计划，必须是与群众见面，经过充分讨论、修订，再讨论、修订过程中，不仅使他们懂得为什么要制订生产计划，而且要懂得为什么要种植某种作物、怎样种植、必须用哪些办法才能达到增产、为什么、哪一种办法、又怎样用等等，这本身就是发动群众。

3.具体措施，下去总结群众的东西不多提，但从几个合作社来看，都缺乏技术上的措施。这些技术上的措施需要我们进一步地去钻研学习，如果没有技术上的措施，就不能保证今年增产任务的完成。

4.必须注意民族特点，在制订计划及生产过程中必须注意，尽管计划制订得再好、再切合实际，总结了群众的经验，如忽视了民族特点，是不能完成计划的（三台山的总结是有代表性的，应引起重视）。

5.根据各种谷物的季节及公私活路，必须分出先、后、轻、重、缓、急，做出活路排队，在此基础上照顾民族特点进行劳动力规划。因为农业生产季节性很强，我们干部必须掌握好季节性，教育社员也懂得季节。

（二）劳动组织，如何发挥劳动积极性。

1.社内要组织生产队、生产组，算预分账。要使每个社员知道全社今年生产收入多少、出工多少、每个劳动日分益多少，并使每一社员都能订出自己的出工计划，知道自己全年出多少劳动日、可以收入多少。

2.解决口粮问题。经过摸底，排出缺口粮户的队，每户需要补助多少，生产自救能解决多少，要具体研究。领导提出，经社员大会民主评定，分期付给。这样，使我们心中有数，弄清这个社帮助多少、什么时候给，社员心中也有底，也能安心生产，增强了社员保证完成生产计划的信心。

3.开展劳动竞赛，实行奖励，开展人与人、组与组、队与队、社与社的劳动生产竞赛。同时要奖励：奖励分口头表扬与物质奖励，如粮食、小型农具、烟、红旗等。可考虑每月1次，以鼓励社员的劳动积极性。

4.采取有收益就分配，既可以从思想上解决多劳多得的思想观念，又可解决口粮的困难。当前活路如砍柴、组织运输、编竹器、搞木农具、打鱼、搞塘鱼、打竹麻等搞些收益快、收益多的各种副业，但注意的是不能影响农业生产。

5. 评工记分：

（1）可搞死分死记。评定一定的分，可分早晨、半天、一天记工分。

（2）搞按件小段包工。

（3）搞工票。

6. 要经常公布每个社员出工率（最长5天，不能超过7天），这样也能刺激出工。

（三）上层统战工作：互助合作的发展，也促使我们必须加强上层统战工作。目前的情况是：一般上层顾虑多，有的表现不满，有抵触，甚至极个别的有破坏，因此上层关系显得紧张。办社的乡阶级矛盾较尖锐，不办社的乡次之，但他们也考虑到将来是要办社的。由于他们的政治地位和经济状况的不同，抵触的程度也有所不同。但他们也不是抵触到底，主要还是不摸我之底，顾虑将来"能不能入社？"

直接过渡是一场阶级斗争，而且是艰苦的、长期的、复杂的斗争过程，这是肯定的，但是我们要使尖锐的阶级斗争，变得和缓，和平过渡，这样做对我们是有利的，对上层长期团结、教育、改造的政策是既定的、不变的。要对上层在经济上给予照顾，政治上给予地位，同时加强教育、改造，使上层稳定下来，以减少直接过渡的阻力，因此，也要做全面规划，统一安排。

1. 在政治上：代表性较大的安置在自治区和县上了，一部分安置在文化站、站务委员会，一部分安置在乡上。属于农民成分的，本人愿意入社的，批准入社，表现好的可当社干。

2. 经济上：在生产上不能使他们感到困难，要给予适当的照顾。办法是：

（1）按照在各级政权和机构内，所安置不同的地位，遵照上级所规定的给予不同的生活补助。

（2）一定的时间内送给一些礼物，如逢年过节（民族节日）、婚姻丧事等，所送礼物，最好是食物。

（3）过年过节时，请他们吃酒吃饭。

（4）要对他们的生产给予照顾，教育他们种植经济作物。有些上层种植的有咖啡、茶叶，放有紫梗，教育他们加强经营管理，在技术上应给予指导。

我们在政治上该安置的安置了，能入社的入社了；经济生活该照顾的照顾了，生产上也给予一定的安排。这样，我们做统战工作，就有了物质基础，剩下的，就是加强教育、改造工作。我们过去对景颇族上层的教育工作，是不够经常，是一般的开代表会教育，缺乏定期的较有系统的教育工作，尤其是对寨头、魔头和其他有代表性的上层人物就做得更少。对上层的家属、青年、妇女做的工作也很少，今后要扩大统战面，加强这方面的工作。

对上层的教育形式必须是多种多样的。今后：

（1）县的协商委员会必须是两月1次，定期召开，不应间断。

(2)文化站的站务委员会,每月召开1次。

(3)乡人民委员会要半月1次,县、文化站与乡的委员会,视情况必要时可以扩大,多吸收些上层列席。

(4)对入了合作社的,在社内经常受到教育。

(5)参加哪一级政权,必须尊重他们的职务。这样做,可以使所有的上层都有定期受教育的时间。此外,还要加强个别教育,多接近,多去串,以寨或一片召开座谈会,召开上层的家属会。对妇女、青年的教育,通过上层住学校和在工作队的子女,做好家庭工作,也促进其家庭的进步。在县、文化站有意识培养树立几个进步的旗帜。

教育的主要内容是:形势与政策,指出前途,消除顾虑,树立热爱祖国和关心民族利益的思想观念,达到改造的目的。教育内容:

(1)形势,国际形势要讲,多讲中缅友好。国内形势,全国社会主义的建设与社会主义的改造,合作化的高潮,消除其变天思想。

(2)政策教育,主要是我长期团结上层的政策和当前现行的政策,指出他们的前途很好,只要不进行反革命活动,将来都要入社的。有的现在入,有的以后入。合作社是贫的变富,富的也富。

(3)正确地认识民族利益与个人利益的一致性,要关心整个民族。他们参加各级政权,当了自治区、县上的委员、站务委员会的主任、副主任、正副乡长,比原来管的还多。虽然不吃牛腿,收不到官工、官烟,但他领津贴、生活补助,又不困难。

工作的方法上,仍坚持从上而下地协商。

总之,要善于采取不同的办法,解决不同的问题,不要可惜对上层所花的钱,花了钱可以使我们在建设社会主义中减少阻碍,不流血,对一般的主要用教育、改造的办法,个别破坏的,在讲明道理之后,要做适当的警告。

在做上层工作中,还必须教育干部及群众提高警惕性,在工作前进、社会主义改造过程中,也难免有个别的会逃跑,甚至起来反抗,必须意识到直接过渡是对山官制度的一个改变,是一个阶级斗争。

(四)组织领导问题:

1.坚持把现有合作社办好,一定要坚持重点。三台山供别寨社、弄丘社,弄丙的弄丙社,一定要搞好。面上要组织互助合作网,将面上的互助组抓起来。

2.3个文化站在4月20日前要建立党团支部组织,党员不超过10人,团员不超过30人,根据具体情况来决定。按照组织手续办事,但领导成分及发展的对象一定是贫农及下中农,数量与质量并重,两者不可偏差。

3.关于培养社干问题:

(1)参加干部会议。

(2)到别的社参观。

(3)开社干联席会交流经验。

（4）加强对夜校的工作，组织学习提高文化。

（5）建立党团支部（但建党建团一定要在合作社内发展，单干户不建）。

（6）工作上不要要求过高，必须要耐心地、具体地帮助，树立其在群众中的威信。

（7）照顾生活困难。

4. 对民族干部的帮助问题：

（1）包教包学：民族干部要订出自己的学习计划，外来干部要订出帮助民族干部的计划，分工包干。

（2）要建党建团。

（3）工作上要放手，及时地布置及检查工作。

（4）要轮流学习。

（5）选重点试建联防队，注意的是：①联防队员要纯洁；②加强教育，不仅懂得联防的基本任务，还要懂得团结上层的目的与重要意义；③要给上层讲清，组织联防不是对着山官，而是为了保卫生产，保卫寨子的安全，是对付土匪特务的武装；④必须是小心谨慎，摸索经验，一定不在面上搞；⑤坚决不能向上层借枪；⑥合作社内组织保卫小组。

潞西县直过区改造乡政权试点工作总结报告

中国共产党德宏地方委员会通报

总号：（57）115

主送：边六县县委、生产文化站工委

抄送：地委各部委、各党组、民干校、《团结报》、合干校

中共德宏地委办公室

1957年11月2日印发

潞西县直过区改造乡政权试点工作总结报告

德宏地委通报：

现将《潞西县直过区改造乡政权试点工作总结报告》转发各县研究参考。

直过区改造乡政权的工作，实质上是以劳动群众的领导优势去代替山官的统治，是一场尖锐复杂的政治斗争，必须慎重从事，并由较强干部掌握，成熟一个乡进行一个乡。至于某些靠边工作基础条件尚不具备的乡可推迟到明年进行。

并望各地注意总结这方面的工作经验。

德宏地委

1957年10月30日

直过区乡的政权改造工作是一场从根本上改变腐朽世袭山官制度的尖锐激烈斗争。为了进行得稳妥顺利，首先在弄坵、弄丙、三台山文化站所在乡重点试行，经过历时1个多月的工作，8月底已经基本结束。现将情况报告于后：

一

解放7年，特别是开展民族工作以来，通过做好事交朋友、团结生产、补助救济、开展文教、医药、卫生、贸易等工作，树立了党在群众中的威信，群众生产生活面貌有了新的变化，政治觉悟也有很大提高，看到了跟共产党走的光明前途。从自己的切身体会中，初步感到共产党领导下的新社会、新制度的优越、温暖，认识到旧社会是黑暗的，旧制度是不好的。群众中也涌现出一批具有一定政治觉悟和初步阶级觉悟的积极分子，为工作前

进打下了良好的基础。1956年以来，又在各乡互助组的基础上重点试办了一批合作社，新老共122个。建立了3个党支部、3个团支部；对上层在政治上大部分都做了必要的安置，经济上也给予适当照顾，随着工作的前进，相适应地进行了教育，因而基本上稳定靠我，普遍放弃了对群众的部分剥削负担（官谷、官烟、保头）。

去年试办的合作社绝大多数都增产，对群众的鼓舞很大，树立了旗帜，有了榜样和方向，越来越多的群众愿意组织起来集体生产，走社会主义合作化的光明道路。

1953年后，陆续建立有一定民主内容的统一战线的乡政权。在党的领导下，过去几年中起了一定作用，无论是教育、团结、改造上层推动其进步方面、团结生产、发动群众方面的作用都是显著的。各族人民在生产生活上的变化也是十分明显的，如弄丙寨：1952年够吃的只有8户，1956年就有34户够吃，旱谷由1955年的208.7箩增加到了341.8箩。1953年有黄牛38头、水牛41头，1956年就有黄牛107头、水牛105头。青龙乡1953年以来新开水田68箩、水沟大小13条，种茶8万株、咖啡16万株，变化是很大的。在过去采取这样一种形式，这样做应该肯定是对的，然而在群众有了进一步发动、任务日趋繁重、要求前进一步的情况下，如不改变这种状况，就极不相适应了。为了进一步树立群众优势，奠定农村工作的坚实基础，充分发挥政权在社会主义改造中的重要作用，根据主客观条件，慎重地在较充分酝酿准备的情况下进行政权改选工作，是十分必要的，也是可能的、不容迟缓的。

二

（一）充分酝酿准备是整个工作的关键：

1.统一干部思想，使干部都明确地认识到这是一场尖锐激烈的阶级斗争，是从根本性质上改变政权，以代替山官制度的民主革命，必须足够地估计可能发生的问题，正确分析估计基础和条件。在统一提高思想认识的基础上，认真讨论制订出工作计划，组织力量，训练骨干、积极分子。

2.与上层进行协商，召开原有政府委员扩大会议，在总结肯定乡的工作成绩的同时，实事求是地指出缺点，给他们正面交代改造乡政权的理由、意义，取得赞成同意。

（1）乡政权按宪法规定两年民主选举产生，现已过期，名称也要改变。

（2）原有乡政府由于乡长大都提拔到上面，乡政府制度也不够健全，不能充分发挥其重要作用，与当前繁重任务极不相适应。在教育提高的基础上，讨论协商通过改造方案，通过建立筹备委员会。

3.广泛深入宣传教育，要使改造乡政权这件事家喻户晓，人人皆知，还要通过这次改造对广大群众进行一次全面的政治教育，主要内容是：

（1）形势：讲和平民主阵营力量的强大、中苏友好、中缅和平共处及国内社会主义建设的伟大成就，全国各地，包括自治州。

（2）回忆对比，解放以来直接过渡地区的新变化，联系各乡寨政治、经济、文化、生产、生活变化的实例，引导群众回忆对比，认识旧社会、旧制度给人民带来的痛苦、灾难，新社会、新制度给人民带来的种种好处。

（3）互助合作的优越性，引用各地试办的合作社、互助组的生动具体实例，进行宣传教育，扩大影响。

（4）宣传改造乡政权是当前人民生活中的大喜事，集中地使群众受到一次深刻的当家做主的教育；从总结生产成绩入手，交代改选的理由、意义，交代代表条件、如何进行改造等。

（5）在宣传教育的基础上，认真地选好代表。代表必须坚持以贫苦劳动好的积极分子为主，注意保留的少数较小和进步的上层也要设法选上。可以在选出代表之后就把代表小组建立起来，选择较好的骨干担任组长。

（6）骨干、积极分子的培养提高，是贯穿在整个准备工作过程中的一项重要任务，在统一干部思想之后，就要集中党团员、骨干、积极分子进行学习。除一般的政治教育外，还要更深刻地从他们思想上打破一个界限——"山官与百姓"，打破种种思想顾虑，批判"南瓜不能当肉，百姓不能做官"，是山官为了保持自己的统治地位，对群众进行欺骗的反动论调，澄清一些残存在群众思想上的传统的糊涂观点，如蜂子要有个王，百姓要没有官怎么行？等等，大力给他们支持，撑腰壮胆，并依靠他们去广泛深入地对群众进行宣传教育。在此过程中，进一步考验、锻炼他们，并注意物色发现具有一定政治觉悟、阶级觉悟、贫苦劳动好的优秀分子，实行重点加以培养，以提高质量，真正树立劳动农民的领导优势，逐步代替腐朽的山官制度。

酝酿准备工作，一般都结合生产进行，有的地方还组织了一定力量，配合以乡长、委员候选人为核心的筹备委员会进行宣传，但由于干部事前对准备工作的重要性认识不足，一般都不够充分，宣传也不够广泛深入。

（二）进一步团结教育上层，提高群众政治觉悟和当家做主的积极性，充分发扬民主，认真培养典型，紧密结合生产，开好乡人民代表会议。

1. 准备工作结束后，就迅速抓紧召开乡人民代表会议，进行改选，在进一步克服变天思想、认识社会主义的光明前途的基础上，全面总结建立乡政府以来的工作成绩，列举解放以来在共产党、毛主席领导下各方面的新变化，诱导代表展开从乡到寨、从寨到个人的回忆、算账、对比，激发群众对旧社会、旧制度的仇恨，热爱新社会、新制度。从各方面来说明共产党领导下人民民主制度的优越；提高代表当家做主的积极性，在此基础上明确交代乡人民委员会的任务，明确交代选举条件，启发代表对过去乡政府的工作大胆提出批评、建议、要求。这样就能放手发动群众，体现和增强人民群众当家做主的空气。

生产是社会主义的中心议题之一，要在总结检查的基础上，发动群众充分讨论，提出意见，如何改进乡政权对生产的领导要做出决议、定出制度。为了树立乡人民委员会在群众中的威信，还要根据各地具体情况，切实地研究制定几件生产上的基本建设，如开田、开地、开沟等具体安排，由乡人民委员会坚决贯彻执行。

认真培养典型，组织好典型发言，要根据教育内容，选择各种有典型意义的事例，充分准备培养。事实证明，这种强制自我教育、现身说法的形式很好运用起来，就能推动代表深入讨论，更好地领会报告精神。

为了进一步缓和稳定上层，凡安置在自治州、县上、站上的都可以请他们参加会议。

正式代表大的乡不得超过40人。为了互相启发带动，还可吸收面上的一些积极分子列席参加会议。

会议不宜拖得过长，一般两天即可。

2. 会议是尖锐激烈的战场，要紧紧掌握，既要团结上层，又要放手发动群众，要防止过分紧张或不敢发动群众两种倾向；深入摸清上层、群众思想动态，针对不同态度，分别认真解除、提高。

（1）第一，上层：总的看来，由于没有降低其政治、经济地位，事先做了较好的安置照顾，又经过自上而下反复协商、教育，讲明讲清道理之后，基本上是稳定的。但由于这次改选从根本上动摇改变山官制度，思想上必然是复杂混乱，斗争也是十分尖锐。在代表会上集中反映出来突出的是：与群众争权夺利，用传统的世袭的眼光来看这次改选，结果相反，被选的都是群众，出乎他们的意料之外，不得不放弃与群众的争夺，但态度很不正常，思想上很不服气，看不惯。如弄丙乡原乡主席跌夏山官排早响，酝酿选中他抢先提出他的儿子当乡长，他说："我的儿子早山好的，给他当吧！"经过交代条件，也感到没有希望了，就消沉下去，站起来，并说："唉！不消选了。"他感到很想不通。他说："糟了！以前是乡长、主席，现在又是委员，怎么搞的？"意识到这是实权问题，在上边当委员是空悬着，不如在下边当乡长。但是，群众的情绪，所提出的名单大家都很满意，他只好悲观地叹息："我年纪老了，老牛是难教的。"有的则强装满不在乎，反正树是树，竹子是竹子，即官还是官，百姓还是百姓，百姓选出来当官还是要受自己管，只是形式而已。青木寨山官腊六的弟弟原来是乡政府委员，被选掉后，他满不在乎地说："反正出木耳的地方还是要出木耳的。"有的则不相信群众会办得了事情，南苗寨头说："老百姓过去没有办过事，官也不会办的事，百姓会办我不相信。"原来是乡委员的人都想争取选上，结果没有选着就感到很没有面子，情绪抵触。突出的是南苗寨头："你们说毛主席、共产党好的，我哪天也只会说一句'我什么好处也看不出来'。"怕河山官甚至说："什么人可以当，就是'磨皮垂卓'（讨饭吃的和孤人）也可以当的。"邦角山官早利说："我的名字不要写，涂掉，选着我也不当。"开代表会他只去逛了一转就回来了，反映是"去的都是些小人"。邦角崩龙族伙头原来是乡委员，被选掉后他说："不管当什么，能当上一样就不丢面子了。"有些面上来参加的上层乡长也考虑自己的问题，营盘乡长阴龙道思想上也很紧张，加上旁边的排勒努说："包豆豉的叶子要丢掉了（意即过河丢拐棍）"，他很急地说："顶芭蕉树的叉叉不能丢掉。"有的还趁机想钻空子挑衅，麻伙头说："啊！何三也不得当乡长了吗？以后有人说他当副站长了，他才出气。汉人换官的道理不好。"

在群众优势、压力较大的情况下，很多人虽有一肚子牢骚也不敢公开吐露。有的说："说话要防前顾后些，树桩头也会有耳朵的。"有的说："在会上不好也只得说好了。"

针对这些情况，代表会议中又反复着重向他们正面交代改选的理由，讲宪法、提拔、长期团结，民族的发展、繁荣、进步，讲他们和乡政权的帮助指导关系等，还给他们算账，解放以来共产党、毛主席领导下给上层的种种好处，政治上的提拔，经济上的照顾，还经常到各地参观学习等。并体现在会议中对上层职务的尊重，不提山官的长短，只提国民党、土司制度和山官已放弃的剥削负担，没有放弃的不说；生活上也要照顾好。总之，从各方面使他们感到共产党没有丢掉他们，是真心团结他们，使他们感到有职权、有地位、有面子，事实上通过这次改选对他们是一个很大的提高。

各乡都比较重视这一工作。弄丙乡在会议中确定专人去做他们的工作，效果良好，最后经过耐心解释说服，上层基本上是稳定下来了，赞成这次改选。怕河山官指着新选的乡长说："这些年轻人，又不吹烟，事情一定办得好。"早仁说："啊！不一定选山官，现在办事尽用新道理了，就是我们的旧思想还没有改掉。"毛罗寨头反映："官也好，百姓也好，只要能办事都可以。"还有的在交代明确了关系之后说："他们哪点不会做是要帮助一些。"跌夏山官最后还对新选的乡长说："你们不消怕，我年纪老了，哪点也跑不得，你们老百姓当乡长我是喜欢的。"他们能对群众这样表示态度，对解除群众思想顾虑是有一定作用的。

（2）群众：怕上层这点是共同的、突出的，也有变天思想，共产党走了，山官又来整。保大说："现在积极做倒没有错，以后就一小点也会扩大起来算账。"弄丙乡代会上有的群众提出问题："这样做以后山官头人给会乱搞不知？"排勒拉（党员）说："我是不敢做，以前山官就发火。""你想做官啦？我不算官了吗？我上也不理。"基础差的地区更突出明显些，在上层面前规规矩矩，不敢大胆说话，缩在一边，总之腰软、口短，也看不到、不相信自己的力量，大家不起来我一个人不敢搞。排勒拉怕人心不齐，群众不跟，不听话，靠不上，自己什么事也没有办过，不会说话，更不会写字等。有的说："还是给那些办过事会讲话的人做吧。"思想上也受传统旧观念百姓不能做官的束缚，总觉得自己是百姓，小些，低山官头人一等。还有若干糊涂思想观念，滚干（弄丙）说："子也有个王，百姓没有个官怎么行？"

这些都反映了群众、骨干、积极分子的思想觉悟还是比较低的，上层的威胁压力也比较大。突出的是弄丙山官排昆香，气焰十分嚣张，一直企图推翻决议，恢复已失去的自己利益，在群众中大喊大叫，"哪个敢说不给吃？这是汉人做出来的"，"来捆嘛！这是祖宗叫我们吃的"，并公开威胁打击群众、积极分子"国民党来杀你们的头""杀两条摆在路上看，还跳不跳。共产党走，你们跟着去吗？……"等。因此，在一般政治教育内，要贯穿阶级教育，适当批判山官制度的不合理，批判各种形形色色的反动言论，初步地认识山官制度是不合理的剥削腐朽的旧制度，从而初步划清界限，理直气壮起来。还要采取多种多样的形式提高觉悟，比较有效的是展开从乡到寨、从寨到个人的算账，回忆对比，组织培养典型发言，还可动员上层做些适当的检讨、表态，坚持层层发动、步步提高、先进带动落后的方法。会议中要加强党团活动，加强积极分子的工作，及时深入掌握动态、特点，解除打破顾虑，不断给他们撑腰壮胆，帮助他们正确认识自己的力量，足够认识有利条件，满怀信心地进行斗争。

经过这一场斗争的锻炼，大大从各方面提高了骨干、积极分子。弄丙乡支书赵三不断鼓励情绪忧虑的代表："怕什么？我们是为百姓办事，又不是去抢他们。"他经过算账对比，看到了解放以来的一系列新的变化，生产发展，生活变化，1年抵得过去10年，看到了未来的光明前途，他表示"我死也要跟共产党，死也不变心"。蛮岗何勒弄认识得很好："过去有乡政府就像有房子没有人一样，今后有自己的人起来办事，来杀、来敲也不害怕。"还说："共产党比我的爹妈还好，要跟着老老实实干。"一般代表都反映："不管什么事，只有我们老百姓才会做得好。"有的说："上层的剥削思想还没有改掉，依靠不得，他们只会吃酒吹烟、领津贴，什么也不管，我们老百姓起来干他们什么也吃不着了。"何当口口声声地说"自己的事自己办，不消出酒肉求人"。积极分子、骨干情绪振奋，欢欣鼓舞，岳早共说："我们早就希望这样了，广大群众也是拥护的、满意的。"反映"只有我们自己的人才办得好自己的事情"。

对骨干、积极分子，就是要从思想上划清新旧制度的界限，认识山官制度是障碍民族发展、繁荣进步、束缚生产，给各族人民带来痛苦、灾难的腐朽的旧制度，已经废除了的部分剥削负担，并非上层恩赐，而是群众觉悟和紧密团结起来的结果。

三

不论是外来干部、民族干部，都有了进一步的提高，初步取得了改选乡政权的经验。最初干部普遍对政权改选的意义、目的和这一工作的艰巨性认识不足，把这一工作只理解成简单的改选，形式通过一下就行了。有的同志说："开一个会就解决问题了。"民族干部更是摸不清楚，特别是由于缺乏锻炼，阶级观念模糊，对树立劳动农民的统治优势的意义缺乏认识，有的同志感到"上层也好，群众也好，只要有能力"。上层干部则情绪苦闷，排早腊很担心他父亲被改选后会出问题，他说"要好好地讲清楚，慢慢地来，否则不容易想通"，态度十分冷淡。排大村表面上是拥护、赞成的，实际上是十分苦闷、悲观，感到自己做了副站长也是一个名，"有名无实，有职无权"，意见很多，工作消极应付。

干部思想模糊，在这一工作的过程中县委也做了若干次讨论，不断及时给予了多次的指示。各站工委抓得也较紧，使干部从运动中渐渐清楚明确，认识这是一场激烈的政治斗争，是从根本上改变政权性质，逐步代替山官剥削制度的民主革命，在群众思想上将引起一个了不起的变化，上层也将在运动中受到一次深刻的教育改造……在3个试点乡基本结束时，召开了组长会议，着重贯彻县委指示，从提高认识入手，总结试点经验，接受教训，改进工作，过去缺乏实践，很多问题不够清楚，甚至指导思想上的错误也是难免的。但通过3个乡的试点，暴露出很多问题，突出的是"准备工作做得较差，宣传教育工作不深不透、不广泛"，东山和三台山都是有点走过场，西山虽然做得比较认真细致，但对广大面上的宣传由于缺乏力量，没有宣传教育好的寨子还是不少。这些寨子只在选代表前进行过一般的宣传，没有展开深入的讨论，这样，缺乏一定的系统深入的宣传、教育、提高，选出的代表质量也很差，也不能达到把群众的政治觉悟通过改选普遍地提高一步的目的，这是突出而严重的缺点，反映出干部对改选乡政权的意义认识很不够，简单粗糙地急于求成。通过总结，一般都感到要设法在改选后组织力量配合代表去参加宣传教育，认真贯彻乡人代会决议，紧密结合当前生产进行弥补。对今后将进行改选的各乡进行了排队，从9月份动手准备，10月底结束的有5个乡（巩令、弯丹、营盘、中山、崩龙族乡）。11月至12月底再完成6个乡，这一批准备时间要更长，因为地处边疆，基础较差，情况复杂，如果没有充分和更长时间的准备，将不能按计划完成。这几个乡就是中山的杨家厂、蛮丙，西山的石板乡、累雨图，东山之东和、青民乡。

此外，对积极分子要求解决些什么问题，划清哪些界限，如何贯彻阶级路线，选准扎下根子，要求不能高，只要苗头好，提拔起来后再加强培养。对上层如何教育，从他们思想上解决什么问题等，都比过去明确清楚了。

政权改选是要在政治上确立人民民主的新制度，以代替并从根本上改变长期压在人民头上剥削广大农民的腐朽世袭的山官制度。这一斗争是十分艰巨的、复杂的，也是长期的，整个工作过程都必须以慎重稳进的精神去严肃认真进行，紧紧掌握既要团结上层，又要充分发动群众，生产、改选两不误。坚持一定过程，做好充分酝酿准备，防止形式走过场，要求积极抓紧迅速进行但又不能急躁草率，单纯求快，忽视认真准备。正式改选召开代表会之前，必须对准备工作进行严格的检查，宣传教育的广度与深度，上层的教育协商，骨干条件是否成熟。今后凡有力量的乡都立即着手进行准备工作，成熟一个乡，吸取这一批准备工作不够充分的教训，不成熟就积极创造条件。还必须十分明确，改选就是要在政治上树立贫苦劳动农民的领导优势，凡是上层担任乡长、委员职务的，除个别外一律不予保留，但也不搞清一色，代表和委员中上层要占20%的比例。改选之前，对上层安置工作进行一次全面检查，如有安置不当或安置漏了的就要根据具体情况分别上报安置。主要领导骨干有支部的地方必须选举优秀的党员，没有支部的地方都选择比较纯正优秀的骨干担任，事先要报县委批准。还体现在代表成员上必须是以贫苦劳动好的骨干、积极分子为主，其他阶层适当吸收一部分，但也必须是较好的。以这样的成员建立起来的代表小组，才能起到村一级政权的作用，才能更好地管理所属范围居民的一切行政事务。组长一般是由乡委员兼任，委员和代表人数按组织法办理，改选工作已基本结束了的3个乡，面上的上层必然受到程度不同的震动，如不抓紧做上层统战工作就很容易发生问题，引起混乱。因此，除各乡工作组十分注意掌握上层动态、加强教育解除顾虑、稳定情绪之外，9月初还要专门召开一个上层会议，加强正面教育，在进一步提高思想的基础上，协商改选问题，结合解决一些有阻碍生产的具体问题，达到解除顾虑，稳定提高思想，变阻力为助力。安置了职位，经济上给了照顾，就要设法调动他们的积极因素。要给予一定的工作，如轮流驻会、视察，在乡上也可考虑，经常由工作队里抽出一定干部配合带领他们到各寨做些面上的一般工作，不少上层只领津贴补助，不做工作，反觉得因为是当官"什么不做钱也像水一样淌进来的"；有的则感到安置也只不过是个名誉。为了不使他们发生错觉，为了更好地团结、教育、改造他们，首先是要给他们工作做，除文化站站务委员会定期召开会议，检查、研究、布置工作外，凡安置之后每月或不定期地领到补助的人，每月至少都要做5天至10天的工作。特别是薄弱地区，把上层运用起来对工作是十分有利的。

新选乡长尽管是比较纯正，根子好，但一般都很弱，还需要一段时间的带领帮助，才能逐渐适应工作要求，因此，可考虑由一些民族干部兼乡长，能力较强的也还可兼工作组长。把民族干部固定起来帮助，这对民族干部本身的锻炼提高，对加强培养乡干部、发挥乡政权的作用等都是有好处的。

以上当否？请地委指示。

对直接过渡地区情况的认识

这是直接过渡办公室在工委书记扩大会议上的发言草稿，现印发给你们参考。全文如下：

关于方针、道路和政策，上级党委已作了明确规定。现只是把基本情况和在执行中感觉到的一些问题提出来供大家讨论作参考，同时也是向工委作个汇报。

（一）基本情况

自今年3月底开始，在直接过渡地区掀起了一个规模较大的爱国生产运动，贯彻关于今年争取农业大丰收的精神。在这些地区具体的是把生产自救、节约度荒的口号叫响起来，从3个方面开展了运动：第一，通过领导生产坚持政治思想工作；第二，注意总结交流当地生产经验，并根据条件推广外地经验；第三，及时地帮助群众解决生产、生活中的困难，因而在原有基础上把工作推前一步。

1. 工作基础起了一定变化。

1956年以前，这些地区工作基础较好的只占16%，有一般工作的占23%，空白占61%（即有一定基础的占33000人口，空白薄弱区占66000人口）。今年组织了288人的工作队，以点带面地全面铺开工作，约有60%（重点区达80%以上）的地区投入了爱国生产运动。由于面上工作的加强，从而堵塞或减少了坏人的活动市场，基本扭转了重点受孤立与受攻击的状况，同时，也为面上进一步开展工作打下了基础。

另一方面，头人在运动中受到了一次较深刻的爱国主义教育，开始消除了各种思想顾虑，使之更加稳定靠我，在前进中起了分化。如西定召建、叭、鲊、先、召曼计95人，运动中表现进步靠我23人，占24.2%；中间46人，占48.4%；落后26人，占27.3%（其中属阶级本能与思想落后，也有少数右倾或两面性）。教育中充分交代了政策，通过回忆对比，进一步划清敌我界限，认清道路，绝大多数表示要跟共产党走，要听毛主席的话。团结、学习、进步基本成为头人的口号和行动指南。由于头人工作的加强，从而为开展各项工作开辟了道路。

同时，爱国生产运动对群众也有所发动，在老人、壮年、青年、妇女中开展广泛宣传。注意了对积极分子的巩固提高与发展，如西定由原来的40人增加到124人，增加了67.8%（即84人）。从群众思想来看，基本划清了敌我界限，重点区还能分辨是非，如在说共产党好坏问题上是有斗争的。在骨干、积极分子中基本具有团结头人与富裕户的策略思想，表现在思想上有界限，工作上讲究方法。总的是要求平等团结，有的甚至对上层统治不满。

由于这些工作的开展，民族关系也随之转化着，重点地区进一步团结、改造了上层，密切了党群关系。新开辟区疏通了与头人的关系，初步联系了群众，互相建立了感情，改变了头人不准我接近群众的情况，普遍欢迎我长期住下来。少数民族互相间的关系也通过调解纠纷，加强团结协商教育，使关系也得到一定改善。

2. 生产水平低，但也有了相当的变化。

第一，扩大了生产，因地制宜地开展多种经营，总的情况是扩大了下种数。布朗山1956年下谷种3659挑，1957年4718挑，增加1059挑，即11%。攸乐山1957年下种旱谷133378斤，比1956年增加30%；苞谷7134斤，比1956年增加11%；棉花18580斤，比1956年增加78.26%。西定下谷种6665.5挑（计3547710斤），比1956年增加24.21%；苞谷9729斤，比1956年增加42.32%；黄豆4152斤，洋芋6760斤，芋头6090斤，棉花320挑（8000斤，仅4个寨统计），其他16384斤。猪4634口，平均每户1.75口（母猪1579口、肥猪260口、小猪2705口、公猪90口）。茶叶预购1000担，截至5月底收得384担，完成38.4%。今年一般提前了节令下种，提前的原因是：

（1）政府帮助解决困难；

（2）开放自由市场后，群众自备了一部分粮食；

（3）开展了副业，增加收入，维持生活；

（4）实行了互通有无；

（5）卖工维持；

（6）宣传教育。

第二，稳定土地，兴开水田逐年增长。勐阿、西定、布朗山、勐混、勐遮修水沟306条（1957年兴修占149条），布朗山、西定、勐混1957年新开水田900多挑。西定逐年增长，1953年41.7挑，1954年49.5挑，1955年63.4挑，1956年112.8挑，1957年699.7挑（以20斤一亩算，计13994亩）。

第三，伴随着工具与技术的改进，土地也有所稳定。在全区牛耕约占31.8%，锄挖约占52%，刀耕火种约占16.2%。在勐遮等5个地方施肥404250斤。同时群众也总结了连片、轮作、间作对当前生产的作用。

第四，在这些地区出现了合作社4个，进一步巩固与发展互助组，实行评工记分72组、换工组184个、生产组11个，共计265组（1957年占181组）。合作社与互助组一般都制订了增产计划，逐步贯彻社会主义的原则，与原始大变工的形式相比已产生了根本的变化，可以说这是新的生产关系的一个萌芽。

3.随着上述的情况，封建因素与落后因素也在渐变着。

首先，是组织了爱国生产委员会11个（区1个），群众、积极分子参与头人共事，这就意味着旧统治在开始破坏，同时也有部分互助组参加了政治活动，宣传贯彻党的政策。另方面，对于政治特权、地租、债务，在工作基础较好的地区也起了一些变化。土地问题上，有的减去了地皮税，地租减少一半。债务问题上最大的变化是：①不抄家抢人；②有的把复利改为单利，有的减息至20%左右。其次，有的减少了结婚费，不经笼巴同意可以种地，要杀的缺嘴婴儿准住在地里，发现虫害可以捉拿，等等。应该说这种良好效果的取得就是团结协商调解政策的胜利。

（二）几个需要研究的问题

首先要说一下这些地区的主要矛盾问题：在这些地区阶级分化不明显，土地是寨公有、氏族公有和已产生了私有，但还不集中。西定僾尼族虽无土地，但也未形成障碍生产的主要问题。就布朗族、僾尼族、拉祜族、瑶族、攸乐族的政治来说，均无完整的一套制度，历史上虽受国民党保甲制和傣族封建领主分封之叭、鲊、先的参入，但实际上在这些地区起作用的仍是本民族选出的"召建""召曼""寨老"管理生产与宗教迷信的人。但随着生产的发展已产生了贫富之分，同时出现了封建因素，具有地租、债务、雇工、政治特权等剥削形式，但未形成大量障碍生产的主要问题。所以在这些地区贫困落后是主要的，而贫困落后又与封建因素、落后因素、民族关系以及敌我斗争交织在一起，形成了复杂的情况。如西定的土地问题是阶级性的，又是民族性的。因而在执行直接过渡地区的方针政策与渐变的方法不能动摇。

1.贫困落后与发展生产的矛盾表现在：

第一，缺乏生产垫扎，特别是口粮，大部分地区去年每人平均只有300多斤口粮。由于生活困难，就带来了两个结果，首先是在紧张的生产季节卖工，另外是借债或向其他方面找生活，因而影响生产。

第二，生产不稳定，主要是没有固定的耕地，连年轮歇，工具与技术落后，生产力不足（造成丢荒），特别是受着疾病与自然灾害的威胁尤为严重，忽高忽低，生产不能保持一定的水平。

第三，原始落后：宗教迷信严重地浪费人力、物力，祭日太多。勐笼僾尼族全年有1/3的时间做鬼，瑶区梭山脚1年仅做鬼1次就用人民币1000多元。其次是布朗族结婚、瑶族的"度戒"的费用都很大。如西定曼瓦岩尼帕共结婚4次，每次300元左右，共计1200元。瑶族"度戒"高者500元，一般200元左右。

第四，种植大烟多。边沿地区90%以上都种植大烟，占了很多的良地，花费着很大的劳动力，特别是在紧张薅草时把劳动力用于种大烟。

2.封建因素的几种剥削形式：

第一，雇工：在瑶族、傈尼族中出现了少量的家奴，据瑶区梭山脚调查现有家奴18人。另方面，较大量的是雇短工，谷地每工谷子3筒或人民币5角，大烟地每工1元。富裕户以占有较好较多的土地和较优厚的生产垫扎而大量请工，西定曼瓦先岩帕每年雇工达500个以上。但雇工的特点多系补助生产，尚无专靠雇工生产现象。

第二，债务：解放后，由于政府的大力扶持，债务关系有所减少。西定布朗族以3种情况借债：

（1）做生意借债，数字较大，约100元以上；

（2）结婚借债，一次约300元，特点是面广；

（3）为了生产借债，量少，一般借10元左右。

除布朗山利息较高外，大部地区利息在50%左右，瑶族甚至无利，以亲顾亲、邻帮邻进行调剂。但在这些地区突出地存在着放青烟，西定每放青10元收大烟5两，因而刺激着大烟的发展。

第三，土地：虽不是大量障碍发展生产的主要问题，但在发展生产中出现了号地和不协商、不交租（指西定）的现象，因而引起纠纷。

第四，政治特权：主要有优先分配土地权、吃礼肉、请头人吃饭和宗教迷信活动摊派。布朗族打的野兽送1腿外，杀牛1条还要送13斤；瑶族只送野兽肉3斤，但鹿茸、虎膝要送2/3给头人；攸乐族还要挖竹鼠送头人。凡人民有事均要请头人吃饭，并以赎佛、做鬼、摊派大吃大喝。

3.民族矛盾：目前主要表现在3个方面。

第一，由于我们的前进和工作中有缺点，落后上层与坏人就造谣破坏，挑拨党和汉族与少数民族的关系。如有的说"互助组是汉人的，他们想当头人，不要听他们的话"，以扩大民族矛盾，来掩盖他们的本质。

第二，敌人策反和造谣挑拨破坏，如说"共产党在不长"。有的写信来恐吓头人和群众等。

第三，山区民族与坝区民族、山区少数民族与坝区少数民族之间、民族内部，往往由于开水田号地、偷盗、牲畜吃庄稼、火烧山等原因，造成纠纷和不团结。

根据目前情况，在直接过渡地区的现实问题有哪些呢？现就所感触到的一些问题提供大家研究。

1.扩大生产与劳动力的关系：从目前看，各地今年的下种数都比去年增加，并开展了多种经营，势必带来劳动力不相适应的情况。下面举两个典型调查来看：

西定曼瓦全寨所需的劳动日

作物	单位	所需劳动日	下种数	共需劳动日
谷	1挑	78	806.5挑	58874.5
棉	1挑	120	196.5挑	28580
黄豆	1挑	13	1219斤	15847
苞谷	1挑	18	397斤	546
大烟	1筒	32	392斤	12544

5项共需劳动日115991.5个，出勤率要到同年156240个劳动日的70%以上。

曼瓦一个典型户薅草季节所需劳动日

作物下种数	所薅次数	每次每挑（筒）需劳动日	共需劳动日
谷3.5挑	4	10	140
苞谷10挑	2	6	120
黄豆1挑	2	6	12
棉0.5挑	5	20	50
大烟1筒	2	32	64

岩叫：贫农，劳动力2人，由5月至8月有240个劳动日。

5项共需劳动日388个，除自己240个外，不够劳动日148个。

所以对这个问题要采取：

第一，安排活路，通过算细账教育群众集中力量薅草，同时应加强3个方面的工作：

（1）帮助群众解决口粮；

（2）组织骡马运输；

（3）组织互助组、变工组来互助。

第二，根本的问题应注意不要盲目扩大开荒，开荒时要视力行之；并积极地领导群众多研究稳定土地（开田等）和提高技术，改良工具，以提高单位面积的产量。对下种较少影响收入的又应领导他们扩大种植面，或找出生产门路，如种植高产作物、搞副业等。

2.生产自救、节约度荒问题：这是在共产党的领导下，和政府的大力扶持下来进行生产自救、节约度荒的。这一方针提出后，对群众的生产积极性有很大推动，从多方面找出路增加收入。但有的过多地强调吃山茅野菜，对高产作物、早熟作物的生产重视不够，重视了粮食作物生产，而忽略了经济作物、副业等的生产。群众强调山区困难方面多，而对山区优良自然条件认识不足。针对这些情况，根本的问题在于教育群众解决目前利益要与长远利益结合起来。具体的是：

第一，目前主要是开展多种经营，多找门路，增加生产垫扎，发展生产。

（1）算收支细账，教育群众减少不必要的开支，把主要收入用于生活和生产。

（2）因地制宜地扩大早熟作物，特别是高产作物，如洋芋、苞谷、黄豆、苏子、芝麻、花生、绿谷以及瓜类、薯类。

（3）搞副业，大量养母猪，同时养肥猪、养鸡，以及打草排、制麻绳、皮绳、编竹器等。关于养猪需要解决两个问题：一是防疫，二是购买猪的经费除提倡在人民内部调剂或分养外，政府需贷款一部分。

（4）卖工和互通有无也可以解决一部分困难。

（5）政府救济贷放与供应。但对直接过渡地区的经费主要应用于基本建设方面，如兴修水利、开水田、改良工具等。

（6）在粮食问题上，在一定时间内准许自由市场存在，对解决山区粮食供应起着很大的作用。

（7）寻找野生作物为代食品或作养猪的饲料，如野山药、黄精、阿额等。

第二，发展方向：

（1）逐步稳定耕地，根据自然条件积极兴修水利、兴开水田，改良工具，改进耕作技术，这是稳定山区粮食作物的重要措施，也是为发展经济作物、畜牧业的必要条件。瑶区第一乡因固定了大部耕地（水田），使用牛犁田犁地，已由1953年平均每人300多斤谷子升至500斤以上；老白寨平均每人已达谷子823斤，西定小笼山等3寨1956年共余19万斤粮食。所以，在力量所及的情况下，应重视水源和能开成梯田的资料调查，做出规划，以达有计划、有步骤地逐步发展。

（2）这些地区的优良条件是有冷山与热山，土壤肥沃，地势气候不同，因而适宜多种经营，在绝大部分地区都能发展茶叶、棉花、樟脑、紫梗、药材、香草、水果（菠萝、梨）等，以及畜牧业，都是山区广阔的发展道路。如攸乐山、勐遮新火山、勐笼之小勐宋等可以变为茶山，西定、布朗山、勐阿一部分地区可变为茶山，景洪之南林山可以变为菠萝山，瑶区可以发展畜牧业。

3. 积极分子与互助合作、爱国生产委员会的关系：在这些地区培养了骨干、积极分子852人（1957年占84人），总的说来积极分子的生长是慢了些，其原因有三：第一，对培养民族干部是创造前提条件重要意义认识不足；第二，有的指导思想对阶级路线模糊，依靠与团结改造的界限不清，对上层缺乏全面观点，甚至对上层存在着迷信观念，因而在疏通与民族上层关系的基础上不敢放手培养积极分子；第三，对培养积极分子的工作不够，如对积极分子的要求过高，过多强调觉悟程度。

由于骨干、积极分子生长慢，势必影响了互助合作的发展与爱国生产委员会的建立，因而应加强下面的工作：

第一，在做好上层工作的基础上认真培养积极分子。这个工作一般应做到2帮3依6注意：

对积极分子要有两个帮助：

（1）加强培养教育，给予政治上的帮助，提高觉悟。教育内容除方针、政策、形势外，简单介绍共产党的斗争史，即怎样发展壮大起来的。介绍傣族的党支部、乡政府活动情况，讲当地工作前进的情况，即生产工作、头人改造情况、群众积极分子的生长情况。并进行民族平等团结和团结头人、富裕户的教育。

（2）积极分子生产、生活上有很多困难，所以应予多帮助。

对积极分子可以有3个依靠：

（1）依靠他们了解情况和宣传党的政策。

（2）依靠他们培养新积极分子，应把出身成分好、劳动生产好、联系群众好的条件交代给他们掌握，并由工作队与他们研究培养对象与培养的具体方法。

（3）依靠他们带头响应党的生产号召和宣传互助合作的政策，串连发动群众组织互助组、变工组。

对积极分子还需要有6个注意：

（1）互助合作还未大量发展起来时，骨干、积极分子不要过多地集中在合作社、互助组，社组外应保持有一定的积极分子，作为工作中的依靠。

（2）积极分子参加政治活动与组内生产工作的关系要安排好。

（3）积极分子的发展要照顾到社内外、组内外，寨与寨之间、民族之间不宜悬殊过大。

（4）积极分子有新的要求不要泼冷水，应鼓励新生和前进，但应防止在不必要的情况下不宜过多地出头露面，防止与其不满对面冲突。

（5）主要培养提高他们的工作能力与威信，吸收他们与干部共同分析研究情况，在爱国生产委员会里让他们说话，吸收他们参加、调解纠纷。在群众中表扬他们的优点，但应防止骄傲脱离群众。

（6）注意掌握阶级路线，防止劳改犯、上层、富裕户的心腹进入积极分子队伍，所以应注意审查。

第二，关于乡政权问题：目前不宜建立，因为直接过渡地区没有受过较大的运动，劳动人民还需要一定时间锻炼提高自己，头人还需要进一步进行改造，所以目前应大量建立过渡性质的爱国生产委员会，但从现在来看，发展慢了，应该加强这一工作。

第三，互助组问题：全区16757户中组织起来的只有约2650户，仅占总户数的16%弱，所以发展的速度是偏慢了。其原因有：第一，主观力量不及，主要是干部少，又缺乏经验，或重视不够。第二，骨干、积极分子生长慢了。第三，大烟问题，办组不种烟，种烟不办组，这个斗争在西定是比较突出的。针对这些情况，提出几点意见：

甲、在爱国生产运动中，应分批地大量建立互助组、变工组。

关键在于领导重视，积极培育积极分子，同时，不能把种大烟与否当作参加互助组的条件，这个问题应随着互助合作的发展与巩固和生产的发展逐步解决。成分坚持以贫苦农民为主，吸收相当于中农的劳动人民参加，对有经济地位和政治实权的头人和富裕户暂不吸收，对个别劳动好，而真心要求的头人也可以吸收。关于规模，评工记分的常年互助组坚持在10户左右，变工互助坚持在5户至6户左右。

乙、加强领导，巩固提高互助组。

第一，互利方面：

（1）制订生产计划，多找门路，以增加组员的生产和收入，这是很重要的一步。

（2）评工记分，男女同工同酬：山区民族的特点是集体出工，女劳动力强；布朗族有傣文知识分子，瑶族也有识汉文的人，傈尼族无文字，但惯用木刻记账。互助组初期一般是死分死评，逐渐到死分活评和按件记分或小包工。

（3）小段安排活路，每10天左右安排1次，具体规定互助对象和劳动力的组织分配。

（4）搞点公共财产，集体经营，如开水田，种小春、高产作物等。

第二，民主管理方面：

（1）加强对组长、记分员的领导，定期召开组长、记分员联席会议，汇报检查工作，交流经验。

（2）制定全组会议检查制度，定时公布工分账目。凡有点重大问题，应由组员大会民主讨论，如计划、安排活路、搞公共财产、分配等。

（3）走群众路线，多个别访问组员意见，及时纠正缺点。

第三，坚持政治思想教育：

生产教育，主要是通过总结成绩，肯定组织起来的优越性，并结合社会主义前途进行，讲民族平等团结、当家做主，通过回忆对比提高，并随时注意解决组内外的关系。

第四，对明组暗社的互助组，应进行1次检查，凡有条件的可正式成立合作社，并加强领导，巩固提高。

4.头人工作问题：主要偏重谈谈思想改造的方面，在安排经济照顾的基础上，应加强政治思想教育和培养进步靠我的核心分子，是一个重要的工作。

（1）正确树立对头人的全面观点，认识他们具有两重性和两面性，其关键又在于紧紧掌握思想顾虑，具体分析，找出原因。什么是两重性呢？就是一方面由于阶级本能和对我政策不了解时，随时都会产生不满和顾虑，特别是作恶多的顾虑愈大；另一方面，他们与国民党（敌人）有矛盾，解放前多少吃过国民党的亏。解放后共产党给了他们好处，生产都有发展，因而对党的政策是拥护的，也就是我们争取团结改造的有利条件。什么是两面性呢？由于地处边境，境外盘驻残匪，加上敌人拉得紧，如造谣、威胁、利诱等，造成恐敌思想，所以有的与敌人不敢一下割断联系，形成两方应付。鉴于这些情况，所以对他们主要是争取团结改造，并争取他们到内地开开眼孔，见见世界，如西定曼卖兑的老五。

（2）培养进步靠我的核心分子，通过他们带动中间，教育落后，并注意表扬好人好事，哪怕是点滴的也应加以肯定；对个别落后的也应给予适当的批评。西定工委已决定分工做老五、老大、刀桂庭、姜四保、岩班、叭曼蚌、曼卖兑大佛爷的工作，抓了这一条，对今后的上层工作将起良好的作用。

（3）培养典型，召开头人座谈会，控诉国民党的统治罪恶事实，通过扩大敌我矛盾，划清敌我界限，分清道路，以回忆对比，认识只有听毛主席的话、跟共产党走才会有光明前途。如西定曼瓦在一次控诉会上，一致认为：第一，国民党摊派多，每年每人95元，全寨一年共57000元，可买1000多万斤谷子，或可买马1140匹。第二，国民党打骂多。第三，国民党时社会不安宁。而共产党有的是教育帮助，领导生产，救济贷放，又团结，社会又不乱，一致提出说"不想见国民党，不想听他们的话，要好好学习毛主席的新道理，要跟共产党走，要求帮助他们办事"等。

（4）团结、学习、进步的口号叫响起来，不管在会上、个别谈话均作为内容之一，让这些口号形成空气与头人行动的指南，即成为头人进步表现的旗帜。

（5）加强爱国生产委员会的领导，对培养提高积极分子的能力威信、推动头人进步和推动生产、改善民族关系都起着良好的作用。并按照生产季节讨论制定生产决议，树立其法制观念。

（6）多联系，加强个别谈心，在生产、生活上关心头人，谈生产、家务和工作，从而建立感情。

（7）目前对自治机关的作用发挥不够，因而应定期召开政府委员扩大会议，吸收有代表性的头人参加，以贯彻党的政策，并通过会议酝酿讨论所要做的工作。

5. 纠纷问题：今年纠纷很多，影响生产很大。造成纠纷的原因有三。第一，土地水源关系。第二，偷盗。仅据西定统计，有小偷42人，其中大惯偷17人（偷牛马）、小惯偷21人（偷衣物）、偶尔偷4人。这些人思想上毫无法制观念，如说共产党对他们没办法。第三，牛马吃庄稼。因而往往引起纠纷，造成民族关系的紧张。

解决的原则是：有利于民族团结，有利于发展生产，对治安犯应给予处理。在涉及与邻国的关系时应从和平友好的原则出发，协商调解。

6. 大烟问题：在边沿地区种植面达90%以上，大烟收入占全年收入很大。如西定富裕户康朗三在1956年总收入是1379.5元，大烟占总收入的65.9%；中农召曼告1956年总收入为828.55元，大烟占总收入的68.8%；贫困户岩三烘1956年总收入141.15元，大烟占总收入的34%。说明了群众对种大烟思想很深，和经济利益大，所以应坚决执行地委的指示，不能硬性禁止，但应该开展宣传教育，即加强爱国主义教育，说明大烟是帝国主义侵略我国的产物与大烟的害处。发动群众种植其他作物，如麦子等来代替它。另外，对大烟贩子、投机商人应给予打击，切断其运和销的道路，不准拿下坝子或内地去卖。

西双版纳边工委对直接过渡地区工作的
初步意见

去年我们根据省委对直接过渡地区的方针、道路和地委在直接过渡地区创造前提条件的精神，在领导生产中贯彻了地委十三条生产政策，因而工作稳步地前进了一步。从1年的实践证明，省委的方针是正确的。

1958年在10万人口的直接过渡地区开展一个生产大前进运动是可能的。其条件是，从客观方面看：

（1）各阶层人民都迫切要求发展生产，虽然生产、生活还是十分落后，但解放后山区各族人民在党的领导下大大减轻了负担（包括国民党摊派和地租、债务负担），加上国家的扶持，群众的生产情绪很高。据西定典型调查，解放前每年每户负担约占去年总收入的30%至50%，解放后只有公粮负担，仅占总收入的1.8%。解放前每年每人平均收入37.11元，1957年每人平均收入达54.1元，每人比解放前增加收入17.99元。所以说肯定群众生产积极性是很高的，正如群众反映："现在为什么要开田和加工施肥呢？因为不怕别人抢租夺佃和派款了。"

（2）山区自然资源丰富，土地多而肥沃，有水源，气候相异，能多种经营，如粮食作物、经济作物、畜牧业都有广阔的发展前途。

（3）有合作社12个、互助组330个，通过组织起来的力量推动生产。

从主观方面看：

（1）有党的正确领导。

（2）有政府的财经支援。

（3）有一批长期工作基础的地区和干部，熟悉当地情况，也摸索了一些领导生产的经验。

但同时也有不利的方面：

（1）生产垫扎和劳力不足，工具落后，技术水平低，同时生产基本建立在小农个体经济的基础上。

（2）落后保守习惯势力对生产有障碍，如大烟、祭龙等。

（3）民族关系复杂，有历史遗留下来不团结的痕迹，加上敌人造谣破坏和剥削上层对社会主义不满，挑拨民族关系，以及号田号地、牛吃庄稼和偷窃也会引起民族问题，所以民族问题时起时伏。

（4）封建因素也带来一些障碍，如土地、债务关系等，所以就决定了我们做艰苦的政治思想工作，只要加强领导，克服保守思想，在这些地区开展一个生产大前进运动是有可能的。

如何来开展1958年的生产大前进运动呢？其程度的深浅何在？是要进一步研究的。在这些地区生产大前进的中心环节，仍应抓住水利、施肥、土地加工和改进工具，提高生产技术。在领导群众全面全力发展生产过程中，必须进一步加强对上层团结、教育、改造和大胆发动群众、组织群众，而上层工作与群众工作则应相适应地发展，两者不可偏废，在前进中，群众工作做多少，上层工作必须跟上去。在第一类地区可以考虑办一窝社，建立基层政权和建立团的组织，在这些地区的民主问题，如土地、债务等，对生产有障碍的落后因素问题也应坚持前进。总的应根据客观条件和主观可能该进就进，有条件应该进，不进是不对的，但没有条件的地区不能勉强。具体意见是：

一、生产工作

以粮食作物生产为主，除稻谷外，特应大量发展高产作物和大力推广小春，并开展多种经营，1958年全州直接过渡地区粮食作物要求增产20%。

第一，提高单位面积产量和适当地扩大种植面积（指固定原耕地）。

1. 水利上山，充分利用水利和地形，主要是开沟和挡坝，全面地开展小型水利工程，也不放弃得利大的重点工程（中型），开小荒坝、小丘陵地为水田，改坡地为梯田。在对待水源问题上，应本着积少成多、能灌一丘开一丘、种一丘收一丘的积极态度发展，克服贪多图大、轻视小股水源的思想。预计1958年兴修水田6000亩至9000亩。

2. 固定耕地，合理延长轮作和提高单位面积产量：原有水田158971亩，每亩由323斤提高到400斤。山地原有22623挑种面积，由每挑产12挑提高到14挑。扩大种植轮歇地15000亩。种植面积，请各版纳根据此要求和当地情况具体提出指标来。

3. 提高单位面积产量和固定耕地（扩大轮歇地种植）需要做好几个工作和注意解决几个问题：

（1）处理好兴修水利、兴修水田与山地生产的关系，山地生产与坝区生产的关系，粮食作物与经济作物的关系，合作社、互助组与单干的关系，人民生活与生产的关系，如盖房、砍柴等，务须安排好活计和劳动力。除教育和具体安排外，重要的应抓住解决技术和改进工具方面，充分利用畜力参加劳动，推广和试用牛犁地、牛开田，试用风车、苞谷脱粒机等。

（2）开展一个积肥运动，在这些地区也必须用革命的精神大力推广积肥施肥，山区主要是积烧灰肥、高温堆肥，寨子附近的山地和田可施畜肥，1958年全州直接过渡地区要求施肥1亿斤。山田最低1000斤，山地平均每亩施肥最低500斤，坝田施肥最低1500斤。通过以点带面和以片带面，召开各种会议，大力开展施肥的教育，并紧密地与开展爱国卫生运动结合起来，定期打扫寨内卫生。

（3）薅草保苗和护秋：水田要求薅秧1次，山地薅草2次至3次。保苗护秋要做好两方面的工作：一是防止牲畜吃庄稼；二是打猎，主要推广防兽的土办法，如弯弓、跳圈，并利用民族宗教迷信节日打猎。

第二，发展互助合作。

从目前看，互助组有330个，占总农户9.5%；合作社12个，占总农户2.78%，所以应大量发展互助组，重点试办合作社，有试点的地区发展一窝，即3个到5个。一类地区要求互助组发展到总农户的30%至40%，二类地区10%。合作社要求达总农户的5.19%，以互助合作来推动生产。

互助组现有5种形式：

（1）有领导地组织起来常年互助组，实行评工记分，并集体经营部分土地，有一定公共积累。

（2）组织起来私地工换工外，集体经营部分土地，种苞谷、黄豆、芋头等，评工记分，按劳分配。

（3）有领导的组织起来工换工、手换手（临时换工组）。

（4）明组暗社，全部耕地集体所有，评工记分，按劳分配。

（5）剥削上层组织起来的互助组（或我组织起来后被剥削上层掌握），他们的目的是政治上抓住一批人，经济上达到剥削。鉴于这些情况，采取如下措施：

属于明组暗社和常年评工记分的互助组，应通过酝酿组织合作社；属于私地工换工，公地评分按劳分配互助组和工换工的临时互助组，应提高到常年互助组，全部评工记分；对上层组织起来的互助组不予承认，属于我组织起来被上层掌握的互助组应整顿提高。除此外，应积极发展一批，首先是把贫困农民组织起来，贯彻互利和民主管理的原则：

互助方面：

（1）制订简单生产计划，多找门路，以增加生产，增加收入。

（2）评工记分，男女同工同酬，由死分死记到死分活评、按件评分等。

（3）小段安排活路，约每7天至10天安排1次，具体规定互助对象和分配劳动力。

（4）搞点公共财产集体经营，如开水田、种小春和高产作物等。

民主管理方面：

（1）加强对组长、记分员的领导，定期召开组长、记分员联席会议，汇报检查工作，交流经验。

（2）制定会议和检查制度，定时公布工分账目，凡重大问题由全组讨论决定，如订计划、安排活计、搞公共财产分配等。

（3）走群众路线，多个别访问组员意见，发现问题及时解决纠正缺点。

另外是加强政治思想教育，主要是通过总结成绩，指出缺点，肯定组织起来的优越性，进行社会主义前途思想教育，培养集体主义思想，并进行团结生产教育，主要是解决组内外的关系。

合作社：今春在全区办25个合作社，应坚持社会主义原则与结合当地实际情况办社。方法上一般是：

（1）调查研究，具体分析认识有利条件和困难所在。

（2）训练干部和教育培养办社村寨的骨干、积极分子工作，使他们基本明确方针、步骤和具体政策。

（3）做好入社对象、上层和广大群众的政治思想工作，做到既深又广。

（4）有土地和债务问题的地区办社前应予解决。

对办社的具体政策问题，可考虑西定坝丙然尼搓达拉合作社总结与结合当地实情处理，如山区有的土地分红，有的土地不分红也可以。

二、发动群众、组织群众和改造上层、安排上层

（一）通过领导生产使上层工作和群众工作前进一步，其中心是开展社会主义、爱国主义的政治思想教育，在这些地区有系统地集中划几个界限，即新旧社会的界限（生产、生活的变化，负担的变化等）、敌我界限、进步与落后界限，鼓励进步（包括是非界限、民族与阶级的界限、劳动与剥削的界限），从而肯定党的领导、人民民主，以坚持学习、团结、进步。

第一，目的要求：以生产为中心的社会主义和爱国主义教育，要求进一步地发动群众和组织群众，巩固提高原有的积极分子，发现培养新的积极分子，进一步团结改造上层，以提高社会主义和爱国主义觉悟，有利于解决民主问题和障碍生产较大的落后因素问题，达到发展生产，发展互助合作。

1. 对上层：进步标准是在共产党领导下，划清敌我界限，积极拥护支持兴修水利、兴开水田和施肥，改进工具和技术，拥护互助合作，不打击新生力量，劳动爱民守法，团结进步，发展生产。

2. 对群众：坚持共产党的领导，划清新旧界限和是非界限，积极地响应兴修水利、兴开水田和施肥，改进工具和技术的号召，积极参加互助合作，加强团结，发展生产。

3. 对积极分子：在党的领导教育下，提高政治觉悟，划清民族与阶级的界限，主要懂得凡事应站在人民利益方面，团结教育上层，加强与广大群众的联系，积极主动地宣传贯彻党的政

策，带头兴修水利、兴开水田，和改进技术与工具，带头参加互助合作，发展生产。

第二，教育内容：

1. 以生产为中心的爱国主义教育，其中心是为基本达到粮食自足和积极发展经济作物、畜牧业而奋斗（考虑提出在1962年达到这一要求）。通过回忆对比抓好几个环节：一是党领导与民族发展的关系，二是兴修水利、兴开水田、积肥施肥与发展生产的关系，三是改进工具、技术与发展生产的关系，四是积极组织互助合作与发展生产的关系，五是勤俭节约粮食与发展生产的关系，主要号召生产自救，节约备荒，从而认识国家、民族、个人利益的一致性，进一步划清新旧界限。

2. 进行社会主义、爱国主义的民族团结教育，提出团结、学习、进步的口号，讲解民族不团结的根源与害处，一般指出封建因素对民族和生产的危害，强调上层与群众的利害关系；讲解民主与专政的范围与好处，树立当家做主与法治观念。分别不同对象提出当前各阶层的要求，使其人人有个进步方向，从而划清敌我界限、进步与落后的是非界限。

3. 加强国内外形势发展的教育，强调新生的发展壮大，旧的衰退死亡，其主要环节抓住社会主义阵营，和平力量与战争势力的对比，这一形势与境外残匪的关系，讲残匪反动本质与处境，讲残匪处境与我宽大政策，讲人民解放军与边疆各族人民发展的关系，教育各族人民积极支援解放军保卫边疆，并具体讲祖国社会主义建设的成就，和西双版纳的变化事实，从而阻塞变天思想，解除顾虑和提高警惕性。

4. 在靠内一线和有一定群众基础的地区，对积极分子进行以人民当家做主为中心的阶级教育，讲解产生民族不团结的原因，一是国民党反动派制造遗留下来的，二是有些民族的统治者为了维护个人利益而挑拨不团结，予划清民族与阶级的界限。并一般讲解社会经济发展的规律和讲解私有制是产生剥削阶级与贫困的根源，予积极带头走社会主义的道路，积极工作。

教育的方法：教育应与当时的工作任务结合，针对思想，由干部讲解和依靠积极分子宣传，组织讨论和座谈，回忆对比，算三笔账——生产发展账、生活改善账、负担减轻账。正面教育与揭露相结合，边调查与边教育相结合，口头宣传与实物、图片展览相结合。

（二）在领导生产和发动群众的基础上组织群众和安插上层。

第一类地区：生产有所发展，上层稳定和有一定改造，群众有所发动，具有一批骨干、积极分子10人至15人的可考虑建立劳动人民的乡政权，原则上不要上层，对个别代表性大和进步靠我的上层可个别吸收参加；在组织合作社中培养或建立共青团组织；以寨为单位组织积极分子小组，统一积极分子的领导，对群众可以组织居民行政小组，由积极分子担任组长，副组长可由上层或较富裕对工作有阻力的担任，主要是学习讨论，搞生产、卫生工作等。

第二类地区：靠边沿，工作基础薄弱的建立有上层和群众参加的爱国生产委员会，或组织上层社会主义学习小组，定期每月至两月召开会议1次，汇报生产和检查进步标准，表扬进步事例。涉及土地、债务、纠纷等问题时，可专门召开爱国生产委员会协商调解。

另外，在以上两类地区都必须重视发现培养积极分子，以扩大劳动人民的阶级队伍。

三、在生产和发展互助合作中应根据条件积极慎重地解决一些对生产障碍大的封建因素和落后因素问题

如土地、债务、家奴、政治特权、大烟、杀牲畜等（具体政策另附）。

四、领导问题

1. 各版纳工委应开好3个会，即：干部会议，总结检查工作，明确1958年的任务，克服保守思想和畏难情绪；政府委员扩大会议，吸收代表性大的上层（包括宗教迷信等上层）和骨干、积极分子参加，总结1957年的工作，布置讨论1958年的工作；生产代表会和全体骨干、积极分子会议，主要讨论保证贯彻1958年的任务，对有坝区又有山区的版纳应专门召开这个会。

2. 凡已成立的乡人委会、爱国生产委员会，应坚持每月召开会议1次，汇报和检查工作。

3. 加强点面和坝区与山区的领导，办社、建乡、成立爱国生产委员会都应与生产紧密结合，防止单打一。加强点的领导，同时也要加强面上的领导，更不应放松情况复杂、对工作影响大的村寨，如布朗西定。加强坝区的领导，同时也要加强山区的领导。

西边工委

1958年1月23日

西边工委在边沿直接过渡地区西定坝炳进行以粮食为中心的社会主义教育的试点情况

据元月8日电话汇报：工委在土改区试点的同时，在直接过渡地区也做了试点。首先是研究了当前头群之间的思想情况，然后在骨干、积极分子中交代政策、酝酿讨论、明确目的意义，在统一思想、明确做法的基础上召开爱国生产扩大会议做正面教育，经过讨论认识在群众中铺开。

初步掌握的思想情况是：

一、上层情况：

有17个寨子，有主要头人27人，其中布朗族8人、彝族11人、汉族8人。这些人中有几种政治倾向：

1. 与敌人有联系，散布变天思想。威胁群众说："共产党天下只有50年。"

2. 打击我培养中的骨干、积极分子，制造民族纠纷，讽刺我积极分子说："穷人是想单干了。""人大不过理，马大不过鞍。"

3. 对我有所信任，说"共产党对民族不杀也不打"，"共产党力量强大，就是天上的太阳、月亮、星星，都是共产党的"。

4. 进行粮食投机。有几户到坝区买了六七千斤粮食。

二、群众的思想情况：

1. 怕工作队、解放军走了敌人进来烧杀。

2. 怕打击了头人，头人不借粮食给吃。

3. 怕现在买了以后要着难买。

三、寨与寨，布朗族与僾伲族和汉族之间的土地问题，山区与坝区土地租用上存在着团结问题。

四、普遍地存在着瞒产现象。

根据上述情况，提出以下做法：

首先是划清当前头群思想上几种模糊不清的界限：新旧制度、敌我界限、民主与专政的界限、新旧民族关系的界限、进步与落后的界限。

其次是通过以粮食为中心的社会主义教育，通过头群之间的爱国主义和社会主义的思想觉悟，巩固提高骨干、积极分子，团结中间层，团结稳定上层。具体要求是在划清敌我界限的思想基础上，争取多数头人靠我，使广大的基本群众在划清新旧民族关系的思想下，坚持共产党的领导，积极响应政府的号召，拥护党的各项政策，积极交纳公粮，参加兴修水利，开展生产运动。对骨干分子的要求是坚持共产党的领导，提高阶级觉悟，划清新旧民族关系，积极带头贯彻和宣传党的各项政策措施。

一、在宣传内容上，仍以粮食问题为中心，进行爱国主义和社会主义的前途教育。通过教育使之达到"为粮食自足而奋斗"，通过回忆对比提高思想觉悟。在回忆对比中抓住几个环节：

1. 党的领导和民族的团结与发展生产的关系。

2. 提倡兴修水利和学习施肥与发展生产的关系。

3. 积极响应党的号召组织互助合作与发展生产的关系。

4. 勤俭持家、节约用粮与发展生产的关系。

二、以民族团结为中心的爱国主义教育：

1. 民族团结、互相学习、共同进步与民族分裂闹事对民族发展的关系。

2. 强调民主与专政的范围。

3. 找不团结的根源及解决不团结的方法。

三、加强社会发展与形势力量对比教育。

1. 进行战争与和平力量的宣传教育。

2. 进行强大的人民解放军的宣传教育。

四、对骨干、积极分子进行阶级教育，主要是解决民族关系与阶级关系的根本问题。

五、宣传党在直接过渡地区的阶级政策，做法上是通过串连组织核心领导集团，在公开领导形式上是以行政组为单位进行讨论，吸收进步的和有代表性的头人担任副组长。

在基础较好的地区考虑酝酿建立乡政权，在基础较差的地区成立爱国生产委员会，领导全乡生产。对头人的教育改造问题是新搞重点，成立头人学习小组，定期学习，检查进步标准，以兹鼓励进步。

坝炳乡经过近1个月时间已全部结束。从傈僳族来看，余粮户数字较大的有1000多斤，通过教育辩论，基本上达到提高了群众的思想觉悟，完成了余粮收购任务。从坝炳新寨来看，有4户余粮户，富农2户26人，总收入23345斤，除公粮1025斤、口粮15400斤，有余粮6720斤，实售粮只500斤。富裕中农3户28人，总收入21305斤，公粮1500斤，口粮4305斤，有余粮15700斤，实售余粮900斤。中农5户20人，总收入25613斤，公粮730斤，口粮24000斤，余粮566斤，售出600斤。

西双版纳直接过渡地区基诺山改变落后面貌

（一）

基诺山是西双版纳傣族自治州的一个直接过渡山区，海拔1500公尺以上，有5个乡36寨1048户5896人，基诺人占90%。虽然山高，但属于亚热带，除适宜于种植稻谷、玉米等粮食作物外，盛产棉花、紫梗、茶叶等经济作物，也适宜于发展畜牧业，自然条件优厚。

但由于历史上长期受傣族封建领主和国民党的统治压迫，聚居在这里的基诺族还保持着原始氏族社会的残余，土地属于傣族封建领主制度统治下的氏族公有（即基诺山的土地全属坝区傣族土司所有，由傣族土司划分村寨之间的土地界线，每寨每年都向傣族土司缴纳贡奉，在基诺族内部则是以氏族为单位分占"寨公地"，每年由各氏族的首领分配给各户使用），已经产生了雇工、债利等剥削因素，开始发生了阶级分化，但是还没有形成奴隶主、地主等剥削阶级。1954年才开始开辟工作，1957年2月建立了基诺山生产文化站。根据这里的社会经济情况和工作基础，采取通过互助合作的道路直接过渡到社会主义社会的办法。

基诺族的生产落后，普遍采取"刀耕火种"的原始耕作方法来种植山地，只是在1957年大丰收运动中才有3个寨子开了40亩水田。不使用大锄头，不会使牛用犁，阻碍生产发展的落后习俗很多，人民生活贫困。1954年开始开辟工作时每人平均只有300斤左右原粮，经济作物的生产解放前几乎完全停滞，1956年增至每人平均有374斤原粮，加上经济作物的收入，每人平均收入22元。但由于山地生产极不稳定，1957年遭旱灾，粮食作物减产4%（部分地区粮食减产50%），每人平均有原粮360斤，但经济作物增产32%（经济作物收入占农业总收入的41%），每人平均收入24元。

（二）

因此，发展生产、摆脱贫困、吃饱穿暖、改善生活是基诺族广大群众最迫切的要求，也是最本质的要求。党所提出的生产大跃进的号召，深刻地反映了基诺族人民的这种本质要求，极大地激发了基诺族人民的革命积极性。但是要实现生产大跃进是要经过重重斗争的，特别是在这样生产落后、没有经过土地改革的直接过渡地区斗争就更加复杂。

首先遇到的是干部的右倾保守思想，片面地强调地区落后，情况特殊，认为"直接过渡地区落后，基础差，不能和坝区比"，埋怨上级党委分配的开田500亩、积肥200万斤的任务太重了，说提出3年内消灭刀耕火种是"主观主义，根本办不到"。

同时也遇到群众当中的落后保守思想的怀疑，"山区没有地方开田，基诺族不会种田"，怕开田"搞不得吃"，特别是遇到一些剥削上层的抵抗和破坏，他们到处散布"基诺族古里古代没有种过田，开田不合基诺族的礼"，"开田处有鬼开不得"，还宣称"在本氏族土地上开田的要交租"，并尽力控制大变工组，不准去开田。

经过自治州的三级干部会议，学习了主席和省委的指示，初步克服了基诺族干部的右倾保守思想，鼓足了干劲，立即回区召开了各级生产代表会议，通过总结1957年生产，对1958年生产大跃进进行专题鸣放辩论，普遍辩论"基诺山生产能不能大跃进""基诺族种田有礼没有礼""种田搞得吃搞不得吃"，启发群众进行回忆对比，利用当地的先进事例来驳斥剥削上层的反动言论，提高群众觉悟。

种田有礼没有礼？基本群众的回答是："基诺族种田有礼。古里古代傣族土司把基诺族赶到山头上来，想种田也不得种。20多年以前，蛮坡基诺族曾到'卡街'开过田，后来土匪在那里打死3人，国民党政府诬赖是基诺人杀的，罚款打人，才又丢荒不种的。"大家的结论是："过去国民党不准我们种田，现在共产党领导我们开田，我们的老祖先都还能种田，我们为什么不能种？"

种田，得吃不得吃？种田能不能增产？启发群众诉了去年旱灾减产的苦。去年曼雅乡的一个互助组因旱粮食减产，但是在一块不到半分的泥塘里用山谷试栽的田，收得35斤谷子；曼海寨3户贫农年年缺粮，去年开了7亩水田，收得3840斤谷子，今年就不再缺粮。而山地费工大，每亩平均产量还不到150斤。这些例子都说明种田比种山地好，固定耕地比刀耕火种好，"种田不仅得吃，而且能吃得多"的道理。大家都表示："过去我们想吃田谷不得吃，今天有共产党、毛主席领导，我们一定要吃田谷。""开田路远没有我们的腿长。"

通过辩论提高了群众觉悟，激发了基诺族人民的革命积极性。村村寨寨都勘察开田地基，搭起工棚挖沟开田，原来规定的水利、肥料指标很快被群众的革命行动所突破。修沟开田的指标从500亩增加到2000亩，肥料从200万斤增加到5000万斤。在1个月的时间里，每天平均有1000个全劳动力在田里（开田的出勤占全部劳动力的33%），开出新田1300亩（有300亩左右的泡水田，1000亩二班田），每户平均开田1.25亩；重点乡曼雅乡每户平均开田2.3亩。在将近一半工作队很少去过，没有乡村政府的地区，在重点乡、重点寨开田运动的带动下，也普遍组织起来开田。肥料全区积了1000万斤，打破了过去不积肥、不施肥的老习惯。群众的艰苦奋斗的精神，克服了修沟开田当中的重重困难，为了争取时间，1000多人在干部带领下住在离寨三四十里，甚至50里的工棚里开田。被盖单薄晚上就烧火取暖，没有炊具用竹筒烧茶煮饭，没有菜用辣子煮盐巴水下饭，缺粮就喝稀饭，挖茅薯山粮掺食。曼雅一个互助组饿了一天还坚持开田，不会用牛，不会做犁做耙，就派人到傣族寨子去学，学回来大家动手来做，现在已经有60多人学会了犁田、做犁做耙，自己动手做出了36张犁、15盘耙。曼坡寨9户48人，今年开了新田80多亩，每人平均1.8亩，今年只准备再种30亩山谷地、5亩棉花、5亩苞谷。每人平均粮食从1957年的231斤增加到800斤，基本上消灭了"刀耕火种"；每人平均收入将从1957年的25元增加到63元。

基诺山以修沟、开田、积肥为中心的生产运动改变了自然的面貌，改变了一些阻碍生产发展的原始落后因素，也改变了人们的思想。运动前后的变化很大，突出地表现在：

1. 改变落后的耕作方法，改进生产工具，提高了生产力。现在基诺山的互助组、合作社的山地大部都开始变刀耕火种为牛犁耙，改撒白籽为挖塘施肥点种，二三年内可以逐步固定耕地。特别是由于开田、积肥引起了耕作方法、生产工具的一系列的变革，2寸宽的小山锄开田已经不适用，过去送也送不出去的大板锄，现在争着要争着使，贸易小组的锄头、犁头过去积压，现在都脱销了。做犁、制耙、犁田使耙普遍推广了，从来不驮的牛，现在备上新做的鞍子开始驮粪了。生产技术、生产工具的革新运动，成为生产大跃进运动的重要组成部分。

2. 过去长期得不到解决的鸦片种植问题，在大跃进运动当中解决了。尽管少数剥削上层威胁积极分子"哪个敢铲大烟就杀哪个的头"，但是经过辩论，群众看到发展粮食作物、经济作物也能大大增产，就自己行动起来，剥削上层在群众舆论、靠我进步上层的批评指责下，不得不表示了"大家铲我也铲"的态度，在4天内把已经成熟即将收烟的大烟苗彻底铲光了。也因为开田需要统一安排，需要超越村寨和氏族之间的土地界线，劳动群众要求政府统一安排保障新开水田的土地所有权，原来村寨氏族之间严格的土地界线，经过辩论协商冲破了，头人对土地使用的分配权被取消了，这些问题都是经过采取群众要求进步、靠我民族上层赞助、和上层说理协商、政府支持、开会决议的办法解决的。

3. 群众觉悟起来以后，开始逐步摆脱了剥削上层政治上的控制，阻碍生产运动的剥削上层逐步在群众中孤立了，因农民都组织起来去开田，头人派白工的特权和雇工剥削就不得不停止。曼雅寨的大头人无可奈何地说："现在我的话，百姓都不听了。"很多被头人竭力维护的落后习俗如"龙天""祭日"不生产，杀牛祭鬼，"鬼田""赌咒田"种不得，下种必须全寨帮诸生（氏族首领）先下的习惯，都开始被群众的革命行动冲破了。群众在生产运动当中体会到"一条牛顶10个人用，不要杀牛祭鬼了，杀了牛，肉还不是头人吃"，"落后的东西不改，基诺族就不会发展，新的东西不学就不会"。曼雅寨的群众在出发去开"卡街田"（鬼田）时，有人说"今年是虎日，日子不好，出去会病"，但是大家都说："有毛主席、共产党的领导，工作队带着我们干，我们什么都不怕。"60多岁的贫农白腊些说："过去国民党只压迫我们，不教我们生产，现在共产党教我们生产、教我们开田积肥，我们要让土地听话，要地给我们多少粮食就给我们多少。"当天就有83个全劳动力去开这一块"鬼田"。

4. 生产上的大跃进，促进了群众互助合作的要求。基诺山1957年只有2个互助组以及一部分按行政区域编组为头人、富裕户掌握的大变工组。这些大变工组都是集体开一块地，在各户自己耕种的土地上并不换工互助，集体地的收益分配没有贯彻按劳取酬的原则，贫困户吃亏，富裕户沾光。在群众性的开田运动当中，贫困农民深刻地体会到，只有组织起来才能克服困难战胜粮荒，单人独户就根本不可能到四五十里远的山边去开田。集体开田就立即遇到互利问题，因此，大变工组内部头人和群众、贫困户与富裕户之间的利害冲突，在互利问题上的矛盾就突出起来，很快地发生了分化，在开田当中一部分贫困户重新串连组织互助组、合作社。曼雅寨全寨118户，去年有117户组织了6个大变工组，除一个组以外，其他的都是被头人或富裕户所控制，因为去年不互利，贫困户吃了亏。今年在开田当中，又发生了争论，贫困户积极要求集体多开田，推行评工记分，富裕户和头人山地刘得多不愿意大量开田，还说"去开田会病得皮滑搭搭的。你们去开田，我们比3年看哪个生活好"。经过辩论以后，75户贫困户和一部分中等户脱离了被头人控制的大变工组，组织了两个合作社、3个互助组集体开田。在集体开田的过程当中又进一步体会到，只有组织起来，才能克服劳力紧张、粮食不足、技术落后的困难，又把山地经济作物合拢集体经营，合作社、互助组就这样办了起来。社员、组员们都表示，今年秋后要合并办一个大社，全部固定耕地，"不消3年，两年就要赛过富裕人家的生产、生活水平"。蛮洒、蛮夺原来没有互助组，在大跃进运动当中也组织起来了，不会评工记分就每5天晚上派代表跑到20里外的刺通寨的互助组去学习，不识字用木刻记分。群众组织起来发展生产，组织起来开田的要求十分迫切，全区在生产运动中办了两个社，还正在酝酿再办7个社，入社农户可达总农户的13.3%；发展了38个互助组（484户），占总农户的40.3%。今年新开的1300亩水田，全部都是合作社、互助组或变工组集体所有。

（三）

从基诺山以修沟、开田、积肥为中心的生产运动中我们体会到：

在边疆直接过渡地区，领导发展生产，是解决一切问题的纲，发展生产、摆脱贫困、改善生活是边疆各族人民的本质要求，愈是生产落后、生活贫困的民族，这种要求就更加迫切。生产愈发展，原始落后的耕作方法、生产工具、若干剥削因素、落后习俗和生产发展的矛盾就突出出来，这就有利于我们认识这些矛盾和解决这些矛盾。只要狠狠抓住群众发展生产的本质要求，就容易发动群众，启发群众的社会主义积极性，逐步树立基本群众的领导优势，加速互助合作的发展，加快向社会主义过渡的步伐。因此，需要紧紧抓住生产大跃进这个有利时机，趁大跃进之风以群众革命运动的冲突力量，采取加强领导、群众辩论、提出要求造成声势、上层协商、会议决定的办法来解决当前阻碍生产发展的剥削因素和原始落后因素，给互助合作的大发展铺平道路。

和其他地区一样，要在直接过渡地区开展生产大跃进运动，必须不断克服干部的右倾保守思想。大多数边疆干部的右倾保守思想，往往是由于不能正确地认识和对待边疆的特殊性，因此，既要看到共同性，又要看到特殊性，承认特殊，但决不迷信特殊，要紧紧掌握特殊中的有利条件，调动一切积极因素，克服特殊中的消极因素，战胜困难。基诺山的干部最初就是强调特殊，看不到群众的本质要求，看不到群众中的积极因素，因此顾虑重重，优柔寡断，不敢前进，直到学习贯彻了主席和省委的指示，初步批判了右倾保守思想，深入下去，发动群众，群众的革命行动又坚定了干部的信心，修订了指标，坚决依靠群众，逐步把以修沟、开田、积肥为中心的生产运动推向高潮。

思茅地委办公室　整理

1958年4月7日

中共六村工委会关于直接过渡地区的调查报告

中共六村工委直过区调查组

1957年8月9日

1960年7月13日抄于绿春县委办公室

中共六村工委会关于直接过渡地区的调查报告

7月间，工委组织了一个调查组，到三区三楞、江峰①、渣玛等直接过渡乡，对直过区解放前后的政治、经济变化及生产互助合作等进行了些调查。兹将调查报告上报边委，请边委指示，并转发三、四两区，仅供参考。

一、几年来政治、经济的变化为合作化创造了前提

三区除一个土改乡外，其余7个乡均系直接过渡地区。7个乡共有2441户13222人，散居着15种民族，其中哈尼族为最多，占总人口的56.5%。

50多年以前，这些地区属于洒马土司杨德高祖父统治。后来，墨江县恶霸地主孙伯勤与洒马土司为了争权夺利互相械斗，洒马土司被击败，因而现三楞等7个乡又被墨江地主孙伯勤霸占。孙伯勤即派其爪牙分治该地区，如沙底一带系罗委员统治，后卖给苏有兴；江锋乡一带系一姓邓的统治，形成山主制度（即领主制），全部土地、山场均属山主所有。当中山主对农民的剥削有：

（1）每年农民要向领主缴纳一份粮钱及苛拉款。如沙底村农民每户每年要向领主苏有兴缴苛拉款半开1元至5元（一等户5元、二等户3元、三等户1元至2元）。

（2）使白工。沙底苏有兴每年要剥削每户农民白工10个。

（3）农民打得马鹿，鹿茸要给领主，还要以一腿作为献礼。

（4）放秋谷。每年五黄六月，农民缺乏口粮时，向领主借钱或谷子，到秋后则需加利50%赔还。

（5）剥削长工。有的是买来姑娘，以姑娘招姑爷为名，剥削姑爷，一般是5年至7年。如沙底苏有兴每年剥削长工就有七八人。

通过上述剥削以后，农民才得在领主指定的地点耕种土地，若有反抗，则有被赶走之

---

① 江峰，本文又作"江锋"。——编者

危险。在领主统治下，好土地被领主霸占着，如沙底村过去有300背的水田，全被领主苏有兴占有，农民只能在荒坡上开点荒地种山谷和苞谷。

1946年，国民党反动派政府开始在此地区建立其反动的保甲基层政权。保甲制度建立后，拉兵派款，如门户款、征兵款、军费弹药款、屠宰税、牲畜交易税等，每年每户约需缴5—30元半开。

1946年至解放前夕，洒马土司杨德高及苏石保等在该地区大肆烧杀抢掠。当时群众由于在领主、保甲长及土匪的压迫剥削抢掠下，生活极端贫困，有的甚至卖儿当女，如乐沙[1]村王陆石保由于生活被迫卖了儿子。又如三楞村原系八九十户人的大村子，后因社会秩序不安定、生活无着全部迁走。阿那村的张沙黑过去比较富裕，有黄牛10多头，先后被土匪抢掠两次，全部抢光。

解放后，领主制度全部废除了，农民自己可以选择地区去耕种，不受任何人的限制。如沙底村苏有兴1952年外逃后，其水田放荒，今年互助组开出了100称的田皮。同时又彻底地摧垮了反动的保甲制度，建立了人民的区乡政权，并通过了建政、剿匪、建立民兵武装、领导群众生产、救灾救济工作，群众觉悟普遍有了提高，党在农民群众中占有很高的威信，一般的农民都能对比现在与过去受剥削的日子。其次，该地区1956年曾经宣传过和平协商土地改革，并展开串连，经深入调查后，其阶级分化不明显，所以停止了土改。经过这段工作后，上等户在群众中受到一定的孤立，现在有些地区在群众中还有某某是地主或富农的叫法。土改停止后，进一步整顿了乡政权，健全了乡一级的各种委员会，共有委员378人，部分是贫苦农民。在7个乡中普遍建立了团支部，共有团员45人。

经过几年来的工作，农民生活有了很大的改善和提高。如阿那村15户，过去都不够吃，现在已经有11户够吃了。李斗黑全家3口人，1954年只收了谷子180斤、苞谷180斤，每人平均才120斤粮食。1956年收了山谷600斤、苞谷180斤、水田谷子1440斤，每人平均可收入706斤粮食，比1954年增加了5倍多。1954年有母猪1头、鸡2只、铁锅1口，现有猪5头、鸡18只、铁锅2口。又如朱合夏，全家6口人，1954年收入谷子120斤、苞谷180斤，每人平均50斤，主要是靠卖帮工吃饭。1956年收入水田谷子1380斤、山谷1500斤、苞谷360斤，共收入3240斤，每人平均540斤，比1954年提高了10倍多。又如沙乐村全村28户人家，今年只有7户缺粮。去年过年杀了12头肥猪，耕牛现已发展到18头半，猪已有130头。预计今年平均每人可收入678斤，比解放前增加12倍。

解放后，由于废除了山主制，土地关系变化了，并建立人民的基层政权，贫苦农民当了家，过去的统治者在群众中受到了一定的孤立，所以，几年来的变化为今后发展生产和合作化创造了前提。

---

[1] 乐沙，本文又作"沙乐"。——编者

二、关于发展生产的问题

解放几年来，农民的生活有了很大的提高和改善，但是，仍然是比较贫困的，在生产上也是比较落后，因而，必须继续领导群众发展生产，才能使直接过渡地区的农民彻底摆脱贫困。

甲、关于逐步开挖水田、固定耕地的问题

直接过渡地区可耕地较多，但大多数耕地不固定，属于刀耕火种，生产技术比较落后，山谷较多，水田较少。如1956年7个乡的水田产量占总产量的34.1%，山谷占55.8%，苞谷占10.1%。从今年的下种情况看，各种作物的比例基本上是停留在去年的水平上，例如水田占34.5%，山谷占55%，苞谷占10.5%。根据1956年和1957年的情况，苞谷和山谷均占60%以上。山谷和苞谷全系不固定耕地，所以固定的耕地还不到40%（见下表）。

六村三区直过区1956年、1957年各种主要农作物产量比例表

年度	总产量	水田	占总产量%	山谷	占总产量%	苞谷	占总产量%
1956	5805677	1979700	34.1	3238840	55.8	587137	10.1
1957	7872722	2722300	34.5	4324710	55	825712	10.5

从山谷和水田的种植情况来看，种水田比种山谷好，因为山谷地比水田需要籽种较多，100斤产量的水田只需要1斤籽种，而100斤产量的山谷地就需要10斤籽种。其次山谷地费工多，如同时收入600斤产量的水田和山谷地，从1犁1耙开始到收割，水田只需要牛工8架、人工28个，山谷地就需要牛工7架、人工76个。山谷地产量一般是逐年降低，所以必须年年增开新地，不开新地就不能保证一定水平的收获量（见下表）。

三楞乡沙底村萝沙薄克山谷地历年产量情况表

时间	籽种数（斤）	收入（斤）	平均每斤籽种收入（斤）
1952年	90	1080	12
1953年	105	1500	14.2
1954年	180	2100	11.7
1955年	180	2040	11.3
1956年	180	800	4.4

根据以上所述山谷地耕地不固定、产量不稳定、费工多的特点，在领导直接过渡地区的生产上，必须领导群众逐步开挖水田、固定耕地。在挖水田中应注意：

1. 开挖水田必须逐步地进行

应该根据劳动力的多少、能力大小逐步进行。如阿那村15户人，1955—1957年3年中，共开了水田和干田460称，平均每年只开153称。根据现在劳动力的情况，计划今冬可开田125称。阿那村全部可耕水田面积还可开出1000称，若需将全部面积开出，根据今年开125称的速度计算，则需要8年时间，所以必须是逐步地进行。根据现在的发展速度看，8年以后每人平均可收1200多斤谷子，完全可以不种山谷地，全部耕地即可固定。

2. 要开田，必须有水源、有可耕地

从现在情况看，虽水源较少，但大部分地区还是可以找到一些。如渣玛乡惜别村有一条水，现在已经利用起来开水田，估计可开出100亩。群众反映："过去我们在这里住了多少年，都不知道那条水可以挖得过来。现在共产党领导我们发展生产，才把那条水挖过来了。"阿那村今年要开田125称，必须整修原有的一条水沟，另外兴修一条即可开水田500称。但在找水源、挖水沟中群众是有困难的，农民的生产技术水平不高，如上述惜别村的例子。又如阿那村要整修水沟1条，需要100个土工、100个石工，农民自己可以解决，在水利工具上需要大锤2把、炮杆2根、撬杆2根，需要帮助解决，另外还需火药1包（5斤重）、技术指导1人，都要帮助解决。

3. 有些地区有田可开，有些地区就没有水源，所以有些村子的农民就得迁移

如三楞乡儿腊村没有水源，但农民看到邻村阿那村种水田好，也希望种水田，所以愿意迁居阿那村。但在迁居中要注意：

（1）民族关系，如阿那村是其地族，儿腊的其地族愿迁到阿那，卡多族就不愿到阿那，要迁到卡多族在的村子。

（2）在迁居后，需要盖房子，群众以往有互相帮助的习惯，费力也不大，群众可以解决。

（3）有的缺乏口粮的，在迁居后，应该帮助解决，否则就不能开出新田。

4. 开水田必须依靠组织起来，单干是没有能力开出新田来的，必须依靠互助组和合作社来开田

据了解，在互助组中处理开田的办法有两种情况：

（1）阿那村原来的互助组是团结大生产，哪家喊的劳动力开出的田就算哪家的，当中没有计工找补，互利上有问题。

（2）渣玛、江峰、沙底等互助组开的田是集体所有，但群众普遍只关心私有的，如江峰的集体所有田没有人管。其次，又由于当前互助组面广，领导比较薄弱，贯彻互利政策不够，在处理集体所有田上有些问题。如渣玛有一个互助组，水田18000斤、山谷300斤、苞谷2400斤，共产20700斤，水田占80.9%，全系集体所有，有互助组劳动力也不评工记分，每户不仅劳动力的多少要控制在一定的水平上，家家出工要一样，以后按户平均分

配，限制了劳动积极性的发挥，因此必须注意等价问题。

根据以上情况，在直接过渡地区要发展生产、逐步固定耕地、开水田，就需领导群众进行全面的较为长远的规划，必须对各乡的自然情况做全面的调查研究，摸清有多少水源、有多少可耕地，然后再制订出开发计划，具体领导群众执行计划。

乙、关于发展副业生产的问题

副业生产的门路不算太多，但可大量发展养猪，其次可以考虑发展养牛、养蜜蜂、养鸭子、养鸡等。

1.养猪

在7个乡中几乎户户养猪，如三楞乡，全乡458户中，现在仅发现1户由于没有本钱没有养猪。据最近统计，全乡有母猪348头，50斤以上的有54头、20斤至50斤的12头、20斤以下的33头，共有63头，平均每户4.2头，最多的养11头，最少的养1头；母猪仅有1户由于无劳动力没有，有母猪户共14户，占总户口的93.3%。养猪的销路也很好，往年流向江城、墨江、牛孔、六村等地的很多，今年内地石屏县也来购买很多。今年全区仅用猪与江城换牛就换得牛100多条，仅三楞一乡今年用猪86头就换得41条耕牛、1匹马。猪的发展速度已比较快，一般每年1头母猪可生两次，每次可带小猪5头至8头，以每头小猪7元计算，每头母猪每年约可收入70元至102元。如三楞村22户，1952年只有4头猪，1953年有6头，1954年25头，1955年40头，1956年68头，1957年达98头，由1952年平均5.5户养1头猪发展到今年每户养4.45头猪，增加了24倍半。

从以上情况看，猪可以大量发展。但在发展中应该注意解决：

（1）饲料问题。从阿那村调查情况看，野生饲料较多，有野芭蕉、锡普阿喜、也普阿杂、阿卡木、阿杂等10多种，但还必须掺有一定的粮食，所以必须解决粮食问题。苞谷是最好的饲料，其次根据群众反映，白薯也可以种植。

（2）有劳动力的还可逐步增养，如阿那村计划今秋即可增养34头，其中母猪即占14头。但劳动力弱或劳动力少的就有困难，必须随着互助合作的发展，依靠组织起来解决劳力困难，如阿那合作社今秋除上述增加的34头外，社内由于统一使用劳动力，可集体养母猪2头、架子猪4头。

2.养牛

直接过渡地区山坡大、牧场多，易于放牧，可以发展牛。从现在养牛的情况看，也比较便宜，除白天赶到牧场上放牧外，其余时间即使是耕种期间，也不喂草、喂盐巴，耕牛还是长得很壮。在饲养中，若公牛好，母牛1年可生1条，发展还是较快。如三楞乡1956年有水牛146条，今年就有237条半，增加32.3%；黄牛1956年有58条，1957年有78条，增加25.5%，所以可以发展。过去两三年内一般是依靠政府贷款解决购买牛的资金问题，仅依靠政府解决是不适当的，必须教育农民自己解决，如今年全区用猪就换得100多条牛，约40斤以上的猪就可以换得1条耕牛。三楞乡用猪86头换得耕牛41条、马1匹。

3. 养鸭子

有水田的地方可适当发展养鸭子。今年渣玛合作社准备养鸭子60只，阿那社准备养30只，但因小鸭问题没有解决，现在未养成。

4. 养鸡

目前养鸡比较普遍。阿那村15户，有1斤以上的鸡66只、1斤以下的176只，共242只；平均每户养16只，最多的一户养36只，最少的也有8只。但由于民族风俗习惯祭龙祭鬼的时候较多，小鸡还未长大就被杀了，一般不愿出卖。应首先在尊重民族风俗习惯的情况下逐步教育群众养大鸡、养母鸡下蛋，增加收入。

5. 养蜜蜂

也可以普遍发展，以解决农民的吃糖问题。惜别村养蜜蜂的比较多，有个别户养到三四十窝，每窝可收入2元以上。

丙、关于发展经济作物和油料作物的问题

紫梗、甘蔗可以发展。阿那村以前每年约可收紫梗1000斤左右，但去年由于大田和龙巴村的农民不会拿，把大树砍倒拿紫梗，因而今年只能拿100斤左右。现在阿那村的农民，对大田、龙巴村的农民有意见，所以必须以村划片发展，并教给一定的技术。阿那村现有12户种植甘蔗43棚，但种植技术不高，不打沟、不施肥，糖质不高。阿那全村今后可发展种植1000棚左右，但必须是逐步地发展，也不能种在远处，须防猴子吃甘蔗。在下一步发展中必须解决籽种问题、销路及技术等问题。其次咖啡也可以种植。

油料作物的种植比较少。今年试种的一些花生生长比较好，但要看今后的发展。油菜籽也能发展，如阿那社准备今年种3升种的油菜籽，可收75斤。另有黑果树13棵，每棵一般打油5斤，每户农民若有两棵黑果树，则可基本解决点灯油的问题。但现在阿那村15户，没有一户点灯，若需解决农民的灯油问题，可动员农民栽上一些黑果树即可解决。至于食油问题，农民仅食用猪油，目前阿那村15户人中，有6户经常吃点油，有6户家中有点油不经常吃，有2户没有油，但总的吃油是较少的。今后可适当发展花生和油菜籽。

丁、关于发展交通运输的问题

直接过渡地区山坡较大，村落分散，交通极其不方便。如三楞乡三楞村有1匹马，但还驮不成，贸易小组要驮货物，也要到夏处乡去找马。农民一般种田地的地点较远，如渣玛村到河边种田处就有10多里，阿那村也有5里到10里左右，因此农民在收割粮食时均感到比较吃力，所以应该适当发展养马，以便逐步减轻农民的劳动负担，将劳动力投向其他生产。但农民在发展养马上有困难，没有钱买马，如惜别村现有7匹马，均是富裕户的。农民反映，养马倒好，就是没有钱买马，所以此困难应帮助农民解决。

三、互助组和合作社的情况

从今年1月份开始，7个乡组织了一批互助组，在春耕生产中，结合春耕生产在渣玛和阿那试建了两个初级农业生产合作社。兹将了解的江峰乡乐沙村互助组及三楞乡拉底村互助组和两个农业生产合作社的情况分述于后。

甲、互助组的情况

乐沙互助组有12户，共70人；沙底互助组17户93人。自组织起来以后，取得了一些成绩，初步学会了粗糙的安排生产和简单的评工记分，集体开了一些田地。乐沙组集体种植了39斤籽种的苞谷，预产2100斤；沙底互助组集体开了180称水田，种了50斤种的苞谷。但是，目前互助组还存在着一些问题。

1.组内贯彻民主管理不够

如沙底互助组，在最近的薅山谷地中，由于早薅庄稼长得好，又不费工，因此组内产生争工现象，大家都愿意把自己的放在先薅，但是组内没有针对这一情况对组员进行教育，和让组员充分民主讨论，按照草深的先薅、草浅的后薅的原则具体安排生产，组长李三只说"我叫你们到哪里薅，你们就到哪里薅"，结果组长、副组长、乡长、乡长的哥哥、组长的亲家等5户先薅完了，并未按照草深先薅的原则处理。组员王波立有3称种的山谷地，薅了40多个工未薅完，还需15个工，而组长的亲家钟阿发家有5称种的山谷地，只薅了34个工就薅完了，因为王波立地里的草长得太深了，费工。又如沙底互助组中组员都希望开田，但有的组员由于组内没有安排给劳动力没有开得，情绪消极。组员朱沙者由哈处处波村搬到乐沙村参加互助组，想开一份田，自己把草铲了，结果没有开得，又只得放荒。

2.在贯彻互利政策上也存在一些问题

沙底村互助组从来没有清工结账，也没有过找补工资，有的组员连1个工分是多少钱也不知道。目前已开始收苞谷，组员规定现在背50斤苞谷（连骨头称），以后抵60斤谷子（因组内已集体开得田），这显然是对富裕户有利，因贫困户目前没有吃的，需要苞谷，又在背苞谷中，组员把大部分的苞谷背回家去了，只背少部分的来称；组长李三背了两背回家，一点儿也没有拿出来称。此问题不解决，今后分谷子时还可能更混乱。又如沙底互助组，由于民主管理不够，每天工分都是由组长发，不是大家评，从来也没有清工结账。目前结了一次账，组员诺玉林欠别人240多个工分，母子互相埋怨。

3.贯彻"依靠贫苦农民、团结一切劳动人民"的阶级政策不够

如沙底互助组组长李三是比较富裕的，解放前已基本够吃。今年春耕生产中组员情绪较高，大家都反映要争取秋后办社，连李三也是这样积极反映，但目前已开始收集体种的苞谷，由于今年苞谷正"戴红帽"时天干，苞谷减产，李三说："今后集体栽苞谷，还

不如我单干的时候，明年要自己干了，合作社要等两年才办。"所以，目前互助组中人人反映要等两年才办社（江城、墨江过来做生意的农民说合作社不自由等有影响，也是其原因之一）。互助组副组长王玉福是个贫苦农民，解放前在山主苏有兴家当长工，解放后才出来，但在组内起不了作用。又如乐沙互助组张双福（是大组长）去年开得7石多产量的田，有了耕牛，今年买得1匹马，想脱离农业生产去赶马，目前表示要退组，也反映说办社慢慢地来。

乙、合作社的情况

今年春耕生产中，在渣玛乡渣玛村和三楞乡阿那村试建了两个农业生产合作社。渣玛社19户116人，哈尼族17户103人、苦冲族2户13人；阿那社其地族10户56人、彝族4户22人、碧约族1户3人。

渣玛、阿那两个村子，均是解放后从各地迁来的农民所建的村子。迁来后，在政府的领导与大力支持下，组织了互助组集体开荒，由于逐年生产增加，农民生活有了提高。如阿那的王里沙，1955年迁来时只带来3碗米、1个小铁锅，但是经过老林时路滑摔了一跤，锅已打烂了，米也没有了，到了阿那后，全靠政府救济，并发给锄头两把、镰刀1把、弯刀1把。经过1955年和1956年的开荒生产，今年仅缺口粮1个月。所以在两个村子中，党和政府的威信较高。

两三年来，两个村子均有一定的互助基础，初步有了集体生产的习惯，依靠互助组开了一些田。如渣玛社是由两个互助组合建的，两个互助组集体所有的田967称，私有田仅有77称，集体所有的田占全部田的92.6%，过去互助组中就已评工记分，按劳分红。阿那社开荒后又分为私人所有，不评分也不记工，基础较差。

1.关于建社中的宣传教育工作

渣玛和阿那村由于组织了互助组，开了田发展了生产，农民对组织起来的好处有一定的认识，但对组织合作社要求不高。如阿那村，建社工作组到村，群众表现比较冷淡。有的提出等秋后再办，比较富裕的农民如陈云德怕入了社吃亏，入社要求不高。有的认为入也吃饭，不入也吃饭。在建社中针对此情况，进行了如下的宣传教育工作：

（1）进行了旧社会与新社会的回忆对比教育：回忆了过去土匪乱、受人剥削、吃不饱、穿不暖的苦日子，对比了今天的新社会，群众均认识到，没有共产党领导，不组织起来开田，就没有今天的日子，只有听共产党的话，才会有好日子过。

（2）进行了三比教育：对比过去不组织互助组生产不会发展，生活不会提高，并进行了合作社的优越性的教育。说明合作社土地劳力统一使用，好安排生产及劳动力，合做梁的做梁，合做柱的做柱，土地合种哪样就种哪样，有计划地生产，比互助组好。如阿那总结了互助组团结大生产，不评工记分，不清工结账，大人小孩一样，生产无计划，劳力没有安排，不如合作社好。渣玛李阿红说："过去互助组集体干倒是好，就是没有计划，乱干。"阿那社还结合进行了合作社的性质的教育，说明现在办的是初级社，土地是私有，还有土地分红。

（3）三大原则和四大合理的教育：在宣传过程中，群众产生了些思想顾虑。如陈云德认为除土地分红外，剩余的哪家困难给哪家了，自己吃亏了。李龙斗认为土地入社后不分你家我家了，在交代合作社多劳多得的原则中，怕小孩不劳动没有吃的。针对其思想顾虑，进行了合作社是按照自愿、互利、民主等原则来办，并具体地交代了合作社的土地评产入社、土劳分红、耕牛农具的使用和生产垫本等具体政策。通过以上的宣传教育后，群众觉悟有了提高，表示一定要办社。如白玉福的奶奶说："共产党领导才会关心我们受苦人，入社是走社会主义道路，我们一定要入社。"

但在直接过渡地区由于没有经过土改，群众对劳动与剥削的界限划不清，还有个别的剥削存在。如阿那社主任张元发现在还买1头母猪和1只母鸡给朱合夏养，母猪生4头以下小猪的要给张1头，生4头以上要给张2头，估计1年即可收入20元；母鸡抱1窝小鸡要给2只。所以，在今后办社中，应对农民进行劳动光荣的教育。若不加强教育，就会影响经营管理中劳动报酬的顺利解决。

2.关于具体问题的处理

（1）土地评产入社。直接过渡地区山地不固定，比重大，一般的占60%以上；水田比重较小，而大多数系1955年以后开的，种的时间不长。渣玛和阿那两社田地比重虽和一般地区有所不同（渣玛社田61020斤，占83.2%；地12240斤，占16.8%。阿那社田460称，占57.9%；地334称，占42.1%），但还是占一定数量的山地，水田也是1955年以后开的较多，土地产量还没有稳定下来，灾荒比较多，所以评产比较复杂。如王正明等3户1955年合开的一份田，1955年收30称，1956年就收了75称。又如阿那村谷子害稻热病的比较严重，将近一半被害，王黑沙有18称的一份田害了稻热病，结果收4称，减产77%。所以，直接过渡地区的评产工作是比较复杂的，根据目前情况，对评产问题还不能做出结论。

①水田和干田的评产：水田和干田在两个社中，均系1955年以后才开的，产量还没有固定下来，有的是去年或今年才开的，所以没有常年产量的根据，在评产中仅根据1955年和1956年的产量掌握不要评得过高的原则评定，适当考虑路途远近、灾荒等。今年开荒的要看田的大小、好坏与过去开的对比评产，但是一般的产量评得较低。如李龙普水田32称，怕稻热病只评25称；朱合夏的水田1955年收15称，1956年收23称，评为22称；张沙黑的萝莫田，有80称的田皮，1956年开出后收得60称，因为路途较远，评为50称。阿那全社水田、干田和山谷地社员自报794称，最后评为673称，降低119称，占15%。在水田的评产中，除根据过去的产量，参考土地好坏、远近等外，还需有灵活的规定，如灾荒过于严重，则产量应适当降低等。

②山谷地的产量：一般是逐年下降。在评产中仅提出评低点儿的原则，还是不够很好地具体掌握。山谷地今年开得比较多，过去开的大部分在今年都有扩大。如阿那社有15份山谷地，其中有10份是今年新开的，有5份是过去开的。在此5份中，有3份今年又有扩大，占过去开的5份的60%。根据以上情况，可采纳两种办法评定：

——根据收益情况适当补给工本，土地变为集体所有。

——根据籽种多少，参考土地好坏，按一般情况评定。

——苞谷地今年谁种谁收。

（2）土地分红。在处理土地分红时，有的社员提出不要土地分红，全凭工分吃饭。如阿那社认为土地可以随便开，而且也是大家开出的，后经宣传了社的性质后，还是坚持了土地分红。

①互助组集体开荒田地，变为全社集体所有，土地不分红。渣玛村社是两个互助组合建的社，原来李阿红组8户，有集体田520称、地98称；王德普组11户，有集体田447称、地70称，现在全部变为全社集体所有。李阿红小组有些吃亏，且经过这样处理后，目前在动员互助组开田时，互助组反映说："秋后要扩社了，等入了社后又再开了。"所以，应该保持以原来互助组为单位的土地分红，这样可以刺激社外开田的积极性。

②个人私有田按干二五分土地红，私有山地种的年给土地红（按干二五的比例），不种的年不给。

（3）自留地。两个社的大部分农户均有园圃地，所以其园圃地即作为自留地。自留地必须留，因为自留地可以解决生活上经常需要的瓜、豆、辣子、菜类、土烟以及青苞谷等。

（4）耕牛的处理

①政府发给互助组的归社所有。如阿那社，政府发给的1头（后又生了1头小牛）归社集体所有。

②私人贷款购买的耕牛，折去已使用年的价格，其余由社归还贷款，耕牛变为集体所有，实际上属于折价入社。目前经群众讨论重新处理，贷款由私人还，牛归私人所有，但群众怕还贷款，所以未改变原来的处理办法。从当前两个社的情况看，耕牛集体所有问题不大，过去私有时放野牛，现在社放，并盖了牛厩，比过去情况好。

③私有牛长年租用、社放、公用、社养，一等牛每年2.5元、二等牛2元。

（5）农具的处理：大农具（犁铧、谷船）长年租用，小农具自用、自带、自修。

（6）生产垫本：根据今年籽种实需数，按入社产量贷生产垫本，但由于直接过渡地区山谷地需要籽种多，水田需要籽种少，所以田与地一齐计算不合理，应该分开计，分别负担。如阿那社，水田每百斤需8分钱、地每百斤就合0.74元，田地平均每百斤贷0.36元。如社员白玉福，没有山谷地，也要出山谷地的籽种。

3.关于执行阶级政策的问题

直接过渡地区的农民几年来阶级觉悟虽有一定提高，但是在建社中必须贯彻阶级政策。在选择干部中，农民对"依靠贫苦农民，团结一切劳动人民"的阶级政策没有认识，如在阿那社选举干部时，群众首先选举比较富裕的白金林当主任，群众认为他能说会讲，后经过进行"依靠贫苦农民，团结一切劳动人民"的教育后，群众才又选了张元发当主任。在审查吸收社员中应该本着"审查（内部审查）严、处理宽"的原则处理。阿那社共

15户，其中龙俄斗过去抢过人，打过解放军，怀疑他有血债，没有吸收他参加社，只吸收了14户入社。当时他思想沉重，怕政府不给他在阿那村了，一天到晚在家里不出门，后经充分研究后，认为有血债的可能性不大，所以把他吸收了，他才积极参加生产。

通过渣玛、阿那两村的建社后，我们认为在直接过渡地区建社的速度应该比土改区慢一些。因为：

（1）直接过渡地区分散，不易领导。如三楞乡，全乡共有34个村子，最大的有43户，最小的只有1户，15户以上的村子仅有13个，而且村与村之间距离较远。全乡长60里、宽40里，共有面积2400平方华里。在7个乡中，三楞乡的分散程度仅属一般，如莫乐乡就比三楞乡分散。

（2）由于分散，地区之间不能受到直接影响，有些村子简直不互相往来。如阿那建社结束召开庆祝大会时，吸收了各地较好的互助组长参加，现在其他村只知道阿那村办了社，不知道怎么办。

（3）很多地区贫苦农民的领导未树立，互助组长多系比较富裕的农民担任。

要加快直接过渡地区的互助合作，必须加派干部，加强大村的工作，领导群众发展生产，在发展生产中加强大村的互助合作，然后再逐步地解决小村的问题。整个合作化的发展，必须紧密地结合生产改造去进行。

中共六村工委直过区调查组
1957年8月9日
1960年7月13日抄于绿春县委办公室

中共六村工委对沿边直过地区的工作意见

一、基本情况

我处直属区的卧马、蚂蚁、三楞、老柏等4个乡，原先由于情况了解掌握不够，所以确定为土改区第二类型阶级分化不尚明显的地区进行土地改革。共15种民族，即哈尼族、卡多族、西摩洛族、布孔族、布都族、傣族、卡乜族、倮倮族、倮咪族、蒙化族、苦冲族、后路族、必约族、回族、汉族等；人口为7447人，以哈尼族为最多，占总人口的70%以上；共101个自然村（连原来确定直接过渡的直属区之土堆、东沙、莫洛及三勐区之东沙4个乡在内）。我处直接过渡的共8个乡，人口为14676人，哈尼族人口占74.5%。经过第一阶段20多天的工作，对原先所掌握的情况有所出入。据现在了解，这4个乡共有5户地主（也不是很大的地主），山地很多，水田很少。这些地区最高的每人平均产量为1600斤，最低为700多斤。这些地主都是过去的山主，解放前山主对群众的剥削主要是派白工及红白喜事派杂派、谷子，有这样一些特权，农民除此以外，就不上山主什么官税。土地是公有的，谁开谁种谁收。解放后，山主的这些剥削都已经取消，现在山主的剥削主要是请长工和短工。解放前也有少数高利贷，但也没有胜过白工的剥削。解放后这些地方的农民受土匪曾德兴的糟蹋最厉害，所以现在群众诉苦大多数是诉到土匪的头上，对山主的苦只诉了过去的白工及杂派。这些地主解放前后没有出租土地。

目前群众对土改也不反对，也不太积极，就是我们的根子，也是对土改劲头不大。有地主的村子，如蚂蚁乡的蚂蚁村，群众情绪比较高一些，否则就低。不改嘛，工作同志又宣传"不经过土地改革就不能过到社会主义"，"不改革到别处去开会面子又不好看"。有的农民要求政府很快搞土改，免得影响搞生产，如白里在农民说："我们地方田没有，没有分头"，"很快改改算啦！免得影响搞生产"。一部分农民也想通过土改出出山主过去派白工、杂派的气。由于这种情况，不但地富思想嚣张，一些富裕的农民也表现了不安，怕农民不要，怕划成剥削阶级。有的说："我大富是共产党搞大富的。"根据以上情况，农民对改革信心不大的原因是：

1. 农民和山主的焦点不是土地问题（山主田也很少，主要是恨过去的派白工及一些杂派）。有的农民说"只要给我1条牛，我一样也不要都可以了，土地我自己会开的"，普遍要求分1条牛。有的说："分地主的土地嘛，一家分不得多少，不分嘛又日气，田地是我们开出来的。"部分的贫雇农还有顾虑，怕分田地没有分的而分山，分山后又怕开荒不自由。老柏乡罗长寿说："土改队来了，我们这边又没有田，那只有分山。分山的话一个村子一个村子地分，不要一户一户地分。"

2. 解放后，农民生产发展了，生活水平提高了，而地主的收入也大大减少了。如土堆马场乡雇农李阿三，解放前无吃无穿，终年卖长工过日子，解放后政府给予了扶助和贷款，逐渐摆脱了剥削，现在已经有牛2头，并有齐全的农具。全家7口人，可以收谷子、荞子共15000斤，到1954年就卖余粮收得币100元，1955年卖得300元。

地主解放以后已经放弃了白工、杂派及高利贷剥削，大部靠自己劳动，个别的现在有长工及短工的剥削。

根据以上情况，经工委研究，认为土改确实没有改场，相反地会造成各阶层中不必要的思想混乱，所以确定为直接过渡的地区。

二、工作方针与当前具体工作

1. 按省委指示，这类地区工作的方针是："在一定的工作基础和前提下，采取坚决依靠贫苦农民，团结一切劳动人民，团结和改造一切与群众有联系的民族公众领袖人物，在国家大力扶持和帮助下，通过互助合作、发展生产以及加强与生产有关的各方面的工作，逐步提高人民的生活水平和政治觉悟，逐步克服不利生产和民族发展的因素，逐步过渡到社会主义。"根据这一指示精神，结合当前实际工作情况，目前进入这类地区的工作组不动，并确定黄金福同志负责这一具体工作。

2. 这类地区当前的主要工作，总的要求是：通过各种工作及各种会议，把各阶层的思想扭转和稳定下来，积极领导各族人民搞好生产，从生产入手，以生产为中心，搞好建政、建团，培养民族干部，并稳步地开展互助合作，试办合作社。要求这类地区今年办好2个至3个合作社，以取得经验，作出示范，为明年的大发展打下基础。从现在的工作基础来看，达到这个要求是完全可能的。具体工作是：

第一，通过各种会议，如族代会、干部会、根子会、群众会及各种座谈会，大力宣传直接过渡的道路，着重指出由于情况不同，不经过土地改革而通过生产互助合作直接向社会主义社会过渡，并结合进行社会主义前途、爱国主义、民族团结的教育。其次布置今年生产互助合作工作，安定各阶层的思想情绪，特别是应把一部分农民对土改的积极性扭转到发展生产及互助合作上来。首先集中力量开好族代会，然后在各族人民中贯彻族代会的精神，在贯彻中应深入掌握各阶层的思想情况，根据不同的思想情况分别交代政策，打破群众顾虑，特别是应注意稳定地富及富裕农民的思想。进一步地发动群众，通过贯彻把各阶层各类人的思想稳定下来，扭向生产，并加强对敌斗争，揭发匪特谣言，大力宣传胜利形势与政策，在现在所有材料的基础上，逐步摸清各类敌人的全部情况。

第二，生产互助合作工作。我们干部首先必须明确，要开展这些地区的工作，必须从生产入手，帮助群众解决在生产、生活上存在的迫切困难。发展生产是各族人民的迫切要求，当前在生产上应抓好秋收秋种这一时机，把应栽的荞及麦子迅速栽下，同时可以广泛地开展兴修或整修小型水利，在现有的情况下变干田为水田；固定耕地面积，改良耕作技术，抗拒各种自然灾害，逐步地开展施肥及推广先进经验，并可以片或乡为单位适当召开一些生产座谈会，交流经验。当前对于缺乏口粮无法生产的农民，由救济款中加以适当救济；对于拨下的耕征购款，及苦冲族迁移款，要很好地加以使用，用在对增产有决定意义的问题上；对缺乏小农具的农民应给予解决，一般的大农具如耕牛、犁、耙等，应该由互助组和合作社公买私用，制定保护、饲养办法。

在进行这些农事活动的同时，以自愿互利的原则，有领导有重点地组织互助组，并继续整顿提高原有互助换工形式。重点试办合作社，这个工作必须建立在巩固的思想基础上，并又从实际出发，照顾民族特点。从目前这类地区的情况来看，通过几年的民族工作，群众有了进一步的发动，并受到了内地即墨江等地的互助合作运动的影响，群众在原有换工团结生产的基础上，自发地组织了一些临时性、季节性的互助组，有的并有互助组长，较普遍的是变工互助。这是我们在这些地区开展互助合作极为有利之条件，但组织不纯，有的乡、有的地区是中农或较为富裕的农民当组长；有的没有真正贯彻互利的原则，如1个童工换1个成年工；有的工价只为每天5角（不吃饭）。但这些问题，只需我们干部思想明确，方法对头，通过工作把现在临时性、季节性的互助组加以整顿，提高到长年的或季节性的互助组，是完全可能的，并可以试办合作社，因此，工委要求今年直属区重点试办2个至3个合作社，选择条件、基础便于领导的乡重点试办。由于这个工作是个新的工作，没有经验，所以不宜普遍发展，并且要求"只许办好，不许办坏"，以做出示范，扩大影响，为明年发展互助合作打下基础。初建时社的规模也不能太大，否则难以领导，并要求每个乡在条件、基础好的村，组织好3个至5个常年性的互助组。

关于互助组的工价问题，应多多征求群众意见，根据当地情况决定，偏低的或偏高的都会影响互助组的活动和巩固。

关于互助组组长，应经过群众充分酝酿，发扬民主选举产生（当然我们应事先掌握）。条件是：历史清楚，政治可靠；能联系群众；生产好；工作积极，作风民主；有一定领导能力。

关于互助组的评工记分问题，首先开始评可采取红河的经验即"死分活评"的办法，按每组组员劳动力的强弱、技术高低评定一定的工分，再根据他们每天干活的多少、好坏进行评议，好的加分，不好的减分，作为他当天的劳动报酬。10个工分为1个标准工，10天算账1次，算账后以工资找补（但用劳力找补即可）。经济上有困难的农民，以分期找补的办法处理。

在互助合作中，必须坚决依靠贫苦农民（贫雇农）。在互助组中，中农或富裕农民都可以参加，在合作社中要求就必须严格，主要是贫苦农民（贫雇农）和一些下中农，较富裕的农民（上中农）除真正自愿外，不宜急于吸收参加。

第三，组织建政工作。这些地区同样要发动群众，做艰苦的群众工作。还可以开办训练班，时间不宜太长，对象主要是骨干和积极分子，内容是有系统地进行社会主义前途、生产互助合作的教育，及爱国主义、民族团结、团的基本知识教育。对于已经串连的农民，可以利用这一形式对他们进行教育，不宜再展开串连。要求这些地区11月中旬把乡政权、民兵、团的组织建立起来。

对旧乡村干部应很好地加以教育、安排处理，但这种处理又必须根据情况，具体人具体分析、具体处理，可采取以下3种办法：（1）合乎乡干条件、群众拥护者，可继续作为乡干部，有的可安插在乡上的各种委员中。（2）有问题的够清洗条件者，如地富不纯分子坚决清洗，可动员其回家生产，但应做到既不为敌人利用，又要不伤感情。回家和家庭确为困难者，也应帮助解决和照顾。（3）本人合乎吸收参加工作条件，但不宜在本乡工作者，经过上级批准后吸收参加工作。

除决定办社的乡建党而外，其他乡不建党；建党的乡先建立政权及团的组织，再建党，后办社；党团员对象都应集中以片进行训练。但这种组织建设必须紧密结合生产互助，又通过组织建设来加强生产互助合作的发展领导，所以生产合作社应在政权建立起来后即11月底或12月初建立。建政和自下而上订出明年的生产工作规划。

三、应注意做好和解决的几个问题

1. 干部问题：为了加强领导，工委确定黄金福同志负责直接过渡地区的工作。三楞区现在进行土改的骑马坝乡归工委土改办公室直接领导，原先确定直接过渡的三猛东沙乡，在土改期间也暂时归直属区领导，以便于加强工作。其次，为了统一干部思想，片上集训直接过渡地区的全体工作干部，内容是：（1）总结前阶段工作，肯定成绩，表扬好人好事，多多鼓励干部的积极性；（2）布置10至12月的工作。

2. 高利贷问题：这些地区的高利贷问题，不能采用土改区的办法加以处理，即不能立即宣布废除，是要随着我们工作的进展，逐步地用贷款、救济加以代替，否则将影响今后的互通有无、互助互济；也不能宣传承认有效，我们的意见是采取"不闻不问"的态度，发生纠纷时，应根据不同情况加以处理。对于贫苦农民和山主、地富的债务纠纷，在不放弃群众既得利益并有利于生产的原则下，协商解决。属于直接过渡地区的农民与改革地区的土地债务纠纷，按土改区的办法处理。

3. 副业生产问题：这些地区生产落后，群众生活一般说来还很苦。解放几年来，由于党的正确领导，生产得到了一定发展，生活普遍有了改善和提高，但这是有限的。为了帮助这些地区的人民改善生活，除了发展以外是没有别的门路的。在发展生产上，除发展农业生产以外，还要注意发展副业生产，如藤条、蚂蚁乡的茶叶、猪等，特别是猪、鸡的生产，应引起全体干部的重视。地委要求每户要养1口猪，如生活贫困者，可以由银行进行贷款，销路问题政府应帮助予以解决，并在这些地区开展土特产的收购工作。

中共六村工委会

1956年9月29日

1960年7月15日抄于县委办公室

中共六村工委对直接过渡地区当前工作的
补充意见

关于直接过渡地区的工作，工委已经在前次发过工作意见。边委电话指示："这些地区的工作，从认识上看，不要认为越落后，就要越先进。这些地区的工作主要从生产入手，以生产为中心，通过生产，一方面是发动群众，另一方面是扫除障碍生产的一些落后因素；并组织一定力量，开展社会经济调查工作，做出3年至4年的工作规划。建党、建社问题统一在规划中来考虑。"根据这一指示精神，工委做了研究，认为：工委前次意见中所提的方针、政策、做法是对头的。只是主观上要求过急，对这些地区的工作基础估计过高以及对上级方针、政策体会不深所致。工委认为，这些地区今年不考虑建党、建社问题，主要应做好生产、秋征及建政工作，结合生产整顿提高互助组，开展社会经济调查，做出工作规划。

一、生产工作

这是开展一切工作的总干线和总基础，是群众的切身问题，这个工作做不好，其他工作也做不好。这些地区的工作必须从生产入手，以生产为中心，踏踏实实地帮助群众解决当前生产及生活上的迫切困难，在生产上做出成绩来；确定重点，做出示范。

第一，当前在生产上主要是领导和组织群众做好秋收、秋种、秋耕工作。一切工作必须围绕秋收、秋种、秋耕工作来进行安排。

结合生产整顿提高互助组。现在的变工互助不但组织不纯，有的组长是地富，成为其剥削农民的工具，而且换工极不合理，地富及富裕的农民占了便宜，贫雇农吃亏。因此，应该重点地稳步地整顿，要求重点乡今年要办好2个至3个常年互助组，最好由单一民族组成，规模不能太大，七八户为宜，为明年办社打下基础。

第二，以民办公助为原则，兴修小型农田水利，逐步固定耕地面积。积、施肥料是增产的关键。每乡在原有材料的基础上做出全乡今年兴修农田水利的计划。

第三，抵御各种自然灾害。这些地区山高林深，自然灾害主要是兽灾：野兽对庄稼的糟蹋最厉害，应该领导各族人民进行打兽。

二、秋征工作

按工委对1956年秋征秋购工作意见进行。三楞区由于较贫困及交通不便，任务为190649斤，比往年减少（这只是按中央、省附加11%，地方自筹粮为5%算加入进去）；并且不搞收购工作，也不宣传，自动背来者可以收购。为了节省时间，决定由片上召开族代会，将任务分到乡。秋征工作必须紧密结合生产进行，不得妨碍生产，并要求11月底最迟到12月初完成任务，号召群众交好公粮来庆祝乡公所的成立。每乡并结合秋征对社会经济进行摸底工作。

三、建政工作

由于这些地区不进行改革，群众发动有一定的限制，因此应慎重地选择苗子，并做好充分的准备工作，结合生产发动群众，培养乡村骨干，开办小型训练班，在生产和秋征中进一步考核乡村骨干。为了使工作做得深和透一些，建政应放在秋征工作之后，12月初或中旬建立。建政、建团可以同时进行，旧乡村干部照过去所提的办法处理。对于现在民兵中不纯分子手中的枪支，目前就应做好调查了解工作，利用各种机会，例如组织打兽小组等，采取零敲碎打的办法，通过建政使枪支真正掌握在基本群众手中。

四、加强对敌斗争，并有组织、有领导、有目的、有重点地开展社会经济调查工作

第一，对敌斗争工作。应该教育干部提高警惕，不断反对和平麻痹思想。又由于这些地区是处于国防最前线，更要求我们认真地端正地执行政策及深入踏实地进行工作。

第二，社会经济调查研究工作。这是我们进行工作规划的基础，必须在现有掌握材料的基础上，深入一步地调查了解。同时，应由现在的工作队中每乡抽上骨干2人组成工作组，深入1个或两个乡，有目的地开展社会经济调查。在调查的基础上，在12月上旬自下而上地做出3年至4年的工作远景规划。

五、干部问题

为了正确贯彻这一意见，片上领导必须注意首先解决干部的思想问题。认为不搞改

革对自己锻炼不大或不能发展生产等消极思想，必须认识这些地区有搞场、有锻炼，并且只有通过生产才能发动群众、培养干部，并做好各项工作。一切工作离开生产就会万事无成，就要脱离群众。

中共六村工委8个直接过渡乡的工作总结

一、基本情况

我处直接过渡乡为三楞区的三楞莫洛、蚂蚁、老柏、土堆、东沙、卧马及三猛区的东沙等8个乡，地处边陲，有100余华里国境线，面积约有2100平方华里。村落分散，有大小自然村266个，16种民族，2637户14609人，占总人口的60.8%。[①]次为西莫洛族，223户1317人，占人口的9%；最少的回族，1户4人。解放前，这些地区深受着国民党反动派的统治和当地地主的压迫剥削及土匪的抢劫，社会秩序紊乱、生产技术落后、生产工具缺乏，有的地区耕地还未固定，处于刀耕火种、地多田少，生活极端贫困。各族人民的文化生活根本谈不上，解放后仅卧马乡有3所私塾馆。由于上述情况，就大大地限制了各族人民的生产发展和生活改善。

解放后，在党和人民政府的领导下，正确地贯彻了民族政策，通过做好事运动，发放各种救济贷款，大力扶持发展生产，各族人民生产生活逐步有了改变和提高，截至目前，已有水田4460亩。文教、卫生事业已有了发展，从1952年起，在这些地区先后建立小学6所，各民族人民子女入学子女477人。但由于未经过什么改革，群众还未很好发动，基础是薄弱的。有地主16户、富农67户，各种反革命及各种刑事犯罪分子223名（土匪103名、惯偷惯窃59名、社会流氓11名）。各族人民生产生活仍是较为落后和贫困的。

二、运动中开展的几项工作

我们根据中共红河边工委《关于直接过渡地区工作的指示》，于8月23、24日先后展开工作。参加工作的干部115人，其中男的102人、女的13人，党员22人、团员32人、非党干部61人，外来干部67人、本地干部48人（指六村干部）；雇用人员32人，男27人、女5人。运动截至12月16日止，历时将近4个月。

由于这类地区的社会经济调查研究不够，除4个乡采取直接过渡外，三楞等4个乡仍采

---

① 此处疑有缺漏。——编者

取和平协商改革，进行了1个月，经过调查了解，证实阶级分化不明显，群众对土改要求不迫切，于是8个乡均采取直接过渡。运动初期，地富及自新匪（骨干）的思想反映是："怕打、怕斗、怕杀"，如卧马乡地主曹文林说："土改分我的田地倒不怕，只要不杀我。"三楞乡旧保长董正林、黄德中、富农黄正单等3人，怕"群众起来斗争他们，先后曾杀了6口猪吃了（130斤）"。

根据这些情况，各乡召开了一系列的会议，反复不断交代直接过渡的意义、对敌斗争政策，解除顾虑，促使安定下来。基本群众反映在两方面：（1）对土改要求不迫切，反映说："我们地方谁开谁种、谁种谁收，没有什么改场了。"（2）地主较集中的地区，对土改要求迫切，反映说："不土改，便宜了地主。以前地主剥削压迫，我们不出气了？"

运动中的几项工作：

1. 生产工作

生产是直接关系着农民的切身利益，在服务生产、帮助农民搞好生产的总前提下，领导群众进行了秋收秋种、兴修水利等工作。共兴修了水沟115条，可灌溉产量479940斤；改修了63条，可灌溉面积135810斤。积极领导群众组织打猎队，据统计先后消灭了危害人畜庄稼的野猪、豹子、老熊等各种大小野兽146只。在领导群众生产的过程中，为取得经验，为今后办社、办组打下基础，各乡都重点地试建了1个至2个常年互助组，各区共9个，每组多则11户、少则8户。为了解决工具、籽种困难，政府又无偿地发给款买了农具，每组50元；并开始评工记分、清工结账。土堆乡马来鼓反映说："共产党、毛主席领导，好好地关心我们，我们要发展生产，只有组织起来，才能发挥生产的积极性。"

2. 秋征工作

7个乡的任务为221297斤（三猛东沙乡没有任务），完成任务数226956斤，超额完成9659斤。首先是召开了区乡的族代会，由干部到群众层层发动，交代了政府征收公粮是"取之于民用之于民"，支援国家社会主义建设，交纳爱国公粮是每个公民对国家应尽的义务，得到各阶层人民的积极支援，纷纷表示要做到一干二净三饱满，保证坏粮不出村，使任务得以顺利完成。

3. 救济贷款工作

8个乡在运动中共贷出人民币4909元，包括农村贷款、生活贷款、副业贷款、耕牛贷款共5项，解决了523户贫困农民生产生活的困难。此外，政府还拨发大笔款，购买各种农具、衣物，无偿地发给各族贫困户，折合人民币17978元。共购买十字镐38把、炮杆40条、撬杆30条、大锤30个、锄头671把、镰刀170把、钢刀291把、炸药100斤、洋布825匹、土布237个、单衣343件、裤子442条、棉衣6件，（花）钱2900元，解决了各族人民生产生活上的部分困难。群众反映很好，如三楞乡李四图说："毛主席、共产党领导，样样地关心我们，没有锄头发给我们锄头，没有穿的发给衣服。我的男人眼睛看不见，发给眼药水看得见了，感谢共产党、毛主席。"通过此项工作，进一步地密切了党和群众的联系。

4. 建政工作

通过此项工作，各乡组织机构已得到健全，给我们今后的工作创造了有利的条件。乡一级干部84人；正副乡长23人，其中女乡长7人；大小干部639人（包括乡级干部、委员、大小组长在内）。工作大体是这样进行的：

（1）首先在宣传教育、诱导启发的基础上，有意识地发现群众中的优秀积极分子，并结合对原来旧干部表现好的进行了表扬，向群众说明我们今天要搞好工作，要过社会主义，要有好的带路人，同时把好干部的好处向大家说明，就是要历史清楚、社会关系不复杂、工作积极、大公无私、办事公道、愿意为人民服务的人来担任人民的干部。

（2）结合中心通过当前的生产和秋收工作，有意识地掌握表现积极突出的人，然后在群众中宣传了要选拔好自己的农民干部领导才真正的是当家做主，并把挑选干部的条件交给群众，在充分发动群众的基础上，和干部摸底了解的基础上，交群众从下而上地酝酿，提出初步名单交给工作队，经过反复排队审查，又交群众审查，最后确定了一批比较优秀的骨干34名，用雇用的名义，每人每月发给工资22元，作为临时脱产参加工作，准备有意识地培养，以后担任乡的领导骨干，所以审查是严格和慎重的。教育上采取边学习边考核的方式，即在工作中每到一段落，把他们集中起来学习一段时间，在学习中一面总结过去的工作成绩和缺点，帮助提高，同时按照民族特点，多表扬少批评，个别有缺点的不在大会上批评，而是采取个别谈话指出。并经常不断地放在群众中考验，随时收集群众的反映，主要是达到进一步考核清楚其政治、历史情况，和在群众中的威信，达到使我们干部心中有数，最后经过审查，结果只留用31人，其余回家生产。

（3）对各级各委员会的产生，首先是把乡的各种委员会的任务和各种委员会的职责，反复在群众中宣传酝酿，成熟后经群众民主提名交工作队领导审查，反复排队，并且在中心工作告一段落进行总结1次，一方面达到对这些人的教育提高，另一方面又进一步地排队了解，经反复排队教育后，初步确定名额、名单，到区上学习1个礼拜。

在挑选和培养干部中，同时注意照顾到了民族（特别是小民族）地区，如民族聚居和杂居；又根据各民族所占人口比例来提名，所以这就不致引起民族中的意见。

（4）以上干部培养成熟后，在群众中有意识地做工作，将我们审查清楚、准备吸收为干部的人员交给可靠的骨干进行酝酿后，并且还初步学习了选举的方法，召开乡人民代表会，参加会议的代表就是先培养成熟的各种乡委员，用举手通过的方式进行选举，产生乡人民代表会及参加各种委员和各种干部。

5. 民兵工作

广泛深入地在群众中宣传了民兵是不脱离生产、不吃公家饭，交代当民兵的条件，说明当民兵的光荣。

在宣传中有意识地在群众中发现积极分子、培养典型、扎根串连的方法，个别谈话、动员酝酿。由于事前做好充分的准备，是比较顺利的，还不等干部去登记，各村的青年就约好在一个早上的时间到点上报了名，很快就完成了登记工作。

通过审查选举了干部，8个乡共有干部122人、队员536人。

6. 建团工作

团的工作是与各项工作同时进行的。经过研究，将发展任务直接分到各乡，广泛地在群众中展开了宣传，团是在共产党领导下的青年群众组织，是共产党的后备军和助手，建设社会主义少不了青年，他们在各项工作中都是在前头。经过社会主义前途远景教育后，结合进行摸底了解排队，掌握对象，反复地审查，以乡或点普遍教育，上团课，重点培养典型，每大组12人至15人。开办了1个训练班，将对象和青年集中学习。初来时乡与乡在一起不习惯，经过学习、教育，加强了团结，打破了乡与乡之间的界限。训练班结束，将培养成熟的青年召开了宣誓大会，吸收入团，大大地鼓舞了青年。如三楞乡王雍皁申请过1次，未被批准，她说不灰心，努力工作再争取；段金科积极地请工作同志写申请书，并跑到区政府找个介绍人。最后发展共122人（任务为10人），男89人、女33人。其中雇农58人、中农11人；哈尼族70人、布都族10人、苦聪族1人。

7. 对敌斗争

在运动中反映出来的思想有两种：一种是畏惧历史罪恶，思想恐惧，怀疑政策；另一种是抵触不满意。根据此情况，各乡均反复不断地交代对敌斗争政策，结合农村发展纲要，开展政治攻势，发挥政策威力，由此在运动中逐个地向我自动交代历史罪恶的达59人。

关于直接过渡地区的情况调查和今后工作的
几点初步意见

一

金平县不进行土改直接过渡地区共有21个乡（其中以苗族为主的19个乡37134人，以苦聪族为主的2个乡2633人）7898户39767人（其中苗族16882人，占人口总数的42.7%；哈尼族10522人，占26.6%；彝族4279人，占10.8%；瑶族3134人，占7.9%；苦聪族2053人，占5%；汉族1571人，占3.9%；傣族315人，占0.7%；僮族283人，占0.7%；其他少数民族734人，占1.7%）。此外，尚有8个乡共17023人，这类地区虽然土改，建立乡政权，建立党、团组织，群众发动比较充分，但在合作化与国家扶持方面，需要和苗族直接过渡地区给以同样的帮助和考虑同样工作步调。因为这类地区，社会经济情况基本上和不土改区相同，土改结果没有分到多少土地，生产生活仍然是贫困和落后。

苗族地区，苗族人口占该地区人口总数的45.37%。据说苗族系由文山区迁来的，至今已有四五代人。该地区在60年前，系属傣族土司统治，称为"猛丁"，全部土地为封建领主所有，已经形成封建领主制度，百姓在土司统治下，受着土司的官租、劳役和特权剥削，百姓必须向土司交纳"客谷""客鸡"等等。清王朝实行"改土归流"后，推行钱粮制度，以谁交钱多谁多得土地。封建领主的统治，至今即逐渐崩溃，待到国民党统治时，便将"赊""里""招霸""小排""伙头"等封建领主所遗留下来的残余组织改为保甲制度。而60年来该区一直是处在兵、匪战乱之中，3种势力（国民党的反动武装、外地的股匪、当地头人武装）在进行争夺，由于该地区种植鸦片，因而更是强盗和土匪抢掠的地盘，老百姓经常生活在水深火热之中。

由于社会秩序不安定，国民党反动统治和土匪的残酷压迫和剥削，造成人民生产生活落后，得不到发展，生活贫困。

土司制度虽然崩溃得较早，出现土地典当和买卖的情况，但是，土地集中的程度不大，阶级分化并不突出。从19个乡的土地占有情况来看：占总户数0.72%的地主，占有6.25%的水田、1.3%的旱地。地主占有水田产量共计535936斤，仅占全部土地产量的1.78%。从土地占有比较集中的太阳寨等4个村的情况来看：占1.3%的地主，占有土地产量的6.8%；占4.6%的富农，占有土地10.4%；占40.9%的中农，占有土地44.8%；占53%的贫雇农，占有土地36.4%。从每人平均占有土地产量来看：贫雇农每人平均产量604斤、中农862斤、富农1508斤、地主2184斤，地主占有情况比中农每人平均数仅多114%。从一般地区（罗锅塘等8寨）土地占有情况来看：占总户数0.5%的地主，占有土地产量总数的1.69%；占1%的富农，占有土地1.04%；占28%的中农，占有土地51.1%；占70.5%的贫雇农，占有土地31.1%；客籍田占12%；公田占1.5%。地主每人平均产量2056斤、富农每人1470斤、中农每人731斤、贫雇农每人326斤。有11户无土地。总的来看，地主所占土地比例数不大，而贫雇农每人平均产量与一般土改区农民所分得的土地相差无几。从太阳寨全乡贫雇农每人平均占有土地产量来看：每人是332斤，罗锅塘乡贫农占有土地产量平均每人是215斤、雇农是263斤（按8个土改乡每人平均产量300斤左右），贫雇农占有的土地产量虽然是不够吃，但如土改，将地主多余土地没收分给贫雇农，亦不能解决土地问题。

从太阳寨、采山坪等寨租佃情况来看：目前存在的租佃情况，出租土地产量63708斤，占土地总数的8.8%，其中地主出租土地占17.2%、富农出租土地占17%，地、富出租土地合计占34.2%，以解放前的情况，地主、富农的剥削方式，主要是雇请长、短工，靠出租土地进行地租剥削的极少。在1955年金平开始土改，由于土改的影响，好多地、富出租的土地，都不敢要租了。有的将原来50%的租额减少为20%，有的是农民不愿意交租了。

关于土地典当情况，解放前典当土地的是比较普遍，其中典当水田较多，因为旱地耕作年限短，典当的较少。典当地的，其年限只限于二三年，典价低，期满即无代价收回。目前尚存在的典当关系，多系水田，而且多系民族之间的典当关系，如哈尼族、彝族当给苗族、瑶族的。苗族、瑶族内部的典当极少。从罗锅塘等8寨来看：当出土地共24万多斤，占全部土地产量总数的32.5%；中农当出土地是28300斤，占当出土地产量总数的11.8%；贫雇农当出95940斤，占39.9%；客籍户当出土地115840斤，占48.3%。典入土地产量总数与当出数同。富农典入土地占典入土地总数的3.6%、中农占50.1%、贫农占19.9%、客籍户占26.4%。再从太阳寨等地区的情况来看：典入土地产量56034斤，占土地总数的7.7%，其中地主典入土地占25.6%、富农典入土地占29%。当出土地产量28728斤，占土地总数的3.9%，全系农民当出的。目前存在的典当关系，绝大部分系解放前所典当的，年限较长，有的已经打过好多次"家找"（增加典价），典价已相当于土地价格，田主绝大多数已无力赎回土地。近两年来已无人"打家找"，已没有人买田和典入田地。1953年以前，发生典当土地已是极少数的。

除以上土地情况外，还有因为土改影响，将土地送人或放荒的也有。如罗锅塘等8寨，送人的就有16800斤产量，放荒的就有261780斤（包括无力耕种或不能耕种的在内）。个别地区，还搞过土地调整。

该地区高山和半山的土地（包括荒地在内）所有权已固定，均为私人所有；矮山和河谷区未开垦的荒地，可以谁开谁种。据调查，河谷区可开荒的地很多，就是离寨远（二三十里），费工大。有些河谷区的荒地，属傣族占有，开荒易引起民族之间的纠纷。解放几年来，田少地多的农民到矮山和河谷区开田和号地的不少，罗锅塘等8寨开田情况，几年来开田开地总数就有20万多斤。

关于债务问题。目前存在的债务，多系农民内部之间的债务，绝大部分属于互助性质，数量少，无利息。地、富也有借给农民少量不要利息的借贷。

至于雇工情况，雇请长、短工在数量上是减少很多，有的要请工已不易请到，农民有了劳动力，都去开荒，不愿卖工了。

以上情况说明，解放几年来经济上的封建因素已有削弱，已经不成其为生产上的主要障碍。

苗族人口虽然在该地区占居多数，聚居村较多，但苗族迁来较晚，占有土地不多，绝大部分土地系从其他少数民族手中典买进来的。苗族受傣族土司和国民党反动政府的统治。解放前苗族中亦有过黄大，带有300多支枪的人马，曾和国民党、外来土匪做过斗争，从某些方面来说，有过维护本民族的利益，但其本质仍属土匪性质，对本民族照样敲磕勒索，进行抢劫，其盘踞期间，同样承继封建领主统治、国民党反动统治的衣钵，鱼肉人民，将"官田"霸为己有，向人民收取烟税，其压榨手段，人民谈起来，都会咬牙切齿。

苗族没有形成自己独立的经济区域。在其他民族的统治下，苗族中虽然已经产生地主，但其所占比例少，占有土地不多，解放前其剥削方式主要是请长、短工，种植大烟。解放前政治上主要是受傣族土司和国民党反动政府的统治。土司统治期间，在苗族富裕户中委给"赊头""里长""招霸"等职，他们为封建领主服务。在国民党统治期间，在原来封建统治基础上委给头人以"乡长""保长""甲长"等职务，又为国民党统治者服务。从苗族中的地主、富农情况来看，大部分是任过封建职务和保甲长的。其所以形成地主、富农，是与其政治上掌握特权分不开的。这些人在解放前，在对付土司和国民党方面，维护过本民族的利益，因此，他们成为苗族中的上层头人，在苗族中有威信，有些苗族寨没有寨老，即是这些人代理了。从另一方面来说，他们对本民族或多或少还是有剥削的，目前来说，这些人在群众中还有一定威信，在群众中还有影响。

在历史上"改土归流"后，由于历次"汉官"统治压迫的结果，苗族曾经闹过"皇帝"（1918年），反对国民党的统治、压迫、剥削，对汉族进行报复，继后被反动统治者镇压下去，对苗族人民进行残杀，造成历史上苗族与汉族极大的民族隔阂。苗族人民认为"苗族出不了头，只要是冒出一点芽来便被汉人摘掉"，对汉族是抱着深沉的怀疑和仇恨态度，唯恐吃汉人的亏。有的学汉话，据说是怕吃汉人的亏。由于历史上遗留下来的民族隔阂，自然形成苗族内部紧密的联系，所以苗族中的上层头人，有威信，能起一定作用，是与历史上有过的民族隔阂分不开的。

从苗族内部联系看，主要是通过串亲戚进行联系。串亲戚成为苗族内部联系的纽带。

苗族由于受封建统治较深，遭受残酷的民族压迫，长期处于混乱状态，生活不安定，生产落后，生活贫困，不敢多与外族交易往来，因此，长期操持着农业与手工业紧密结合的自然经济。他们的主要粮食是苞谷，其次是地谷、荞子等，他们所种植的作物，主要是为了满足自己的生活需要。粮食除自食外，便用在煮酒和饲养家禽牲畜饲料上，很少拿到市场上售卖，为了购买盐巴和铁质农具才出售小猪和鸡，有的用麻和哈尼族换布。简单的生产工具和用具都是自己自制，他们穿的麻布和染布的蓝靛都是自栽自织自做的。每个苗族家庭构成生产和消费的自足单位，这种自给自足的经济，在受到外来灾害和民族压迫时，能够在相当长时期内独立生存下去。

解放前，该地区普遍种植大烟。据群众反映：在解放前，收大烟的时候，就有人将粮食、猪肉、盐巴、布匹等等，送上门来。但栽大烟，并没有给苗族人民带来多大好处，相反地给苗族人民带来了灾害。由于出产大烟，国民党官僚、土匪视为发财的"好地方"，以致造成你争我夺，人民受到严重的损害和苛索剥削。而种大烟，虽然是作为商品，但也未改变苗族的自然经济状况。

苗族尊崇祖先，崇拜自然现象，信仰鬼神，生病时便请"昂"（魔公）来杀鸡祭鬼，每户全年最少都要请1次，每次花费3.3元。

"猛豆"（白苗）、"猛能"（花苗）老人死，照杀牛供奉。一般家庭老人死后对其生产生活影响很大，"猛累"（黑苗）老人死改为杀猪。据说：早以前还是杀牛的，因为耕牛被杀后，生产生活困难，才改杀猪。现在祭献猪时，还要说上几句："在你后面，还有几百几千子子孙孙要活下去，耕牛要留着耕田"等等，这说明风俗习惯，也不是一成不变的。

解放前，苗族婚礼是很重的，需要送半开60元、猪肉60斤、酒60碗。解放后也略有减少。

从苗族的生产生活来看，原始落后因素并不严重，但在生产耕作上主要还是刀耕火种、耕作粗放、不施人粪，就某些耕作来说，种麻种大烟也还比较细致。

目前还存在的原始协作残余，仅是表现在起房盖屋，全寨共同帮助，打猎、捉鱼大家动手，共同分配。

总的说来，该类地区的封建因素，也可随着合作化的发展，在合作化中逐步解决。对贫苦农民缺乏土地的问题，基本上可以通过领导群众开荒解决。至于个别地区，地主占有土地较多，有必要调整土地，也可考虑通过协商方式，做适当的土地调整。对原有公田约200亩，可以分给贫苦农民耕种。

对于原始落后因素，杀牲祭鬼、有碍生产的风俗习惯等等，随着生产的发展，人民生活的提高，文化卫生工作的前进，人民思想有了一定的觉悟，即会自然逐渐改变。

二

1950年在大军压境的情况下，苗族地区就开辟工作，建立了区政权。当时土匪贺光荣潜伏着，由于历史上遗留下来的民族隔阂，人民群众对党没有认识，我政权无基础，部分群众在土匪特务的操纵裹胁的情况下，在同年6月间，进行骚动，我工作人员被迫撤出来。1951年，工作干部又随着部队清剿土匪进去，当时的工作方针是"以对敌斗争为前提，进行做民族团结工作，宣传党的民族政策"，发动群众消灭了土匪，建立起联防武装。掌握在敌人手中的武器，清匪中已缴回88支（估计现尚有104支）。一、二手的工作，群众有一定的发动，对党有了一些认识，情况有了很大的转变。

但由于当时条件限制，进一步深入做群众工作不够，对较远的地区照顾不过来，民族特点亦未照顾得很好，征粮、税收工作稍微急了一些，因此，残余反革命分子，借我工作上存在着的空隙，利用历史上遗留下来的民族隔阂，于1954年2月间，再度挑引起"芭蕉河事件"。

在"芭蕉河事件"后，党委对该地区的工作，更加重视，加派干部，增强工作力量，注意党的民族政策的正确贯彻。以做好事、交朋友、团结生产为中心，进行文教、卫生、财经、贸易等一系列的工作。

通过几年来的工作，民族关系有了很大的改善，群众有了相当的觉悟，对党有了新的认识，一般说来都表现积极拥护党和政府的。

几年来群众工作取得了很大的成绩，在帮助群众搞好生产方面，做了不少工作。仅从几件主要的工作来说：

帮助群众解决生产上的困难，发放无偿农具10994件，合人民币46174元；农贷款共计187876元；1955年至1957年3月口粮救济共98500元，折合粮食197万多斤；棉衣750件，夹衣460件，单衣860件。领导群众修水沟共计402条，灌溉面积产量324万斤，新开田产量787000多斤。

在耕作方面：提倡多犁多耙、多薅多锄、积肥施肥，从原来仅1犁1锄、薅草1遍，现在已普遍做到2犁2耙、薅草3遍，有的做到3犁3耙、薅锄3遍；施肥已较为普遍。

几年来群众生产生活变化是很大的。以粮食来说：1956年产粮29616600斤，增产的粮食即比1953年产粮17001315斤增加12615285斤，增加74.2%。仅以七区今年来说：估计可增产120万斤，占去年总产量的12%强。白沙坡大组76户，1956年产粮263441斤，今年预计可增加52330斤，占去年总产量的19.8%；个别户有增产50%至100%以上的。从太阳寨等3个村45户农民解放后的变化来看：解放前占有土地产量估计12474斤，1956年占有产量是201517斤，比解放前增产粮食77117斤，增产粮食占解放前土地产量的61%；解放前有牛26头，现在有牛36头，增加10头，占解放前的38.4%；解放前有骡马36匹，现有42匹，增加14.2%；解放前有猪61只，现有68只，增加7只（因现在逢青黄不接，待苞谷成熟时，养猪增加数更多）；解放前共有农具253件，现有330件，增加30.4%；解放前有被子88床，现有94床，增加6床（尤其是解放后增加棉被9床、棉毯3床，解放前均系麻布被子）。从阶级变化情况来看：贫雇农84户，上升为中农的10户，占其总数的29.4%；中农11户，上升为富裕中农的9户，占82%。

文教工作方面：1956年有学校6所，学生371人；现有学校7所，学生399人，增加学校1所、学生28人。卫生工作已有很大成绩，建立了卫生所和巡回医疗人员，几年来仅免费治疗就有48800多人次，共计免费39780元；打预防针种痘普遍免费，疾病和死亡率逐年减少，现一般群众有了疾病都来找医生。

供应和收购：几年来供应农民的生产生活必需品，数量是大的。仅以1953年10月至1957年3月期间，所供应的物品总值就有640390元，仅就农具供应就有22210件，口粮供应4812330斤。解放前该地区买盐3元半开1斤（合大米12斤），现5斤大米可以买到盐1斤，群众普遍可以吃到廉价的盐巴。对贸易小组所卖的东西，或则只会跌价，不会涨价。对农民的土特产和药材，政府已是积极组织收购，1953年10月至1957年3月，收购的总值共计426350元，对解决农民生产生活困难是起到了不少的作用。

几年来群众是有了相当的发动，并培养了一批民族干部。现共培养出民族干部48人，占少数民族人口总数的1.2%（其中苗族干部20人、哈尼族干部9人、瑶族干部2人、傣族干部1人、彝族干部4人、苦聪族干部×人、汉族干部8人；区级干部4人、一般干部44人）；少数民族党员4人、团员7人；半脱产干部38人（其中苗族16人），党员19人、团员3人；农民积极分子4000多人。由于有了民族干部的培养和群众的发动，农村基层政权已开始建立。目前已建立起政权的共有3个乡，建立筹备工作的有4个乡，县委计划在年前将乡政权全部建立起来。从已建立的太阳寨乡情况来看：主要乡干有10多人、积极分子有50多人，新政权已在群众中树立起威信，受到群众拥护。

建乡工作，由于工作干部少，对有些乡培养乡干部和积极分子工作跟不上，年前建立乡政权还需要今后加强干部力量和干部的政治思想教育，通过领导生产，解决群众生产生活困难，从而培养和锻炼出乡村骨干和积极分子，为建乡创造好条件，使农村政权真正做到为我基本群众掌握。对于过去的联防干部，过去确实为我做了不少工作，有的为群众拥护，不能全部一脚踢开；对确实有问题的，在撤换时，亦应做到不伤感情，以防产生不满情绪，造成工作阻碍。对有条件建团地区、应建立团的组织，个别地区亦可考虑发展党员。对于建党工作，应在建团的基础上发展为妥。

从上层工作情况看：自"芭蕉河事件"后，上层工作受到重视，应该团结的上层，基本上得到了安排职位和照顾。该区共计有上层18人，安排在自治区的2人，安排在县的7人，区长1人，在经济上给以照顾的31人。上层一般来说，基本表现满意。个别虽然给以了照顾，但有时县、区开会，请他还不愿来，表面说好话，背后说怪话。从目前情况看，表现好的有9人，占50%；一般的有4人，占22.5%；表现不好的4人，占22.5%。比较大的上层都已经做到安排和照顾，但农村中还有一些小头人，如寨老小的旧头人、有声望的老人和头人的后裔，这类人物在群众中尚有一些威信影响，对他们如何进行教育工作，需要研究考虑，否则这些人对今后工作前进一步也会有阻碍的。

互助组的情况：去年8月间，在直接过渡地区的19个乡，共组织了144个互助组。入组农户1584户，占总农户的22%，这为今后办社打下良好基础。其中较好的组有49个，占互助组总数的34%，其情况是：领导成分好，骨干较强，能贯彻等价互利，评工记分搞得还好，清工结账也比较及时，安排农活还较为合理有秩序，有简单的生产计划。较差的组有74个，占51.3%，其情况是：领导骨干成分好，但工作能力弱；在贯彻互利上差一些，只能搞死分活评或按人固定工分；有的妇女不以评分计，按工换工办法，清工结账时间稍长；农活安排计划性差，生产计划也很简单。对一、二类型互助组，还须巩固提高，帮助解决一些具体问题。第三种情况的互助组21个，占14.4%。这一类互助组有的领导成分不纯和受地、富操纵，有的地、富和不纯分子混入；安排农活不合理，有的富裕中农不出工，欠别人工都表示付给工钱，有的长期不清工结账，贫苦农民吃亏。三类互助组须加强领导，否则会有变质和散伙的危险。

民族干部虽然培养了一批，但以目前工作需要和要求来说，民族干部在数量上还是不够，工作能力差，能够搞互助合作的民族干部还不多，好多干部在领导互助组和如何提高互助组感到吃力，缺乏工作办法。

生产口粮问题上，从贫农占有的土地产量来看，一般不足300斤，加上各种自然灾害（风、兽、水等）损失，鼠耗、霉烂（有很多地区的苞谷霉烂就占其产量的20%），产量极不稳定，农民用粮缺乏精打细算，吃青较多，其牲畜饲料和煮酒用粮几乎占其粮食收入的1/3，因此，缺口粮的情况是严重的。仅从目前缺粮情况来看（尚不包括自身可以解决的在内），缺粮面占总户20%左右，平均缺两个半月。这需要及时解决，时间延长将会影响生产。

关于合作化贯彻阶级路线问题，由于过去社会不安宁，土匪扰乱；历史上存在着民族隔阂，人民生活贫困，在外族统治阶级的管辖下，当过旧头人和保甲长的人数多，被迫为匪扛过枪的人也多；为了反抗民族压迫，迫不得已而参加暴动的人也不少；为生活所逼，铤而走险的也有。有的干部反映：要找没有扛过枪、当过土匪的人很难找到，依靠对象成问题。如界限划不清，会造成树敌过多，孤立了自己，找不到依靠对象，培养民族干部无从下手。这需要很好研究，分清匪民，分清主从，分清是非，分清被迫还是自愿、偶尔还是一贯、正义行动还是"暴乱"。如界限不清，对今后进一步开展工作亦是一个障碍。

为了巩固农村基层政权，巩固已建立的互助组，保证今年农业大丰收，教育干部须注意警惕，以防止敌人破坏活动。

三

苗族聚居区村落分散，山大坡陡，交通极为不便。虽高山区系亚热带气候，山上生长的都是阔叶林，四季常青，大部分地区山顶终年无霜雪，矮山河谷区气候炎热。4月至10

月系雨季，雨量比较充沛。

粮食作物有稻谷、黄豆、洋芋、甘薯、小米等等。

经济作物有棉花、疏麻、蓝靛、甘蔗、草烟、花生、茶果、麻、紫梗、草果、核桃、咖啡、漆树等。

野生药材有三七、党参、姜黄等等。

水果有菠萝、芒果、芭蕉等等。

副业方面，养猪养鸡，繁殖牲畜。苗族善于养母猪，如太阳寨等151户，就有母猪34只、小猪102只。该地区草场多，猪饲料代食品也多，有名的野生作物就有11种，发展牲畜有利条件很多。每家养的鸡也多，由于交通不便，每斤鸡售价才3角5分。

从19个乡的土地总面积估计情况看：共有土地1064900多亩，耕地面积占17.3%（其中：水田面积占耕地面积总数的9.9%；雷响田占4.1%；固定旱地占59.3%，其中石疙瘩地占固定地总数的38.3%、轮歇地占26.6%。每人平均占耕地5.1亩，每个劳动力平均9.6亩）、林地面积占24.9%、荒地面积占55.8%（其中可开地占荒地面积的47.2%）。估计通过兴修水利可开垦水田2万多亩，河谷区可开水田的地很多，全区土地大部分是红黑土壤，土质肥沃，全年均可种植。可以提倡种双季稻、两季苞谷，水稻平均每亩400斤、旱谷平均每亩200斤、苞谷每亩平均120斤、棉花每亩平均30斤、花生每亩平均30斤。以上情况说明：该地区的土特产是丰富的，土地潜力很大，生产发展前途是大的，有条件搞多种经营。

据目前调查了解，2户中农3户贫农的全年收入情况是：粮食收入占总收入的60.3%，副业收入占总收入的35.7%。再从其中2户中农、1户贫农的收入情况来看：粮食收入占总收入的59.4%，副业收入占总收入的33.7%，经济作物占总收入的6.8%。如以发展粮食作物为主，在争取粮食作物逐年增加的条件下，重视发展经济作物和副业生产，能够争取在三四年内达到农民收入各占1/3，经济作物和副业生产可能还会超过粮食收入所占比例。以太阳寨乡中农杨够家1956年收入情况来看：粮食收入4994斤，占总收入的61%；每人平均粮食832斤，折合人民币37.4元。如以每年增产5%计，4年增产为180斤，合计为1012斤，折合人民币45.54元。如经济作物和副业生产能超过粮食收入，结果即为在三四年内每个农民收入粮食千斤和人民币百元以上，就可以解决贫苦农民够吃够穿，而这个要求是有条件可以做到的。

从该地区自然条件发展前途来看，条件优厚，有宽阔的发展前途，但从目前情况看，由于过去反动统治的结果，造成该地区生产落后，人民生活异常贫困。解放几年来，虽然生产生活有了很大的变化，但是，基本上还处于贫困和落后状态，农民缺乏生产工具和生产口粮还是比较严重，耕作粗放，生产工具简陋，刀耕火种现象还是普遍存在。总的说来，贫困和落后现象是比较突出的。

为了帮助各族人民摆脱贫困和落后状况，为了解决先进与落后的矛盾，领导发展生产还是今后的中心工作。

对今后的生产工作，我们的意见是：主要应放在兴修小型水利，领导群众开垦梯田，通过开荒，以解决贫苦农民缺粮缺地问题。在耕作方面，应根据实际情况和群众觉悟，因地制宜，逐步提高耕作技术，推广积肥施肥，并试行搞堆肥。逐步提高单位面积产量，以逐步固定耕地，发挥土地潜在力。对于自然灾害，必须积极领导群众防范，将群众现有防灾和打兽等经验，加以总结推广。为了达到年年增产，农民收入年年增加，必须想尽一切办法，找出主要和次要的增产措施，安排先后和主次加以推广，保证年年增产不落空。

另一方面，只有发挥出劳动潜在力，增产才有保证，这就必须通过组织起来，只有走互助合作的道路，劳动潜在力才能得到充分的发挥。

从目前情况看，办社是否有条件呢？根据省委指示，直接过渡地区的办社前提条件是：

（1）民族上层真正同意。

（2）有当地民族干部。

（3）群众有了发动，政权基本掌握在群众手中。

（4）民族关系正常。

（5）办社前有互助组基础。

从目前有些地区情况看来，是已经具备了上述条件的。

采用直接过渡地区，一般来说：社会经济结构比较落后，存在有较多的原始落后因素，阶级分化不明显，土地占有不集中；由于历史上民族隔阂深，有的民族与世隔绝，所以尚处在初期的奴隶社会阶段或封建社会初期，个别地区还是处在氏族社会末期。因此，民族也比较落后，思想觉悟还停留在启蒙时期。以金平苗族直接过渡地区来说：已经进入封建地主经济社会，收租和雇工剥削较为普遍，个体自然经济占统治地位。人民在生产生活方面，也较其他地区进步，已有相当知识水平，人民不是那样蒙昧。总的说来，经济基础与其他地区大不相同，比其他地区进步得多，所以考虑这地区虽然列为直接过渡地区，但在要求上和工作速度上，应该与其他地区有所不同。工作发展快一些，是否可以同改革地区一样要求，我们认为：没有经过民主改革，其条件和基础是不如改革地区，就不能和改革区做法要求一样。

从目前情况看，某些地区是具备了办社条件，但普遍试点还不可能。尤其是培养当地民族干部，依靠本民族自己办社，这一方面的工作是跟不上目前工作发展需要的。为了今后办社创造更好条件，当前可以通过领导生产，提高现有互助组，认真培养领导骨干，帮助互助组切实贯彻"三大原则"，做好评工记分、清工结账，搞好活路和劳动力的安排，争取今年完成增产计划，做到互助组确比单干农户优越，组织交流互助组的优越性及其经验。并可根据实际情况和群众要求，将组的生产管理水平和等价互利加以逐步提高，为秋后办社创造良好条件，形成组员必然要求，不致感到突然。秋后在工作基础较好、民族干部和积极分子较多、已建立起乡政权的地区，重点试办合作社是可以的，也有必要。为了办社，目前就需要着手训练办社干部和骨干，组织参观，训练培养本民族会计，做好办社准备。

关于社的规模和速度，我们认为：该区山大坡陡，村落分散，社的规模不宜大，以20户至30户为宜。

合作化发展速度，考虑该地区条件虽好，但不宜发展太快，我们认为：只要积极创造前提条件，发展速度自然会快的。根据以上情况是，我们的意见是：4年内完成合作化是有条件做到的。

关于单一民族社和联合社的问题，我们认为：该区有条件办单一民族社，从各地区办社情况来看，以办单一民族社为宜。

对今后合作化的发展，我们的意见是：今冬明春开始办社，入社农户控制在8%范围内。并大量发展互助组，明冬后春可以发展二批，入社农户占总农户12%。并可考虑重点转社，1959年冬至1960年春发展二批入社农户占总农户40%，转社农户占15%；1960年冬至1961年春，达到全部合作化，年底完成转社。

关于办社中照顾民族特点：

苗族成年妇女每个人都有一块麻塘地，土地入股时，每户除应留给一份自留地外，对于麻塘地亦应留给。将来是否可以考虑由社统一种植，分配给需要户，要看社的发展和社员的要求。

魔公、寨老、旧头人、保甲长的入社问题，属于贫苦农民阶层，在开始办社时，不宜急于吸收其入社，如坚决要求参加，如领导骨干强，亦可以允许，但不能让其担任领导；属于地、富，应说服暂时不要参加，现在参加对其没有利；富裕中农应以说服暂时不参加，如说服无效，出于真心情愿，亦可允许参加。

对于社员的耕畜，初级社时以租用为宜，高级社时，必须照顾白苗、花苗死人用牛问题。对耕牛、骡马的处理，苗族一般都有耕畜，数量较多，折价入社，使社负担太重，考虑以随土地带入或是入股分红。哪种办法好，以要看社的发展和社员的觉悟和意见。

劳动出勤率问题：

据调查，苗族全年出工男子200天至250天，妇女140天至200天。苗族妇女家庭劳动较多，如裁麻、织麻、喂猪、领小孩。赶街、下地干活都随身带着麻线，边走边结。做件裙子费工尤多，一般一件都费工在100个以上。苗族有串亲戚的习惯，每年至少要10天左右。因此，劳动出勤率不能要求过高，对妇女应给以照顾。

土地分红问题：

土地私有制已确定，在初级社时，不论原占有土地或新开荒地（包括集体开荒），都应给以土地分红，这可以照顾到中农的利益和保护开荒的积极性。劳、土分红比例以土地分红"干三成"左右为宜。至于其他各少数民族的风俗习惯、杀牲祭鬼、劳动忌日必须照顾，不能硬性去掉或干涉，这必须随着群众觉悟的提高、文教卫生工作的进展来逐渐改变。

为了扶持各族人民发展生产，改善生活，苦聪族地区需要国家给以大力扶持，其他地区亦应根据实际情况给以必要的补助。为了帮助各族人民解决生产生活上的困难，需要国家在经济上无偿补助和贷款解决贫苦农民缺农具、耕畜、籽种、生产口粮等问题；在兴修小型水利方面，需要帮助解决修水利的工具。

由于这些地区生产落后，农村手工业工人（铁匠、木匠、石匠等）缺乏，培养少数民族农村手工业工人是需要的。由国家给以补助，以师傅带徒弟的办法来培养少数民族的手工业工人。

这些地区亦需要建立农业技术指导站，搞小型农场，以进行农业技术上的指导，推广和改良籽种，进行生产示范，帮助提高生产技术，并附设兽医站，防治牲畜疾病，进行牲畜配种等工作。

为了适应农民生产生活上的需要，有必要进行一些小型加工工厂，如榨糖、榨油、磨坊、农具修配站、民族商品的加工制造厂等，考虑是否可以由地方投资建设。

对土特产和药材的收购工作，需要加强组织收购。派专人负责鉴定各种野生药材，并组织标本展览，教育群众识别。为了防止有些药材绝种，须教育群众注意培养；对采用"杀鸡取卵"的办法，须加以说服教育防止。为了扶持生产，对收购价格要合理，有必要做部分的贴本计划。

运输方面，为了搞好物资交流，需要兴修驿道和建立驿站。

文教卫生工作，随着生产的发展，人民生活水平的提高，需相应地加强工作，开办夜校，给以一些书籍和文具补助。小学实行公办免费入学，并有一定数量学生给以书籍和文具的补助。

为了领导群众搞好生产，帮助群众办社，还需要组织民族工作队和训练社干、会计、积极分子，组织积极分子到内地参观合作社。

对于今后的头人和群众工作，有必要定期召开会议，每乡须会议补助费。

对以上工作，需要国家在经济上给以补助多少款项，须另行制订补助计划。

思茅地委尹宜公同志在直接过渡地区工作座谈会上的发言

《边疆工作通报》第35期

中共云南省委员会边疆工作委员会编

1957年4月29日

思茅地委尹宜公同志在直接过渡地区
工作座谈会上的发言

（——这份材料系根据思茅地委尹宜公同志在边疆直接过渡地区座谈会上的发言记录整理，其中难免有遗漏和错误的地方，由整理者负责。——编者）

经过半年来在248000多人口地区的实践，证明省委提出的直接过渡的道路是完全正确的。我们的工作基础实际是"三四三"，在工作基础不好的地区开展工作，困难是多的，干群关系、民族关系都显得很紧张。

直接过渡地区的民族隔阂很深，各种矛盾都集中在一起，有原始的、封建的及资本主义的若干因素。这些问题，必须是有准备、有计划、逐步地加以解决。

前提条件的实质是民族民主问题。省边委提出的4个条件是合乎我们地区情况的，除此之外，试点把社办成功也很重要。在解决民主问题上我们认为：民主要解决，但不是毕其功于一役，也不是截然分开。

（一）通过开展爱国生产运动的方式来创造前提条件

开展一个有领导、有目的、有步骤、有计划、群众性的爱国增产运动来创造前提条件。所谓有领导，就是必须在思想政策上有充分准备，要组织与生产有关的各部门的生产工作队撒在这些地区工作，各级党委要有负责干部专管直过区工作，成立直过办公室。所谓有目的，就是初步解决民族民主问题。所谓有步骤，就是在爱国生产运动本身分作：首先疏通民族关系；其次大力领导生产，使阶级关系有一定变化；再次就解决些民主问题，并试办些社。所谓有计划，就是这些地区分散，零碎搞不行，应当有规划。这样做的好处有三：

（1）虽直过区初步解决民主问题，但原始落后因素也有很大的变革，只有使生产形成运动来进行才能容易见效；"团结、生产、进步"容易形成舆论的中心；同时采用运动的方式，也易于培养新生力量。

（2）响亮打起生产的旗帜，利于联系民族，麻痹上层，利于鼓励民族的前进。

（3）中心指导思想明确。

创造前提条件应当在发展生产计划中来创造。

（二）全面发展生产中的几个问题

1.有关指导方针上的几个问题

第一，粮食生产和经济作物生产的关系问题，应以粮食生产为主，在保证增加粮食收入的前提下，大力积极地发展经济作物。粮荒是这些地区的主要问题，必须大力增产粮食，以逐步消除粮荒现象；同时粮食是发展其他的基础，完全靠坝区支援是不行的。经济作物必须发展，这不仅价值高，而且还有代替大烟的意义。其次是，要以领导山区生产为主，积极大力提倡开水田。山区20多万人口，有水田的只有5万多人，布朗山山地生产占总产量的89.7%，因此，不能因提倡开水田而放弃对山地生产的钻研。再就是，以就地发展为主，有领导、有计划地组织一部分人下坝开荒。下坝开荒问题，靠近西双版纳较多，这是帮助少数民族增产的有效办法，但20多万人口都下坝是不行的，必须看到山区也有很好的发展前途。第四是，关于固定耕地提高单位面积产量与扩大耕地面积问题。盲目扩大耕地面积是不对的，必须根据需要与自然条件、劳动条件的可能而决定。第五，应大力总结当地生产经验，同时适当地、有条件地推广外地的先进生产经验。由于这些地区落后，干部容易忽视当地的先进生产经验，必须看到正由于落后，群众容易接受本地的先进经验，各个民族都有他们自己的先进经验，如攸落山有间作的经验、布朗山有轮作的经验、傻尼族有选种的经验等。

2.开水田中碰到的问题

当初我们认为土地问题不突出，但在开田当中及开田以后，问题就出来了，碰到的落后因素，经教育容易解决，而主要问题还是在开的当中各阶层的多少问题，无论如何剥削上层开的是多的，因他们有生产垫扎。据西盟四竹米寨调查，全寨50户，解放后共新开水田52340斤籽种，其中上等户5户，开田20080斤，占38.2%；中等户21户，开田17360斤，占33.1%；贫困户24户，开田14900斤，占28.7%。同时开出水田增产以后，也出现上层霸占新开水田现象，以及农民开出水田后要分给荒地主子一半等。有些地方开田也涉及到了民族问题。上述问题的解决办法主要是：普遍发展，重点帮助，群众为主，头群兼顾。具体的土地纠纷应当是：属于落后因素的要耐心教育等待；属于阶级因素的，关键在于教育上层，必要时作适当赎买妥协，而赎买的方法，应根据各地实际情况加以研究，可采用送水酒、礼物和开出后给他们收几年租和分给（原）地主子一些等。这些问题不注意是会形成混乱的。

3. 关于山地增产问题

山地增产有 6 个环节：①选择耕地（当地群众的经验很多）；②合理的轮作间作（很应该提倡，可以解决粮荒）；③推广犁耙、挖铲，加工施肥；④及时下种，及时薅铲；⑤保证收割好；⑥抗灾。

落后山区有 3 个特点：第一，生产的不稳定性很大，在群众思想上有压力，故应选好耕地，逐步固定下来；第二，帮助解决困难，落后的小生产者无力克服困难是突出的，农民最大的困难是缺乏生产垫扎，离开帮助是不行的；第三，帮助解决生产工具也很重要。

4. 全面开展爱国生产运动的组织形式问题

各个运动都得有各个运动的组织形式，在这些地区不适宜组织农民小组，互助组、合作社当前又无条件发展。我们认为有两种组织形式可以研究：第一种，是爱国生产委员会。通过它可以起 4 个作用：①联系上层，稳定情绪（组织区、乡两级爱国生产委员会，把生产安进去）；②对各阶层进行教育，讨论生产，推动生产，领导生产；③初步改变上下层的力量对比关系；④它是一种政权的过渡形式（我们刚开展工作的地区，没有底，搞清一色又无条件，否则将是上层掌握）。第二种，是搞生产小组为主要形式，其性质是领导生产的群众组织，其作用基本上与爱国生产委员会相同，上层也可以参加，由群众当领导，这种形式一方面群众容易接受，另一方面还可以为将来组织互助组打下基础。

5. 关于生产政策问题

（略）

（三）在发展生产的过程中初步解决民主问题

1. 初步解决一些经济上的剥削因素

总的原则是：正面扶持，赎买代替，协商调解，零敲碎打。以团结互让、解决饥饿为口号。

第一，债务问题：大部地区是突出的，佤族负债面宽，蛮信寨负债面达 79%；负债额大，每户平均达 133 元。窝努社 24 户，除 1 户"竹米"外，其余 23 户均负债，每户平均 152 元。因债务发生的纠纷很多。解放几年来，政府正面扶持发展生产，重点地区新的债务关系已大大减少，面上也有若干削弱。经与群众酝酿可采取 3 条办法解决：①债不废不免（因目前欠债户没有要求），政府正面扶持发展生产；②分期偿还，使关系逐步缓和；③强调团结协商，做到不抄家、不拉牛、不拉人。

第二，土地问题：首先由政府扶持农民开水田，改变各阶层土地占有关系，其次采取第一步由互助组、合作社租，第二步吸收入社分红。

第三，封建特权剥削：各地都有一些，首先是白工、送礼、门户钱、房头税等，目前总的有削弱趋势，还未发现突出的障碍生产。如李凯过去派白工 2739 个，去年春耕当中只派了200多个，薅铲时派40多个，秋收就没有派了。布朗山岩三过去剥削收入261.3元，占总收入的30%，现在剥削收入31.4元，占农业收入的31%。其次是奴隶问题，卡瓦山平均占人口的5%左右（马撒占7.9%，岳宋、永别列占4.5%，窝努占16%），多半是妇女儿童。解放奴隶是较长期的，当前主要做到停止奴隶的发展和减少奴主对奴隶的虐待。大部奴隶是缺口粮被拉去的，必要时由政府给以口粮，阻死拉奴隶的路。我不能主动动员奴隶逃跑，但自动逃跑者，政府也要给予照管，帮助协商赎身。

第四，雇工问题：雇工是普遍的，主要是正面发展生产来代替。

总的看来，可以通过正面扶持、赎买代替，解决整个经济剥削问题。

2. 怎样组织队伍引起力量对比发生变化

第一，原始落后因素：杀牲祭鬼，能否可提出保护耕牛问题，看来需要提，但不能急，虽一般群众没有什么意见，但迷信职业者有抵触。

第二，发动群众：要解决民主问题，非发动群众不可。思想发动的要求是：热爱祖国，相信共产党，懂得民族团结及有事大家商量的道理，积极劳动生产，要求进步。关于在生产运动中逐步提高民主觉悟问题，必须：①通过帮助解决生产生活上的困难，启发群众觉悟；②在互助合作当中，进行互利教育，慢慢启发群众对比过去，看见现在，想到将来；③进行大家商量办事的教育，逐步启发其民主觉悟，但须防止骨干、积极分子受头人的影响，滋长头人作风；④进行依靠谁团结谁的教育，因为开始时头人会有抵触，须在一定工作基础之后全面地讲；⑤从认识共产党的好处到对比认识到头人影响的不好，使其觉悟到没有民族的信任是不行的。认识共产党的好处，也就是民主觉悟的过程。

总的说来，应在发展生产过程的每个具体事例中，不断启发其民主觉悟。工作是艰苦的，但事实也证明确实能提高群众觉悟。

发动群众的方式：土改中是搞扎根串连，在直接过渡地区创造前提条件中，应当：①继续将做好事交朋友的工作提高和深入一步，从中启发民主觉悟。做好事交朋友实际上就是扎根串连，有的干部已经丢淡了，不再做了，应当经常总结，进行这一工作，甚至在办起社来以后还要这样做。②启发思想觉悟的主要方法仍然是回忆对比，但当前不对比阶级剥削，要划清有利生产有利团结的界限。③经常地搞参观学习。④随时处理好下层和上层的关系，减少阻力，在涉及有关上层的问题上应善于等待，特别遇到上层打击积极分子的时候，要防止干部的激动。

第三，团结教育改造上层：在初开展工作时，上层有顾虑，有动荡，与我明争暗斗。团结教育改造上层，总的不外3条经验：政治上的安排，经济上的照顾，加强思想教育。但随着生产的发展，直接触及上层利益，关系上引起了新的变化，如窝努头人要和社长泡酒要求不办社，有的头人问："我们拉祜族的有钱人为什么穷了？"有的上层很敏感，认为土地入股就实际上是土改了，思想上有波动。当然总的趋向上层还是稳定的，但矛盾也有发展，甚至于接触得更深刻。因此，今后上层工作必须加强。

（1）由于直接过渡地区要通过较长的时间采取渐变的方式消灭阶级因素，因而当前不宜大叫大喊地消灭剥削，要逐步削弱，同时又适当妥协，在政策上给以某些照顾，如允许雇工、借贷、土地出租等。要教育上层逐步认识到哪些不利于生产，不利于团结，哪些有利于生产，有利于团结。

（2）这些地区的上层大部分参加劳动，故应在生产中劳动教育改造，领导上层搞好生产，有困难适当帮助解决，使上层进一步稳定。

（3）有的头人没有什么剥削，氏族残余浓厚，落后因素突出，有的是迷信职业者，笼统把这些上层说成剥削上层是不对的。当然他们对生产有一定阻碍，但他们与本民族的联系更深，必须做好团结教育改造工作。

澜沧边工委关于直接过渡地区工作的发言

根据省党代会、省边疆工作会议精神，对我县两年来直接过渡工作的成绩、缺点及今后工作提出以下意见：

一、对两年来成绩的估计

我县边沿地区从1956年4月开展直接过渡工作，已将近两年了。两年来工作前进了还是倒退了？有成绩还是没有成绩？我们认为工作是大大地前进了，取得了显著的成绩。这些成绩不能估计小了，否则就会使我们迷失方向。成绩主要是：

（一）改善了民族关系，消灭了空白区

根据省委、地委的指示，直接过渡开始，边工委组织了529人的工作队，铺开了边沿地区的工作。经过宣传形势，交代直接过渡的方针政策，说明来意，从政治上稳定了各阶层的思想情绪，接着成立了区、乡爱国生产委员会，开展做好事、交朋友、送礼、救济等，初步稳定上层，联系群众，使我们站稳了脚跟，能直接与群众见面，初步打破了上层赖以生存的民族堡垒，开辟了党领导各族人民向社会主义前进道路的第一步。

（二）生产有了显著发展，群众生活也有所改善

边沿直接过渡地区共12879户65323人，1957年播种面积142965亩（不包括雪林），总产量27872650斤，每人平均产量478斤。生产落后、生活贫困是一个突出的问题。两年来，以生产为中心，大力加强对生产的领导，因此，增产较为显著。1956年比1955年约增产19%（4个区统计），1957年又比1956年增产11%（7个区统计）；每人平均产量已由1955年的404斤，提高到1957年的478斤，增加74斤。虽然，直过地区生产潜力大，但若是不加强领导，发动和依靠群众，要想取得这样的成绩是不可能的。

（三）结合发展互助组和重点试办合作社，开始产生了社会主义的经济因素，削弱和取消了一些剥削因素

直过地区1956年7月以后开始组织互助组，到目前为止共有互助组342个，并且重点试办了20个农业生产合作社（其中1956年秋冬办了9个、1957年春办了6个、1957年冬办了5个）。互助组一般比个体农民多增产一成左右。从1957年春以前建立的15个合作社来看，1957年增产社12个、保产社2个、减产社1个，最多的增产6.5成（上允区前进社）。因此，初步显示了互助合作的优越性，多数地区的农民，积极要求入社。由于生产的发展，群众的发动，合作社的建立，救济、贷放、补贴的加强，各种剥削因素迅速下降，除雪林等个别地区外，旧的债务一般已经不宣而废，雇工剥削大大削弱。新的债务也有很大减少。如木戛区班利乡1956年赔佤族放高利贷谷子本利（利息一般是1倍）200亢（24000斤），1957年减少到20亢（2400斤），已经基本停止。

（四）初步发动了各族群众，培养了一批骨干、积极分子，上层统治有了很大削弱，农村阶级力量对比起了很大的变化

目前看来可分3类：一以农民和下中农为主的农民政治优势已经初步树立起来的有14个乡，占38%；农民与上层力量对比基本平衡的13个乡，占35%；上层仍占统治优势的10个乡，占27%。在近两年的时间中，通过各种工作培养了积极分子1168人、骨干分子1201人；在19个乡建立了团支部，发展了共青团员283人；在一个乡建立了党支部，发展党员5人；在两个乡解决了基层政权问题，实现了农村的人民民主专政，同时加强了对于民兵武装的领导。这一切都大大地提高了各族人民的阶级觉悟与社会主义觉悟，大大改变了农村中的政治面貌。对上层也相应地进行了政治上的安插和经济上的补贴，加强了团结、改造，使上层比较稳定。

（五）经过实践，取得了一些直接过渡的经验，锻炼提高了干部

直接过渡是个新工作，我们在上级党委的领导下，在实践中摸索前进。两年来，我们在民族工作上、生产工作上、互助合作上、上层与群众工作上、削弱与消除各种落后因素与剥削因素上，都取得了一些经验。这些经验虽然是零碎的，但却是重要的，对于进一步开展直接过渡工作有作用。干部在实际工作中，也得到很多提高，对如何在艰苦复杂的条件下，贯彻党的政策，发动和依靠群众，开展各项工作取得了一定的经验，提高了工作能力。多数同志并在思想意识方面得到了很多改造，取得了很大进步。

以上的这些成绩充分证明：省委对直接过渡地区情况的分析及所提出的方针、道路和基本政策，都是正确的。我们工作中一切成绩的取得，也是在党中央和省委正确的方针指导下，经过全体同志的艰苦努力取得的。我们不需要夸大成绩，但对已经取得的成绩必须实事求是地加以肯定，这对于进一步开展直接过渡工作大有好处。

二、存在的缺点错误

两年来工作中取得的成绩是很大的，但也存在缺点和错误。主要表现在：

（一）总的来说工作是前进了，但在许多具体工作上，仍存在着思想落后于形势、领导落后于群众的保守落后思想，在很多问题上可以进、应该进而没有进

如生产上，虽然增了产，但由于对生产的潜力认识不足，挖得不够，因此没有得到更大的增产。1957年营盘区不但没有增产，反而减产1.27%，在没有特大的自然灾害的情况下，减产是说不过去的。在互助合作上，1956年冬以前我们就建了9个社，效果都好，社社增产，但到1957年春只建了6个社，1957年冬只建了5个社（原计划建10个，因抓不紧未完成），不是逐步上升，而是逐步下降。有的地方群众自发办了社，我们未加强领导，听其自生自灭，这充分说明了我们存在着一定程度的右倾保守思想。当然，根据1957年春季和冬季的条件，要想办很多的合作社是不可能的，但是如果思想明确、加强领导，再多办十几个社，也是完全能办到的。该进不进还突出地表现在互助组的发展上，按道理讲，随着工作的前进，互助组应该逐步发展，但1957年秋前有334个互助组，秋后仍只有342个互助组，基本未增加，有的地区反而减少了、倒退了，这说明工作抓不紧，也说明思想保守和落后。在解决基层政权的问题上，现在看来也有保守思想，根据条件，1957年底再解决6个到7个乡的基层政权问题，不是不可能。

（二）在某些问题上存在"左"右摇摆，社会主义原则性不是那么坚定明确

社会主义是排斥一切剥削因素的，办起社来后，社会主义因素和剥削因素就斗争起来了。我们的任务是依靠群众的觉悟，采取苦干方式，坚决逐步地消灭剥削因素，发展社会主义因素，保证逐步地向社会主义过渡。对这一斗争形势我们不够明确，因此，刚下去时，企图以搞土改的民主革命的一套办法去发动群众，一度放松了上层工作，上层恐慌不安，有的反映要搬家、逃出国外，主动送农民土地、放弃剥削等等。在纠正了一些偏向后，思想上又产生了右倾麻痹。随着办社和阶级斗争的尖锐化，我们没有能够以社会主义的原则坚定性与各种剥削因素作灵活的斗争，表现在依靠贫农和下中农的阶级路线不够明确。有的区在合作社、互助组中吸收了较多的富裕中农，有的把富裕中农划为贫农而加以依靠；有的区对上层的花言巧语未能识破，仿佛认为地富上层也能入社。对上层拴我团支部书记、打我工作队干部及其他造谣破坏等现行反革命行为，未给予有力的揭发和打击；个别地区对上层的投机套购、高利盘剥等也缺乏积极有力的具体措施。因此，对上层的团结改造显得有些软弱无力。

（三）对直接过渡的工作指导上不够具体及时，请示问题不能及时给予答复

如雪林"建立区乡团结爱国生产委员会筹备会"，7月区上就报来了，但直到12月才批下去，拖延了5个月时间，造成头群不满，使工作受到损失。在处理其他工作上也有类似情况。这一方面是由于县上没有专职干部负责，另一方面是从主观的努力上来看也很不够而造成的。

另外，在直过经费的使用上，也存在着使用分散、包下来和未集中使用于合作社之基本建设等缺点，并且对使用后的效果未认真审查，也存在一些问题。

三、今后工作意见

直接过渡地区同样必须坚决克服在生产上的右倾保守思想，坚决发动群众，想尽一切办法，实现1958年农业生产上的大跃进。这个问题党委将有统一的布置，不再重述。

现仅就直接过渡中几个有关问题提出一些初步意见：

（一）关于办社中的几个问题

对于这个问题，生产合作部已有专门的发言，这里只是根据直过区的情况与过来一段办社的经验提出几点：

1. 速度问题

从现在情况看，在整个直过区一般的大约是两年试点，3年发展，最后来一个跃进，基本合作化约需6年的时间。第一、二年5%以内，第三年约10%，第四年约25%，第五年约40%，第六年80%以上，基础好的区第五年就可以基本合作化。现在直过区共有合作社20个（包括去冬新建社），入社农户占总农户的3.54%，今春计划发展85个，新老社共计占总农户的8.19%。

2. 布局问题

这个问题应考虑到3条基本原则：

（1）哪里成熟哪里办。一般应具备：骨干坚强、群众要求、互助组基础好这样3个条件，否则就办不起来，或办起来不易巩固。

（2）一块一块地办，在面上有条件的地方也可重点试办。为了避免合作社陷于孤立状态，可以相对地办得集中些，如重点乡办两三个是可以的。

（3）为了便于照顾，以点带面，面上试点办社一般来说可以办在区、乡政府所在地。但区、乡政府所在地上层统治很强，一时没有条件办社的，如雪林区，可在没有上层的小寨先重点试办，但必须抽较强干部驻社，切实办好，这样才能起到示范作用。

3. 规模问题

直过区村寨一般较分散，经营管理水平低，缺少文化，每社一般以20户左右为宜，最少一般不要下于9户，否则不易发挥组织起来的优越性；最多一般不宜超过30户，否则虽

然寨子集中，在经营管理上也仍是比较困难的。

4. 合作社的生产问题

这是巩固合作社、显示优越性的最根本的一条。当然必须加强政治思想工作，但是如果减产减收，话就很难说了。因此，必须想尽一切办法，保证合作社大大增产。根据现有的经验，只要不有大的灾害，每年争取增产三成到五成是可能的。合作社办起来后必须十分注意这一点。

5. 社员成分问题

这是党在农村中的阶级路线问题。实践经验证明：这是巩固合作社的头等重大的问题，直过区也不例外。为了保证合作社的巩固与发展，目前先吸收贫农和下中农入社，富裕中农暂不吸收入社，剥削上层一律不吸收入社。办社中地富上层要求入社的应坚决说服，富裕中农要求入社的应耐心加以说服。从问题的本质来看，不论上层或富裕中农，他们都是不愿意入社的，否则就是别有企图。当然富裕中农和上层地富是不同的，应当区别对待。

至于办社初期，合作社内在土地、耕牛、口粮等方面还有较大的困难，政府可以优先给予扶持。

6. 互助组问题

互助组不仅是办社的基础，而且是直接过渡中发动群众、组织阶级队伍的最好形式，因此，必须加强领导，积极发展。今春整个直接过渡地区要求发展到占总农户的50%—60%，第一类乡可达60%—70%、第二类乡可达40%—50%、第三类乡可达10%—20%。

7. 领导问题

办好合作社的最后关键在于领导。在领导方法上，采取书记动手蹲点、点和面相结合的办法是恰当的。每区应有一个重点乡和重点合作社，每乡也应有一个重点寨和重点社作为依托，以点带面，要求做到：第一，把合作社办好；第二，把面上的生产领导起来。

（二）如何结合办社解决剥削因素

在直接过渡地区存在不同程度的剥削因素。在办社前，剥削和被剥削的矛盾并不突出，办社后，随着社会主义因素的增长，社会主义因素和剥削因素的矛盾和斗争就突出起来了。上层地富要请工，社员、组员不愿去帮工；上层地富要收账，社员、组员不愿赔账；上层地富要摊派、收地皮税，社员、组员不愿意出给；等等。因此，我们必须有意识地、有准备地去解决这个矛盾。在土改区解决封建与民主的办法是发动群众，剥夺地主的土地所有权。直接过渡地区与土改区在目的上是一样的，但在方法上应有所不同。根据上级指示，条件好的地方一般可采取发动群众，造成小小的声势，给上层一定的压力，然后再协商解决。但具体地解决什么？解决多少？如何解决？必须从当时当地的情况出发。

我县直接过渡地区开展工作将近两年，群众已有所发动，除雪林区外，在其他地区，即可结合生产、办社、发动群众，逐步解决各种剥削因素。

土地：过去曾采取过送礼讨种、协商租种和教育同意后交合作社耕种等办法。送礼讨种不利于提高群众觉悟，上层容易复辟，不是个好办法。目前若教育后交合作社耕种，一方面群众觉悟跟不上，另一方面对上层一时打击过猛，不利于进一步团结改造。因此，考虑第一步协商租种，租金干一成半到两成半，目前太多太少都不好。经过一年到两年的工作，第二步可由政府决议将其自己耕种不完的部分交社耕种，取消租金。对于地富霸占新的土地，则可由政府明令坚决予以禁止，违者给予法律制裁。

债务：根据两年来的实践，可采取：

（1）在拉祜族自治县之直过地区，在发动群众的基础上，上层多数已不敢来要，来要的群众也不给，这样拖一个时间就使我们有可能正式协商明令废债。

（2）在雪林等佤族地区，由于基础差，目前只能是发生债务纠纷后，由政府出面协商调解，视情况采取缓赔、暂赔一部或全部赔还，待进一步发动群众后再加以解决。

（3）在佤族地区和靠近佤族的拉祜族地区，每年粮荒期间高利贷还十分严重，有的利息高达6倍以上，一方面可正面教育群众生产自救，自力更生，依靠借债度日是改善不了生活的；另一方面政府可在这些地方加强贷放、救济、补贴，尽可能地多投放一点粮食，解决饥饿，这样新的债务就可以大大减少。

摊派：大部地区已经废除，少数还未废除的，可结合办社和建政加以解决。至于其他各种变相剥削和商业投机剥削，也应正面加强教育，适当加以限制，不能让其自由发展。

（三）关于政权武装问题

解决基层政权和民兵武装，是在农村中实现人民民主专政的重大问题，也是直接过渡的主要前提条件。凡条件已经具备的乡，应当及早地认真加以解决。

根据情况和已经建政的两个乡的经验：

1.建政的时间

原则上第一类型14个乡今春可以解决、第二类型3个乡今冬前可以解决、第三类型9个乡待一段再研究。为了做好充分准备，时间上也不致挤在一起，具体意见是分做3批解决：第一批11个乡小寨、南删等乡，要求在3月底以前解决；第二批11个乡多衣树、南本等乡，要求在6月底以前解决；第三批4个乡儒波、安康、孟妹、坝卡乃，要求在9月底以前解决。至于剩下的9个乡，目前条件还很差，暂不作考虑。

2.建政前要做好两件工作

一件是上层的安插。原来的村干部多数是在群众中还有一定威信的上层，建政后，这些人一般都不宜在乡安排。因此，建政前对他们的安插应认真考虑处理，有的安在县，有的安在区，建政改选后，有的还可通过政府委员、政协委员等形式，在经济上给予适当补贴，拉住他们。另一件是挑选培养好乡干部。区委对准备培养为乡干部的对象的出身、历史、群众关系、阶级觉悟、工作能力等方面，应做深入的审查，正副乡长和乡文书并应报县人委批准，以保证乡干部的纯洁坚强。

3.建政的做法

原则上仍是在党的领导下，充分走群众路线的做法。一般应抓好4个环节：

（1）宣传教育，提高群众当家做主的政治觉悟。

（2）充分酝酿，认真选好乡人民代表。

（3）开好第一届乡人民代表大会第一次会议，正式选举乡人民委员会。

（4）庆祝建政，进一步提高群众觉悟，推动生产互助合作及其他各项工作。

从开始到结束，约需半月时间。

4.建政的要求

一般的要求是4条：

（1）实现了农村的人民民主专政，政权掌握在有觉悟的雇贫农和下中农手中。

（2）提高了群众觉悟，鼓舞了当家做主的政治积极性。

（3）推动农业生产、互助合作运动和其他各项工作。

（4）进一步加强了民族团结和对敌斗争。

5.民兵武装问题

原则上分两步走：第一步，结合建政，改选中分队两级干部，纯洁民兵的领导成分。第二步，在教育提高民兵群众觉悟的基础上，逐步清洗不纯分子、坏分子、阶级异己分子、反革命分子出队，吸收出身好、觉悟高、联系群众、身强力壮的青壮年入队。这样两步之后，就根本改变了现有民兵武装的政治状况。

（四）进一步发动群众

发动群众、依靠群众、走群众路线，是党的根本的政治路线与组织路线。直过地区未经过严重的阶级斗争，群众的阶级觉悟是较低的，我们必须充分认识这一情况，加强群众工作。当前应该注意的问题是：

1.教育直接过渡地区工作的干部、队员必须具备明确的阶级观点与群众观点

直过地区的干部、队员应该说都是具有较高的阶级觉悟的，但是，由于直过区过去未进行过紧张的阶级斗争，土改区搞了土改、反击，但直过区都未搞，而且土改区搞反击还强调直过区要加强上层工作，这些都是正确的，但也带来一个突出的问题，干部的阶级观点不能得到很好提高。因此，在工作中往往忽略了依靠群众，尤其是依靠贫农和下中农，对上层不会用阶级分析的观点去看待。必须十分明确依靠贫农和下中农，并随时注意检查阶级路线贯彻的情况。

2.加强对群众的阶级教育与爱国主义、社会主义教育

要明确爱国生产、民族团结、劳动光荣、剥削可耻等都是阶级教育，这些口号都是带有强烈的阶级性的。因此，最主要的是结合各项工作经常加强教育。但从以往的经验看，在适当时机，较集中地对群众进行一次阶级教育也是必要的，将会大大提高群众的阶级觉悟。土改区进行阶级教育是采取回忆对比、诉苦算剥削账的办法，这个办法很有效，但震

动较大，直过地区不宜采用，但可采用正面地宣传阶级路线、正面回忆对比的办法，这样做对群众的教育鼓舞提高仍是很大的。

根据省委的规定，直接过渡地区的阶级路线是："在党的领导下，依靠贫苦农民，团结一切劳动人民，团结和改造一切与群众有联系的民族公众领袖人物，在国家大力扶持下，通过互助合作，发展生产以及加强与生产有关的各项工作，增加社会主义因素，逐步消除民族的落后因素，逐步地过渡到社会主义。"

至于爱国主义与社会主义教育，宣传部已有专门的发言。从现在看来，今春结合农业生产大跃进和办合作社，通过回忆对比，适当开展辩论和批判上层反社会主义言行，对群众比较集中地进行一次生动的爱国主义与社会主义教育是十分必要的。

3. 组织群众阶级队伍

这里需要强调的是必须运用组织互助组的形式，把群众的阶级队伍进一步组织起来。土改区土改时用农民小组的形式把农民组织起来、团结起来与地主阶级进行斗争。直过区不宜组织农民小组，但可通过互助组的形式，把农民组织起来、团结起来，有两大目的：（1）发展生产；（2）摆脱剥削。因此，在发展互助组时必须具体布置，认真挑选骨干，个别开展串连，深入进行教育，把互助组变成一个生产的组织与同各种剥削因素开展斗争的组织。

4. 培养骨干，提高骨干

这是发动群众中一个带关键性的问题。目前需要解决的问题，一个是结合工作把现有的骨干认真地进行一次审查排队，主要目的是要查清出身、历史、社会关系、阶级觉悟等，以便进一步决定依靠或是放弃，纯洁骨干队伍。其次是区委必须把乡一级的骨干切实掌握起来，定期召开会议对他们进行教育，布置工作，帮助他们解决思想上和工作上的各种问题，这样才可能进一步锻炼提高他们。再次是乡上的工作，必须依靠骨干去做，不要包办代替。在有条件的地区，工作的开展应采取先骨干、后群众的方式，以锻炼骨干；有党、团支部的地方，应先党内、再团内、后群众。为了提高骨干，县上视情况训练一次乡一级的主要骨干，以便系统地提高一下。

（五）加强上层工作和宗教工作

在前进中，并不意味着可以放松上层工作，恰好相反，必须进一步加强上层工作，这是前进的条件之一。

从直过区的情况来看，上层工作是一个长期的工作。因此，必须认真贯彻党对上层长期团结改造的政策，可通过区乡爱国生产委员会与社会主义建设学习委员会，经常地对上层进行形势、政策、前途的教育。工作中仍应坚持与上层协商，协商的过程，也就是团结改造的过程。与上层协商了，一来可以解除其不必要的顾虑，二来如果他反口进行破坏，我们也很主动。在做上层工作中，必须充分运用策略，对表现进步靠我、劳动生产、拥护社会主义的，可在上层会上给予适当表扬；对有一般不满破坏的人，也应进行批评教育。

对于有各种破坏活动的反动上层，不能置之不理，应分别不同地区的不同情节处理。轻者批评教育，较重者在一定群众会上进行适当的揭发斗争，令其保证今后不再重犯。对有严重破坏者，应依法予以处理，否则，对团结改造上层和发动群众都是不利的。但考虑到直过区情况比较复杂，处理时应该慎重。对需进行斗争的和逮捕法办的，都要经过边工委的批准。

做好上层工作的关键在于发动群众。因此，在提高骨干、积极分子阶级觉悟的基础上，教会他们做统战工作。

宗教工作在我县直过区也是一个突出的问题，今后需具体研究予以加强。

（六）对敌斗争问题

地处边沿的直接过渡地区，面临着境外残匪的直接威胁。因此，边沿各区委需要随时注意这个问题，防止受到意外的损失。

当前，在军事上应组织民兵配合部队防范残匪的军事窜扰，发动群众和加强侦察工作，有力地打击敌特的隐蔽破坏活动，这些都是很重要的。

应当特别强调一下的是结合春节开展一次群众性的政治攻势，大力宣传目前的国际形势"东风压倒西风"，宣传祖国第一个五年计划建设的伟大成就，宣传党对自新人员的政策，大力揭发谣言，达到：

（1）打破敌特在群众中散播的某些变天思想，鼓舞群众的胜利信心，孤立反动分子；

（2）大力争取瓦解敌人。

具体如何进行，需另行研究布置。

以上发言是否有当，请同志们批评指正。

（澜沧）边工委关于直接过渡地区
工作会议的报告

现在将讨论情况报告如下：

一、对直接过渡地区工作情况的认识

澜沧直接过渡地区包括营盘、糯福、木戛、雪林4个整区和拉巴、竹塘、上允、文东4个区的一部分，共40个乡13647户69545人。大家认为：从去年5月全面开展直接过渡工作以来，已取得很大成绩。上层经过团结，政治安插86人、经济补贴51人，及各项工作中与他们协商、教育改造，大多数上层都表现稳定；群众经过做好事、交朋友、救济贷放、帮助领导生产、直接过渡方针政策的宣传、新旧社会回忆对比的教育等，也有初步发动，并且通过生产活动、互助合作、征购粮食等工作，培养了骨干1278人、积极分子1703人，共2981人。在此基础上，发展了334个互助组，入组农户2330户，占总户数的26.7%；建立了15个农业生产合作社，基本上贯彻了政策，克服了群众的一些困难，发展了生产，初步显示了优越性。因此，1年来，直接过渡地区的生产有了较快的发展，各区1956年比1955年增产了一成到二成不等。财经、贸易、文教卫生工作都相应地有所开展，加强了工作，民族关系大大改善。

但是，大家感到自从今年以来，虽然在生产互助合作等方面做了很多工作，但对如何直接过渡中的问题考虑得不多，边工委直办室对工作指导不具体，因此，直接过渡地区工作与土改区也差不多，有的同志感到到底如何过渡很模糊，每一个时期做什么？如何做？目的要求很不明确，感到是否失去了方向，对直接过渡的工作不像去年开始时那么紧张了，放松了全面的领导。因此，目前存在不少问题，如雪林、木戛等地区佤族与拉祜族的关系比较紧张，伕佤族砍头、偷牛、要地皮税等纠纷增多；竹塘区茨竹河上层张扎多比较惊慌，经常拿刀带枪防备怕政府逮捕；雪林区左都老寨头人曾两次伏击工作

554

队解放军（未碰上）。对上层的团结教育普遍都有些放松，对培养农村骨干、积极分子的工作也抓不紧，不少骨干垮台了，有的工作队调动后连骨干也"打失"掉了。现在还有的这些一般说来，活动能力不强、阶级觉悟和政策水平都低。互助组的发展也存在不少问题，一方面对原有的未很好整顿巩固，有的组织起来不知道咋个做，有的政策贯彻不合理，有的已经垮了台；多方面没有积极认真地去发展，从今年以来还没有发展，现有的互助组比去年12月还减少了24个。其他对建政、建团、建党的准备工作都有不同程度的放松。总的来说，目前在直接过渡工作中出现了许多新问题，存在许多困难，对这些问题如何解决、直接过渡如何过渡法，大家都要求给予比较具体的解决。

大家讨论认为，为了加强对直接过渡工作的具体领导，需要具体分析直接过渡地区不同的情况，并根据不同的情况作具体指导，提出不同的要求。根据工作的基础，可以分为以下3类地区。

第一类：上层稳定，群众有了发动，培养了一批纯洁坚强的骨干，互助组有了普遍发展，并试点建立了合作社，生产工作也搞得较好，各项工作已全面开展，工作基础较好。共有18个乡，即是营盘区的新营盘乡、发展河乡、迁迈乡，木戛区的班利乡、哈卜马乡、南六乡、孟糯乡、拉巴乡，上允区的南栅乡，文东区的小寨乡、多衣树乡，竹塘区的战马坡乡，拉巴区的拉巴乡、小营盘乡、音筒乡、南刘乡，糯福区的南北乡、阿木戛乡。

第二类：上层基本稳定，群众也有些发动，培养了一些骨干，组织了一批互助组，生产上一般也搞得不错，有初步工作基础，共12个乡。即是营盘区的黑山乡、孟乃乡，木戛区的富各乡，上允区的糯波乡、安康乡，竹塘区的南本乡，拉巴区的里拉乡、孟梭乡，糯福区的景迈乡、孟林乡、坝卡乃乡、糯福乡。

第三类：上层不稳定或不很稳定，群众未很好发动或未发动，骨干少而弱或者还没有，互助组很少或没有，各项工作困难很多，问题很多，工作基础薄弱，共有10个乡。即拉巴区的邦母乡，竹塘区的茨竹河乡，糯福区的班角乡、南启乡、芒景乡，雪林区的大芒令乡、小芒令乡、在都乡、雪林乡、波哨乡。

关于直接过渡工作中的干部思想，大家认为目前存在两种倾向。一部分同志对直接过渡地区的基础估计过高，更多看到和强调有利条件，对困难估计不足，认为直过是短时期突击工作，要求大干一下，赶快搞建政、建党、建团，解决民主问题，存在急躁冒进思想。另一部分同志刚相反，他们对直接过渡现有的基础估计过低，感到什么都很困难，看不到已经具备的有利条件，因此工作中信心不足，不敢前进，认为直过也不过是老一套，存在一些保守思想。

二、工作中7个具体问题的意见

直接过渡地区工作如何搞，大家认为必须贯彻区委书记会议的布置，认为抓好争取农业大丰收和互助合作两个大头，这也是直接过渡地区的主要工作。除此而外，大家讨论了在直接过渡工作中7个比较重要的问题，提出一些初步意见，综合如下：

（一）正确使用直接过渡补贴款问题

这个问题直办室曾提出过一个意见，大家认为基本上是正确的，但也还有不够适当的地方，有的项目可以适当调整、缩减或增加。根据过去的经验，使用补贴款时应注意以下几点：

1.指导思想上必须明确，政府的大力帮助是重要的，但民族的发展终归要依靠民族自己的努力。因此，补贴款必须用在最迫切需要的地方，帮助群众解决困难，激发调动群众的积极性，防止形成群众某些单纯依靠政府帮助、自己不想办法克服可以克服的困难的思想。

2.补贴款主要应该用在农业生产的基本建设上。如兴修水利、购置耕畜、改进耕作技术、增施肥料等方面，大力提高农业生产。对于其他政治工作、财经贸易、文教卫生等方面，也应适当照顾，应该用而且需要用的，如佤族学生补贴、上层补贴、骨干活动经费等仍可以用；可用可不用的就不要用，而且应该贯彻节约原则，防止铺张浪费、随便乱花。

3.使用补贴款应该有一个计划，对需要购买的物资应事前购买，以免临时需要时没有而影响工作。同时对合作社、互助组和个体农民如何帮助应有个适当比例，社、组可比单干户略高，以便帮助社、组克服困难，但又不宜过高，以免引起单干户不满。

4.在使用补贴款时，应该重视做好思想工作，说明党和政府对各族人民的关怀，提高各族人民的政治觉悟，积极努力生产，不要使群众得了补贴还不知道是何处来的，或者认为是应该得的，无动于衷。

（二）发展互助组的问题

从过去1年的经验中，大家讨论中认为：在直过区发展互助组是必要的，而且也是可能的。已组织的33个组基本上是好的，但是也存在不少的阻力和困难。如上层的顾虑打击、群众生活困难而对上层的依靠、平均主义思想、不会计划和经营管理生产等等。

思想上必须明确发展互助合作同样是直接过渡的根本道路，应该采取全面规划、加强领导的方针稳步前进。在具体指导上，应根据不同的具体情况，分别采取不同的具体方针。（1）目前互助组已达总户50%以上的地区应以巩固为主，在条件已十分成熟的地区个别发展，必须打好基础。（2）目前互助组达总户30%左右的地区，在巩固现有互助组的同时，积极发展一批互助组，在发展中求巩固。（3）目前没有办或只办个别互助组的地区，应认真搞好试点组，取得经验；在条件十分落后的雪林地区，若组织互助组有困难，可考虑组织生产组，在提高生产组的基础上，直接办合作社。

为了便于掌握，在速度上分别不同地区，提出不同的要求，大家同意秋前（9月前）大约发展到如下指标：第一类地区50%，第二类地区30%，第三类地区10%。今年年底以前大约发展到如下指标：第一类地区70%，第二类地区50%，第三类地区30%。总的要求年底达总户人的50%，比现有的多1倍。

在发展互助组中，必须从实际情况出发，逐步提高。必须坚持社会主义的基本原则，又要结合民族的特点。一般说来，目前可以多搞季节性的互助组，看条件也可搞一部分常年互助组，一般可以多搞工换工，但每个乡也应搞三五个评工记分的常年互助组。组的规模一般不宜大，以5户至7户为宜。发展中既要反对贪多、贪大、贪高级，不顾客观条件是否可能的急躁做法，也要防止缩手缩脚、不敢搞的保守思想。

根据木戛等地的经验，在发展互助组中为了防止马虎潦草、随便发展、组织起来很不巩固的偏向和要求过高过急、搞得过紧过严、上层动荡不安的倾向，达到贯彻阶级路线、发动群众、锻炼骨干、团结改造上层、健康地发展互助合作运动的目的，采取以下做法是可行的：

1. 从区到乡组织干部学习互助合作政策，全面分析情况，做出发展互助组的规划，做到心中有数，克服盲目性。

2. 从乡到组公开地全面总结（通过重点）已办互助组的经验，充分发扬优点，分析克服缺点，巩固老互助组，在此基础上，具体生动地宣传互助合作的方针道路、宣传组织互助组的好处。

3. 召开积极分子会，学习发展互助组的方针、政策、做法，并根据实际情况，将可以办组的农户分类排队，分工负责，开展串连。

4. 串连工作开展后，上层顾虑较大，应由区、乡负责干部召开上层会，宣传政策，针对思想解决问题，争取上层同意，团结稳定上层。

5. 串连组织工作必须做到认真细致，充分进行思想教育工作，切实提高群众的觉悟，做到自愿要求入组，然后再帮助他们组织起来，要求做到组织一个组巩固一个组。

6. 组织起来后应正式选举组长，定出简单制度，贯彻政策，安排生产，保证活动起来。

（三）剥削上层的阶级划分问题

直过区不公开划阶级。过去为了便于内部掌握，各区做了一些调查，大体划分了一下，除个别区区委曾做比较认真的调查分析外，一般地都没有认真研究，因此，存在一些问题，主要是剥削上层的面划宽了。例如竹塘区茨竹河乡共449户，地主40户，占8.91%；富农52户，占11.5%，但据了解也有一些是由于过去摸底不清而漏划了的。不论划多了或划少了，都影响阶级路线的正确贯彻。经过讨论，大家认为有必要重新认真地划分一下。

至于如何划法，虽不公开划了，但同样关系到我们执行政策的基础。因此，要求抱一种严肃慎重、认真负责的态度，总的来说还是应该实事求是地分析，但掌握上可比土改区略宽。划分阶级的标准，根据大多数的情况，都可根据政务院规定的土改区划分地主、富农、高利贷者的标准来分析，但也要考虑到雪林等地社会经济发展更落后的地区，是否也像封建社会一样有地主、富农，或者还有其他如领主、奴隶主，或其他不好确定的剥削者。若遇这种情况，应该详细地调查分析，以便比较正确地确定其阶级成分。

对划阶级的年限，边工委意见是以1950年为准上推3年定阶级、下推5年加以调整。这样阶级比较好定，若解放后已起了变化，地主参加了劳动满5年、富农放弃剥削满3年者，可以改变成分。划阶级不公开，只是内部掌握划分。为了避免引起上层的波动，应该十分注意方法，一般可以在过去已掌握材料的基础上，通过骨干个别了解审查，区委研究提出意见，由边工委直办室审查批准。各区可先搞重点乡，取得经验，然后再逐步推开。要求各区在8月底以前搞完，9月份报办公室审批。对于雪林等条件很差的佤族地区，方式更应特别注意，能了解多少算多少，时间还可以更放长一些。

（四）培养骨干、积极分子的方法问题

过去已培养了大批骨干，取得了一些成绩和经验，但总的来看，骨干、积极分子的培养是个艰苦的工作，阻力很大，加之近来领导研究得少，有些放松，因此，在培养上存在不少问题，有的骨干不骨了，有的"打失"了，有的垮台了，现在的一般看来活动能力较差，觉悟不高。大家讨论中都认为这是一个很大的问题，必须采取措施，加强骨干、积极分子的培养教育。考虑可以采取以下几点办法：

1. 各区应该认真地总结培养骨干、积极分子的经验，对原有的骨干，应根据阶级出身、政治历史、觉悟程度、活动能力、群众关系等内容进行一次认真的审查排队，确定乡级、大组级和一般干部的名单，提出今后培养的意见报边工委。

2. 应该注意把条件好的骨干放到各种组织中和工作中加以培养锻炼，在爱国生产委员会和爱国生产大小组中，在合作社、互助组中，在其他群众组织中，都应该注意慎重挑选人才，加以培养，并在各项工作中逐步使之成为核心。

3. 计划分片召开5天至7天的骨干、积极分子训练班，比较系统地对骨干进行教育，内容考虑是直接过渡的方针、道路、阶级路线、生产政策、互助合作政策、统战政策等，初步划清劳动与剥削、群众与上层、社会主义与资本主义等界限，具体计划另定。

4. 考虑还可采用其他办法，如加强团支部的活动、工作队汇报时根据情况可吸收主要骨干参加、调县或省里学习、组织参观等，都是有效的办法，应注意采用。

5. 决定的一环是加强区委、工作队对培养骨干、积极分子的领导，克服包办代替，凡事与骨干商量，事前布置，事后总结，掌握思想，加强教育，多表扬，少批评，生产生活有困难的给予适当解决，保护骨干的积极性。这些办法一般都可采用，但在工作基础还很薄弱的地区，目前还不能要求这么高。

（五）建立基层政权问题

直过区除雪林区以外，过去都建立了村组政权，但是为剥削上层所掌握。如木戛区现有7个正副村长中，5个是地富上层。过去这样做是可以和必要的，但随着直过工作的开

展，农业社会主义改造的逐步进行，这种情况已经不能适应工作的需要了。为了今后各项工作的进一步发展，将原来的基层政权加以改造，把剥削上层控制的政权改造为以雇农、贫农为骨干、农民占优势的人民民主政权。

大家认为，经过1年多来的工作，在第一类型地区，建政的条件已经大体上或基本上具备了。这些条件是：（1）上层基本稳定，政治安插和经济补贴已搞了。（2）群众有了较充分的发动，培养了一批纯洁坚强的骨干。（3）民主问题有初步解决，特权、雇工、高利贷等剥削已经大大减少。（4）民族关系正常，民族之间没有什么大的纠纷。并且，随着阶级路线的贯彻，旧的基层政权已经瘫痪。

因此，从现在开始起，逐步解决政权问题是可以的。但改造基层政权实际上等于剥夺了上层的政治统治及特权剥削，必然会引起一些波动，因此，工作中也应采取渐变的原则，缓和地进行。具体应注意：（1）在建政中仍通过群众民主选举，但对旧的干部不揭发、不批评、不诉苦、不算清贪污账。（2）要贯彻阶级路线，但也不搞清一色的政权，具体要求以雇贫农为核心，团结中农参加，对少数有影响和作用的小上层每乡也应安插二三人，大、中上层一律由县、区安插。（3）旧干部不宜全部大换班，清洗对象主要是剥削上层、不纯分子和个别不起作用也没有培养前途的人，清洗得控制在50%以内。

……在建政中应注意几个问题：（1）建政前区委应先摸清情况，订出计划，包括对情况的分析、建政的目的要求、步骤做法、清洗和保留哪些旧干部、选举哪些新干部等。（2）建政仍应坚持先上后下的原则，先与上层协商取得赞同，再从上到下地召开各种会议，根据宪法宣传建政的重要意义、政策做法等，以提高群众的政治民主觉悟，发动群众。（3）在做好政治思想工作的基础上，通过群众性的酝酿讨论，认真选举乡人民代表。每乡17人到21人为宜，任期2年。（4）召开乡人民代表会议，选举产生乡人民委员会，委员以每乡7人到9人为宜。选举中充分酝酿，反复协商，达到上层同意，群众满意。（5）乡人委正式成立后，委员应适当分工，考虑设乡长、副乡长、文书及生产、民政、武装、生产保卫等委员，明确职责，由县人委加委，召开群众大会庆祝。（6）建政中应注意正确地安排各种比例，乡代表和乡人委的人数应以民族比例为正比，但对少数民族中不够选一个代表的民族，也应适当照顾。其中农应占30%、妇女占30%、青年可占40%……

（六）农村建党问题

讨论中大家一致认为，这是一个很重要的关键问题，为了团结领导直过地区的各族人民走到社会主义社会，建党是必要的，但目前应该很好考虑的是条件和时间问题。总的来说，由于基础薄弱，情况复杂，靠近外国，必须采取十分慎重的态度。不要求马上普遍建党，速度应该放慢一点，并不是消极，而是为了做好充分准备，做到条件完全成熟。

目前应该结合骨干的审查排队，认真地挑选建党培养对象，加强教育培养。教育工作应系统地进行，但不宜采取以往公开上党课的形式，而采取结合在工作中组织三五人座谈的形式，经常加强教育，教育内容建议组织部和宣传部印发一些材料。

为了保证把党建在可靠的基础上，大家都同意凡建党的乡，吸收的党员都应经过爱国生产、互助合作、征购粮食、建立政权、建立团支部等工作审查和考验。具体应注意几点：（1）公开建党，不能公开建的就不建。（2）只能个别发展，不能分批发展。（3）坚持条件，保证质量，不要贪多。（4）建党地区宜集中不宜分散。（5）坚持先建政后建党。

（七）领导问题

（略）

孟连县南抗乡直过区试点建党工作总结

中共孟连县工委组织部通报

编号001　总号0010

主送：各区委、总支

抄送：地委、边工委、工委各部委、人委党组、各支部

中共孟连县工委组织部

1958年8月13日印

孟连县南抗乡直过区试点建党工作总结

　　我县直过区占全县人口的2/3以上。这些地区基础较差，但在两年来生产大跃进的形势下，山区工作大大向前跃进了，合作社有了迅速的发展，党的组织工作必须紧紧跟上，始能适应形势发展的需要，也才能起到党在大跃进中的领导作用。当前我县各级党组织所面临着的任务就是尽快地在近3万人口的直过区建立起党的组织，实现党的坚强领导。

　　南抗、独固两乡在最近搞了建党，通过组织的思想教育工作，在觉悟提高的基础上发展了党员，建立了支部，说明直过区已经具备了建立党组织的条件。两个乡的经验说明，只要领导有决心，认真地做好积极分子的挑选培养和细致的思想教育工作，根据山区不同的地区和民族特点，解决不同的具体问题，建党是完全可能的，认真做了工作建立的党组织就会巩固，关键问题是如何把积极分子的觉悟提高到共产党员的水平上来。

　　直过区的建党我们还不有经验，南抗乡的这个总结有一些点滴的经验，现转发给各区乡参考。希各区委立即研究马上行动，根据各地不同情况做出可行的计划，做好直过区的建党工作，并将经验总结告诉我们。

　　当否，请地委指示。

孟连县工委
1958年8月12日

南抗乡直过区试点建党工作总结

一、基本情况

我乡是一个山区乡，面积长约100华里、宽30华里左右。共有自然村51个，居住以拉祜族为主的5种民族，计拉祜族634户、人口3369人，佤族295户、人口1279人，泰族83户、人口308人，汉族34户、人口74人，佬族22户、人口116人，合计1068户、人口5146人。有合作社13个，初级社2个、高级社11个，入社农户208户、人口1019人。这些合作社是1957年试办了2个，1958年发展两批共11个。参加合作社的多为拉祜族、汉族，其次是佤族、泰族、佬族。泰族83户，1956年8月至12月经过了和平协商土地改革，在土改中发展了两个共青团员（还未办社）、拉祜族共青团员1个（是参加工作发展来的）。现有共产党员（下放干部）3人，有支委、副支委各1人（由工委指定的）。乡政权未正式成立，现有乡长、副乡长各1人（指定的）。

二、具体做法

1.在工委的重视和具体的指导下，1957年我们就注意了对积极分子的发现了解，在发现了解积极分子中首先是注意了：（1）政治历史；（2）阶级出身、本人成分；（3）作风品质；（4）对党的各项方针政策是否一贯拥护；（5）在社会主义改造和社会主义建设中思想立场是否坚定，在各项工作运动中是否一贯积极负责；（6）在各项工作中是否依靠群众走群众路线。

2.注意了以上情况的同时，接着就进行了类型排队，第一次排队第一类××个，第二类××个，第三类××个；第二次排队第一类××个，第二类××个，第三类××个；第三次排队第一类××个，第二类××个，第三类××个。合计××个，男××个，女××个。

3.在排队的基础上进行分工分片培养教育提高，和审查积极分子的政治历史情况，分片上党课教育，主要是党的性质、党的基本知识、社会主义与资本主义两条道路的教育，其中主要是阶级教育。通过以上教育，进一步提高他们的阶级觉悟和社会主义觉悟，紧密结合各个时期的中心工作，特别是在大跃进以来，在实际革命运动和实际革命斗争中去锻炼和考验每一个积极分子的工作、思想立场等。在实际锻炼考察不断排队的基础上，7月15日在乡上集中了系统的训练教育。时间4天半教育的内容是：（1）国际国内形势、总路线。（2）中国共产党是如何产生、如何组织起来的。（3）中国共产党的性质和党的斗争历史当中特别强调阶级教育。（4）什么人可以参加共产党，党的权利、义务，个人利益和党与人民群众的利益的关系，着重讲了党的义务十条。我们共培养了25个积极分子，男20人、女5人；参加学习的19人，男16人、女3人。（5）在教育提高的基础上，从19人中挑选了最优秀的具备入党条件的雇农9人、贫农4人、下中农1人，男12人、女2人，其中拉祜族13人、汉族1人，为发展对象。这些对象大都是乡干或社干，通过训练及反复审查，在本人积极申请之下，支部大会通过了14人。写申请未通过的2人，在培养的25人中因出外学习，或生病未参加学习的有5人，所吸收的14人都是在各项工作中的积极分子，能起到各项运动中的推动作用，思想立场坚定，对党的各项措施、方针、政策最拥护的人，也是群众喜欢和优秀的人物。

三、在建党工作中的几点体会和要注意的问题

1. 我们认为，首先是坚持了上级党委的指示，贯彻了积极慎重的建党原则。坚持了以上6个主要问题的审查了解，积极地进行了教育提高每个积极分子的阶级觉悟和社会主义觉悟，我们结合了以生产和各种会议对积极分子进行了系统的党课教育，从而使大部分积极分子不断提高觉悟，成为各项工作的骨干分子，争得广大群众的拥护，因而才有可能提高到具备党员条件，只有这样才能从各个比较落后的地区培养具有共产主义觉悟的优秀分子。

2. 在培养、教育、提高的基础上，必须进行不断的排队，如我们从审查到了解培养到吸收入党时，共排队5次之多，使我们对积极分子比较熟悉，做到心中有数，因而在建党过程中就没有出什么问题。

3. 在教育培养过程中，必须坚持阶级路线、群众路线的教育，特别是党的领导的教育。通过这些教育后，使每个积极分子都认识到了只有共产党领导各族人民才会得到彻底的解放和过渡到共产主义社会，在各项工作中只有依靠贫雇农、下中农走群众路线，才能搞好和完成我们的各项工作任务。这是由于山区多数民族长期受封建部落头人的影响，进行群众路线和阶级路线的教育，使他们明确人民的干部特别是共产党员必须是全心全意为人民服务，因而就要走群众路线，这样与旧头人的统治界线区别开来，可以避免像过去曾有个别干部因得不到更多的共产主义的教育而变质沦为头人形式的领导弊病。

4. 必须紧密结合各个时期的中心工作和实际的革命斗争中去锻炼考验他们，同时也要大胆放手，让他们去做工作，然后帮助他们总结提高，通过他们做的工作来教育提高他们自己，坚定他们的社会主义思想立场。如老四在办社时说："我们为了过到社会主义，就是3户也要办社。"老五在修水利时说："水利修不好决不下工地，就是死也死在工地上，因为这是群众的和国家的社会主义建设问题。"扎努为了争取入党，半夜三更带领社员挖山菜，他坚持了3昼夜。阿月发动社员开田5昼夜，开了20亩田。朱东国支部大会讨论时提出了一些缺点，第二天就领着社员住到田里栽秧。

5. 注意了妇女的培养。山区各族妇女一般不参加社会活动，因此觉悟较男子要低，社

会地位也不像汉族和泰族的高，而妇女数量则占多数，因此加强妇女工作是很重要的。我们自始至终注意了对妇女的培养，费了很大力量才培养吸收了两个妇女。如那珠过去受人看不起，从1955年起就一直坚持了培养，不断打破她的自卑感，鼓励前途，到1958年培养成了第一个女社长，在各方面都很积极，也很先进，很受群众的拥护。

以上的教育方法，不但教育提高了每个积极分子的思想觉悟，而且丰富了我们对他们培养教育的知识和内容。

6. 通过这次建党后，打破了我们认为中心工作忙、建党或耽误中心工作的神秘思想，事实说明只要我们在思想上明确紧密地结合起来是完全可以解决的。通过中心工作来建党，不但是发展了党员，壮大了我们党的队伍，占领思想农村的领导阵地，而且是推动了合作化的大发展和工农业生产的大跃进，同时保证了社会主义的政治思想领导。如我们13个合作社中就有10个合作社发展了党组织，加强了党对合作化的领导，巩固了合作社。

7. 在建党过程中应该注意的几个问题：（1）必须紧密结合各项中心工作进行培养教育提高，假使脱离了实际去培养教育，那就失去了教育的意义；（2）培养教育中必须强调党的领导，强调阶级路线和群众路线，如果不强调党的领导、阶级路线和群众路线，也同样会失去教育的意义，这是教育过程中的关键问题。由于山区未进行民主革命，政治觉悟不高，敌我界限不是那样清楚，因而在教育中必须认真进行新旧社会的对比，从而提高他们的阶级觉悟，划清界限，分清敌我，紧紧地掌握起阶级分析的武器，才能搞好工作。在讲课时必须从远到近，结合当地实际情况，尽量通俗一些，这样才能使他们容易接受领会。另外，是我们在集训前就教育启发他们的入党要求，集中训练时就写申请书、填志愿书，他们对入党有迫切的要求，学习起来就积极努力、上进心强，收到的效果就大，训练结束就可以在支部大会上通过他们入党了。这样，他们所领会的东西就多，改正缺点的决心大，也少费时间不误生产。

以上当否，请指示。

南抗乡支部

孟连直接过渡地区 4 个试点工作的初步情况和下一步工作的意见

中共孟连工委会

1956年7月4日

报：澜沧边工委、地委

发：各区委、大芒糯、怕亮、邦协工作组

送：县府一份、工委存二份

孟连直接过渡地区 4 个试点工作的初步情况
和下一步工作的意见

全县直接过渡的共有34000人口地区、291个自然寨子，包括傣族以外全县其他民族。这些地区社会主义的改造，是全县各项工作进展的一个关键，一方面是人口占全县总人口的3/4，地处边沿，再方面是民族落后，工作基础差，我们必须积极努力，从各个民族社会经济发展的不同水平加强领导，直接过渡到社会主义，不再经过以土改为中心的民主改革。在社会主义全面高涨的趋势下，过去几年民族工作的基础上，2月地委召开县、工委负责干部会议后，在落后民族地区提出了新的问题和要求。但边疆各项工作必须从实际出发，照顾民族特点，在指导思想上是积极的、前进的，而做法上必须是稳妥地、有步骤地前进。根据地委指示精神，为了有效地配合中心地区的土改，由外到内地稳定边缘，和在直接过渡地区打点办社，摸取经验，并扩大在群众中的政治影响。2月会议后，工委给各区作了布置，由于主要力量集中来搞土改，未认真地贯彻地委的指示，以致3月下旬以来边缘发生外逃外迁的混乱现象，少数头人是出于对土改有顾虑，但极大多数是基本群众，因生产生活上的困难无法解决。到4月初工委抽调了一批力量，边沿每个区配备10人左右的工作队，在直接过渡地区打点示范，在今年内试验性地搞几个生产合作社，工作队并负责搞面上生产、粮食及对敌斗争等项工作。确定的点为富岩区的大芒糯、邦协，勐马区的怕亮新寨及腊垒区的海东等4个点，工作已从5月开展。

一、一般情况

4个试点包括在边沿3个区的山区。富岩大芒糯佤族99户××人；邦协62户284人，佤族20户85人，拉祜族39户215人，老缅族3户16人。勐马区怕亮新寨拉祜族33户158人；海东佤族48户246人。共组织了15个互助组，其中4个未评工记分的生产小组。从目前工作进度上看，由于各民族及地区发展的不平衡，可分为3类：

（一）怕亮新寨

怕亮新寨过去有些基础，工作的开展对全县极大部分拉祜族地区有很大的影响，1955年以来即为区委山区改造的重点。有富农2户13人、中农8户54人、贫农14户59人、雇农9户36人。地籽种84箩1筒，田籽种130箩4筒，共籽种214箩5筒（其中1956年增加籽种地41箩，田43箩；1955年开田22箩）。每人平均有2箩种，按劳动力尚缺90箩。有耕牛21条，不能耕的14条。农具锄头72把、犁头29个，主要是解放以来我救济或贷放。在拉祜族地区比较富裕，全寨信基督教。能代表全县大部分拉祜族地区。1955年贷耕牛2条，1956年无偿给生产小组1条，连原有的现已基本够用。

全寨有33户6月初即参加进互助组中，现有3个互助小组，第一组13户，第二组12户，第三组8户。随着工作的逐步发展，已开始搞评工记分，有计划地安排劳动力。第一组为重点，6月1日评工记分；第二组6月17日，第三组6月23日。领导骨干第一、二两个组组长为贫农，一组组长长发准备培养为生产合作社社长；三组组长是个中农。几个组都是工作队到前即组织起来的，共培养了8个骨干、10个积极分子。工作队意见是7月建社，已开始向群众宣传四十条纲要和农业生产合作社的性质及优越性，70%以上的群众要求办社。

（二）邦协和海东

邦协4个小组是在我号召搞生产、受坝区影响而在头人主持下自己组织起来的生产小组，一组8户、二组13户、三组14户、四组6户。第三组工作队认为成分不纯，在6月20日后宣布解散另行登记，有12户报名参加，组织动员工作做得较差，参加的人有些盲目和勉强。两个拉祜族组长虽为贫农，但实际上是被富农头人掌握，一开始就被头人利用了，先替他们犁地下种。因缺口粮，虽组织起来，但不互助，又系民族杂居。另一个佤族组长，现初步了解是一个二流子，原工作队拟培养为社长。

海东5月6日工作队下去组织了8个生产小组，45户。生产小组长成分是富农2人，中农2人，贫农4人，已于6月28日开始评工记分。这个寨子头人较集中，管着11个寨子，占有800多块地，较大的头人副乡长一户就占有60多块地，大部分土地掌握在5个头人手中。

两个点的工作是群众初步对组织起来搞生产的好处稍微有些认识，但换工与互助方面还是未跳出旧有不计工和平均主义，按劳取酬社会主义性质因素极少。海东有4个骨干、8个积极分子，邦协有8个积极分子。

（三）富岩大芒糯

富岩大芒糯接近未定界及西盟，为富岩7个角马中较大的一个，中心区的拉祜族、佤族称他们为"野卡佤"，基础甚差，工作队每年只下去过一二次。这次下去，头人思想主要有4怕：（1）怕不准种大烟；（2）怕不准做鬼；（3）怕土改，不得放债，不得当头人，不得收租；（4）怕工作队串小姑娘。目前基本上是站住了脚，初步团结了头人，联系了群众，给群众搞生产、发救济盐、救济粮，后又供应一批食盐。现每天有一二十个青年来串、学汉语、听收音机、看病要药，送给工作队小菜。工作开展已近两个月，积极分子尚未发现。

以上4个点并为区上的工作重点，每个点都有一个区级干部负责，工作是在以搞生产互助达到为半社会主义性的农业生产合作社，首先做好政治思想及政策的宣传教育外，具体工作是领导群众搞生产为中心，开荒、下种、薅草、粮食救济、发放贷款和农具。计大芒糯寨先后3次发放救济粮73户5570斤稻谷，锄头40把；邦协6771斤，锄头24把，耕牛贷1条，无偿发给生产小组1条；海东发放救济2次共2000斤稻谷；怕亮新寨救济了1500斤稻谷，贷放了2条耕牛，1条无偿发给，10把锄头、1个犁头。以上共发放救济粮15841斤，贷出耕牛3条，无偿发给生产小组2条，农具75件。由于发放了这些救济及贷款，使得生产上有了很大的转变。

这阶段4个点上是取得了一定成绩的，主要是：第一是初步看出在这类地区不经过改革，就可以通过领导搞生产，经过组织生产互助、生产合作社过渡到社会主义；第二是干部对通过领导搞生产、上层工作及群众工作，进而组织群众搞评工记分的互助组，这是为搞合作社打下基础，初步摸索些经验；第三是看出了领导搞生产、组织互助合作评工记分是为各族人民所拥护的，这是一个涉及面较宽的落后民族农业社会主义改造，只要我们认真办好了试点性的头一批，就可以为下一批大发展准备了条件。怕亮全部头人和群众都很重视并称赞，大芒糯也初步站住了脚，但只是个开端，这种民族关系复杂、社会经济落后的基础上来进行农业社会主义改造，这将是一项新的问题，要求和做法，必须十分严肃地去对待。

这一段工作中干部思想表现出：（1）保守怕犯错误、搞不好会跑人的思想。海东确定培养个原民兵队长（富农成分）为副社长，邦协工作组负责干部和头人经常在一起，和群众接触不多，群众对他们害怕；（2）搞直接过渡在落后民族地区进行社会主义改造的指导思想不明确，社会主义的因素不能适时和必要地加进去，民主改革的思想是主要的；（3）贯彻阶级路线不坚决，思想模糊。海东强调发动12户寡妇的工作，而不是从阶级观点来发动群众。

但另一方面，从工委领导到干部，几年来一直在直接过渡地区搞"团结生产，对敌斗争"，我们领导和干部对搞社会主义的东西是陌生的，还站在门外，互助不会领导，搞直接过渡的理论认识差，没有经验，思想赶不上客观形势的发展，仍停留在老一套的做法上，情况不熟，并未认真进行社会调查，工作浮漂而不踏实，群众路线与策略思想模糊，对基本的佤族社会情况还未去摸等。另外是一些各地区各民族的特点及现实问题，还需要在工作中去发现而加以克服。如生产方式及原始的劳动结合，改变生产中的群众思想及可能，对旧形势的结合与舍弃问题，上层的处理，及由于长期落后而产生的过分迷信、疾病死亡、严重的缺粮等问题，这一切都得认真去摸索，求得解决。

二、对下一步工作中的几点意见

从这一时期的情况看，虽然主客观方面存在着一定的困难和不利因素，但总的是直接过渡的工作是必然在不断战胜各种困难中而丰富经验前进着的。要求在上阶段的基础上把工作往前推进一步，分别在不同的基础上准备成立互助组、巩固健康互助组，准备在今秋前后建立3到4个生产合作社。但由于这一步工作要往前大大推进，从站稳脚到进一步搞生产小组，由互助组到生产合作社，这一社会主义性质的措施和改进，涉及面相当宽，尤其是关于生产中对上层的安置，这是一个极为重要的问题。从改革地区的情况看来，这是不容忽视的问题。工作愈前进，问题愈多，斗争就愈加复杂。分别提出以下意见：

（一）在原有工作基础上分别不同情况前进

1. 继续为建社做好准备。从现在工作进度看，同意怕亮工作组的意见，这个点可以在7月底试建社。目前须积极做好下列几项工作：

（1）认真地领导好现有互助组的工作，除了搞原群众同意的生产规划积极去贯彻外，要搞好评工记分的管理工作，坚持等价，按活记分。原决定的人工标准分是7分、牛工4分、看牛老人3分、小孩2分，还应根据自愿互利、等价的原则处理，再征求群众意见，不应规定太死板，评高了中农不满，评低了贫雇农民吃亏，要能发挥组员的劳动积极性，又能保证收入和搞好生产。这一工作是建社前的一个关键，必须做好，还要合理适当地组织劳动力，安排活路，不要硬规定。

（2）反复宣传合作社是劳动人民的集体经济组织，是农民组织起来走共同富裕的社会主义的道路，是本自愿互利的原则组织的。宣传合作社是比互助组又更进一步更高一级的组织形式，举些具体例子来说明它的优越性。讲解农业发展四十条纲要。

（3）认真培养提高骨干，群众对办社有了认识进而要求，没有几个骨干及一批积极分子也是不可能办好社的。已确定了的培养社长（长发）要再继续培养和审查其政治历史，副社长及会计也要培养，党、团员对象也要开始去培养。

（4）在搞好互助组的评工记分、生产，群众对办社真正有了认识和要求，骨干培养了，怕亮新寨建一个二十五六户的合作社是可以的。

2. 准备成立互助组，巩固健康互助组，邦协、海东是逐步整顿提高。对互助组的要求是：加强政治与生产领导，解决组员目前生产、生活方面的困难，为办社去积极做好各方面的准备。

（1）充分宣传互助组是本自愿互利而组织的。

（2）初步搞出1年的生产规划，特别指出增产的任务及办法。怕亮在小组中采用算细账的办法很好，使群众看出增产增加收入及做法，组织起来可以解决个人所不能解决的问题。但规划要切实可行，不能过高或空洞，必须跟他们充分讨论。

（3）认真培养贫苦农民中积极分子和骨干，如将来建社的社长、副乡长、乡长等，（骨干）3至5人，积极分子10人左右。这是互助组阶段团结教育头人，发动群众，而培干是这3个具体工作中的最主要的一环，决不能放松或忽视。

（4）按海东、邦协两个点的情况看，上层工作不能有所忽视，互助中已参加进来的暂不要清洗，但互助组的领导权决不能操在大、中头人和地富手中。海东培养富农为副社长不妥当，不论今后的乡政权及合作社等基层的组织都应一律为劳动农民所掌握。个别劳动的头人，放弃了剥削，服从互助组的领导，在领导强的组中，要求时，经农民讨论通过，可以参加互助组。

（5）对条件成熟，群众有了一定觉悟，有了骨干，充分宣传互助组的互利互助，每个点选择一重点组试行搞评工记分，在干部和群众取得经验后，群众认为有好处，就再推开搞。

3. 大芒糯情况特殊，目前主要任务是继续搞好上层关系，进一步取得他们的信任，减少头人对我搞群众工作阻碍。要从各方面去接近和开展群众工作，目前是准备成立生产小组的工作，要求至迟到8月上旬组织一两个互助小组，10月间办一个社。

（1）由组长专门负责搞头人工作，使他赞成由工作队领导群众搞生产。

（2）积极物色培养积极分子和骨干。怕亮以积极分子互相串连来扩大的办法是对的，在7月内要求发现10人加以培养为积极分子，初步确定骨干3至5人为互助小组长。

（3）这些地方群众较落后，尤应尊重佤族的风俗习惯。在合作化之前除了建政之外，不许再过多地触动头人利益，如债务、特权、土地、地租等留在合作化中逐步去解决。

（4）肯定宣传佤族地区不进行土地改革，宣传直接过渡的办法、好处。

（5）跟他们下到地里干活搞生产及发放救济，目的是联系和发动群众，扩大对他们的政治影响。抓住每个时机大力向群众宣传党的领导，努力搞好生产，社会主义的幸福前途。

（二）生产工作

互助小组一定要保证增产生产，增加收入。目前生产中的主要任务是保苗护产，生产中适当注意产量及可能地逐步改进些耕作技术。大芒糯、邦协前发现虫灾，仍应注意，火枪火药也立即准备，铅巴统一报来，请澜沧边工委解决。还可以自勐马买进500到1000斤白薯栽下去。小春麦、油菜籽等可做准备，本山区多种经营、增加群众收入的方针去做。经济作物及农副产应以提倡。

（三）粮食工作

目前山区粮荒达80%左右，怕亮33户现有28户缺粮，邦协62户在5月份就有55户缺粮，苞谷要过20天后才能吃，每家只种一两砠，旱谷要到8月中，秋收要到9月初，因此，目前应把7月份作为粮荒主要解决的月份。前拨下的14万斤救济粮要立即发动群众运去发下，第三季度的救济粮，主要在七八月份发下去。另外，银行在7月5号前贷出口粮款，勐马5000元、富岩2000元、腊垒3000元、孟连4000元。救济以边沿贫苦农民为主，贷放适当照顾面上。教育群众把粮用去搞好生产。各地区粮食仍集中在少数头人地富手中，动员他们互通有无，自由借贷，动员了几户地富搞出六七十亩粮，解决了几个寨的籽种、口粮，并领导群众生产自救、节约用粮，不再完全依靠政府救济和贷款。决不能发生饿死人和因粮荒而外逃外迁的现象，粮食情况要经常报来。

（四）宗教及上层工作

宣传保护宗教、信教自由政策，决不能去干涉宗教问题及风俗习惯，管得太多。大芒糯佤族提出砍人头的事，我们不要去正面阻止，而是强调搞生产、保苗护产、搞水利开田，及多种粮食，讲民族团结，也可征求他们是否可以用牛或其他东西等来代祭。若双方同意解决，应说服双方团结互让，以牛等来解决，若说服不了就不要去过问，现在他们不说，我们也不要去提起。怕亮全寨都信基督教，并有挚诚的教徒二人，而我们又准备培养为骨干，这要慎重，并有意识地从侧面注意他们的活动。一般性的礼拜及宗教节日的活动不要去干涉（工委的宗教工作与上层工作规划已发下，希各区和工作点研究提出执行意见）。对民族上层，正面地去教育（按前地委指示），并指出其社会主义前途，赞助我领导群众搞互助合作社会主义的各项工作，积极从劳动生产中争取和群众一道过渡到社会主义去。对他们的政治地位及生活照顾，区、乡上可以决定，县政协及补贴的工委已报，待地委批示即可执行。

（五）对敌政攻

县工委对敌斗争委员会已发出通知，各区各工作组按照执行，认真和当地驻军密切配合进行，结合搞生产、救济等工作，除宣传形势外，应以周总理的报告和平解放台湾这一部分为主，及国防部宣布的4条具体政策。具体工作是：继续争取外逃外迁，对家财由其亲属继续保管，田地动员群众代薅种，动员匪属和其亲属写信，出去争取回归。对前回自新人员要召开一次会，讲形势及政策，关心其生活、生产上的问题，适当给以解决。规定的宣传继续送到股匪和流散下经商、安家、搞生产等作隐蔽活动者的手中。对敌斗争的另一方面，就是认真做好头人和面上的群众工作，这一工作要求7月前总结报来，由区委亲自负责进行。腊垒区由于敌特较活动，谣言甚多，上层目前尚动荡，不少人仍想准备外逃，区委应把主要力量去做稳定芒杏、蚌丙两乡的工作，结合生产、贷放、救济全面开展一次政攻。

（六）检查民族政策执行情况

工委已发出通知，希按照执行，并召开头群座谈会，请他们对我们的工作和干部提出批评和意见。7月前总结报工委。

（七）其他工作方面

指定各个点由区负责干部直接抓起来。大芒糯点由区委副书记卢发有同志和地委联络组王庭相同志负责；邦协由副区长罗福周及地委联络组周天福同志负责，王庭相同志参加区委会；怕亮由段宗颐同志负责，勐马区委应加以领导；海东点由区委副书记杨树明同志直接负责。各点每周订出工作计划，星期一前向工委办公室电话汇报，工委星期二向地委边办室汇报。

为了加强面上的工作，怕亮及大芒糯可开办夜校识字班，并适当开展些文娱活动，读报、讲时事，经费少部分可由直接过渡地区经费开支。在大芒糯及海东积极宣传和动员暑期后办正式小学的准备工作。

各点必须照顾到乡的面工作，如生产、粮食、稳定上层、对敌政攻，各区委尤应抽出主要力量来做稳定边缘的工作。

当否，请示。

沧源县委两次座谈讨论佤族社会性质及直接过渡问题发言实录

第一次座谈会

时间：1959 年 11 月 1 日

讨论问题：主要是佤族社会性质问题

参加者：县委书记徐志林、赵元仁、许振国、朱小高

　　　　县委秘书张盘铭

　　　　调查组 5 位同志

讨论意见实录如下：

许振国：佤族社会是氏族部落的残余，也形成了阶级社会。

雇工、高利贷是普遍的，而土地买卖、租佃关系是个别的。雇工和高利贷在开始有了剩余劳动时就产生了。我们划地主是靠雇工和高利贷来算他们的剥削量，他们大都是参加劳动的。由于干部对政策领会不深和没有经验，划阶级的工作是比较粗糙的。

氏族部落是存在的。岩帅地区的郎家和布景是氏族头人和部落头人，他们的特权和威信是氏族部落的传统形成的。

村寨有土地界线，界线内的荒山荒地占有最多的是来此最早的老氏族长，新兴的珠米是钱多、牛多，而不是土地多。

牛还是当财富看待，劳动使用率不高。解放前和解放初期借耕牛用，一般是不给报酬的。耕牛占有面也大。耕牛还保有公共保管、饲养的习惯，丢了全寨都有责任去追回。

社会性质还不能离开生产、生活水平。虽然有阶级分化，但土地占有不集中，每人平均还不到3分水田。人民的生活有部分是采集野生植物度日。头人生活水平也低，解放前

不穿鞋，也是吃点饭而已。佤族没有乞丐，到哪里都可以吃饭。

岩帅和永和商业比较发达，也出现了职业商人。岩帅有的可以说是资本家，这和大烟种植有关。商人的出现，商业的发展，再发展下去，可能发展到资本主义。

从上看佤族社会是多种成分的，这和外族影响有关。至于是什么社会性质，还不能认为是封建社会。因土地买卖和租佃剥削很少，主要是高利贷和雇工剥削；也不能认为是奴隶社会，因奴隶是个别的，且其中多是具有雇佣性质，他们还有人身自由。或认为是氏族部落残余社会，也进入了阶级社会。

朱小高：社会性质主要看生活水平和生产资料的占有关系。

赵元仁：迷信剥削还是严重的，如胡中华。迷信剥削是否是封建剥削？

徐志林：去年是开展工作以来阶级斗争表现最突出的一年，这是随工作进展必然产生的。这个突出也是与过去比较来说的。

要发展生产，开垦荒山荒地，但却为头人控制着，就需要展开斗争。头人一般掌握武装，也要把武装接过来，达到枪换肩，这也要斗争。头人政治特权也要废除，这也要斗争。在划阶级和合作化的过程中，高利贷废除了，雇工逐渐消灭了，因而也是个斗争面。所以去年在大搞这些时，阶级矛盾和斗争也就必然突出了。

佤族社会已有了阶级分化是肯定的。过去提阶级分化不明显，也包含着有了阶级分化。但去年划阶级，地主、富农的面划宽了些。

第二次座谈会

时间：1959 年 11 月 19 日晚
讨论问题：佤族社会性质和直接过渡问题
参加者：县委书记赵廷俊、徐志林、赵元仁
　　　　县委秘书张盘铭、马绍忠
　　　　公安局长温德胜
　　　　统战部赵同志
　　　　调查组 1 同志

讨论意见实录如下：

（一）关于佤族社会性质问题

张盘铭：所讨论的社会性质是解放前的，不是现在的。这点要首先明确。

沧源佤族高利贷的产生，据贺南人讲也不过40年左右，和西盟差不多，不比西盟早。高利贷是汉族传来的。

高利贷、封建剥削特权是主要的剥削关系，租佃是很少的、极个别的。

生产上，铁器是使用了，单甲地区使用犁头还是解放后的事。沧源水田比西盟多些，但解放初期沧源水田不过2万亩，除了傣族坝子外，山区佤族的水田仅有2万亩，按人口平均不到2分。解放前每人不到300斤粮食，哪里还有剩余？有余粮的人是富裕户，他们是靠剥削得来的，所以剩余劳动是很微的。

生产资料所有制就是你们所谈的那样了。

沧源虽然有保甲制度，它是套在原来的部落组织上的。原来的东西没有破坏掉，只是加上了保长、镇长、乡长的名称而已。

根据这些，沧源和西盟虽有些剥削，但没有本质的区别。至于是什么社会，说是野蛮高级阶段可以肯定下来，可是这又和1958年划的地主、富农有矛盾，究竟怎么办？

马绍忠：佤族的剥削关系更主要的是高利贷和雇工剥削，土地是不集中的。决定社会性质主要是看生产力和生产关系。生产力是以自己经营为主，经营的土地也很少，所以很难确定是封建社会。因为封建社会主要是地租剥削，这里的地租剥削是很少的。看起来是处在过渡阶段，因受周围地主影响，是从原始社会向地主经济过渡。佤族各种剥削关系也是受外族影响的，产生也不久，正向封建经济过渡，但还没有最后完成。

西盟自发发展方向是奴隶社会，因受周围封建社会的影响，便越过奴隶发展阶段也向封建社会过渡。

佤族因受外族影响，发展是不古典的、复杂的，从主要成分看正处在从原始社会向封建社会过渡。

沧源岩帅地区，不砍人头也仅七八十年，和西盟没有多大区别。

班洪类型区只能说是领主封建社会初期，它还没有傣族领主封建发展得高。

温德胜：佤族存在的封建剥削因素，的确受汉族的影响。出租土地进行剥削的不多，有些地主是做生意的，把做生意的剥削算进来了。

赵元仁：要不是解放，永和就发展成资本主义。

班洪的确是领主封建制。胡中华封高受华为拉勐，就是学的傣族那一套。

沧源、西盟地区，阶级分化不明显，也是有阶级，总的来看是从原始社会向封建社会过渡。

赵同志：沧源像内地那样的地主还没有。

马绍忠：佤族因受外族影响，搞得什么也不像，也有资本主义因素，主流是从原始社会向封建社会过渡。

赵廷俊：班洪群众没有一点权利。官家王子吃饭也不和群众在一起吃，摆官架子。在完冷头人没有什么特权，一个头人因贪污了一点救济衣服，被群众捆起来了。岩帅地区的头人权利也不大。

徐志林：班洪就是领主封建社会了。

沧源其他地区和西盟比，仅是高一点低一点的问题，从性质上看基本上是一样的。虽然西盟的具体情况不够了解，它和完冷、单甲基本上是差不多的。西盟和沧源搞在一起可以了。

解放初期，沧源的合种也很多，放工也突出。合种中确实产生了剥削，有的不管种的地多地少，大家一起种，这样种多的就剥削了种少的人的劳动。

佤族的社会性质，对这个问题的认识，在前个时期也没有正确肯定的意见。有时阶级斗争突出了，特别是1958年。这个地区因受外族影响各种成分都有，从经商看也有资本主义的因素。哪个是主导的也没有分析过，若说处在从原始社会向阶级社会过渡阶段，但地主、富农却是也有。从这上面看，阶级虽不能算很形成，但已有了阶级社会初期，可是前面那些原始的奴隶的还保留很多，而奴隶又不像奴隶社会那样严格，土地买卖也是个别的，只限于水田，土地价值也很低。土地虽然私有了，却不怎么出租。借种是多，借种是要送礼，还要请人说合说合。但剥削主要手段是高利贷、放工、雇工，高利贷有的只让交息，不让还本，世世代代的高利贷。剥削阶级，本人也参加劳动，不劳动靠剥削为生的还很少。从这些分析看，我同意处在过渡期，即从原始社会向封建社会过渡。但这和我们已划了地主、富农有没有矛盾？怎样交代？

从分析看，过渡期是符合的。如果是野蛮高级阶段，地主、富农不应该那么多，但实际上，3%—4%的地主、富农是有的（赵廷俊插话：实际说是有了地主、富农）。据过去调查，地主只占百分之一点几。

说是过渡阶段和划分地主、富农没有矛盾就可以了。如果有矛盾，怎么能够说得过去？

赵元仁：矛盾没有，原始社会末期，从原始社会向阶级社会过渡。阶级已经有啦！

赵廷俊：佤族社会带有原始的又带有封建的，从解放前看，带有封建社会的萌芽。说是过渡恰当些，从理论上讲是一回事，在内部政策掌握上又是一回事。过渡就是还没有完全形成。

赵元仁：过渡期恰当一些。说是封建初期，高了些，因初期就是封建社会了。

徐志林：从分析看，我同意野蛮高级阶段，但又和已划地主、富农有矛盾。

剥削阶级占有水田看是小的，包括荒山荒地占有的也就不少了。去年废除荒山荒地私有权费了很大劲。

就佤族社会是处在从原始社会向封建社会过渡期了。

赵廷俊：就是那个了。

（二）关于直接过渡问题

赵廷俊：土改没有什么改头，土地很少。贫困者也不缺乏土地使用，1包茶叶、两个半开就有啦！

徐志林：沧源领主制的傣族地区，也没土改，就到合作社了。

马绍忠：在社会主义改造中，富裕中农的对抗不能低估。由于佤族是处在从原始社向阶级社会的过渡阶段上，富裕中农这一层很大。

徐志林：富裕中农出面叫嚣，地主、富农不敢公开出面，但在暗中操纵。

赵廷俊：富裕中农，是属人民内部矛盾问题。

徐志林：社会主义改造，更多的要从合作社来看，具体讲从组织互助组、合作社为起点。

1958年，民主革命表现突出，组织生产，他们却霸占荒山、荒地、水源，因而就要解决这些问题。去年普遍搞了一下，这个问题（民主革命问题）基本解决了。

从合作社讲，刚组织时和组织起来初期，解决民主问题的量是大的，以后便是两条道路斗争的问题了。整个看起来，在这以前（指1958年划阶级运动）民主革命的量大，以后合作社的斗争就主要是两条道路的斗争了。由于地富虽然在经济上、政治上搞垮了，但还有影响，因而在两条道路斗争中地富也参加进来，这是和内地不一样的。这里两条道路的斗争，既对富裕中农，也要和地富斗争。斗争形势前一个时期是和地富，后一个时期是富裕中农出面，地富在后面操纵。这两个时期可以以划阶级运动为分界线。划阶级运动废除了荒山荒地的所有权，没收了他们的枪支（实是枪换肩），废除了他们的历史债务。

这里的矛盾斗争是复杂的，这个勾那个，那个勾这个。

马绍忠：一般建社前进行的民主革命多，建社后对地富是继续斗争改造。

徐志林：办社前和办社初期，对地主斗争和民主改革上是多的。

赵廷俊：民主革命的分量是大的。对他们是一点一点地割，不像内地那样，一下子解决了民主革命问题。

徐志林：合作社的组织形式是解决了，但在思想上的工作量很大，群众思想跟不上。

赵廷俊：巩固合作社费了多大的劲。群众思想跟不上，文化水平跟不上，管理水平跟不上。敌人进行破坏，群众还没有能力反驳他们，只是说合作社好，但又说不出更多的道理来。

贺南人民公社，县上放了很多干部，还有部长级的干部才算办起来了。

马绍忠：在合作化中下苦功夫培养试点，从点到面也是很好的一条经验。贺南先进的影响很大，可见对佤族用事实教育很重要。

赵廷俊：两个革命一起搞，工作量大。

张盘铭：互助组基础好的，办起合作社也好，从1956年贺南和班卡试办合作社的例子可以充分说明这一点。贺南合作社在互助组基础上发展起来的，就好，没有出什么问题；而班卡是从单干户的基础上办合作社的，问题就很多，还发生了外逃。

马绍忠：为适应社干的管理水平，社的规模不能太大，这也是条经验。

赵廷俊：干部作用是很重要的。我们的干部少，能力也差，特别是民族干部，加上这里村寨又分散，干部照顾不过来，因而有些政策贯彻不下去。

内地合作社社长，甚至队长能力就很强，可是这里不行。他们还缺乏单独管理能力，还离不开工作队，因而边疆应多放些能力强些的干部。

徐志林：从我们来讲，在合作化过程中，开头不怕，中间因出来问题了有些怕啦！后来摸到了经验也就不怕了。

群众觉悟差，认识了合作社好了，可是一经敌人煽动就又怀疑起来了。

赵廷俊：现在民族隔阂还存在，还没从思想上联在一起。

徐志林：其他没有什么了。

（以上两次座谈会记录，经过记录人稍加整理。若有与发言人的意思不符之处，应由整理者负责。）

解放前佤族的社会性质问题

解放前佤族的社会性质要求能够初步解决。这不仅有科学价值，而且它也是解放后工作的起跑点。只有解决了这个问题，才能更好地理解和正确地贯彻党的政策。

下面提出我们的看法，并指出这一看法存在的矛盾和争论。

解放前佤族社会的发展是不平衡的。根据各地区的社会特点和发展阶段，可分为3个类型，即镇康类型（指镇康县的佤族）、班洪类型（主要是沧源县的班洪区，亦即俗称的班洪部落和波库部落）、西盟沧源类型（包括西盟、孟连、澜沧、双江、耿马和沧源的其他地区）。

和汉族、傣族杂居的镇康佤族社会，已进入封建地主经济阶段。它的基本特点是：

1. 生产力发展水平较其他佤族地区为高。

2. 私有制的发展程度和生产资料分化与集中程度也比其他佤族地区为高为大；

3. 人们在生产中的关系主要是租佃、雇佣和高利贷，具有原始社会特征的关系可说已基本上不存在了。

4. 以出租土地剥削为其生活的主要来源的地主阶级已经形成，它的对立面佃农、雇农也有一定程度的发展。

5. 这类地区的政治特点，已完全是为地主阶级服务的国民党的一套保甲制度。

根据这些特点，确定它为地主经济，想不会有什么疑义。我组对这一看法，也没有什么分歧意见。

班洪类型区的社会特点是：

1. 生产力水平较镇康类型为低，较西盟沧源类型则相差无几。生产虽然显得很落后，但计算起来，一个正常劳动力已能提供为其自身消费的70%—100%的剩余劳动，就是说它已奠定了剥削关系产生的一个极为重要的物质条件。

2. 土地所有制形态是复杂的，有在原始农村公社基础上产生的领主所有制，也存在着个体私有制的发展。前种所有制主要表现在：一个"大户"（原为村社）有自己的土地界线。原初这一范围内的土地是为村社全民所有，村社的头人只能是村社的代表，而对村社土地没有任何特权。可是发展到解放前夕，头人对原村社的土地已产生了特权，控制为己有，以此对辖区的人民进行各种实物的和劳役的剥削，因而这就具有了领主的特征。后一种所有制，是在村社内部发展起来的。由于村社的性质变质而为领主的性质，它的发展也便受到了领主所有制的限制，而成为领主所有制的附属物和特殊的分配形式了。总之，这类地区的土地形态，领主制是基本的，原始村社制已仅保留其外壳并为领主所利用，个体私有制尚未冲破领主制而处在它的附属地位。

3. 生产资料（包括所谓私有的土地）已经分化和集中，程度较镇康类型区为低，较西盟、沧源类型区为高。

4. 人民在生产中的关系，剥削关系是主要的，原始关系的残余已很淡薄了。在剥削关系中，主要是高利贷、雇佣和领主的超经济的剥削。其次有变质的合种关系、租佃关系和借种中产生的原始的租佃关系。

5. 领主的超经济剥削是相当严重的。辖区的人民要负担他们的各种实物的和劳役的剥削。

6. 班洪有一套严密的政治制度，虽然还保持有某些原始民主的残余，但它已成为领主剥削和压迫人民的工具了。

根据上述特点，班洪类型区可以说已经进入领主性质的阶级社会。

关于西盟、沧源类型区的社会性质，我组争论较多，看法不一。

首先是划分类型问题。一种看法，这类地区发展也不一致，且有质的区别。西盟可以单独成为一个类型，沧源、耿马、双江、澜沧和孟连，则另是一个类型区。他们的主要根据是这两类型区（根据他们的看法）有如下不同点：

1. 西盟地区的生产力发展水平较沧源等地区为低。

2. 西盟地区所保留的原始生产关系比沧源等地区为浓厚。

3. 奴隶关系在西盟为明显，沧源等地区则几乎不存在了。

4. 封建性质的关系，沧源等地区比西盟地区为多。

5. 政治形态上，西盟还保有一套地缘性的部落和部落联盟的组织，而沧源地区，虽然这种部落组织还起某些作用，但却已接受了国民党的或傣族土司的政治形式。

另一种看法，虽然西盟地区和沧源等地区有如上所说的不同，但这些不同仅是量的不同而非质的差别，所以不应再区分为两个类型。

我们权且采取后种说法，把西盟和沧源等地区归为同一类型。

西盟、沧源类型区的基本特点如下：

1. 生产水平虽然低下，但剩余劳动已经产生，一个正常劳动力可以提供70%—100%的剩余劳动，西盟较此类型区的其他地区更为落后些。

2. 土地所有制形态，私有制早已确立，绝大部分可耕地已为私有。有些地方虽然土地私有制还受着农村公社所有制的某些限制，但是，它仍不失主要的和主导的地位。部落村社的公有土地还残存着，其数量根据私有制发展程度和村社人口多少以及占有土地面积大小而各地有所不同。这些公有地，还表现着村社全民所有的特征，但也出现了头人对它控制的趋向。

3. 生产资料（包括私有的土地）的占有已分化集中，但程度不大。水田集中程度虽较旱地为大，但水田的绝对数量甚小，平均每人还不到半亩，有的地区甚至还没有水田。耕畜以及其他生产资料的集中程度较土地为大，但也不比内地汉族那样悬殊。

4. 人们在生产中的关系有合种、借种、换工、高利贷、雇佣、放工、奴隶、租佃等。合种是在个体经济基础上产生的一种原始协作形式，它的特点是共同劳动和平均分配。合种在西盟较为普遍，且具有重要地位，而在其他地区则很少了。借土地耕种盛行，它是私有制（或集体所有制）的产物。借种一般不给报酬，只在借和还时送少许"礼物"，有的地区（如岩帅）也出现了"吾卡"（借种者给土地所有者少许谷子），这种"送礼"和"吾卡"，可以视为最初的和最原始的一种租佃形式。换工是在个体生产基础上产生的劳动互助。高利贷极为普遍，它发生不久，西盟地区仅三四代人，沧源等地区也不超出五六代人。到解放前，它已成为富裕剥削阶级的主要剥削手段，也是促进阶级进一步分化的重要因素。高利贷在西盟还具有原始掠夺性或氏族性。雇佣关系也很普遍，也已成为富裕剥削阶级的主要剥削手段。放工仅在沧源等地区存在，虽然统计起来放工量还不多，但其中却有了超经济的剥削。奴隶关系仅西盟地区存在，奴隶人口占总人口的4%。根据它的特点——奴隶劳动还不是社会的劳动基础，社会的劳动基础仍是"自由人"，奴隶与奴隶主的剥削关系尚在亲属关系掩盖下进行，奴隶的家庭和社会地位比典型奴隶制下的奴隶一般较高——应该认为这种奴隶形态是一种家长制的奴隶形态。租佃关系仅是个别的初生现象，它产生的历史不过二三代人。

5. 随着贫富分化和剥削关系的产生，社会也逐渐区分了"阶级"，即"招米"（西盟称"珠米"，意即有钱人）、"招色"（西盟称"库普菜"，意即够吃的人）、"招长"（西盟称"布想"，意即贫困的人）。"招米"依靠生产资料和其他财富的优势占有，和利用各种剥削关系（主要是高利贷和雇佣），每年剥削所得，约占其总收入的25%—50%以上，但是他们一般仍然是劳动者，专以剥削为生的仅是个别分子。

6. 西盟的政治形态尚处在部落和部落联盟的阶段。不过，这种部落已非原始的基于民族之上的血缘部落，而是基于村社基础上的地缘部落，这种部落和部落联盟的政治形态，虽然还保有浓厚的原始民主的特征，但它已随着贫富和阶级的分化具有阶级的内容。此类型区的其他地区，虽然还存在着部落组织，但在其上已加入了国民党的保护制度或傣族的土司制度。

根据西盟、沧源类型区的这些基本特点，在分析它的社会性质时，我们存在着两种看法。

第一种看法，认为这类地区的佤族尚处在恩格斯所说的野蛮时期的高级阶段。这一阶段可以说是原始社会的末期或说阶级社会的黎明期，亦可以说是从原始社会向阶级社会的过渡期。这一看法的主要理论根据是恩格斯在《家庭、私有制和国家的起源》一书中对野蛮高级阶段的论述。根据恩格斯的论述，野蛮高级阶段的特征是：氏族制度已渐没落，个体家庭经济的私有制已经确立；贫富和阶级已经分化，在野蛮中级阶段已经出现的奴隶关系现已有了某种程度的发展，氏族和部落成员内部也出现了贫者与富者、剥削者与被剥削者阶级；债利剥削和雇佣关系也已发生和发展。这些新的社会成分是和原始社会的母体不相容的，经数世代的矛盾斗争，最后新的社会代替了原始社会（参阅《家庭、私有制和国家的起源》第6页和第152—162页）。解放前佤族社会是基本上符合和没有超出这些特征的，所以应该认为它尚处在野蛮高级阶段。

如果认为这类地区的佤族已经进入阶级社会，那么根据它的社会特点，还回答不出是什么性质的阶级社会。说是奴隶的，而奴隶的关系还不是主导的关系；说是封建的，也缺乏应有的根据，虽然封建的因素已经产生，但封建关系还未能成为主导的关系，封建的阶级尚未形成；说是富农经济，而富农经济一般是在地主经济末期产生的，并且它也不能作为一个历史发展阶段而存在，在人类5种生产方式中是没有富农经济这一单独生产方式的；说佤族社会是多种成分，因而就难以肯定是什么性质的阶级社会，这种回答是不能令人满意的。因为多种成分中终究有一种主导成分，并且不管怎样，佤族社会是跑不出5种生产方式的范畴。佤族社会的这一情况，也恰好说明它尚未发展为定型的阶级社会，而处在野蛮时期的高级阶段，即从原始社会向阶级社会的过渡期。

这一结论是和党委过去公开的提法没有矛盾相吻合的，也是和党的直过政策的社会根据完全一致的，就是在直接过渡过程中阶级矛盾和斗争表现出某种程度的尖锐，也不能因此否定这个结论，因为野蛮高级阶段既然有了阶级分化，就必然存在着阶级矛盾和阶级斗争。

第二种看法，主要从现实出发。既然这类地区的佤族原始社会已经崩溃，个体私有制已经确立，原始社会的关系已是残余形态，阶级社会的关系（包括奴隶的和封建的）已是主要的因素，阶级已经形成，阶级矛盾和斗争也表现了一定程度的尖锐，政治形态逐渐失去了原始的特征而加入了阶级的内容，那么，就难以认为它还处在原始社会，而应认为已跨入了阶级社会。这种阶级社会还未发展为定型，它有奴隶的成分，也有封建的成分，根据内在和外在条件考察，它的自发发展方向是朝着封建地主经济发展的。

这一看法，也并不和党委过去的公开提法有矛盾。因过去的公开提法虽然没有肯定阶级社会，但也没有肯定不是阶级社会。也和直过政策的社会根据没有矛盾，因为直过政策的主要社会根据是土地不太集中，特别是水田的绝对量少。并且直过政策仅是不经过土地改革运动阶段，而并不排除适当的某种程度的民主运动。这种运动在佤族直接过渡过程中是进行了的，如1958年的划阶级运动。

关于佤族直接过渡到社会主义的问题

一、直接过渡的理论根据和条件

直接过渡有两重意义，一是超越几个历史发展阶段直接向社会主义社会过渡，一是党的直过政策。

像佤族这样落后的民族超越几个历史发展阶段直接飞跃到社会主义社会是有理论根据和条件的。在世界历史发展进程中，某一落后的民族因受周围先进民族的包围和影响而超越某一历史阶段实现飞跃，是不乏事实的。十月革命后，苏联境内的落后民族超越几个历史发展阶段直接飞跃到社会主义的事实更证明了这一飞跃的可能。列宁讲过："落后国家在先进国家的无产阶级的帮助下可以超越资本主义的发展阶段过渡到苏维埃制度，并经过一定的发展阶段过渡到共产主义。"斯大林在联共（布）第十次代表大会上讲到苏联土耳克各族时也曾说过："他们……还没有经过，还没有来得及经过资本主义的时期，所以他们没有或几乎没有工业无产阶级，因此他们不得不超过工业资本主义，而由原始的经济形态转到苏维埃经济的阶段。……"

佤族人民向社会主义社会飞跃，是具备了它的基本条件的，那就是有无产阶级政党的领导，有无产阶级专政和强大的无产阶级政权，有先进民族各方面的帮助。这些条件，并不能简单说成是外在因素，由于佤族是祖国的一部分，是民族大家庭中的一员，这些看来是外因的条件，也就成为它的内因了。没有这些条件，靠佤族社会的自发发展当然不可能飞跃到社会主义社会；但是，仅靠这些条件而不与佤族的群众运动相结合，这一飞跃也是不能实现的。

二、党的直接过渡政策

根据社会主义的要求和佤族社会发展的特点以及其他具体情况，党制定了佤族向社会主义飞跃的直接过渡政策。这一政策的具体内容是："……可以不再经过土地改革运动阶段，在一定的工作基础和前提下，采取：坚决依靠贫苦农民，团结一切劳动人民，团结与改造一切与群众有联系的民族公众领袖人物，在国家大力扶持和帮助下，通过互助合作，发展生产，以及加强和生产有关的各方面的工作，逐步提高人民的生活水平和政治觉悟，逐步克服不利于生产和民族发展的落后因素，逐步过渡到社会主义。"

之所以不经土改运动阶段直接过渡到社会主义，是因为佤族地区总的看来是生产落后和生活贫困，虽已产生了阶级分化和剥削关系或剥削因素，但土地集中程度不大，特别是在农业上具有重要意义的水田绝对量很小，同时也考虑到佤族地处边疆和复杂的民族关系。

不经过土地改革运动阶段，并不等于说佤族地区不存在民主改革的内容。佤族社会所存在的原始的、奴隶的和封建的关系与因素，都是民主改革的内容。这些内容是在发展生产和社会主义改造过程中逐步克服和消灭的。但是也应指出，在这些民主改革的内容原封不动的情况下，进行社会主义改造也是不可能的，因而在社会主义改造过程中，也并不排除某种情况的适当的民主性质的改革运动。

所以，直接过渡政策，就规定了它的任务和内容：不仅要完成社会主义革命，而同时也要完成民主革命。

三、佤族社会主义改造的过程

佤族各地区解放的时间是不同的，大致可以1957年为它的正式解放的时间。在解放初期，敌我矛盾和历史上遗留下来的民族隔阂表现得甚为尖锐和突出，社会秩序还不安定，因而便以对敌斗争和疏通民族关系为中心开展了各项工作，同时也注意了发展佤族社会的生产。至1955年，敌人受到了应有的打击，敌我矛盾的斗争形势主要转变为隐蔽的斗争形势，民族隔阂基本疏通，民族矛盾基本消除了，生产也有一定的发展，社会秩序基本安定了。这都为直接过渡创造了条件，奠定了基础。

1955年，在上述工作基础上，在全国合作化运动的影响下，佤族地区也发展了互助组，1956年在沧源和西盟都试办了合作社。发展到1957年底，沧源入社农户达到6.2%，西盟入社农户也有了2.25%。虽然这个数字不大，合作社还处在试办过程中，但它却指出了佤族人民的方向和幸福远景，也标志着佤族社会巨大变化的开端。

由于合作社试办成功和发展，佤族各个社会阶层对社会主义的态度也就明朗化了。广大贫苦农民积极拥护社会主义，要求建立合作社；"招米"阶层（西盟称"珠米"，相当于地富）则从合作社中看到了他们死亡的命运，就本能地加以对抗。由于"招米"阶层的对抗，阶级矛盾明显化了，斗争尖锐起来了。1957年下半年，"招米"阶层也配合右派向党进攻的形势而加紧破坏合作社，破坏社会主义改造。在此情况下，党便于1957年底在佤族农村广泛开展了以粮食为中心的社会主义教育运动。通过这个运动提高了广大人民群众的阶级和社会主义觉悟，坚定了社会主义道路，打击了"招米"阶层的破坏。

在1957年农村社会主义教育运动的基础上，特别在1958年农业生产大跃进的推动下，合作化的高潮到来了。通过合作化高潮，合作化的程度一般达到50%以上，最后进的西盟地区，也达到20%以上。

社会主义改造的迅速发展，"招米"阶层也便做垂死挣扎，斗争也就更加展开了，同时由于社会主义改造和生产的发展，已削弱了的民主改革的内容愈益显得成了阻力。因而在党的领导下和群众积极要求支持下，便开展了以划分阶级为中心的民主性质的改革运动。通过这一运动，基本上废除了一切原始的、奴隶的和封建的关系，"招米"阶层的反抗也受到应有的打击。

这一运动又直接促进了生产的发展和社会主义改造的发展，到目前为止，佤族已基本合作化了。

四、佤族社会主义改造的特点问题

佤族的社会主义改造基本上与内地汉族及其他民族相同，但也有它的特点，具体表现在如下几个方面：

1. 佤族地区是直过地区，因而就不像内地汉族那样在彻底进行了民主革命运动的基础上进行社会主义改造，而是未经过这样的运动直接进行社会主义改造。所以社会主义改造的任务，在这里就不单是消灭资本主义因素和改变个体私有制为集体所有制的问题，而且还要消灭一切原始的、奴隶的和封建的（作为民主改革内容的）关系和因素。就是说，佤族的社会主义改造和民主改革是同时进行的。由于这两个革命是同时进行，就表现了它的复杂性和艰苦性。

2. 由于前一点，所以在社会主义改造过程中所碰到的矛盾和阻力也是复杂的、多样的。首先是"招米"阶层的对抗；其次是与原始落后的关系和因素的矛盾；再次则是个体私有制和个体生产与集体所有制和集体生产的矛盾。第一个矛盾是敌我矛盾，是社会主义改造中的主要矛盾，但由于边疆、民族的特殊情况和"招米"阶层本身所具有的某些特点，对他们还必须采取更为策略的和较缓和的斗争方式。第二个矛盾，有时表现为敌我，有时却又表现为人民内部的矛盾，因而对待它也不能简单从事。第三个矛盾，是属于人民内部的矛盾，要按人民内部的矛盾解决，但是它却往往被"招米"阶层所利用。另外，由于佤族地处边疆，这就给了帝国主义和国民党残匪对我各项建设事业进行破坏的便利条件，因而与帝国主义和残匪的斗争，也便贯穿了整个社会主义改造过程中。

3. 由于佤族原来的生产水平极为低下，在社会主义改造过程中，大力发展生产就成了一个突出的问题，也表现得极为迫切需要。就是说，新的社会主义的生产关系与低下的生产力的矛盾表现得比内地更为突出、更为明显。进行社会主义改造和消灭一切原始的、奴隶的、封建的和资本主义的关系和因素，没有一定的生产力发展水平作为物质基础是不可能的，同时社会主义的生产关系也是不能长期建立在低下的生产力水平上的。所以在佤族进行社会主义改造过程中，发展生产就始终是一个关键性的问题。

4.随着社会主义改造的进展，佤族原有的落后的精神文化面貌愈来愈不能适应，这集中表现在合作社的经营管理上和科学文化水平跟不上生产发展需要上。虽然我们不能先提高文化水平再进行社会主义改造，也不能把社会主义改造的着重点放到提高文化水平上，但是落后的文化却必然对社会主义改造起到阻碍作用，某种程度地限制着它的顺利进展。社会主义的先进的经济制度和落后文化水平的矛盾，在内地当然地表现出来，可是佤族却表现得更为突出明显。

5.佤族社会主义改造的道路，基本上是遵循着互助组、初级社、高级社到人民公社的系列，但也有着它的特点。首先，这里的互助组（指常年的）虽然也和内地一样，它是在私有制基础上的劳动互助，可是由于共同劳动集体开田就有了不少的组的集体财产。因而和内地相比，佤族互助组的社会主义萌芽性质，不单表现在集体，也表现在集体财产上。其次，佤族的合作社，也有独特之处。说它是初级社，可是土地一般不计报酬，归社集体所有；说它是高级社，而耕牛又是私有租用。这种所有制的情况就和内地以土地入股集体经营为特点的初级社不同，也和土地、耕畜等主要生产资料为集体所有的高级社有别。由于佤族合作社的这个特点，就使得它在初级社和高级社这一质变过程中不太明显。

五、佤族社会主义改造的几点经验

1.不经土改运动阶段直接进行社会主义改造，在社会主义改造过程中逐步克服民主改革内容的党的直过政策，事实证明是完全行得通、完全正确的。但是在这个过程中，根据情况适当地进行某种民主改革性质的运动，也是必要的，有时是不可少的。

2.社会主义改造过程中的矛盾，主要的还是阶级矛盾，虽然佤族的社会阶级结构有某些特殊点，但党在社会主义改造中的阶级政策同样适合佤族，只是在执行中需要适当照顾佤族的阶级特点。

3.在社会主义改造过程中，发展生产始终是一个基本的保证条件，但是也要相应地提高佤族人民的科学文化水平。

4.佤族社会所保存的原始关系的残余，不能成为社会主义改造的出发点或基础，它不仅无助于社会主义改造，而且会成为社会主义改造的对立面和阻力。

5.由于佤族原来的社会条件落后，因而遵循从互助组、合作社到人民公社逐步发展的序列更显得重要，超越某一环节不是说不可能，但就往往带来更多的困难，产生更多的问题。合作社的规模初办时不宜太大，这是受干部的能力和管理水平所限制，大了往往形成混乱。大力办好试点然后铺开的办社步骤，培养典型影响全面的办社方法，在佤族更为适用，不仅可以从中取得经验，而且对佤族讲，事实的教育更为重要。

临沧地委座谈会讨论佤族社会性质
和直过问题实录

时间：1959 年 12 月 3 日

地点：地委会议室

讨论问题：解放前佤族社会性质和直接过渡问题

参加者：张副专员（兼统战部长）

　　　　统战部林副部长

　　　　办公室李英副主任（兼合作部副部长）

　　　　办公室秘书 1 同志

　　　　部队、边委等同志

　　　　部队 1 同志

　　　　调查组 4 位同志

一、关于社会性质问题

张副专员：沧源永和还有奴隶。这里的奴隶在生活上（如吃饭等）和主人一样，主人还把他当儿子看待。

李英：双江和沧源又不一样。双江佤族有地主经济。

边委一同志：班洪的领主经济，主要表现在劳役剥削上，这实是劳役地租。班洪王这样，各大户的大伙头也如此。

张副专员：班洪的土地都是领主的。胡忠华[①]对他辖区的土地随便使用、随便要。

李英：关于类型，有些地区的情况不了解。镇康是地主经济比较明显，特别和汉族杂居的地方。镇康的地主经济和内地汉族没有什么区别，这个地区是佤族最先进的地区。

班洪领主经济比较突出。

---

① 胡忠华，本文又作"胡中华"。——编者

关于西盟、沧源类型，从双江看，封建的东西多，原始的还保留不少残余。有地主经济，地主放高利贷很多，剥削也很严重，这又和沧源有所不同。保甲制度在双江是接受了，经济剥削有出租土地、放高利贷和特权剥削（派工）。1958年搞了一下，发动群众揭发出来的东西和内地地主虽有区别，但是差不多。双江地主经济比较突出一些。

沧源地区，根据过去欧根研究，存在多种经济成分，哪些是主导的也说不清楚。已进入阶级社会了，但有好多东西又是原始的，当时吵来吵去也拿不准。

林副部长：镇康是先进的，与汉族没差别，仅在风俗习惯上有点区别而已。

班洪地区，我基本上同意调查组的看法了。

班洪是受汉族、傣族的影响很大。内地汉族和麻利坝的汉族都影响到班洪，班洪学傣族的东西也不少。另外，班洪、南腊的高家，是从镇康搬去的，也把先进的东西带进去了。再则受国外资本主义的影响也较突出，商业发展是高的。

班洪上层头人，也复杂，胡姓官家和高家互相斗争，争夺统治权。他们还认为卡瓦山就是佤族的，祖国观念很差，解放后还想搞卡瓦山的葫芦王国，他们的领主思想很严重。他们和外面部落的关系也很密切，到现在仍还有很多来往。

我的看法和调查组的看法一样。

李英：沧源和西盟，从发展上虽有区别，但可以划为一个类型。双江比镇康比不上，但不比班洪落后，比班洪先进。地主经济形成了，地主占有土地，以土地进行剥削，主要的剥削方式是地租、高利贷和特权。原始协作习惯虽还有些，但不是主导的了。

林副部长：双江不比班洪落后，比班洪先进，文化上也比西盟、沧源先进。

李英：双江的四排山和耿马的四排山能否和班洪一样？

林副部长：耿马四排山和双江也不一样。

张副专员：班洪的社会性质，我同意调查组所写的意见，是领主性的封建经济，土地虽有私有，但领主可以随便夺为己有（林插语：他们据有武装，随便杀人）。各种赋贡，名目繁多，有人统计共有70余种之多。劳役剥削也是无偿的，群众给他们种好、收好、送到家。群众要服各种劳役，给他种田地、服杂役，还要服兵役。班洪有一套政治制度，还利用宗教进行政治统治。还利用武装对群众进行镇压统治，他们叫谁生就谁生，叫谁死就谁死。从这些看，我同意调查组所写的材料的分析。

永和、岩帅虽然和班洪不同，也和双江封建制度不同，我的笼统的看法，是原始社会末期，又有些奴隶，也有些封建，封建越来越明显。

李英：土地私有已明显了，私有地中的水田和好旱地还是比较集中，大部分集中在富裕户手里。这样看，阶级分化程度还说不上来，但有了一定的阶级分化。

边委一同志：土地集中程度，比内地是差的。好田好地富裕户占30%—60%。剥削形式主要是高利贷和雇工。

李英：一般看来，富裕户是从商业进行剥削，但商业剥削是和高利贷及雇工结合着的。

林副部长：胡中华想把班洪单独成立一个县，从这也反映班洪有自己的一套。岩帅头人的特权和像班洪的一套政治制度还没有。田兴文、田兴武还不是民族大头人，他们是做生意和靠武装流氓手段起来的。岩帅民族的真正头人是赵布景。

岩帅、永和和澜沧的佤族都信基督教。

这类地区的社会性质很难说。

李英：班洪地区，抗日战争时期变化很大。当时国民党的军队、汉族地主、傣族土司和他们交往勾结起来，这影响到头人，也影响了下层群众。刚解放时，我同上层头人交往，他们完全是学国民党、傣族领主和汉族地主的生活方式。从上面看来，这里的领主经济比较明显，到后来，因受内地土改影响，他们怕土改就又改装为佤族的一套生活方式了。

沧源地方，我的印象是，阶级已经产生了，剥削也有了，形式上比较低一些。也夹杂着原始的东西在里面，如伙种、借种（主要是借旱地），但伙种、借种中也产生了点剥削。我是有点倾向于过渡社会还没定型，但阶级社会的成分已经明显了，原始社会的东西如村社所有制已不起多大作用了。是否是已进入阶级社会但没定型，或者是原始社会末期向阶级社会过渡。

张副专员：佤族社会总跑不出5种生产方式去。是奴隶社会，但奴隶不多，显然不是原始社会，是属于封建社会的范畴，是封建社会的一种特殊形式。受封建的和资本主义的影响，不可能保留古典的完整的社会形态。

是铁器时代了，土地私有了，个体经济产生了，剥削形式又主要是封建的高利贷，就是封建社会范畴了。才进入封建社会，还保留有原始社会的残余。

边委一同志：不会发展到奴隶制。

解放前和解放初期械斗很多，征服后进行政治特权剥削。

班洪学傣族，完冷是部落和部落联盟。

村社土地不起什么作用了。

李英：奴隶的、封建的、原始的都有，从解放后工作看，有什么就解决什么。

完冷荒地，村社土地还起作用的。

完冷商业也很发展，主要是头人做生意。

张副专员：这个社会不纯，从生产力看是封建的，因使用铁器。

李英：奴隶社会已使用这些东西。

边委一同志：分析社会性质，主要应从生产关系上看。

张副专员：奴隶很少。

李英：对奴隶的态度和大小凉山不一样。大小凉山主要是从战争中抢掠奴隶，真正是奴隶，但这里的奴隶还当亲属家属，待遇也不低。

张副专员：显然不是原始公社，仅保留它的残余；若说是奴隶经济，也不是有了奴隶，但因受外族影响，不允许走到奴隶社会；封建社会的东西是多的。这家伙什么东西都有，是否可以说是过渡社会呢？

李英：有阶级了，是奴隶的还是封建的定不下。

原始社会还没走完，奴隶开始又未形成，又搞到封建里面来了。比较完整的定不下来，是过渡。

张副专员：正在向封建过渡。

李英：是否原始社会走完了呢？

张副专员：看情况还未走完。

边委一同志：经济上走完了，意识形态上还没走完。

张副专员：任何社会一开始，不可能那样完整。

林副部长：是什么社会？

张副专员：没把握。

二、关于直接过渡问题

李英：这地区，社会主义改造和内地不同。根据这样的社会情况，搞社会主义也碰到民主革命的内容。这地区斗争复杂，看起来，情况基本上和调查组同志所写的那样。

每步前进都经过试验，非常慎重稳进和从实际出发。

张副专员：社会主义改造的特点，同意调查组同志写的那5点了。进行社会主义改造，各种矛盾都有，还有民族的和部落间的矛盾。

这地方土地私有观念比较弱（林副部长插语：这也要分地区），土地入股问题不大，土地不分红可以行得通。

这几年来，在社会主义改造过程中，往往同时有几个矛盾，很复杂，但某个时期是以某个矛盾为主，是以解决某个矛盾为主。解放初期，是以解决民族问题为主，进一步就和头人的矛盾突出了，再进一步就是主要解决人民内部的矛盾了。

碰到的矛盾，民族间矛盾是个大问题。在这里解决矛盾，还要考虑斗争方式。

解放军一同志：在解决各种矛盾时，有条经验，先解决外部矛盾（指国外），再解决内部矛盾（指国内）。边疆哪个民族都一样。与头人的矛盾，要分大头人和小头人，大头人是阶级矛盾，小头人有的是属于人民内部矛盾，解决了外部矛盾后，在内部再打击反动头人。同时外部矛盾没解决，发动群众也根本不可能。

边委一同志：总的当然要服从敌我斗争，但内外二者是联系的、互为因果的，不是先解决哪样，是同时进行的。

林副部长：慎重稳进的方针是一直遵循着的。对国外敌人的斗争和对国内敌对阶级的斗争是同时进行的。

关于社会主义改造的特点与经验，调查组同志所写的我没有什么意见。

张副专员：直到现在对敌斗争始终贯彻。

敌人活动的特点，利用民族和宗教。二者是统一的，利用宗教欺骗民族，利用民族进行活动。

李英：直过地区，社会主义改造道路，总的看还是遵循从互助组、合作社到人民公社，不要脱离这个顺序。1958年我感觉到，办人民公社凭党和毛主席的威信是可以办起来的，但实际问题很多，就是经营管理都困难。从有些地区看，群众对人民公社热情很高，但他们对人民公社的理解和我们不同，认识比较简单朴素，认为都一样了。要根据实际情况来办，太急了不行，往往达不到目的。太慢了当然也不行。

不要脱离内地从互助组到人民公社的顺序，在这个过程中，主要提高人民的阶级觉悟、社会主义觉悟和培养干部。

张副专员：在提高群众阶级觉悟的时候，他们易于理解的是打他骂他，而经济上的剥削，他们就不易理解。

李英：这些地区群众阶级觉悟难提高一些，但必须下大力提高群众的阶级觉悟。若认为阶级分化不明显，阶级问题不大，这是很危险的。越这样就越要提高阶级觉悟，进行阶级教育的方式方法要多方面相结合。

在这些地区工作，必须方向明确，目的清楚，对实际情况清楚，注意斗争方式和策略。

（上述记录均由调查组整理，整理稿未经发言人审阅。）

西盟县委平富昌同志关于西盟佤族
社会主义改造问题的意见

由1953年至1955年西盟县的主要工作，是"通过上层，联系、发动群众，依靠群众，团结、改造上层"。这是我们的策略，不是政策。由于受了修正主义的影响，后来原本不需要通过上层做的工作，也通过了上层。

到1956年，展开重点试办合作社，普遍建立互助组，全面领导生产，提出"团结、生产、进步"的方针。那时，救济贷款是直接给群众，不通过上层，但群众还未能从阶级觉悟上来体会党的政策，只从物质上去认识。

自从西盟试点办社以后，阶级斗争愈来愈尖锐。上层、富裕户的斗争方式，以窝奴的艾加、艾松为例：

（1）阻挠群众办社，待群众发动起来后，不得不口头上同意办社。

（2）企图放火烧寨子，造谣破坏，拉社员当奴隶，煽动群众抄社员的家。

（3）艾加把20多名奴隶组织起来开田，亲自出马，监督奴隶生产，要和合作社竞赛。

（4）1957年以后，以小恩小惠拉拢社员，企图从内部瓦解合作社。

（5）一切阴谋破坏活动失败以后，到1958年9月间公开组织叛乱。

西盟佤族上层、富裕户所组织的叛乱，在性质上是属于阶级叛乱，其产生是必然的，因为合作社直接打击到他们的阶级利益。

（1）合作社因口粮、耕牛、籽种、农具在政府的大力扶持下，有了生产垫扎，因此首先解决了雇工问题。

（2）上层的政治威信被削弱，而社长则大大提高。如艾加被迫提出"我管寨子，摩八管鬼，社长管生产"，借此缓和。

（3）新奴隶不能增加，旧奴隶生产积极性不高，跑来听合作社开会，提出参加合作社。

（4）上层、富裕户不能抄家拉人，旧债不能很顺利地要。

经过1958年平定上层、富裕户的阶级叛乱，现在群众认识到：汉人有两家，阿佤也有两家。

在1955年以前，群众与上层、富裕户之间已经存在着阶级斗争，如搬家避债、奴隶逃亡等等。自1956年以来的阶级斗争尖锐化，说明我们的工作前进了，群众的觉悟提高了。阶级不是我们制造出来的。

有关西盟佤族各阶层生产资料占有情况方面的材料，不很全面。以往民族调查组所了解的数字，不甚确切。按我们在此接触到的情况，土地问题确是突出的，好地多是上层、富裕户所有。从开田看，"珠米"一大块一大块地开，群众一小块一小块地开。公山、公地到1957年、1958年出现了私有，群众要开田，上层、富裕户说这块地是他的。在公山、公地问题上，群众与上层、富裕户展开了激烈的斗争。如大马散社员在公地开田，"珠米"艾龙说是他的，并因此打了社员。后来开会讨论，评定地是公地，并罚了艾龙1条牛由大家剽吃。莫窝乡永典互助组开田，"珠米"艾班说这块地是他的，结果双方各在地的一边钐草，一边钐过来一边骂，艾班骂互助组，互助组也骂艾班。1958年开田进度其所以慢，是因为上层"珠米"把可开田的公地都号了，群众不敢开。中课群众开沟，上层放子弹、辣子、火炭于开沟处，阻挠群众开沟。

由于上层"珠米"霸占土地，使各阶层土地占有悬殊巨大。

在生产工具占有方面，因生产方式落后，各阶层间悬殊不大。

阶级斗争是尖锐的，问题在于斗争的形式和方法。因此，合作社的任务很重，即不仅担负起生产斗争的任务，而且还要完成民主革命的任务，而敌人的斗争锋芒，也主要对着合作社。我们是通过合作社逐步增加社会主义因素，但在解决民主革命任务时，在一定时期，也集中地解决，即解决民主革命任务的过程，既分散又集中。

西盟佤族的社会主义改造，是有它的共同性和特殊性。共同性，就是社会主义革命；特殊性，就是从民族实际出发。

（上述记录均由调查组整理，整理稿未经发言人审阅。）

众力

1960年6月27日

超越几个历史时代
直接向社会主义过渡的佤族（草稿）

我国云南的佤族共约18万人。其中90%以上的人口分布在西盟、沧源、孟连、澜沧、耿马和双江等县。解放前夕，这一地区的佤族绝大部分尚处在原始公社解体、阶级社会正在形成中的历史发展阶段，仅占人口不到10%的沧源县班洪区已初步跨入封建领主社会，但仍保存着大量的原始残余。解放后，中共中央和毛泽东同志根据我国革命实践和佤族的具体情况，创造性地制定了直接过渡政策，引导佤族人民胜利实现了超越几个历史阶段向社会主义的飞跃。这是马列主义普遍真理与我国革命实践相结合的毛泽东思想的又一次光辉范例，同时也丰富了马列主义关于落后民族或国家向社会主义飞跃过渡的理论宝库。

一、社会主义是各族人民的共同目标和党的直过政策

苏联十月社会主义革命的胜利，开辟了人类历史的新纪元。从此，人类历史进入了资本主义总危机和社会主义革命的新时代。这一时代的基本内容：资本主义日落西山，节节死亡；社会主义旭日东升，节节胜利。这一历史发展总流必然影响到一切尚处在前资本主义的落后民族和国家，使它们不得不改变原来向资本主义的发展趋势而向社会主义的方向发展。

1949年10月1日，中华人民共和国成立了。这标志着我们民主革命的彻底胜利，社会主义革命的开端。从此，我国进入了由资本主义向社会主义过渡的时期。我国过渡时期的总任务是逐步实现国家社会主义工业化，逐步完成对农业、手工业和资本主义工商业的社会主义改造，把我国建成一个具有现代工业、现代农业和现代科学文化的伟大的社会主义国家。根据这个总任务，党中央和毛泽东同志提出了我国民族方面的任务，就是：巩固祖国统一和民族团结，共同来建设祖国大家庭；在统一的祖国大家庭内，保障各民族一切权

利的平等，实行区域自治，帮助少数民族进行社会改革，发展经济、政治和文化，逐步消灭历史上遗留下来的民族间事实上的不平等，使落后民族共同过渡到社会主义社会。这就规定了社会主义社会是我国各民族的共同目标。

我国各少数民族，不管原来处在什么历史发展阶段，走社会主义道路，逐步过渡到社会主义是确定不移的。这不仅由我国社会发展的总流决定，不仅是历史发展的必然规律，而且，只有社会主义才能使各个民族在经济和文化上能有高度的发展。没有社会主义就不会有民族的经济、文化大发展，从而消灭民族间历史遗留的事实上的不平等，没有社会主义就不能消灭阶级，民族团结和祖国统一也就没有坚实的基础，归根到底，没有社会主义就不能彻底解决民族问题。

关于落后民族超越某些历史阶段直接向社会主义飞跃过渡，马克思、恩格斯和列宁早就有过英明论断。马克思和恩格斯曾经指出：在一定的历史条件下，从资本主义以前的经济形态，超过资本主义向社会主义过渡是可能的，甚至是不可避免的。他们认为无产阶级专政在资本主义国家取得胜利，是实现这一可能的先决条件。列宁也曾指出："落后国家在先进国家的无产阶级帮助下，可以超越资本主义的发展阶段过渡到苏维埃制度，并经过一定的发展阶段过渡到共产主义制度。"落后国家尚且可能甚至不可避免，同一国家内的落后民族就更是可能和不可避免的了。

我国像佤族这样落后的民族直接向社会主义飞跃是完全具备了条件的。那就是它处在我国社会主义革命的时代，有了伟大正确的共产党的领导和强大的实质上是无产阶级专政的人民民主专政，有先进的汉族和其他先进民族的帮助。有了这些先决条件，通过本族人民群众自己的努力就能胜利实现这一飞跃，胜利地从原来那样落后的社会形态过渡到社会主义社会。

由于我国各民族有不同的历史条件，所以在向社会主义过渡的具体政策和方式上是有不同的，充分照顾了民族的特点。刘少奇同志在宪法草案报告中指出："各民族有不同的历史条件，决不能认为国内各民族在同一时期、用同样的方式进入社会主义。"我国宪法序言中写道："国家在经济建设和文化建设的过程中将照顾各民族的需要，而在社会主义改造的问题上，将充分注意各民族发展的特点。"这就是说，各民族在什么时候实行社会主义改造，和如何实行社会主义改造问题上，都将因各民族发展情况不同而有所不同。在这方面，列宁也早有过明确指示："一切民族都将走到社会主义，这是不可避免的，但是一切民族的走法却不完全一样，在民主的这种或那种的形式上，在无产阶级专政的这种或那种类型上，在社会生活各方面的社会主义改造的速度上，每个民族都会有自己的特点。"（《列宁全集》卷23，第64、65页）

上面提到，社会主义改造前，分布在西盟、沧源、孟连、澜沧、耿马和双江等县的佤族，绝大部分尚处在原始公社解体和阶级社会正在形成中的历史发展阶段。其基本特点是生产落后、生活贫困，虽已产生了阶级分化和剥削因素，但原始落后的残余还大量存在；土地私有制已经确立，但还保留着原始农村公社的公有制残余，私有的旱地集中程度不大，也还没有发展为直接剥削手段，比较集中的水田绝对量却很少，每人平均不到几分。沧源县班洪地区，虽然阶级分化比较明显，已初步跨入了封建领主经济，但仍然是贫困落后，还保留着浓厚的原始残余；同时，人口很少，又处在国境线上和在上一区的包围之中。根据佤族社会发展特点和考虑到地处边疆、民族关系复杂等情况，党便制定了不再经过土地改革运动（或不进行系统的民主改革运动）阶段，而直接向社会主义过渡的政策。这一政策的具体内容：可以不经土改运动阶段，在一定的工作基础上和前提下，采取坚决依靠贫苦农民，团结一切劳动人民，团结和改造一切与群众有联系的民族上层头人，在党的领导下，在国家大力扶持和帮助下，通过互助合作，发展生产，以及加强与生产有关的各方面的工作，逐步提高人民的生活水平和政治觉悟，逐步消灭和克服不利于生产和民族发展的剥削因素和原始落后因素，逐步过渡到社会主义。

不经土改运动阶段直接向社会主义过渡，并不等于说佤族不存在民主改革的内容。佤族社会所存在的奴隶的和封建的剥削因素都是民主改革的内容；所存在的原始落后的因素，也阻碍着社会进步，也是必须消除和克服的。不过，这些剥削的和原始落后的因素，是在发展生产和社会主义改造过程中逐步消灭、逐步克服，而不是经过一次运动集中的解决。也应指出，在这些剥削的和原始落后的因素原封不动的条件下，进行社会主义改造和直接建立农业生产合作社也是不可能的。因而，在向社会主义直接过渡中，就表现了一步走和千百步走的辩证关系，建立合作社与消灭剥削的和原始落后的因素的相辅相成的关系。

二、社会主义改造的伟大胜利

（一）为社会主义改造创造条件

1950年，佤族人民在党的领导下，在人民解放军直接的帮助下，斩断了帝国主义的侵略魔爪，推翻了国民党的反动统治，获得解放。这是佤族历史上最具有转折意义的一章，从此揭开了新时代的开端。它标志着历史上的民族压迫制度一去不返，帝国主义的侵略奴役亦成过去，佤族人民成了国家的主人，成了主宰自己命运的主人。标志着佤族人民改变落后贫困的长久夙愿即将实现，幸福美好的社会主义社会已展现在面前。

佤族地处国境，解放之初，逃窜国外的残匪时而进扰，遗留下来的反革命分子亦未肃清；长期在佤族地区进行侵略活动的帝国主义，虽夹起尾巴逃跑了，但他们并不甘心，妄想卷土重来。帝国主义和残匪勾结一起，对我进行大肆破坏，企图复辟。同时，由于历史上统治集团和国民党反动派对少数民族一贯长期民族压迫政策，帝国主义的挑拨离间，各少数民族中的统治阶级或阶层钩心斗角，争权夺利制造民族纠纷械斗的结果，佤族地区民族隔阂甚为深远，民族矛盾掩盖着阶级矛盾，掩盖着各族人民间的友好往来。中华人民共和国的成立和佤族人民的解放，虽标志着我国民族关系的根本改变，但是，历史上遗留下来的民族隔阂却一时难以消除，加之帝国主义和残匪造谣破坏，致在解放初期，民族间互不信任的心理仍有突出表现。上述情况，就规定了当时的首要任务：加强对敌斗争，巩固国防；疏通民族关系，加强民族团结。围绕这两个任务大力开展以发展为中心的各项工作，党和政府就切实而正确地提出了"团结对敌、团结生产"的工作方针。在这一方针指导下，经过艰苦细致深入的工作，至1954年或1955年（各地进展不平衡），对敌斗争取得了巨大胜利，历史上遗留下来的民族隔阂已基本消除，生产、财经、文教、卫生和交通事业也有了很大发展。人民民主专政得到进一步的巩固发展，不仅当地县政权更加健全，区政权完全建立，以贫苦农民为核心的基层乡政权也在大部分地区建立起来；并在党的区域自治政策照耀下，佤族完全实现了平等当家的权利。群众的政治觉悟有了很大提高，以贫苦农民为核心的阶级队伍正在形成中。在群众觉悟和发动的基础上，对民族上层的统战工作也取得不少成绩。由于党的重视和耐心培养，在实际斗争过程中大批民族干部也迅速成长起来。这等等，就为佤族人民进行社会主义改造和进一步发展生产创造了条件。

（二）普遍发展互助组，重点试办合作社

经过解放初期的工作，随着群众政治觉悟的提高，佤族人民要求发展生产提高生活、改变落后贫困面貌的愿望就更加强烈。为了发展生产，他们积极要求革除一切不利于生产的剥削因素和原始落后因素，积极要求组织起来走合作化的道路。1954年，有些先进的地区，觉悟的群众自动废除了村社头人对村社公荒地的控制权利及其他特权，并出现了抗债的情况。有些村寨，贫苦农民开始组织了生产组、互助组，并要求建立合作社。特别1955年和1956年，在全国合作化高潮的影响下，佤族人民组织起来的要求就日益迫切。在这种情况下，党及时提出了直接过渡政策和普遍发展互助组、重点试办合作社、大力发展生产的工作方针，使佤族人民阔步迈向了社会主义合作化的道路。至1957年底，大部分农民群众都参加了互助组。

佤族的互助组主要有两种形式，即临时的和常年的。临时互助组和内地一样，它是在私有基础上组织起来的劳动互助，而集体劳动生产却具有了社会主义萌芽的性质。常年互助组也与内地的基本相同，就是使临时互助组所具有的社会主义萌芽进一步成长起来，在共同劳动、生产的基础上实行了某些专业分工，而有了少量的集体财产。但也有缺点，表现在：佤族常年互助组组织起来后，便在原来村社的公荒地和组员丢荒地上开种了大批水田和旱地，这些都为组集体所有；政府对互助组发放的耕牛、大型农具也是组的集体财产，因而，这里的互助组就比内地的有了较多的集体财产，具有较多的社会主义成分。佤

族常年互助组一般在所耕种的土地面积中，属组经营的部分约占10%以上。

互助组的发展，初步显示了组织起来的优越性。它使群众某种程度地解决了人力物力的困难，劳动力的使用也比单干合理；耕作技术有所改进，突破陈规带头施肥，因而，生产有所扩大，产量有所增加。互助组增产幅度，一般比单干时增产15%—30%。互助组也为合作社准备了条件，因为，它初步培养了农民群众社会主义集体劳动的习惯，培养了一批合作化的干部，所开的集体田地和其他集体财产也为合作社创造了一些物质条件。

虽然如此，但互助组所固有的个体经营和集体劳动间的矛盾，却随着生产的发展日渐突出出来。因而，也就暴露了它的局限性，和愈来愈不能满足生产进一步发展的需要，"不办合作社就不能到社会主义，就不能很快发展生产"的反映和要求也就逐渐普遍和迫切起来。所以，从1956年在互助组发展较快较好的地区，党领导佤族人民开始试办了农业生产合作社。发展到1957年底，沧源县入社农户已占总农户的6.2%，西盟已占2.25%，其他县也分别占到4%—5%。

佤族的合作社，旱地全部入社不给报酬。因为，这里的旱地集中程度不大，农民对它的私有观念也不像内地那样强烈，即在解放前农民间借旱地耕种一般也不给报酬。原来村社的公荒地，虽然头人对它有某些控制权，但在办社过程中，头人的控制权就被废除，也就直接转变为合作社所有了。水田入社，最初给少量报酬，由于农民（主要是富裕的）水田很少，报酬总量所占比例很少。随着合作社的发展和群众觉悟的提高，水田报酬也很快就取消了。耕畜是私有公养租用，租额据牛力强弱，分为等级。由于佤族把耕畜视为重要的财富，所以对它的处理比对土地的处理还显得重要，处理不当就会影响社内团结和合作社的正常发展。佤族很少有大型农具，小型的皆为私有自用。社员的自留地也特别值得注意，留不适当会影响社内生产。

从对生产资料的处理，反映了佤族合作社的某些特点。它不同于内地的以土地入股集体经营为基本特点的半社会主义的初级社，因为耕地入社不给报酬；也不同于内地的生产资料集体所有和完全按劳分配的高级社，因为耕畜还是私有，给予报酬。处理生产资料时，在内地土地问题是最基本的，而在佤族耕畜问题却显得比土地重要突出。佤族合作社的土地来源也与内地的不同。内地合作社是由个体农民所有制转变为社会主义集体所有制，而佤族合作社，则一方面是由个体农民所有制转变为社会主义集体所有制，另一方面是由原来农村公社的所有制转变为社会主义集体所有制。佤族合作社的产品分配，按劳分配的部分比内地初级社大，而又不是完全按劳分配的高级社。这些特点是与佤族原来的历史条件，特别是农村公社的土地关系分不开的。虽然佤族的合作社具有特点不同于内地的初级社，也不同于内地的高级社，好像处在二者之间。但是，它的方向是明确的，就是要消灭尚存的私有制，建立完全社会主义的集体所有制；消灭基于私有制之上的分配原则，实现完全按劳分配的社会主义分配原则。

　　合作社进一步解放了农村生产力。从试办的合作社看，由于统一使用土地合理使用耕畜，集体经营合理调配劳动力，实行按劳分配，就能更好地利用和发挥物力的作用，大大刺激了群众劳动的积极性，提高了劳动效率。所以，每个合作社都增了产。从各县佤族的合作社看，1956年建立的分别比1955年增产40%—109%；1957年又比1956年平均增产40%；1957年建立的分别比1956年增产40%—60%。这一事实，教育了最讲实际的广大农民群众，不仅使社员更坚定地相信和爱护合作社，且有力地影响了单干和互助组的农民。社外群众普遍反映："他们（指社员）听共产党的话，听着了，得吃了，我们也要争取办社。""成立合作社，生产发展快。只有合作社，才能过好日子。"所以，有的互助组就自动把土地、耕畜入组，集体经营，实行评工记分按劳分配，学合作社的一套；有的互助组和单干农民积极要求党和政府领导他们建立合作社。

　　正当合作社的光芒普照佤佤山的时候、社会主义改造高潮刚将来临的前夕，1957年剥削阶层和个别反动头人企图阻挡社会发展，配合全国一小撮右派分子向党进攻的形势，也恶毒地向党、向社会主义、向合作社发动进攻。这并不奇怪，因为他们意识到随着互助合作的发展，他们的剥削利益和某些特权就要被彻底废除，他们这个阶层也要被历史埋葬。事实上，由于互助组的发展、合作社的试办、群众的生产不断发展和收入的增加，由于政府对广大贫苦农民大量发放救济款、山区改造款和进行低息和无息贷款，由于政府在农村实行了余粮收购政策，剥削阶层的高利贷和雇工剥削已大大被削弱了。从沧源来看，到1957年高利贷的面缩小了50%，利率从50%—100%降低到10%—37%。由于参加了互助组和合作社的农民有了保障，不再卖工而致力于组社生产，所以剥削阶层的雇工剥削也被日益堵塞。历史证明，任何剥削统治阶级或阶层，都不会在历史发展的规律面前自觉、自动退出历史舞台。佤族剥削阶层出自阶级本性，反对社会主义、反对合作社也就成为不可避免的现象。他们打着民族主义的黑旗，攻击党的余粮收购政策，说什么"合作社不适于佤族，只适于汉族"，造谣"合作社成立后，什么都是政府的了，自己不得吃"。个别反动头人还公开以"有我在，就不准办社。哪个办，就用枪打死"来威胁群众。国外帝国主义和国民党残匪也趁机大肆造谣破坏，与国内垂死的阶层遥相呼应。

　　应形势需要，当地党委和政府根据中共中央八届二中全会的决议、中共中央关于在少数民族中进行整风和社会主义教育的指示，1957年下半年（有的县是1958年初）在佤族地区广泛展开了以粮食为中心的社会主义教育运动。运动以正面教育为主，也适当展开辩论，对敌特分子和反动分子的破坏则给予坚决打击。通过运动，广大人民群众的阶级和社会主义觉悟得到进一步提高，对党更加热爱，对合作化社会主义道路更坚定了信念。敌人和反动剥削阶层则受到了应有的打击。

（三）农业生产大跃进合作化高潮的早日到来

1958年，当全国人民在党的领导下，在"鼓足干劲、力争上游、多快好省地建设社会主义"总路线的光辉照耀下，掀起建设社会主义高潮的时候，祖国边疆的佤族也吹响了大跃进的号角。几年来，由于生产不断发展，人民生活不断提高；由于互助合作的发展，阻碍生产和社会进步的剥削和落后的因素不断削弱和消除；由于1957年农村社会主义教育，提高了群众的社会主义觉悟和政治热情，这都为佤族的大跃进和合作化高潮创造和准备了条件。所以，当党中央和毛主席根据建设社会主义的一般规律和总结我国几年来建设社会主义的经验，创造性提出总路线的时候，就一下子也照亮了佤族人民的心，激发出他们的无穷的智慧和力量。由于他们"更穷更白"，改变落后贫困面貌的要求也就更加迫切，因而以农业为中心的各项社会主义建设的大跃进就以雷霆万钧之势展开了。生产大跃进有力地促进了生产关系的改变，形成了合作化的高潮，而合作化又促进和保证了生产大跃进。这就是1958年佤族社会主义建设和社会主义改造双跃进的局面。

在农业生产大跃进中，几乎把所有的农民都组织起来了。组织在变工组、互助组和合作社，甚至打破社间、村寨间、地区间和民族间的界线进行广泛的互助合作。由于组织起来，修建了较大型的水利工程，进行了较大型的其他建设事业，这不仅是单干农民办不到，就是互助组也办不到，因而就更显示出组织起来力量大的优越性。广大群众反映："一个人能干什么？大伙一起做，再大的事情也能办，再多的困难也不怕。"现实教育，使佤族人民更清楚地认识到，只有走合作化的道路，才能尽快发展生产，摆脱落后贫困，这就为合作化打下了思想基础和组织基础。同时由于变工组、互助组共同劳动、集体生产，就出现了大批为它们所有的"互助田"和"团结田"以及很多水沟，这就为合作化创造了比较雄厚的物质条件。所以，广大农民群众积极建立合作社的高潮，便沸腾了佧佤山区。他们在水利工地、在田间、在积肥场所到处谈论和酝酿着办社问题，有的在白天生产，晚上就开会组织合作社。合作社真有如"雨后春笋""遍地开花"，不到两三个月的时间，它已不再是"星火"，而已"燎原"。佤族主要分布的西盟、沧源、孟连、澜沧、耿马、双江等县，入社农户分别从占总农户的2.25%—6.2%跃为22.1%—70%以上。

在生产、合作化双跃进中，尚存的剥削关系也基本上被消灭了。广大贫苦农民由于参加了合作社，这就几乎完全堵塞了剥削阶层雇工剥削的来源；由于在生产、建社过程中提高了阶级觉悟，划清了劳动和剥削的界限，原来与剥削阶层的债务关系也不宣而废了。奴隶也大部分获得解放。原为富裕农民的奴隶，由于奴主与奴隶都参加了合作社，在合作社中他们按照社的安排同样生产、同样分配，这就根本改变了他们间的隶属关系，成立完全平等的社员。原为剥削阶层的奴隶，他们在政府保障下，在广大群众的坚决支持下，通过与奴主算剥削账和说理斗争，也摆脱了奴隶主的压迫剥削，得到解放，参加了合作社。例如，西盟县莫窝寨原有43个奴隶，在合作化高潮中全部得到解放，成了社员。

剥削阶层的大片土地占有、原始村社土地界线的严格划分及头人对它的控制权利、个别地区领主性的土地关系，是兴修水利开种水田突出的阻力。村寨头人和剥削阶层利用对土地的控制权和占有的优势，不让群众挖沟开田，甚至不让水沟通过他们的土地。他们还利用原始村社和民族间的土地界线，挑拨村寨间和民族间的关系，制造纠纷。但是，他们的企图破坏，在群众觉悟的基础上和迫切要求发展生产的愿望下，经过说理斗争和协商，彻底被摧垮了。废除了头人对原来村社土地的控制权，废除了班洪地区的领主性的土地关系，也废除了剥削阶层对土地大面积的占有，因而，村寨和民族间的土地界线也不再是不能超越，而是村间、民族间相互支援，并组织大协作共同开田、开沟。长延数个村寨或不同民族地区的水沟，就是打破原来狭隘的、严格的土地界线的标志。

不利于生产和进步的宗教迷信和陋俗陈规也被双跃进的洪流冲淡了或冲垮了。解放前，佤族宗教信仰很深，特别对原始的自然崇拜。在宗教迷信基础上历史形成的陈规陋俗多如牛毛，如"猎头祭谷"、生产禁忌、剽牛杀牲等等，宗教活动极其频繁，不管做什么事都要杀牲祭"鬼"，一举一动都要求告"鬼神"。频繁的宗教活动和各种生产禁忌陈规，极大地破坏了社会财富的积累，浪费了人力。据统计，解放前西盟地区每年宗教物质浪费占总收入的1/3左右，浪费的人力每年每人平均60余个劳动日；其他地区，宗教浪费也占总收入的10%—15%，浪费的劳动力每年每人平均30余个劳动日。由于宗教迷信，"神鬼"统治，很多良田好地任其荒芜不敢开种，甚至"怕水鬼咬人"不敢种水田。不施肥料也好像成了他们的习惯，说"祖辈没施过肥料，照样可以生产"。猎头陋习、严重的纠纷械斗，更影响和极大地阻碍着社会的发展。解放后，党始终本着宗教信仰自由的政策，对人们的习俗，始终本着好者巩固发扬、不利于生产进步的在群众觉悟的基础上逐步克服的原则。大跃进前，佤族对宗教的信仰已有所淡薄，陋习也逐渐克服着，通过大跃进宗教迷信就更加淡薄了，陋习绝大部分也被群众自觉自动地扬弃了。1958年生产、合作化双跃进，使组织起来的群众看到和认识了自己的雄伟力量，从而对宗教的本质也有了进一步的认识。所以很多基督教徒反映："共产党领导开田开沟，生产年年发展，生活一年比一年好过。耶稣是哄人，祷告不会长出粮食来，撒拉（传教士）叫我们祷告了多少年，生活不但没好过，反一年不如一年。"广大群众反映："敬神敬鬼、猎头祭谷多少代人了，耽误了生产，浪费了财产，还是没吃没穿。共产党领导发展生产，生活才好起来。""七祭八祭，什么也得不着，只有影响生产。"所以群众就自动废除了生产禁忌，不再祭神、祭鬼、祷告，生产也不看卦选日子了。猎头的村寨宣布不再猎头，并把原来敬着的人头也丢到水沟里去了；祭鬼的标志，如牛角丫、牛尾巴桩也烧掉了。过去神圣不可侵犯的"龙潭""神水"和"鬼林"也变成了蓄水塘、水沟和积肥场所。并且，他们还提出"向自然进军，向鬼神算账"的响亮口号。佤族人民对宗教迷信大大淡薄和废除陈规陋习，这无疑是一个深刻的思想革命，他们从"鬼神"统治下解放出来了。这生动地证明了马列主义的这样的一条真理：宗教是一种历史现象，它是客观现实在人们头脑中歪曲的和虚构的反映。它和其他历史现象一样，有产生、发展和消亡的必然过程。它的产生有自然的和社会的根源，一旦人们认识了这两个根源，认识了宗教的本质，这个人们的"精神鸦片烟"或虚构的"救世主"，就会被人们自觉自动地丢掉。早在1927年，毛泽东同志在《湖南农民运动考察报告》中就指出："菩萨是农民立起来的，到了一定时期农民会用他们自己的双手丢开这些菩萨，无须别人过早地代庖丢菩萨。"（《毛泽东选集》第一卷，第35—36页。）佤族的情况正是这样。

在生产、合作化双跃进中，是经过了激烈的阶级斗争的。剥削阶层和个别反动头人无时不千方百计地进行破坏活动，特别到了1958年秋，正当社会主义建设和社会主义改造以磅礴之势高歌猛进的时候，已站到坟墓边缘发抖的剥削阶层和个别反动头人，还妄想挣扎。他们配合帝国主义和国民党残匪，对总路线、大跃进和合作化进行大肆污蔑和破坏。为保卫革命胜利果实和进一步扫除前进道路上的障碍，党和政府领导佤族人民展开了镇反和枪换肩的革命运动。通过镇反，把那些罪大恶极的反革命分子清除出来，给予法办。通过枪换肩，没收了剥削阶层和反动头人所借以欺压群众的武器，把它交给群众，组织联防，以保证革命果实和镇压反革命的活动。同时在群众的积极要求下，正式宣布废除了剥削阶层和头人对荒地的占有和控制的权利，废除了他们的一切债务剥削和其他特权剥削。这是一场尖锐的阶级斗争，它是民主性的革命运动，也是社会主义改造过程中的一个重要构成部分。这次运动的巨大成果，不仅废除了民主改革的内容，而且大大提高了群众的觉悟。农村中的阶级力量对比发生了根本变化，以贫苦农民为核心的劳动人民占了绝对优势，剥削阶层作为一个阶层已被消灭，留下来的剥削阶层的分子也完全被孤立起来，这就为社会主义改造和建设清除了障碍，创造了更有利的条件。所以，到了1959年上半年，佤族绝大部分地区已经合作化了，基本上实现了生产关系的社会主义改造。并且，耿马县还建立了数个包括佤族在内的多民族的人民公社，单一的佤族公社也在沧源县的贺南乡插上了一面红旗。它指出了佤族人民前进的方向和道路，随着佤族经济、政治的进一步发展，随着人民群众政治觉悟的不断高涨，公社的红旗将插遍佧佤山区。

三、社会主义建设取得了辉煌成就

解放10年，佤族人民在伟大的中国共产党领导下，在国家大力扶持和先进民族的帮助下，随着社会主义改造的胜利，在经济、文化建设等方面也取得了惊人的成就，落后贫困的社会面貌已基本改观。

解放前，佤族的社会生产极端落后，一个正常劳动力终年辛勤劳动，除自身消费外还难以养活一个人。加之国民党反动派的压榨，帝国主义的吸吮，本民族剥削阶层的剥削，严重的宗教浪费，就使广大人民群众更陷于水深火热之中。当时他们过着"十月饥两月饱，吃的山茅野菜芭蕉心；春夏秋冬一条裤，夜来背滚木板肚烤火"的悲惨生活。解放后，党和政府积极领导佤族人民发展生产及其他各项建设事业，特别在党的总路线的照耀下，经过1958年和1959年社会主义建设大跃进，各方面更取得了伟大成就，随之人民群众的生活水平也有很大提高。

（一）高速发展的经济事业及人民群众物质生活的巨大变化

农业是佤族主要的经济部门。原来农业生产极为落后，虽使用了铁农具，但很缺乏，致不能完全排除竹木农具；以种旱地为主，水田很少；耕作方法粗糙，"刀耕火种"，"广种薄收"；不施肥，水利也很少兴修，"靠天吃饭"，因而农业产量很低。社会农业生产收入不能自给，广大群众不得不靠采集维持饥寒的生活，更无力扩大再生产，造成农业生产停滞不前。解放后，党和政府为大力发展佤族的农业，无偿发放了大量山区改造费、救济款，并进行无息或低息贷款。仅就西盟、沧源、孟连、耿马4县计，所发山区改造费和救济款即达千余万元，贷款还不止此数，这就某种程度地解决了广大群众生产上的物质困难。在领导他们发展农业生产中，党和政府紧紧抓住了兴修水利开种水田、改变原来习惯大量施肥、扩大耕种面积实行复种、增加和改良农具及改进耕作技术等基本环节。截至1959年，从佤族主要聚居的西盟、沧源2县看，解放以来共开水田68050余亩，为解放前祖祖辈辈所开水田39324亩的1.8倍，共有水田106374亩，每人平均达1亩多，这就逐步改变了种旱地、不种或少种水田的情况。水利也随水田开种迅速发展起来，大小水沟已蜿蜒山区，小型水库、水塘到处可见，初步实现了水利化。不知施肥或不施肥的习惯也改变了，群众性的积肥运动日益开展，并学会了造肥、施肥的一套科学的技术方法。现在平均每亩施肥达万斤，这就大大提高了单位产量，并改良着土壤和固定着耕地面积。复种小春作物的面积年年扩大，1959年每人平均种植小春1亩多，这就改变了原来每年只种一季大春作物的情况，增加了农业收入。铁制农具已基本得到满足，并使用了新式山地农具。从1958年正式开始的工具改革运动，也取得了很大成效。耕作技术上，实行了精耕细作，加强中耕、选种、温汤浸种、合理密植等科学方法，改变了原来"刀耕火种""广种薄收"的原始粗糙的耕作方法，因而粮食产量以高速度地年年增收。西盟、沧源、孟连、耿马4县，1959年粮食总产量约达2亿斤，为解放前的2.5倍，每人平均有粮食从解放前的200—300斤达到了500—800斤，基本上解决了口粮问题。

在党的发展农业、"多种经营"的方针指导下，佤族的经济作物、畜牧业和副业也有很大发展。茶、甘蔗、棉花和油料作物已普遍种植；畜牧中的牛、马、骡等比解放初增加了60%，生猪增加150%；副业收入1959年每人平均达15元多，比解放初增长数倍。

解放前，佤族的工业是张白纸，当时连脱离农业的独立手工业都没有。而现在，在这张白纸上却绘上了鲜艳茁壮的花朵。佤族人民在党的领导、国家的大力支持、汉族人民的帮助下，在党的总路线的照耀和工农业同时并举的方针指导下，建立了各种小型工厂，如铁厂、铅厂、煤厂、农具制造厂、农具加工厂、肥料厂、缝纫厂、造纸厂、砖瓦厂、陶器厂和副食加工厂等等，并建成佧佤山上第一座小型水力发电站。从小铁炉中流出的铁水，冲去了佤族不会冶铁的历史，水电站发出的电光照亮了他们前进的方向。1959年，佤族主要分布各县，工业产值已占到工业总产值的10%左右。虽然佤族的工厂规模还小，设备技术条件还差，产值也不大，但对佤族讲却是了不起的成绩，有着划时代的意义。同时，随着工业的发展，工人阶级也在产生和壮大，这引起了社会结构的深刻变化，它也是佤族人民继续前进的前锋力量。

过去，佧佤山区交通极其闭塞，羊肠小径，崎岖难行；运输工具落后，方法原始，主要靠人力背运。解放后，党和政府为尽快发展佤族地区的经济、文化事业，繁荣边疆经济和加强国防，修通了思茅至西盟、澜沧至孟连、佛海至双江、临沧至耿马、耿马至孟定、勐省至沧源、云县至镇康等公路，村寨间的崎岖小道也加宽为平宽大道。这就使佧佤山区紧紧地与祖国连在一起，闭塞山区已不复见。载运汽车频驶在各条公路，迅速发展起来的骡马队往来村寨之间，这就基本改变了原来原始落后的运输方法。邮电事业也迅速发展起来。各个主要村寨都架通了电话，这也是佤族历史上的第一次。

随着社会主义改造和社会主义建设的发展，社会主义的商业也以跃进姿态迅速发展起来。解放前，由于帝国主义的侵略，外货充塞市场，私商们以极不等价的交换对佤族人民进行掠夺性的剥削。例如，当时私商用1斤盐巴就交换两只大母鸡、1颗针要换数个鸡蛋，而对佤族的名贵特产则随便定价。解放后，党和政府为了满足人民生产生活的需要，为了清除帝国主义经济侵略的遗毒和私商掠夺性的剥削，大力发展了国营贸易。至1959年，国营商业在佤族分布各县都建立了百货公司、民族公司、专卖公司、纺织公司；县中各个市场都设有中心商店，主要村寨设有购销组，为了方便群众，还设有流动购销组。国营贸易已占贸易总额中的90%左右，另10%也主要是农民间的交换，基本消灭了私商盘剥。1959年，国营贸易供应总额比解放初期增长了20余倍，收购总额增长了数百倍。在价格政策上，国营贸易一方面降低群众主要生活用品的价格，另一方面提高当地人民的土特产的价格，以激励他们的土特产生产。例如米、油、盐、茶、棉布等供应商品的价格，1959年比解放初降低了40%；土特产的收购价格，分别提高了5%—20%。商业的发展有力地支援了佤族其他各项事业的发展，繁荣了边疆佧佤山区的经济。

随着各项事业的发展，特别是生产的发展，佤族人民的物质生活发生了巨大变化。上面提到，解放前每人平均粮食收入仅200—300斤，而至1959年已达500—800斤，这就摆脱了"一年十月饥、两月饱"的缺粮面貌，而成了有余粮。加之副业收入的增加，群众已过着比较富足的生活了。从国营商业几项主要生活用品供应来看，1959年食盐比解放初增长

230余倍、糖增长60余倍、肉类增长30余倍、棉布增长10余倍、棉毯增长90余倍。原来滞销的商品，如鞋子、肥皂、手电、牙膏、牙刷等等，也逐渐成了畅销品，这也证明佤族人民的生活水平有了很大提高。不仅如此，银行储蓄对佤族也不再陌生了。仅据沧源、耿马2县计，1958年农村存款达20余万元，1959年又有增加。这个数字并不算大，可是对原来极端贫困的佤族，就意味着根本变化。以上几个方面，足以表明佤族"食不果腹、衣不蔽体"的时代已成回忆，开始走上美好富裕的生活了。

（二）迅速发展的文教、卫生事业及人民群众精神生活的巨大变化

佤族原来没有文字，记事和表达意思用木刻和实物；也没有专设的文化教育机构，知识的传授是代代口头相传。解放后，党和政府在领导佤族发展生产、进行社会主义改造的同时，拨出大批经费，抽派很多汉族及其他先进民族的文教干部，积极领导和帮助他们发展文化教育事业。中国科学院经过长期深入调查和研究，所创造的佤文，极受佤族人民的欢迎，现已普遍推行使用。文化教育事业，也是在空地上发展起来的。至1959年，佤族分布的各县已普及了小学教育，入学儿童分别达到适龄儿童的80%—90%以上。各县还办了民族中学，专署、云南省和中央所办的民族院校也有不少佤族的学生。学校教育是本着党的"教育为无产阶级服务，教育与生产劳动相结合"的教育方针，这就保证培养了社会主义建设的新一代。过去，青壮年全是文盲，经过扫盲运动，现已有不少人摘掉了文盲帽子，且运动正在开展中。书店、文化馆、俱乐部、体育和文娱组织也在普遍建立，电影队巡回各个村寨放映，这就丰富了群众的文化娱乐生活。直接为生产服务的土壤、气象、生物、矿物等科学研究工作也在逐步开展。总之，现在到了佧佤山已不复见原来那种落后的文化面貌，而是乡乡有学校、处处读书声、欢乐的歌唱洋溢村野的新景象了。

解放前佤族地区，各种疾病甚为流行，造成大量死亡，甚至有的村寨死亡大半或殆尽的情况也屡闻不鲜。佤族误认为"病由鬼生"，所以病则杀牲祭鬼，求鬼饶恕。这也难怪，在疾病死亡的威胁下，当佤族还没有认识到发病的真正原因时，很自然地归咎于人们没法控制的抽象力量和虚构的所谓"鬼神"。解放后，党和政府极为重视医药卫生工作，关心佤族人民的生命安全，从内地抽调大批医务人员派到佧佤山，实行免费治疗，并教育和指导他们注意和养成卫生习惯。在医药卫生工作开展之初，也碰到了不少困难，表现了科学和迷信的斗争。由于佤族从来没有求医吃药的习惯，所以最初医务人员给他们治病，都要找到病人门上，甚至有的病人还拒而不医，也不愿吃药，说："看病没用，吃药没用，病由鬼神，祭鬼才能好。"在这些困难面前，党教育出来的医务人员，从不畏难而退，他们以高度为佤族人民服务的精神，经过长期的和艰苦的工作，用事实和科学教育群众，使他们逐渐认识科学和摆脱鬼神控制。现在，佤族生了病，首先找医生，求吃药，甚至普遍反映："病了找医生、吃药，才会好；求神祭鬼没有用，只能浪费财产。"这一转

变，标志着科学战胜迷信，是人们思想上的一个重大革命。

几年来，佧佤山地区医药卫生事业有很大发展。目前，各县都设有人民医院、区有卫生所、乡有保健站，并设有各种疾病防疫站和巡回流动医疗组。医务人员比解放初增加10多倍，佤族的医务人员也大批培养起来。同时，群众性的卫生工作也日益开展，个人卫生也逐渐养成习惯。因而，这就保障了佤族人民的身体健康和生命安全，而严重危害人们的疾病，如疟疾、痢疾、天花、麻疹等，也逐渐被消灭着。

以上事实，充分说明佤族的社会主义建设也以飞跃式地发展起来，取得了辉煌成就，人民的物质、精神生活随之也发生了极大变化。当然，若与先进民族比较还是落后的，与社会主义的要求还有距离。因而，为了实现民族间经济、文化等方面的真正平等，为了加速建成社会主义，佤族人民正在党的领导下和在总路线的照耀下，以百倍信心、冲天干劲继续完成着社会主义改造和社会主义建设的任务。

四、佤族向社会主义直接过渡的经验与特点

佤族直接向社会主义过渡的发展规律，基本上是与我国内地先进民族相同的。但由于它原来的社会条件，也有着某些特点，具体表现在以下几个方面：

1.上面提到，佤族原来的社会是处在原始公社解体和阶级社会正在形成中的发展阶段。其基本特点是生产落后、生活贫困，一方面有了一定的阶级分化，剥削关系已经产生，另一方面还保留着相当的原始落后的残余。根据社会特点，考虑到地处边疆和民族复杂的情况，便采取了直接过渡的政策。由于在社会主义改造前，没有经过土改运动（或集中系统地进行某种民主性的革命运动）的阶段，所以在社会主义改造过程中，就不单要完成社会主义革命的任务，而同时要消灭一切剥削的因素和原始落后因素。对它们的消灭又不是采取简单的法律手段，而是通过发展生产和合作化逐步消灭、逐步克服。这就规定了佤族向社会主义过渡的一步走千百步走的辩证关系，规定了它的复杂性和艰巨性。

佤族社会生产资料（特别是土地）私有制已经确立，各社会阶层对它的占有也发生了不平等。在此基础上，产生了奴隶、高利贷、雇佣、租佃和头人某些特权等剥削关系，其中又以前3种最为普遍。生产资料私有制和占有的不平等及各种剥削关系，不仅是发展生产的阻力，而且与社会主义也根本不相容，必须消灭。消灭它们不是一朝一夕通过法律手段来解决，而是通过生产和合作化以及其他措施逐步消灭。根据佤族的情况，具体办法可归结为4点：

（1）大力扶持广大贫苦农民发展生产和对他们进行大量救济，这是抵制剥削关系的物质条件；实行余粮收购政策，调剂农村粮食问题，这就削弱了剥削阶层仗以剥削的物质条件。

（2）通过生产、合作化教育，发动和组织群众，提高群众的阶级觉悟和社会主义觉悟，这是与剥削阶级进行斗争和消灭各种阶级因素的思想基础和基本力量。

（3）在深入发动群众的基础上，做好对上层头人的统战工作，以减少前进中的社会阻力。

（4）以上3点的综合，通过协商、说理斗争的方式，上述阶级因素便逐渐从削弱到消灭。这一过程的具体情况前面已有所反映。

原始落后的因素，主要指：土地还保有农村公社的残余，人们还有原始共耕、助耕的残存习惯，落后的意识形态和原始平均主义思想残余，频繁的宗教活动，严重的杀牲浪费，和基于宗教信仰上的猎头恶习及其他生产禁忌，等等。这些原始落后的因素早已成了佤族社会发展的阻力，也是向社会主义过渡中的一个严重阻力面。它们也是有不同的，对社会主义改造各表现着自己的特点，因而对待它们也应有区别。阻碍发展生产和社会进步的陈规陋俗、迷信浪费，是必须克服的。这是在群众政治觉悟的基础上，在发展生产过程中，用群众自己的双手把它们丢掉的，而不是由任何人代替。原始平均主义思想，与社会主义、集体主义思想根本不同，在合作社建立之初，它总是正确实行按劳分配原则的一个障碍，因而影响着合作社的生产和正常发展。虽然如此，它在佤族已是残余了，人们对它并不喜欢。所以，随着合作社的发展，通过对群众的按劳分配的教育，它就能很快被克服。

佤族原来的原始共耕的合种习惯和原始助耕的换工习惯，也是与社会主义的集体生产、集体劳动有根本的区别。在合作化中，表面看来好像它们有助于合作化，实际上则是个阻力面。例如，在组织互助组时，佤族往往以原始助耕习惯对待它，集体出工、集体做，做完一家再一家，不计工、不找补，因各家劳动力多少和耕地面积大小不同，所以就不符合党的互利原则。劳动力少而耕地多的占了便宜，反之则吃了亏，这实际上是广大贫苦农民吃了亏。或把互助组和合作社视为扩大了的共耕组织，集体出工、集体做，收获平均分配，这也不符合互利原则，损害了中农利益。由于佤族的私有观念原来就已是主要的，助耕和共耕只是经济原因而保留的残存形式，所以互利原则仍然必须正确贯彻，否则就影响了群众劳动的积极性和互助组、合作社内部的团结，从而影响了合作化的正常健康的发展。群众对原始助耕和共耕也并不喜欢，在解放前已是如此。所以在合作化过程中，当群众明确了互助组和合作社的性质，和随着他们社会主义觉悟的提高，残存的原始共耕、助耕习惯是不难克服的。

有人认为原始农村公社的土地形态对合作化具有两面性，一面有助于合作社的组成，土地问题阻力不大；另一面不能把它当为社会主义合作化的出发点和直接基础，必须加以根本改造。但是佤族的实际情况：（1）土地私有制已是主要的，占耕地面积中的大部分；村社公有地已是残余的，仅是荒山野林和土质差的耕地。因而要分别考察，肯定地讲土地私有制是社会主义改造中的严重阻力，必须消灭。（2）村社公有地，看来比较容易转变为合作社的集体所有制，但是村社间严格的土地划分和村社头人对它的控制权利，则是发展生产和合作化的阻力，必须消除。可见佤族已经没落的村社土地形态对社会主义改造阻力是主要的，帮助是极少成分，而且这极少成分也绝不能当作合作化的直接基础和出发点，必须进行根本改造。

2. 由于上一点，在社会主义改造过程中，阶级斗争的规律虽与内地基本相同，却也表现了它的复杂性。根据生产资料占有关系和产品分配关系，佤族社会已渐形成了不同的社会集团，区分了最初的阶级。各社会阶层对社会主义改造的态度是不同的。剥削阶层（包括奴隶主、高利贷者和相当于富农者）和代表他们利益的反动头人，坚决反对社会主义改造和合作化，这是由他们阶级本性决定的。他们意识到随着社会主义改造的发展，就要失去高利贷、雇工、奴隶等剥削利益，就要失去对群众的控制剥削权利，他们这个阶层也要被历史埋葬。历史证明，任何剥削反动阶级或阶层，都不会自动退出历史舞台，佤族剥削阶层的反抗也是历史发展的必然现象。广大人民群众与剥削阶层的矛盾和斗争，是敌我的你死我活的斗争，是以剥削阶层为代表的向吃人的阶级社会发展的自发方向与社会主义发展方向的斗争。与剥削阶层的矛盾是佤族社会主义改造中的基本矛盾。作为一个阶层它是要被消灭的，而对它的消灭又是逐步的和采取了比较缓和的斗争形式。

中等阶层中的富裕农民是看风使舵、脚踏两只船的动摇阶层。当看到群众起来办社时，他们怕被孤立，也想入社，又怕吃亏；当看到剥削阶层叫嚣得厉害时，又向右转。真有如随风摆动的墙头草，对合作社观望和犹豫不决。随着社会主义改造深入，他们中间的一部分人也会起来反对社会主义，与农民中资本主义自发倾向的斗争，也是以这部分人为代表。当然，这个矛盾是属于人民内部的矛盾，是"从团结的愿望出发，经过批评或者斗争，使矛盾得到解决，从而在新的基础上达到新的团结"的问题。

广大贫苦农民（包括贫苦阶层中相当于贫雇农，和中等阶层中相当于下中农的部分）对合作化是积极、坚定的，是社会主义改造中的依靠力量。

佤族各社会阶层对社会主义改造的态度，证明在直接过渡地区坚决依靠贫苦农民，团结一切劳动人民，团结和改造一切与群众有联系的上层头人的阶级路线完全正确。

根据党的阶级路线，在社会主义改造和社会主义建设中，首先要教育和发动群众，组织以贫苦农民为核心的阶级队伍，这是击败剥削阶层与一切敌特分子的破坏活动和顺利进行革命事业的保证。在教育、发动和组织群众过程中，也碰到比内地汉族更为复杂的困难。在内地汉族，旧社会的阶级对立已发展到极尖锐的程度，在长期反对剥削和压迫的斗争中，农民的阶级意识已在形成，并逐渐认识和划清了阶级界限，再经党的教育启发就更加明确，从而阶级队伍就能很快形成。可是在佤族，由于阶级分化和对抗程度没有汉族那样明显尖锐，由于家族的、村社的共同联系的原始残余思想，由于在反对外民族统治集团的压迫和部落械斗中而形成的部落共同体的残余思想，就使佤族人民群众的阶级意识比较模糊，原始的残余思想掩盖了阶级界限和阶级矛盾。因而对他们进行阶级教育，启发他们的阶级意识，使他们划清阶级界限，组织阶级队伍，就需要更耐心、更具体和更艰巨的工作。

在发动群众的同时和在群众发动的基础上，为了群众的根本利益和减少社会主义改造中的阻力，对民族上层头人的统战工作也是值得注意的一个方面。因为他们与群众有一定的联系，但是由于他们多属剥削阶层，又是政治上的当权者，所以对社会主义改造和建设是抵触的，甚至是反抗的。因而对他们就必须根据党的"团结、教育、改造"的政策，一方面通过教育使他们认清大局，明确出路，在政治、经济上给予妥善安排和照顾，在革命工作中也可和他们协商；另一方面，必须对他们反对社会主义、企图维护剥削利益和政治特权的思想行为进行揭露和斗争。没有斗争就没有团结，光统不战就是右倾机会主义的表现，将会给革命带来损失。通过统战工作，团结了大部分头人，他们也得到不同程度的改造，这就有助于社会主义改造和建设的顺利进行。

除了与剥削阶层的斗争，批判和克服富裕农民的资本主义自发倾向之外，与帝国主义和国民党残匪的斗争也贯穿了整个向社会主义过渡的过程。这是因为佤族地处边疆，就给帝国主义和残匪对我进行破坏的便利条件。对他们的斗争，必须时刻警惕和坚决彻底地打击，只有这样，才能保证社会主义改造和建设的顺利进行。

3. 由于佤族原来生产水平极端落后，人民的生活极端贫困，所以在社会主义改造过程中大力发展生产，提高人民生活就成为一个关键性的问题。发展生产是人民群众最迫切的要求，同时也表现了先进的社会主义生产关系与落后的生产水平的矛盾比内地更为突出明显。特别在合作社成立之初，生产更是要紧紧抓着的一个基本环节，否则合作社就很难巩固和发展。在发展生产时，佤族人民首先碰到的困难是扩大再生产的物质条件，即缺乏口粮、籽种、农具和耕畜，因而在这里政府的大力扶持和帮助就显得特别重要。总之，在整个向社会主义过渡时期，通过生产教育、发动和组织群众，进行社会主义改造和推动其他社会主义建设事业，就成了佤族向社会主义飞跃过渡的一条基本经验。

随着社会主义改造的发展，佤族原来那种落后的精神文化面貌愈来愈不适应。这集中表现在合作社的经营管理和科学文化水平跟不上生产发展要求上。当然不能先提高文化再进行社会主义改造，也不能在社会主义改造中把重点放到提高文化水平上，但落后的文化却必然影响和某种程度地限制了社会主义改造的发展。因此，在向社会主义过渡过程中，相应地发展佤族的科学文化事业，也是一个重要的方面。

4. 佤族农业社会主义改造的道路，和内地一样是遵循着互助组、合作社到人民公社的系列，但也有其特点。上面提到，这里的互助组虽与内地的基本相同，但却具有较多的社会主义成分。这里的合作社，由于对土地处理上与内地不同，所以它既不同于内地的初级社，也不同于高级社，好像介于二者之间，这就在初级社转变为高级社这一社会主义改造中的基本环节上表现得不太明确。由于佤族原来的社会条件落后，遵循互助组、合作社到人民公社的系列更显得重要，超越某一环节不是说不可能，就会带来更多的困难。大力办好试点，然后铺开的办社步骤，培养典型影响全面的办社方法，在佤族更为适用，因为这不仅可以取得在这样落后民族中办社的经验，而且事实的教育对佤族更加重要。

结束语

佤族超越几个历史发展阶段飞跃过渡到社会主义的事实，证明了马列主义关于落后国家或民族在一定历史条件下直接向社会主义过渡的英明论断，也是攻则克战则胜的毛泽东思想的又一范例。

佤族人民在解放短短10年，超越几个历史阶段已基本上过渡到社会主义和取得如此辉煌的建设成就，原因何在呢？

伟大的中国共产党和毛泽东同志的领导，实质上是无产阶级专政的强大的人民民主专政，是佤族人民取得伟大成就的根本保证。

1950年，佤族人民在党的领导下彻底推翻了国民党的反动统治，斩断了帝国主义的侵略魔爪，获得解放。解放后，党本着民族"团结平等、互助互爱"的民族政策和根据当时的实际情况提出了"团结对敌、团结生产"的工作方针。在这一方针指导下，党领导佤族人民坚决打击了敌人；疏通了历史上遗留的民族隔阂，调解了民族纠纷，加强了民族团结；生产和其他事业也获得很大发展。在此基础上，党为了使佤族人民尽快地摆脱贫困落后，根据人民群众和社会主义的要求，根据佤族社会发展特点和地处边疆、民族关系复杂等情况，适时而正确地提出了不经土改运动阶段直接向社会主义过渡的政策。这一政策，一下子照亮了佤族人民前进的方向和具体道路。在它的指导下，社会主义改造和社会主义建设都以跃进式地发展起来。1958年，我国社会主义革命和社会主义建设发展到一个新阶段。党中央和毛泽东同志总结我国几年来社会主义建设的经验，创造性地提出了建设社会主义的总路线。总路线的光芒迅速照到了佧佤山，它指引佤族人民掀起了社会主义建设和社会主义改造双跃进，加速了向社会主义过渡的进程。通过双跃进，生产和其他建设事业取得了惊人的成就：社会主义合作化已初步实现，并试办了人民公社；一切剥削因素被一扫而光，一切阻碍生产和社会进步的原始落后的因素也被消灭殆尽。事实完全证明了党的直过政策是我国像佤族这样落后的民族的社会主义飞跃过渡的唯一正确的政策和道路，证明了党的建设社会主义的总路线，不仅是我国其他民族建设社会主义的灯塔，同样也是佤族人民的灯塔。

在贯彻党的直过政策和总路线时，是经过了斗争的。

　　直过政策提出之初，却有一小撮资产阶级的所谓社会学者，曾以"文化论"的论调来反对直过政策。他们说，改变佤族的落后面貌不应从发展生产和改变生产关系着手，应首先从文化教育着手。"文化论"是他们从帝国主义、殖民主义者那里继承的衣钵。他们这种殖民主义的反动谬论，当然在我们伟大的祖国是不得人心的，在现实面前也完全被粉碎了。实践证明，资产阶级唯心主义的"文化论"是彻头彻尾反马列主义的，是反党、反人民和反社会主义的把戏。很显然，若按照他们的"文化论"，佤族人民的生产永远得不到发展，一切原始落后的和阶级的因素永远得不到革除，社会主义的经济体系当然也就不可能建立，即使文化事业也是不可能得到发展。因为，人民贫困饥寒，哪还有余力追求文化生活呢？只有根据党的直过政策，大力发展生产和彻底进行社会主义革命，才能使佤族人民得到彻底解放，才能逐步提高他们的物质和精神生活，才能过渡到社会主义，再经过一定的发展阶段过渡到共产主义。

　　在贯彻党的建设社会主义的总路线时，也碰到了"落后论"和"条件论"者。他们看不到或不愿了解，佤族由于"更穷更白"，对发展生产改变落后贫困面貌的要求就更加迫切，也看不到或轻视人民群众改造社会、改造自然的雄伟力量，却以佤族"条件不够"和"落后"为法宝，企图否认总路线适于佤族地区，反对总路线和大跃进。这些"条件"和"落后"论者，是经不起事实考验的，他们不得不在群众运动和大跃进的洪流中被冲得体无完肤，低头认输。实践证明，党的总路线完全适合于佤族，只有它才能使他们快马加鞭地建成社会主义。

　　党的直过政策和总路线是彻底革命的政策和路线，因而必然受到一切反动派——帝国主义、国民党残匪、剥削阶层和个别反动头人的反抗和破坏。党领导佤族人民，运用强大的人民民主专政给反动派以坚决的打击，一一击破了他们的反动活动，保证了直过政策和总路线的胜利贯彻。

　　以上充分说明伟大的共产党和毛泽东同志，是全国各族人民利益的真心代表，党领导的人民民主专政是各族人民向社会主义过渡的保障。因而，加强党的领导，加强人民民主专政，就成了包括佤族在内的我国各族人民的神圣职责，也是他们今后继续取得一个胜利接着一个胜利的根本保证。

　　祖国统一和民族大团结是佤族人民取得伟大胜利的另一个极为重要和不能缺少的先决条件。

　　佤族人民是祖国民族大家庭中的一员，正因为如此，他就能在社会主义改造和社会主义建设中得到祖国各族人民的帮助，得到祖国各方面的大力扶持。解放后，国家给予了佤族人民各方面的大力扶持。仅从物力上看，几年来无偿发放的救济款、山区改造款就达千余万元，基本上解决了他们进行社会主义改造和建设中的物质困难。我国主体的先进的汉族及其他先进民族，帮助佤族人民进行社会主义改造，帮助发展农业生产，在平地上建立工业，在平地上发展文化教育和卫生事业，发展交通运输和商业，等等。很显然，若没有国家的大力扶持和先进民族的帮助，佤族人民要想取得如此巨大的胜利也是不可能的。国家扶持和先进民族的帮助，这也是马列主义关于落后民族的社会主义过渡的一条规律、一条真理。因而，像爱护自己的眼睛一样爱护祖国的统一和民族的团结，就成了包括佤族在内的我国各族人民的崇高的义务，为此就要坚决反对一切形色的大民族主义和地方民族主义。

解放了的佤族人民是佤族地区进行社会主义改造和社会主义建设的雄伟力量。

党领导佤族人民推翻国民党反动统治和帝国主义的侵略奴役，进行社会主义改造，就使得广大人民群众在政治上和经济上翻了身，成了自己命运的主宰者。因而，他们的革命热情与日俱增，劳动积极性得到彻底解放。佤族人民为了摆脱"更穷更白"的落后面貌和尽快建成美好幸福的社会主义，他们精神焕发、意气昂扬、干劲十足地进行社会主义改造和建设。困难虽然很多，但在党领导下的佤族人民面前，在壮阔的群众运动面前，一切困难都只有向人民屈服，都阻挡不住他们前进的豪迈步伐。这证明了马列主义另一条真理：人民群众是历史的创造者，摆脱剥削压迫的社会主义制度下的人民群众，将比任何以往制度下的人民群众更能发挥出雄伟的力量，创造更大的奇迹。也证明了共产党和毛泽东同志提出的政治挂帅、大搞群众运动和在民族地区靠民族自己的腿走路的革命方法完全正确。因而，坚持政治挂帅和群众路线，充分发挥佤族人民的首创精神，就是取得和继续取得伟大胜利的基本力量。

以上3点，仅是主要的，同时它们之间也不是割裂的，而是相互联系的有机整体，且都是我国各族人民的伟大领袖毛泽东同志的思想体现。

中共怒江边工委关于直接过渡与和平协商土改问题的初步工作意见（草案）

一、基本情况[①]

全区25000多户111000多人，其中傈僳族占75%以上。碧江、福贡、贡山直接过渡的75000多人，泸水和平协商土改的37000多人。

以傈僳族为主的落后民族包括怒族、白族（勒墨族）的生产关系基本上属于个体小生产者，各阶层对生产资料的占有大体是：3%左右的富裕户占有7%左右的土地，15%的中等户占有约20%至30%的土地，80%左右的贫困户占有约60%的土地。既然是私有制的个体生产，自然就出现了贫富悬殊的现象和生长出来剥削，但尚未构成阶级社会，仅个别地区出现了个别富农和地主。同时也残存着落后原始的私有共耕关系，大体是50%到70%的户口有共耕关系的土地占耕地面积的30%左右。加上生产工具落后、经营方式简单以及原始宗教迷信的杀牲祭鬼、破坏牲畜等落后因素，阻碍着生产力的发展。

根据这一特点，个体经济若不进行社会主义改造，其发展趋势必然走上资本主义道路。为了贯彻解放生产力，必须改变个体私有制，在改变为集体所有制中逐步解决原始的落后的状态。因此，肯定碧江、福贡、贡山要走直接过渡的道路，通过合作化改变生产关系，同时在合作化中把政权建立起来，逐步进行一些必要的民主改革，并改变其原始落后因素。

落后民族由于特别落后贫困，加之原有的互助习惯，绝大多数群众都要求走向共同富裕的道路。80%的贫苦农民由于缺乏生产资料生活困难，若不组织起来就无法进行生产。

---

① 本标题为编者所加。——编者

因此，他们最易接受社会主义的原则，愿意积极加入互助组和合作社。加上目前正处在全国社会主义合作化高潮时期，内地先进民族人民的政治高潮和合作社优越性的现实影响，使边疆各族人民向往社会主义，不但贫苦农民要求办组办社，就是中等户也有组织起来的要求。这些都是我们当前开展互助合作的有利条件，也是我们能在一些工作基础上较好的地区直接办社的基本原因。

但是，这些地区的少数民族，由于历史发展落后，文化技术很低，突出的问题是不善于经营管理，因此，严重的问题还在于教育农民，在组织起来以后如何帮助其生产水平提高还需进行艰苦的工作。加以干部又缺乏办社经验，办社中的困难是很多的。必须指出的是，这些地区的富裕户大都是民族头人和宗教上层，他们对社会主义有一定的对抗性，加上我们地处边疆，毗连未定界，与境外民族相连，外国帝国主义分子和内部反革命分子必然勾结起来进行破坏，所以，如何与内外敌人作斗争是一件很复杂的工作。既要有严肃的原则性，明确合作化是由限制到消灭剥削，又要有灵活的策略，使斗争的方式较为缓和。这些困难和复杂的问题，在互助合作运动中必须严肃地加以对待。

泸水县原来是封建领主制。解放后土司虽已放弃土地，大部分农民免除了地租剥削和其他特权剥削，耕种原来所耕的土地，但也还有25%左右的缺地少地农民。但是，由于未进行过民主改革，封建领主制尚未废除，地权尚未确定，政治统治基础尚未完全摧毁。在基层政权未改造过的乡，地主、富农和土司代理人还直接掌握或控制着农村政权，地主、二地主（土司代理人）和佃富农还有量多质好的土地，而且个别地区还有收租现象。地主、二地主和佃富农所占有的土地，大体是10%的户口占有40%至70%的土地。傈僳族也已进入了封建社会，大体是5%的地主占有20%的土地。据此，阻碍生产力发展的是封建地主所有制，肯定必须进行土地改革，并且在完成土改以后，肯定必须紧接着开始合作化运动。

泸水1/4的地区工作基础上好，培养了一批骨干和积极分子，群众觉悟程度和组织程度较高，初步与地主阶级划清了敌我界限，阶级敌人已经受到打击，统治基础已经削弱，我们已处在主动地位。但是，这些地区由于只进行了反霸斗争，或根本没有进行反霸斗争，因此阶级敌人还或明或暗地控制着部分基层政权，而且阶级敌人正采取各种各样的办法企图进行反抗。在3/4的地区，一般只进行过和改的地区，敌人的统治已经受到削弱，群众有一定的觉悟，一般相信共产党，相信毛主席，有反霸要求，但群众没有组织起来，缺乏积极分子和领导骨干，因而敌我力量时有消长。特别是在傈僳族地区，部分教徒由于与地主成分的宗教密支扒有宗教信仰的联系和神权统治的结果，不易与其划清敌我界限，这就要求我们必须加强工作，认真发动群众和组织革命队伍，区别不同地区，有步骤地打击和消灭地主阶级，并建立起真正的民主政权。

我区由于地处边疆，民族复杂，因此在保障认真发动群众、提高群众觉悟、消灭封建的前提下，同时必须区别不同民族和地区，既要提高阶级警惕性，又要加强上层统战工作，端正执行和平协商的政策，在斗争方式上采取较为缓和的办法，以便胜利完成土地改革。

二、关于办社和和平协商改革的几个具体问题

根据我区社会经济情况，碧江、福贡、贡山3县采取直接过渡，应于今年直接普遍建立互助组，培养农民积极分子，打下大量建立农业生产合作社的基础，同时还应试办第一批生产合作社，以摸索经验、培养干部，迎接合作化高潮。泸水县必须经过民主革命，通过和平协商的方式，实行土地改革，废除地主土司土地所有制，然后再建立农业生产合作社，实现农业合作化，过渡到社会主义。

但基于我区地处边疆，民族复杂，为考虑到内外影响，在最大限度上孤立敌人，加强民族团结，巩固祖国国防，必须本积极慎重的精神，制定有关农业合作化和土地改革的具体政策，严肃地处理有关问题。特提出如下意见：

第一，有关农业合作化中若干问题的处理

（一）社员成分问题

社员成分问题实质即是阶级政策问题。根据我区阶级关系情况和考虑到对敌斗争的需要，在社会上不公开划阶级，除反革命分子外，一律可以入社，但必须说明：不划阶级并不等于没有阶级政策，没有阶级斗争。必须明确依靠广大贫苦农民办社的观念，因为我区农民不仅占总农户的比重很大，而且生产生活资料十分缺乏，生活贫困，加上本民族内已开始产生阶级和剥削，不走合作化道路，即无其他出路。从几年来试办互助组的经验证明，他们对办合作社走合作化道路的积极性很高，必须培养他们当中的积极分子担任合作社的主要领导工作。我区中农占总农户的比重很小，他们生产生活资料一般也很缺乏，因此，不仅是贫农积极要求组织起来。但不能由富裕农民掌握领导权力，更应警惕传教士，篡夺合作社的领导，进行挑拨离间和破坏活动。因此，领导干部必须心中有底，教育社员，与社内外敌人的各种破坏行为进行斗争。另外，他们入社必须坚持自愿原则，还要交代清楚，入社后必须服从社的领导，遵照社章办事，积极参加劳动生产。

（二）生产资料的处理问题

1. 土地：根据我区阶级分化不明显、贫困落后的特点，直接搞高级农业生产合作社是有可能的，但为考虑到对内外的影响及帝国主义的造谣挑拨可能引起群众的波动，必须稳步前进，不能操之过急，因此仍须按照从初级社转为高级社的基本规律，开始时办初级社，实行土地分红。土地红的多少可由群众自议，一般不宜过多。火山地、轮歇地等，群

众认为不必分红的也可以不必分红。鉴于我区文化落后的特点，在办法上应该简便易行，不能机械套用内地的办法。黄连地和成林成片的漆树、桐树、果木等影响集体劳动和社内生产工作的，一般应该入社。对集体劳动和社内生产无重大影响者可以入，可以不入，但入社的应给予一定的土地报酬。农民的自留地一般不能超过其占土地的5%。

2.耕牛：耕牛是群众认为最宝贵的财产，为避免敌特造谣，引起可能发生的耕牛宰杀和赶出国外等现象，耕牛不宜过早地折价入社。可采取组织起来、集体放牧、合作社租用的办法来解决，养牛户给予放牧者一定的劳动报酬，合作社给予养牛户一定的租金。

（三）合作社生产费用的筹集

原则上应由社员按劳动力公摊股份基金解决，有困难的贫苦农民由政府贷款贫农合作基金贷款解决。反对单纯依靠政府解决的思想。

（四）共耕问题

共耕是原始经济残余的以私有制为基础的妨碍生产力发展的落后的一种生产关系，它与社会主义的按劳取酬性质上有根本的不同，在合作化运动中它自己必然瓦解和消灭，而被互助组和合作社所代替，但在我未试办合作社而自然为群众所需的时候不宜加以干涉。因此，具体办法是：

（1）不能采用行政命令的办法加以取缔。

（2）在互助合作运动中采用多种多样的为群众所愿意接受的方式方法加以处理，如共同入社、割开入社或自己经营、互相调剂或赠送等。

第二，有关和平协商土改中若干问题的处理

泸水县在处理土地改革中若干问题的时候，必须考虑到国防、民族、宗教等许多错综复杂的情况，并按照不同地区民族情况和政治、经济、文化的发展特点，加以区别对待。因此，提出如下意见：

（一）废除地主、土司的土地所有制，没收地主、土司的全部土地，分给农民；消灭封建统治，废除地主、土司的全部高利贷。征购地主、土司的耕畜，征收汉族、民家族地区富农出租的土地部分，彝族、傈僳族地区富农的不动。在当地人民群众多数同意的情况下，征收学田学地和族内村内的公田公地，分给当地农民。

征购地主的耕牛，预计可征购1200头，以每头30元计算，共需36000元，由政府帮助解决。

（二）在划分阶级问题上，必须按照国务院规定的标准，并进行严格的控制，防止打击面宽，或者错打的现象。划分阶级前必须统一干部思想，统一认识和统一做法，达到提高群众阶级觉悟，划清劳动和剥削的界限，争取团结多数人，集中锋芒打击封建势力。并根据泸水县情况，提出如下几项规定：（1）在傈僳族地区，因为长年出工较少，计算地主的劳动以全年参加100天劳动者为全劳动；（2）某些小地主解放前无重大罪恶，解放后因放弃剥削者，不再划为地主；（3）打击面控制在5%左右，但不能机械执行，必须从实际出发，超出此标准，必须报县委审查批准；（4）阶级划出后，由政府委员会讨论通过，批准定案。

在划分阶级的方式方法上必须十分策略，并根据不同地区的不同情况采取不同的办法。在傈僳族、彝族地区，只划地主，不划富农，方式上采取较为缓和的办法，由政府出面协商，地主不与农民见面，但也必须对农民进行教育，提高阶级觉悟，划清阶级界限。在汉族、民家族地区只划地主、富农，不划农民内部。方式上由政府领导，农民与地主协商。

（三）在土地、耕畜的分配上，要切实注意民族中间的团结，教育各民族农民发扬团结互助的精神，互助互让，除留给地主以必要的土地、耕畜外，要能适当满足农民的要求。分配标准应以地主和贫农的土地占有平均原耕数为标准，以村为分配单位，在原耕基础上抽多补少。族与族间需要做调剂时要充分进行协商，取得本族本村农民的同意，并尽先照顾本村本族农民，不够调剂时用征购来的耕牛去调剂。

地主要分与同农民同等数量和质量的土地。傈僳族、彝族地区的地主，在土改后如因缺乏劳动力，生产生活发生困难，其本人代表性较大者，政府可给予帮助或包养下来，以换取他们的剥削。

（四）为巩固人民民主专政，保障社会治安，防止地主阶级可能采取的反抗报复行为，某些地主私藏的枪支在土改中应予没收，方式上以协商的办法，汉族、民家族地区作缴，傈僳族、彝族地区作借，用于组织联防武装，但不能造成紧张空气，造成过多的波动。

（五）为保证改革工作的顺利进行，在改革期中必须加强治安工作，对一切破坏土地改革，进行放火、放毒、暗杀或阴谋组织暴乱、公开煽动别人外逃的现行反革命分子，必须给予即时的应有的打击，但必须严格请示报告制度，执行法律手续，以免发生混乱。至于没有现行破坏活动的一般反革命分子，为避免过多的震动，主要是侦察工作，暂不予以打击。

统战工作：在和平协商改革中具有特别重要的意义。对宗教头人的统一战线工作，以减少改革工作的阻力，更为重要。土地改革势必动摇到教会的政治基础，削弱宗教的影响，而宗教头人当中，又有不少是地主分子，兔死狐悲，他们必然会勾结起来，挑拨离间，煽动外逃或以宗教教义来麻痹欺骗群众，消磨群众的斗争意志，甚至将改革问题转移为宗教问题或民族问题，来制造我工作上的困难，破坏土地改革。因此，做好统战工作，是取得土改胜利的一个重要方面，同时要向教会头人和教会群众说清楚改革问题同宗教问题是两回事。要教育干部，切实尊重教徒的信仰，认真执行宗教政策，取得他们在土改中大多数人保持中立或对土改的拥护和支持。

三、关于组织领导问题和指导思想问题

1. 我区地处边疆，民族复杂，民族矛盾、阶级矛盾、帝国主义的矛盾错综在一起，情况极为复杂。我们干部从上到下都无办社经验，各项政策措施如有不慎，是会出乱子、出问题，因此，县委必须深入，钻进去成为内行，依靠重点，创造典型，加强检查，掌握全面，切实指导互助合作的发展。必须是领导亲自动手，吸取直接经验，及时发现问题、解决问题，才能指导和推动全面的工作。必须加强干部的组织纪律观念，建立请示报告制度，避免一切无组织无纪律行为的产生。改革地区，更应特别加强对组织纪律的控制。

2. 我区地区分散，交通、通信都十分困难，目前农村支部、区委都未建立。领导方法必须是分片包干、重点领导、以点带面的方法进行工作，今后在合作化运动中，逐渐建立农村支部，建立区委会，县委委托区委检查县委的各项决议、指示的贯彻执行情况。依靠乡的党支部为农村互助合作运动的领导核心，为社会主义革命的战斗堡垒。

3. 定期整训干部，具体总结经验，提高各级干部办社的实际工作能力，为此，在每年两次办社之初和办社以后，即以县为单位整训干部。特别是今春办社后，必须很好地总结办社和发展互助组的经验，为秋后的发展做好准备。

4. 有计划地培养社干、会计和合作社的技术人员，使管理水平、生产技术和合作社的发展基本适应。合作规划和合作社发展所需要的干部工作，也要同时进行规划，以便及早准备，适当解决。此外，要经常召开社长、组长联席会议，交流经验，提高管理水平。

5. 互助合作的发展，必须有各方面的工作加以配合，因此，各方面的工作都要跟上。特别是我区文化落后，技术水平低，经营管理不善，对合作社的提高困难很多。因此，加强文教卫生工作，加速推行新傈僳文字，加速扫盲工作，显得十分重要。

6. 我区是民族杂居区，在建社和土改当中，各级党委都需要切实注意民族问题，要教育各族农民和各族积极分子，团结互助，多数帮助少数，先进带动落后，共同办好合作社。土改当中要各民族团结起来，共同打垮封建统治。此外，在处理各项具体问题上，还要切实注意团结问题，反对大民族主义思想。

四、工作任务和具体步骤

根据目前我们主观力量和客观情况，今年上半年直接过渡地区应该建立首批农业生产

合作社，重点试办，以创造经验，提高干部，提高领导，对群众起示范作用。具体要求：今春在27个乡内建立50个初级社，约1300农户；今年秋后再发展140个社，连并带扩，入社农户要求达到5700户，做到乡乡有社，入社农户占本地区农户的23%，以促进农业合作化高潮的到来，争取在2年至3年内基本上完成农业的半社会主义改造。

农业生产互助组是为建立农业生产合作社创造条件的一个重要步骤。要求今年全面地大量地发展互助组，做到村村有组，其中每乡要有二三个常年互助组，以为合作社培养骨干和积极分子，积极管理生产的经验，推动当前生产。各级党委必须加强互助组的领导，不能有所忽视。

泸水县要求上半年基本上完成土地改革，重点试办几个合作社，为下半年的大批建社准备条件，以便在改革的基础上，紧接着进行农业的社会主义改造。

在建社过程中，必须根据民族地区的具体特点进行深入细致的政治思想教育工作，教育农民划清两条道路的界限，反复交代党的互助合作政策，灌输有关社会主义的基本知识，帮助他们总结办组办社的经验，提高他们经营管理的能力。此外，还应着重进行阶级政策的教育，提高阶级斗争的观念，因为我区不公开划阶级并不等于放弃阶级政策，也不等于没有阶级斗争，因此，必须提高广大农民的阶级觉悟，以当家作主的精神，积极管理好社务工作，与社内的资本主义自发倾向作斗争，向敌特的各种阴谋作斗争。

由于我区各民族的文化十分落后，经营管理的能力很差，特别是会计人员更为奇缺，农村中没有民族的知识分子。因此，在经营管理问题上，必须是因地制宜，从现实情况出发，从群众的水平出发，不能要求过高，也不能硬搬内地经验，各县县委必须深入总结和创造多种多样的经营管理方法，逐步提高。会计人员问题，今春试办的合作社，可由政治可靠、懂傈僳文字的青年担任，工作队、小学教师协助解决为适宜。今秋和明春合作社大发展的会计人员，各县县委从现在起应即做考虑，及早动手办扫盲训练班，训练初级会计人员。要求全区在今年春训练初级会计人员共300人，对象可以为：

（1）几年来未升学的高小毕业生和今年未入中学的高小毕业生。

（2）有初小文化的基干连复员军人。

（3）农村中粗通汉语的青年和政治可靠的懂傈僳文字的青年。

开始时进行一些汉字和简单的汉话教育，及到傈僳文字推行后再用新文字进行训练。

我区气候、土壤一般较好，而群众的技术低下，土地潜力未经很好发挥，组织起来计划经营即可大量增产。在建社中必须与生产规划相结合制订农副业的生产计划，在社建成以后即加强对经营管理和生产工作的领导，保证增加生产，增加社员收入，以显示合作社的优越性，吸引广大农民走合作化的道路。

随着农业合作化的发展，各种社会主义经济也应有相应的发展。要求今年年底有50%的农户入股参加供销合作社和信用合作社，明春达到乡乡有供销合作社和信用合作社，以抵制高利贷者和投机奸商的剥削。

直接过渡地区，通过农业合作化运动，改革地区通过土地改革运动，注意发现和培养农民积极分子，同时改造基层政权，树立劳动人民的优势，建立人民民主专政。

农村党支部是党在农村中领导社会主义革命的战斗堡垒，在合作化运动和土地改革运动中，采用集中训练、就地发展的办法，分期分批地轮训农民积极分子，进行党的社会主义革命纲领和党员八条标准的教育，发展农村党员，建立农村党支部。要求今年发展650个农村党员，建立107个农村党支部。

在发展农村党员的同时，应该尽先发展农村青年团员，建立农村团支部。要求今年内发展1500名农村青年团员，建立110个农村团支部。除个别落后乡外，达到乡乡有团支部。

在具体工作步骤上，应该是：

1. 训练干部、训练积极分子。根据各县情况，每县必须训练700人至1000人的农村积极分子，分两批集中进行训练。为节省时间和精力，干部可以在第一期与农民积极分子同时集中训练。教育内容主要是发展农业生产四十条纲要、两条道路、党的农业合作化政策，怎样办互助组和合作社，动员春耕生产，以提高对社会主义前途的认识，提高社会主义积极性，提高政策思想，明确具体做法。第一期要求3月底结束，第二期要求4月中旬结束。

2. 召开各族各界人民代表会议，人数200人至300人。代表面要广一些，除有一定数量的贫苦农民外，要尽量吸收各阶层和宗教上层人物参加。内容是学习四十条纲要，进行社会主义前途教育，交代合作化政策，解除思想顾虑，减少工作阻力；动员春耕生产。要求于4月初旬召开，时间3天至5天。

3. 建立建社筹委会，广泛展开宣传教育，通过骨干、积极分子，进行串连发动，召开各种会议，进行酝酿讨论，然后申请报名，评产入社，选举社干，建立制度，订立生产计划，全力转入春耕下种，在生产中处理具体问题。各县要求于4月底将计划建立的社，基本建立起来。

建社完成后，各县县委即应抓紧对合作社经营管理、劳动组织、生产计划的领导，和农业技术的指导，即时发现问题，总结交流经验，使合作社健康地发展。同时还应继续开办积极分子训练班和会计人员的训练班，为秋后的建社做好准备工作。

泸水县应迅速进行干部和农民积极分子的训练工作。训练的内容是：和平协商土改政策、阶级路线和改革的步骤和做法。要求在干部、积极分子中先划清劳动与剥削、地主与农民的界限，提高工作积极性，提高政策策略思想，明确具体做法。与此同时，即应召开各族各界人民代表会议，广泛吸收各阶层人士和宗教上层人物参加（贫苦农民代表应保持一半左右），公布改革方案，具体交代政策，解除思想顾虑，批判各种错误论调，揭露敌人可能的破坏手段和阴谋，以取得绝大多数人的拥护和支持，通过相应的决议。在改革的步骤上，可采取一次动手、全面铺开、分期完成的办法。要求汉族、民家族地区尽先搞完，吸取经验，丰富领导，以推动傈僳族地区的改革工作。全部改革工作，要求于6月底基本结束。改革结束后，随即从各方面创造条件，为秋后的建社工作做好准备。

中共丽江地委办公室
1956年3月8日印发

（说明：后来泸水是采取了"土地调整"的方式。——民调组）

关于怒江直接过渡中的一些问题

各族农民对地主的仇恨很不深刻，而对于国民党的苛捐杂税、因天灾人祸卖儿卖女的事则印象很深刻。在六库等地已是领主经济，劳动农民受阶级压迫较深。对群众主要是进行正面教育，在合作社内进行合作社优越性教育，在社外以回忆对比进行教育，在社内还以富裕农民闹退社、出工不积极、占便宜等具体事例进行阶级教育。

一、当前的主要矛盾，还是生产力低下、贫困落后的问题

解放后这几年主要解决耕牛、先进生产工具等方面的问题，生产技术有显著提高，生产有显著变化，如1957年粮食生产较解放前增加1倍。其中解决耕牛是最重要的工作。几年来铁制农具不断增加，牛犁地逐步扩大，水田面积扩大，是生产力提高的主要表现，但是在生产上帮助群众提高还是个很大的问题。

二、关于生产关系与生产力的关系问题

这里在发展的过程中，还是应该逐步地提高生产、改变落后，提高生产力，办了社在相当一个时期内要帮助解决生产问题。这几年办了社，基本农田已经不少了，可是生产技术跟不上。现在办社不办社的地方，根本的问题还是提高生产力，帮助群众解决生产资料问题。现在生产资料很缺乏，几年来有所破坏，特别是耕牛死得多。当然在有一些地区，相当时期个体经济不能适应生产的发展，如江边基本农田多，牛犁地也多，一家一户忙不过来。

在发展生产的同时，使上层建筑思想意识（阶级觉悟、社会主义觉悟）相适应，是一个更为艰苦的工作。办学校、扫盲应该结合进行。现在在少数民族地区办学校，不是为了需要而办的，所以学了几年不能用，连中学生都不能当会计，所以这地区办学校、办教育更需要实用。没有文化不能接受先进的东西，所以教学方针、方法、内容都需要改变，在

边疆这一套都需要摸索出经验来，使之适合边疆情况。

"更穷更白"有迫切要求改变现况这一面，但同时也有限制发展这一面。这不是一年半年可以解决的问题。

这个地区不是生产关系不适应生产力，根本的问题是"穷"，要在帮助发展生产、改善生活过程中，逐步走上社会主义。这是一长期过程，非短期的事。

体制调整后，如何从生产力、生产关系、思想意识上引导农民前进，还是一个待摸索的问题，恐怕不同于内地。

目前单干能增产，主要是从思想觉悟方面来看。办社好似给国家办的，生产不积极，光顾抢工分，不顾质量，没有以社为家的起码觉悟，而单干时则白天黑夜拼命地干，相形之下，单干自然能增产。

这里还不是一家一户没有土地的问题，而是土地质量上的差别，富裕户土地质量好。这里到处是荒山荒地，只要解决了群众的生产积极性及生产中的困难，即能增产。几年来办得好的社，主要的一条就是群众积极性高，他们有一套办社经验。

三、办社过程中思想意识方面遇到的阻力及存在的主要问题

由于所有制是个体私有的，很难理解"集体化"。他们认为入社后在自己那块土地上收的粮食就应该归本人，贫苦农民认为沾了有好田好地人的光。入社增了产，他们不能理解是因为大家共同劳动发展生产的关系，所以生产资料多的人也认为是"吃了亏"。连带而来的第二个问题，就是在劳动中不积极。贫苦农民由于上述原因在社内不是理直气壮的，他们总怕富裕农民退社，把好地带走。这一个建立在个体经济上的思想还是最基本的。

另外，也很难理解"按劳分配"。有两种思想，一种是平均主义的思想，在分配、劳动上都是如此，对于分配得多的人有意见；另一种是富裕农民，认为"按劳分配"就是自己土地上生出来的粮食被别人分掉。因之，很难理解与接受社会主义"按劳分配"这一原则。

第三，是不讲阶级。认为贫农、中农、富裕农民都是一样的，都是人。再加上民族、氏族观念，很不易理解阶级关系，所以执行依靠贫苦农民的阶级路线时很困难。他们选社干部要选过去在氏族中有威望的、能说会道的长辈，而这些又多是较为富裕的。

第四，是思想简单，怕困难，怕复杂。无论是分配、生产计划、执行政策等，和干部研究得很好，但到下面就会遇见反对意见，社干就不敢坚持了。社干怕别人咒骂，遇到一点困难就干不下去，遇见落后思想抵触意见时，不敢坚持正确意见。

干部的社会主义觉悟低，自己以身作则、坚持把社办好的思想也差，认为当干部总要比别人高一等，或是占些便宜才成，否则当什么干部。不能理解社干是要为大家办事，而是用过去氏族头人的作风来对待群众，不听话时就用简单的办法来整你。1958年肃反扩大

化，划阶级扩大化，主要是我们干部的问题，但社干也同样干得厉害。

第五，没有积累观念。关于积累，扩大再生产，不仅没有这个习惯，也想不通。干部群众都反对积累，这与过去的思想意识有关系。因为过去是，今天有了今天干完，没有了再说。

第六，计划生产也很难实行。过去一家一户生产没有计划，可执行也可以不执行。这个问题是很突出的。

培养计划观念，培养管理生产的干部，确乎不是短期的事。

过去经济基础较好的、阶级分化较明显的地区，也是社能办下去的地区。因为易于理解阶级关系，集中起来生产了几年，干部有所提高，摸索了一些经验，年年增产，所以容易接受社会主义，贫苦农民认为离开社不成。这些地区文化水平也较先进些，大部分在江边，基本农田较多的地方，如上江、六库、贡山区社办得都较好。这里过去就有些知识分子。这一事实说明了一条，即在阶级分化不明显地区，办社的时间要更长一些。高寒山区土地一般不固定，刀耕火种为主，生产文化落后，办了几年社，上述问题没有解决，没有会计，生产、思想混乱，社退下来的也是这些地区。而在阶级分化明显的地区，群众对社会主义容易理解。

在办社时就遇见这些问题，但当时由于社办得少，工作队驻社具体帮助，多是基础较好的地区，一般采取一年训练几次会计和社干，一年进行两次社会主义合作社优越性的教育，总结经验，逐步提高经营管理的能力。但办社的面不能大，速度不能快，因为主观力量不够，以后面大了就不成了，很落后的地方根本办不下去。

经过几年来的教育，群众还是有所提高。能办下去的社有个简单的生产计划，基本上还是能够接受按劳取酬原则的。

干部、积极分子，由于开会多、参观多，都是贫苦农民，虽有觉悟，但仍没有强烈的阶级观点，说是会说一套，但一遇到困难就动摇，有些人就害怕了。他们过去没有阶级压迫的实际体验，经过艰苦教育，还是可以提高的，但是在教育过程中要他们将民族、氏族、阶级界限划清楚，还是很费劲的工作。对于民族干部、社干等，要通过以具体事实教育还是可以的，因为氏族头人过去多是乡保甲长，靠长短工压榨人民。

由于对社会主义的理解是"大家吃、大家干、大家分"，再加上过去几年有所误解，即有饭大家吃，劳动不劳动都可以吃饭，但能办下去的社，社员是有一定觉悟的。通过办社的实际利益说明社会主义道路好，大家富裕，大家都能增加收入、积累及扩大生产问题，将社与个人自己的利益、长远利益结合起来进行教育，还是可以理解的。特别是那些社的财产多的，群众情绪很强烈，而没有积累的社，进行这方面的教育则很困难。

阶级基础好的地区社就容易巩固，如六库，过去土司时代每人一年只有百十斤粮，现在有千多斤。每个社内均有几千元积累，叫他们退社都不退。

在教徒多的地区，办社更困难。虽入了社，仍听教会头人的话，他们怎么说就怎么办，增产是由于上帝，生活改善也是因为上帝。这次散社以教徒集中的地区最多，跑人也是这一类地区多。

民族关系基本上是好的，但是几年来隔阂又有加深。如政策错了，加以纠正，他们很不能理解，认为是"汉人又来整我们了"。对于党的政策十分怀疑，认为"不知以后我们生活好了是否又要整一台"。现在，在生产力破坏大、伤了元气的地方，关系还是不够正常，一说就是"汉人整我们""这是汉人的办法""汉人的办法多，一来就变了"。他们的思想很绝对化，很难理解如何接受经验、共同提高的问题。

关于直接过渡问题及怒江州
1958 年大跃进的成就

解放后怒江地区的工作可以分为两个阶段。解放初期和山区改造是一个阶段，试办合作社到合作化是一个阶段。解放初期（1953年以前）主要的工作内容是疏通民族关系，做好事、交朋友，发放救济贷款，团结民族上层。1953年以后，在工作上前进了一步。山区生产改造包括政治改革及重点试办互助组（包括为合作社准备条件）、重点办组发展生产。1956年试办社是在重点乡的重点互助组的基础上开始的，是根据"重点试办合作社，大量发展互助组，全面发展生产"的方针进行的，所以，1956年这一年互助组有很大发展，并且增加了生产。1956年、1957年的情况相同，在1957年仍是试办社，并且在试办社的基础上又发展了一批社。这些社一般办得好，主要原因有两条：

（1）真正做到了自愿互利。

（2）国家经济上的帮助及驻社干部的具体帮助。

社办得好，吸引了群众，起到了旗帜作用。1958年以后合作化、人民公社等，我们只能作为经验教训在内部总结，不能公开往书上写。1958年以后到现在，可以说是逐步地、比较长期地在发展生产的前提下，创造条件，逐步实现合作化。现在全自治州入合作社的占总农户的40%多，仍可以说"试办"。于一川同志的报告中说：可以不经过什么大的运动，有条件的地方就办一个，这是由于在边疆民族地区主要考虑稳定的问题，还要在保证增产的前提下办社，搞运动有大的变动会影响生产。当然，现在也可以不提"试办"合作社，反正是"逐步"办社。于一川同志在去年说过"是否再有10年合作化，这也不算慢"。现在巩固下来的40%的社，大部分是年年增产的社。泸水县今后合作化的速度可能会快些。

这些民族地区的"直接过渡"，主要是指不经过民主改革阶段，因为没有形成阶级社会。直过的内容就是：组织农民参加集体生产，个别的封建因素可以在办社中解决。因为民族"落后"，所以过渡的速度会更慢些。由于民族的发展落后，带来了很多落后的东西，如经济基础、上层建筑、思想意识……许多方面都是落后的，与社会主义集体经济、按劳分配是不相适应的。为向社会主义过渡准备条件是一个很长的过程，封建因素的解决不是大问题，主要是因为经济基础落后，社会发展落后，广大劳动人民思想、文化落后所带来的许多落后东西。解决这一问题的主要办法是：在国家大力扶持下，发展生产，提高人民觉悟和管理、文化水平。这是一个长期的过程。直接过渡中，生产力与生产关系的矛盾看起来不是主要的，主要的矛盾是：贫困落后，扩大再生产、积累的能力很差。当前很多合作社办不下去也是由于这一问题，而不是单干这一生产关系已不适应生产力发展的问题。生产力低，生产工具落后，刀耕火种的生产力和社会主义生产关系无论如何是不相适应的（现在土地大部分还未固定，工具在解放后改变很多了，但仍然落后，生产技术也落后），所以直接过渡的复杂性的特点还是因民族生产力低、贫困带来的文化思想意识上的落后。所以，应大力发展生产，提高物质生活（自然文化也会提高的），在这同时积极准备条件逐步实现合作化，是适应这一地区的具体条件的。独龙族更落后，共耕地占60.7%，土地尚未完全私有，时间需要更长一些。

办社的经验，主要是：

（1）贯彻"自愿、等价、互利"原则；

（2）国家在经济上的大力扶持；

（3）派工作队驻社具体帮助；

（4）规模要小，以适应管理水平；

（5）在生产上进行农田基本建设（农田固定、扩大牛犁地、扩大水田的实质是提高生产力）。

改变落后的耕作技术，逐步改变落后的生产方式。通过进行爱国主义、社会主义教育，特别是合作社增加收入，对群众思想觉悟的提高有一定的作用。几年来党和国家对少数民族大力帮助扶持的结果——群众的社会主义、集体主义思想有了很大的提高，至少已巩固的40%的合作社是这样的。

办社的另一条经验是：不要过早吸收富裕农民入社（在社尚不巩固及合作社社员收入未超过当地富裕农民水平时），他们实际上也不愿意参加，这样可以减少矛盾。

1956年、1957年以前的各项政策基本上是正确的，没有什么问题。

在怒江自治州大跃进的成绩有如下几方面：

（1）农田基本建设；

（2）基层政权的改造（1958年结合试办社，发动群众、培养干部，解决了保甲制度，改造了乡政权。改造的方式是通过选举。1953年到1957年之间，每年在政权方面都有些改变，但1958年是全部解决了乡政权问题）；

（3）农村干部的培养；

（4）群众的发动；

（5）打击和境外反革命有勾结联系的现行反革命分子；

（6）合作社从10%多到40%多；

（7）交通、财经方面的发展（如初级市场、商业机构的扩大、手工业工人的培养等）；

（8）文教卫生；

（9）建党建团。